孟子文獻集成

孟子文獻集成編纂委員會 編纂

山東人民出版社

圖書在版編目(CIP)數據

孟子文獻集成. 第一四五卷 / 《孟子文獻集成》編纂委員會編. --濟南 : 山東人民出版社, 2020.1

ISBN 978-7-209-12356-3

Ⅰ. ①孟… Ⅱ. ①孟… Ⅲ. ①儒家 ②《孟子》- 研究資料 - 匯編 Ⅳ. ①B222.55

中國版本圖書館CIP數據核字(2019)第227517號

項目統籌: 胡長青
責任編輯: 趙　菲
裝幀設計: 武　斌
項目完成: 文化藝術編輯室

孟子文獻集成(第一四五卷)
《孟子文獻集成》編纂委員會 編

主管單位　山東出版傳媒股份有限公司
出版發行　山東人民出版社
社　　址　濟南市英雄山路165號
郵　　編　250002
電　　話　總編室(0531)82098914
　　　　　市場部(0531)82098027
網　　址　http://www.sd-book.com.cn
印　　裝　山東新華印務有限責任公司
經　　銷　新華書店

規　　格　16開(210mm×285mm)
印　　張　61
字　　數　490千字
版　　次　2020年1月第1版
印　　次　2020年1月第1次
印　　數　1-200
ISBN 978-7-209-12356-3
定　　價　900.00圓

《孟子文獻集成》編纂委員會

編　　務　劉晨　楊雲雲　孫姣　李濤　劉嬌嬌　張艷艷
趙菲　吕士遠

組織實施
中國孟子研究院
山東人民出版社

序

《孟子文獻集成》是在孟子故里鄒城市委市政府鼎力支持下，由中國孟子研究院、山東人民出版社協同合作，共同致力完成的一項大型儒家文獻的搜集、整理、出版學術工程。

一

孟子是中國歷史上偉大的思想家、政治家、教育家，是僅次於孔子的儒家學派重要代表人物。戰國時期，戰争頻仍，「角戰英雄，六經泥蟠，百家飆駭」（《文心雕龍·時序》），孔學既黜，儒道中衰。孟子遵夫子之道，批邪説，正人心，發揚光大孔子學説，復興儒學，成爲孔子之後最重要的儒家傳人和先秦原始儒學理論體系的主要奠基人。韓愈論儒家道統由堯、舜、禹、湯、文、武、周公代代相傳，言及「文、武、周公傳之孔子，孔子傳之孟軻。軻之死，不得其傳焉」（《原道》），又説「自孔子没，群弟子莫不有書，獨孟軻氏之傳得其宗」（《送王塤秀才序》）。可見，後世尊孟子爲「亞聖」，稱儒學爲「孔孟之道」，實爲孟子歷史地位使然！

《孟子》一書，是孟子及其弟子編著的全面反映孟子思想的儒家經典著作。漢文帝時，即曾設立《孟子》學博士，全國推闡。六朝時期，玄學、佛學興盛，儒學式微，《孟子》亦受冷落，但唐宋以後，隨着孟子地位的大幅提昇，《孟子》一書越來越受到統治者和學者文人的廣泛重視。唐代大儒韓愈倡論中國文化道統，其《原道》之説，影響甚大，已掀「孟子熱」；北宋時期，《孟子》與《論語》俱列入「十三經」之數；南宋朱熹作《四書章句集注》，將《孟子》列「四書」之中。南宋統治者更將其正式列入官方之學，設爲科舉考試科目，欽定爲必讀經典，學孟子、讀《孟子》，蔚然而成社會風氣。此後，孟子地位進一步提昇：元文宗封孟子爲「亞聖公」，尊其爲「百世之師」；明清兩朝更大推「四書」，地位儼然超越「五經」。《孟子》與《論語》並行，上自帝王，下至百姓，家有之，户誦之，「所研究者惟「四書」，所辨訂者亦惟「四書」」（《四庫全書總目·四書大全提要》語）。孟子思想，深入人心；《孟子》之學，遍佈各地；《孟子》

文獻，汗牛充棟。

根據我們的初步調查，歷代《孟子》文獻有兩千種之多。這些文獻，依孟子學史的發展，大致形成了以下幾点較鮮明的時代特徵：宋元文獻多義理闡發，以朱熹《孟子章句集注》爲代表；明代以王夫之《讀四書大全説》爲代表，多從心性之學挖掘孟子豐富的思想内涵；清代孟子學最盛，不僅産生了以乾嘉學者戴震《孟子字義疏證》、崔述《孟子事實録》爲代表的大量考據、辨僞著作，還出現了集前人研究成果之大成的焦循《孟子正義》。大致可以説，以東漢趙岐《孟子章句》爲發端，歷代學者多所闡釋研究。尤其宋元以來，孟學實爲千年『顯學』。《孟子》文獻内容所涉注釋訓詁、義理闡發、思想挖掘、考證辨僞等所有方面，其對孟子及《孟子》文本的研究廣度、深度可謂前無古人，後難爲繼。尤爲重要的是，歷代學者秉持儒家人生理念，一生所繫，立德立言，以『爲往聖繼絶學』爲生命追求之本，往往傾一生之力終注一經。孟子文獻不僅真實地展示了孟學及儒學發展的歷史，也留下了代代學者治學的心路，實在是應該认真进行挖掘整理的傳統文化瑰寶。

然而，毋庸諱言，孟子文獻的收集整理向未受到應有的重視。這固然與二十世紀以來，儒學命運多舛有關：批孔之時，孟子亦受其累；近數十年來，『孔子熱』不斷升温，孟子受冷落的現象却未有大的改觀，歷代孟子文獻迄未收集整理即是一例。據我們不完全統計，包括臺灣在内的中國圖書館，現存宋元至清代的刻本與鈔本計有一千二百餘種之多。由於各種原因，百分之九十餘未曾整理出版，而百分之七十以上仍處於人所罕见的塵封狀態。歷史的責任，現實的需要，未來的期盼，都在呼唤能有一套《孟子文献集成》的編纂出版。

二

二〇一三年四月底，孟子研究院在孟子故里山東省鄒城市正式成立。時值一年一度的『孟母文化節』，同時進行的還有由鄒城市、《光明日報》國學版、山東師範大學山東省齊魯文化研究院共同策劃主辦的『孟子公開課』開講儀式。來自國内各著名高校的部分主講學者和與會專家對孟子研究院成立後的學術規劃提出了許多建設性意見，多位專家提出了編纂《孟子文獻集成》的建議。

同年十月二十九日至三十日，孟子研究院學術委員會第二次會議在主任陳來先生主持下於鄒城召開。會議就《集成》的立項和編纂事宜進行了認真深入地討論，參閱審查了初選孟子文獻書目，形成了以下四點共識：一是孟子文獻的搜集、整理向稱薄弱，絶大多數迄未面世，影響了孟學研究的深度和廣度。編纂《集成》，填補空白，意義重大。二是要在廣泛搜集、精心選編的基礎上，力求將《集成》做成收羅全、質量高、權威性强的精品學術工程。三是应制定具体工作規劃，選編文獻时代可由遠及近；文獻收集範圍，宜先國内後國外，分段完成，穩步推進，確保質量。四是在孟子研究院學術委員會基礎上，应增加部分孟子研究專家，充實到《集成》學術委員會；選聘孟學研究、版本目録、館藏出版等方面專家，組建高層次、有效率的編纂部和工作班子，扎實有效開展工作。

在經過編纂部四次召開籌備會議和系列籌備工作基礎上，二〇一四年五月，在濟南召開了特邀專家選目審查論證會。來自北京大學、中國人民大學、山東大學等全國各地的十餘位孟子和孟學史專家就編纂部提供的《集成》選編總目（國内）進行了認真研析、讨论審查。這次會議的召開更堅定了大家对編纂《集成》的信心和認識，許多專家從長期孟學研究的切身感受中充分肯定編纂《集成》的重大意義，一致認爲：這是一項立足當前又澤被後世的重大學術工程；目前国内編成的經典文獻集成中唯獨没有孟子文獻集成，这不僅是文化建設的一种缺憾，也从多个方面影響了孟子研究的深入和拓展，从这个意義上説，該項目的实施确是一項填補空白、意義深遠的學術工程。專家們特别指出，這項重大學術工程，由山東，特别是孟子故里鄒城市支持，由孟子研究院、山東省齊魯文化研究院牽頭承擔，正是歷史責任與當前文化建設的最佳選擇。相信《集成》的出版，對於提昇孟學研究、促進孟子研究院發展、推动山東文化强省建設，贡献巨大，意義深遠。會議還就選目原則形成以下共識：一是《集成》應當是一套研究孟子文獻的集大成之作，所收以獨立成書的研究《孟子》專書爲主，兼顧其他，儘量收全。對孟子文獻的含義可以放得寬一些，對書名没有『孟子』的，例如以『四書』『諸子』爲書名的，也要注意在考察辨析基礎上做好，要高標準、高質量。二是《集成》應兼顧古籍的重要性與稀見性，做到常見書精選善本，重要文獻不遺漏。三是海外孟子文獻應作爲一個工作目標，與海外學者合作，广匯博收，規劃編纂。四是時代大致截止到清末，現代部分可作爲『附編』或單獨列編收集出版，部分難以收入文獻應附列存目。這次專家會議的意見，得到二〇一四年六月五日召開的孟子研究院第二次學術委員會的重視和確認。

在籌備、啓動《集成》的整個過程中，得到鄒城市主要領導及社會各界鼎力支持。山東人民出版社主動、積極地參與了各項工作。二〇一四年八月二十八日，在山東省第五届文博會上，省有關領導和衆多媒體記者見證了孟子研究院與山東人民出版社共同簽訂《〈孟子文獻集成〉編纂出版協議書》的过程。

經過編纂委員會及有關方面的共同努力和各相關圖書館的大力支持，宋元時期傳世文獻已基本全部收録，共四十八種，分裝十四冊，已於二〇一六年初首批出版發行。其中，收録宋元刻本十四種，海外善本四種，第一次影印的即有十六種，屬於披沙揀金的珍本，將爲孟子文獻及思想研究提供寶貴資料。

第二輯精選明代孟子文獻八十一種，分裝爲三十二冊影印，已經於二〇一七年三月出版。

第三輯爲明代文獻的第二批，共收入著作四十五種，分裝爲二十冊影印，其中五種來自日本，三種來自美國；其他部分也多爲稀見的珍本和善本，已經於二〇一八年三月出版。

第四輯，共收録著作六十二種。其中，明代著作四十八種，分裝爲二十四冊；清代著作十四種，分裝爲十冊。共出版三十四冊。底本皆爲精選珍本善本，其中，明代刻本四十種，清代刻本二十二種。又有二十三種來自日本，多爲國内未見，彌足珍貴。

本次出版爲《孟子文獻集成》第五輯，清代文獻之第二部分，也是《集成》編纂以來，收録文獻最多的一輯。共收入著作三百六十八種，分裝爲一百冊；至此，自康熙朝至清末絶大部分與《孟子》相關文獻已基本囊括。其中：來自日本的珍稀文獻八種；稿抄本二十六種；孤本二十二種，國内未出版者達三分之二以上。

編纂出版《孟子文獻集成》，既有利於深入挖掘孟子思想精髓，洞見《孟子》世代傳承的歷史場景，又有利於珍貴文獻的保護、傳承和共享、共用，是惠及當代、澤被後世的文化善舉。值此共出版二百冊之際，我們對國内外各有關圖書館和學界同仁的鼎力支持與真誠合作表達崇高的敬意和誠摯的感謝！

讓我們黽勉同心，共同努力，以期這一重大學術工程的圓滿完成。

王志民

二〇一五年四月十二日第一稿

二〇一八年三月八日修改第二稿

二〇一八年十二月十二日修改第三稿

二〇一九年十月六日修改第四稿

凡例

一、《孟子文獻集成》匯聚歷代關於《孟子》之著述，要其旨歸，不外經學之考證、義理之推闡、文章之批點，故舉凡注釋、析義、批點等書皆酌加收録，大致以著者時代先後爲次，俾經學之大，義理之善與夫文章之美，庶幾由此而知。

二、《孟子文獻集成》選用底本多未經整理，或孤傳海外，或秘庋深閣，學者既不能徧歷中外而窺其概貌，又不能盡探二酉而知其大略，不能無憾焉。今集爲一編，則學者循覽而知《孟子》一經之本末，歷代著述之昇沉。

三、各書或得自日本、美國，或攝自國家圖書館、天津圖書館、上海圖書館、浙江圖書館、山東大學圖書館等。底本皆經選擇，其存世孤秘，列爲首選，而後出佳槧，流佈稀少，亦資採摭。

四、諸書著録書名、卷數、著者時代、姓名、撰著方式及版本，覽者便焉。

五、著者真僞，學者所重，凡有歧異，均於著者前加『題』字，略示區別。

六、諸家解《孟》之作，或爲獨立成書者，或爲總集内别裁而出者，或以『四書』著述總題者，今所匯集，以能獨立析出者爲斷。其單篇零什，概所不收。

七、裁出之書，凡原有題名者，概依原題，而於版本項注其從來；凡無獨立題名者，則仍用大題，而括注『孟子』二字；其不能析離者，則全書收録。

八、是編博訪廣蒐，固難周徧，續有所得，拟輯《補編》，庶免遺珠之憾。伏望博雅君子，匡其不逮，補其未備，是所幸焉。

目録

聖門釋非録五卷

清　毛奇齡撰

清嘉慶元年刻《西河合集》本

聖門釋非錄

藏毛西河全集原版序

蕭山西河毛先生讀書破萬卷文章學問各有源本洵推一代鴻儒晚年彙其生平著述刻全集若干卷行世誠吾越中之至寶也先生歿後此版印刷有年漸就糢糊近有樵李居奇者將欲負之而去太史公云藏之名山傳之其人古人著述如此愼重今先生立言縱堪不朽而歿未百年版歸坊賈剜蝕散軼歷久愈甚欲其長存而不壞也蓋亦戞戞乎其難之矣余壻陸體元爲先生同里聞風太息因轉浼戚屬不惜重資攜歸家藏修其殘缺補其遺亡又印刷若干

部分送邑之鄉先生與官斯土者并以珍藏之意請余序余觀世之守錢者但積多金以貽子孫其卑陋固不足道卽士大夫家日費千貫以購珍玩而爲賞鑑家所推許然亦於世何補也今余壻以斯版故傾囷倒廩而出之無絲毫吝惜狀由是斤斤保護使版爲全版者書亦爲全書長得以傳世而行遠焉此非特先生之幸實吾越之幸也又非特吾越之幸適天下讀書人之幸也抑壻諸子中有少年見頭角者日取斯集而手披之口吟之精於勤勿荒於嬉則步西河之後塵推南國之俊秀也吾於陸氏更有厚幸矣

至先生之目無餘子其所著述超越漢唐則全集具在欽其寶者自能名其器余不復贅云時

乾隆三十五年歲在庚寅五月上浣之吉會稽陶杏秀撰

卷首　　　　二

毛西河檢討全集後序

蕭山毛檢討以鴻博儒臣著書四百餘卷後之儒者或議之議之者以檢討好辨善詈且以所引證索諸本書間有不合也余謂善論人者略其短而著其功褒其長而正其誤若苛論之雖孟荀無完書矣有明三百年以時文相尚其弊庸陋譾僿至有不能舉經史名目者

國朝經學盛興檢討首出于東林蕺山講學標榜之餘以經學自任大聲疾呼而一時之廢疾頓起當是時充宗起于浙東朏明起于浙西寧人百詩起于江

淮之間檢討以博辨之才睥睨一切論不相下而道實相成迄今學者日益昌明大江南北著書授徒之家數十覩檢討而精核者固多謂非檢討開始之功則不可檢討推溯太極河洛在胡朏明之先發明荀虞干侯之易在惠定宇之先于詩駁申氏之僞于春秋指胡氏之偏三禮四書所辨正尤博至于古文詩詞後人得其一已足以自立于千古而檢討猶不欲以留于世則其長固不可以一端盡矣至于引證間有譌誤則以檢討彊記博聞不事翻檢之故恐後人欲訂其誤畢生不能也我

朝開四庫館凡檢討所著述均分隷各門蓋重之也余督學兩浙按試紹興府説經之士雖不乏人而格于庸近者不少陸生成棟家藏西河全集刻版請序于余因發其誼于卷末俾浙士知鄉先生之書有以通神智而開蒙塞入蓄一編以教子弟所藉以興起者較之孼求注疏其取徑爲尤捷余最喜觀是集得力頗多惟願諸生共置案頭讀之足勝名師十輩矣

嘉慶元年春三月十二日儀徵後學阮元謹序

卷首　　二

西河合集序目

蠡吾李塨曰周易有五易而移易居一非移易則易文不可解非移易則上下繫說卦諸傳俱無所屬非移易則春秋傳官占史筮諸法悉千載如長夜先生

既得其傳于仲氏乃復綮之損益升萃諸卦名其旋復道諸象詞剛上柔下剛來柔來諸夫子彖傳以及田何費直虞翻荀爽韓旁通正變八十九家諸義疏爲之剖辯畫象立變解占使三易五易一旦豁然于天地之間于以証經而經明較傳而傳顯核之春秋策書所存官占史筮諸遺法而官占史筮諸遺法茂不曠若發蒙而聯若指掌神哉移易三聖之神明悉于先生發其扃矣予初受樂律陂及易象茫然若浮家之氾于海浩無歸墟者若干日而既得其要即親切透闢其于人工物曲國事民用一若有斗杓之在

天指車之在地衆說紛綸不得而爲之删焉合肥相公嘗言先生初入館時本館筆帖式多以易義緐譯藉之進講先生隨扣隨應了無遮滯及修館攻位將作諸官歷洛以陰陽向背之義在館者皆囁嚅莫辨而先生指顧娓娓辟京焦以來卦氣卦位諸說而弟舉伏羲十字與黄帝明堂之九字互相衡量而其說已定蓋實學之有裨于實用如此若河洛原舛太極遺議則又捍禦聖道之最緊要者如謂易韻小學則古文韻詞關乎六律近儒無賴致有以夫子詞協爲俗音者則因而正之又豈可少焉

二

西河合集總序

蠡吾門人李塨譔

塨弱冠從博陵顔習齋先生遊講以周孔實學然古法蕩略未能就所受而取擕之也已而念禮樂崩壞竊聞蕭山毛先生精樂律于康熙三十六年之杭州寓堂請教門下備問四清二變七始九聲十二管之學豁然有省因拜而受業焉先生復盡出所著書一一指授捧歸卒讀慨立而嘆甚矣天之愛吾道而神聖之靈不泯也自庖犧氏畫卦開物成務前民利用宋人忽簒入伯陽三輪張衡九宮之圖于卷首且不

讖緯法謬加兩儀四象太極于乾坤之上顯與春秋史占斷流絶港而且文書與辭象悉影響轉合並無一定之義可容實指而易幾亡中古聖人阜成兆民禮明樂備人道乃秩自秦火後三禮之傳本多闕軼後儒不辨根柢徃徃于佔畢之末妄生訾謷而宋人益復以武斷行之不惟五禮多闕落即大小宗家人父子之禮亦莫之解以致宋之濮議明之大禮議紊亂宗廟流毒縉紳而禮幾亡司馬遷班固以律歷維入樂書而京房劉歆直以備數定黃鐘之管舉凡歷度量衡以算數爲事者悉舉而亂之聲音之關以致

律呂新書操觚把籌剖微塵以立數而究之絲竹鐘石了無定製而聲音盡亡至若詩之讀叶國風之序小序古文尚書之誣以爲僞春秋之不遵聖經第取啖助趙匡之異說以大闢穀梁之學而詩與書與春秋亦幾亡神聖相傳之道其危也亦甚矣今讀先生易義一復漢魏隋唐諸舊儒推易之法以會之三聖之意使三聖合一無所謂義有義易文有文易之謬說而且春秋史古歷千百年未解者而皆瞭然于其中舉凡河洛太極仙經道術足以亂我正旨者則概從闢之雖一語一字必有歸着一若天地之重開而

卷首

乾坤之再闢至若昏禮祭禮喪禮廟禮大小宗禮大
禮義禮禮問之明禮
聖諭樂本　皇言定聲竟山樂錄樂問之明樂詩五
帖之辨詩尚書三錄之輔翼聖經春秋四例之一本
于夫子之簡書與左氏之策書即論語孝經孟子大
學皆歷有論辨無非發前儒未發以救正古先聖王
危微一綫之絕學何其大也蓋先生幼具經術原思
有用于天下而　鼎革之際忽以病廢忌者從而齊
排之少壯出走流離道路者越數十年及乎應　制
科官侍從髮且種種至還鄉而年六十矣重繙少時

所爲學慨然憂聖道之將湮遂節次發明如此至于詩文之浩博則自早歲即已蜚聲寓內王侯卿相前席請益下至婦人女子僻島外夷無不流傳其文詠而寶其字書平居杜門謝客遠近求文者日百十計然且碑版屏幛皆爲勸而贋雕之吳越之閒泒泒如也予從諸門下後集先生所爲文得經集如干卷史集如干卷詩文集如干卷雜著如干卷合四百幾十卷嗚呼盛矣先生嘗謂漢唐後世無學者忻然以千古讀書人自居而堪獨竊竊然謂聖道若存若亡决出龕入異學横流幾千年于茲矣天地神聖之靈置

總序

若問學術世道未知于何其底而忽于今日得先生一人上以正羲農開闢之纂據中以起三代禮樂之厄屯下以扶孔孟經傳之晦蝕是豈一心一目遂克臻此殆乾旋坤轉鬼設神施天牖其聰而先聖先賢實左右之使學術世運可返隆古不但湛淪未明已也而謂偶然之事也耶塨久欲身體聖道莫由措手今乃耳提面命坐而收其益以自考鑑吾是非得失庶幾有成幸也何極獨是孱焉羸弱之身力與心迕惴惴未知攸濟前此顏習齋先生每四顧茫茫輒把臂相期今先生友教滿海內而亦獨于愚劣再四

叮嚀以千秋事業抑將何以不負所托也哉[illegible]
先生年譜以非先生意中止其舊集序先生囑勿識
先生生平略見墓銘十一卷中

總序

卷首 九

西河合集總目録

受業門人 仝較編

文輝克有
遠宗姬潢

卷首

河圖洛書原舛編一卷

太極圖說遺議一卷

易小帖五卷

易韻四卷

古文尚書寃詞八卷

尚書廣聽録五卷

舜典補亡一卷

國風省篇一卷

毛詩寫官記四卷

詩札二卷

詩傳詩說駁義五卷
白鷺洲主客說詩一卷
續詩傳鳥名三卷
昏禮辨正一卷
廟制折衷二卷
大小宗通繹一卷
北郊配位尊西向議一卷
辨定嘉靖大禮議二卷
辨定祭禮通俗譜五卷
喪禮吾說篇十卷

大學知本圖說一卷

中庸說五卷

四書臆言四卷

四書臆言補二卷

聖門釋非錄四五卷

逸講箋三卷

聖諭樂本解二卷

竟山樂錄四卷

皇言定聲錄八卷

李氏學樂錄

卷首

孝經問一卷

周禮問二卷

大學問一卷

明堂問一卷

學校問一卷

郊社禘祫問一卷

經問十八卷

經問補三卷

文集

文例

誥一卷
頌一卷
策問一卷 缺
表一卷 缺
主客詞二卷
奏疏一卷
議四卷
揭子一卷
史館劄子二卷
史館擬判一卷
總目

卷首

書入卷

牘札一卷

箋一卷

序三十四卷

引弁首一卷

題題詞題端一卷

跋一卷

書後緣起一卷

碑記十一卷

傳十一卷

王文成傳本二卷
墓碑銘二卷
墓表五卷
墓誌銘十六卷
神道碑銘二卷
塔誌銘二卷
事狀四卷
年譜一卷
記事一卷
集課記一卷
總目　　　　　　　　三一

說一卷

錄一卷

制科雜錄一卷

後觀石錄一卷

越語肯綮錄一卷

何御史孝子祠主復位錄一卷

湘湖水利志三卷

蕭山縣志刋誤三卷

杭志三詰三誤辨一卷

天問補註一卷

館課擬文一卷
折客辨學文一卷
答三辨文一卷
釋二辨文一卷
辨聖學非道學文一卷
辨忠臣不徒死文一卷
古禮今律無繼嗣文一卷
古今無慶生日文一卷
禁室女守志殉死文一卷
勝朝彤史拾遺記六卷

卷首
武宗外紀一卷
後鑒錄七卷
續史合志十五卷
韻學要指十一卷
賦四卷
續哀江南賦一卷缺
九懷詞一卷
擬廣博詞連珠詞一卷缺
誄文一卷
詩話八卷

四

詞話二卷
塡詞六卷
連廂詞一卷
二韻詩三卷
七言絕句八卷
排律六卷
七言古詩十三卷
五言律詩六卷
七言律詩十卷
七言排律一卷
總目

五言格詩五卷

雜體詩一卷

徐都講詩一卷

先生晚年專務經學戒勿輯文集故詩賦記序諸文稿存者尚多俟檢校同未刻者續刻其目不載至屏幛墓石諸碑版文在人者掌錄者已慎防竄入以辨其贋但僞文甚多按先生七十歲時即自爲墓誌辭世而是集之成訖于康熙三十八年計之實七十有七倘是年以後更有他刻非門下所錄總屬贋本觀者審之仁和門人李庚星附識

先生自康熙三十八年以後越五年而東歸草堂又九年而卒中間所經講學殆無虛日所積卷帙甚夥經集如干卷文集如干卷既經鏤刻而原目未載者

今悉補入彙爲成書部署一遵舊式但
全集原板殘缺頗多先生之從孫聖臨
氏充有先生之長嗣也重檢遺稿較輯
付梓間有有無從補輯者闕而有待不敢
以贋本竄入云康熙庚子臘
月中澣同里門人蔣臨識

總目

卷首　四

西河合集

聖門釋非録目

卷一

卷二

善爲我辭焉　回也不改其樂
女爲君子儒無爲小人儒
質勝文則野文勝質則史
知之者章　如有博施于民章
善人吾不得而見之矣　子行三軍則誰與
民可使由之不可使知之
唐虞之際於斯爲盛　子路使門人爲臣

卷三

季氏富于周公而求也爲之聚斂而附益之
子畏於匡章　赤也爲之小孰能爲之
大　四海之內皆兄弟也
文猶質也節　居之無倦行之以忠
先事後得節　請益曰無倦
衛君待子而爲政章　樊遲請學稼章
無欲速無見小利　今之從政者何如

卷四

卷五

聖門釋非錄目

操則存舍則亡出入無時莫知其鄉惟心之謂與

學問之道無他求其放心而已矣

由堯舜至於湯章

西河合集

蕭山毛奇齡字晚晴又秋晴稿

胡紹安國期
李鳳雛紫翔較

聖門釋非錄一　平湖陸邦烈又超氏輯

四書賸言曰儒者說經本欲衛經使聖賢言語曉然作斯世法式而集註于夫子所言必拗曲揉直抄變其詞名曰補救而至于諸賢啟口則盡情吹索一概掃蔑自有子孝弟子夏賢賢以後並無一許可者豈儒者所學原與夫子一門有異同歟抑亦儒者神聖直接堯舜禹湯而于夫子以下多未當歟

孝經問王恬曰宋儒自矜所學直接堯舜因互相標榜原有微視先聖之意故于北宋諸儒高樹門幟不容一人訾議如劉貢父歐二程全書一二字便作札四布痛加譏貶必欲使其還復舊文而後已而于先聖先賢恣情敲駁大學孝經連篇刪改即孔門諸賢何一不受其削斷相其用心實有抑聖賢以揚同類之意宜乎俗儒入告請斥十賢于堂下而升周程張朱與四賢接席而恬不知怪也嗟乎恐將來四賢亦不安此席矣每讀六經未嘗不累息焉

邪烈曰集註痛抑聖門弟子初不過私存其説以稍

寓微意實不料後此之直本爲章程也故朱子平日自言論語集註屢改不定邪與或問前後不相應又曰論語集註爲朋友傳去鄉人不告而刊及知覺則已四出而不可收矣其間多所未穩煞誤看讀正所謂記一而遺百得粗而忘精者其自道如此自元仁宗朝創立八股用朱子書取士勸爲功令而明文皇帝一遵元式且造大全一書以曲護其說翻此四書無本文且無舊註即宋儒別說亦概從屏邪以歸于一門而于是孔門諸賢無平反時矣然元制八股其創立程式于後股原經後原有結尾一項明朝所云

大結者許自出已意駁正傳註故崇禎壬午癸未嘗科場終年尚有浙墨君子務本二句題其結尾謂孝弟是仁本仁不是孝弟本而癸未房書黃淳耀文于管仲非仁者章結言子糾是兄小白是弟朱子錯而孔子不錯稍爲聖門辨冤今則結尾既廢而高頭講章復曲體集註刻魂鏤象使毫髮不失于是大中論孟有傳而無經有儒說而無聖賢之說如入齊者知孟嘗而不知有王入秦關者但聞有太后穰侯高陵涇陽而不聞有西秦之王初猶擠奸繼則明竊孔氏一堂將何存濟因稍摘先生所言與他書偶錄可引

據者彙成一卷名曰釋非以爲聖門口語各有精義或未可盡非焉爾

孝弟也者其爲仁之本與

集註爲仁猶言行仁孝弟爲仁本謂行仁自孝弟始孝弟是仁之一事謂之行仁之本則可謂是仁之本則不可　性中只有個仁義禮智四者而已曷嘗有孝弟來

西河講錄曰仁義禮三字聯于易文言而孟子始增智字爲四德是仁義禮智根于心實始孟子乃孟子明言孝弟是仁本未嘗言仁是孝弟本觀其曰仁之

實事親是也實即是本又曰親親仁也親親實生仁是創言四德者明曰仁本孝弟曰孝弟生仁而襲其說者茫然不知其說所自始而概從反之曰仁不本孝弟且不唯反之又從而決絕其說曰人性爲嘗有孝弟是併其良知良能孩提親長堯舜之道孝弟而已諸所言皆一切叛盡而論語開卷即立此說豈孔氏一門與有子孟子皆非與須補救與

論語稽求篇曰有子原文反覆踼蕩踊躍抃擲而爲是言定知聖人言仁只在孝弟其謦欬後學提撕聾聵何等急切及一閧儒說而紊然究有子有知不且

自哂其多事哉
呂覽夫孝三王五帝之本務此本務字實出有子務
本二字
後漢杜篤傳曰功雖顯外本之者心也末雖煩蔚致
之者根也夫仁人之有孝猶四體之有心腹枝葉之
有根本也故曰夫孝天之經也地之義也人之行也
孝弟也者其爲仁之本與
爲仁不是行仁爾雅爲作也本字亦不是始字字書
本者根也惟宋人廣韻因程子是解增一始訓而字
書亂矣然猶幸本文必不可解本文兩本字一義孝

弟是行仁之始將君子務始始立而道生可乎或曰始原非本字然與本爲類故可借訓如物有本末與事有終始即以始貼本可驗也曰不然下論抑末也本之則亡而以有始有卒貼之是始反貼末卒反貼本何以解之已上俱講錄

西河先生傳曰及入塾太翁以先生善誦使盡讀論語註勿賸字至其爲人也孝弟章請于塾師曰顧勿盡讀曰何故曰人性祇仁耳無孝弟此言不忍聞

巧言令色鮮矣仁

邦烈曰專言鮮則絕無可知夫鮮與訓少豈有絕無

而尚是鮮者此補救夫子語也
講録曰巧言令色不是仁惟恐祗言鮮則絶之不嚴
終有流弊殊不知夫子他日更有巧言令色左丘明
耻之之語其絶之未嘗少寛特仁之有無須有分寸
巧言原不是險詖發諂誣罔抄變陰陽二三諸習弊
其言甚好而色甚善不過從言色上做工夫猶好言
自口已耳未嘗絶天良也且人不知學亦當讀書喪
記辭欲巧毛詩令儀令色則巧令原是善字左傳師
曠善諫叔向引詩巧言如流以頌之夫以善諫之人
而目為巧言向使說有流弊則詩禮春秋其弊將不

可勝言六經皆可廢矣詎聖人之書而於六經相發明處亦宜簡點安得抄變聖人之言陰就已說乎

王克有曰：堂堂乎張也，難與並爲仁矣。堂堂即令色也，難並爲仁則正是鮮矣，未聞子張絕無仁者。

朱鹿田曰：鮮，爾雅訓罕，訓寡，訓少，並不訓無，見絕無乎？且專言祇言也，祇言鮮則尚有可知。今欲補救聖言，而先自坐以訓詁之流弊，何爲？

邢烈曰：吾日三省章引謝氏語諸子之學皆出于聖門，其後愈久而愈失其真，實借曾子以推抑諸賢者。苐子本文無可議處耳，其誤認忠信見四書

臆言

敬事而信節用而
愛人使民以時

講錄曰五者非條非件亦全亦偏似鮮倫脊然聖人立言比之雲霞在天隨意卷舒與後人修辭但取齊習者有別此不過舉其要者言之大抵治國祗治事治人二端敬事則事無不治愛人則人無不治斯二者已約畧盡之矣乃復參舉三大政一在約信如傳別禮命質劑要會皆是也不虛言民信一在節用如九貢九式斂弛均節皆是也一在時使如力政徒役師田簡稽皆是也此亦有何流弊而集註又以爲其言淺

近引程氏諸說謂此特論其所存未及爲政夫未有行政而不先存心亦未有行政而祗存心者夫所云敬事即存心也且猶是五者何以行之只淺近存心便深遠且此時存心不是學問究將見諸行事者不知存心而已將終及爲政抑不及爲政又不知存心幾何時可及爲政此皆周章無理之極至者然且曲爲補救不但不及爲政并引程氏不及禮樂刑政以徵示夫子淺近之意夫節用時使謂不及禮樂刑則有之未爲不及政也且敬事何事禮本兼樂而禮職刑職則止敬事中之一事是夫子之言無所不該儒

者認事字不明反以至淺至近四字目之雖力爲挽回亦何必然

雖曰未學吾必謂之學矣

集註引吳氏謂子夏詞氣之間抑揚太過其流之弊將必至于廢學

講錄曰此吳氏卽吳棫字才老者呂東萊同時便云才老蓋以記誦爲學者故其言雖若有理而意有偏主謂偏于記誦也然則吳氏此言在當時已知其謬矣朱子引之或亦記誦之學有偏主與

論語稽求篇曰子夏是節詞氣抑揚與有子孝弟章

正同有子重孝弟子夏重力行未嘗廢學也孟子曰人之所不學而能者其良能也天下原自有不學而可知能者是明言不學尚非廢學今但云未學而即虞其有廢學之弊則愛親敬長必不容在博習先與

毛述齋曰行是學中事學不是記誦中事雖曰未學徒謂其未能記誦耳其于學中之事已得之矣故子夏急以必謂之學救正之謂此正是學學本如是已耳

王百朋曰謂之學謂此即是學非謂此是學過者其云謂之已學與必其務學之至皆補救語子夏之言

並不如是

邦烈曰子游子夏問孝諸章集註謂子游能養而或失于敬子夏能直義而或少溫潤之色此實寃誣語天下無千百年後覿千百年上人而能見其顏色者若謂夫子所告必因病發藥則子貢問士而告以使四方子張問成人而告以卞莊子之勇將添症候矣凡此皆槪不引辨觀者審之

不知爲不知是知也

講錄曰不知是不知知不知是知此明白了義並無流弊而集註又補救恐其安于不知必補曰由此求

聖門釋非錄

之又有可進于知之理則首鼠矣凡言必有要唯子路强所不知則子所告者要在不强不知不要在求知此非一打一搓挪可補救者稍一搓挪則言失肯綮聽者遭廻不如不告之爲愈矣且天下原有必不可求知者語道之至雖聖人亦有所不知求知則惑矣且六合之外不知者衆大禹治水未嘗知河源周公闢六服不必識西獒講越雉也況天下有求在知有求不在知者辨菽麥而作食此求在知者也雖有嘉餚不食不知其味此求不在知者也倘食未入口而强求知味求亦何益故不學不知道學然後知不

足教然後知困苟曉聖學定不以夫子之言爲有弊矣何補救爲

孔子謂季氏八佾舞于庭

集註孔子爲政先正禮樂則季氏之罪不容誅矣邪烈曰此微詞也

講録嘉興陶書巖問曰夫子仕魯但誅少正卯不先正禮樂誅季氏得毋有佚罰乎曰此儒者無學不細考經傳而讀爲是言毋論王者闢治禮樂後興夫子仕魯無幾時必不暇及幾見季氏宗卿可憤然而誅之者夫子爲三家小司空始進司寇顧尚未秉政與

命卿上大夫有閒向使季氏可受誅則當桓子受女樂時夫子得禁而斥之不致祈穀便行矣

且詮經當知經八佾之僭不始季氏也季氏與三家同僭八佾亦同僭雍徹然其僭之之故由祭桓廟桓廟之僭由祭太廟太廟之僭由祭周廟周廟卽出王廟以魯爲宗國當祭文王爲宗子所自出之王故舞佾歌雍因雍詩有文考文母本爲祭文王所作詩也乃周公宗子宜配出王故同用斯禮而其後羣公遂起而僭之此因宗子祭所自出而後竟以祭出之故僭及大禘誤皆出此必正禮樂將必追先公宗伯仲夏父弗忌諱而誅之季氏不受戮也

且讀書當

論世昭公欲逐季平子而身反出亡當時列國聞者皆謂季氏不宜伐其後哀公仍欲逐季氏而仍蹈前轍然而終春秋之世齊晉分篡而魯獨無恙此亦量時度勢者宜憬然矣況聖賢行事與宋儒所說毫不相合孟子魯人獵較孔子亦獵較假使孔子正禮何難拘獵較者而誅之乃其所先者在正祭器未嘗誅一魯人也宋儒好責人並不責己夫宋儒何嘗不仕宋胡安國與秦會之同朝不惟不誅會之且從薦之而其子胡寅胡宏則又爲會之所薦而捺然不辭夫二程不誅王介甫三胡不誅秦會之而謂夫子當討

陳恒誅季氏讒也君子不道也

獲罪于天無所禱也

王草堂曰天以形言帝以主宰言故書言上帝者二十有九詩言上帝者二十有四易言上帝者二禮記言上帝者十四書言上帝者五而皆指天言是天即上帝但言形而主宰在其中並無有指作理者朱子不知何據解天爲理殊不可解越陰齋語云從來論天者皆指蒼蒼者言之朱子謂天即是理可以破千古之謬補聖言之所不及則理生德于予理將以夫子爲木鐸知我者其理乎理喪予理厭之可逭乎理未

欲平治天下吾之不邇也其子之賢不肖皆理也可通乎此必不可通者見天人實有相通之際註者不識耳呂東萊云三代詩書多說天見得天人之際相近秦漢以下便昧此矣魏鶴山云天者上帝也惟上帝可畏若解作理則于對越森嚴處反不見得此爲至言

邦烈曰講錄謂集註祀竈之禮先設主而祭于其所然後迎尸而祭于奧皆朱子自造禮文從來行祭總無在家室中者不惟祭祖宗在廟即祭五祀室神亦無不在家廟之中何曾祭于其所況祖宗

祭廟奧著五祀則惟戶中霤亦祭廟奧而門竈與行則皆祭之門旁西房之奧何曾是廟室常尊之所此皆數百年各家寥寥者故奧竈不以祭五祀言講錄辨之甚悉也但此非補救聖言之註故不必及耳

苟志于仁矣無惡也

集註楊氏曰苟志于仁未必無過舉也然而爲惡則無矣

講錄曰仁與惡對待仁惡即善惡以仁者善之長也聖學所分只是善惡並無理欲對待語理欲對待起

于樂記爲西漢儒人之言前古無是也大學止至善中庸明善孟子道性善惟論語以仁字代之故特發此論使仁惡對待勢不兩立有仁無惡有惡無仁而宋儒又恐其有弊以未必無過舉爲之補救夫過卽惡也吾不知所云過舉者是何等舉法舉在心抑在事一打一搓挪寃不明了將夫子提撕警省直捷痛快之語忽從而撓擾其間豈不可惜

葢有之矣我未之見也

邦烈曰此決言必無用力不足之人以杜學者之疑未見卽上文未見不足無有二也乃曰原有用力而

力不足者但我偶未之見耳則明明有用力不足之人與子說相反非補救矣

講錄曰向曾以此問先仲兄先仲兄曰朱子是說必誤認力不足者中道而廢一語謂此明明有力不足一等人故云然也不知此須認清力道有不足力仁無不足力道如文王望道未見顏淵欲從末由此道字是力仁已成之候如中庸天道人道顯有明誠致曲所未到處故有不足若仁則人心也善也意之誠者也我欲仁斯仁至矣安有[illegible][illegible]不足者此是力仁冉求曰非不說子之道是力道豈可仁道二字認不

清而反悖聖言如此

毛述齋曰中庸君子遵道而行半途而廢亦是行道

有不足處與子告冉有語合

觀過斯

知仁矣

集註於此觀之則人之仁不仁可知矣補不仁字

論語稽求篇曰但曰知仁則惟知有仁並無知不仁

一邊即程子以厚薄愛忍並言皆非也大抵黨字作

類字解指倫類言則單指爲人受過者言受過各有

類如周公使管叔監殷則于兄弟一類孔子答昭公

知禮則于君臣一類孫性私賂民錢市衣進父則于

父子一類子路爲姊喪不忍除服則于女兄弟一類總是仁愛之至不惜愛過故愛過有類則觀之而可以知仁天下豈有爲人愛過而尚可目之爲不仁者乎則何厚何薄何愛何忍乎

夫子之道忠恕而已矣

集註曾子有見于此而難言之故借學者盡已推已之目以著明之、忠者天道恕者人道　此與違道不遠異者動以天爾

講錄曰此由見道不明過疑聖賢所造定有深淺且疑此際頗邃謐必非可以忠恕兩字顯然揭出故其

于一貫並無明言而至于忠恕則或疑或信似合似離一在鶻突殊不知聖道淺近一貫只一串一串之道只在忠恕夫子此忠恕曾子門人亦此忠恕無二道亦無二心然且忠恕二字究只一恕字此推之論語二十篇與大學中庸孟子無不然者

往與先仲兄論忠恕謂此是聖道即是聖學本體與功夫總無兩樣及在嵩陽受賀凌臺先生之教而體驗之覺加倍親切道在忠恕學亦在忠恕功夫在此本體亦在此即以大學言之誠意忠也其止善去不善而無自私自利之心則恕也此即學也乃即以其

學爲絜矩推心度物極盡忠恕而明德新民由身心意知以推之家國天下道皆一貫然且只一恕字曰所藏乎身不恕曰所惡於下毋以事上無非恕也中庸亦然至誠忠也由明善致曲以推之動變即恕也于是成已成物盡已性以盡物性天地位萬物育何者非一貫之道乃其學則始于忠恕曰忠恕違道不遠又只是恕曰施諸已而不願亦勿施于人且隨以所求未能鋪排恕字至于孟子則萬物皆備一貫也反身而誠忠也然而強恕而行只是恕也此道也而學在其中焉是以論語兩一貫曾子是一貫之道

故曰吾道曰夫子之道子貢是一貫之學故曰多學而識然而曾子一貫在忠恕子貢一貫只是恕夫曾子一貫明指忠恕子貢則未嘗有所指也何以知子貢一貫只在恕字嘗細核子貢平日其與一貫相發明者全在終身行之一章夫終身行之非一貫乎乃夫子告之者祗一恕字且申以己所不欲勿施于人八字實之以爲一貫之學只在此也乃子貢遲久有得遂曰我不欲人之加諸我也吾亦欲無加諸人此恕之近乎道也然而子貢未能也須學也又遲久而曰如有博施于民而能濟衆何如可謂仁乎而夫子

仍以能近取譬勉之以爲聖仁是一貫之道之至而其學則仍在恕字亦惟學而然後可進于道也然則子貢一貫其平日用功不知在所告後所告前而刻意行恕三請三進有如此近儒不知聖道併不識聖學其于下手入門處全然不曉東振西觸曰立志曰主靜曰主敬曰涵養用敬曰格物窮理千頭萬腦終無歸着以致六七百年來誰能于下手入門處明白指出及驟聞一貫而彼我茫然夫萬殊一本此佛家之萬法歸一也且亦能統何着落及聞忠恕二字宜瞥然矣乃猶錮蔽之久爾反爲借端之目夫明指本

必而猶曰借端則于當身且不知而欲其知道知學難矣

先仲兄曰儒者不識忠恕卽無忠做恕不出六字以愚觀之當是無恕做忠不出夫卽一偶然之語而的的相反顏習齋曰聖學之亡亡于儒說非虛語也

一貫須實解出二字名義一是一件物事貫是持此一件物事貫穿將去字書以緡穿錢曰貫是也見本文有以字若一是一貫是貫則以字何解

忠非盡巳之謂廣韻忠無私也國語忠非親禮詎厚也曲禮不竭人之忠謂欲人厚巳惟毛晃南渡後作

增韻始用程伊川解以發己自盡爲忠非古訓也若恕則說文仁也詩正義中心恕之無傷善之心總謂心之無私而善于人者與大學誠意正是一義

西河合集

蕭山毛奇齡字晚晴又秋晴稿
陳佑自曾
朱樟鹿田較

聖門釋非錄二 平湖陸邦烈又趙氏輯

子謂子產有君子之道四焉

數其事而責之者其所善者多也臧文仲三不仁三不知是也數其事而稱之者猶有所未至也子產有君子之道四焉是也邦烈曰此亦補救語

講錄先仲兄曰子產于四者外尚多溢美夫子舉其大者稱之耳即其治鄭二十六年能使晉楚爭鄭者

皆無所利較之孔明治蜀隨手喪失者相去何等儒者喜于稱孔明而必不甘于稱子產亦不可解

王草堂曰子產治鄭自都鄙有章上下有服廬井有伍田有封洫而外尚有輕晉幣焚載書愼守藏弗許請禜勿毀鄉校爲相一年豎子不戲狎斑白不提挈僮子不犁畔二年市不儲價門不夜關道不拾遺田器不歸五年士無尺籍喪期不令而治是其于君子之道有計數所不盡者乃反曰臧文仲所善者多而子產翻有未至是文仲之居蔡竊位不仁不知者反當褎而子產之政治如彼稱許又如此者乃受貶何

其顛倒悖謬之甚耶

李白山曰數事而責必多善則殺人于市數其罪而誅之者皆善人矣若數事而稱必多不善則凡君子三畏君子三樂皆可訾議恐論語論人之例必不如是

斐然成章不知所以裁之

講録曰斐然成章不知所裁是公然具一材品未曉斷割如梓材之未斲美錦之未製故曰斐然曰章曰裁明明白白今乃曰恐其陷于異端則未有稱其成章而猶慮其陷異端者章但有成虧而無同異異端

可斥絕而必不可以裁成此在夫子口中與夫子意中並無有此而忽攙此語此則竄伺聖門之尤甚者也

王草堂曰夫子所裁不過如求之退由之兼人賜之過商之不及之類何處着異端二字

講錄先仲氏曰宋儒之學實本老氏皆華山道士所授而北南二宋皆宗之故南宋洪邁爲史官而儒者皆匃邁作陳希夷先生及周元公諸大傳且載太極圖說于傳中以太極圖說本道書太上無極尊經中所出書也

王草堂曰朱晦庵訴陸子靜從初亦學佛便都與禪家說話一般而子靜答晦庵書云如老兄所謂眞體不傳之祕無物之前陰陽之外不屬方所迥出尋常超然方外等語莫是曾學禪宗所得如此是朱以陸爲禪而陸又以朱爲禪不能辨也

又曰程子云游酢楊時先曾學禪不知向裏沒安泊處故來此呂微仲之學入于禪談邢和叔晚游乎佛程伊川自涪歸嘆曰學者皆流于異端矣朱子云謝上蔡用導引吐納之術而其說仁說覺分明是禪呂晦叔晚益究禪理蓋其家學相傳如此游氏則分明

是投番了是宋儒自供多陷異端遂疑聖門亦如此此緣生平不曾識得恕字親切故云然耳

毛述齋曰孟子不成章不達以正途進造爲言

有顏回者好學

集註引程氏說天地儲精得五行之秀者爲人其本也眞而靜五性具焉曰仁義禮智信形既生矣七情出焉曰喜怒哀懼愛惡欲乃情蕩而性鑿矣覺之者使情合于中正其心養其性而已

講錄曰好學當實指學字如大學誠意則自能謹好惡而無遷怒之病中庸明善則自能爲善去不善而

無貳過之失此仍是聖學忠恕推情主善中事乃鋪張門面徒以天人付受處敘說一遍于學何與毋論此本俗儒常談人所易曉即不傳之謐在聖門弟子未易聞者但講論過去何益于學況此實二氏之說如黃庭經五行相推大歸一十六觀經所謂四德本五行六情出五性者此宋初儒人親得之陳希夷鶴林寺僧之說在先聖先賢從無此言若此者直置不道可也

毛述齋曰不遷怒不貳過是好學實事恕則不遷怒得一善則拳拳服膺有不善未嘗不知知之未嘗再

行則不貳過

犁牛之子騂且角

王草堂曰仲弓之父行誼全不可考唯史記有父賤之文而家語加以不肖然未嘗云惡也集註曰父賤而行惡則太甚矣以數千年後而記數千年以前之人必求實據原不可增損一字即有增損寧恕毋苛今舊文明可引據而忽略不肖爲惡不惟不恕且從苛之此其意何居或曰不肖即惡也偶略此字何必拘過殊不知不肖祇不類字書曰不似先人並不是惡故中庸不肖者不及正義謂不肖勝愚是也且不

讀禮記乎王制簡不肖以絀惡惟兩有不同故不肖誡簡飭已耳惡則屏棄之矣則是典制罪狀明分兩等況仲弓之父其名字行誼並無明文誠何所據而深惡痛絶使先賢之父必枉受極罪如此

其餘則日月至焉而已矣

講録曰或日一至或月一至則視聖門弟子無人理矣天下除却木偶陳死人外即盜賊叛亂亦豈有一月之間不起一艮心者以此概聖門且以之繼三月不違之後可乎三月三字在月字上則繼三月者當是一月至一日至不當曰日一至月一至也一字顛

倒便相去萬里請善學者思之

善爲我辭焉

程子曰仲尼之門能不仕大夫之家者閔曾數人而已　楊氏曰閔子得聖人爲之依歸彼其視季氏不義之富貴不啻犬彘肯從而臣之哉　又曰在聖人則可自聖人而下由也不得其死求爲季氏附益既無先見之知又無克亂之才故也

講錄曰夫子一門多事季氏即夫子已先爲季氏史爲季氏司職吏如孟子所云爲委吏爲乘田者而概以事犬彘詬之似過輕薄雖挽回聖人則可一語亦

何益乎儒者不明理於不讀書閔子幾曾好石隱耻事叛亂如王蠋之謝燕師龔勝之拒新莽祇以費本巖邑而其先又經權臣竊據實恐難任故辭之頗堅觀其卽出事夫子居喪未終遽要絰從政則非仲尼之門必不仕大夫之家已可知也且爾亦知季氏何以使閔子騫乎夫子爲司寇使仲由墮三都而費則季氏之邑三都之一也季氏以南蒯公山弗擾歷叛此地與郰郈相唇齒必得一仁厚者爲宰故使及子騫及子騫不從而然後子路以己意使子羔爲之則子騫之使夫子未必不與聞非可謂聖門必耻仕季

氏也況投鼠當忌器祇借一子騫而陰貶聖躬顯詆諸賢已可怪矣乃諸賢爲宰不能指舉而明見論語者且有仲弓爲季氏宰一人夫冉牛顏淵仲弓子騫此德行中人仲弓與閔子何優何劣何升何降而臣事犬彘乎嘗曰使証論語而不知仲弓之爲季宰是爲蔑經既知仲弓爲季宰而故作是言是謂侮聖蔑經與侮聖惟擇處之

毛述齋曰由求事季氏不特夫子許之且欲倚之以行道觀公伯寮愬子路于季孫而夫子以道之將行道之將廢陰折伯寮此明明見之論語大文非僞造

僻書也若季氏再名冉求則夫子且曰非小用之將大用之何嘗以臣事大疏失先鑒之知爲冉求址且儒者好責人亦應責己春秋策書載冉求于清之戰爲俘師立功吾不知楊中立仕宋非無事之日曾克亂否朱子嘗云游酢楊時先曾學禪又云今則分明是投番了是顯然與學朱子何故又引其說入註中耶

回也不改其樂

王草堂曰孔安國註顏淵樂道邢昺云惟回也不改其樂道之志然是明白今朱子引程氏語謂所樂何

事而語類且云若說樂天知命四字又壞了這樂則禪和子矣。元王若虛有云周茂叔令人尋孔顏樂處且云所樂何事是衲子下句曰什麼是受用處吾門中並無此等語

女爲君子儒　無爲小人儒

講錄曰孔安國原註君子儒將以明道小人儒則矜其名此從二儒字作解原不差謬集註引上蔡謝氏說謂君子喻義小人喻利凡以私滅公適己自便有害天理者皆是利則直是小人非小人儒矣曾夫子語子夏而或出于此或曰子夏好利夫子此言是對

病發藥語觀其告宰莒問政有曰毋見小利可驗也不知子夏好利從來無據即其告宰莒問政亦大概論政不必即對病發藥況論各有義此時論儒忽據他時論政者以爲說全失論例且即以對病發藥言子夏之病在何量褊淺規模陿隘夫人而知之也故王草堂云此大小當以度量規模言此較之孔安國註尤爲明白若謂以私滅公適已自便有害天理則是世俗無賴一小人可云儒乎曾賢如子夏而可以害天理三字横加之乎朱子縣聞謝說亦知難通有云聖人爲萬世立法豈專爲子夏設則朱子亦早以

聖門釋非録

其言爲無理矣及作註而又特引其語爲科律吾不
知其用意所在何以二三其說前後矛盾又如此
質勝文則野
文勝質則史
集註質之勝文則甘可受和白可受采文勝而至于
滅質則其本亡矣雖有文將安施乎然則與其史也
寧野
講錄曰質是質樸文是文飾如商尚質亦只尚此質
樸周尚文亦只尚此文飾已耳但文飾質樸不可偏
勝故夫子以野史互勗之而乃曰與史寧野則與夫
子所言明相牴牾然且引禮器甘受和白受采二語

爲証大甘可受和白可受采此質地之質與文質之質毫不相涉質地猶言胚子如調和之家以甘味爲胚子繪畫之家以白色爲胚子故從來儒者誤解文質有以祭之誠敬喪之哀戚爲質者此無理之極誠敬哀戚是喪祭行禮之本故夫子答林放問禮本即以哀戚當之文質與禮本大相懸絶向使質即是本則質爲凡行禮者必不可略少之數安得但較相勝且亦安得與文對即汙樽抔飲易以簠簋瓦棺堲周易以棺槨亦不得以汙抔瓦堲爲質簠簋棺槨爲文汙抔瓦堲本諸禮器所自來原即是本且依形造器

亦是胚子若謂此即是質則當易簋簋時汙抔盡亡既毀棺槨絕無瓦墼質已喪矣何有乎勝故汙抔瓦墼不關文質必求文質當即于簋簋棺槨中求之如簋簋用杞梓不用金玉即是質既加刻琢復用丹黃便是文屬棺不用皮井槨不用石即是質棺加三稚復用牆翣槨加四阿復用幭布便是文其所云勝者亦約略增多所謂彬彬者亦大概均稱決不如儒說比較分寸蓋此處無從下權量布尺度也且儒說有大不通者讀書當考經亦當論世今儒于經義全然乖反固無望矣乃于古今時勢又一切貿貿夫子未

嘗不重文也郁郁從周顯見口語惟棘子成有去文之說蓋稍激乎周末之過文而言之然世有先時質而後漸文者夫子先進之論是也有先時文而後反質者夫子麻冕之嘆是也若唐宋以後則文已絶矣舊朝遺製頗似煩重至今而盡爲簡易曩時儀注猶近周緻及今而盡成朴略姑毋論其他即文字一項六經典麗今出以俚喭兩京博覈今出以空疎故謝文正見商彛嘆古制淪亡而先仲兄鬻澀王舊琴觀其鏤梓坎瑑玉徽金的而喟焉嘆息以爲美醜之分殊古今之升降繫焉矣今試觀當世有何禮文有何

儀飾禮經四十九篇周官經五卷其間名類象數服物采章會無絲毫見于世士君子苟有志當發憤尚文竭力挽回之不暇而反曰寧野毋史嗟乎君父已幽死絶塞而攤經者尚謂國不可黷武以秦皇漢武爲戒不可痛乎

王百朋曰儒說以忠信爲質皆本于誤引禮器甘受和白受采忠信之人可以學禮語夫忠信爲禮本豈可相勝且俗儒每云三分文七分質豈行禮而可有三分無忠信者文質只在禮字中猶味之醲淡只在和字中繪之華朴只在采字中忠信與甘白皆質地

勿誤認也

毛西齋曰文質不是本末若是本末則商尚本周尚末必無是理

知之者不如好之者章

知而不能好則是知之未至也好而不及樂則是好之未至也邪烈曰此又回護知好一語以補救之

講録曰知之者註並是首鼠語學者言語最患首鼠纔一首鼠則彼我兩下瞻顧無進歩處矣故曰天下惟一打一搓挪最是害事此不可不察者如此知好樂三字卽知行得三字行必先知得必先行此

爲學次第不待言也夫子亦惟恐一知便了一行輒止故兩以不如連作警惕而乃又回護知行一語以補救之則索然矣向使知之可不行行之可不得則其言有漏或須補救實則至知不是行至行不是得譬之知味求食然不食不知味食本求飽然方食不即飽略作補救便是蛇足況聖人立言自有輕重縱使知好不可少亦不須補夫子曰吾不如回則回之不如夫子何待補言昔縱横家有反言見意者曰吾固知貴不如賤富不如貧但未知死何如生耳則其言大悖不惟補救決當改正然使其人曰吾固知貴

不如賤旋正曰必須貴曰富不如貧旋正曰必須富則其人立言之意已掃盡無餘勝矣豈註書者而宜有此

如有博施于民而能濟衆章

講錄曰博施濟衆不是仁之用亦不是子貢馳騖高遠此卽聖道仁道一貫忠恕之極至處祗聖道該忠恕而由仁達聖則必從强恕求仁以馴至乎聖此卽子貢終身行恕之終事也大凡聖道貫博濟必由盡已性盡人性以至于位天地育萬物並非馳騖故大學明德必至親民中庸成已必至成物論語修已必

至安人安百姓孟子獨善其身必至兼善天下卽學記記學自九年大成後忽接曰夫然後足以化民易俗近者悅服而遠者懷之是聖道未成亦必先力推忠恕而後可以成聖學而乃以子貢爲徒事高遠此所謂知道知學者乎

樊遲問知章

李白山曰此泛告以知仁之道而集註又曰此因樊遲之失而告之則遲之不務民義不遠鬼神不先難後獲從何處見之豈亦别有據耶

子行三軍則誰與

集註至以行三軍爲問則其論益卑矣

王草堂曰行三軍非細事况神農伐補遂黃帝伐蚩尤而後行軍皆聖帝明王之所不免何論卑之有且夫子曰不與曰必也正則告以行軍之法何嘗卑之

李恕谷曰子之所慎一曰戰又曰我戰則克亦卑乎易于師卦曰開國承家又曰可以王矣亦卑乎宋人諱言戰而社稷日促乃不自知其失而以聖門賢者爲卑背矣

章泰占曰夫子祗夾谷一會尚曰有文事必有武備况工宋南北神州陸沉縱使秦皇漢武黷兵宜戒亦

不當出自宋人之口。何則。救溺須習泅。救鬭須纓蔽。亦思當時君父如何受辱。生民如何慘殺。即手足毛髮皆作兵甲。猶恨不給。禮經所謂不反兵之義若何。而乃論史則禁斥用兵。棄若糞穢。論經則以行三軍為卑。卑視聖門弟子不值一錢。是不惟不解經。并亦不知有人理者矣。不聞夏官司馬以射人司士掌朝位等殺。有趨于六卿諸職者乎。大禹宅百揆。反使之帥師征苗。何則。重兵政也。是以呂尚善行兵。武王尊之為師。郤縠雖敦詩書。而晉臣推縠。未嘗不以行三軍為尊。若謂我有詩書。可廢干櫓。則如後漢羌胡冠隴右而刺史宋梟必欲重教化輕師武請寫孝經以退敵雖長史蓋勲讓其不急靖難取笑朝廷而宼竟不從卒至喪身辱國爲世譏訕此明鑒也但其義錮蔽已久大須儆省後之讀論語者遇軍旅未學當知其有爲而發不是輕兵遇足食足兵當思其正告爲政不是迂遠則於斯世庶有賴矣

善人吾不得而見之矣

講錄曰善人舊註即是君子故與聖人稍有間觀子張問善人之道亦曰不循舊跡自有造詣然亦不能入聖人之室可驗也乃以聖言互出直分兩途創爲

質美未學一類則將得見君子一嘆竟撇却不顧直須另起何必行去子曰使聖人君子蟬連而下此不特名義乖即章法亦亂矣且善人非質美未學者善人爲邦百年善人教民七年未聞未學而可以爲邦可以教民者也即孟子以樂正子爲善人豈樂正子是不學者況孟子自解善字特云可欲之爲善可欲即可願尚書敬修其可願正是學字並未嘗解曰不學之謂善也自儒者不識聖學誤認學字是誦習之名至善惡二字則直斥之爲佛氏門目而概置勿道往在傳是齋講學客曰學聖只須分善惡兩途而司

錄者輙請曰善惡二字不如更理欲二字爲當舉坐皆齊聲是之其人曰不然欲知舜與蹠之分利與善之間也善惡何不可言皆嘿嘿而能歸與先仲兄道及仲兄長嘆曰先聖先王所言者皆爲儒者改頭換面一槪瞞煞偶然觸及反驚怪爲馬腫背此亦一也姑不具舉即大學明明說學乃開口曰止至善又曰道盛德至善而中庸誠身首功曰不明善不誠身其學知之事則曰擇善而固執故顏淵好學曰得一善則拳拳服膺曰有不善未嘗不知知之未嘗復行孟子一生好學只是性善且即以此而推之先聖先賢

一部尚書皆政治之書。祇伊尹告太甲爲學便曰主善爲師。傅説告高宗爲學便曰慮善以動。是善惡二字正爲學者一大要領，而乃以理欲二字改之。夫春秋以前，自堯舜禹湯至夫子口中，並無有言理欲者。從來理字作條理解，惟孟子始加稱理義，然未嘗與欲對。至河間獻王博士組輯樂記，然後以天理人欲作對待語。今但知理欲，不知善惡，且以善字作不學之解，初不意聖學錮蔽乃至如此。

民可使由之　不可使知之

講錄曰：聖言可使不可使，而註又以能使不能使補救之夫可與不可我得主之此其權操之自上故夫子言此勉有位者若能與不能則但任自然聖言反多事矣且使由使知當有着落由者行也謂行事也知則知此所行之事之義也儒者動輒言理乃曰民可使之由于是理之當然而不能使之知其所以然則是由是理知亦是理吾不知理是何物且不知上之使行理者作如何使法不特民不能以理行實未聞唐虞三代有使民行理者此大荒唐也夫此一民字除學宮俊秀及士官師外即周官九職任民之民其事即九職任事之事如三農園圃百工商賈以及

虞衡藪牧嬪婦臣妾閒民皆民也三農生九穀園圃毓草木百工飭八材商賈通貨賄皆事也使之者則但使播種藝植而不告之以因天因地之情但使飭化阜通而不更導之以審曲面勢懋遷化居之意以祇使行事未嘗使知義也即或事可通教如以十二施教佐十二職事之所未備然亦只教之行事而不教以義如教祀事者祇使教祀典而鬼神之通不教焉教昏事者祇使教昏儀而陰陽之合不教焉何則一使知義則行不終行教不終教始必以論說緩行既而以疑慮儗行搆或錯誤或遷變則不惟不知而

終於不行是上之不使民知豈欲愚黔首哉豈慕四朝三哉寳揆之于民而有不可也

唐虞之際於斯爲盛

四書賸言曰往嘗聽講師唐虞之際二句謂唐虞才盛于周則于有婦人焉二句夾接不下必須添降而夏商皆不能及八字然後可接輙大憤懣天下有聖賢措詞如是闕落必需在傍者添脣補舌而後能達意豈可爲訓且此章前後亦頗難明旣貶周才忽揚周德斷流絶港故集註亦自知周章欲以三分天下一節另作一章而不知經之難通全在添出兩句誤

解聖言無他故也經本欲贊周至德而以才盛起之謂有如是盛才而猶不用以治亂至武王始有之非至德乎此本前後一串翻覆見意故舊儒謂唐虞兩代不如一周此正解也於斯爲盛猶言於斯爲美於今爲烈言今盛且烈也若曰盛于周則不特句例不合必添出八字而後可接下句於文例亦不合且世有五數盛于十數者乎是數例亦不合若謂聖有優劣兩不如一則先聖後聖並無低仰孟子定道統旣以禹與皐陶作堯湯見知之統隨以太公望散宜生作文王孔子見知之統豈有周召畢散諸大聖而忽

與禹稷皋陶分優劣者此眞小人之腹與論語立言之大旨又大不合何必如此

子路使門人爲臣

講錄曰夫子爲司寇門人多爲夫子臣者即臣于他大夫非主友之分然在夫子從政時諸子皆見爲屬大夫其同時統係其在也況夫子去官非見擯者則以卿禮葬夫子而門人爲臣比之主友漢儒所云君臣禮葬者亦無不可特此時無有一如近代在籍官喪葬之例非見任者故夫子不許要之子路非誕罔也其曰詐曰欺亦祇從有無二字責之原非矯詐欺

蔽有害天理而詎以不能致知誠意重訴子路夫致知誠意爲聖門下手第一層工夫曾子路升堂但未入室夫子親爲品題者而重訴至此豈聖言定有漏聖門必不肖耶何也

西河合集

蕭山毛奇齡字初晴又晚晴稿

蔣光朝廷翰 章度裴園較

聖門釋非錄三

平湖陸邦烈又超氏輯

季氏富于周公而求也為之聚歛以附益之

章泰占曰季氏富于周公此已然事冉有附益不過自為主友之義而証謂心術不明一似曖昧叵測有害本心之小人則失實矣然且責其急仕不能反身夫由賜之臣季氏皆在夫子仕魯之時夫子未必不知之觀其失位將之荆即先冉有在陳聞季氏復召

冉求即期以大用是夫子爲冉有急仕反過于其身而乃謂其不能反身此正相悖謬

子畏于匡章

集註何敢死謂不赴鬬而必死也胡氏曰先王之制民生于三事之如一惟其所在則致死焉况顔淵之于孔子恩義兼盡又非他人之爲師弟子者而已卽夫子不幸而遇難回必捐生以赴之矣幸而不死則必上告天子下告方伯請討以復讎不但已也夫子而在則回何爲而不愛其死以犯匡人之鋒乎

講録曰子畏于匡章極不可解向在廬陵講堂施愚

山少叅以畏匡命講坐客嘈嘈皆以胡詮告天子方伯赴鬬殉死爲非是唯廬陵鄉官張貞生長沙舉人王岱謂胡詮且置若赴鬬殉死恐未可盡非者而宜城高阮懷曰不然赴鬬必按實顔淵子身拳鬬耶抑以兵鬬耶且一手一足即有兵亦並無鬬理豈有聖賢肯自擲其軀者暴虎憑河顔淵定與聞也若謂師死則弟必殉之明知赴鬬必死且死亦無益然不憚棄擲則師弟赴死古無明據即忠臣殉君亦必期有益于君如比干諫諍甯俞橐饘類若君死亦死則自徒人費子車氏而外亦罕有聞者若曰復讐則天子

不為匹夫復讎上告天子下告方伯固誕妄不經之極且匡人讎也陽虎暴匡人而匡人報之是匡人讎陽貨陽貨且不得讎匡人夫子焉得以匡人為讎向使天子可告方伯可興師問罪則匡人有辭即殺陽虎亦無罪況誤傷夫子則無罪之中又且滅等顏淵此舉為鹵莽矣且解經須逐句逐字皆有着落顏淵既後則彼此違失其不相知儼然矣乃曰子在而不鬭淵何以知子在萬一不鬭而返而子已不在則將仍返故處鬭耶抑已之耶四座皆愕然且各起請阮懷解說阮懷曰吾唯不能解以有此疑也愚

山以問予予曰頃聞阮懷說肺腸洞豁然亦久錮于
儒說實于此際未曾理會愚山遂約同坐于次日講
次各陳已見以共析其義予于是晚飲次忽有會愚
山大喜遽名司錄者錄之次日示座客其說約畧見
後
此一聖一賢皆言必不可死者故各以不死爲言惟
恐誤死以貽誤天下後世而宋儒反言必死則直背
經矣大凡解經須從首句解起子何以畏匡以匡人
欲殺夫子也匡人何以欲殺夫子以陽虎曾暴匡匡
人以夫子貌類陽貨故欲殺也然則夫子可不死矣

聖門釋非錄　三

桓魋直欲殺夫子夫子且微服避之豈有匡人欲殺陽貨而我肯俯首就戮爲虎代死者生人最重守身不獲已而死必得死所如死君父死社稷死軍國重事大患大難未有無名而死者無名而死即謂之死于非命等之夫婦之死溝壑大爲學者所戒見此須識一畏字此是典禮中字有一死即獲罪過者盍畏者怖也謂怖死也既怖死即當悉力解脫以求一免死之道不幸而死則爲世擯斥不哭不唁而不齒于衆禮曰死而不弔者三第一曰畏而鄭康成即註曰畏如子畏于匡之畏則纔言畏匡便有萬不可死者

故前儒解畏有三一不解說而死謂不自白曰我非虎也一計無所出而死謂不徼服求逭避也一猥狠亡命犯觸而死謂不自量而鬬也三者皆與宋儒之說相反則悖義害理使先王禮意與一聖一賢問答精義皆掃無復存然且張大其說至于告天子告方伯彼此狂誕欲求聖道之不淪亡得乎

顔淵後子唯恐其誤死而劇喜其至故曰以汝爲死謂懼汝不察而死也子在者子不死也古稱不死曰在如父在父母在三國志使法孝直在是也故曰吾固知子必不死子見在也回則何敢草草以死此死

可自主故特下一敢字不然世有敢死並無有敢不死者

論語漢註與晉註俱不能解至唐韓退之且改死字爲先字此亦有疑于經文而反自坐改誤者宋人那昺作疏便妄下一斷字至胡註則不可問矣

宋儒皆不能讀經胡安國作春秋傳人知有胡氏而不知夫子則宜于春秋事實必了了矣今蒙稱胡氏不知是安國抑是其子然總屬茫昧即此畏匡亦並不知在何處莊子謂宋地史記謂衞地朱子謂陳地實是鄭地即定六年傳稱陽貨帥師侵鄭取匡一事

而彼此錯誤且此時天王雖在然並無告處春秋唯桓王曾伐鄭然反爲鄭莊所敗未有敬王敢伐鄭討匡人者況春秋無方伯齊晉雖更霸而晉襄以後齊且臣晉至是時則齊景衞靈魯定各皆叛晉晉午在本國已瞻顧不暇淵欲告方伯將以告誰吾不意胡氏春秋家乃毫釐不識如此

至胡氏所引民生于三事之如一唯其所在則致死焉十六字此本國語欒共子之言彼以曲沃武公伐翼殺哀侯而共子爲國君死難故作是言實則師比于友與君父降等其曰如一亦大概言之且共子之

父欒賓曾爲曲沃桓叔師傳故特重其詞所以舊註致死引檀弓服勤至死爲解不是身死則與下文報生以死相悖固不必然然死必有所必期有濟或臨難奔救生死未可知若師既死則無有隨之而死者欒共子死君非死師也

若復讎之禮則諸經所載各有定分據曲禮兄弟之讎不反兵交游之讎不共國師與友一類則言交游而師在其中然不共國與不反兵分作兩等若檀弓云兄弟之讎仕不同國則與交游不共國無分別矣乃周禮調人之職則直曰兄弟之讎不同國師長之

讎視兄弟則爲師長復讎者正當比兄弟一等雖身嘗備兵而但不同國與君父之不共戴天者有別卽旣成爲讎亦尙須量度時地無草草赴敵之理葢復讎期死敵不期死于敵者若在必死則曲禮又云父母存不許友以死淵之父顏路見在豈有輕身赴敵漫不知進退如此儒者無學問不善解經不知先聖先王典禮事實且又不知道理如此書其于報生復讎死異諸典禮固全然不懵然于夫子宜死不宜死顏淵宜鬭不宜鬭宜告不宜告與能鬭不能鬭能告不能告道理一概懵懵然則誣經何事矣

韓退之改死字爲先字則文氣稍順先與後對子以淵爲先行而不知在後故淵以子在不敢先答之然何以知子在且在字不得抵先字兇奔逃先後有何厚繫而記者記之此終是無識不能解經者

王百朋曰記論語者不曰子厄于匡如孟子厄于陳蔡之厄而兩記畏字則大禮大義即在此一字中矣乃不意千餘年後始得明白噫乎聖言豈終晦與

赤也爲之小　孰能爲之大

集註子路等所見者小　三子皆欲得國而治之故孔子不取

王草堂曰既言安見非共邦而乃曰治國爲孔子不取既曰赤也爲小孰能爲大而乃曰所見者小明與聖經相反何也故宋伯豐云三子在夫子無貶詞則皆許之矣而程子云夫子不與似相牴牾

李恕谷曰夫子原問事爲而詮謂規規于事爲之末原取三子而詮謂不取然且謂子路等所見者小何其僭聖言且輕于詆毀先賢若此

邦烈曰聖門所問如司馬牛問仁類皆于諸賢歷有微詞王草堂補詮每言之今不能遍及觀者但從此類推可也

四海之內皆兄弟也

詮引胡氏云子夏四海兄弟之言特以廣司馬牛之意意圓而語滯者也若聖人則無此病矣且子夏知此而以哭子喪明則以蔽于愛而昧于理是以不能踐其言爾

王草堂曰夫子曰敬其行修其禮千里之外親如兄弟子夏之言正出自夫子而謂意圓而語滯且謂聖人無此病此猶獄父強言事謂日必西出而日正在東亦可已矣乃猶憎其蔽于愛而昧于理夫朱人動輒言理吾不知夫子千里兄弟之言果蔽愛昧理與

否但就經論經祇解牛憂不得又牽他日喪明之事以并責之朱子自云讀書且就本文看不必又生枝節又云龜山解經常有牽纏的病如解苗而不秀就牽引揠苗其于本旨無所發明却外去生此議論又門人問惟恐有聞因舉子路數事以明之朱子便云今只當就子路有聞上考究不須如此牽二三說若牽二三說不如尊意要從此處學子路還只要求子路不是處其言之凌厲如此今但論四海兄弟而忽及喪明是曲求子夏不是也是不考究本文也是枝節也吾不意責人蔽愛而自坐蔽溺又如此

聖門釋非錄

又曰漢王克云子夏失明慮妄之言郎宋王伯厚明方正學韙亦有辨其未確者

文猶質也節

夫棘子成矯當時之弊固失之過而子貢矯子成之弊又無本末輕重之差均失之矣

講錄曰質不是本文不是末並無輕重等殺自楊時誤解質文引禮器甘受和白受采忠信之人可以學禮爲証遂疑質是忠信文是禮誤以本質之質作質文之質向使質是忠信則文不當勝忠信文是禮則質又不當勝禮相勝且不可何况相去朱子既引楊

說于質勝章疑爲質是本文是末此原是誤而此竟直稱質爲本文爲末此猶誤認逢丑父爲齊頃公此造文間耳乃竟稱丑父爲齊侯則直自坐誣罔之極而反訾子貢爲失本末亡輕重聖門之寃展轉沉溺從此不可解矣

朱鹿田曰文猶質節在註多添補語實俱不必文猶質質猶文不必添不可去三字以相等則自不得相去不待補也若去文存質一語則卽在虎豹之鞹中見之不必在虎豹何上文添一語虎豹而鞹則與犬羊鞹何異煞是明白

章泰占曰以皮爲質以毛爲文則毛生于皮疑此質字是本質之質不如非也皮與毛只是質文其本質之質全于虎豹犬羊四字内見之如朝廟之禮其本質是虎豹草野之禮其本質是犬羊與皮毛無涉

又曰註中君子小人以在位言正指虎豹犬羊其所云辨亦正辨在此若云君子是文小人是質則必以毛屬君子以皮屬小人大無理矣

居之無倦行之以忠

子張少仁無誠心愛民故告以此

毛述齋曰此本言爲政之道如是而動詬先賢則于

告爲政本意反虛郄矣且子張何至無誠心者勿輕訴也

王草堂曰聖人答問必因其所問之事所問之義未嘗答其人也如必因人作答則告顏淵放鄭聲遠佞人豈淵曾喜淫且好佞耶益戒舜曰罔游于逸罔淫于樂不必舜曾有淫佚也况居心行事正爲政要務而必爲因病發藥之言自程氏譏其無誠心後龜山便云難能則難繼范祖禹謂其外有餘而内不足朱子又謂做到下梢無殺合不幾議之太過乎

先事後得非

崇德與節

樊遲粗鄙近利，故告之以此。三者皆所以救其失也。

王草堂曰：論語問仁者，顏淵、仲弓、司馬牛、子貢、子張、樊遲六人；問崇德辨惑者，子張、樊遲二人；問知者，無有也。兩問知，三問仁者，更無有也，惟樊遲能之，可謂切實爲己，聖門之高弟，不可多得矣。而集註云「粗鄙近利」，語類云「鄙俗粗暴」，何爲也？尹和靖云：學者之問也，不獨欲聞其說，又必欲知其方；不獨欲知其方，又必欲爲其事。如樊遲之于仁知，既問於師，又辨諸友，當時學者之務實如此，則未嘗粗暴也。若以其曾請學稼故云，則邢昺云：遲請學播種之法，欲以教民也。

謝上蔡云遲學稼圃將以為民非役志于自殖財貨則未嘗近利也若以夫子稱為小人而疑之則朱子亦云小人謂細民非與君子相反之小人明矣至于雙峰文懿輩徒知依傍門戶闡發朱子而不于樊遲生平略加審度反經叛理饒有論議亦何為哉

李恕谷曰樊遲留心仁知必不俗鄙清之役樊遲為右冉有謂其用命且遲請三刻而踰之必不粗暴見義利者君子小人分途豈可以近利妄加之聖門諸賢耶且遲佐冉有以入齊師左氏載夫子之語明曰義也則義利之分在夫子有定鑒矣又何譏之過哉

請益曰
無倦
王草堂曰集註謂子路始勤終怠不能持久故救其勇躁之失則夫子何不早告之以無倦必待其請益而始教之也倘子路不請益則其失又何從而救之

衛君待子而爲政章

集註出公不父其父而禰其祖　胡氏曰蒯聵欲殺母得罪于父而輒據國以拒父皆無父之人也夫子爲政必告諸天王請于方伯命公子郢而立之則名正矣子路不喻故事輒不去卒死其難徒知食焉不避其難之爲義而不知食輒之食爲非義也

講錄曰此又誤責子路矣衛君未嘗不父其父也又未嘗拒父也夫子之言正名又並未嘗正此祖孫父子之名也從來立君之法一依昭穆必不得已而偶有移易則七廟五廟隨所遷入而稱名不易如太甲繼成湯爲君則已越太丁一代矣然仍父太丁而祖成湯商書稱祗見厥祖是也桓王繼平王爲君則已越太子洩父一代矣然仍父洩父而祖平王召南稱平王之孫以王姬即桓王女弟是也則不父其父本不讀書之言若其云禰祖則以七廟五廟不爲君者不得入禰廟無太丁而祇有成湯則湯固當在禰廟

然而禰不是父禰者親也商書作昵不過四親之稱已耳故國君出疆與軍興辭廟雖必載禰主以行而實則禰用祧主不用父主以祖禰混稱原無分別且亦正惟禰廟之禰不定是父故此廟雖是父廟而但以禰字混之如必以禰祖爲嫌則世有以叔禰姪兄禰弟者祖父之名何由得正故不父其父而禰其祖八字係儒者臆說並非禮文也且正名者正名實非正名分也三代有正名一大政事肇于黃帝而流行于春秋戰國之間如所稱名家書名家者流在鄧析尹文子鬻子荀卿輩皆言之夫子或鑒于近代稱名

失實之故且亦有憾于衛君拒父之名思一雪其義
而子路不察反謂之迂若正名分則祗一宗伯宗有
司之事幾有國君待之爲政者而僅出于此至于拒
父則更不讀書之言大非學者所宜道也衛靈與齊
景會定恨晉之凌踐三國視爲臣屬故同盟叛晉而
蒯聵以得罪國母奔事晉鞅與父爲讎反助之攻齊
衛以致衛靈身死屍尚未葬而晉鞅與師襲衛納蒯
聵則以讎師襲國加之伐喪雖有父在軍亦所必拒
乃衛君未嘗一拒聽其入戚至次年之春齊景公遣
師拒晉而後衛遣師從之故夫子春秋大書齊國夏

衛石曼姑帥師圍戚而不及衛君然且以齊師爲主一如援兵在他國者不惟不拒父卽晉亦何嘗得拒而首從緩急書法昭然夫子未嘗不惡晉之惡恨瞶之逆而傷衛君之不幸也乃不讀書者並不知衛晉興師所爲何事而洵口狂言又欲上告天王下請方伯立公子郢以正名分夫春秋無方伯初以齊爲伯主旣又以晉爲伯主而晉襄以後則立齊魯衛朝貢之式貶作屬國故齊衛與魯發憤叛晉而衛靈卽以是役身死則欲請告晉侯以立子郢而其所告者正衛靈所累伐累戰之晉午趙鞅昏頭暈腦吾不意講

道論世詮經立教者而一至于此若夫仕衛食輒果屬非義則夫子何難一言沮之師弟貴告誡未聞旁觀袖手一任孺子入井者况孔子于衛靈爲際可之仕于衛輒爲公養之仕是待子爲政則子未嘗不仕也陋儒何足以知之

朱鹿田曰衛君惟不拒父故終及孔悝之亂若子路爲孔氏臣原非仕輒但不幸而亂出自孔氏耳要之子路大義皎然即其死夫子何嘗不惜之

樊遲請學稼章

集註楊氏曰樊須游聖人之門而學稼圃焉志則陋

矣辭而闢之可也待其出而後言其非何也蓋于其
問也自謂農圃之不如則拒之至矣須之學焉不及
此而不能問不能以三隅反矣既出而懼其終不喻
也求老農老圃而學焉則其失愈遠矣故復言之
講錄曰聖門最苦是樊遲纔一啟口非受譏罵即被
譏訕而寃其罵之訕之者仍自坐不能解經厚誣聖
賢如此樊遲之請既罵以志陋決當斥闢又謂夫子
後言惟恐其不能喻夫子之意眞向老農老圃而就
學故使之知之則直視遲爲下愚木石無人理者矣
亦思如此陋志且將辭聖門而入田舍則遲身爲民

乃反告之以民之必從一似遲之學稼欲使民從已者然且不止從已既三告以民不敢不又申之曰四方之民亦襁負俱至一似遲之學稼將欲近招遠來不使一民不歸已者如此而不愾然省豁然悟則眞下愚木石所謂不以三隅反者不在樊遲在已身矣且遲請學稼非用稼也夫子曰焉用又一似四方民至但用彼而不用此者苟非陋志則卽此一字亦當有三隅之反兄遲在聖門夫子親許其善問卽孟孫問孝夫子藉遲導其意而謂遲疑不及此又謂遲不能問歷呼其名而謾罵之又譏訕之此何說乎漢儒

原云遲思以學稼教民蓋懼末治文勝直欲以本治治天下一返后稷教民之始其志甚大惜其身淪于小民而不知也此遲有大志而夫子抑之且仍以大者告之四方之至非大夫以下事也陋儒不解也

小人卽農人尚書知稼穡之艱難則知小人之依高宗少居民閒曰爰曁小人時遲思以身教故夫子自謂不如農人且稱遲爲農人要知遲此一請有啟戰國時神農並耕西秦令墾之意其所繫大矣

旣學農又學圃者周官以九職理萬民此政治大節自三農外原有園圃虞衡山林沮澤原隰諸職治當

時任地力務開舉算地來民有不重農畝而專任五土與五物者故又及此

無欲速無見小利

邦烈曰子夏欲速見小利不見經傳不知何故云藥子夏之病王草堂引胡明仲說謂此本天下後世爲政之法汎言治道斯爲得之

今之從政者何如

王草堂曰集註謂子貢之問每下故夫子警之豈子貢此問意欲爲今之從政者耶何視子貢之卑也若斗筲警子貢則瑚璉之許夫子爲失言矣

邦烈曰集註謂子貢將欲爲皎皎之行聞于人者故夫子告之以篤實自得之事則與夫子所言正柄鑿相反夫子明尚事功特以使命不辱者加于篤實自得之上此不特不藥子貢之病反于子貢有就其所長而加勉之意聖言具在三復便曉也乃謂欲裁其皎皎之行則孝弟忠信皆非皎皎者毋巳得毋斗筲是皎皎耶

西河合集

蕭山毛奇齡字秋晴又字初晴稿
徐東曼倩
田易易堂較

聖門釋非錄 四　平湖陸邦烈又超氏輯

憲問恥子曰邦有道穀恥也

王草堂曰原思之在聖門亦表表者集註謂憲之狷介其邦有道穀之可恥則未必知大全謂其小廉曲謹濟得甚事語類謂其只是一个喫菜根的人一事也做不得則以思爲無用之人小看極矣不知夫子當日何以使之爲宰豈夫子知漆雕開之可使子羔

之不可使而獨不知思且又不知朱子何以便知其
一事做不得然且大全又謂其學未足以有為不免
于素餐之媿則夫子嘗曰何以與粟九百不聽其辭
强迫之素餐而思則又預知于五百年後必有譏其
素餐者而寧喫菜根必辭九百真不可解昔汪信民
云人咬得菜根則百事可做此一語胡文定賛之司
馬溫公述之朱子又採入小學善行篇而獨于思則
雖咬菜根亦做事不得且宋儒極抑聖門而于此節
則原情者多如范淳夫謂原思不受非分之祿能事
斯語故以告之尹和靖謂原思甘貧守道可以語此

尚皆和平然則朱子刻薄矣

今之成人者何必然節

集註引胡氏說謂今之成人以下乃子路之言盖不復聞斯行之之勇而有終身誦之之固矣

講錄曰此聖賢尚事功重材幹與子貢問士章之重使四方子路問仁章之獨許管仲一例故此將謹信自守之士特抑一段曰今之成人與問士章之特抑言行信果者爲硜硜小人問仁章之特抑致身殉死者爲匹夫匹婦亦是一例盖聖賢最忌是自了漢明德不新民成已不成物獨善不兼善非聖道卽非聖

學故徐仲山曰予讀硜硜小人節而疑之及讀今之成人節而又疑之至讀匹夫匹婦節始豁然然猶疑曰何以孟子獨恥言管仲至讀功烈如彼其卑何則又快然曰聖賢重事功孟子之薄管仲過于夫子之尊管仲以爲事功甚重不當止此也今通解論語并通解大中孟子而于此節仍徘徊瞻顧首鼠不决而胡氏且故以今之成人爲子路所言此在前儒並無此說引此已自無理然且借子路以膌侵夫子謂爲此言者不復問斯行之之勇而有終身誦之之固向使此言果出子路在評者亦屬疑義並不宜輕口訾

瞽兒明是子言則直詬夫子矣苟稍知聖道知聖學亦必不至此

邦烈曰觀此節則宋儒譏由求急仕薄諸賢言志兵農禮樂爲所見者小皆與聖學繄相背處不可不察

豈若匹夫匹婦之爲諒也節

集註程氏曰桓公兄也子糾弟也仲私于所事輔之以爭國非義也桓公殺之雖過而糾之死實當仲初與之同謀遂與之同死可也知輔之爭國爲不義將自勉以圖後功亦可也故聖人不責其死而稱其功

若使桓弟而糾兄管仲所輔者正桓奪其國而殺之則管仲之與桓不可同世之讎也若計其後功而與其事桓聖人之言毋乃害義之甚啟萬世反覆不忠之亂乎如唐之王珪魏徵不死建成之難而事太宗可謂害于義矣後雖有功何足贖哉

講錄曰此直面叱夫子矣夫子許管仲之意是重事功尚用世以民物爲懷以家國天下爲己任聖學在此聖道亦在此而陋儒無學讀盡四書經文並不知聖賢指趣之何在斯亦已矣乃復不契夫子之說特變亂其事謂子何以許管仲因桓公是兄子糾是

弟故管仲可以相桓而召忽不可以死糾則是兄有
君臣弟必不可有君臣兄可繼國弟必不可以繼國
其爲說固已雖通然且桓公實是弟子糾實是兄正
相顛倒而乃曰設使桓是弟糾是兄則夫子此言毋
乃害義之甚啟天下萬世反覆不忠之亂是害義者
夫子也啟亂者夫子也開天下萬世反覆不忠之禍
者夫子也夫子自此不容于天地間矣
春秋傳齊小白入于齊杜氏註小白僖公庶子公子
糾小白庶兄也
公羊傳曰齊小白入于齊簒也穀梁傳曰不讓也以

糾兄白弟故也

史記襄公次弟糾次弟小白

管子大匡篇齊僖公生公子諸兒公子糾公子小白

又曰鮑叔傅小白辭疾不出以爲棄我因小白幼而賤故也

莊子盜跖篇昔者桓公小白殺兄入嫂而管仲爲臣

荀子桓公殺兄以返國又曰前事則殺兄而爭國

韓非子桓公五伯之主也爭國而殺其兄

越絕書（非今本）管子臣于桓公兄公子糾

說苑尊賢篇將謂桓公仁義乎殺兄而立非仁義也

又鮑叔曰昔者公子糾在上而不讓非仁也

尹文子齊人弑襄公立公孫無知而無知被殺二公子爭國糾宜立者也小白先入故齊人立之

漢書薄昭上淮南王長書引荀子齊桓殺兄以返國一句改兄字爲弟字韋昭註曰以漢文是兄忌諱故也

自春秋至漢無言白兄糾弟者唯薄昭改一字而註又明白吾不知宋儒所據是此一字否夫明明改字明明見之本書之註而但見此一字不識荀子不識韋昭之註是謂鹵莽不讀書旣讀之而故據此改字

以大詬夫子是謂狎聖人侮聖人之言
四書賸言曰投鼠當忌器即夫子言稍有礙亦當耐之不應盡情一氣作里巷詬誶失儒者從容氣象況已實無理實不讀書不識桓糾長次顛倒人倫序而乃以若使桓弟而糾兄一氣作六十三字詬厲夫子越千百年無問者不亦悲乎
況其以管名是非定唐王魏之得失又大無理者管仲鮑叔各輔一公子因各奔出奔以避內難此與王珪魏徵不死建成之難而臣事太宗正相比例此時唐高祖未嘗命二臣各事一主作君臣也先入爲君

何讎之有若荀息之冤則奚齊卓子君也息奉而立之臣也此又未可與紂忽同年語者

以吾從大夫之後不敢不告也

集註程氏曰左氏記孔子之言曰陳恆弒其君民之不予者半以魯之衆加齊之半可克也此非孔子之言誠若此言是以力不以義也若孔子之志必將正名其罪上告天子下告方伯而率與國以討之至于所以勝齊爲孔子之餘事也豈計魯人之衆寡哉

胡氏曰春秋之法弒君之賊人得而討之仲尼此舉先發後聞可也

講錄曰此又借左氏之言以責夫子更爲可怪夫左傳有哀公問曰魯爲齊弱久矣子之伐之將若之何則公問强弱自當以强弱之形告之未有國君俯首商酌而但曰義義不爲正對者且審强弱計多寡知彼知己正聖人廟堂制勝一大經濟所當極力講求者若祇義字則在陳恒弒其君請討之八字上已備見之不然隣國弒逆夫子無討賊責也至于上告天子下告方伯則論語凡三見有三可笑者一則顏淵復匡人之讎而告之此則顏淵不直當坐誣告何則匡人非夫子讎也陽虎暴匡人而匡人讎之即殺陽

虎虎不得而讎匡人兇夫子爲虎誤死是死于畏者畏則夫子且有罪何言讎也一則夫子將正名黜蒯聵公輒立公子郢而告之則必將殺公輒逐公子郢罪夫子而立蒯聵何則晉定公以方伯遣趙鞅帥師納蒯聵于衞之戚邑而齊衞共拒之鞅不得入衞聵不得爲衞君正抱虒虒而夫子此請不幾手內衞國君臣入虎口乎且晉衞世讎自衞靈一叛晉而晉之伐衞終定哀之世無虛日焉夫子此一請不惟害衞君臣卽從此亡衞國未可知也何喪心病狂作此語也一則爲討陳恒而告之夫恒之弒君在哀十四年

前一年吳已長晉爲諸侯之伯周王稱伯父魯君稱吳伯是方伯者吳夫差也宋儒最詬吳子主會謂蠻夷而主中國之會爲非禮侃侃然引漢宣位單于在諸侯王上之失策以折夫差而今乃南奔而請告之是自坐非禮且失策也又況吳伯還國旋被越寇夫子此告未必能應若轉而告晉則齊魯叛晉已久朝貢之絶將踰十年萬一伯主興師不討逆而先討叛將何禦之是三告方伯實狂獗稚子之言而儳截傳末聖經之耻也然且胡氏父子論經論史而于此事竟責夫子以先發後聞妄論春秋弑君不一在他國

討賊並無此例而郎以人事度之夫子以致仕之老且七十餘歲手無寸鐵家無宿糧門弟子未必在側郎在側亦裒衣博帶不可爲兵焉能先發還問胡氏父子當南渡之時若責大義則君父之讎有甚于隣國之弑君者且父子俱仕王朝與權臣秦會之相薦引頗有聲援何不與一旅之師先發後聞以伸大義于天下若謂敵國叵測不可猝往則以義不以力安計勝負請自審之

何爲其莫知子也

王草堂曰夫子要示子貢便明白與説何必發嘆以

卷四

啟其問若惜子貢未達則宋儒去聖門久遠何由知之

事其大夫之賢者　友其士之仁者

王草堂曰子貢悅不若己者雖出自家語說苑然此處並無此意尊賢求友是爲仁取資之要事何必又以此責之

當仁不讓于師

集註仁者人所自有而自爲之何遜之有又補救曰爲仁在己無所與遜若善名在外則不可不遜

講錄曰當仁有二解一是相値謂適相遇也一是相

亦謂擔當也未有人心而適相値者且未有人心而可擔當者此當者事也孔安國曰當行仁之事也過行仁之事或擔當其事則雖師不讓以其急也今曰人所自有曰在已則仁字且不認淸焉得補救兄善名在外不知在外之善名是何物請解之

性相近也習相遠也惟上知與下愚不移

集註此言氣質之性非言性之本也人苟以善自治則無不可移雖惛愚之至皆可漸磨而進也

講錄曰夫子罕言性至此專下一性字安見便屬氣質祗因儒者認性不淸但恐相近與孟子性善有礙

故將此性字推降一等以補救之不知相近正是善謂善與善近雖其中原有差等堯舜與湯武不必齊一然相去不遠若是氣質則如禮記所云剛柔輕重遲速異齊不待習而先相遠矣

近儒有言無氣質之性者如沈峻門云氣是氣質是質烏可謂氣質之性此在宋儒原不明白或問朱子氣質之說起自何人曰此起于程張某以爲極有功于聖門有補于後學是朱子亦鶻突但見程張有此語而程張則弟襲前人所言不著所始因之附程張者以爲功而反程張者即以爲過總是盲瞽不知此

在經有之春秋子太叔述子產語謂民有六情生于
天之六氣必哀樂不失乃能協天地之性而通論有
云人同五方之風氣以成性此氣性也禮器禮釋回
增美質註質即是性人有美性惟禮能增益之而董
仲舒對賢良策曰性者生之質此質性也則是性近
之性即性善之性家語所云形于一謂之性而上知
下愚不移始指氣質之性言即王制所云五方之民
各有性不可推移者蓋合陰陽水土之氣與父母血
肉之質如周禮丘陵專長原隰豐庳中庸南北方強
弱以及春秋楚越椒晉揚食我之始生而即知其淪

滅者總是氣質特是氣質亦尚有可移之處而獨此氣質中又得其最濁而最濁者則不可移易此正如公都子所謂以堯爲君而有象一類乃程子又復以習當之謂下愚非性惟放心而不知求故其習愈下則又是習矣習可相遠焉得不移且移者以習移之也若習是上知下愚則此移之者又是何物

乃宋儒昧于言性反言孔孟言性未備孔子只言氣質之性孟子只言本性皆須補救嘗謂孟子自解性善有二一以舜我比較正指相近而且以有爲若是授其權于習一以善屬情不善屬才則分善不善而

而以求得舍失至倍蓰無算爲習之相遠則是性善二字竟包性相近習相遠六字爲言孔孟一轍何曾未備然且孟子既闢食色之性生之爲性而又自增一耳目口鼻之性曰性也此與生性食色之性何異蓋天地生人有仁義禮智之性生于內即有耳目口鼻之性生于外生內生外皆天所生則皆天之性特告子謂仁內義外且謂牛犬皆同性則不可耳故樂記曰人有血氣心知之性血氣即氣質之性心知即生性謂知覺運動也而少儀以體偪者爲直性子產以聲勇爲小人之性是以王制司徒必脩六禮以節

民性而孟子直曰忍性此背性也是孟子言性不一其解性善亦只舍不善以求其善而儒者無學自性善外不敢別出一性字稍及不善便謂之異端得罪名教而性昧矣吾但以君子不謂性概之祗存一本性而諸凡性字則就其所見而各予以名如生與食色則尚書惟天生民有欲易飲食人之大欲此欲也雖曰性之欲然不謂性若有性善有性不善此正氣質之性所云知愚不移者然究是氣也質也可不謂性也至于可以爲善可以爲不善則直是求得舍失之習雖習與性成亦以習見性然究習也即不謂性

質也非性也

子如不言則小子何述焉

子貢正以言語觀聖人者故疑而問之

王草堂曰子貢居言語之科誠有之矣若云以言語觀聖人出自何書

天何言哉

此亦開示子貢之切惜乎其終不喻也

王草堂曰子貢問而夫子答極其明白子貢焉有不喻之理不知集註何以知其終不喻而且惜之君子名之必可言註云子路終不喻上好禮註云樊遲終

不喻俱未必然蔡虛齋云子貢後來聞性與天道如何說終不喻

君子尊賢而容衆至末

集註子夏之言迫狹故子張譏之但其言亦有過高之弊大賢雖無所不容然大故亦所當絕不賢固不可以拒人然損友亦所當遠

章泰占曰此亦首鼠語大凡立言有旨子張之旨以賢不賢爲斷未有賢而不擇友者亦未有不賢而反可招損友者此固不必又搓挪也惟子夏過峻故子張廣之若仍然首鼠既云尊賢而容衆又云不可者

拒之既云如之何拒人又云不可者拒之則子夏之迫狹不必譏而門人特記子張之言反參乖矣註經者不能達言者之旨而動輙吹索亦何必爾爾

小德出入可也

王草堂曰說文云德者升也徐氏註內得于心而升聞于外曰德既曰小德則非未盡合理之謂矣子夏豈不知不矜細行終累大德而猶爲是言亦曰德自合理既不踰閑則雖有出入未嘗不在閑之中故曰可也集註引吳棫之說而謂其有弊亦苛刻之言

李恕谷曰註疏小德大德以人言此本孟子小德役

大德語

子夏之門人小子章

集註程氏曰灑埽應對便是形而上者理無大小故也又曰聖人之道更無精粗從灑埽應對與精義入神貫通只一理雖灑埽應對只看所以然如何又曰凡物有本末不可分本末爲兩段事灑埽應對是其然必有所以然又曰灑埽應對上便可到聖人事

講錄曰宋儒從二氏授受篡據聖門要以華山道士河洛壽涯僧太極認作道學實于聖學首功如何下手聖道究竟如何歸結所云忠恕一貫者全然不曉

如此章灑埽應對童子之學也末也誠意正心忠恕一貫大學之道也本也子夏門人中之小子只須事灑埽應對之末而子游責以誠正之本則躐等故子夏告以先後區別不可誣罔自非聖人未有本末兼到者其言極淺近極明白然且聖道聖學要認清楚聖道由誠意正心而至成己成物以忠恕爲一貫而聖學則祇在誠意二字以止善去私行強恕而馴致于道其所云本則祇大學之始事也大學所謂物有本末是也所云末則又童學中始事也鄭康成少儀註所謂小學之支流餘裔是也故以大學言之則誠

正是本治平是末祗以學言之則誠正是本灑埽是末至于聖道則但在大學之中而灑埽應對進退絕無與焉

蓋灑埽是童學並非小學小學在公宮南之左是虎門之學太師教以六書而民間俊秀皆不得與故小學並無灑埽應對進退以天子之子諸侯公卿大夫之適子俱不埽地不將命不侍坐長者故也乃朱子不識聖學首功是誠意妄以格物爲始事而二宋儒說又多以涵養用敬爲入門第一義遂依回遷就強坐灑埽應對爲小學謂古人自小學中于灑埽應對

時已涵養純熟持守堅定故入大學時便能窺聖蘊
性作格物功夫則不特涵養持守其在灑埽時即純
熟堅定孩提小子過于有始有卒之聖人此必無之
事而且末即是本在子游抑末也本之則亡固不通
而始即是卒將子夏之或先或後教學區別諸諄諄
皆多事矣豈兩賢俱不是聖門弟子並無一知學者
與
乃程氏數說則又與朱子之說有異朱子尚云灑埽
應對須用涵養須用持守而程氏則直云灑埽應對
即是形上即是精義入神即是聖人之事無精粗無

本末無大小則祗一灑埽應對而明德新民治平絜矩中和位育至誠至聖皆具焉聖學聖道從此大亂大亂矣夫所謂一貫者非謂灑埽可貫誠正也謂誠意正心成己成物由聖學以至聖道本一串也所謂不分兩段事者非謂小子之事不分聖人之事也謂明善誠身參天贊地從聖道以溯聖學無容兩分也若灑埽應對則明明與大學中事絕流斷港安得一串又安得不分兩段兒立言須有着落謂灑埽應對即是形而上者夫形而上者謂之道形而下者謂之器語出易繫然其所爲形者即物也灑埽不是物固

非形下之器然亦安所爲形上安所爲道若應對則并形亦無之何有上下然且並進之爲精義入神吾不知孰賓汎帚有何神義即灑而埽之其得進于義之精而神之入端是何故據云事有其然有所以然其然者事也所以然者理也今事在灑埽則其理不過糞地而已事在應對進退則其理不過侍賓長執役使而已而謂有精義得聖人之事實未之聞況其然所以然在六經與聖賢口中並無此言即使儒者創說亦當彼此盡一此言灑埽應對當下便得所以然精義入神而夫子四十不惑但知事物所當

然必又加十年至五十而始知其所以然何矛盾也夫儒者學問隨行隨知行禮便當知禮因人性行樂便當知樂本人心見既知當然則必先知其所以然何則士與民不同欲教孝弟則必先申之以孝弟之義非若民可使行不可使知也且所以然亦即在當然之中無界限也十年知性而不知性本于天十年知天而不知天命之有不已則其所謂知當然者仍是未知所云不惑者仍大惑也

見事理二字亦創自儒說然總自認不清如君子之道費而隱以費爲用以隱爲體又以費爲事之當然隱爲理之所以然使

隱是體耶則聖人不知不能舉全體言夫婦費而聖人隱不可也以隱爲理之所以然耶則當然之事應屬行所以然之理應屬知謂聖人不知所以然之理固難通謂聖人不能所以然之理尤不可通也至于民可使由不可使知則由是行其理之所當然知卽知其理之所以然知行俱是理大瞀亂矣

更可怪者其云洒掃應對是形上之道此卽二氏所云塼塊皆道理已怪極矣乃其論太極又謂一陰一陽是形下之器則直黑白反背首踵倒置與洒掃屬形上者又適相反若云天地間事物皆是形器必別

有所以然在形器之外則一陰一陽正天地之所以然何則立天之道曰陰與陽陰陽者即天地所由立也若云陰陽又有所以然則鬼又做鬼神又立神昔有云臧三耳雞三足者謂兩耳兩足外一耳所以聽一足所以行也今聽又所以聽行又所以行則四耳四足不至千百不止矣況形器與道並不是其然所以然之謂器之未形必有所以生物而爲之道者道之既形必有所以成物而爲之器者此以易生八卦推言之故崔憬以圓蓋方軫者屬器以養始養生者屬道正以陰陽之道與天地之器自相上下即朱子

亦云天以陰陽五行化生萬物氣以成形明云陰陽生萬物而然後成形及論太極乃云使陰陽是道則所謂形而下者更是何物則直以陰陽爲形下直以陰陽爲非道將夫子所謂見乃謂之象形乃謂之器一陰一陽之謂道者一語埽盡何說之變幻百出一至于此

喪致乎哀而止

集註而止二字亦微有過于高遠而簡略細微之弊學者評之

李恕谷曰孔安國云此言毀不滅性謂治喪者遇盡

哀即止過此即滅性矣其所云止是止哀非止禮文也集註以爲哀不尚文飾而坐子游之失何以孔門諸賢無過而必加以過如此

難與並爲仁矣

毛遂齋曰並爲仁與輔仁不同輔仁則資之而已並爲仁有同造作一施仁之事而子張夸大難近故難與共事不然天下無有求仁在身而可兩人共爲之者堂堂亦不是容貌之飾說見論語稽求篇

西河合集

蕭山毛奇齡字晚晴又老晴稿

王崇炳虎文　唐彪翼脩較

聖門釋非錄五　平湖陸邦烈又遴氏輯

傳不習乎

集註謝氏曰諸子之學皆出于聖人其後愈遠而愈失其真獨曾子之學專用心于內故傳之無弊觀于子思孟子可見矣

講錄曰此論語開卷記曾子傳道之言乃就其三者按之皆為人之學其所云傳不習乎者舊註謂以我

之所學傳之于人得無非素所服習者乎與上文爲人謀與朋友交一類朱子恐其有流弊于爲人謀與朋友交絕不註一字但曰盡己之謂忠以實之謂信而于傳習則一反舊註曰傳謂受之于師習謂熟之于己其用心補救可謂密矣殊不知曾子三省正一貫忠恕之學與大學絜矩中庸成物子貢能近取譬孟子强恕而行互相發明總只去自私自利之念使人己之間了無間隔此實聖道聖學四書開手一大領要而讀其書而不能覺則亦已矣乃又曲爲救弊譏摘忠信二字謂忠信是傳習之本竟忘却忠字上

有爲人謀而不五字信字上有與朋友交而不六字殊屬可怪然且痛貶聖門特引謝顯道語謂學愈失眞傳之有弊單借曾子子思孟子三人以詬詈其餘而看書不明錯引顯道語以倒戈攻已夫顯道之所謂傳者謂傳之于人卽子思孟子是也此舊註也朱子旣以傳爲受之師習爲熟之已一反舊註而乃引一傳子思孟子之一本舊註者以爲之註是看人文字全不明白卽自戕亦不得知而以之註經可乎

信近于義節

集註言約信而合其宜則言必可踐致恭而中其節

則能遠耻辱不然則因仍苟且之間將有不勝其自失之悔者矣

講録曰此正言信恭因人之無弊以勸學者而註者反慮其有自失之悔于以補救一似有子所言必與註反孝弟必不是仁本信恭因人必不當遠許其近義近禮與不失其親是必反言以救其弊昔人謂有若之言似夫子殊不似矣不知註書當讀書文且亦當讀書本文曰信則近義以其言之可復也恭則近禮以其耻辱之遠也因則不害其可親以其亦可爲宗主也是本文明順何曾有弊白一反其言而轉覺

弊生夫恭信美德也惟誦美德故恭非禮而近禮信非義而近義若救弊則必曰合義曰中禮何得云近近者幾及之詞誦美則有餘救弊卽不足也且信者踐言之名也信惟踐言故近義未有信近義而始可以復言者從來非義之信言亦可復尾生踐言者也如謂非義復言卽是不可則又義可復非言可復矣至于恭近禮而耻辱始遠則尤不驗之言夫所謂恭不近禮非謂其不恭也謂過恭也足恭者耻之巳耳辱于何有辱者侮也不曰恭則不侮乎況足恭之耻亦君子觀之則然若以恒論則但一恭字不問其足

與不足而總無恥辱夫子所云恭以遠恥是也幾見遜恭而恥辱且齊至者乃于此而讀他書則禮記坊記子曰恭近禮儉近仁信近情直言恭信美德近情近禮與本文正同是有子此言原述子語不止似夫子而猶欲救弊聖經皆弊詞矣幼時聞註解疑其拘曲後讀孟子盡其心註又疑其顛倒從來者也詞例皆以也字作伸縮之詞何至顛倒拘曲如此後每讀經傳欲求如此例並不一見試與有學者証之

賜也何如

集註子貢見孔子以君子許子賤故以已爲問

隊自曾曰此與上子賤章並無干涉託者偶並列之耳邢昺疏集解疑公冶南容子賤三章並列而忽及此節謂子貢見夫子歷說諸弟子不及于己故問之此可笑之甚者聖門雖猥陋必不至此此又何所見而單承子賤却去二賢試亦解之

能近取譬可謂仁之方也已

集註呂氏曰子貢有志於仁徒事高遠不知其方孔子欲以於己取之雖博施濟衆亦由此進

講錄曰施濟非高遠即大學親民中庸成物孟子萬物皆備中事取譬非借境即大學絜矩中庸不願勿

施孟子強恕而行中事此聖道一貫聖學一言而終身行實地指出子貢之繼曾子而聞道全在此也朱子于忠恕一貫則曰借盡己推己之目以著明之而于此則又引呂氏說謂徒事高遠不知近取則視施濟求仁爲兩截事又謂雖博施濟衆亦由此進則視施濟近取爲各一邊事然且自爲說曰能近取譬如釋氏說如標月指月雖不在指上亦欲隨指見月須恁地始得是仍作借境覩矣夫忠恕是借此又借乎是于聖道一貫聖學之一言而終身行全未曉也宜乎以施濟爲高遠也

聖學防微云朱元晦解能近取譬旣引圓覺經修多羅教如標月指日須恁地始得久之云二三子以我爲隱乎吾無隱乎爾昔有問話于一僧僧指花曰是甚麽其人曰花也僧曰吾無隱乎爾此不是他無見處但說得來粗了此是何行徑是何解說豈能近取譬又如佛家所云無處非佛者耶豈夫子說粗必藉佛說救正之耶

其言也訒斯謂之仁矣乎

集註楊氏曰觀此及下章再問之語牛之易其言可知

四書集註補曰楊氏以兩次再問爲牛之易言非也聖門問仁已不可多得牛既能問而又直窮到底正切問明辨烏可少之子路問君子兩問如斯而已乎亦易言耶

必也使無訟乎

集註楊氏曰子路片言可折獄而不如以禮遜爲國則未能使民無訟者也故又記孔子之言

王草堂曰片言宿諾原是一章故連類記及此節何與乎兒子路生平夫子稱之甚至如曰由也果於從政何有又曰千乘之國可使治賦故四科之列直以

政事許之、若其治蒲則駸駸有無訟之意如曰恭敬以信故其民盡力忠信而寬故其民不偷明察以斷故其政不擾此于無訟何減而乃以一時率爾之對稍失遜讓遂定其終身耶

勿欺也而犯之

集註犯非子路之所難也而勿欺爲難故夫子告以先勿欺而後犯之

講錄曰子路生平以不欺見稱故小邾射以句繹奔魯尚欲要路一言以爲信豈有事君而反出于欺者此不過正告以事君之道而註者必曰對病發藥聖

門無完行矣且勿欺而犯有何先後第以勿欺爲主而可犯卽犯此豈有期限而以先後指定之

以直報怨

集註於其所怨者愛憎取舍一以至公而無私所謂直也

講錄曰以直報怨與表記以怨報怨不同直者不委曲之謂正對以德報怨之多曲意言乃集註以愛憎取舍又爲補救而理反難通旣曰於其所怨者則怨有何愛怨亦何止於憎若取舍則倍無此事夫所謂取舍者惟境與物二者耳富貴貧賤不處不去是境

也伊尹一介不取與是物也怨則有何取舍豈報怨當取其人不報怨卽舍其人耶時文有云怨有必報者君父之讎不與共戴是也怨有不必報者睚眦之隙一笑釋之是也所謂直也

公山弗擾以費畔召子欲往佛肸召子欲往

集註程子曰天下無不可有爲之人亦無不可改過之人故欲往然而終不往者知其必不能改故也此公山章註後佛肸章引張氏說並同

講錄曰天下無不可改過之人又何以知不能改且

過何改法將改叛者使不叛耶則夫子不往而陽虎
與公山氏早已釋季氏而盟之未見不可改也若改
惡從善則未親其人而逆料不改必無是理讀書須
識事夫子欲往必有真欲往者按公山之畔與陽虎
共執桓子正當昭公薨晉之後強臣專竊至是已極
乃一旦驟反其局雖非來仕亦未有不欣覩其變者
若佛肸之畔則趙鞅久橫前爲魯衛齊鄭四國叛晉
夫子平齊拒鞅且合鄭衛以救范中行者已非一日
至是夫子去魯佛肸爲趙氏中牟宰臣乃反從范氏
而畔趙氏則此一變端尤有心斯世者所拂衣而起

惜以暴易暴總非其人耳故子之欲往是必至之情其不往則自然之理乃以有爲改過事外推求及推求不得則又以竿木隨身借佛家游戲之說以力爲抵飾又何必然

聖學防微云朱元晦問李延平云夫子欲往公山氏莫是竿木隨身之意否延平斥之云竿木隨身之說氣象不好聖人定不如是元晦更熟玩孔子所答求一指歸處方是

佛書唐僧隱峰辭開元道一道云什麼處去隱云石頭去道云石頭路滑隱云竿木隨身逢場作戲便行

予欲無言

王草堂曰：朱元晦問李文靖云：予欲無言，明道、龜山皆云此語爲門人而發，熹恐此句從聖人前後際斷，使言語不着處，不知不覺地流出來，非爲門人發也。按前後際斷、言語不著，見于楞嚴、維摩及金光明諸經。其所謂前後際，即前後時也；斷者，絶也。猶云前際不來，後際不去也。言語不著，則語言俱斷也，猶云一念不生，無名無法也。則是四時之行早已阻斬，萬物之生一概寂滅，天即不言，而隳壞已久，以此解經，此眞以佛氏邪說塞仁義也。然且儒者啓口便學惡

們陋習作支那樣子當時陸子靜曾說元晦老兄莫是學佛令競以禪學詬子靜恐子靜集中如此者反少耳

當灑掃應對進退

集註程氏曰灑掃應對便可到聖人事　又程氏謂灑掃應對與佛家默然處合

講錄曰此不過以佛氏聖凡一致不設階級謂子游不識本末子夏階級分明奚落聖門毋論灑掃應對必不便到聖人幾見應對是默然者古者以應對為言語之選既言語便與默然處不合也

聖學防微曰佛經文殊師利問維摩詰何等是菩薩
入不二法門維摩詰默然無言文殊師利歎曰善哉
乃至無有語言眞不二法門也程氏引以證灑掃應
對不惟無理且惑世殊甚朱子反曲護之謂此亦爲
世之習乎彼者言之信者爲儒釋之歸實無二致不
信者直詆爲竊釋氏之妙以佐吾學之高其失維均
則尤爲可怪夫所云爲習乎彼者言之謂代佛家說
佛語也如作浮圖梵刹語錄等序記及名僧行僧諸
誌狀可引佛家事証佛家說何則爲習乎彼者言也
習乎彼者固佛徒也今明明解論語而曰爲習乎彼

者言之將謂夫子即彼乎子游子夏即佛徒乎抑亦今世儒者皆習佛者乎朱子辨呂氏大學解云呂氏家學近正但未能不惑于浮屠老子之說辨張氏中庸解云皆陽儒而陰釋其離合出入之際務在愚一世之耳目則凡隱類二氏者猶必指出今明據佛說而反曲護之何也且灑掃應對果是維摩詰之默然否也此何解也

子亦來見我乎

集註王驩孟子所不與言者樂正子乃從之行其失身之罪大矣

王草堂曰樂正子不絶驩或驩故以禮遇之未可遽絶原非失身何至罪大正義云孟子譏之責賢者備也此爲得之

盧子遠曰觀餔啜二字當時必有優渥可憑藉者呂東萊謂驩本佞倖樂正子必不從之以求爵位或欲見其師而資斧未充未免依附特不知其不可耳

可以取可以無取節

集註林氏曰公西華受五秉之粟是傷廉也冉子與之是傷惠也子路死于衛是傷勇也

王草堂曰子華使齊五秉之粟乃是其母林氏歸罪

于子可笑孰甚不意復有從而和之者以爲子華不能諭親於道何信無稽之說而責先賢之過也

毛充有曰子華爲魯使齊冉有爲宰時爲魯向司寇請粟雖稍過情然無大失也若子路宜死衛者故夫子哀哭之此歷見先生賸言講錄諸書

毛遂齋曰孟子與聖門何怨必發此三端以盡責聖門之賢可怪甚矣金仁山云此必戰國之世豪俠之習勝多輕施結客若四豪之類刺客輕生若荆聶之類故孟子爲當時戒耳此庶乎情之言

操則存舍則亡出入無時莫知其鄉惟心之謂與

聖門釋非錄

上二

集註程氏曰心豈有出入亦以操舍言耳
講錄曰出入無時莫知其鄉直接惟心之謂句分明
指心言蓋存亡卽出入也惟心是一可存可亡可出
可入之物故操舍惟命若無出入則無事操存矣乃
故爲說曰出入以操舍言夫天下無操存而尚莫知
其鄉者若曰以舍故莫知則出入以操舍言而獨莫
知其鄉四字專以舍言可乎集註引此是救正孔孟
二子之失故當時曾有一公案隱剌聖賢謂范淳夫
女一日讀孟子曰孟子誤矣心豈有出入伊川聞之
曰此女雖不識孟子却識心此正造事以實心豈有

出入五字者夫大易憧憧往來往來者出入也大學心有所心不在有所不在亦出入也惟心有出入故書曰人心惟危危者兀臬不定之謂亦惟出入不一故書又曰惟精惟一曰一哉王心一者專一不離異之謂是心原可出入而操舍者則因而出之入之而乃曰無出入不惟不識孟子全不識心使范女果有此言則是一愚婦錯認此心為血肉塊者使出自程子則直是違背孔孟之學而朱子且和之云離操存舍亡亦不得恁地快豈此二則字又當緩解如明則誠耶抑果孔子妄言也

學問之道無他求其放心而已矣

集註學問之道固非一端然其道則在于求放心而已蓋能如是則志氣清明義理昭著而可以上達不然則昏昧放逸雖曰從事于學而終不能有所發明矣

講錄曰此皆補救孟子流弊以曲伸已說者也據此則求放心但爲學問而設其曰義理昭著謂必存心則學問義理始昭著也曰有所發明必存心始學問可發明也是孟子一生只在求放心而註者謂必著義理孟子一生只存心養性而註者謂必發明學問

是背馳也此不過因改大學格物爲窮致物理以學問加之正心誠意之先因之凡求放心凡盡心知性俱顛倒立說名爲補救而實所以曲護已意故解此節甚鶻突一似求放心所以學問一似求放心又須學問因又曰上有學問二字不只是求放心便休殊不知孟子歷言盡其心存其心放其良心陷溺其心豈無仁義之心心之所同然心不若人人心亦皆有害其言心不一並不曾有學問二字況此求放心從仁人心也來心即仁也仁不是智有何昭著有何發明有何昏昧不昏昧且註書須識義理須識上下文

須識字句凡經文而已矣皆然指之詞謂祗在此也今反曰不止放心須在學問二字上則毋論他經即孟子堯舜之道孝弟而已矣道二仁與不仁而已矣謂孝弟須堯舜仁不仁須道二已自難通即有無他二字照應上下互見如古人之所以大過人者無他焉善推其所爲而已矣得毋善推其所爲須大過人乎

盡其心者知其性也章

集註盡心則知至之謂知性則物格之謂　首節智之盡即知也次節仁之至即行也末節殀壽不貳承

知天言修身俟死承事天言

四書賸言曰盡心屬知則心無容知從來聖賢論道無知心法也且盡字亦無解作知者大易盡性中庸能盡其性俱非知也即孟子亦有盡心焉耳矣盡心力而爲之曾有云知心者否如謂知性是物格則倍屬無理豈眞乾矢橛即西來意耶揣其故不過改大學格物而意不自安乃又補救此書以陰就巳説實則知性是格物不特大學無此説孟子無此説凡古昔聖賢所言何曾有此

心性天一串心由于性生心之謂性是也性由于天

天命之謂性是也然溯而得之未嘗逆而出之也蓋盡心之量而無所闕則便知心所自來與性所從出一氣俱到此知字如中庸知天論語知天命不止知識是行而有契之謂即誠而明者至存心養性是一學問人故曰事天言從事于此也若脩身俟死則困勉終身又降天一等而曰命言不過從天之命我者使不殞耳

毛遯齋曰先生講及此曰某看書最不喜分差等然此實有之盡心知性是第一等人存養即次之脩身忘殀壽則又次之此實孔孟論學層次如或生而知

之三層生而知之者三層如有傳施三層孟子萬物皆備三層並無兩頭一脚一逆一順且以末節分頂前節如朱子註中庸法請善讀書者一詳考之殀壽不貳卽修身俟死總只脩身二字安有分別

由堯舜至于湯章

集註程顥卒弟頤題其墓曰周公沒聖人之道不行孟軻死聖人之學不傳道不行百世無善治學不傳千載無眞儒無善治士猶得以明夫善治之道無眞儒則天下貿貿焉人欲肆而天理滅矣先生生于四百年後得不傳之學于遺經孟子後一人而已

講錄曰此程伊川題明道墓文而朱註引之以直接堯湯之統亦大言矣特周程所受實陳摶之學今又稱得不傳之學于遺經夫堯湯之學顯在人間有何不傳亦顯見之六經中尚安見遺經在六經外則其果接堯湯與否吾不得知特其言周公沒聖人之道不行則視孔孟無聖道者孟軻死聖人之學不著則并孔孟所傳斯世所學者而亦亡之然且以道屬治在堯湯則治而不儒以學屬儒在孔孟則儒而不治其分別升降可謂極密而不知其大謬者古無所爲道學之分儒治之辨也從來有治術必有學術未嘗

舍儒以爲道修儒行卽修治行亦未有舍治而可云學者大學雖是學然而明德新民卽謂之道中庸雖言道然而成己成物實本于學是以堯湯道學曰道心曰恒性一與大學正心中庸率性相先後而孔孟則直揭之曰忠恕曰反身强恕使下學始事克己愼獨先去其自私自利之心夫然後尚事功崇施濟舍人己內外而通貫之自誠正修齊以進于平治天下位天地育萬物而統歸于道故以聖學言正心誠意者忠也由好惡以進于絜矩者恕也儒術卽治術也以聖道言率性修道忠也由不願勿施以進于盡人

性盡物性即恕也治行即儒行也是以千聖相傳祕
此心法而徹上徹下守乎先以待乎後謂之一貫多
學是一貫吾道夫子之道亦是一貫顯顯明白而乃
曰不傳曰得之遺經分道聖儒治而判爲兩事而至
于忠恕一貫則茫然不如曰借境曰如標月指是于
孔孟道學全未夢見而謂千四百年後可直接堯舜
之統恐未然也若予所言則直見之六經四書共聞
共見者世多學人亦第就經書考驗之而又何疑焉

四書音證（孟子）一卷

清　費士璣輯　清　朱燾同訂

清嘉慶四年刻本

序

嘗讀朱子答楊元範書曰字畫音韻是經中淺事如此等處不理會却枉費了無限辭說牽補而卒不得其本義亦甚害事也然則朱子之於音讀詳審精密實倡宗風今人咸誦朱子四書講一義說一理莫敢出入於其間蓋世之折衷朱注固專且篤矣顧乃違其音讀可乎燾系出紫陽罔識家學往時見塾中所讀之音與朱子或有互異亦嘗攷訂一二

適玉衡費君有音證之舉予甚樂其同志因重加商摧彙成一冊案朱子之音大率本於陸氏釋文孫氏音義而又旁采韻書參以己意今亦據數書證之間有反紐少異或係傳寫之誤抑或别有通轉亦一一明其所以然庶與朱子音讀悉合與時嘉慶屠維協洽季秋之月古松陵朱燾序

例言

一是冊徵引韻書皆用淳熙以前淳熙以後槪未引及

一是冊專證音讀如屨憎於人屨字讀去聲與之釜釜字讀如輔與之庾庾字讀如與王在靈沼沼字讀上聲有業屨於牖上屨字讀去聲牖字讀上聲之類朱子以讀者易知未有音義茲亦無庸詳

一攷

一是冊有某疑作某及某疑爲某字之誤俱言俗本流傳魯魚亥豕以譌傳譌

一四方鄉音清濁不同口聲各別臨文亦然茲特以一隅言之曰今讀俗讀者亦就一隅之地舉其大畧云爾

一是冊爲家塾課讀音證於音韻之學僅等管窺幸績學之士勿譏謭陋且匡不逮焉

燾又識

題辭

四書之名厥初未有自有宋朱子取禮記中庸大學二篇爲之章句取論語孟子爲之集註而爲四書之學者因不絶於世洎乎列於學官用以取士遂至註中片辭隻字尊如六經探索義理固淵原斯在步趨風尙亦塗徑共由用意雖殊墨守則一顧于聲音一塗往往畧焉弗講士璣少習是書頗多俗讀迨後粗識古音徐究字母雙聲疊韻授自師門上

攷孫陳之韻下觀馬劉之圖校其異同自知謬誤爰就一隅之地習俗相沿或則音隨義別而於注意全乖或則音可兩通而於朱子終異用敢聊述舊聞以疏通證明之至于俗本流傳反語蹐駁輒復舉正數事俾無混淆以習其句讀者爲亦有涉乎此也已未九月十有一日震澤費士璣書

四書音證卷下

震澤費士璣玉衡偶輯
吳江朱　鼒佑全同訂

孟子

梁惠王上

白鳥鶴鶴　鶴詩作翯戸角反　俗讀如岳

依戸角當音學孫氏音義張云鶴鶴詩本作翯翯戸角切古字假借今依詩本音廣

韻入聲十九鐸鶴下各切四覺翯胡覺切

類篇鳥部鶡曷各切羽部翯轄覺切

時日害喪　害音曷　俗讀如遏依音曷當

音胡葛反音義害張音曷廣韻入聲十二

曷曷何也胡葛切類篇宀部害又何割切

何也

雞豚狗彘之畜　畜敕六反　今讀如慉案

廣韻入聲一屋畜養也許竹切許竹則有

慉音然依敕六當音蓄廣韻一屋蓄本亦

作畜丑六切

塗有餓莩　莩平表反　俗讀如縹依平表當讀如瓢上聲音義莩平表切義同殍字丁張眦小切廣韻上聲三十小莩平表切集韻三十小莩婢小切後言莩皮表反者放此

殺人以梃與刃　梃徒頂反　俗讀如珽依徒頂當讀如庭上聲音義梃徒頂切廣韻上聲四十一迥梃徒鼎切集韻四十一迥梃待鼎切類篇木部梃又待鼎切

願比死者一洒之　比必二反　說見論語

爲政

省刑罰　省所梗反　俗讀如惺案廣韻上

聲四十靜省息井切察也審也息井則有

惺音然依所梗當讀如生上聲音義省所

梗切廣韻三十六梗省所景切集韻三十

六梗省所景切簡也

卒然問曰　卒七沒反　俗讀如叱依七沒

當讀如村入聲音義卒七沒切廣韻入聲

十一没卒倉没切

臣聞之胡齕曰　齕音核　俗讀如兀依音核當讀如混入聲攷音義齕恨没切廣韻入聲十一没齕下没切無音核者二十一麥核下革切無與齕同音者類篇齒部齕恨竭切又下扢切又胡骨切又奚結切集韻入聲十月齕恨竭切十六屑齕奚結切十一没齕下没切皆無核字惟十一没又一音齕核並胡骨切則此音核當胡骨反

予村度之　忖七本反　俗讀如齔依七本
當讀如村上聲廣韻上聲二十一混忖倉
本切類篇心部忖取本切
爲長者折枝　折之舌反　音義折之舌切
說見論語顔淵
便嬖不足使令於前與　令平聲　俗讀去
聲案廣韻去聲四十六勁令命也力政切
力政則音去聲然依平聲當音呂貞反廣
韻下平聲十四清令使也呂貞切

奚暇治禮義哉　治平聲　凡治字爲理物之義者平聲爲己理之義者去聲說見大學

梁惠王下

舉疾首蹙頞而相告曰　蹙子六反　俗讀如蹵案類篇足部蹴七六切或作蹵七六則有蹵音然音子六當音踧音義蹙子六切類篇蹙又子六切

文王之囿　囿音又　俗讀如幼依音又當

音于救反廣韻去聲四十九宥囿又並于救切

於傳有之　傳直戀反　俗讀如纏去聲依直戀當讀如篆去聲音義傳直戀切廣韻去聲三十三線傳直戀切後言傳直戀反者放此

故大王事獯鬻　鬻音育　俗讀如郁依音育當音余六反音義鬻丁音育廣韻入聲一屋鬻育並余六切類篇粥部鬻余六切

放於琅邪　放上聲　俗讀去聲案廣韻去聲四十一漾放甫妄切甫妄則音去聲然依上聲當音倣音義放方往切廣韻上聲三十六養放分网切

從獸無厭謂之荒樂酒無厭謂之亾　厭平聲　俗讀去聲案廣韻去聲五十五豔厭於豔切於豔則音去聲然依平聲當音一鹽反音義厭丁一兼切廣韻厭又於廉切類篇厂部厭於鹽切又於廉切

爲我作君臣相說之樂　樂如字　說見論語季氏

哿矣富人　哿工可反　俗讀如苦依工可當讀如歌上聲音義哿工可切廣韻上聲三十三哿哿古我切

哀此煢獨　煢音瓊　俗讀如窮依音瓊當音渠營反音義煢音瓊廣韻下平聲十四清煢渠營切說詳中庸衣錦尚絅一條

思戢用光　戢詩作輯音集　俗讀如緝案

類篇車部輯七入切七入則有緝音然依
音集當音秦入反音義戢詩作輯同音集
廣韻入聲二十六緝輯集並秦入切類篇
輯又籍入切

比其反也　比必二反　音義比必二切及
也說見論語爲政

雖萬鎰　鎰音溢　俗讀如益依音溢當音
夷質反音義鎰音溢廣韻入聲五質鎰溢
並夷質切

徯我后　徯胡禮反　俗讀平聲案廣韻上平聲十二齊徯胡雞切胡雞則音平聲然依胡禮當音上聲音義徯胡禮切廣韻上聲十一薺徯胡禮切

係累其子弟　累力追反　俗讀上聲案廣韻上聲四紙累力委切力委則音上聲然依力追當音平聲音義累張力追切類篇系部累又論追切

鄒與魯鬨　鬨胡弄反　俗讀如烘去聲依

胡弄當讀如洪去聲音義鬨張胡弄切廣韻去聲一送鬨胡貢切凡喉音之全濁者中州皆轉入次清南音俗語皆有別而臨文或效中州鬨之讀如烘去聲亦此類

彊爲善而已矣　彊上聲　俗讀如羌上聲依直音上聲當音其兩反廣韻上聲三十六養彊其兩切彊强通用說見中庸

嬖人有臧倉者沮君　沮慈呂反　俗讀如且上聲案類篇水部沮子余切子余則有

且音然依慈呂音當近聚上聲音義沮慈呂切廣韻上聲八語沮慈呂切類篇沮又在呂切

公孫丑上

曾西蹵然曰　蹵子六反　俗讀如蘢案蹵通作蹴廣韻入聲一屋蹴七宿切集韻一屋蹴七六切類篇足部蹴七六切七宿七六則有蘢音然依子六當音踧音義蹵子六切廣韻一屋蹴子六切集韻一屋蹴或

書作蹵子六切類篇蹴又子六切後言蹴
于六反者放此
曾西艴然不悅　艴音拂又音勃　今皆讀
如拂攷音義艴丁音勃廣韻入聲十一沒
艴勃並蒲沒切則又有勃音
爾何曾比予於管仲　爾何曾比予於是
曾並音增　俗讀如層案廣韻下平聲十
七登曾昨棱切經也昨棱則有層音然依
音增當音作騰反並音增者言二曾字與

曾西之曾同音增也音義何曾丁音憎則也乃也廣韻十七登曾作騰切則也

膠鬲　鬲音隔又音歷　今皆讀如隔攷音義鬲丁隔歷二音廣韻入聲二十三錫鬲歷並郎擊切則又有歷音

北宮黝之養勇也　黝伊糾反　俗讀如幼依伊糾當音上聲音義黝伊糾切廣韻上聲四十六黝黝於糾切

不膚撓　撓奴效反　俗讀如呶案集韻下

平聲五爻撓尼交切抓也尼交則有呶音
然依奴效當音閙音義撓丁奴效切集韻
去聲三十六效撓女教切屈也
吾不惴焉　惴之瑞反　俗讀如債依之瑞
當讀如捶去聲音義惴之瑞切廣韻去聲
五寘惴之睡切
無是餒也　餒奴罪反　音義餒奴罪切說
見論語衛靈公
行有不慊於心　慊口簟口劫二反　今皆

讀口劫反攷音義慊口簟切廣韻上聲五
十一忝慊苦簟切類篇心部慊又苦簟切
則又有口簟反

汙不至阿其所好　汙音蛙　俗讀如阿依
音蛙當音烏瓜反音義汙丁音蛙集韻下
平聲九麻汙蛙皆烏瓜切類篇水部汙烏
瓜切

徹彼桑土　徹直列反　音義徹直列切說
見論語八佾

皆有怵惕惻隱之心　怵音黜　俗讀如挟

依音黜當音丑律反音義怵音黜廣韻入

聲六術怵黜並丑律切

非所以內交於孺子之父母也　內讀爲納

俗讀如訥依音納當音奴荅反音義內

張音納集韻入聲二十七合內納並諾荅

切後言內與納同內音納者放此

若將浼焉　浼莫罪反　俗讀如妹又或讀

如免依莫罪當音每音義浼張莫罪切廣

韻上聲十四賄浼武罪切類篇水部浼又
母罪切
雖袒裼裸裎於我側　袒音但裸魯果反
袒俗讀如坦依音但當讀如壇上聲音義
袒音但廣韻上聲二十三旱袒徒旱切類
篇衣部袒蕩旱切裸俗讀如魯依魯果當
音贏音義裸郎果切廣韻三十四果裸郎
果切

公孫丑下

吾何慊乎哉　慊口簟反　說見前篇

行者必以𧹞　𧹞徐刃反　今讀如晉音案類

篇𧹞即刃切𧹞𧹞通用即刃則有晉音然

依徐刃當音燼音義𧹞四刃切廣韻去聲

二十一震𧹞徐刃切

孟子謂蚳鼃曰　鼃烏花反　俗讀如阿依

烏花當音窊音義鼃丁烏花切集韻下平

聲九麻鼃烏瓜切

且比化者　比必二反　音義比丁音庇說

見論語爲政

宿於晝　晝如字或曰當作畫音獲　今皆讀如字攷廣韻入聲二十一麥晝獲並胡麥切晝畫字或相亂依或說則晝有獲音

悻悻然見於其面　悻形頂反　俗讀如馨上聲依形頂當讀如形上聲音義悻丁云字當作婞形頂切集韻上聲四十一迥悻下頂切說詳梁惠王下鄒與魯鬨一條

滕文公上

飦粥之食　飦諸延反　俗讀如專依諸延當音旃音義飦諸延切集韻下平聲二仙飦諸延切

歠粥　歠川悅反　俗讀如中依川悅當讀如舛入聲廣韻入聲十七薛歠昌悅切類篇歓部歠姝說切

助者藉也　藉子夜反　今讀如褯案玉篇艸部藉疾夜切廣韻去聲四十禡藉慈夜切集韻四十禡藉慈夜切慈夜則當音褯

然依子夜當音借攷韻書藉字皆音慈夜反者而說文無借字故或以唶字當之或即以藉字當之則子夜反之音與藉爲古借字之義正相合或子疑作字字夜即慈夜與

使民盻盻然　盻五禮反　今讀如系案廣韻去聲十二霽盻胡計切類篇目部盻胡計切胡計則有系音然依五禮當讀如倪上聲音義盻說文吾禮切集韻上聲十一

薺聆吾禮切

饔飧而治　飧音孫　俗讀如申依音孫當音思門反音義飧音孫廣韻上平聲二十三魂飧孫並思渾切類篇食部飧蘇昆切

舍皆取諸其宮中而用之　舍去聲　俗讀如捨案廣韻上聲三十五馬舍書冶切書冶則有捨音然依去聲當音赦音義舍丁音赦止也廣韻去聲十禡始夜切

門人治任將歸　任平聲　音義任丁而鍼

切云治任謂治擔任之具說見論語季氏

疆會子　疆上聲　音義作强其丈切說見

梁惠王下

秋陽以暴之　暴蒲木反　今讀如雹又或讀如薄案類篇日部暴又弼角切又白各切周禮春暴練劉昌宗讀弼角白各則有雹薄二音然依蒲木當音僕音義暴蒲木切廣韻入聲一屋暴蒲木切後言暴步卜反者放此

或相倍蓰　蓰音師又山綺反　今皆讀山綺反攷音義蓰丁音師云從竹下徙集韻上平聲五支蓰物數也五倍曰蓰山宜切類篇艸部蓰山宜切則又有斯音師與斯相近

子比而同之　比必二反　音義比丁音鼻次比也說見論語爲政

因徐辟而求見孟子　辟音壁又音闢　今皆讀如璧攷音義辟又音闢廣韻入聲二

十二昔辟闢並房益切集韻二十二昔辟闢並毗亦切則又有闢音

赤子匍匐　匐蒲北反　今讀如僕案類篇勹部匐又步木切步木則有僕音然依蒲北當音踣音義匐蒲北切廣韻入聲二十五德匐蒲北切

蠅蚋姑嘬之　蚋音汭嘬楚怪反　蚋俗讀如芮上聲依音汭當音而銳反廣韻去聲十三祭蚋汭並而稅切類篇虫部蚋儒稅

切㗫俗讀如菜依楚怪當讀如毳音義㗫楚怪切攷廣韻去聲十七夬㗫楚夬切集韻十七夬㗫楚夬切禮部韻略十七夬㗫楚快切怪韻皆無疑怪爲快字之誤或夬字之誤

睨而不視　睨音詣　音義睨音詣說見中庸

反虆梩而掩之　虆力追反　俗讀如來依力追當音纍音義虆丁力追切廣韻上平

聲六脂蘄力追切集韻六脂蘄倫追切
夷子憮然　憮音武　音義憮音武說見論
語微子
滕文公下
彊而後可　彊上聲　音義作强其丈切說
見梁惠王下
御者且羞與射者比　比必二反　音義比
毗志切說見論語爲政
以供粢盛　盛音成　俗讀如呈依音成當

音是征反音義盛音成廣韻下平聲十四
清盛成並是征切類篇皿部盛時征切後
言盛音成者放此
牲殺器皿衣服不備　皿眉永反　俗讀如
茗依眉永讀爲盟武永亦然音義皿武永
切廣韻上聲三十八梗皿武永切集韻皿
母梗切今吳語猶有是音
以傳食於諸侯　傳直戀反　俗讀平聲案
廣韻下平聲二仙傳直攣切直攣則音平

聲然依直戀當音去聲音義傳丁直戀切

謂轉食也說又見梁惠王下

以羨補不足　羨延面反　今讀如賤案類

篇次部羨又才線切車道才線則有賤音

然依延面當讀如延去聲音義羨又余見

切余見亦與延面相近廣韻去聲三十三

線羨于線切餘也類篇羨延善切溢也

毀瓦畫墁　墁武安反　今皆讀如瞞案廣

韻上平聲二十六桓墁母官切集韻二十

六桓墁謨官切母官謨官則有瞞音然依武安當在二十五寒音義墁武安切攷廣韻集韻寒韻皆無墁字說見大學心廣體胖一條

湯使遺之牛羊　遺唯季反　俗讀如詒又或讀如肄案類篇辵部遺又盈之切盈之則有詒音然依唯季當讀如維去聲音義遺唯季切廣韻去聲六至遺以醉切類篇又以醉切

無以供粢盛也　盛音成　說見前

有童子以黍肉餉　餉式亮反　俗讀如嚮依式亮當讀如傷去聲音義餉式亮切廣韻去聲四十一漾餉式亮切

泄柳閉門而不內　內與納同　音義內音納說見公孫丑上

陽貨矙孔子之亾也　矙音勘　今皆讀如坎去聲攷集韻去聲五十四闞矙苦濫切類篇目部矙苦濫切廣韻集韻五十三勘

皆無矚字其以勘闞韻相近而有是音與觀其色赧赧然　赧奴簡反　俗讀如乃依奴簡音當近難上聲音義赧女簡切廣韻上聲二十五潸赧奴版切類篇赤部赧乃版切蓋產潸韻相近故奴簡亦與奴版相近說詳大學心廣體胖一條

洚水警余　洚音降又胡貢胡工反　今皆讀如降攻音義洚丁胡貢切說文胡貢切廣韻上平聲一東洚戶工切集韻去聲一

送浲胡貢切類篇水部浲胡公切又胡貢

切則又有胡貢胡工二反

驅蛇龍而放之菹　菹側魚反　俗讀如且

依側魚當讀如阻平聲音義菹側魚切廣

韻上平聲九魚菹側魚切

壞宮室以爲汙池　壞音怪　俗讀如懷去

聲案廣韻去聲十六怪壞自破也胡怪切

胡怪則讀如懷去聲然依音怪當讀如乖

去聲音義壞音怪廣韻十六怪壞毁也古

壞切

園囿汙池沛澤多而禽獸至　沛蒲內反

俗讀如需案廣韻去聲十四泰沛流兒普蓋切類篇水部沛又普蓋切水出遼東番汗塞外西南入海普蓋則有需音然依蒲內當音佩音義沛丁蒲內切攷集韻十四泰沛蒲蓋切艸生水曰沛類篇又蒲蓋切草生水曰沛疑內爲蓋字之誤蒲蓋當音

佩

野有餓莩　莩皮表反　音義莩皮表切說

見梁惠王上

吾必以仲子爲巨擘焉　擘薄厄反　俗讀

如捲依薄厄當音辮攷音義擘博厄切玉

篇手部擘補革切廣韻集韻禮部韻略入

聲二十一麥擘皆博厄切疑薄爲博字之

譌博厄當音檗

已頻顣曰　顣與蹙同子六反　俗讀如蹵

依子六當音蹴音義顣子六切說見梁惠

王下

惡用是鶂鶂者爲哉　鶂魚一反　俗讀如倪依魚一當音耴𢾺音義鶂五歷切集韻入聲二十三錫鶂倪歷切禮部韻略二十三錫鶂倪歷切

出而哇之　哇音蛙　俗讀如阿依音蛙當音烏瓜反廣韻下平聲九麻哇蛙並烏瓜切

離婁上

天之方蹶　蹶居衛反　俗讀如怪依居衛
當音鱖音義蹶居衛切廣韻去聲十三祭
蹶俱衛切類篇足部蹶姑衛切今吳語鱖
魚猶與居衛反相近說詳中庸旅酬下爲
上一條
猶沓沓也　沓徒合反　俗讀如奪依徒合
當讀如踏入聲音義沓徒合切廣韻入聲
二十七合沓徒合切類篇曰部沓達合切
獸之走壙也　走音奏　俗讀上聲案廣韻

上聲四十五厚走子苟切子苟則音上聲
然依音奏當音去聲音義走張音奏廣韻
去聲五十候走則候切

鸇也　鸇諸延反　俗讀如專依諸延當音
旃音義鸇諸延切廣韻下平聲二仙鸇諸
延切

莫良於眸子　眸音牟　俗讀如呣依音牟
當音莫浮反音義眸音牟廣韻下平聲十
八尤眸牟並莫浮切　附考五音集韻十八尤眸

與不颸浮並列與十九侯之呣不同眸音
莫浮呣音亾侯所謂類隔
則眸子瞭焉　瞭音了　俗讀如料依音了
當音盧鳥反音義瞭音了廣韻上聲二十
九篠瞭了並盧鳥反類篇目部瞭朗鳥切
徒餔啜也　餔博孤反啜昌悅反　餔俗讀
上聲依博孤當音平聲音義張博孤切廣
韻上平聲十一模餔博孤切類篇食部餔
奔模切啜俗讀如中依昌悅當讀如舛入

聲音義啜昌悅切廣韻入聲十七薛啜姝雪切類篇口部啜姝悅切

離婁下

濟入於溱洧　洧榮美反　俗讀如猥依榮美當音鮪音義洧榮美切廣韻上聲五旨洧榮美切

放乎四海　放上聲　音義放方往切說見梁惠王下

溝澮皆盈　澮古外反　俗讀如苦外切之

稽依古外當音膾音義澮古外切廣韻去聲十四泰澮古外切

其涸也　涸下各反　俗讀如臛依下各當讀如号入聲音義涸下各切廣韻入聲十九鐸涸下各切

逄蒙學射於羿　逄薄江反　今讀如蓬案逄本當从夆音蓬本係正音然依薄江當音龐音義逄丁張並薄江切从夅夅下江切廣韻上平聲四江逄姓也薄江切

學射于尹公之他　他徒何反　俗讀如徒
依徒何當音駝音義他張徒何切類篇入
部他又唐何切
好勇鬬很　很胡懇反　俗讀如呼懇反依
胡懇當讀如痕上聲音義很胡懇切廣韻
上聲二十二很很胡懇切說詳梁惠王下
鄒與魯鬨一條
出妻屏子　屏必井反　今讀去聲案集韻
去聲四十五勁屏畀正切畀正則音去聲

然依必井當音上聲廣韻上聲四十靜屏必郢切

王使人瞯夫子　瞯古莧反　俗讀如譴依古莧當讀如閒去聲音義瞯古莧切集韻去聲三十一襇瞯居莧切

施從良人之所之　施音迤又音異　今皆讀如異攷音義施音易謂延施而徃也類篇㫃部施又以豉切以豉當音易異蓋易字之誤又攷音義施丁音迤類篇㢮又余

支切迤通作迆廣韻上平聲五支迆弋支切迆逶也集韻五支施迤並余支切則又音平聲之迤

萬章上

爲不若是恝　恝苦八反　俗讀如乞依苦八當音劼攷音義恝張古黠切說文作忿玉篇心部恝苦計切忦古黠切恨也集韻入聲十四黠恝訖黠切十五舝忦恝並牛轄切類篇心部恝詰計切又居拜切又訖

黠切無愁皃此獨音苦八反疑苦爲古字之誤古八當音戛

共爲子職而已矣　共平聲　俗讀如公依直音平聲當音供音義共音供類篇共又居容切說詳論語爲政

以憝父母　憝直類反　今讀如隊案類篇憝又徒對切徒對則有隊音然依直類當音墜音義憝直類切廣韻去聲六至憝直類切音和之例自如此

子產使校人畜之池　校音效又音教　今皆讀如效音義校張音效丁音教攷廣韻去聲三十六效校教並古孝切則又有教音

封之有庳　庳音鼻　俗讀如弼依音鼻當音去聲音義庳音鼻史記作鼻集韻去聲六至鼻庳並毗至切庳有庳國名象所封通作鼻今吳語鼻亦誤轉入聲

岌岌乎　岌魚及反　俗讀如及又或讀如

急依魚及當讀如吟入聲音義䍲魚及切
廣韻入聲二十六緝䍲魚及切類篇山部
岌逆及切危也
諄諄然命之乎　諄之淳反　俗讀如真依
之淳當音肫音義諄之純切廣韻上平聲
十八諄諄章倫切
暴之於民　暴步卜反　音義暴步木切說
見滕文公上
唐虞禪　禪音擅　俗讀如歃去聲依音擅

當音時戰反音義禪音擅廣韻去聲三十
三線禪擅並時戰切
囂囂然曰　囂五高反又戶驕反　今皆讀
如枵攷音義囂又許嬌切廣韻下平聲四
宵囂許嬌切類篇㗊部囂虛嬌切此音戶
驕反蓋亦清濁之轉說詳梁惠王下鄒與
魯鬨一條又攷音義囂五高切類篇囂又
牛刀切則又有五高反
若己推而內之溝中　推吐回反內音納

推俗讀如胎依吐回當讀如退平聲音義
推丁土回切廣韻上平聲十五灰推他回
切內音義張音納說見公孫丑上
故就湯而說之　說音稅　俗讀如灑去聲
依音稅當音舒芮反音義說亦音稅廣韻
去聲十三祭說稅並舒芮切後言說音稅
者放此
於衛主癰疽　疽七余反　俗讀如且案類
篇疒部疽又子與切子與則轉音近且然

依七余當音雎音義疽七余切廣韻上平聲九魚疽七余切集韻九魚疽千余切

於衛主顏讎由　讎如字又音犨　俗讀如愁依如字當讀如受平聲音義亦如字廣韻下平聲十八尤讎市流切類篇言部讎時流切攷音義讎張音醜之平聲廣韻犨赤周切則又有犨音案音義讎音醜之平聲此例于古雖無徵然于難音之字最爲通俗蓋等韻之學本四聲連貫而下讎爲

醜平聲卽此法也今書中涸爲号八聲岌爲吟八聲之類皆放之

萬章下

北宮錡問曰　錡魚綺反　今讀如奇案廣韻上平聲五支錡渠羈切渠羈則有奇音然依魚綺當音蟻音義錡魚綺切廣韻上聲四紙錡魚倚切類篇金部錡語綺切

凡民罔不譈　譈書作憝徒對反　俗讀如代依徒對當音隊音義譈徒對切廣韻去

聲十八隊譈憝並徒對切

將比今之諸侯而誅之乎　比去聲　音義

比丁毗志切說見論語爲政

孔子嘗爲委吏矣　委烏僞反　俗讀平聲

案廣韻上平聲五支委於爲切類篇委又

雍危切於危雍危則音平聲然依烏僞當

音去聲音義委於僞切類篇女部委於僞

切委積

牛羊茁壯長而已矣　茁阻刮反　今讀徵

筆反又或讀祖悅反案廣韻入聲五質及類篇艸部有此二音然依阻刮當讀如贅入聲音義茁阻刮切攷廣韻集韻十四黠茁側滑切此音阻刮反蓋黠轄韻相近故有是音

周道如厎　厎詩作砥之履反　今讀如底案類篇厂部厎都黎切石部砥又都黎切石也都黎則轉音近底然依之履當音旨音義厎詩作砥同之履切廣韻上聲五旨

厎砥並職雉切類篇厎又軫視切柔石也

砥又掌氏切平石又軫視切柔石也

告子上

性猶湍水也　湍他端反　俗讀如探依他端當讀如彖平聲音義湍他端切廣韻上平聲二十六桓湍他端切類篇水部湍他官切

或相倍蓰而無算者　蓰音師　音義蓰音師說見滕文公上

今夫麰麥　麰音牟　俗讀如呣依音牟當音莫浮反音義麰音牟廣韻下平聲十八尤麰牟並莫浮切類篇麥部麰迷浮切說詳離婁上莫艮於眸子一條

我知其不為蕢也　蕢音匱　俗讀如求恠反依音匱當音求位反音義蕢音匱廣韻去聲六至蕢匱並求位切類篇艸部蕢求位切

非無萌櫱之生焉　櫱五割反　今讀如孽

案廣韻入聲十七薛欒魚列切魚列則有孽音然依五割當音屵音義欒五割切廣韻十二曷欒五葛切類篇木部欒牙葛切

嘑爾而與之　嘑呼故反　今讀平聲案廣韻上平聲十一模嘑荒烏切類篇口部嘑荒胡切說文唬也荒烏荒胡則音平聲然依呼故當音去聲音義嘑呼故切類篇嘑又荒故切謼也

蹴爾而與之　蹴子六反　音義蹴取六切

說見公孫丑上

告子下

不揣其本而齊其末　揣初委反　俗讀如采依初委當讀如褫上聲音義揣初委切廣韻上聲四紙揣初委切

奚翅食重　翅與啻同古字通用施智反俗讀如刺依施智當讀如弛去聲音義張云翅與啻同古字通用施智切廣韻去聲五寘翅啻並施智切

越人關弓而射之　射食亦反　音義射食亦切說見論語述而

其趨一也　趨去聲　俗讀平聲案廣韻上平聲十虞趨七逾切類篇走部趨逡須切七逾逡須則音平聲然依去聲當音趣音義趨張讀如趣言其趣向正道無異也集韻去聲十遇趨逡遇切類篇趨又逡遇切

華周杞梁之妻　華去聲　音義華胡化反說見中庸

不税冕而行　税音脫　俗讀如蛻入聲依音脫當音他括反音義税音脫集韻入聲十三末税脫並他括切挩税說文解挩也或作税

東牲載書而不歃血　歃所洽反　俗讀如插依所洽當音霎音義歃所洽切廣韻入聲三十一洽歃山洽切類篇欠部歃又色洽切

盡心上

彊恕而行　彊上聲　說見梁惠王下

達不離道　離力智反　音義離力智切說

見中庸

皡皡如也　皡胡老反　俗讀去聲依胡老

當音上聲音義皡說文胡老切廣韻上聲

三十二晧皡胡老切類篇白部皡下老切

恒存乎疢疾　疢丑刃反　今讀上聲案類

篇疒部疢丑忍切丑忍則音上聲然依丑

刃當音趁音義疢丑刃切廣韻去聲二十

一震疢丑刃切

睟然見於面　睟音粹　俗讀如萃依音粹當讀如祟音義睟丁音粹廣韻去聲六至

睟粹並雖遂切

盎於背　盎烏浪反　今讀上聲案音義盎張烏曩切廣韻上聲三十七蕩盎烏朗切烏曩烏朗則音上聲然依烏浪當音去聲音義盎又烏浪切廣韻去聲四十二宕盎烏浪切

摩頂放踵　放上聲　音義放方往切至也

說見梁惠王下

掘井九軔而不及泉　軔音刃　俗讀如忍

依音刃當音去聲音義軔丁音刃廣韻去

聲二十一震軔刃並而振切

不素餐兮　餐七丹反　俗讀如川依七丹

當讀如粲平聲音義餐七丹切廣韻上平

聲二十五寒餐七安切類篇食部餐千安

切

呼於垤澤之門　呼去聲　俗讀平聲案廣韻上平聲十一模呼喚也荒烏切荒烏則音平聲然依去聲當音火故反音義呼丁火故切廣韻去聲十一暮謼號謼亦作呼荒故切類篇口部呼又荒故切

變其彀率　率音律　俗讀如栗依音律當音呂䘏反音義率讀爲律集韻入聲六術率律並劣戌切

放飯流歠　飯扶晚反歠昌悅反　飯說見

論語述而歠音義昌悅切說見滕文公上

盡心下

汝　飯上聲糗去久反茹音

舜之飯糗茹草也　飯說見論語述而糗俗讀如嗅案類

篇米部糗許久切許久則轉音近嗅然依

去久當讀如邱上聲音義糗去久切廣韻

上聲四十九有糗去久切茹俗讀如如案

廣韻上平聲九魚茹人諸切類篇艸部茹

人余切人諸人余則有如音然依音汝當

音人渚切音義茹音汝廣韻上聲八語茹汝並人渚切類篇又人與切

二女果　果說文作婐烏果反　俗讀如羸依烏果當讀如倭上聲類篇女部婐鄔果切說文婐女侍孟軻曰舜爲天子二女婐

介然用之而成路　介音戛　俗讀如結依音戛當音訖黠反集韻入聲十四黠介戛並訖黠切介特也類篇八部介又訖黠切特也

以追蠡　追音堆　俗讀如戴平聲依音堆當讀如對平聲音義追音堆廣韻上平聲十五灰追堆並都回切

守約而施博者　施去聲　說見中庸

榱題數尺　榱楚危反　俗讀如釵依楚危當讀如撕平聲音義榱初危切集韻上平聲五支榱楚危切

行何爲踽踽涼涼　踽其禹反　今皆讀如矩依其禹當讀如衢上聲攷音義踽俱禹

切玉篇足部踽九禹區禹二切廣韻上聲九麌踽驅雨切又俱雨切集韻九噳踽果羽切又顆羽切類篇足部踽顆羽切又果羽切禮部韻略九麌踽驅雨切此獨音其禹反疑其欺聲相亂抑或其爲俱字之誤毛詩唐風獨行踽踽集傳亦音矩

惡莠　莠音有　俗讀如幼依音有當讀如宥上聲攷音義莠音誘廣韻上聲四十四有莠與久切集韻上聲四十四有莠以久

切

散宜生　散素亶反　今讀去聲案廣韻去聲二十八翰散蘇旰切類篇冈部散又先幹切蘇旰先幹則音去聲然依素亶當音上聲音義散素但切廣韻上聲二十三旱散蘇旱切類篇散顙旱切

四書類考三十卷

清　陳詩纂

清嘉慶六年蘄州陳氏家塾刻本

嘉慶辛酉開雕

四書類考

蘄州陳氏家塾本

四書類考序

元儒朱允升氏著四書通旨一書於四子中所載人物及古今制度經書名義二分門別類說者病其太繁而全書幾得六卷則又太略嗣是而方山薛氏有四書人物

考四十卷明卿陳氏有四書考二十八卷而坊間盛行之圖史合孜則又嫁名於虛齋蔡氏其紀事也或闕而不全無以見其終始其纂言也又雜而不貫無以覩其會通余嘗心焉病之嘉慶元年再知荆州設書院以

課士延蘄州陳工部愚谷主講其中又為之購十三經註疏與二十一史以資士子之考訂余亦時以公餘詣院與諸生相切劘而患夫書籍浩繁或未得其要領也一日愚谷出其所手輯四書類考示余余取而閱之於經書名

義及古今制度有綱有目有子目條分縷析原始要終於注疏之菁華先儒之語錄鈎元提要采擷無遺又別為人名考二十八卷有紀傳有編年有前賢之論斷向之所病於諸書者今皆釐然有當於余心喟然歎曰觀於

類考可以窮經矣觀於人名考可以讀史矣然則是二書者豈非學者之津梁歟人名考嘗以活字板行流傳未廣茲類考三十卷學者恒以抄錄爲難余乃出清俸以佽之俾付剞劂氏以廣其傳他日書成將并人名考

梓之以成全璧云

嘉慶六年歲次辛酉孟夏月朔旦

石潭張方理撰

四書類考序

陳君星工部嘗輯四書人名攷若干卷以活字板印行矣今年春復有四書類考之刻而問序於予竊思四子書中所載帝王賢相及古之仁聖賢人其事蹟始終

備見史家之有紀傳也尚書春秋傳史記章矣其軼亦時時見於他說學者輯而合之雖有詳有略要不害其爲大同也至於天文地理禮樂刑政宮室車旗衣服飲食之等雜見史家之有諸志也范蔚宗稱作史之

難兼難於志況三代以前其制度典章因革損益詳既不可得聞而其兼錯見於經傳中者亦在者而采獲之亦寡以觀其會通而雜而不貫近世名儒兼百詩閻氏慎修江氏其考證博矣然所著釋地及鄉黨圖考二書亦第舉其一隅而未及乎全體學者憾焉思是有鑒於是乃分門別類上自歷象之鉅下自名物之細罔不條舉件繫自源以逮流因分而得合期於擇精而語詳然則類考一書

其視人名之考用力較勤而其為益於學者不有尤切者歟書為類凡二十目凡五百九十有九子目又三百二十有八而為卷者三十所鈔撮諸書自錄板傳鈔及遺佚不存見於他書引用者三百種有奇學者屏首受書斷不至於河漢聖言而語必求其可據其必以是書為職志矣

嘉慶六年歲次辛酉莫春主
夏日永濟崔龍見拜識

四書類考抄撮羣書目錄

周易　易傳子夏
周易注鄭元　易贊
周易注王肅　周易注王弼
周易正義孔穎達　易解胡瑗
易傳程子　易傳蘇軾
易本義朱子　周易玩辭項安世
周易折中李光地等　繫辭注韓伯
尚書　書序

尚書大傳伏勝　尚書大傳注鄭元
尚書傳孔安國　尚書注馬融
尚書正義孔穎達　書集傳蔡沈
書纂言吳澄　禹貢指南毛晃
尚書地理今釋蔣廷錫　逸周書
逸周書注孔晁　詩
詩序　韓詩內傳韓嬰
韓詩外傳　詩傳毛萇
詩說呂叔玉　詩箋鄭元

毛詩譜　詩草木鳥獸蟲魚疏陸璣
詩正義孔穎達　毛詩詳解李樗
解頤新語范處義　詩集傳朱子
周官　周官注杜子春
周官解詁鄭興　周官解詁鄭衆
周禮注鄭元　周禮疏賈公彦
新經周禮義王安石　周禮詳解王昭禹
周禮詳說王十朋　周禮總義易祓
周禮辨疑楊恪　太平經國之書鄭伯謙

周禮訂義王與之　周禮考注吳澄
周禮傳王應電　周禮完解郝敬
周禮刪翼王志長
周官義疏鄂爾泰等　周官析疑方苞
儀禮　逸中霤禮
禘於太廟禮　逸奔喪禮
王居明堂禮　天子巡守禮
朝貢禮　儀禮注鄭元
儀禮疏賈公彦　儀禮經傳通解朱子

續儀禮經傳通解黄幹 儀禮集說敖繼公
儀禮義疏鄂爾泰等 喪服變除禮戴德
三正記 王度記
王霸記 别名記
大戴禮記戴德 大戴禮注盧辯
禮記戴聖 禮記注鄭元
禮記義疏皇侃 禮記義證劉芳
禮記義何氏 禮記正義孔頴達
禮記中義劉爇 禮記解方慤

芸閣禮記解呂大臨 禮記集說衛湜
讀禮記日抄黄震 禮記纂言吳澄
月令章句蔡邕 三禮目錄鄭元
禮圖 三禮義宗崔靈恩
石渠禮論戴聖 禮書陳祥道
樂書陳暘 律吕新書蔡元定
春秋 春秋左氏傳左邱明
春秋左氏傳解義服虔 春秋經傳集解杜預
春秋正義孔頴達 春秋規過劉炫

春秋世族譜杜預 春秋土地名京相璠
春秋公羊傳 春秋叙閔因
嚴氏春秋嚴彭祖 春秋繁露董仲舒
公羊傳解詁 春秋穀梁傳
穀梁傳集解范甯 春秋外傳國語
國語解韋昭 春秋傳胡安國
古論語解孔安國 論語章句包咸
論語解馬融 論語注鄭元
論語章句周氏 論語注王肅

論語集解何晏等 論語正義邢昺
論語集注朱子 語孟集說馮椅
孟子注趙岐 孟子手音丁公著
孟子正義孫奭 孟子集注朱子
大學章句 中庸章句
四書或問 四書集略盧孝孫
四書釋地閻若璩 孝經
孝經注 孝經正義邢昺
爾雅 爾雅注李巡

爾雅注孫炎　爾雅注郭璞
爾雅疏邢昺　爾雅翼羅願
小爾雅孔鮒　廣雅張揖
博雅曹憲　埤雅陸佃
五經異義許慎　鄭志鄭小同
經典釋文陸德明　七經小傳劉敞
經學理窟張子　乾鑿度
易通卦驗　河圖括地象
中候握河紀　禮緯含文嘉

禮稽命徵　樂緯
春秋說題辭　春秋元命包
春秋運斗樞　春秋考異郵
春秋保乾圖　春秋含文嘉
孝經句命決　孝經援神契
方言揚雄　釋名劉熙
物理論楊泉　蒼頡篇
說文解字許慎　說文繫傳徐鍇
說文韻譜　字林呂忱

玉篇顧野王　字說王安石
六書故戴侗　六書精蘊魏校
正字通張自烈　廣韻
集韻丁度　增韻毛晃
古今韻會熊忠
竹書紀年　古史考譙周
帝王世紀皇甫謐　路史羅泌
戰國策　戰國策注
世本劉向　史記司馬遷

史記集解裴駰　史記補司馬貞
史記索隱　史記正義張守節
漢書班固　漢書天文志
漢書集解音義應劭　漢書音義
漢書注顏師古　後漢書范蔚宗
後漢書志司馬彪　晉書房喬等
隋書魏徵等　新唐書歐陽修等
資治通鑑綱目朱子　大事記呂祖謙
通典杜佑　通志鄭樵

名山藏何喬遠　陳留風俗傳
管輅別傳　列女傳劉向
星備　靈憲張衡
宋兩朝天文志　宋中興天文志
山海經　山海經注郭璞
水經桑欽　水經注酈道元
晉地道記　晉太康地記
括地志蕭德言等　元和郡縣志李吉甫
輿地廣記歐陽忞　方輿紀要顧祖禹

皇覽王象等　決錄注摯虞
齊地記　齊乘于欽
山東考古錄顧炎武　交州記劉欣期
孔子家語　荀子
新書賈誼　說苑劉向
法言揚雄　新論桓譚
潛夫論王符　潛夫論注
文中子王通　太極圖說周子
通書　皇極經世書邵子

正蒙　張子語錄
二程遺書　二程外書
二程粹言　朱子語類
性理精義
風后握奇經　司馬法
管子　韓非子
名醫別錄陶宏景　本草拾遺陳藏器
圖經本草蘇頌　本草衍義
本草綱目李時珍　九章算術

藝經邯鄲淳　琴操孔衍
尸子　尹文子
鶡冠子　鶡冠子注陸佃
呂氏春秋　呂氏春秋注高誘
淮南子　淮南子注高誘
白虎通義班固　獨斷蔡邕
古今注崔豹　容齋隨筆洪邁
困學紀聞王應麟　日知錄顧炎武
義門讀書記何焯　論衡王充

風俗通義應邵　夢溪筆談沈括
齊東野語周密　世說新語劉義慶
世說新語注劉孝標　穆天子傳
神異經東方朔　博物志張華
續博物志李石　道德經
老子注　列子
列子注張湛　莊子
楚辭屈原　楚辭章句王逸
曹子建集曹植　昌黎集

柳先生集柳宗元　白氏長慶集白居易
六一居士集歐陽修　嘉祐集蘇洵
東坡集蘇軾　欒城集蘇轍
王臨川集王安石　元豐類稿曾鞏
明道文集　伊川文集
朱子文集　昭明文選

四書類考總目

永濟崔曼亭
山陰張雪筠　兩先生鑒定　蘄州陳愚谷纂

卷一
天道
卷二
四時
卷三
土地

卷四
山水
卷五
邦域　唐　虞　夏　商　周　秦　魯　齊　滕　薛、任
卷六
邦域　陳　杞　宋　管　蔡　鄭　衛　晉　魏　韓　趙　燕　楚　吳　越
卷七
形色
卷八

衣服
卷二十七
飲食
卷二十八
萬物草木
卷二十九
萬物鳥獸
卷三十
萬物蟲魚

江陵張典考

受業監利陳德輝校字

監利夏曰瑚

四書類考卷一

天道類

天
天道
日
月
日月之食
星
辰

北辰
風
雨
雲
雷
霓
露
霜
雪

天

天顛也至高無上從一大也許氏說文

天豫司兖冀以舌腹言之天顯也在上高顯也青徐以舌頭言之天坦也坦然高而遠也釋名

由太虛有天之名張子正蒙

穹蒼蒼天也春爲蒼天夏爲昊天秋爲旻天冬爲上天爾雅釋天

尊而君之則稱皇天元氣廣大則稱昊天仁覆閔下則稱旻天自上降監則稱上天據遠視之蒼蒼然則稱蒼天詩毛傳。黍離

天有九野中央曰鈞天其星角亢氐東方曰蒼天其星房心尾東北曰變天其星箕斗牽牛北方曰元天其星婺女虛危營室西北曰幽天其星東壁奎婁西方曰顥天其星胃昴畢西南曰朱天其星觜觿參東井南方曰炎天其星輿鬼柳七星東南曰陽天其星張翼軫呂氏春秋有始覽

離騷有九天之說注家妄解云有九天據某觀之只是九重蓋天運行有許多重數裏面重數較軟在外則漸硬想到第九重只成硬殼相似那裏轉得又愈緊矣朱子語類

古有九重之說然未實指其數今歷推得最上一重爲宗動天乃一氣運行羣動之宗也次一重爲恒星天又次一重爲土星天又次一重爲木星天又次一重爲火星天又次一重爲太陽天又次一重爲金星天又次一重爲水星天又次一重爲太陰天其高下遠近各有層次若以左旋論之則近外者其行愈速朱子所謂轉得更緊者是也性理精義

天左旋處其中者順之少遲則反右矣正蒙參兩篇

天道左旋日月星並左旋星不是貼天天是陰陽之氣在

上面下人看見星隨天去耳朱子語類

古今皆以恒星即爲天體朱子却謂星不貼天正與今歷合所謂陰陽之氣在上面者即宗動天也性理精義

天無體二十八宿便是天體隨天而定日月與五星則皆隨天左轉而緩急各不同不隨天而定也朱子語類

天事本無度推歷者無以寓其數乃以日所行分天爲三百六十五度有奇既分之必有物記之然後可窺而數於是以當度之星記之循黃道日之所行一朞當者止二十八宿而已今所謂距度星者是也夢溪筆談

天行甚健。一日一夜周三百六十五度四分度之一。又進過一度。日行速健次於天。一日一夜周三百六十五度四分度之一。比天進一度。則日爲退一度。積至三百六十五日四分日之一。則天所進過之度恰周得本數。而日所退之度亦恰退盡本數。遂與天會而成一年。月行遲。一日一夜比天爲退十三度有奇。進數爲順天而左。退數爲逆天而右。歷家以進數難算。只以退數算之。故謂之右行。且曰日行遲。月行疾。朱子語類

古來歷家蓋非不知七政亦左行。但順行不可算。只得將

其逆退與天度相值處算之。今當以太虛中作一空盤。却以八者之行較其遲速。天行最速。一日過了太虛空盤一度。鎮星之行比天稍遲。積二十八箇月則不及天三十度。歲星之行比鎮星尤遲。積十二箇月與天爭差三十度。熒惑之行比歲星更遲。積六十日爭差三十度。太陽之行比熒惑又遲。但在太虛盤中一日行一周。匝無餘無欠。積一月則不及天三十度。太白之行稍遲於太陽。但有疾時遲疾相準。則與太陽同。辰星之行又稍遲於太白。但有疾時遲疾相準。則與太白同。太陰之行最遲。一日所行比天爲差十二三四度。其行遲。故退度最多。今次其行之疾遲。天一。土二。木三。火四。日五。金六。水七。月八。天土木火其行之速過於日。金水月其行之遲又不及日。此其大率也。書纂言

天道

由太虛有天之名由氣化有道之名（正蒙太和篇）

一陰一陽之謂道繼之者善也成之者性也仁者見之謂之仁知者見之謂之知百姓日用而不知故君子之道鮮矣顯諸仁藏諸用鼓萬物而不與聖人同憂盛德大業至矣哉（周易繫辭上傳）

大哉乾元萬物資始乃統天雲行雨施品物流形乾道變化各正性命保合太和乃利貞（周易彖上傳）

大哉乾元萬物資始誠之源也乾道變化各正性命誠斯立焉純粹至善者也故曰一陰一陽之謂道繼之者善也成之者性也元亨誠之通利貞誠之復大哉易也性命之源乎（通書）

無極而太極太極動而生陽動極而靜靜而生陰靜極復動一動一靜互爲其根分陰分陽兩儀立焉陽變陰合而生水火木金土五氣順布四時行焉五行一陰陽也陰陽一太極也太極本無極也五行之生也各一其性無極之眞二五之精妙合而凝乾道成男坤道成女二氣交感化生萬物萬物生生而變化無窮焉（太極圖說）

神天德化天道德其體道其用一於氣而已（正蒙神化篇）

氣有陰陽推行有漸爲化合一不測爲神（同上）

游氣紛擾合而成質者生人物之萬殊其陰陽兩端循環不已者立天地之大義（正蒙太和篇）

野馬也塵埃也生物之以息相吹也天之蒼蒼其正色邪其遠而無所至極邪其視下也亦若是則已矣（莊子逍遙遊）

太和所謂道中涵浮沉升降動靜相感之性是生絪緼相盪勝負屈伸之始其來也幾微易簡其究也廣大堅固起知於易者乾乎效法於簡者坤乎散殊而可象爲氣清通而不可象爲神不如野馬絪緼不足謂之太和（正蒙）

氣坱然太虛升降飛揚未嘗止息易所謂絪緼莊子所謂生物以息相吹野馬者與此虛實動靜之機陰陽剛柔之始浮而上者陽之清降而下者陰之濁其感遇聚散爲風雨爲雪霜萬品之流形山川之融結糟粕煨燼無非教也（同上）

陽之德主於遂陰之德主於閉（正蒙參兩篇）

陰性凝聚陽性發散陰聚之陽必散之其勢均散陽爲陰

累則相持爲雨而降陰爲陽得則飄揚爲雲而升故雲物班布太虛者陰爲風驅斂聚而未散者也凡陰氣凝聚陽在內者不得出則奮擊而爲雷霆陽在外者不得入則周旋不舍而爲風其聚有遠近虛實故雷風有小大暴緩和而散則爲霜雪雨露不和而散則爲戾氣曀霾陰常散緩受交於陽則風雨調寒暑正同上

天有四時春秋冬夏風雨霜露無非教也地載神氣神氣風霆風霆流行庶物露生無非教也禮記孔子閒居

元者善之長也亨者嘉之會也利者義之和也貞者事之

幹也周易文言傳

乾元者始而亨者也利貞者性情也乾始能以美利利天下不言所利大矣哉大哉乾乎剛健中正純粹精也同上

元亨利貞性也生長收藏情也以元生以亨長以利收以貞藏者心也朱子文集

一物而兩體其太極之謂與陰陽天道象之成也剛柔地道法之效也仁義人道性之立也三才兩之莫不有乾坤之道正蒙大易篇

一物兩體氣也一故神兩故化此天之所以參也正蒙參兩篇

兩不立則一不可見一不可見則兩之用息兩體者虛實也動靜也聚散也清濁也其究一而已正蒙太和篇

感而後有通不有兩則無一故聖人以剛柔立本乾坤毀則无以見易同上

陰陽之精互藏其宅則各得其所安故日月之形萬古不變若陰陽之氣則循環迭至聚散相盪升降相求絪縕相揉蓋相兼相制欲一之而不能此其所以屈伸無方運行不息莫或使之不曰性命之理謂之何哉正蒙參兩篇

天性乾坤陰陽也二端故有感本一故能合天地生萬物所受雖不同皆無須臾之不感所謂性即天道也正蒙乾稱篇

太虛無形氣之本體其聚其散變化之客形爾至靜無感性之淵源有識有知物交之客感爾客感客形與無感無形惟盡性者一之正蒙太和篇

天地萬物之理無獨必有對皆自然而然非有安排也二程遺書

動靜無端陰陽無始非知道者孰能識之程子經說

日

日，實也，光明盛實也。釋名

日者，陽德之母，陽外發故日以晝明名日曜靈。尚書大傳

日之形人莫不見似輪似餅其形若有限則其光亦須有限若只在三萬里中升降出沒則須有光所不到處又安有此理今天之蒼蒼豈是天之形視下也亦須如是日固陽精也然不如舊說周回而行中心是須彌山日無適而不爲精也地既無適而不爲中則日無適而不爲精也氣行滿天地之中然氣須有精處故其見如輪如餅譬之鋪一溜柴薪從頭爇著火到處其光皆一般非是有一塊物推著行將去氣行到寅則寅上有光行到卯則卯上有光氣充塞無所不到若得此意思便知得生物之理二程遺書

日出于暘谷浴于咸池拂于扶桑是謂晨明登于扶桑爰始將行是謂朏明至于曲阿是謂旦明至于曾泉是謂蚤食至于桑野是謂晏食至于衡陽是謂禺中至于昆吾是謂正中至于鳥次是謂小還至于悲谷是謂餔時至于女紀是謂大還至于淵虞是謂高春至于連石是謂下春至于悲泉爰止其女爰息其馬是謂懸車至于虞淵是謂黃昏至于蒙谷是謂定昏淮南子天文訓

日有中道中道者黃道一曰光道光道北至東井去北極近南至牽牛去北極遠東至角西至婁去極中夏至至於東井北近極故晷短立八尺之表而晷景長尺五寸八分冬至至於牽牛遠極故晷長立八尺之表而晷景長丈二尺一寸四分春秋分日至婁角去極中而晷中立八尺之表而晷景長七尺三寸六分此日去極遠近之差晷景長短之制也去極遠近難知要以晷景晷景者所以知日之南北也日陽也陽用事則日進而北晝進而長陽勝故爲温暑陰用事則日退而南晝退而短陰勝故爲寒凉也漢書天文志

月

月缺也滿則缺也釋名

月羣陰之宗光內影以宵曜名曰夜光尚書大傳

月者陰之精也其形圓其質清日光照之則見其明日光所不照則謂之魄故月望之日日月相望人居其間盡覩其明故形圓也二茲之日日照其側人觀其傍故半明半魄也晦朔之日日照其表人在其裏故不見也隋書天文志

月者三日則成魄三月則成時禮記鄉飲酒義

播五行於四時和而後月生也是以三五而盈三五而闕禮記禮運

月有九行者黑道二出黃道北赤道二出黃道南白道二出黃道西青道二出黃道東立春春分月東從青道立秋秋分西從白道立冬冬至北從黑道立夏夏至南從赤道然用之一決房中道青赤出陽道白黑出陰道漢書天文志

古天之法以二十八宿為綱維分列四方南北去極各九十有一度有奇南低而北昂去地各三十有六度一定不易者名之曰赤道以日纏半在赤道內半在赤道外出入內外極遠者皆二十有四度以其行赤道之中者名之曰黃道凡五緯隨日由黃道行惟月之行有九道四時交會歸于黃道而轉變焉故有青赤黑白四者之異名中興天文志

黃道九道厥初本無是因日行而强名之日行曰黃道者黃色之中也黃道即中道也日道居中月五星循左右而行故日道獨謂之黃月行青朱白黑道各兼黃道而言故又謂之九道也是故月道出入於黃道其最遠者去黃道

六度日行黃道之內曰陰歷行黃道之外曰陽歷北為內南為外同上

日月之食

日月相食、數之交也。日望月則月食。月掩日則日食。猶水火之相尅也。皇極經世書

夫日譬猶火、月譬猶水、火則外光。水則含景。故月光生於日之所照。魄生於日之所蔽。當日則光盈。就日則光盡也。衆星被耀。因水轉光。當日之衝。光常不合者。蔽於地也。是謂闇虛。在星星微。月過則食。日之薄地。其明也。由闇視明。明無所屈。是以望之若火。方於中天。天地同明。由明瞻闇。闇還自奪。故望之若水。火當夜而揚光。在晝則不明也。月之於夜與日同而差微。星則不然。強弱之差也。靈憲

凡日月之交。月行黃道而日爲月所掩。則日食。是爲陰勝陽。其變重。若日月同度於朔。月行不入黃道。則雖會而不食。月之行在望。與日對衝。月入於日闇虛之內。則月爲之食。是爲陽勝陰。其變輕。中興天文志

黃道與月道如二環相疊而小差。凡日月同在一度。相遇則日爲之蝕。正一度相對。則月爲之虧。雖同一度。而月道與黃道不相近。自不相侵。同度而又近黃道月道之交。日月相値。乃相陵掩。正當其交處。則食而既。不全當交處。則隨其所犯淺深而食。凡日食當月道自外而交入於內。則蝕起於西南。復于東北。自內而交出於外。則蝕起於西北而復於東南。日在交東則蝕其內。日在交西則蝕其外。食既則起於正西。復於正東。凡月食月道自外入內。則蝕起於東南。復於西北。自內出外。則蝕起於東北而復於西南。月在交東則食其外。月在交西則蝕其內。食既則起於正東。復於西。交道每月退一度餘。凡二百四十九交而一朞。故西天法、羅睺計都、皆逆步之、乃今之交道也。交初謂之羅睺。交中謂之計都。夢溪筆談

天積氣。上面勁。只中間空。爲日月來往。地在天中不甚大。四邊空。有時月在天中央。日在地中央。則光從四旁上受於月。其中昏暗便是地影。望以後日與月行便差。背向一畔。相去漸遠。其受光面不正。至朔行又相遇。日與月正緊相合。日便蝕。無光。朱子語類

日所以蝕於朔者。月常在下。日常在上。既是相會。被月在下面遮了日。故日蝕。望時月蝕。固是陰敢與陽敵。然歷家又謂之闇虛。蓋火日外影。其中實暗。到望時恰當其中暗處。故月蝕。同上

星

星、散也、列位布散也、釋名

星者金之散氣。史記天官書

衆星布列、其以神著有五列焉。是爲三十五名。一居中央。謂之北斗。動變挺占。實司王命。四布於方。爲二十八宿。日月運行。歷示吉凶。五緯經次。用告禍福。則天心於是見矣。中外之官。常明者百有二十四。可名者三百二十。爲星二千五百。而海人之占未存焉。微星之數。蓋萬一千五百二十。庶物蠢蠢。咸得繫命。不然。何以總而理諸。靈憲

星二十八宿衆星爲經、金木水火土五星爲緯、皆是也。書集傳

星也者。體生於地。精成於天。列居錯跱。各有攸屬。紫宫爲皇極之居。太微爲五帝之廷。明堂之房。大角有席。天市有坐。蒼龍連蜷于左。白虎猛據于右。朱雀奮翼于前。靈龜圈首于後。黄神軒轅于中。六擾既畜。而狼蚖魚鼈。罔有不具。在野象物。在朝象官。在人象事。於是備矣。靈憲

角十三度、亢十、氐十六、房五、心五、尾十八、箕十、斗二十四四分度之一、牽牛七、須女十一、虚十、危十六、營室十八、東壁十、奎十七、婁十二、胃十五、昴十二、畢十六、觜三、參八、東井三十、輿鬼四、柳十四、星七、張十七、翼十九、軫十八、凡三百六十五度四分度之一。後漢書律歷志

辰

日月之會是謂辰。春秋左氏傳。昭公七年

一歲日月十二會所會謂之辰。春秋經傳集解

辰謂日月所會一歲十二會從子至亥也。春秋正義

十一月辰在星紀十二月辰在元枵正月辰在娵訾二月辰在降婁三月辰在大梁四月辰在實沈五月辰在鶉首六月辰在鶉火七月辰在鶉尾八月辰在壽星九月辰在大火十月辰在析木禮記正義

星紀初斗十二度終於婺女七度元枵初婺女八度終於

危十五度娵訾初危十六度終於奎四度降婁初奎五度終於胃六度大梁初胃七度終於畢十一度實沈初畢十二度終於井十五度鶉首初井十六度終於柳八度鶉火初柳九度終於張十七度鶉尾初張十八度終於軫十一度壽星初軫十二度終於氐四度大火初氐五度終於尾九度析木初尾十度終於斗十一度漢書律歷志

北辰

北極謂之北辰。爾雅釋天

大火爲大辰伐爲大辰北辰亦爲大辰。春秋公羊傳。昭公十七年

中宮天極星其一明者太一常居也。史記天官書

北極五星第一星主月太子也第二星主日帝王也亦太乙之坐謂最赤明者也第三星主五星庶子也晉書天文志

第四星爲后宮第五星爲天樞通志略

舊說皆以紐星正樞機皇祐中以儀管候之其不動處猶在樞星之末一度餘宋兩朝天文志

帝座惟在紫微者據北極七十二度常見不隱之中故有北辰之號而常居其所蓋天形運轉晝夜不息而此爲之樞如輪之轂如磑之齊雖欲動而不可得非有意於不動也若太微之在翼天市之在尾攝提之在亢其南距赤道也皆近其北距天極也皆遠則固不容於不動而不免與二十八宿同其運行矣故其或東或西或隱或見各有度數仰而觀之蓋無晷刻之或停也今日是與在紫微者皆

居其所而爲不動者四則是一天而四樞一輪而四轂一磑而四齊也分寸一移則其輻裂而瓦碎也無日矣若之何而能爲運轉之無窮哉 朱子文集 北辰辨 磑音醴今俗謂之磨

或問北辰之爲樞何也曰天圜而動包乎地外地方而靜處乎天中故天之形半覆乎地上半繞乎地下而左旋不息其樞紐不動之處則在乎南北之端焉謂之極者猶屋脊之謂極也然南極低入地三十六度故周回七十二度常隱不見北極高出地三十六度故周回七十二度常見不隱北極之星正在常見不隱七十二度之中常居其所而不動其旁則經星隨天左旋日月五緯右轉更迭隱見皆若環繞而歸向之知此則知天樞之說而聖人所以取譬者亦可見矣 朱子或問

風

陰陽怒而爲風 春秋元命包

凡陰氣凝聚陽在外者不得入則周旋不舍而爲風 張子正蒙

南風謂之凱風東風謂之谷風北風謂之涼風西風謂之泰風焚輪謂之頽扶搖謂之猋風與火爲庉迴風爲飄日出而風爲暴風而雨土爲霾陰而風爲曀 爾雅釋天

東方曰明庶風東南曰清明風南方曰景風西南曰涼風西方曰閶闔風西北曰不周風北方曰廣莫風東北曰融風 許氏說文

立春調風至春分明庶風至立夏清明風至夏至景風至立秋涼風至秋分閶闔風至立冬不周風至冬至廣莫風至 易通卦驗

風有八等東北曰炎風東方曰滔風東南曰熏風南方曰巨風西南曰淒風西方曰飂風西北曰厲風北方曰寒風 呂氏春秋有始覽

夫大塊噫氣其名爲風是惟無作作則萬竅怒呺而獨不聞之翏翏乎山林之畏佳大木百圍之竅穴似鼻似口似

耳似枅似圈似臼似洼者似污者激者謞者叱者吸者叫者譹者宎者咬者前者唱于而後者唱喁泠風則小和飄風則大和厲風濟則衆竅爲虛而獨不見之調調之刁刁乎莊子齊物論

夫上之化下猶風靡草東風則草靡而西西風則草靡而東在風所由而草爲之靡說苑君道篇

雨

雨水從雲下也許氏說文

陰陽和爲雨春秋元命包

陽爲陰累則相持爲雨而降張子正蒙

暴雨謂之涷小雨謂之霢霂久雨謂之淫淫謂之霖濟謂之霽爾雅釋天

凡雨自三日以往爲霖春秋左氏傳隱公九年

仲春之月始雨水禮記月令

季春之月命司空曰時雨將降下水上騰循行國邑周視原野脩利隄防道達溝瀆開通道路毋有障塞同上

季夏之月土潤溽暑大雨時行同上

辰角見而雨畢國語

辰角大辰蒼龍之角角星名也見者朝見東方建戌之初寒露節也雨畢者殺氣日盛雨氣盡也國語解

著於上見於下謂之雨春秋穀梁傳莊公七年

霓

霓屈虹青赤或白色陰氣也 許氏說文

螮蝀謂之雩螮蝀虹也蜺爲挈貳 爾雅釋天

虹雙出色鮮盛者爲雄雄曰虹闇者爲雌雌曰蜺 爾雅音義

季春之月虹始見 禮記月令

孟冬之月虹藏不見 同上

虹是陰陽交會之氣純陰純陽則虹不見若雲薄漏日日照雨滴則虹生 禮記正義

雲

雲山川氣也 許氏說文

陰爲陽得則飄揚爲雲而升故雲物班布太虛者陰爲風驅斂聚而未散者也 張子正蒙

天降時雨山川出雲 禮記孔子閒居

觸石而出膚寸而合不崇朝而徧雨乎天下者唯太山爾 春秋公羊傳。僖公三十一年

雲有水火土石之異他類亦然 皇極經世書

故山雲草莽水雲魚鱗旱雲烟火涔雲波水各象其形類所以感之 淮南子覽冥篇

雷

雷陰陽薄動雷雨生物者也許氏說文

凡陰氣凝聚陽在内者不得出則奮擊而爲雷霆張子正蒙

仲春之月雷乃發聲始電蟄蟲咸動啟戶始出先雷三日奮木鐸以令兆民曰雷將發聲有不戒其容止者生子不備必有凶災禮記月令

仲秋之月雷始收聲蟄蟲坏戶同上

神而不可名變化而不可測者莫如雷霆淮南子曰陰陽

相薄感而爲雷激而爲電故先儒爲之說曰陰氣凝聚陽在内而不得出則奮擊而爲雷霆聲陽也光亦陽也光發而聲隨之陽氣奮擊欲出之勢也或問世所得雷斧何物也曰此猶星隕而爲石也本乎天者氣而非形偶隕於地則成形矣或問人有不善爲雷震死者何也曰人作惡有惡氣霹靂乃天地之怒氣是怒氣亦惡氣也怒氣與惡氣相感故爾或問雷之破山壞屋折樹殺畜何也曰此氣鬱而怒方爾奮擊偶或値之則遭震矣康節嘗問伊川曰子以爲雷起於何處伊川曰起於起處然則先儒之所言者非不精詳而余猶謂有不可曉者焉齊東野語

露

露潤澤也許氏說文

孟秋之月白露降禮記月令

謂之白露者陰氣漸重露濃色白謂之寒露者言露氣寒將欲凝結禮記正義

夏秋之交稻方含秀黃昏月出露珠起於其根纍纍然忽自騰上若推之者或綴於莖心或綴於葉端稻乃秀實驗之信然東坡居士集

霜

霜露凝也玉篇

季秋之月霜始降禮記月令

白露凝戾爲霜然後歲事成詩毛傳

坤初六履霜堅冰至周易上經

履霜陰始凝也馴至其道至堅冰也周易象上傳

駟見而隕霜國語

駟天駟房星也建戌之月霜始降國語解

僖公三十有三年冬十二月隕霜不殺草李梅實春秋

定公元年冬十月隕霜殺菽同上

未可以殺而殺舉重可殺而不殺舉輕其日菽舉重也春秋穀梁傳

雪

陰凝爲雪。春秋元命包

平地尺爲大雪。春秋左氏傳。隱公九年

將大雨雪。始必微温。雪自上下。遇温氣而摶。謂之霰。久而寒勝。則大雪矣。鄭詩箋

雪花曰霙。雪雲曰同雲。韓詩外傳逸文見藝文類聚

凡草木花多五出。雪花獨六出者。陰極之數。同上

自上而下曰雨雪。同上

四書類考卷一

四書類考卷二

四時類

四時春　夏　秋　冬

夏時

莫春

七八月之間

十一月

十二月

日夜雞鳴　平旦　晨　朝　晝　夕　昏暮

攻火

伐冰

歷數

天時

四時

天有四時春秋冬夏風雨霜露無非教也禮記孔子閒居

昊天之四府者春夏秋冬之謂也陰陽升降於其間矣春爲生物之府夏爲長物之府秋爲收物之府冬爲藏物之府號物之庶謂之萬雖曰萬之又萬其庶能出此昊天之四府者乎皇極經世書

東方者春春之爲言蠢也產萬物者聖也南方者夏夏之爲言假也養之長之假之仁也西方者秋秋之爲言愁也愁之以時察守義者也北方者冬冬之爲言中也中者藏也禮記鄉飲酒義

日行北陸謂之冬西陸謂之春南陸謂之夏東陸謂之秋後漢書律歷志

春爲青陽夏爲朱明秋爲白藏冬爲元英四時和謂之玉燭春爲發生夏爲長嬴秋爲收成冬爲安寧四時和爲通正謂之景風甘雨時降萬物以嘉爾雅釋天

夏時

夏以孟春月爲正殷以季冬月爲正周以仲冬月爲正夏以十三月爲正色尚黑以平旦爲朔殷以十二月爲正色尚白以雞鳴爲朔周以十一月爲正色尚赤以夜半爲朔不以二月後爲正者萬物不齊莫適所統故必以三微之月也尚書大傳

三代各據一統明三統常合而迭爲首登降三統之首周還五行之道也故三五相包而生天統之正始施於子半日萌色赤地統受之於丑初日肇化而黃至丑半日牙化而白人統受之於寅初日孽成而黑至寅半日生成而青天施復於子地化自丑畢於辰人生自寅成於申故歷數三統天以甲子地以甲寅人以甲申孟仲季迭用事爲統首三微之統既著而五行自青始其序亦如之漢書律歷志

莫春

莫春者、季春三月也、論語章句

三月參則伏、攝桑、萎楊、䍧羊、𪏮則鳴、頒冰、采識、妾子始蠶、執養宮事、祈麥實、越有小旱、田鼠化爲鴽、拂桐芭、鳴鳩、大戴禮夏小正

季春之月、日在胃、昏七星中、旦牽牛中、其日甲乙、其帝太皞、其神句芒、其蟲鱗、其音角、律中姑洗、其數八、其味酸、其臭羶、其祀戶、祭先脾、桐始華、田鼠化爲鴽、虹始見、萍始生、天子居青陽右个、乘鸞路、駕蒼龍、載青旂、衣青衣、服蒼玉、

食麥與羊、其器疏以達、是月也、天子乃薦鞠衣于先帝、命舟牧覆舟、五覆五反、乃告舟備具于天子焉、天子始乘舟、薦鮪于寢廟、乃爲麥祈實、是月也、生氣方盛、陽氣發泄、句者畢出、萌者盡達、不可以內、天子布德行惠、命有司發倉廩、賜貧窮、振乏絕、開府庫、出幣帛、周天下、勉諸侯、聘名士、禮賢者、是月也、命司空曰、時雨將降、下水上騰、循行國邑、周視原野、修利隄防、道達溝瀆、開通道路、毋有障塞、田獵罝罘羅綱畢翳餧獸之藥、毋出九門、是月也、命野虞毋伐桑柘、鳴鳩拂其羽、戴勝降于桑、具曲植籧筐、后妃齊戒、親東鄉躬桑、禁婦女毋觀、省婦使、以勸蠶事、蠶事既登、分繭稱絲效功、以共郊廟之服、毋有敢惰、是月也、命工師令百工審五庫之量、金鐵、皮革筋、角齒、羽箭幹、脂膠丹漆、毋或不良、百工咸理、監工日號、毋悖于時、毋或作爲淫巧、以蕩上心、是月之末、擇吉日大合樂、天子乃帥三公九卿諸侯大夫親往視之、是月也、乃合累牛騰馬、遊牝于牧、犧牲駒犢、舉書其數、命國難、九門磔攘、以畢春氣、禮記月令

七八月之間

周七八月夏之五六月也孟子注

五月參則見浮游有殷鴂則鳴時有養日乃瓜良蜩鳴匽之興五日翕望乃伏啟灌藍蓼鳩爲鷹唐蜩鳴初昏大火中煮梅蓄蘭菽糜頒馬大戴禮夏小正

仲夏之月日在東井昏亢中旦危中其日丙丁其帝炎帝其神祝融其蟲羽其音徵律中蕤賓其數七其味苦其臭焦其祀竈祭先肺小暑至螳蜋生鵙始鳴反舌無聲天子居明堂太廟乘朱路駕赤駵載赤旂衣朱衣服赤玉食菽

與雞其器高以粗養壯佼是月也命樂師修鞀鞞鼓均琴瑟管簫執干戚戈羽調竽笙篪簧飭鍾磬柷敔命有司爲民祈祀山川百源大雩帝用盛樂乃命百縣雩祀百辟卿士有益於民者以祈穀實農乃登黍是月也天子乃以雛嘗黍羞以含桃先薦寢廟令民毋艾藍以染毋燒灰毋暴布門閭毋閉關市毋索挺重囚益其食游牝別羣則縶騰駒班馬政是月也日長至陰陽爭死生分君子齊戒處必掩身毋躁止聲色毋或進薄滋味毋致和節耆欲定心氣百官靜事毋刑以定晏陰之所成鹿角解蟬始鳴半夏生

木堇榮是月也毋用火南方可以居高明可以遠眺望可以升山陵可以處臺榭禮記月令

六月初昏斗柄正在上煮桃鷹始摯大戴禮夏小正

季夏之月日在柳昏火中旦奎中律中林鍾溫風始至蟋蟀居壁鷹乃學習腐草爲螢天子居明堂右个命漁師伐蛟取鼉登龜取黿命澤人納材葦是月也命四監大合百縣之秩芻以養犧牲令民無不咸出其力以共皇天上帝名山大川四方之神以祠宗廟社稷之靈以爲民祈福是月也命婦官染采黼黻文章必以法故無或差貸黑黃蒼

赤莫不質良毋敢詐僞以給郊廟祭祀之服以爲旗章以別貴賤等給之度是月也樹木方盛乃命虞人入山行木毋有斬伐不可以興土功不可以合諸侯不可以起兵動衆毋舉大事以搖養氣毋發令而待以妨神農之事也水潦盛昌神農將持功舉大事則有天殃是月也土潤溽暑大雨時行燒薙行水利以殺草如以熱湯可以糞田疇可以美土疆禮記月令

十一月

周十一月夏九月也孟子注

夏令曰九月除道國語

九月納火遣鴻鴈主夫出火陟元鳥蟄熊羆貊貉鼬鼪則穴王始裘辰繫于日雀入于海爲蛤大戴禮夏小正

季秋之月日在房昏虛中旦柳中其日庚辛其帝少皞其神蓐收其蟲毛其音商律中無射其數九其味辛其臭腥其祀門祭先肝鴻鴈來賓爵入大水爲蛤鞠有黄華豺乃祭獸戮禽天子居總章右个乘戎路駕白駱載白旂衣白衣服白玉食麻與犬其器廉以深是月也申嚴號令命百官貴賤無不務內以會天地之藏無有宣出乃命冢宰農事備收舉五穀之要藏帝籍之收於神倉祗敬必飭是月也霜始降則百工休乃命有司曰寒氣總至民力不堪其皆入室上丁命樂正入學習吹是月也大饗帝嘗犧牲告備于天子合諸侯制百縣爲來歲受朔日與諸侯所稅於民輕重之法貢職之數以遠近土地所宜爲度以給郊廟之事無有所私是月也天子乃教於田獵以習五戎班馬政命僕及七騶咸駕載旌旐授車以級整設于屏外司徒

搢扑北面誓之天子乃厲飾執弓挾矢以獵命主祠祭禽于四方是月也草木黄落乃伐薪爲炭蟄蟲咸俯在內皆墐其戶乃趣獄刑毋留有罪收祿秩之不當供養之不宜者是月也天子乃以犬嘗稻先薦寢廟禮記月令

十二月

周十二月夏十月也孟子注

夏令曰十月成梁國語

十月豺祭獸初昏南門正黑鳥浴時有養夜元雉入于淮爲蜃織女正北鄉則旦大戴禮夏小正

孟冬之月日在尾昏危中旦七星中其日壬癸其帝顓頊其神元冥其蟲介其音羽律中應鍾其數六其味鹹其臭朽其祀行祭先腎水始冰地始凍雉入大水爲蜃虹藏不見天子居元堂左个乘元路駕鐵驪載元旂衣黑衣服元

玉食黍與彘其器閎以奄是月也以立冬先立冬三日太史謁之天子曰某日立冬盛德在水天子乃齊立冬之日天子親帥三公九卿大夫以迎冬於北郊還反賞死事恤孤寡是月也命太史釁龜筴占兆審卦吉凶是察阿黨則罪無有掩蔽是月也天子始裘命有司曰天氣上騰地氣下降天地不通閉塞而成冬命百官謹蓋藏命司徒循行積聚無有不斂坏城郭戒門閭修鍵閉愼管籥固封疆備邊竟完要塞謹關梁塞蹊徑飭喪紀辨衣裳審棺槨之厚薄塋丘壟之大小高卑厚薄之度貴賤之等級是月也命工師效功陳祭器按度程毋或作爲淫巧以蕩上心必功致爲上物勒工名以考其誠功有不當必行其罪以窮其情是月也大飲烝天子乃祈來年于天宗大割祠于公社及門閭臘先祖五祀勞農以休息之天子乃命將帥講武習射御角力是月也乃命水虞漁師收水泉池澤之賦毋或敢侵削衆庶兆民以爲天子取怨于下其有若此者行罪無赦禮記月令

日夜雞鳴 平旦 晨 朝 晝 夕 昏暮

從夜半以至明日夜半周十二辰所以紀一日也書正義

一日之中所以分紀其時者曰日中曰晝曰日昃見於易曰東方未明曰會朝曰日之方中曰昏曰夕曰宵見於詩曰昧爽曰朝曰日中昃見於書曰朝時曰日中曰夕時曰雞初鳴曰旦曰質明曰大昕曰晏朝曰昏曰日出曰日側曰見日曰逮日見於禮曰雞鳴曰日中曰晝曰日下昃曰日旰曰日入曰夜曰夜中見於春秋傳紀晝則用日紀夜則用星詩之言三星在天三星在隅三星在戶春秋傳

之言降婁中而旦是也不辨星則分言其夜曰夜中曰夜半曰夜鄉晨是也日知錄

昭公五年左氏傳卜楚丘曰日之數十故有十時而杜元凱注則以爲十二時雖不立十二支之目然其曰夜半者即今之所謂子也雞鳴者丑也平旦者寅也日出者卯也食時者辰也隅中者巳也日中者午也日昳者未也晡時者申也日入者酉也黃昏者戌也人定者亥也一日分爲十二始見於此同上

日出於陽谷浴于咸池拂于扶桑是謂晨明登于扶桑之上爰始將行是謂朏明至于曲阿是謂朝明臨于曾泉是謂早食次于桑野是謂晏食臻于衡陽是謂禺中對于昆吾是謂正中靡于烏次是謂小還至于悲谷是謂晡時迴于女紀是謂大還經于泉隅是謂高春頓于連石是謂下春爰止義和爰息六螭是謂懸車薄于虞泉是謂黃昏淪于蒙谷是謂定昏淮南子

君子有四時朝以聽政晝以訪問夕以修令夜以安身於是乎節宣其氣勿使有所壅閉湫底以露其體茲心不爽而昏亂百度春秋左氏傳昭公元年

是故天子大采朝日與三公九卿祖識地德日中考政與百官之政事師尹惟旅牧相宣序民事少采夕月與大史司載糾虔天刑日入監九御使潔奉禘郊之粢盛而後即安諸侯朝修天子之業命晝考其國職夕省其典刑夜儆百工使無慆淫而後即安卿大夫朝考其職晝講其庶政夕序其業夜庀其家事而後即安士朝而受業晝而講貫夕而習復夜而計過無憾而後即安自庶人以下明而動晦而休無日以怠國語

改火

鑽火各異木、故曰改火也、論語解

司爟、掌行火之政令。四時變國火。以救時疾。周官夏官

春取榆柳之火。夏取棗杏之火。季夏取桑柘之火。秋取柞楢之火。冬取槐檀之火。周書。鄹子同

四時以木爲變。所以禳去時氣之疾也。周禮疏

四時改火、不得不然、蓋水之爲患常少。火之爲患常多。龍見而雩。可見寒食禁火、只是將出新火。必盡熄天下之火、乃出之也。世間風俗、蓋訛謬之甚耳。四時取火用木各異、必據時之所宜。不必盡考也、二程外書

鑽木取火、人謂火生於木、非也。兩木相戛。用力極則陽生。今以石相軋、便有火出、非特木也。蓋天地間無一物無陰陽。二程遺書

木與木相摩則然。金與火相守則流。陰陽錯行。則天地大絯。於是乎有雷有霆。水中有火。乃焚大槐。莊子外物篇

指窮於爲薪。火傳也。不知其盡也。莊子養生主

以火亨飪、則納其氣於內、逆用之則强弱相勝、而氣不均。順變之則休廢相沿、而疾可救。故四時各取其所宜之木。以變國火、使民常得陰陽之正氣、而不溺於一偏也。周禮詳解

季春出火。民咸從之。季秋內火。民亦如之。周官夏官

宮正、春秋以木鐸脩火禁。周官天官

司烜氏、中春以木鐸脩火禁于國中。軍旅脩火禁。周官秋官

爲季春將出火也。周禮注

古之火正、或食於心、或食於咮。以出內火。是故咮爲鶉火。心爲大火。春秋左氏傳。襄公九年

以三月本時昏心星見于辰上、使民出火、九月本黃昏心星伏在戌上、使民內火、周官解詁

建辰之月、鶉火星昏在南方、則令民放火、建戌之月、大火星伏在日下、夜不得見、則令民內火、春秋經傳集解

伐冰

冰者、窮谷陰氣所聚、韓詩外傳

孟冬之月、水始冰。禮記月令

仲冬之月、冰益壯。同上

季冬之月、冰方盛、水澤腹堅、命取冰。冰以入、令告民出五種。同上

孟春之月、魚上冰。同上

仲春之月、天子乃鮮羔開冰、先薦寢廟。同上。鮮當爲獻

二之日鑿冰沖沖、三之日納于凌陰、四之日其蚤獻羔祭韭。詩豳風

凌陰、冰室也。詩傳

凌人掌冰正歲十有二月、令斬冰、三其凌。春始治鑑。凡外內饔之膳羞鑑焉、凡酒漿之酒醴亦如之。祭祀共冰鑑、賓客共冰、大喪共夷槃冰。夏頒冰、掌事、秋刷。周禮天官

鑑如甄、大口、以盛冰、置食物于中、以禦溫氣、夷之言尸也。尸之槃曰夷槃、寘冰于夷槃中、置之尸牀之下、所以寒尸、漢禮器制度、大槃廣八尺、長丈二尺、深三尺、漆赤中、刷、清也。周禮注

古者日在北陸而藏冰。西陸朝覿而出之。其藏冰也、深山窮谷、固陰沍寒、於是乎取之。其出之也、朝之祿位、賓食喪祭、於是乎用之。其藏之也、黑牡秬黍以享司寒。其出之也、桃弧棘矢以除其災。其出入也時。食肉之祿、冰皆與焉。大夫命婦喪浴用冰。祭寒而藏之、獻羔而啟之、公始用之。火出而畢賦、自命夫命婦至於老疾、無不受冰。山人取之、縣人傳之、輿人納之、隸人藏之。夫冰以風壯、而以風出。其藏之也周、其用之也徧、則冬無愆陽、夏無伏陰、春無淒風、秋無苦雨、雷出不震、無菑霜雹、癘疾不降、民不夭札。今藏川

池之冰、弃而不用、風不越而殺、雷不發而震、雹之爲菑、誰能禦之。七月之卒章、藏冰之道也。春秋左氏傳。昭公四年

歷數歲年

歷數、節氣之度、以爲歷、敬授民時、尚書傳

容成作歷世本

黃帝造歷元起辛卯而顓頊用乙卯虞用戊午夏用丙寅殷用甲寅周用丁巳魯用庚子後漢書律歷志

黃帝迎日推策順天地之紀幽明之占死生之說存亡之難時播百穀草木淳化鳥獸蟲蛾歷離日月星辰極畋土石金玉勞勤心力耳目節用水火材物有土德之瑞故號黃帝史記五帝紀歷離本作旁羅極畋本作水波朱子

從大戴禮定

帝顓頊養財以任民載時以象天同上

帝嚳歷日月而迎送之同上

帝堯乃命羲和欽若昊天歷象日月星辰敬授人時分命羲仲宅嵎夷曰暘谷寅賓出日平秩東作日中星鳥以殷仲春厥民析鳥獸孳尾申命羲叔宅南交平秩南訛敬致日永星火以正仲夏厥民因鳥獸希革分命和仲宅西曰昧谷寅餞納日平秩西成宵中星虛以殷仲秋厥民夷鳥獸毛毨申命和叔宅朔方曰幽都平在朔易日短星昴以正仲冬厥民隩鳥獸氄毛帝曰咨汝羲暨和朞三百有六旬有六日以閏月定四時成歲允釐百工庶績咸熙尚書堯典

天體至圓周圍三百六十五度四分度之一繞地左旋常一日一周而過一度日麗天而少遲一日繞地一周無餘而常不及天一度積三百六十五日九百四十分日之二百三十五而與初躔會是一歲日行之數也月麗天而尤遲一日常不及天十三度十九分度之七積二十九日九百四十分日之四百九十九而與日會十二會得全日三

百四十八餘分之積五千九百八十八如日法九百四十而一得六不盡三百四十八通計得日三百五十四九百四十分日之三百四十八是一歲月行之數也歲有十二月月有三十日三百六十者歲之常數也故日行而多五日九百四十分日之二百三十五者爲氣盈月行而少五日九百四十分日之五百九十二者爲朔虛合氣盈朔虛而閏生焉故一歲閏率則十日九百四十分日之八百二十七三歲一閏則三十二日九百四十分日之六百單一五歲再閏則五十四日九百四十分日之三百七十五十

九歲七閏則氣朔分齊是爲一章也朱子文集
帝舜在璿璣玉衡以齊七政尚書舜典
洪範四五紀一曰歲二曰月三曰日四曰星辰五曰歷數
尚書
太史正歲年以序事頒之于官府及都鄙頒告朔于邦國
閏月詔王居門終月周禮春官
中數曰歲朔數曰年中朔大小不齊正之以閏若今時作
歷日矣周禮注
中數三百六十五日四分日之一朔數三百五十四日困

學紀聞
馮相氏掌十有二歲十有二月十有二辰十日二十有八
星之位辨其敘事以會天位冬夏致日春秋致月以辨四
時之敘周禮春官
歲謂太歲歲星與日同次之月斗所建之辰周禮注
保章氏掌天星以志星辰日月之變動以觀天下之遷辨
其吉凶以星土辨九州之地所封封域皆有分星以觀妖
祥以十有二歲之相觀天下之妖祥以五雲之物辨吉凶
水旱降豐荒之祲象以十有二風察天地之和命乖別之

妖祥凡此五物者以詔救政訪序事周禮春官
昔者聖人之作歷也觀璇璣之運三光之行道之發斂景
之長短斗綱之建青龍所纏參伍以變錯綜其數而制術
焉天之動也一晝一夜而運過周星從天而西日違天而
東日之所行與運周在天成度在歷成日居以列宿終于
四七受以甲乙終于六旬日月相推日舒月速當其同謂
之合朔舒先速後近一遠三謂之弦相與爲衡分天之中
謂之望以速及舒光盡體伏謂之晦晦朔合離斗建移辰
謂之日月之術則有冬有夏冬夏之間則有春有秋是故

日行北陸謂之冬西陸謂之春南陸謂之夏東陸謂之秋
日道發南去極彌遠其景彌長遠長乃極冬乃至焉日道
斂北去極彌近其景彌短近短乃極夏乃至焉二至之中
道齊景正春秋分焉日周于天一寒一暑四時備成萬物
畢改攝提遷次青龍移辰謂之歲歲首至也月首朔也至
朔同日謂之章同在日首謂之蔀蔀終六旬謂之紀歲朔
又復謂之元是故日以實之月以閏之時以分之歲以周
之章以明之蔀以部之紀以記之元以原之然後雖有變
化萬殊贏朒無方莫不結系于此而禀正焉極建其中道

營于外璇衡追日以察斂光道生焉孔壺爲漏浮箭爲刻下漏數刻以考中星昏明生焉日有光道月有九行九行出入而交生焉朔會望衡鄰於所交虧薄生焉月有晦朔星有合見月有弦望星有留逆其歸一也步術生焉金水承陽先後日下速則先日遲則後留留而後逆逆與日違違而後速速與日競競又先日遲速順逆晨夕生焉日月五緯各有終原而七元生焉見伏有日留行有度而率數生焉參差齊之多少均之會終生焉引而伸之觸而長之探賾索隱鉤深致遠無幽辟潛伏而不以其精者然故陰陽有分寒暑有節天地貞觀日月貞明後漢書律歷志

先王之正時也履端於始舉正於中歸餘於終履端於始序則不愆舉正於中民則不惑歸餘於終事則不悖春秋左氏傳。文公元年

天時

天時謂時日支干五行孤虛王相之屬也孟子註

時日支干者子丑寅卯辰巳午未申酉戌亥是爲支甲乙丙丁戊己庚辛壬癸是爲干干支所以配時日而用之也五行金木水火土是也孟子正義

日辰不全故有孤虛史記龜策列傳

六甲孤虛法甲子旬中無戌亥戌亥卽爲孤辰巳卽爲虛甲戌旬中無申酉申酉爲孤寅卯爲虛甲申旬中無午未午未爲孤子丑卽爲虛甲午旬中無辰巳辰巳爲孤戌亥卽爲虛甲辰旬中無寅卯寅卯爲孤申酉卽爲虛甲寅旬中無子丑子丑爲孤午未卽爲虛史記集解

五星更王相休廢其色不同王則光芒相則內實休則光芒無角不動搖廢則少光色順四時其國皆當也星備。見周禮疏

立春歲星王七十二日其色有白光角芒土王三月十八日其色黃而大休則圓廢則內虛立夏熒惑王七十二日色赤角黃土王六月十八日其色黃而大立秋太白王七十二日光芒無角土王九月十八日其色黃而大立冬辰

星主七十二日其色白芒角土主十二月十八日其色黃而大星當主相不芒角其邦大弱強國取地大弱失國亡土也同上

四書類考卷三

土地類

地

地元氣初分輕清陽爲天重濁陰爲地萬物所陳列也氏說文

地底也其體在底下載萬物也釋名

天地始初混沌未分時想只有水火二者水之滓脚便成地今登高而望羣山皆爲波浪之狀便是水汎如此初間極輭後來方凝得硬朱子語類

天運不息晝夜輥轉故地榷在中間使天有一息之停則地須陷下惟天運轉之急故凝結得許多查滓在中間地者氣之查滓也所以道輕清者爲天重濁者爲地同上

地在天中不爲甚大只將日月行度折算可知天包乎地其氣極緊試登極高處驗之可見形氣相催緊束而成體但中間氣稍寬所以容得許多品物同上

所謂地者特於天中一物耳如雲氣之聚以其久而不散也故爲對凡所指地者只是土土亦一物耳不可言地要知坤元承天是地之道也二程遺書

自地以上皆天也列子注

凡有氣莫非天凡有形莫非地二程遺書

天氣降而至於地地中生物者皆天氣也惟无成而代有終者地之道也同上

土地 邦畿　邦國　封疆之界

土者、萬物之所資生也。尚書大傳

王者有分土。無分民。後漢書竇融傳

黄帝方制萬里。畫野分州得百里之國萬區。漢書地理志

方制、制爲方域也、畫謂爲之界也、漢書注

肇十有二州。尚書舜典

十有二州、謂冀兗青徐荆揚豫梁雍并幽營也、經典釋文

禹治水之後、舜分冀州爲幽州、并州、分青州爲營州、始置十二州、書傳

夏后受命于神宗遂復九州。竹書紀年

冀州、濟河惟兗州、海岱惟青州、海岱及淮惟徐州、淮海惟揚州、荆及衡陽惟荆州、荆河惟豫州、華陽黑水惟梁州、黑水西河惟雍州、尚書禹貢

弼成五服、至于五千、州十有二師、外薄四海、咸建五長、尚書益稷

五百里甸服、百里賦納總、二百里納銍、三百里納秸服、四百里粟、五百里米、五百里侯服、百里采、二百里男邦、三百里諸侯、五百里綏服、三百里揆文教、二百里奮武衛、五百里要服、三百里夷、二百里蔡、五百里荒服、三百里蠻、二百里流、尚書禹貢

禹合諸侯于塗山。執玉帛者萬國。春秋左氏傳〇哀公七年

古帝命武湯正域彼四方。方命厥后奄有九有。詩商頌

九有、九州也、詩傳

兩河間曰冀州、河南曰豫州、河西曰雝州、漢南曰荆州、江南曰揚州、濟河曰兗州、濟東曰徐州、燕曰幽州、齊曰營州、爾雅釋地

此蓋殷制、爾雅注

職方氏掌天下之圖。以掌天下之地。辨其邦國都鄙四夷八蠻七閩九貉五戎六狄之人民。與其財用九穀六畜之數要周知其利害乃辨九州之國使同貫利東南曰揚州、正南曰荆州、河南曰豫州、正東曰青州、河東曰兗州、正西曰雍州、東北曰幽州、河内曰冀州、正北曰并州、乃辨九服之邦國、方千里曰王畿、其外方五百里曰侯服、又其外方五百里曰甸服、又其外方五百里曰男服、又其外方五百里曰采服、又其外方五百里曰衛服、又其外方五百里曰

蠻服、又其外方五百里曰夷服、又其外方五百里曰鎮服、又其外方五百里曰藩服凡邦國千里封公以方五百里則四公方四百里則六侯方三百里則七伯方二百里則二十五子方百里則百男以周知天下凡邦國小大相維。王設其牧制其職各以其所能制其貢各以其所有周禮夏官

先王之制、邦內甸服、邦外侯服、侯衛賓服、蠻夷要服、戎翟荒服、甸服者祭侯服者祀賓服者享要服者貢荒服者王。日祭月祀時享歲貢終王國語

大司徒之職、掌建邦之土地之圖。與其人民之數以佐王安擾邦國以天下土地之圖周知九州之地域廣輪之數。辨其山林川澤邱陵墳衍原隰之名物而辨其邦國都鄙之數制其畿疆而溝封之乃建王國焉制其畿方千里而封樹之凡建邦國以土圭土其地而制其域諸公之地封疆方五百里其食者半諸侯之地封疆方四百里其食者參之一。諸伯之地封疆方三百里其食者參之一。諸子之地封疆方二百里其食者四之一。諸男之地封疆方百里其食者四之一。凡造都鄙。制其地域而封溝之以其室數制之。不易之地家百畮。一易之地家二百畮。再易之地家三百畮周禮地官

疆猶界也、溝穿地爲險固也、封起土界也、樹樹木溝上、所以表助阻固也土其地猶言度其地都鄙王子弟公卿大夫采地也其界曰都鄙所居也周禮注

凡四海之內九州州方千里州建百里之國三十。七十里之國六十。五十里之國百有二十。凡二百一十國名山大澤不以封。其餘以爲附庸閒田八州州二百一十國天子之縣內方百里之國九七十里之國二十有一。五十里之

國六十有三。凡九十三國名山大澤不以朌。其餘以祿士。以爲閒田凡九州千七百七十三國天子之元士諸侯之附庸不與禮記王制

四方東　西　南　北

四方上下謂之宇淮南子齊俗訓

大陰者北方北伏也陽氣伏於下大陽者南方南任也陽氣任養物少陰者西方西遷也陰氣遷落物少陽者東方東動也陽氣動物漢書律歷志

東西爲廣南北爲輪周官禮注

南北之道爲經東西之道爲緯周禮疏考工記匠人

南北曰阡東西曰陌風俗通義

河東以東西爲阡南北爲陌同上

東至於泰遠西至於邠國南至於濮鈆北至於祝栗謂之四極觚竹北戶西王母日下謂之四荒九夷八狄七戎六蠻謂之四海岠齊州以南戴日爲丹穴北戴斗極爲空桐東至日所出爲太平西至日所入爲大蒙爾雅釋地

顓頊乘龍而至四海北至于幽陵南至于交趾西濟于流沙東至于蟠木大戴禮五帝德

東漸于海西被于流沙朔南暨聲教訖于四海尚書禹貢

南撫交趾北發西戎析枝渠廋氐羌北山戎發息愼東長鳥夷史記五帝紀

西不盡流沙南不盡衡山東不盡東海北不盡恒山禮記王制

自夏以后稷魏駘芮岐畢吾西土也及武王克商蒲姑商奄吾東土也巴濮楚鄧吾南土也肅愼燕亳吾北土也春秋左氏傳昭公九年

當成周者南有荆蠻申呂應鄧陳蔡隨唐北有衛燕翟鮮虞路洛泉徐蒲西有虞虢晉隗霍楊魏芮東有齊魯曹宋滕薛鄒莒國語

四夷九夷　蠻　貊　貉　狄

四夷四方夷狄也鄭志

東方曰夷被髮文身有不火食者矣南方曰蠻雕題交趾有不火食者矣西方曰戎被髮衣皮有不粒食者矣北方曰狄衣羽毛穴居有不粒食者矣禮記王制。衣去聲

九夷八狄七戎六蠻謂之四海爾雅釋地

九夷之國東門之外西面北上八蠻之國南門之外北面東上六戎之國西門之外東面南上五狄之國北門之外南面東上禮記明堂位

職方氏掌天下之圖以掌天下之地辨其邦國都鄙四夷八蠻七閩九貉五戎六狄之人民周禮夏官

九貉即九夷在東方八蠻在南方閩其別也戎狄之數或五或六兩文異鄭志

夷有九種曰畎夷于夷方夷黃夷白夷赤夷元夷風夷陽夷後漢書東夷傳

八蠻一曰天竺二曰咳首三曰焦僥四曰跂踵五曰穿胸六曰儋耳七曰狗軹八曰旁春六戎一曰僥夷二曰戎夷三曰老白四曰耆羌五曰鼻息六曰天剛五狄一曰月支二曰濊貊三曰匈奴四曰單于五曰白屋李巡爾雅注

五方之民言語不通嗜欲不同達其志通其欲東方曰寄南方曰象西方曰狄鞮北方曰譯禮記王制

地利山谿之險　城　郭　池

地利險阻，城池之固也。孟子注

天險不可升也，地險山川丘陵也，王公設險以守其國。險之時用大矣哉。周易彖上傳

四嶽、三塗、陽城、太室、荆山、中南，九州之險也，是不一姓。春秋左傳

司險掌九州之圖，以周知其山林川澤之阻，而達其道路。設國之五溝五涂，而樹之林以爲阻固，皆有守禁，而達其道路。國有故，則藩塞阻路而止行者，以其屬守之，唯有節

則達之。周禮夏官

掌固掌脩城郭溝池樹渠之固，頒其士庶子及其衆庶之守，設其飾器，分其財用，均其稍食，任其萬民，用其材器。凡守者受法焉，以通守政，有移甲與其役財用，唯是得通與國有司帥之，以贊其不足者。晝三巡之，夜亦如之。夜三鼜以號戒。若造都邑，則治其固與其守法。凡國都之竟有溝樹之固，郊亦如之。民皆有職焉。若有山川，則因之。同上

城，內城；郭，外城也。禮記正義

城者，盛也，所以盛受人物也。古今注

天子十二里之城。尚書大傳

王宮門阿之制五雉，宮隅之制七雉，城隅之制九雉。門阿之制以爲都城之制，宮隅之制以爲諸侯之城制。考工記匠人

雉長三丈，高一丈。度高以高，度廣以廣。都，王子弟所封，其城隅高五丈，宮隅門阿皆三丈。諸侯畿以外也，其城隅制高七丈，宮隅門阿皆五丈。周禮注

城隅之制高九丈，不言城身，城身宜七丈也。周禮疏

公之城蓋方九里，侯伯之城蓋方七里，子男之城蓋方五

里。周禮注

古者百里之國，三十里之遂，二十里之郊，九里之城，三里之宮；七十里之國，二十里之遂，九里之郊，三里之城，一里之宮；五十里之國，九里之遂，三里之郊，一里之城，以城爲宮。尚書大傳

都城不過百雉。禮記坊記

邑無百雉之城。春秋公羊傳

先王之制，大都不過參國之一，中五之一，小九之一。春秋左氏傳

雉者何五板而堵五堵而雉百雉而城春秋公羊傳

百雉爲長三百丈方五百步禮記注

關

關界上之門周禮注

司關掌國貨之節以聯門市司貨賄之出入者掌其治禁與其征廛凡貨不出于關者舉其貨罰其人凡所達貨賄者則以節傳出之國凶札則無關門之征猶幾凡四方之賓客敂關則爲之告有外內之送令則以節傳出內之周禮地官

司門掌授管鍵以啟閉國門幾出入不物者正其貨賄凡財物犯禁者舉之以其財養死政之老與其孤祭祀之牛

牲繫焉監門養之凡歲時之門受其餘凡四方之賓客造焉則以告同上

市

市雜聚之處周禮注

神農作市古史考

日中爲市致天下之民聚天下之貨交易而退各得其所蓋取諸噬嗑周易繫辭下傳

因井田以作市故俗語曰市井公羊傳解詁

匠人營國方九里左祖右社面朝後市市朝一夫考工記

司市掌市之治教政刑量度禁令以次敘分地而經市以陳肆辨物而平市以政令禁物靡而均市以商賈阜貨而

行市以量度成賈而徵儥以質劑結信而止訟以賈民禁僞而除詐以刑罰禁虣而去盜以泉府同貨而斂賒大市日昃而市百族爲主朝市朝時而市商賈爲主夕市夕時而市販夫販婦爲主凡市入則胥執鞭度守門市之羣吏平肆展成奠賈上旌于思次以令市市師涖焉而聽大治大訟胥師賈師涖于介次而聽小治小訟凡萬民之期于市者辟布者量度者刑戮者各於其地之敘凡得貨賄六畜者亦如之三日而舉之凡治市之貨賄六畜珍異亡者使有利者使阜害者使亡靡者使微凡通貨賄以璽節出入之國凶荒札喪則市無征而作布凡市僞飾之禁在民者十有二在商者十有二在賈者十有二在工者十有二市刑小刑憲罰中刑徇罰大刑扑罰其附于刑者歸于士國君過市則刑人赦夫人過市罰一幕世子過市罰一帟命夫過市罰一蓋命婦過市罰一帷凡會同師役市師帥賈師而從治其市政掌其賣儥之事周禮地官

質人掌成市之貨賄人民牛馬兵器珍異凡賣儥者質劑焉大市以質小市以劑掌稽市之書契同其度量壹其淳制巡而考之犯禁者舉而罰之凡治質劑者國中一旬郊

二旬野三旬都三月邦國朞朞內聽朞外不聽同上

廛人掌斂市絘布總布質布罰布廛布而入于泉府凡屠者斂其皮角筋骨入于玉府凡珍異之有滯者斂而入于膳府同上

胥師各掌其次之政令而平其貨賄憲刑禁焉察其詐僞飾行儥慝者而誅罰之聽其小治小訟而斷之同上

賈師各掌其次之貨賄之治辨其物而均平之展其成而奠其賈然後令市凡天患禁貴儥者使有恒賈四時之珍異亦如之凡國之賣儥各帥其屬而嗣掌其月凡師役會

同亦如之同上
司虣掌憲市之禁令禁其鬬囂者與虣亂者出入相陵犯者以屬游飲食于市者若不可禁則搏而戮之同上
司稽掌巡市而察其犯禁者與其不物者而搏之掌執市之盜賊以徇且刑之同上
胥各掌其所治之政執鞭度而巡其前掌其坐作出入之禁令襲其不正者凡有罪者撻戮而罰之同上
肆長各掌其肆之政令陳其貨賄名相近者相遠也實相近者相爾也而平正之斂其總布掌其戒禁同上

泉府掌以市之征布斂市之不售貨之滯于民用者以其賈買之物楬而書之以待不時而買者買者各從其抵都鄙從其主國人郊人從其有司然後予之凡賒者祭祀無過旬日喪紀無過三月凡民之貸者與其有司辨而授之以國服爲之息凡國事之財用取具焉歲終則會其出入而納其餘同上

道路塗　軌　徑

路旅途也路場猷行道也爾雅釋宮
宮中衖謂之壼廟中路謂之唐堂途謂之陳一達謂之道路二達謂之岐旁三達謂之劇旁四達謂之衢五達謂之康六達謂之莊七達謂之劇驂八達謂之崇期九達謂之逵同上
國中九經九緯經涂九軌環涂七軌野涂五軌環涂以爲諸侯經涂野涂以爲都經涂考工記
國中城內經緯謂涂也經緯之涂皆容方九軌軌謂轍廣

乘車六尺六寸旁加七寸凡八尺是謂轍廣九軌積七十二尺則此涂十二步也環涂謂環城之道經亦謂城中道諸侯環涂五軌其野涂及都環涂野涂皆三軌周禮注
遂人凡治野夫間有遂遂上有徑十夫有溝溝上有畛百夫有洫洫上有涂千夫有澮澮上有道萬夫有川川上有路以達於畿周禮地官
徑步道也許氏說文
徑容牛馬畛容大車涂容乘車一軌道容二軌路容三軌周禮注

凡天下之地埶兩山之間必有川焉大川之上必有涂焉考工記匠人

野度以步涂度以軌同上

道路男子由右婦人由左車從中央禮記王制

合方氏掌達天下之道路周禮夏官

脩閭氏禁徑踰者與以兵革趨行者與馳騁于國中者周禮秋官

入國不馳禮記曲禮上

國中以策彗卹勿驅塵不出軌同上

野廬氏掌達國道路至于四畿比國郊及野之道路宿息井樹若有賓客則令守涂地之人聚欜之有相翔者誅之凡道路之舟車轚互者叙而行之凡有節者及有爵者至則為之辟禁野之橫行徑踰者凡國之大事比脩除道路者掌凡道禁邦之大師則令掃道路且以幾禁行作不時者不物者周禮秋官

宿息廬之屬賓客所宿及晝止者也井供飲食樹為蕃蔽舟車轚互謂於迫隘處也橫行妄由田中徑踰射邪趨疾越隄渠也周禮注

假道

禮過他國必假道也春秋正義

至竟而假道諸侯以國為家不敢直徑也儀禮注

聘禮若過邦至于竟使次介假道束帛將命于朝曰請帥奠幣下大夫取以入告出許遂受幣餼之以其禮上賓大牢積唯芻禾介皆有餼士帥沒其竟誓于其竟賓南面上介西面衆介北面東上史讀書司馬執筴立于其後儀禮

帥猶道也請道已道路所當由儀禮注

天子之師行過無假道以其天子以天下為家所在如主人故也儀禮疏

定王使單襄公聘於宋遂假道於陳以聘於楚國語

是時天子微弱故以諸侯相聘之禮假道也國語解

宣公十四年楚子使申舟聘于齊曰無假道于宋亦使公子馮聘于晉不假道于鄭申舟以孟諸之役惡宋曰鄭昭宋聾晉使不害我則必死王曰殺女我伐之及宋宋人止之華元曰過我而不假道鄙我也鄙我亡也殺其使者必伐我伐我亦亡也亡一也乃殺之春秋左氏傳

置郵

置驛也郵馹也孟子集註

驛置騎也許氏說文

馹傳車也春秋經傳集解

行夫掌邦國傳遽之小事媺惡而無禮者凡其使也必以旌節雖道有難而不時必達周禮秋官

傳遽若今時乘傳騎驛而使者也美福慶也惡喪荒也此事之小者無禮行夫主使之其大者有禮大小行人使之周禮注

大僕建路鼓于大寢之門外而掌其政以待達窮者與遽令聞鼓聲則速逆御僕與御庶子周禮夏官

遽傳也若今時驛馬軍書當急聞者亦擊此鼓周官解詁

遽令郵驛上下程品周禮注

鄰里鄉黨州

遂人掌邦之野以土地之圖經田野造縣鄙形體之法五家爲鄰五鄰爲里四里爲酇五酇爲鄙五鄙爲縣五縣爲遂皆有地域溝樹之周禮地官

遂大夫每遂中大夫一人縣正每縣下大夫一人鄙師每鄙上士一人酇長每酇中士一人里宰每里下士一人鄰長五家則一人周禮地官序官

鄰長掌相糾相受凡邑中之政相贊徙于他邑則從而授之周禮地官

里宰掌比其邑之衆寡與其六畜兵器治其政令以歲時合耦于耡以治稼穡趨其耕耨行其秩叙以待有司之政令而徵斂其財賦同上

大司徒之職令五家爲比使之相保五比爲閭使之相受四閭爲族使之相葬五族爲黨使之相救五黨爲州使之相賙五州爲鄉使之相賓同上

鄉老二鄉則公一人鄉大夫每鄉卿一人州長每州中大夫一人黨正每黨下大夫一人族師每族上士一人閭胥每閭中士一人比長五家下士一人周禮地官序官

鄉大夫之職。各掌其鄉之政教禁令。正月之吉。受教法于司徒。退而頒之于其鄉吏。使各以教其所治。以攷其德行。察其道藝。以歲時登其夫家之衆寡。辨其可任者。國中自七尺以及六十。野自六尺以及六十有五。皆征之。其舍者。國中貴者、賢者、能者、服公事者、老者、疾者、皆舍。以歲時入其書。三年則大比。攷其德行道藝。而興賢者能者。鄉老及鄉大夫帥其吏與其衆寡。以禮禮賓之。厥明。鄉老及鄉大夫羣吏獻賢能之書于王。王拜受之。登于天府。內史貳之。退而以鄉射之禮五物詢衆庶。一曰和。二曰容。三曰主皮。

四曰和容。五曰興舞。此謂使民興賢。出使長之。使民興能。入使治之。歲終則令六鄉之吏皆會政致事。正歲令羣吏攷法于司徒。以退各憲之於其所治國。大詢于衆庶。則各帥其鄉之衆寡而致於朝。國有大故。則令民各守其閭以待政令。以旌節輔令則達之。周禮地官

州長各掌其州之教治政令之法。正月之吉。各屬其州之民而讀法。以攷其德行道藝而勸之。以糾其過惡而戒之。若以歲時祭祀州社。則屬其民而讀法亦如之。春秋以禮會民而射于州序。凡州之大祭祀、大喪。皆涖其事。若國作民而師田行役之事。則帥而致之。掌其戒令與其賞罰。歲終則會其州之政令。正歲則讀教法如初。三年大比則大攷州里。以贊鄉大夫廢興。同上

黨正各掌其黨之政令教治。及四時之孟月吉日。則屬民而讀邦法。以糾戒之。春秋祭禜亦如之。國索鬼神而祭祀。則以禮屬民而飲酒于序。以正齒位。一命齒于鄉里。再命齒于父族。三命而不齒。凡其黨之祭祀、喪紀、昏冠、飲酒。教其禮事。掌其戒禁。凡作民而師田行役。則以其法治其政事。歲終則會其黨政。帥其吏而致事。正歲屬民讀法而書

其德行道藝。以歲時涖校比。及大比亦如之。同上

都

民所聚曰都。春秋穀梁傳。僖公十六年

凡邑有宗廟先君之主曰都無曰邑春秋左氏傳。莊公二十八年

下邑曰都詩傳

舜一年而所居成聚二年成邑三年成都史記五帝紀

九夫爲井四井爲邑四邑爲邱四邱爲甸四甸爲縣四縣爲都周禮地官小司徒

周禮四縣爲都周公之設法耳但土地之形不可方平如

圖其邑竟廣狹無復定準隨人多少而制其都邑故有大都小都焉下邑謂之都都亦一名邑莊二十八年傳曰宗邑無主閔元年傳曰分之都城俱論曲沃而都邑互言是其名相通也春秋正義

載師以小都之田任縣地以大都之田任畺地周禮地官

小都卿之采地大都公之采地王子弟所食邑也周禮注

邑

邑人聚會之稱也釋名

九夫爲井四井爲邑周官小司徒

載師以公邑之田任甸地以家邑之田任稍地周官地官

公邑謂六遂餘地天子使大夫治之家邑大夫之采地周禮注

十室之邑可以逃難百室之邑可以隱死春秋穀梁傳。莊公九年

昔者禹見耕者五耦而式過十室之邑則下爲秉德之士

存焉大戴禮曾子制言下篇

君子入里必式禮記曲禮上

不誣十室禮記注

十步之澤必有香草十室之邑必有忠士說苑說叢篇

四書類考卷三

四書類考卷四

山水類

山 卽 陵 石 埏

山宣也宣氣散生萬物有石而高象形說文

山産也産萬物者也釋名

艮爲山周易說卦傳

山三襲陟再成英一成坯爾雅釋山

山大而高崧山小而高岑銳而高嶠卑而大扈小而衆巋

小山岌大山峘屬者嶧獨者蜀上正章宛中隆山脊岡未

及上翠微山頂冢崒者厜㕒同上

山如堂者密如防者盛巒山隋重甗隒左右有岸厒大山

宮小山霍小山別大山鮮山絕陘同上

山有穴爲岫同上

土高曰邱大阜曰陵周禮注

高平曰陸大陸曰阜大阜曰陵大陵曰阿爾雅釋地

非人爲之邱爾雅釋邱

陳有宛邱晉有潛邱淮南有州黎邱天下有名邱五其三

在河南其二在河北同上

八陵東陵阠南陵息愼西陵威夷中陵朱滕北陵西隃雁

門是也陵莫大於加陵梁莫大於溴梁墳莫大於河墳爾

雅釋地

多小石磝多大石礐石戴土謂之崔嵬土戴石爲砠爾雅

釋山

崔嵬土山之戴石者石山戴土曰砠詩傳

土精爲石石氣之核也物理論

山體曰石釋名

積石曰山周禮注

埏螘塚也詩傳

蚍蜉其場謂之坻亦謂之埏揚子方言

坻坥場也梁宋之間蚍蜉犁鼠之場謂之蚳螾場謂之坥

同上

山林

積石曰山。竹木曰林。周禮注

竹木生平地曰林。同上

山師、掌山林之名。辨其物、與其利害。而頒之于邦國。使致其珍異之物。周禮夏官

山虞、掌山林之政令。物爲之厲。而爲之守禁。仲冬斬陽木。仲夏斬陰木。凡服耜斬季材。以時入之。令萬民時斬材。有期日。凡邦工入山林而掄材不禁。春秋之斬木不入禁。凡竊木者有刑罰。若祭山林。則爲主而脩除。且蹕。若大田獵。則萊山田之野。及弊田。植虞旗于中。致禽而珥焉。周官地官

林衡、掌巡林麓之禁令。而平其守。以時計林麓而賞罰之。若斬木材。則受法于山虞。而掌其政令。同上

泰山

泰山、山之尊。一曰岱宗。岱、始也。宗、長也。萬物之始。陰陽交代。故爲五嶽長。風俗通義

泰山郡博縣。岱山在西北。漢書地理志

河東曰兗州。其山鎭曰岱山。周禮夏官職方氏

泰山爲東嶽。爾雅釋山

泰山之陽則魯。其陰則齊。史記貨殖傳

八神。二曰地主。祠泰山梁父。蓋天好陰。祠之必於高山之下小山之上。命曰時。地貴陽。祭之必於澤中圓邱云。史記封禪書

東蒙

蒙山在東因曰東蒙。論語正義

泰山郡蒙陰禹貢蒙山在西南有祠顓臾國在蒙山下。漢書地理志

洛水東流逕蒙山下有蒙祠洛水又東南逕顓臾城北。水經注。洛漢書作治

蒙羽其藝。尚書禹貢

牛山

牛山齊之東南山也。孟子注

淄水自山東北流逕牛山西又東逕臨淄縣故城南東得天齊水口水出南郊山下謂之天齊淵五泉竝出南北三百步廣十步山即牛山也左思齊都賦曰牛嶺鎮其南者也水在齊八祠中齊之爲名起於此矣。水經注

八神一曰天主祠天齊天齊淵水居臨菑南郊山下者。史記封禪書

八神將自古而有之或曰太公以來作之齊所以爲齊以天齊也。同上

轉附朝儛

轉附朝儛、皆山名也、孟子注

轉附朝儛諸經並未詳、據梁時顧野王釋云、濰水名、出南陽、恐誤濰爲儛、他並未詳、孟子正義

余曾徧考轉附朝儛二山、杳不知所在、惟趙氏德有轉附作鮒、屬萊州之說、殊無依據、妄意此二山當在海之東盡頭、如成山名石山之類、登之可以觀海、然後回轍循海之濱、西行以南至琅邪、亦可觀海焉、四書釋地

八神四曰陰主祠三山、五曰陽主祠之罘、六曰月主祠之

萊山、皆在齊北、並勃海、七曰日主祠成山、成山斗入海、最居齊東北隅、以迎日出云、史記封禪書

東萊郡腄有之罘山祠、黃有萊山松林萊君祠、曲成有參山萬里沙祠、不夜有成山日祠、漢書地理志

華

華山爲西岳、在宏農華陰縣西南、水經

京兆尹華陰、故陰晉、秦惠文王五年、更名寧秦、高帝八年、更名華陰、太華山在南、漢書地理志

華之爲言穫也、言萬物成熟、可得穫也、白虎通義

華者華也、萬物滋然變華於西方也、風俗通義

河南曰豫州、其山鎮曰華山、周禮夏官職方氏

華山爲西嶽、爾雅釋山

太華之山、削成而四方、其高五千仞、其廣千里、山海經

嶽

嶽、吳嶽也、周禮注

右扶風汧縣、吳山在西、古文以爲汧山、漢書地理志

正西曰雍州。其山鎮曰嶽山。周禮夏官職方氏

河西嶽。爾雅釋山

四書類考　卷四山水　九

梁山

梁山、在雍州好時縣西北十八里、括地志

右扶風好時縣、有梁山宮、秦始皇起、漢書地理志

莫水出好時縣梁山大嶺、泉南逕梁山宮西、水東有好時

縣故城。王莽之好邑也、水經注

梁山橫長。其東當岐陽、西北臨河。其西當岐山、東北自豳

適周當踰之矣。史記正義

四書類考　卷四山水　十

岐山

岐山在扶風美陽縣西北水經

右扶風美陽禹貢岐山在西北中水鄉周太王所邑漢書地理志

漆水出杜陽縣之漆谿謂之漆渠故徐廣曰漆水出杜陽之岐山者是也漆渠水南流入藥水注之水出西北大道川東南流入漆即故岐水也淮南子曰岐水出石橋山東南流相如封禪書曰牧龜於岐漢書音義曰岐水名也謂斯水也二川洋逝俱為一水南與杜水合俗謂之小橫水

亦或名之米流川逕岐山而又屈逕周城南城在岐山之陽而近西所謂居岐之陽也非直因山致名亦指水取稱矣又歷周原下北則中水鄉成周聚故曰有周也水北即岐山矣水經注

首陽

首陽山在河東蒲坂縣華山之北河曲之中論語解

涑水出河北縣雷首山縣北與蒲坂分山有夷齊廟闞駰十三州志曰山一名獨頭山夷齊所隱也山南有古冢陵柏蔚然攢茂即阜俗謂之夷齊墓其水也西南流亦曰雷水水經注

昔者伯夷叔齊死於濟澮之間其仁成名於天下夫二子者居河濟之間非有土地之厚貨粟之富也言為文章行為表綴于天下大戴禮曾子制言中

史記正義首陽山有五顏師古注漢書云伯夷叔齊登彼西山當以隴西為是石曼卿謂首陽在河東蒲坂乃舜都也余當攷之曾子書以為夷齊死於濟澮之間又云二子居河濟之間則曼卿謂首陽在蒲為得其實困學紀聞

崇山

崇山南裔 書傳

崇山南裔之山或云在今澧州 朱子文集

崇山在慈利縣西三十里 方輿紀要

夏之興也融降于崇山其亡也回祿信于聆隧 國語

三危

三危山在燉煌縣南 水經

三危之山三青鳥居之是山也廣員百里 山海經

先王居檮杌于四裔以禦螭魅故允姓之姦居于瓜州 春秋左氏傳 昭公九年

允姓陰戎之祖與三苗俱放三危者瓜州今燉煌 春秋經傳集

三危今瓜河等州是其處有三峰山俗曰升雨山在焞皇南三十里地道記云鳥鼠同穴西有三危山三苗所處是也 路史

羽山

羽山、在東海祝其縣南、水經

東海郡祝其、禹貢羽山在南、鯀所殛、漢書地理志

東海郡祝其有羽山、春秋時曰祝其、夾谷地、後漢書郡國志

水　川 谿 溝 瀆 澮 泉 淵 沛 澤 池 沼　瀾 津 揭 厲 涉

水、準也、北方之行、象衆水竝流、中有微陽之氣也、許氏說文

水者地之血氣、如筋脈之通流者也、管子水地篇

洪範五行、一曰水、尚書

坎爲水、周易說卦傳

易繫辭曰、天一地二天三地四、天五地六、天七地八、天九地十、此即是五行生成之數、天一生水、地二生火、天三生木、地四生金、天五生土、此其生數也、如此則陽無匹、陰無偶、故地六成水、天七成火、地八成木、天九成金、地十成土、於是陰陽各有匹耦、而物得成焉、故謂之成數也、萬物之本、有生於無、著生於微、及其成形、亦以微著爲漸、五行之體、水最微爲一、火漸著爲二、木形實爲三、金體固爲四、土質大爲五、尚書正義

水之出於山而流入于海者、命曰經水、水別于他水入于大水及海者、命曰支水、山之溝一有水一無水者、命曰谷水、水之出于他水溝流于大水及海者、命曰川水、出地而不流者、命曰淵水、管子度地篇

凡天下之地埶兩山之間必有川焉大川之上必有涂焉
考工記匠人
名川三百支川三千小者無數莊子天下篇
溪闢流川過辨回川爾雅釋水
川穿也穿地而流也釋名
注瀆曰川周禮注
水注川曰谿注谿曰谷注谷曰溝注溝曰澮注澮曰瀆爾
雅釋水
水出於山入於川曰谿李巡爾雅注

山下出泉周易象上傳
泉水源也象水流成川形許氏說文
泉一見一否爲瀸濫泉正出正出涌出也沃泉縣出縣出
下出也氿泉穴出穴出仄出也爾雅釋水
濆泉者何直泉也直泉者何涌泉也春秋公羊傳昭公
五年
鯢旋之潘爲淵止水之潘爲淵流水之潘爲淵濫水之潘
爲淵氿水之潘爲淵沃水之潘爲淵雍水之潘爲淵汧水
之潘爲淵肥水之潘爲淵列子黃帝篇

淵回水也許氏說文
湍疾瀨也同上
急流曰湍漢書注
湍者圜也謂湍水湍縈水也孟子注
水鍾曰澤周禮注
草棘曰沛漸洳曰澤公羊傳解詁
沛者草木之蔽茂禽獸之所匿也風俗通義
夫山土之聚也藪物之歸也川氣之導也澤水之鍾也夫
天地成而聚於高歸物於下疏爲川谷以導其氣陂唐汙

庳以鍾其美是故聚不阤崩而物有所歸氣不沈滯而亦
不散越是以民生有財而死有所葬國語
澤障曰陂停水曰池書傳
圓曰池曲曰沼許氏說文
風行水成文曰漣詩傳
大波爲瀾小波爲淪直波爲徑爾雅釋水
水之無聲風蕩之鳴其躍也或激之其趨也或梗之其沸
也或炙之昌黎集
今夫風水之相遭乎大澤之陂也紆餘委蛇蜿蜒淪漣安

而相推怒而相陵舒而如雲蹙而如鱗疾而如馳徐而如徊揖讓旋辟相顧而不前其繁如縠其亂如霧紛紜鬱擾百里若一泊乎順流至乎滄海之濱滂薄洶湧號怒相軋交橫綢繆放乎空虛掉乎無垠橫流逆折濆旋傾側宛轉膠戾回者如輪縈者如帶直者如燧奔者如燄跳者如鷺投者如鯉殊狀異態而風水之極觀備矣 嘉祐集

逆流而上曰泝洄順流而下曰泝游正絕流曰亂 爾雅釋水

津渡也 許氏說文

揭者揭衣也以衣涉水為厲繇膝以下為揭繇膝以上為涉繇帶以上為厲 爾雅釋水

川澤

川流水也澤水所鍾也 周禮注

川師掌川澤之名辨其物與其利害而頒之于邦國使致其珍異之物 周官夏官

川衡掌廵川澤之禁令而平其守以時舍其守犯禁者執而誅罰之祭祀賓客共川奠 周官地官

澤虞掌國澤之政令為之厲禁使其地之人守其財物以時入之于玉府頒其餘于萬民凡祭祀賓客共澤物之奠喪紀共其葦蒲之事若大田獵則萊澤野及弊田植虞旌

以屬禽 同上

河

河之爲言荷也、荷精分布、懷陰引度也、春秋說題辭

河下也、隨地下處而通流也、釋名

河者水之氣、四瀆之精也、春秋考異郵

河出崑崙墟、色白、所渠并千七百一川、色黃、百里一小曲、千里一曲一直。爾雅釋水

西域南北有大山、中央有河、其河有兩原、一出葱嶺山、一山于闐、于闐在南山下、其河北流、與葱嶺河合、東注蒲昌海、蒲昌海一名鹽澤者也、去玉門陽關三百餘里、廣袤三

百里、其水亭居、冬夏不增減、皆以爲潛行地下、南出於積石、爲中國河云、漢書西域傳

導河積石、至于龍門、南至于華陰、東至于底柱、又東至于孟津、東過洛汭、至于大伾、北過洚水、至于大陸、又北播爲九河、同爲逆河、入于海、尚書禹貢

河源發于崑崙、至積石而入中國、又東經河州城北、又東北流經蘭州城北、又東經金縣北、又東北經靖虜衛北、又東北經寧夏中衛南、又東經靈州所北、又東北經寧夏衛東南、又東北入榆林西境、經古三受降城南、又東折而南、

經榆林之東、又南經府谷縣東、又經神木縣南、而入葭州境、經州城東、河之東岸、爲山西河曲縣及保德州與縣之境、又南經吳堡縣東、又南經綏德州東、河之東岸、爲山西臨縣及永寧州寧鄉縣之境、又南經青澗縣之東、又南經延川縣及延長縣之東、河之東岸、爲山西石樓縣及永和縣大寧縣之西境、又南經宜川縣東、河之東岸、爲山西吉州及鄉寧縣之西境、又南經韓城縣東、又南經郃陽縣東、河之東岸、爲山西河津縣及榮河縣臨晉縣之西境、又南經朝邑縣東、又南至華陰縣東北、而渭水入焉、河之東岸

爲蒲州城西、又南過雷首山西、乃折而東也、又東經閿鄉縣北、又東經靈寶縣北、河之北岸、爲芮城縣南境、又東經陝州城北、又東經澠池縣及新安縣北、河之北岸、爲平陸縣及垣曲縣境、又東經河南府北、河之北岸、爲濟源縣南境、又東經孟津縣北、河之北岸、爲孟縣南境、又東經鞏縣北、洛水入焉、河之北岸、爲溫縣之境、濟水入焉、又東經氾水縣北、又東經滎陽縣北、河之北岸、爲武陟縣之南境、又東經河陰縣北、又東經滎澤縣北、河之北岸、爲獲嘉縣之南境、又東經原武縣北、陽武縣南、大河舊道在陽武縣之

北又東經延津縣之北河之北岸爲新鄉縣及汲縣之境又東北經濬縣之南滑縣之北又東北經開州南長垣縣及東明縣之北開州之北爲清豐縣之西内黄縣之東又東北經南樂縣及大名縣元城縣之東又東經館陶縣西又北經臨清州及高唐州之境又北經清河縣南又東經德州之西又東北經景州及滄州之境入于海開州之東爲觀城縣及朝城縣南河之南岸則濮州之北又東經范縣北莘縣及聊城縣之南又東經東阿之北博平縣及茌平縣南又東經長清縣北禹城縣南

又東經歷城縣北臨邑縣南又東北經商河縣北武定州南又東經濱州境合清河以入海大河今自陽武縣南又東經開封府城北封邱縣南又東經陳留縣及蘭陽縣之北河之北岸爲長垣縣之境又東經儀封縣北河之北岸爲東明縣界又東南經睢州及考城縣之北又東南經歸德府北河之北岸爲曹縣界又東爲虞城縣及夏邑縣之北河之北岸爲單縣之境又東爲碭山縣之北又東流經豐縣之南又東經沛縣之南蕭縣之北又東經徐州之北又東南經靈壁縣之北又東南經睢寧縣北邳州城南又東經宿遷縣南又東經桃源縣北又東南經清河縣南而淮河來合焉又東經淮安府城之北又東經安東縣之南而入于海方輿紀要

九河

九河皆禹所名。爾雅釋水

徒駭、太史、馬頰、覆鬴、胡蘇、簡、絜、鉤盤、鬲津、同上

勃海郡成平虖池河民曰徒駭河漢書地理志

徒駭者禹疏九河以徒衆起故曰徒駭李巡爾雅注

太史河在青滄二州之間齊乘

太史禹大使徒衆通其水道故曰太史李巡爾雅注

馬頰河卽篤馬河也輿地廣記

平原郡平原有篤馬河東北入海五百六十里漢書地理

志

河勢上廣下狹狀如馬頰爾雅注

覆鬴河在德州安德通典

水中可居住而有狀如覆釜爾雅注

勃海郡東光有胡蘇亭漢書地理志

胡蘇其水下流故曰胡蘇胡下也蘇流也李巡爾雅注

胡蘇水流多散胡蘇然孫炎爾雅注

河間府南皮縣城外有簡河絜河二河相去最近尚書地理今釋

簡大也河水深而大也李巡爾雅注

水道簡易爾雅注

絜言河水多山石治之苦絜絜苦也李巡爾雅注

水多約絜爾雅注

鉤盤在樂陵輿地廣記

水出如鉤流盤桓也爾雅注

平原郡鬲縣平當以爲鬲津漢書地理志

水多阨狹可隔以爲津而橫渡爾雅注

周時齊桓公塞之同爲一河今河間弓高以東至平原鬲

津往往有其遺處尚書注

移河爲界在齊呂塡閼八流以自廣春秋保乾圖

古說九河之名有徒駭胡蘇鬲津今見在成平東光鬲界中自鬲以北至徒駭間相去二百餘里今河雖數移徙不離此域漢書溝洫志

漯

漯河之支流也書集傳

平原郡高唐桑欽言漯水所出漢書地理志

東郡東武陽禹治漯水東北至千乘入海過郡三行千二十里同上

禹以爲河所從來者高水湍悍難以行平地數爲敗乃厮爲二渠以引其河史記河渠書

二渠其一出貝邱西南南折者也其一則漯川漢書音義

濟

濟濟也源出河北濟河而南也釋名

濟者齊齊其度量也風俗通義

河東郡垣縣禹貢王屋山在東北沇水所出東南至武德入河軼出滎陽北地中又東至琅槐入海過郡九行千八百四十里漢書地理志

導沇水東流爲濟入于河溢爲滎東出于陶邱北又東至于菏又東北會于汶又北東入于海尚書禹貢

濟水當王莽之世川瀆枯竭其後水流逕通津渠勢改尋梁脈水不與昔同水經注

淇

淇水名也詩毛傳

河内郡共故國北山淇水所出東至黎陽入河漢書地理志

汶上

汶水名在齊南魯北境上論語集註

泰山郡萊蕪原山禹貢汶水出西南入泲漢書地理志

汶水出太山萊蕪縣原山西南過嬴縣南又東南過奉高縣北屈從縣西南流過博縣西北又西南過虵邱縣南又西南過剛縣北又西南過平章縣南又西南過無鹽縣南又西南過壽張縣北又西南至安民亭入于濟水經

泗

泗水名源有泉四四泉俱導因以爲名書集傳

魯國卞縣泗水西南至方與入沛過郡三行五百里青州川漢書地理志

濟陰郡乘氏泗水東南至睢陵入淮過郡六行千一百一十里同上

泗水出魯卞縣北山西南逕魯縣北又西過瑕邱縣東屈從縣東南流漷水從東來注之又南過平陽縣西又南過高平縣西洸水從北西來注之又南過方與縣東菏水從西來注之又屈東南過湖陸縣南涓涓水從東北來流注之又東過沛縣東又東逕山陽郡又東南過彭城縣東北又東南過呂縣南又東南過下邳縣西又東南入於淮水經

沂

沂水名在魯城南論語集註

魯城南自有沂水春秋經傳集解

沂水出魯城南尼邱山西北山即顏母所祈而生孔子也山南數里孔子父葬處禮所謂防墓崩者也平地發泉流逕魯縣故城南水北東門外即爰居所止處也沂水北對稷門亦曰雩門門南隔水有雩壇壇高三丈曾點所欲風舞處也沂水又西逕圜邱北沂水又西右注泗水者也水經注

淮

淮、圍也圍繞揚州分界東至於海也、釋名

淮、均也均其務也、風俗通義

南陽郡平氏禹貢桐柏大復山在東南、淮水所出、東南至淮陵入海、過郡四行三千二百四十里、青州川、漢書地理志

導淮自桐柏、東會于泗沂東入于海尚書禹貢

哀公九年吳城邗溝通江淮、春秋左氏傳

吳王夫差既殺申胥不稔於歲乃起師北征、闕爲深溝於商魯之間北屬之沂西屬之濟。國語

吳王夫差使王孫苟告勞于周曰余沿江泝淮、闕溝深水、出於商魯之間以徹於兄弟之國、同上

於邗江築城穿溝東北通射陽湖西北至末口入淮、通糧道也今廣陵邗江是春秋經傳集解

淮水出河南桐柏縣桐柏山東流經信陽州北、確山縣南、又東經羅山縣北眞陽縣南又東經息縣南又東經光山縣北又東經光州之北又東北流經固始縣北又東北經潁州之南又東經霍邱縣北又東流經潁上縣南、又東經

壽州之北、又東經懷遠縣南、又東經鳳陽府北、又東北經臨淮縣北又東北經五河縣南、又東經泗州城南盱眙縣北又東北經清河縣南而合于大河又東經淮安府城之北又東經安東縣南而入于海、方輿紀要

汝

汝水出宏農盧氏還歸山、東入淮、許氏說文

汝南郡定陵高陵山、汝水出東南至新蔡入淮、過郡四、行千三百四十里、漢書地理志

汝水出河南梁縣勉鄉西天息山、東南過其縣北、又東南潁川郟縣南、又東南過定陵縣北、又東南過郾縣北、又過南過汝南上蔡縣西、又東南過平輿縣南、又東至原鹿縣南入於淮、水經

溱洧

溱洧、水名、孟子注

溱水出鄭縣西北平地、東過其縣北、又東南過其縣東、又南入於洧水、水經

潁川郡陽城縣陽城山、洧水所出、東南至長平入潁、過郡三、行五百里、漢書地理志

洧水出河南密縣西南馬領山、又東南過其縣南、又東過鄭縣南、鄶水從西北來注之、又東南過長社縣北、又東南過新汲縣東北、又東南過茅城邑之東北、又東過習陽城西折入於潁、水經

漢

漢出嶓冢之漾、漾水東南流爲沔、至漢中東行爲漢、禹貢指南

嶓冢導漾。東流爲漢。又東爲滄浪之水。過三澨。至于大別。南入于江。尚書禹貢

漢水出陝西寧羌州嶓冢山、東流經沔縣南、又東經褒城縣南、又東南經漢中府城南、又東經城固縣南、又東經洋縣南、又東北經西鄉縣北、又東北流經石泉縣南、折而南流經漢陰縣西、又南經紫陽縣城之西、復折而東北、經漢

陰縣之南、又東北經興安府北、又東北經洵陽縣南、又東南經白河縣北、又東南經鄖陽府城南、又東經均州北、又東南經光化縣北、又東南經穀城縣東、又東經襄陽府城北、又東南經宜城縣東、又南經承天府城西、又南經荆門州東、又東南經潛江縣南、又東經景陵縣南、沔陽州北、又東經漢川縣南、又東經漢陽府城東北、合于大江、方輿紀要。承天府今爲安陸府景陵縣今爲天門縣

江

江、共也、小江流入其中、所公共也、釋名

江者貢也、出珍物可貢獻也、風俗通義

蜀郡湔氐道、禹貢岷山在西徼外、江水所出、東南至江都入海、過郡七、行二千六百六十里、漢書地理志

岷山導江。東別爲沱。又東至于澧。過九江至于東陵。東迆北會于滙。東爲中江入于海。尚書禹貢

江源出于岷山、西南流松潘衛西、又南經疊溪所西、又南經茂州城西、又西南經威州之西、又南經保縣東、又東南

流至汶川縣西、又東南經灌縣西、又東南流經崇慶州北、又東南經新津縣南、又東南經彭山縣東、又南經眉州之東、又南經青神縣之東、又南經嘉定州東、又南經犍爲縣東、又東南經叙州府城北、又東南經南溪縣東、又東經江安縣北、又東經納溪縣北、又東北經瀘州城東、又東經合江縣南、又東北經璧山縣南、又東北經江津縣北、又東北經重慶府南、又東經長壽縣南、又東經涪州北、又東北流經酆都縣南、又東北經忠州城南、又東北經萬縣南、又東經雲陽縣南、又東經夔州府城南、又東經巫山縣南、又東

經巴東縣北、又東經歸州城北、又東經夷陵州南、又東經宜都縣北、又東北經枝江縣北、又東南經松滋縣北、又東北經荆州府城南、又東南經公安縣北、又東南經石首縣北、又東經監利縣南、又東經華容縣東北、又東經岳州府北、又東經臨湘縣北、又東北經嘉魚縣西、爰折而北經漢陽府城東武昌府城西、而會于漢水、江水會于漢水、並流而北、復折而東、江之北、岸爲黃陂縣及黃州府境、江之南岸爲武昌府及武昌縣境、大江又東經蘄水縣南、又東經蘄州城南、江之南岸爲興國州之境、又東南經廣濟縣南境、江之南岸爲九江府城之北、又東經湖口縣北、又東北經彭澤縣北、江之北岸爲宿松縣及望江縣之境、又東北經東流縣北、又東北經安慶府城南、又東北經桐城縣南境、江之南岸爲池州府北、又東經銅陵縣之北、又東北經無爲州南境、江之南岸爲繁昌縣之北、又東北經蕪湖縣之北、又東北經和州之東、太平府之西、又東北經應天府城西北、江之北岸爲江浦縣及六合縣之境、又東北經句容縣北、又東北經儀眞縣南、又東北經鎭江府北、揚州府南、又東南經丹陽縣北、又東經泰興縣西南、又東經常州

府北、及江陰縣之北、江之北、岸爲靖江縣及如皋縣南、又東經常熟縣北、江之北岸爲通州之南、又東經海門縣南、江之南岸爲太倉州之北。方輿紀要。夷陵州今爲宜昌府、應天府今爲江寧府

四海東海　北海

海、天池也、以納百川者。許氏說文

海、水之委也。禮記注

江海所以能爲百谷王者。以其善下。故能爲百谷王。老子

海一而已。地勢西北高東南下。所謂東北南三海。其實一也。北至于青滄則曰北海。南至於交廣則曰南海。東漸吳越則曰東海。無由有所謂西海者。詩書禮經之稱四海。蓋引類而言之。至於莊子所謂窮髮之北有冥海。及屈原所謂指西海以爲期。皆寓言爾。容齋隨筆

廣東爲府十有一。而濱海之府八。瓊州府四環皆海也。大海在欽州之南。又東爲廉州府之南。又東折而南爲雷州府之南。又東北爲高州府之南。又東爲肇慶府之南境。又東北爲廣州府南。又東北爲惠州府南。又東北爲潮州府南。方輿紀要

福建爲府九。而濱海之府四。其西與潮州府接境者。曰漳州府。又東北爲泉州府南。又東北爲興化府南。又東北爲福州府東。又東北爲福寧州東。同上

浙江爲府十一。而濱海之府六。其南與福寧州接境者。曰温州府。又東北爲台州府東。又東北爲寧波府東。大海西折而北。出西南爲紹興府境。又北爲杭州府境。又東北爲嘉興府境。同上

江南爲府十有四。而濱海之府四。其南與嘉興府接境者曰松江府。又徽折而北。經蘇州府之東。又北爲揚州府之東境。又西北經淮安府之東。同上

大海自江南海州而北。爲山東青州府之境。又折而東爲萊州府。及登州府之南境。大海經登州府東境。又折而西經登州府之北。及萊州府青州府之北。大海西折而北出

經濟南府之東北。同上

又北經直隸河間府之東。大海又北折而東。出經順天府東南。及永平府之南。大海自西而東。經廣寧之南境。又南折而東。經遼陽之南境。同上

井

井清也釋名

伯益作井世本

古者穿地取水以瓶引汲謂之爲井周易正義

井改邑不改井无喪无得徃來井井汔至亦未繘井羸其瓶凶周易下經

巽乎木而上水井井養而不窮也改邑不改井乃以剛中也汔至亦未繘井未有功也羸其瓶是以凶也周易彖下傳

冬祭井井者水之深藏在地中冬亦水王萬物伏藏白虎通義

梁徒杠　輿梁

梁魚梁詩傳○谷風

石絶水曰梁同上○有狐

梁絶水取魚者禮記王制注

梁水偃也偃水爲關空以笱承其空周官解詁

隄謂之梁石杠謂之徛爾雅釋宫

夏令曰九月除道十月成梁國語

先王之教曰雨畢而除道水涸而成梁同上

四書類考卷四

四書類考卷五

邦域類

唐

虞 諸馮 負夏 南河之南

鳴條

幽州

有庳

三苗

夏 陽城 箕山之陰

葛

有莘

商 殷 亳

桐

獯鬻

昆夷

奄

周 邠 岐周 畢郢

東周

秦

魯 鄒

門 舞雩 石門

闕黨

達巷 無考

郰

卞

莒父

防

費

武城

顓臾

齊

郊關之內 四境 莊嶽之間 雪宮

琅邪

駢邑

於陵

嬴

唐

唐者、帝堯舊都之地、詩譜

中山國唐、堯山在南、漢書地理志

堯為唐侯國於此、堯山在唐東北望都界、漢書注

堯始封於唐。今中山唐縣。後徙晉陽。及為天子都平陽。帝王世紀

太原郡晉陽本唐國、後漢書郡國志

河東郡平陽堯都此、同上

汾水又南逕平陽縣故城東、應劭曰、縣在平河之陽、堯舜並都之也 水經注

虞　諸馮　負夏　南河之南

虞、地名也、古文尚書注

河東郡大陽有吳山、上有虞城、後漢書郡國志

沙澗水北出虞山東南、逕傅巖、傅巖東北十餘里、卽顛軨阪也、有東西絕澗、左右幽空、窮深地壑、中則築以成路、指南北之路、謂之爲軨橋也、橋之東北有虞原、上道東有虞城、堯妻舜以嬪於虞者也、水經注

舜、冀州之人也、史記五帝紀

諸馮在冀州之分、孟子正義

河東郡南有歷山、謂之歷觀、舜所耕處也、有舜井、嬀汭二水出焉、南曰嬀水、北曰汭水、西逕歷山下、水經注

販於頓邱、就時負夏、尚書大傳

負夏、衛地、禮記注

泗水又西過瑕邱縣東、水經

瑕邱、魯邑、春秋之負瑕矣、哀公七年、季康子伐邾、囚諸負瑕是也、應劭曰、瑕邱在縣西南、昔衛大夫公叔文子升於瑕邱、遽伯玉從、文子曰、樂哉斯邱、死則我欲葬焉、伯玉曰、吾子樂之、則瑗請前、刺其欲害民良田也、瑕邱之名、蓋因斯以表稱矣、曾子弔諸負夏、鄭元、皇甫謐並言衛地、魯衛雖殊、土則一也、水經注

舜讓避丹朱於南河之南、史記五帝紀

南河、九河之最在南者、釋名

濮州北臨漯大川也、河在堯都之南、故曰南河。其偃朱城、卽舜讓避丹朱於南河之南處也、史記正義

故堯城在濮州鄄城縣東北十五里、偃朱故城在縣西北十五里、括地志

鳴條

鳴條地在安邑之西。尚書傳

鄭玄云：鳴條，南夷地名。孟子云舜卒於鳴條，東夷之地。或云陳留平邱縣今有鳴條亭是也。皇甫謐曰：伊訓曰造攻自鳴條，朕哉自亳。又曰夏師敗績，乃伐三朡。湯誥曰王歸自克夏，至于亳。三朡在定陶，於義不得在陳留與東夷也。今安邑見有鳴條陌、昆吾亭。左氏以爲昆吾與桀同以乙卯日亡。韋顧亦爾，故詩曰韋顧旣伐，昆吾夏桀。於左氏，昆吾在衛，乃在濮陽，不得與桀異處同日而亡。明昆吾亦來安邑，欲以衛桀，故同日亡，而安邑有其亭也。且吳起言險以指安邑，安邑於此而言，何得在南夷乎？謐言是也。尚書正義

幽州

舜以冀州南北廣大，分燕地北爲幽州，因幽都以爲名。晉地道記

幽州在北，幽昧之地也。釋名

東北曰幽州。周禮夏官

燕曰幽州。爾雅

密雲東北五十里曰共城，是舜流共工之地。名山藏

共城在檀州燕樂縣界，故老傳云舜流共工幽州，居此城。括地志

有庳

有庳、地名、或曰今道州鼻亭、卽有庳之地也孟子集註

鼻亭神在道縣北六十里、故老傳云、舜葬九疑、象來至此、後人立祠、名爲鼻亭神、括地志

鼻亭神、象祠也、不知何自始立、因而勿除、完而恒新、相傳且千歲、元和九年、河東薛公由刑部郎中刺道州、除穢革邪、敷和於下、州之罷民去亂卽治、變呻爲謠、若瘠而起、若矇而瞭、騰踊相視、讙言克順、旣底於理、公乃考民風、披地圖、得是祠、駭曰、象之道、以爲子則傲、以爲弟則賊、君有鼻而天子之吏實理、以惡德而專世祀、殆非化吾人之意哉、命亟去之、於是撤其屋、墟其地、沉其主於江、公又懼楚俗之尚鬼而難諭也、乃徧告於人曰、吾聞鬼神不歆非類、又曰淫祀無福、凡天子命刺史於下、非以專土疆、督貨賄而已也、蓋將教孝悌、去奇邪、俾斯人敦忠睦友、祇肅信讓、以順於道、吾之斥是祠也、以明教也、苟離於正、雖千載之違、吾得而更之、況今茲乎。苟有不善、雖異代之鬼、吾得而攘之、況斯人乎。州民旣諭、宗元時謫永州、邇公之邦、以爲古道罕用、賴公而存、斥一祠而二教興焉、明罰行於鬼神、愷悌達於蠻夷、不惟禁淫祠、黜非類而已、願爲記以刻山石、俾知教之首、柳先生集

三苗

三苗國名在大江之南彭蠡之西洞庭之東恃險作亂者也朱子文集

昔者三苗之居左有彭蠡之波右有洞庭之水汶山在其南而衡山在其北恃此險也爲政不善而禹放逐之戰國策

昔三苗氏左洞庭右彭蠡德義不脩禹滅之史記吳起傳

頭在湖南見說溪洞蠻猺畧有四種曰獠曰犵曰狑而其最輕捷者曰猫近年數出剽掠爲邊患者多此種也豈三苗氏之遺民乎古字少而多通用然則所謂三苗者亦當正作猫字耳詹元善說苗民之國三徙其都初在今之筠州次在今之興國軍皆在深山中人不可入而已亦難出最後在今之武昌縣則據江山之險可以四出爲寇而人不得而近之矣朱子文集

夏 陽城　箕山之陰

夏者帝禹封國號也史記正義

禹受封爲夏伯在豫州外方之南今河南陽翟是也帝王世紀

潁川郡陽翟夏禹國漢書地理志

潁水東逕陽翟故城北夏禹始封於此爲夏國故武王至周曰吾其有夏之居乎遂營洛邑徐廣曰河南陽城陽翟則夏地也水經注

禹辭避舜之子商均於陽城史記夏本紀

潁川郡陽城陽城山洧水出東南至長平入潁過郡三行五百里陽乾山潁水出東至下蔡入淮過郡三行千五百里荆州浸漢書地理志

潁水逕陽城縣故城南昔舜禪禹禹避商均伯益避啓並於此也縣南對箕山山上有許由冢堯所封也山下有牽牛墟側潁水有犢泉是巢父還牛處也石上犢迹存焉水經注

禹受舜禪都平陽或於安邑或於晉陽帝王世紀

安邑禹都也水經注

葛

葛、夏諸侯嬴姓之國、孟子注

梁國寧陵故屬陳留、有葛鄉、故葛伯國、後漢書郡國志

睢水又東逕寧陵縣故城南、故葛伯國也、王莽改曰康善矣、水經注

坂水又東逕葛城北、故葛伯之國也、葛於六國屬魏、魏襄王以封公子無忌、號信陵君、其地葛鄉、即是城也、在寧陵縣西十里、同上

有莘

有莘、國名、孟子注

古莘國在汴州陳留縣東五里、故莘城是也、括地志

陳留外黃有莘昌亭、本宋地、莘氏邑也、陳留風俗傳

有命自天、命此文王、于周于京、纘女維莘、長子維行、詩大雅

莘、太姒國也、詩傳

故莘城在汴州陳留縣東北三十五里、古莘國地、去湯都南亳不過四百里、若太姒所產之莘國、則在今西安府郃陽縣南二十里、四書釋地

商殷　亳

商者、契所封之地、詩譜

京兆尹商、故屬宏農、後漢書郡國志

昭明居砥石、世本

商侯相土作乘馬、遂遷于商邱、竹書紀年

陶唐氏之火正閼伯居商邱、祀大火、而火紀時焉、相土因之故商主大火、春秋左氏傳

昔高辛氏有二子、伯曰閼伯、季曰實沈、居於曠林、不相能也、日尋干戈、以相征討、后帝不臧、遷閼伯于商邱、主辰、商人是因、故辰爲商星、同上

梁國睢陽、閼伯墟、後漢書郡國志

帝芒三十三年、商侯遷于殷、竹書紀年

帝孔甲九年、殷侯復歸于商邱、同上

帝癸十五年、商侯履遷于亳、同上

蒙縣西北有亳城、春秋經傳集解

薄故屬山陽、湯所都、後漢書郡國志

梁國穀熟、爲南亳、即湯都也、帝王世紀

成湯十八年、王即位、居亳、竹書紀年

河南郡偃師、尸鄉、殷湯所都、漢書地理志

亳本帝嚳之墟、在禹貢豫州河洛之間、今河南偃師城西二十里尸鄉亭是也。水經注

自契至于成湯八遷、湯始居亳、從先王居。書序

契父帝嚳都亳。湯自商邱遷焉、故曰從先王居。書傳

湯即位、都南亳、後徙西亳也、史記正義

商湯有景亳之命、春秋左氏傳

河南鞏縣西南有湯亭、或言亳即偃師、春秋經傳集解

仲丁元年、王即位、自亳遷于囂、于河上、竹書紀年

帝仲丁遷于隞、史記殷本紀

河南尹滎陽有敖亭、後漢書、郡國志

河亶甲居相、史記殷本紀

相地名、在河北、書傳

魏郡有相縣、經典釋文

祖乙元年、自相遷于耿、竹書紀年

祖乙遷于邢、史記殷本紀○邢音耿

河東郡皮氏有耿鄉、後漢書郡國志

二年、圮于耿、自耿遷于庇、竹書紀年

南庚三年遷于奄同上

盤庚遷于殷尚書盤庚上

殷亳之別名書傳

盤庚之時殷已都河北盤庚渡河南復居成湯之故居史記殷本紀

自湯至盤庚凡五遷都盤庚治亳殷書傳

陽渠又東逕亳殷南昔盤庚所遷改商曰殷此始也水經注

盤庚自奄遷于北冢曰殷竹書紀年

洹水出山逕殷墟北水經注

帝武乙立殷復去亳徙河北史記殷本紀

武乙三年自殷遷于河北十五年自河北遷于沬竹書紀年

妹地名朝歌以北是書傳

河內郡朝歌紂所都漢書地理志

桐

桐湯葬地也尚書傳

桐地名也有王離宮焉尚書注

尸鄉南有亳坂東有城太甲所放處也晉太康地記

獯鬻

獯鬻北狄彊者今匈奴也孟子注

匈奴其先夏后氏之苗裔曰淳維唐虞以上有山戎獫允葷粥居於北邊隨草畜牧而轉移其畜之所多則馬牛羊其奇畜則橐佗驢驘駃騠騊駼驒奚逐水草遷徙無城郭常居耕田之業然亦各有分地無文書以言語爲約束兒能騎羊引弓射鳥鼠少長則射狐兔肉食士力能彎弓盡爲甲騎其俗寬則隨畜田獵禽獸爲生業急則人習戰攻以侵伐其天性也其長兵則弓矢短兵則刀鋋利則進不

利則退不羞遁走苟利所在不知禮義自君王以下咸食畜肉衣其皮革被旃裘壯者食肥美老者飲食其餘貴壯健賤老弱父死妻其後母兄弟死皆取其妻妻之其俗有名不諱而無字夏道衰而公劉失其稷官變于西戎邑于豳其後三百有餘歲戎狄攻太王亶父亶父亡走于岐下豳人悉從亶父而邑焉作周漢書匈奴傳

昆夷

昆夷西戎也詩箋

文王四年伐犬夷尚書大傳

犬夷昆夷也尚書大傳注

文王之時西有昆夷之患北有玁狁之難以天子之命命將率遣戍役以守衛中國故歌采薇以遣之出車以勞還杕杜以勤歸也詩序

赫赫南仲薄伐西戎詩小雅出車

柞棫拔矣行道兌矣混夷駾矣維其喙矣詩大雅緜○混

音昆

言德盛而昆夷自服也詩集傳

奄

奄東方無道國孟子注

魯國本奄國後漢書郡國志

奄里公冢在城内祥舍中民傳言魯五德奄里伯公葬其宅皇覽

奄嬴姓春秋經傳集解

成王二年奄人徐人及淮夷入于邶以叛三年殺武庚祿父遂伐奄滅蒲姑四年王師伐淮夷遂入奄五年王在奄遷其君于蒲姑竹書紀年

周邠　岐周　畢郢

周國名詩集傳

周后稷名弃其母有邰氏女帝堯舉弃爲農師封弃于邰史記周本紀

邰姜嫄之國也堯見天因邰而生后稷故國后稷于邰詩毛傳

右扶風斄周后稷所封漢書地理志

右扶風郿有邰亭後漢書郡國志

公劉居於邰而遭夏人亂迫逐公劉公劉乃辟中國之難

遂平西戎而遷其民邑於豳焉詩毛傳

昔我先世后稷以服事虞夏及夏之衰也棄稷弗務我先王不窋用失其官而自竄於戎翟之間國語

邠西接戎北近翟國語解

豳者后稷之曾孫曰公劉者自邰而出所徙之地名今屬右扶風郇邑其封域在禹貢雍州岐山之北原隰之野詩譜

右扶風郇邑有豳鄉詩豳國公劉所都漢書地理志

武乙元年邠遷于岐周竹書紀年

周者禹貢雍州岐山之陽地名今屬右扶風美陽縣地形險阻而原田肥美周之先公曰大王者避狄難自豳始遷焉詩譜

古公亶父復修后稷公劉之業薫育戎狄攻之乃與私屬遂去豳渡漆沮踰梁山止於岐下史記周本紀

循西水厓漆沮水側也詩箋

右扶風美陽禹貢岐山在西北中水鄉大王所邑漢書地理志

文王自岐下徙都豐史記周本紀

酆在始平鄠縣東有靈臺春秋經傳集解

右扶風鄠酆水出東南漢書地理志

周文王葬畢畢西於豐三十里竹書紀年

畢在鎬東南杜中史記周本紀

武王治鎬漢書地理志

鎬在酆水東酆在鎬水西相去二十五里央錄注

京兆尹長安鎬在上林苑中後漢書郡國志

文王武王周公冢皆在京兆長安鎬聚東杜中皇覽

東周

宗周鎬京也謂之西周周王城也謂之東周詩箋

王城者周東都王城畿內方六百里之地其封域在禹貢豫州大華外方之閒北得河陽漸冀州之南詩譜

武王克商遷九鼎于雒邑春秋左氏傳

王曰自洛汭延于伊汭居易毋固其有夏之居我南望三塗北望嶽鄙顧詹有河粵詹雒伊毋遠天室營周居于雒邑而後去史記周本紀

成王定鼎于郟鄏春秋左氏傳

周公攝政五年成王在豐欲宅洛邑使召公先相宅既成謂之王城是謂東都今河南是也召公既相宅周公往營成周今洛陽是也成王居洛邑遷殷頑民於成周復還歸處西都詩譜

學者皆稱周伐紂居洛邑綜其實不然武王營之成王使召公卜居居九鼎焉而周復都豐鎬至犬戎敗幽王周乃東徙于洛邑史記周本紀

澗水東瀍水西王城也朝會之地瀍水東下都也處商民之地書集傳

宣王九年、王會諸侯于東都、遂狩于甫、竹書紀年

平王立、東遷于雒邑、辟戎寇、史記周本紀

景王愛子朝、欲立之、會崩、國人立長子猛爲王、同上

劉子單子以王猛入于王城。春秋

王城者何、西周也。春秋公羊傳

河南尹河南、周公所城雒邑也。春秋、時、謂、之、王、城。後漢書郡國志

王城方七百二十丈。郭方一十里。南望雒水。北至陝山。博物記

去雒城四十里、地道記

敬王元年、晉人入敬王。子朝自立。敬王不得入。居澤四年。

晉率諸侯入敬王于周。史記周本紀

天王入于成周。春秋

成周者何、東周也。春秋公羊傳

河南尹雒陽、周時號成周。後漢書郡國志

城東西六里十一步。南北九里一百步。帝王世紀

趙成侯七年、與韓攻周。八年、與韓分周以爲兩。史記趙世家。顯王二年

考王封其弟于河南。是爲桓公。以續周公之官職。桓公卒。子威公代立。威公卒。子惠公代立。乃封其少子於鞏以奉

王。號東周惠公。戰國策

王赧時、東、西、周、分治。王赧徙都西周。史記周本紀

西周王城、今河南。東周成周、今洛陽之地。戰國策注

平王東遷之後、所謂西周者、豐鎬也。東周者、東都也。威烈

王以後、所謂西周者、河南也。東周者、洛陽也。大事記

周地、柳、七星、張之分野也。今之河南、雒陽、穀成、平陰、偃師、

鞏、緱氏、是其分也。昔周公營雒邑、在于土中、諸侯蕃屏四

方、故立京師。至平王東居雒邑、其後五伯更帥諸侯以尊

周室、故周於三代最爲長久、八百餘年、至於王赧、乃爲秦

所兼。初雒邑與宗周通封畿、東西長而南北短、短長相覆

爲千里。至襄王以河內賜晉文公、又爲諸侯所侵、故其分

地小。自柳三度至張十二度、謂之鶉火之次、周之分也。漢

書地理志

周在中樞、西阻崤谷、東望荆山、南面少室、北有太嶽、三河

之分、雷風所起、四險之國也。博物志

秦

秦者隴西谷名於禹貢近雍州鳥鼠之山 詩譜

秦之先曰柏益出自帝顓頊爲舜朕虞賜姓嬴氏至周有非子爲周孝王養馬汧渭之間孝王乃封爲附庸邑之於秦今隴西秦亭秦谷是也至元孫莊公破西戎有其地 漢書地理志

襄公時幽王爲犬戎所敗平王東遷雒邑襄公將兵救周有功賜受郊鄷之地列爲諸侯 同上

遂橫有周西都宗周畿內八百里之地其封域東至迆山

在荆岐終南惇物之野 詩譜

文公四年至汧渭之會乃卜居之 史記秦本紀

寧公二年徙居平陽 同上

德公元年初居雍城 同上

穆公稱伯以河爲竟 漢書地理志

獻公二年城櫟陽 史記秦本紀

左馮翊櫟陽秦獻公自雍徙 漢書地理志

孝公十二年作爲咸陽築冀闕秦徙都之并諸小鄉聚集爲大縣縣一令四十一縣爲田開阡陌東地渡洛 史記秦本紀

惠公初稱王得上郡西河 漢書地理志

蘇秦始將連橫說秦惠王曰大王之國西有巴蜀漢中之利北有胡貉代馬之用南有巫山黔中之限東有殽函之固田肥美民殷富戰車萬乘奮擊百萬沃野千里蓄積饒多地勢形便此所謂天府天下之雄國也 戰國策

昭王開巴蜀滅周取九鼎 漢書地理志

昭王曾孫政并六國稱皇帝 同上

秦地於天官東井輿鬼之分野也其界自宏農故關以西

京兆扶風馮翊北地上郡西河安定天水隴西南有巴蜀廣漢犍爲武都西有武威張掖酒泉敦煌又西南有牂柯越巂益州皆宜屬焉 同上

秦前有藍田之鎮後有胡苑之塞左崤函右隴蜀西通流沙險阻之國也 河圖括地象

魯

魯伯禽所封漢書地理志

昔武王克商成王定之選建明德以藩屏周故周公相王室以尹天下於周爲睦分魯公以大路大旂夏后氏之璜封父之繁弱殷民六族條氏徐氏蕭氏索氏長勺氏尾勺氏使帥其宗氏輯其分族將其類醜以法則周公用即命于周是使之職事于魯以昭周公之明德分之土田陪敦祝宗卜史備物典策官司彝器因商奄之民命以伯禽而封於少皞之虛春秋左氏傳

少皞虛曲阜也在魯城內春秋經傳集解

魯者少皞摯之墟也國中有大庭氏之庫則大庭氏亦居茲乎詩譜

成王以周公爲有勳勞於天下是以封周公於曲阜地方七百里革車千乘禮記明堂位

上公之封地方五百里加魯以四等之附庸方百里者二十四并五五二十五積四十九開方之得七百里禮記注

周公歸政成王封其元子伯禽於魯其封域在禹貢徐州大野蒙羽之間詩譜

魯地奎婁之分野也東至東海南有泗水至淮得臨淮之下相睢陵僮取慮皆魯分也漢書地理志

隱公八年鄭伯使宛來歸祊春秋

泰山郡費侯國故屬東海有祊亭後漢書郡國志

隱公十年六月壬戌公敗宋師于菅辛未取郜辛巳取防春秋

濟陰郡成武故屬山陽有郜城後漢書郡國志

高平昌邑縣西南有防城春秋經傳集解○漢屬山陽郡

僖公十七年滅項春秋

二十一年邾子滅須句須句子來奔因成風也二十二年春伐邾取須句反其君焉禮也春秋左氏傳

東郡須昌故須句國大昊後風姓漢書地理志

三十一年春取濟西田分曹地也春秋左氏傳

分曹地自洮以南東傳于濟同上

三十三年公伐邾取訾婁春秋

文公七年取須句同上

宣公元年齊人取濟西田同上

九年取根牟同上

瑯邪國陽都故屬城陽有牟臺後漢書郡國志

十年齊人歸我濟西田春秋

公孫歸父帥師伐邾取繹同上

魯國騶故邾國嶧山在北漢書地理志

漷水又逕魯國鄒山東南而西南流春秋左傳所謂嶧山也邾文公之所遷今城鄒山之陽依巖阻以墉固叔梁紇之邑也孔子生於此後乃縣之因鄒山之名以氏縣也詩所謂保有鳧繹者也水經注

成公二年取汶陽田春秋

六年取鄟同上

八年晉侯使韓穿來言汶陽之田歸之于齊同上

襄公十三年取邿同上○邿音詩

東平國亢父詩亭故邿國漢書地理志

十九年取邾田自漷水春秋

昭公元年取鄆同上

城陽姑幕縣南有員亭員卽鄆也春秋經傳集解

四年取鄫春秋

定公十年齊人來歸鄆讙龜陰田同上

瑯邪國東莞有鄆亭後漢書郡國志

濟北國蛇邱有下讙亭同上

泰山郡博有龜山同上

哀公二年季孫斯叔孫州仇仲孫何忌帥師伐邾取漷東田及沂西田春秋

八年夏齊人取讙及闡冬齊人歸讙及闡同上

泰山郡剛故闡漢書地理志

頃公十九年楚伐我取徐州史記魯世家

二十四年楚考烈王伐滅魯頃公亡遷于卞邑爲家人魯

絕祀同上

魯前有淮水後有岱嶽蒙羽之向洙泗之流大野廣土曲阜尼邱河圖括地象

門 舞雩 石門

魯城南門本名稷門僖公更高大之今猶不與諸門同故名高門也春秋經傳集解

莊公三十二年圉人犖有力焉能投蓋于稷門春秋左氏傳

僖公二十年新作南門春秋

定公五年陽虎盟季桓子於稷門之內春秋左氏傳

十四年孔子由大司寇行攝相事齊人聞而懼於是選齊國中女子好者皆衣文衣而舞康樂文馬三十駟遺魯君

陳女樂文馬於魯城南高門外季桓子微服往觀再三將受乃語魯君為周道游往觀終日史記孔子世家

哀公八年吳伐我微虎欲宵攻王舍私屬徒七百人三踊於幕庭卒三百人有若與焉及稷門之內或謂季孫曰不足以害吳而多殺國士不如已也乃止之春秋左氏傳

鹿門魯南城東門春秋經傳集解○公羊傳解詁同

桓公使高子將南陽之甲立僖公而城魯或曰自鹿門至于爭門者是也或曰自爭門至于吏門者是也春秋公羊傳

襄公二十三年臧紇斬鹿門之關以出奔邾春秋左氏傳

雩門魯南城門春秋經傳集解

莊公十年齊師宋師次于郎公子偃自雩門竊出蒙皐比而先犯之春秋左氏傳

哀公十一年齊師在清冉有以武城人三百為己徒卒老幼守宮次于雩門之外五日右師從之同上

門南隔水有雩壇壇高三丈曾點所欲風舞處也水經注

上東門魯東城之北門春秋經傳集解

定公八年公斂處父帥成人自上東門入與陽氏戰于南

門之內弗勝又戰于棘下陽氏敗春秋左氏傳

沂水流逕魯縣故城南水北東門外即爰居所止處也水經注

海鳥曰爰居止於魯東門之外二日臧文仲使國人祭之國語

石門魯城外門也論語注○後漢書注引

長府官府名春秋經傳集解

昭公二十五年公居于長府春秋左氏傳

闕黨

闕黨黨名 論語正義

魯有闕里孔子所居 後漢書郡國志

泗水又西南逕魯縣分爲二流水側有一城爲二水之分會也北有洙瀆南則泗水夫子教於洙泗之間今於城北二水之中即夫子領徒之所也 水經注

鄹

鄹孔子父叔梁紇所治邑 古論語訓

鄹邑魯縣東南莝城是也 春秋經傳集解

襄公十年晉荀偃士匄請伐偪陽而封向戌焉圍之弗克偪陽人啓門諸侯之士門焉縣門發鄹人紇抉之以出門者 春秋左氏傳

孔子生魯昌平鄉鄹邑 史記孔子世家

鄹是邑名昌平鄉號 史記索隱

卞

卞、今魯國卞縣、春秋經傳集解

魯國卞、有盜泉、有郚鄉城、後漢書郡國志

泗水出魯卞縣北山、水經

泗水西南至方與入沛、過郡三、行五百里、青州川、漢書地理志

莒父

莒父、魯下邑、論語注

定公十四年城莒父及霄、春秋

公叛晉助范氏故懼而城二邑也、春秋經傳集解

國都爲上邑爲下故云魯下邑、春秋正義

防

防魯地在琅邪華縣東南春秋經傳集解○漢屬泰山郡

隱公九年公會齊侯于防春秋

莊公七年夫人姜氏會齊侯于防同上

二十有二年及齊高傒盟于防同上

二十有九年城諸及防同上

僖公十有四年季姬及鄫子遇于防同上

襄公十有三年冬城防同上

於是將早城臧武仲請俟畢農事禮也春秋左氏傳

十有七年秋齊侯伐我北鄙圍桃高厚圍臧紇于防師自陽關逆臧孫至於旅松鄹叔紇臧疇臧賈帥甲三百宵犯齊師送之而復齊師去之同上

費

費季氏邑古論語訓

東海郡費魯季氏邑漢書地理志

泰山郡費故屬東海有祊亭後漢書郡國志

洛水又東南逕費縣故城南水經注○洛漢書作治

僖公元年公賜季友汶陽之田及費春秋左氏傳

襄公七年南遺爲費宰叔仲昭伯爲隧正欲善季氏而求媚於南遺謂遺請城費吾多與而役故季氏城費同上

昭公十二年季平子立而不禮於南蒯南蒯謂子仲吾出

季氏而歸其室於公子更其位我以費爲公臣子仲許之南蒯懼不克以費叛如齊南蒯之將叛也其鄉人或知之過之而歎且言曰恤恤乎湫乎攸乎深思而淺謀邇身而遠志家臣而君圖有人矣哉將適費飲鄉人酒鄉人或歌之曰我有圃生之杞乎從我者子乎去我者鄙乎倍其鄰者恥乎已乎已乎非吾黨之士乎同上

十三年春叔弓圍費弗克敗焉平子怒令見費人執之以爲囚俘冶區夫曰非也若見費人寒者衣之饑者食之爲之令主而共其乏困費來如歸南氏亡矣民將叛之誰與

居邑若憚之以威懼之以怒民疾而叛爲之聚也若諸侯皆然費人無歸不親南氏將焉入矣平子從之費人叛南氏同上

十四年南蒯之將叛也盟費人司徒老祁慮癸僞廢疾使請於南蒯曰臣願受盟而疾興若以君靈不死請待間而盟許之二子因民之欲叛也請朝衆而盟遂劫南蒯曰羣臣不忘其君畏子以及今三年聽命矣子若弗圖費人不忍其君將不能畏子矣子何所不逞欲請送子請期五日遂奔齊司徒老祁慮癸來歸費齊侯使鮑文子致之同上

定公五年桓子行東野及費子洩爲費宰逆勞於郊桓子敬之勞仲梁懷弗敬子洩怒謂陽虎子行之乎陽虎囚季桓子及公父文伯而逐仲梁懷同上

十二年季氏將墮費公山不狃叔孫輒帥費人以襲魯公與三子入于季氏之宮登武子之臺費人攻之弗克入及公側仲尼命申句須樂頎下伐之費人北國人追之敗諸姑蔑二子奔齊遂墮費同上

武城

武城魯下邑論語章句

泰山南武城縣春秋經傳集解

襄公十有九年城武城春秋

齊及晉平盟于大隧故穆叔會范宣子于柯穆叔歸曰齊猶未也不可以不懼乃城武城春秋左氏傳

昭公二十三年邾人城翼還將自離姑公孫鉏曰魯將御我欲自武城還循山而南徐鉏丘弱茅地曰道下遇雨將不出是不歸也遂自離姑武城人塞其前斷其後之木而

弗殊邾師過之乃推而蹶之遂取邾師獲鉏弱地同上

哀公八年吳伐我子洩率故道險從武城初武城人或有因於吳竟田焉拘鄫人之漚菅者曰何故使吾水滋及吳師至拘者道之以伐武城克之王犯嘗爲之宰澹臺子羽之父好焉國人懼吳師克東陽而進舍於五梧明日舍於蠶室明日舍於庚宗遂次於泗上及稷門之內同上

王犯吳大夫故嘗奔魯爲武城宰澹臺子羽武城人孔子弟子也其父與王犯相善國人懼其爲內應春秋經傳集解

京相璠曰今泰山南武城縣有澹臺子羽冢縣人也水經注

泰山郡南城故屬東海有東陽城後漢書郡國志

夏后氏孔甲田於東陽萯山天大風晦盲孔甲迷惑入于民室主人方乳或曰后來見良日也之子必大吉或曰不勝也之子是必有殃后取其子以歸曰以爲余子誰敢殃之子長成人幕動折撩斧斫斬其足遂爲守門者孔甲曰嗚乎有疾命矣夫乃作爲破斧之歌實始爲東音呂氏春秋音初篇

東陽城今費縣西南七十里關陽鎮日知錄

古武城費西滕東兩縣之間子游弦歌舊邑齊乘

夫與邾鄫爲鄰而當吳越之路邑山險而人勇悍此今費縣之武城也山東考古錄

十一年齊伐我及清冉有以武城人三百爲己徒卒春秋左氏傳

齊威王二十四年與魏王會田于郊魏王問曰王亦有寶乎威王曰吾臣有檀子者使守南城則楚人不敢爲寇東取泗上十二諸侯皆來朝史記田敬仲完世家

鄗畢之山南城之冢潛夫論

南城曾子父所葬處在今費縣西南潛夫論注

顓臾

顓臾、伏羲之後、風姓之國、本魯之附庸、古論語訓

泰山郡南武陽有顓臾城、後漢書郡國志

南武陽冠石山、治水所出、南至下邳入泗、過郡二、行九百四十里、漢書地理志○治水水經注作洛水

洛水出太山南武陽縣之冠石山、東流逕蒙山下、有蒙祠、洛水又東南逕顓臾城北、水經注

顓臾子爵、沂之費縣西北二旅有顓臾故城、路史

齊

齊者、古少皞之世。爽鳩氏之墟。詩譜

昔爽鳩氏始居此地。季萴因之。有逢伯陵因之。蒲姑氏因之。而後太公因之。春秋左氏傳○昭公二十年

太公封於營丘。禮記檀弓上

水出其左營丘。爾雅釋丘

今齊之營丘。淄水過其南及東。爾雅注

臨淄、師尚父所封。漢書地理志

臨淄、即營丘也。漢書注

城臨淄水。故曰臨淄。水經注

昔召康公命我先君太公曰、五侯九伯。女實征之。以夾輔周室。賜我先君履。東至于海。西至于河。南至于穆陵。北至于無棣。春秋左氏傳○僖公四年

聊攝以東。姑尤以西。同上○昭公二十年

聊攝、齊西界也、平原聊城縣東北有攝城、姑尤、齊東界也、姑水尤水、皆在城陽郡東南入海、春秋經傳集解○聊城漢屬東郡城陽郡漢膠東國

胡公徙薄姑。史記齊世家

譚有薄姑城 後漢書郡國志

獻公元年徙薄姑都治都菑 史記齊世家

桓公二年伐滅郯 史記齊世家。郯當作譚

譚國在濟南平陵縣西南 春秋經傳集解

齊人滅遂 春秋。僖公十三年

泰山郡蛇邱遂鄉故遂國 漢書地理志。後漢屬濟北國

齊侯滅萊 春秋。襄公六年

東萊郡故萊子國也 漢書注

平公即位田常相之專齊之政割齊安平以東爲田氏封邑 史記齊世家

北海國東安平故屬菑川六國時曰安平 後漢書郡國志

割齊自安平以東至琅邪自爲封邑封邑大於平公之所食 史記田敬仲世家

康公十九年田常曾孫田和始爲諸侯遷康公海濱二十六年康公卒呂氏遂滅其祀田氏卒有齊國 史記齊世家

顯王三十六年燕趙韓魏齊楚合從以擯秦 資治通鑑綱目

蘇秦爲趙合從說齊宣王曰齊南有太山東有琅邪西有清河北有渤海此所謂四塞之國也齊地方二千里帶甲數十萬粟如邱山齊車之良五家之兵疾如錐矢戰如雷電解如風雨即有軍役未嘗倍泰山絕清河涉渤海也臨淄之中七萬戶臣竊度之戶三男子三七二十一萬不待發於遠縣而臨淄之卒固已二十一萬矣臨淄甚富而實其民無不吹竽鼓瑟擊筑彈琴鬬雞走犬六博蹹鞠者臨淄之塗車轂擊人肩摩連衽成帷舉袂成幕揮汗成雨家敦而富志高而揚夫以大王之賢與齊之强天下不能當今乃西面事秦竊爲大王羞之 戰國策

湣王三十九年秦拔我列城九 史記六國表

四十年五國共擊湣王王走莒 同上

燕將樂毅遂入臨淄盡取齊之寶藏器 史記齊世家

襄王在莒五年田單以即墨攻破燕軍迎襄王於莒入臨菑齊故地盡復屬齊 同上

王建四十四年秦虜王建遷之共遂滅齊爲郡 同上

齊地虛危之分野也東有菑川東萊琅邪高密膠東南有泰山城陽北有千乘清河以南勃海之高樂高城重合陽信西有濟南平原皆齊分也 漢書地理志

郊關之內　四境　莊嶽之閒　雪宮

郊關齊四境之郊皆有關孟子注

齊南有泰山東有琅邪西有淸河北有勃海此所謂四塞之國也史記蘇秦傳

齊有淸濟濁河可以爲固長城鉅防足以爲塞同上

齊東有琅邪卽墨之饒南有泰山之固西有濁河之限北有勃海之利地方二千里持戟百萬縣隔千里之外齊得十二焉史記高祖紀

齊南有長城巨防陽關之險北有河濟足以爲固越海而東通乎九夷西界岱嶽配林之阪險阻之國也博物志

河關屬金城戰國策注

博關在博州史記正義

秦驅韓魏攻齊之南地悉趙涉河關指博關臨菑卽墨非王之有也戰國策

郭關齊關名春秋經傳集解

哀公十四年子我屬徒攻闈與大門皆不勝乃出陳氏追之失道於弇中適豐邱豐邱人執之以告殺諸郭關春秋左氏傳

東閭齊東門春秋經傳集解

襄公十八年晉侯伐齊州綽門于東閭左驂迫還于門中以枚數闔春秋左氏傳

齊孫室子陳舉直言閔王殺之東閭宗室離心戰國策

齊南城西門名申門齊城無池唯此門左右有池春秋經傳集解

系水出齊城西南世謂寒泉也東北流直申門西杜預京相璠並言申門卽齊城南面西第一門矣爲申池水經注

文公十八年齊懿公游于申池邴歜閻職弒公納諸竹中春秋左氏傳

襄公十八年晉侯伐齊劉難士弱率諸侯之師焚申池之竹木同上

雍門齊西門名戰國策注

襄公十八年晉侯伐齊趙武韓起以上軍圍盧弗克及秦周伐雍門之萩范鞅門于雍門其御追喜以戈殺犬于門中孟莊子斬其椅以爲公琴焚雍門及西郭南郭春秋左氏傳

哀公十四年成子將殺大陸子方陳逆請而免之以公命

取車於道及彨衆知而東之出雍門同上

孫子曰使輕車銳騎衝雍門則齊君可正而成侯可走戰國策

雍門周以琴見孟嘗君說苑

齊王建入朝于秦雍門司馬前曰王何以去社稷而入秦

齊王還車而反戰國策

揚門齊西門春秋經傳集解

襄公十八年晉侯伐齊范鞅門于揚門春秋左氏傳

系水旁城北流逕揚門西水次有故封處所謂齊之稷下也水經注

稷門齊城門也春秋經傳集解

昭公二十二年莒子如齊涖盟盟于稷門之外春秋左氏傳

宣王喜文學游說之士自如騶衍淳于髡田駢接予慎到環淵之徒七十六人皆賜列第爲上大夫不治而議論是以齊稷下學士復盛且數十百人史記田敬仲完世家

自如淳于髡以下皆命曰列大夫爲開第康莊之衢高門大屋尊寵之覽天下諸侯賓客言齊能致天下賢士也史記孟子荀卿傳

齊城西門側系水左右有講室趾往往存焉蓋因側系水故曰稷門古側稷音相近耳齊地記

一達謂之道路二達謂之歧旁三達謂之劇旁四達謂之衢五達謂之康六達謂之莊七達謂之劇驂八達謂之崇期九達謂之逵爾雅釋宮

莊嶽齊街里名也孟子注

襄公二十八年陳文子謂桓子曰禍將作矣吾其何得對曰得慶氏之木百車于莊春秋左氏傳

昭公十年陳鮑方睦遂伐欒高氏戰于稷欒高敗又敗諸莊國人追之又敗諸鹿門欒施高彊來奔同上

莊六軌之道鹿門齊城門春秋經傳集解

哀公六年陳乞鮑牧及諸大夫以甲入于公宮昭子聞之與惠子乘如公戰于莊敗春秋左氏傳

襄公二十八年慶封歸遇告亂者伐西門不克還伐北門克之入伐內宮弗克反陳于嶽請戰弗許遂來奔春秋左氏傳

嶽里名春秋經傳集解

雪宮離宮之名也宮中有苑囿臺池之飾禽獸之饒孟子注

齊雪宮故址在青州臨淄縣東北六里晏子春秋所謂齊侯見晏子于雪宮元和郡縣志

琅邪

琅邪齊東境上邑也孟子注

琅琊臺在渤海間琅琊之東其北有山一曰在海間山海經

今琅琊在海邊有山嶕嶢特起狀如高臺此卽琅琊臺也山海經注

琅邪郡琅邪越王句踐嘗治此起館臺存四時祠漢書地理志

八神八曰四時主祠琅邪琅邪在齊東方蓋歲之所始史記封禪書

駢邑

駢邑地名古論語訓

齊國臨朐有三亭古邾邑後漢書郡國志

巨洋水又逕臨朐縣故城東城古伯氏駢邑也水經注

莊公元年齊師遷紀郱鄑郚春秋

齊欲滅紀故徙其三邑之民而取其地春秋經傳集解

齊桓公俛然見管仲之能足以託國也遂立以爲仲父與之書社三百而富人莫之敢距也荀子仲尼篇

古者二十五家爲里里則各立社則書社者書其社之人名於籍史記索隱

於陵

於陵地名孟子集註

濟南郡於陵都尉治漢書地理志

瀧水又西北至梁鄒東南與魚子溝水合水南出長白山東抑泉口即陳仲子夫妻之所隱也其水又逕於陵縣故城西王莽之於陸也其水北流注于瀧水水經注

嬴

嬴齊南邑孟子注

嬴齊邑今泰山嬴縣春秋經傳集解

汶水又西南逕嬴縣故城南水經注

桓公三年公會齊侯于嬴春秋

延陵季子適齊於其反也其長子死葬於嬴博之間孔子曰延陵季子吳之習於禮者往而觀其葬焉其坎深不至於泉其斂以時服既葬而封廣輪揜坎其高可隱也既封左袒右還其封且號者三曰骨肉復歸於土命也若魂氣則無不之也無不之也而遂行孔子曰延陵季子之於禮也其合矣乎禮記檀弓下

季子名札魯昭公二十七年吳公子札聘於上國是也禮記注

奉高縣北有吳季札子墓在汶水南曲中季札之聘上國也喪子於嬴博之間即此處也從征記曰嬴縣西六十里有季札兒冢冢圓其高可隱也水經注

哀公十一年公會吳子伐齊五月克博壬申至于嬴春秋左氏傳

十五年成叛于齊冬及齊平乃歸成公孫宿以其兵甲入于嬴同上

四書類考　卷五　邦域

晝

晝齊西南近邑也孟子注

澅水出時水東去臨淄城十八里所謂澅中也俗以澅水爲宿留水西北入於時水孟子去齊三宿而後出澅故世以此而變水名也水南山西有王蠋墓昔樂毅伐齊賢而封之蠋不受自縊而死水側有田引水溉迹尚存水經注

燕之初入齊聞晝邑人王蠋賢令軍中曰環晝邑三十里無入以王蠋之故已而使人謂蠋曰齊人多高子之義吾以子爲將封子萬家蠋固謝燕人曰子不聽吾引三軍而屠晝邑王蠋曰忠臣不事二君貞女不更二夫齊王不聽吾諫故退而耕于野國既破亡吾不能存今又劫之以兵爲君將是助桀爲虐也與其生而無義固不如烹遂經其頸于樹枝自奮絶脰而死史記田單傳

高郵老儒黃彥知嘗謂孟子去齊三宿而出晝讀如晝夜之晝非也史記田單傳載燕初入齊聞晝邑之人王蠋賢劉熙注云齊西南近邑音獲故孟子三宿而出時人以爲濡滯也此說甚新而有據然予觀說苑則以爲蓋邑人王蠋且齊有蓋大夫王驩而陳仲子兄食采於蓋其入萬鍾則齊亦自有蓋邑又與晝邑不同今通鑑晝邑司馬康釋音胡卦切亦曰西南近邑復不音獲何耶齊東野語

四書類考　卷五　邦域

高唐

高唐、齊西邑。孟子注

平原郡高唐、漯水出。後漢書郡國志

大河又東北逕高唐縣故城西。水經

漯水又逕高唐縣故城東。同上

襄公十九年，莊公即位，以夙沙衛易己，衛奔高唐以叛。齊慶封圍高唐，弗克。冬十一月，齊侯圍之，見衛在城上，號之，乃下。問守備焉，以無備告。揖之，乃登。聞師將傳，食高唐人。殖綽、工僂會夜縋納師，醢衛于軍。春秋左氏傳

晉聞齊亂，伐齊至高唐。史記齊世家

二十五年，祝佗父祭於高唐。春秋左氏傳

高唐有齊別廟也。春秋經傳集解

昭公十年，公與桓子莒之旁邑，穆孟姬爲之請高唐，陳氏始大。春秋左氏傳

哀公十年，趙鞅帥師伐齊，取犂及轅，毀高唐之郭，侵及賴而還。同上

威王二十四年，與魏王會田于郊。魏王問曰：王亦有寶乎？威王曰：吾臣有朌子者，使守高唐，則趙人不敢東漁於河。史記田敬仲完世家

朌子，田朌也。史記索隱

趙肅侯六年，攻齊，拔高唐。史記趙世家

蓋

蓋、齊下邑也、孟子注。蓋讀如本字又音古盍反

泰山郡蓋、沂水出、後漢書郡國志

沂水出泰山蓋縣艾山、水經

沂水南至下邳入泗過郡五行六百里、青州浸、漢書地理志

洙水出泰山蓋縣臨樂山水經

臨樂山、洙水所出西北至蓋入泗水、漢書地理志

泗或作池字蓋字誤也、水經注

靈邱

靈邱、齊下邑、孟子注

今滕縣東三十里明水河之南、有靈邱故城、齊乘

齊威王元年、三晉因齊喪、來伐我靈邱、史記田敬仲完世家。趙世家敬侯二年敗齊于靈邱魏世家武侯九年使吳起伐齊至靈邱韓世家文侯九年伐齊至靈邱

趙惠文王十四年、相國樂毅將趙秦韓魏燕攻齊、取靈邱、史記趙世家。六國表齊湣王三十九年

平陸　崇

平陸、齊之邑也、孟子注

東平國東平陸、六國時、曰平陸、後漢書郡國志

汶水又西南逕東平陸縣故城北、應劭曰古厥也、今有厥亭、水經注

安王十二年、魯敗齊平陸、史記六國表

顯王十三年、齊與趙會平陸、同上

夫有宋則衛之陽城危、有淮北則楚之東國危、有濟西則趙之東國危、有陰平陸則梁門不啟、戰國策。史記田敬仲完世家陰作陶

四書類考　卷五　邦域　五十三

且楚攻南陽、魏攻平陸、齊無南面之心、以爲亡南陽之害、不若得濟北之利、故定計而堅守之、戰國策。史記魯仲連傳同

汶水西逕春亭北、考古無春名、唯平陸縣有崇陽亭、去㓙城西十里、水經注

崇地名、孟子注

八神三曰兵主祠蚩尤、蚩尤在東平陸監鄉、齊之西境也。史記封禪書

棠

棠、齊邑也、孟子注

北海國即墨有棠鄉、後漢書郡國志

襄公六年、王湫帥師及正輿子棠人軍齊師、齊師大敗之、入萊、萊共公浮柔奔棠、晏弱圍棠而滅之、遷萊于郳、高厚崔杼定其田、春秋左氏傳

十八年、晉侯伐齊、齊侯駕、將走郵棠、大子抽劍斷鞅乃止、同上

二十五年、齊棠公之妻東郭偃之姊也、同上

四書類考　卷五　邦域　五十四

棠公、齊棠邑大夫、春秋經傳集解

南陽

山南曰陽岱山之南謂之南陽孟子注

南陽齊下邑公羊傳解詁

南陽卽齊之淮北泗上之地也史記索隱

桓公使高子將南陽之甲立僖公而城魯春秋公羊傳

閔公二年

且楚攻齊之南陽魏攻平陸而齊無南面之心以爲亡南陽之害小不如得濟北之利大故定計審處之今秦人下兵魏不敢東面衡秦之勢成楚國之形危齊弃南陽斷右壤定濟北計猶且爲之也史記魯仲連傳

范

范齊邑王庶子所封食也孟子注

東郡范有秦亭後漢書郡國志

河水於范縣東北流爲倉亭津水經

莊公三十有一年築臺于秦春秋

士會爲晉正卿食邑於范是爲范氏國語解

瓠河自運城東北逕范縣與濟濮枝渠合故渠上承濟瀆於乘氏縣北逕范縣左納瓠瀆故經有濟渠之稱又北與將渠受河於范縣西北東南逕秦亭南又東南逕范縣故城南將渠又東會濟渠目下通謂之將渠北逕范城東俗又謂之趙溝非也瓠河故瀆又東北左合將渠枝瀆上承將渠於范縣東北逕范縣北又東北逕東阿城南而東入瓠河故瀆水經注

齊語

如卽不如齊人語也春秋公羊經傳解詁○隱公元年

昉適也齊人語也二年

登讀言得來得來之者齊人語也齊人名求得爲得來作登來者其言大而急由口授也五年

累累從君而死齊人語也桓公二年

怴者狂也齊人語五年

行過無禮謂之化齊人語也六年

以樵燒之故因謂之樵之樵之齊人語七年

𦟝脛也齊人語莊公十二年

瘠病也齊人語也二十年

僂疾也齊人語二十四年

伐人者爲客讀伐長言之齊人語也見伐者爲主讀伐短言之齊人語也二十八年

無垢加功曰漱去垢曰浣齊人語也三十一年

踊豫也齊人語若關西言渾矣僖公十年

詐卒也齊人語也三十三年

䕺所也所猶是齊人語也文公十三年

笱者竹篅一名編輿齊魯以此名之曰笱十五年

忝草器若今市所量穀者是也齊人謂之鍾宣公六年

廢置也置者不去也齊人語八年

凡無高下有絶加躡板曰棓齊人語成公二年

殆疑疑讞于晉齊人語襄公五年

于諸賓也齊人語哀公六年

今齊人名麴麩曰媒周官禮注○地官序官

今齊人命浩酒曰滌春官司尊彝

齊魯之間謂蠪爲蟈秋官蟈氏

齊人有名疾爲戚者考工記

齊人之言終古猶言常也同上

齊人謂㦤爲獐畫繢

漚漸也楚人曰漚齊人曰湪㡛氏

齊人謂柯斧柄曰椑廬人

齊人名手足擥爲骹弓人

今齊人名蒨爲韎韐儀禮注○士冠禮

齊魯之間名題肩爲正大射儀

齊人或名全葅爲芋士喪禮

齊魯之間謂祭爲隨、士虞禮

居讀爲姬姓之姬、齊魯之間語助也、禮記注○檀弓上

征鳥題肩也、齊人謂之擊征、月令

齊人所善曰麃、禮器

紛帨拭物之佩巾也、今齊人有言紛者、內則

秦人溲曰滫、齊人滑曰瀡也、同上

齊人謂無髮爲禿楬、明堂位

殈裂也、今齊人語有殈者、樂記

今齊人或謂穊爲相、同上

委武冠卷也、秦人曰委、齊人曰武、雜記上

齊人言殷聲如衣、中庸

資當爲至、齊魯之語、聲之誤也、所之言是也、齊西偏之語也、緇衣

滕休

滕文之昭也、春秋左氏傳○僖公二十四年

沛郡公邱故滕國、周懿王子錯叔繡所封、三十一世、爲齊所滅、漢書地理志

左氏傳云郜雍曹滕、文之昭也、世本亦云錯叔繡文王子、而此志云懿王子、未詳其義耳、漢書注

南梁水西逕滕城北、今沛郡公邱也、其水又逕公邱焉、縣故城在滕西北、齊滅之、秦以爲縣、水經注

隱公十一年、滕侯薛侯來朝、爭長、薛侯曰、我先封、滕侯曰、

我周之卜正也、薛庶姓也、我不可以後之、乃長滕侯、春秋左氏傳

休在滕縣西二十五里、戰國時齊邑、孟子去齊居休是也、方輿紀要

薛

薛、庶姓也、春秋左氏傳。隱公十一年

薛之皇祖奚仲居薛以爲夏車正奚仲遷于邳仲虺居薛。以爲湯左相同上。定公元年

魯國薛夏車正奚仲所國後遷于邳、湯相仲虺居之、漢書地理志

漷水又西逕薛縣故城北城南山上有奚仲冢漷水又西逕仲虺城北、水經注

仲虺城在薛城西三十里晉書地道記

其後當周爵稱侯後見侵削霸者所絀爲伯任姓也、晉太康地記

六國時曰徐州、後漢書郡國志

齊湣王三年封田嬰于薛、史記六國表

靖郭君將城薛齊人有諫者曰君長齊奚以薛爲、失齊雖隆薛之城到於天猶之無益也君曰善乃輟城薛、戰國策

靖郭君冢在魯國薛城中東南陬、皇覽

任

任、薛之同姓小國也、孟子注

任宿須句顓臾風姓也實司大皞與有濟之祀。春秋左氏傳。僖公二十一年

東平國任城故任國、大昊後風姓、漢書地理志

四書類考卷五

四書類考卷六

陳

陳大皞之虛也春秋左氏傳。昭公十七年

武王克殷反商未及下車而封帝舜之後於陳禮記樂記

昔虞閼父爲周陶正以服事我先王我先王賴其利器用也與其神明之後也庸以元女大姬配胡公而封諸陳以備三恪同上。襄公二十五年

昔武王克商通道於九夷百蠻使各以其方賄來貢使無忘職業於是肅愼氏貢楛矢石砮其長尺有咫先王欲昭其令德之致遠也以示後人使永監焉故銘其栝曰肅愼氏之貢矢以分大姬配虞胡公而封諸陳國語

陳國今淮陽之地漢書地理志

其封域在禹貢豫州之東其地廣平無名山大澤西望外方東不及明豬詩譜

淮陽國陳故國舜後胡公所封爲楚所滅漢書地理志

互鄉

互鄉鄉名也論語注

王無咎云鹿邑之外有互鄉城邑人相傳謂互鄉童子見孔子者此處也前代因立互鄉縣其城猶存困學紀聞

鹿邑春秋時陳邑本曰鳴鹿方輿紀要

成公十六年知武子以諸侯之師侵陳至于鳴鹿春秋左氏傳

渦水又東逕鹿邑城北世謂之虎鄉城非也春秋之鳴鹿矣水經注

杞

杞夏后氏之後也。禮記注

武王克殷反商下車而封夏后氏之後于杞。禮記樂記

陳留郡雍邱故杞國也周武王封禹後東樓公先春秋時徙魯東北二十一世簡公爲楚所滅。漢書地理志

睢水又東逕雍邱縣故城北縣舊杞國也殷湯周武以封夏后繼禹之嗣楚滅杞秦以爲縣城內有夏后祠昔在二代享祀不輟秦始皇圖築其表爲大城而以縣焉。水經注

杞之郊也禹也宋之郊也契也是天子之事守也。禮記禮運

桓公五年冬淳于公如曹度其國危遂不復六年春自曹來朝書曰寔來不復其國也。春秋左氏傳

推尋事跡淳于公亡國杞似并之遷都淳于。春秋經傳集解

北海郡淳于有密鄉。後漢書郡國志

濰水又北過淳于縣東。水經

僖公十三年夏會于鹹淮夷病杞故且謀王室也十四年春諸侯城緣陵而遷杞焉不書其人有闕也。春秋左氏傳

北海郡營陵春秋謂之緣陵。漢書音義

二十七年春杞桓公來朝用夷禮故曰子公卑杞杞不共也。春秋左氏傳

杞夏餘也而卽東夷。同上。襄公二十九年

襄公二十九年六月知悼子合諸侯之大夫以城杞。同上

城淳于師徒不頓國家不罷。同上。昭公元年

悼公二十二年楚滅杞。史記六國表

宋

宋大辰之虛也春秋左氏傳。昭公十七年

昔高辛氏有二子伯曰閼伯季曰實沈居於曠林不相能也日尋干戈以相征討后帝不臧遷閼伯於商邱主辰商人是因故辰爲商星同上。昭公元年

陶唐氏之火正閼伯居商邱祀大火而火紀時焉相土因之故商主大火同上。襄公九年

武王克殷反商下車而投殷之後於宋禮記樂記

周封微子於宋今之睢陽是也漢書地理志

梁國睢陽故宋國微子所封禹貢盟諸澤在東北同上

宋地房心之分野也今之沛梁楚山陽濟陰東平及東郡之須昌壽張皆宋分也宋自微子二十餘世至景公滅曹滅曹後五世亦爲齊楚魏所滅魏得其梁陳留齊得其濟陰東平楚得其沛同上

宋北有泗水南迄睢濊有孟諸之澤碭山之塞也河圖括地象

垤澤之門

垤澤宋城門名也孟子注

睢陽正東門名揚門春秋經傳集解

揚門之介夫死司城子罕入而哭之哀晉人之覘宋者反報於晉侯曰陽門之介夫死而子罕哭之哀而民說殆不可伐也禮記檀弓下

昭公二十一年華登以吳師救華氏公欲出廚人濮請待之乃徇曰揚徽者公徒也衆從之公自揚門見之下而巡之春秋左氏傳

盧門宋東城南門春秋經傳集解。哀公二十六年注盧門東門

桓公十四年宋人以諸侯伐鄭焚渠門入及大逵以大宮之椽歸爲盧門之椽春秋左氏傳

昭公二十一年華氏居盧門以南里叛同上

梁國睢陽本宋國有盧門亭後漢書郡國志

澤門宋東城南門也春秋經傳集解

襄公十七年宋皇國父爲大宰爲平公築臺妨於農收子罕請俟農功之畢公弗許築者謳曰澤門之皙實興我役

邑中之黜實慰我心春秋左氏傳
皇國父白晳而居近澤門子罕黑色而居邑中春秋經傳集解
曹門宋城門也同上
成公十八年鄭伯侵宋及曹門外春秋左氏傳
桐門北門春秋經傳集解
襄公十年楚子囊鄭子耳伐宋師于訾毋庚午圍宋門于桐門春秋左氏傳
昭公二十五年叔孫婼聘于宋桐門右師見之同上

右師樂大心居桐門春秋經傳集解
哀公二十六年宋景公無子取公孫周之子得與啟畜諸公宮得夢啟北首而寢于盧門之外已爲烏而集於其上咮加於南門尾加於桐門曰余夢美必立春秋左氏傳
蒙門宋城門春秋經傳集解
襄公二十七年宋公及諸侯之大夫盟于蒙門之外春秋左氏傳

葵邱 石邱

葵邱宋地也春秋釋例
陳留郡外黃有葵邱聚齊桓公會此城中後漢書郡國志
黃溝自城南東逕葵邱下春秋僖公九年齊桓公會諸侯於葵邱即此地也水經注
石邱宋國地也孟子正義

管

管、管叔所封也、經典釋文

滎陽京縣東北有管城、古管國也、春秋土地名

河南郡中牟圃田澤在西、豫州藪、有管叔邑、漢書地理志

渠又東、十家溝水注之、出京縣東南梅山北谿、自谿東北流逕管城西、故管國也、周武以封管叔矣、成王幼弱、周公攝政、管叔流言曰、公將不利於孺子、公賦鴟鴞以伐之、卽東山之詩是也、左傳宣公十二年、晉師救鄭、楚次管以待之、杜預曰、京縣東北有管城者是也、俗又謂之爲管水、水經注

蔡

蔡、姬姓、文王子、叔度之後也、武王封之於汝南上蔡、爲蔡侯、春秋世族譜

汝南郡上蔡、故蔡國、周武王弟叔度所封、漢書地理志

管蔡啟商、惎間王室、王於是乎殺管叔而蔡蔡叔、以車七乘、徒七十人、其子蔡仲改行帥德、周公舉之以爲己卿士、見諸王而命之以蔡、春秋左氏傳。定公四年

度放、成王封其子胡、十八世徙新蔡、漢書地理志

汝南郡新蔡、蔡平侯自蔡徙此、同上

汝水又東南逕新蔡縣故城南、水經注

哀公二年、蔡遷于州來、春秋

沛郡下蔡、故州來國、爲楚所滅、後吳取之、至夫差遷昭侯、於此、後四世侯齊竟爲楚所滅、漢書地理志

淮水又北逕下蔡縣故城東、本州來之城也、吳季札始封延陵、後邑州來、故曰延州來矣、春秋蔡昭侯自新蔡遷于州來、謂之下蔡也、淮之東岸又有一城、下蔡新城也、二城對據、翼帶淮濆、水經注

鄭

鄭祝融之虛也。春秋左氏傳。昭公十七年

京兆鄭周宣王弟鄭桓公邑漢書地理志

初宣王封母弟友於宗周畿內咸林之地是爲鄭桓公今京兆鄭縣是其都也詩譜

桓公爲司徒甚得周衆與東土之人問於史伯曰王室多故余懼及焉其何所可以逃死史伯對曰其濟洛河潁之閒乎是其子男之國虢鄶爲大虢叔恃勢鄶仲恃險是皆有驕侈怠慢之心而加之以貪冒君若以周難之故寄孥與賄焉不敢不許周亂而弊是驕而貪將必背君君若以成周之衆奉辭伐罪無不克矣若克二邑鄔蔽補丹依㽥歷莘君之土也若前莘後河右洛左濟主芣騩而食溱洧脩典刑以守之唯是可以少固公說乃東寄孥與賄虢鄶受之十邑皆有寄地國語

河南滎陽有虢亭虢叔國後漢書郡國志

制巖邑也虢叔死焉春秋左氏傳。隱公元年

檜國在禹貢豫州外方之北滎波之南居溱洧之間。詩譜

祝融其後八姓妘姓鄔鄶路偪陽國語

平王六年鄭遷于溱洧。竹書紀年

幽王爲犬戎所殺桓公死之其子武公與晉文侯定平王於東都之地卒取史伯所云十邑之地右洛左濟前華後河食溱洧焉今河南新鄭是也詩譜

河南郡新鄭詩鄭國鄭桓公之子武公所國後爲韓所滅漢書地理志

鄭國今河南之新鄭本高辛氏火正祝融之虛也及成皋滎陽潁川之崈高陽城皆鄭分也同上

衛

衛國今汲郡朝歌縣春秋經傳集解

河内郡朝歌紂所都武王弟康叔所封更名衛漢書地理志

河内本殷之舊都周既滅殷分其畿内爲三國詩風邶鄘衛國是也邶以封紂子武庚鄘管叔尹之衛蔡叔尹之以監殷民謂之三監故書序曰武王崩三監畔周公誅之盡以其地封弟康叔號曰孟侯以夾輔周室遷邶鄘之民于雒邑至十六世懿公亡道爲狄所滅齊桓公帥諸侯伐狄而更封衛于河南曹楚邱是爲文公而河内殷虚更屬于晉同上

邶鄘衛者商紂畿内方千里之地其封域在禹貢冀州大行之東北踰衛漳東及兖州桑土之野周武王伐紂以京師封紂子武庚爲殷後庶殷頑民被紂化日久未可以建諸侯乃三分其地置三監使管叔蔡叔霍叔尹而教之自紂城而北謂之邶南謂之鄘東謂之衛武王既喪管叔及其羣弟見周公將攝政乃流言于國曰公將不利於孺子周公避之居東都二年秋大熟未穫有雷電疾風之異乃

後成王悅而迎之反而遂居攝三監導武庚叛成王既黜殷命殺武庚復伐三監更於此三國建諸侯以殷餘民封康叔於衛使爲之長後世子孫稍幷彼二國混而名之詩譜

分康叔以大路少帛綪茷旃旌大呂殷民七族陶氏施氏繁氏錡氏樊氏饑氏終葵氏封畛土略自武父以南及圃田之北竟取於有閻之土以共王職取於相土之東都以會王之東蒐聃季授土陶叔授民命以康誥而封於殷虚皆啟以商政疆以周索春秋左氏傳。定公四年

衛南跨于河北得淇水南過漢上左通魯澤右指黎山河圖括地象

閔公二年冬十二月狄人伐衛衛懿公及狄人戰于熒澤衛師敗績遂滅衛狄入衛遂從之又敗諸河宋桓公逆諸河宵濟衛之遺民男女七百有三十人益之以共滕之民爲五千人立戴公以盧于曹春秋左氏傳

曹衛下邑也戴公名申立其年卒而立文公春秋經傳集解

僖公二年春王正月城楚邱春秋

衛本都河北朝歌之東淇水之北百泉之南其後不知何時并得邶鄘之地至懿公爲狄所滅戴公東徙渡河野處漕邑文公又徙居于楚邱朝歌故城在今衛州衛縣西二十二里所謂殷虛衛故都在今衛縣漕楚邱皆在滑州詩集傳

僖公三十有一年狄圍衛十有二月衛遷于帝邱春秋

文公徙封楚邱三十餘年子成公徙于帝邱今之濮陽是也本顓頊之虛故謂之帝邱夏后之世昆吾氏居之漢書地理志

衛顓頊之虛也春秋左氏傳。昭公十七年

東郡濮陽衛成公自楚邱徙此故帝邱顓頊虛漢書地理志

衛遷于帝邱卜曰三百年春秋左氏傳。僖公三十一年

衛地營室東壁之分野也今之東郡及魏郡黎陽河內之野王朝歌皆衛分也成公後十餘世爲韓魏所侵盡亡其旁邑獨有濮陽後秦滅濮陽置東郡徙之于野王始皇既并天下猶獨置衛君二世時乃廢爲庶人凡四十世九百年最後絶故獨爲分野漢書地理志

匡

匡衛地春秋經傳集解

陳留郡長垣有匡城後漢書郡國志

濮水又東逕匡城北孔子去衛適陳遇難於匡者也水經注

匡城周三里北征記

僖公十五年公會齊侯宋公陳侯衛侯鄭伯許男曹伯盟于牡邱遂次于匡春秋

儀

儀蓋衛邑鄭氏論語注

儀封城在開封府儀封縣北十七里相傳儀封人請見孔子處方輿紀要

儀邑城在今開封府蘭陽縣西北二十里乃衛西南境距其國五百餘里四書釋地

晉虞虢

唐者帝堯舊都之地詩譜

唐在河汾之東方百里史記晉世家

昔高辛氏有二子伯曰閼伯季曰實沈居於曠林不相能也日尋干戈以相征討后帝不臧遷實沈於大夏主參唐人是因以服事夏商其季世曰唐叔虞當武王邑姜方震太叔夢帝謂己余命而子曰虞將與之唐屬諸參而蕃育其子孫及生有文在其手曰虞遂以命之及成王滅唐而封太叔焉春秋左氏傳

分唐叔以大路密須之鼓闕鞏姑洗懷姓九宗職官五正命以唐誥而封於夏虛啟以夏政疆以戎索同上

唐叔虞居鄂世本居篇

鄂地今在大夏世本注

大夏在汾澮之閒春秋左氏傳解義

南有晉水至子燮改爲晉侯其封域在禹貢冀州大行恒山之西大原大岳之野詩譜

成侯南徙居曲沃近平陽焉同上

穆侯又徙于絳同上

昭侯以下又徙于翼。詩正義

翼晉舊都在平陽絳邑縣東。春秋經傳集解

初晉穆侯之夫人姜氏以條之役生太子命之曰仇其弟以千畝之戰生命之曰成師。惠之二十四年晉始亂故封桓叔于曲沃。春秋左氏傳

莊公十五年曲沃武公滅晉侯緡。史記十二諸侯年表

十六年王命曲沃伯以一軍爲晉侯。春秋左氏傳

河東郡聞喜故曲沃晉武公自晉陽徙此。漢書地理志

二十六年晉獻公始城絳都之。史記十二諸侯年表

絳晉所都也今平陽絳邑縣。春秋經傳集解

二十八年使大子居曲沃重耳居蒲城夷吾居屈。春秋左氏傳

蒲今平陽蒲子縣二屈今平陽北屈縣。春秋經傳集解

閔公元年晉侯作二軍以滅耿滅霍滅魏。春秋左氏傳

河東郡皮氏耿鄉故耿國彘霍大山在東冀州山。漢書地理志

僖公五年晉滅虢師還館于虞遂襲虞滅之。春秋左氏傳

宏農郡陝故虢。漢書地理志

河東郡大陽吳山在西上有吳城周武王封太伯後於此是爲虞公爲晉所滅。同上

大伯虞仲大王之昭也虢仲虢叔王季之穆也。春秋左氏傳。僖公五年

虞虢焦滑霍揚韓魏皆姬姓也晉是以大。同上。襄公二十九年

宏農郡陝有焦城故焦國。漢書地理志

武王追思先聖王乃襃封神農之後于焦。史記周本紀

滑滑國都於費今緱氏縣。春秋經傳集解

河東郡楊侯國。漢書集解音義

當此時晉彊西有河西與秦接境北邊翟東至河內。史記晉世家

景霍以爲城而汾河涑澮以爲淵戎翟之民實環之汪是土也。國語

晉侯之入也賂秦伯以河外列城五東盡虢略南及華山內及解梁城既而不與故秦伯伐晉秦獲晉侯以歸十一月晉侯歸於是秦始征晉河東置官司焉。春秋左氏傳。僖公十五年

十六年、狄侵晉。取狐廚受鐸、涉汾、及昆都、因晉敗也。同上
二十五年、王入于王城、晉侯朝王。與之陽樊温原攢茅之田。晉於是始啟南陽。同上
樊、一名陽樊、野王縣西南有陽城、春秋經傳集解
河內郡温故國、己姓蘇忿生所封也、漢書地理志
河內郡軹、有原鄉、後漢書郡國志
河內郡修武、故南陽、秦始皇更名、有陽樊攢茅田、同上
宣公十五年、晉師滅赤狄潞氏。春秋
上黨郡潞、故潞子國、漢書地理志

十六年、晉人滅赤狄甲氏及留吁。春秋
絳水東逕屯留縣故城南。故留子國也。潞氏之屬。春秋襄公十八年、晉人執孫蒯於純留、是也、其水東北流入於漳、水經注
成公六年、晉遷于新田。春秋左氏傳
今平陽絳邑縣是、春秋經傳集解
昭公十二年、晉荀吳僞會齊師者、假道于鮮虞。遂入昔陽。滅肥。春秋左氏傳
真定國肥纍、故肥子國、漢書地理志

十七年、晉荀吳帥師滅陸渾之戎。春秋
宏農郡陸渾、春秋遷陸渾戎於此、漢書地理志
二十二年。晉荀吳畧東陽。使師僞糴者。負甲以息於昔陽之門外。遂襲鼓滅之。春秋左氏傳
鉅鹿郡下曲陽有鼓聚、故翟鼓子國、有昔陽亭、後漢書郡國志
二十八年、魏獻子爲政、分祁氏之田以爲七縣。分羊舌氏之田以爲三縣。司馬彌牟爲鄔大夫。賈辛爲祁大夫。司馬烏爲平陵大夫。魏戊爲梗陽大夫。知徐吾爲塗水大夫。韓固爲馬首大夫。孟丙爲盂大夫。樂霄爲銅鞮大夫。趙朝爲平陽大夫。僚安爲楊氏大夫。春秋左氏傳

太原郡榆次、涂水鄉、晉大夫知徐吾邑、梗陽鄉、魏戊邑、鄔、九澤在北、是爲昭餘祁、并州藪、晉大夫司馬彌牟邑、盂、晉大夫孟丙邑、祁、晉大夫賈辛邑、漢書地理志
定公十三年、晉趙鞅入于晉陽以叛。春秋
晉陽、趙鞅邑、春秋經傳集解
太原郡晉陽、晉水所出、東入汾、漢書地理志
晉荀寅士吉射入于朝歌以叛。晉趙鞅歸于晉。春秋

朝歌今屬汲郡。春秋經傳集解

出公十七年，知伯與趙、韓、魏共分范、中行地以爲邑。史記晉世家

晉哀公四年，趙襄子、韓康子、魏桓子共殺知伯，盡并其地。同上

烈公十九年，周威烈王賜趙、韓、魏皆命爲諸侯。同上

靜公二年，魏武侯、韓哀侯、趙敬侯滅晉後而三分其地。靜公遷爲家人，晉絶不祀。同上

屈產

屈產，出名馬之地。公羊傳解詁

屈產泉在石樓縣東南四里。方輿紀要

吐京郡治故城，即土軍縣之故城也。縣有龍泉，出城東南道左山下，牧馬川上多產名駒。龍泉水又北屈逕其城東，西北入於河。水經注

屈產之乘，屈邑所生。四馬曰乘。今河東北屈駿馬者是也。呂氏春秋注

河東郡北屈，禹貢壺口山在東南。漢書地理志

通典慈州文城郡理吉昌縣，春秋時晉之屈邑，獻公子夷吾所居，漢河東北屈縣，今山西吉州是。樂史傅會爲石樓縣，乃漢西河土軍縣，非北屈地。四書釋地

垂棘

垂棘出美玉之地、公羊傳解詁

垂棘、晉地、春秋經傳集解

成公五年、鄭伯及晉趙同盟于垂棘、春秋左氏傳

中牟

中牟城、在湯陰縣西五十里、方輿紀要

桓公築五鹿、中牟、蓋與牡丘、以衛諸夏之地、所以示權於中國也、國語

定公九年、齊侯伐晉夷儀、晉車千乘在中牟、衛侯將如五氏、乃過中牟、中牟人欲伐之、衛褚師圃亡在中牟、曰、衛雖小、其君在焉、未可勝也、不如從齊、乃伐齊師、敗之、春秋左氏傳

今滎陽有中牟縣、迴遠、疑非也、春秋經傳集解

哀公五年、趙鞅伐衛、范氏之故也、遂圍中牟、春秋左氏傳

佛肸用中牟之縣畔、設祿邑炊鼎、曰、與我者受邑、不與我者其烹、中牟之士皆與之、城北餘子田基獨後至、袪衣將入鼎、曰、基聞之、義者軒冕在前、非義弗乘、斧鉞於後、義死不避、遂袪衣將入鼎、佛肸播而之、趙簡子屠中牟、得而取之、論有功者、用田基爲始、田基曰、吾聞廉士不恥人、如此而受中牟之功、則中牟之士終身慚矣、襁負其母、南徙於楚、楚王高其義、待以司馬、說苑立節篇

獻侯少卽位、治中牟、史記趙世家

河南郡中牟圃田澤在西趙獻侯自耿徙此漢書地理志
此趙中牟在河北非鄭之中牟史記索隱
湯陰縣西五十八里有牟山蓋中牟邑在此山側也史記
正義

魏　梁　河東　河内
魏者虞舜夏禹所都之地在禹貢冀州雷首之北析城之西周以封同姓焉其封域南枕河曲北涉汾水詩譜
虞虢焦滑霍揚韓魏皆姬姓也春秋左氏傳
閔公元年晉侯滅魏賜畢萬魏以爲大夫卜偃曰畢萬之後必大萬盈數也魏大名也以是始賞天啓之矣天子曰兆民諸侯曰萬民今名之大以從盈數其必有衆同上
魏武子居魏悼子徙霍世本
魏絳徙治安邑史記魏世家

河東郡安邑魏絳自魏徙此漢書地理志
魏桓子與韓康子趙襄子共伐滅知伯分其地史記魏世家
威烈王二十三年韓魏趙始列爲諸侯史記六國表
魏文侯任西門豹治鄴而河内稱治史記魏世家
大河在鄴東故名鄴爲河内史記索隱
古帝王之都多在河東河北故呼河北爲河内河南爲河外史記正義
河從龍門南至華陰東至衛州東北入海曲繞冀州故言

河內同上

安王十七年魏武侯城安邑王垣史記六國表

河東郡垣禹貢王屋山在東北漢書地理志

顯王十五年秦與魏戰元里斬首七千取少梁史記六國表

左馮翊夏陽故少梁漢書地理志

十七年諸侯圍魏襄陵築長城塞固陽史記六國表

二十八年齊虜魏太子申殺將軍龐涓同上

二十九年秦商君伐魏虜公子卬同上

秦用商君東地至河而齊趙數破我安邑近秦於是徙治大梁史記魏世家

陳留郡浚儀故大梁魏惠王自安邑徙此漢書地理志

三十四年魏惠成王三十六年改元稱一年王與諸侯會于徐州竹書紀年

蘇子爲趙合從謂魏王曰大王之地東有鴻溝陳汝南許鄢昆陽邵陵舞陽新郪東有淮穎沂黃煮棗無疎西有長城之界北有河外卷衍燕酸棗地方千里名雖小然而廬田廡舍曾無所芻牧牛馬之地人民之衆車馬之多日夜行不休已無以異於三軍之衆大王之卒武力二十萬蒼頭二十萬奮擊二十萬厮徒十萬車六百乘騎五千匹乃劫於羣臣之說而欲臣事秦夫事秦必割地效質故兵未用而國已虧矣戰國策

三十九年與秦河西地史記六國表

自華州北至同州並魏河北之地盡入秦也史記正義

四十年秦取汾陰皮氏史記六國表

河東郡汾陰介山在南皮氏耿鄉故耿國漢書地理志

四十一年入上郡于秦史記六國表

魏築長城自鄭濱洛以北有上郡惠文君十年魏納上郡十五縣史記秦本紀

魏前納陰晉次納同丹二州今納上郡而盡河西濱洛之地矣史記正義

四十八年秦取曲沃平周史記六國表

慎靚王四年齊敗魏觀津同上

張儀爲秦連横說魏王曰魏地方不至千里卒不過三十萬人地四平諸侯四通條達輻湊無有名山大川之限從鄭至梁不過百里從陳至梁二百餘里馬馳人趨不待倦

而至梁南與楚境西與韓境北與趙境東與齊境卒戍四
方守亭障者參列粟糧漕庾不下十萬魏之地勢故戰場
也大王不事秦秦下兵攻河外拔卷衍燕酸棗劫衛取晉
陽則趙不南趙不南則魏不北魏不北則從道絶大王之
國欲求無危不可得也戰國策

赧王元年齊拔魏曲沃史記六國表

二十五年魏入河東四百里同上

二十六年秦取城大小六十一同上

二十八年秦拔魏新垣曲陽之城同上

三十三年秦拔魏安城兵至大梁而還同上

秦召燕王燕王欲往蘇代約燕王曰秦之行暴正告天下
秦王告魏曰我舉安邑塞女戟韓氏大原卷下軹道南陽
封冀兼包兩周乘夏水浮輕舟强弩在前銛戟在後決滎
口魏無大梁決白馬之口魏無濟陽決宿胥之口魏無虛
頓邱陸攻則擊河内水攻則擊大梁魏以爲然故事秦戰
國策

三十九年秦拔魏兩城史記六國表

四十年秦拔魏兩城軍大梁下韓來救與秦温以和同上

四十一年秦拔魏四城同上

四十二年與秦南陽以和同上

四十七年秦拔我懷城同上

四十九年秦拔魏廩邱同上。廩或作邢世家作鄭

魏將與秦攻韓無忌謂魏王曰秦故有懷地邢邱之城垝
津而以之臨河内河内之共汲莫不危矣秦有鄭地得垣
雍決滎澤而水大梁大梁必亡矣異日者秦乃在河西晉
國之去梁也千里有餘有河山以闌之有周韓而間之從
林鄉軍以至于今秦十攻魏五入國中邊城盡拔文臺墮

垂都焚林木伐麋鹿盡而國繼以圍又長驅梁北東至陶
衛之郊北至平監所亡於秦者山南山北河外河内大縣
數百名都數十秦在河西晉國之去大梁也尚千里而禍
若是矣又況於使秦無韓而有鄭地無河山以闌之無周
韓以間之去大梁百里禍必百此矣戰國策

河外謂華州以東至虢陝河内謂蒲州以東至懷衛也史
記正義

魏安釐王三年無忌率五國兵敗秦軍河外史記六國表

景湣王元年秦拔我朝歌同上

三年秦拔我汲同上

五年秦拔我垣蒲陽衍同上

王假三年秦灌大梁遂滅魏以爲郡縣史記魏世家

魏地觜觿參之分野也其界自高陵以東盡河東河內南有陳留及汝南之召陵隱彊新汲西華長平潁川之舞陽郾許傿陵河南之開封中牟陽武酸棗卷皆魏分也漢書地理志

魏前枕黄河背漳水瞻王屋望梁山有藍田之寶浮池之淵也博物志

河東郡縣二十四安邑大陽猗氏解蒲反河北左邑汾陰聞喜濩澤端氏臨汾垣皮氏長脩平陽襄陵彘楊北屈蒲子絳狐讘騏漢書地理志

河內郡縣十八懷汲武德波山陽河陽州共平皋朝歌脩武温墊王獲嘉軹沁水隆慮蕩陰同上

韓

韓武之穆也春秋左氏傳

平王十四年晉人滅韓竹書紀年

韓姬姓之國也後爲晉所滅故大夫韓氏以爲邑名焉詩箋

宣王時命韓侯爲侯伯其後爲晉所滅以爲邑以賜桓叔之子萬是爲韓萬則其亡平王時也國語解

韓萬晉大夫曲沃桓叔之子莊伯之弟以韓爲氏春秋左氏傳解義

宣子徙居州史記韓世家

州今在河內是也史記索隱

貞子徙居平陽史記韓世家

河東郡平陽韓武子元孫貞子居此漢書地理志

威烈王二十三年韓魏趙始列爲諸侯史記六國表

韓地角亢氐之分野也韓分晉得南陽郡及潁川之父城定陵襄城潁陽潁陰長社陽翟郟東接汝南西接宏農得新安宜陽皆韓分也漢書地理志

潁川郡陽翟韓景侯自新鄭徙此同上

安王十一年秦伐宜陽取六邑史記六國表
烈王元年滅鄭同上
韓哀侯二年滅鄭因徙都鄭史記韓世家
顯王三十四年秦拔我宜陽史記六國表
蘇秦爲趙合從說韓王曰韓北有鞏洛成皋之固西有宜陽常阪之塞東有宛穰洧水南有陘山地方千里帶甲數十萬天下之強弓勁弩皆自韓出谿子少府時力距來皆射六百步之外韓卒超足而射百發不暇止遠者達胸近者掩心韓卒之劍戟皆出於冥山棠谿墨陽合伯鄧師宛

馮龍淵大阿皆陸斷馬牛水擊鵠雁當敵即斬堅甲盾鞮鍪鐵幕革抉㕹芮無不畢具以韓卒之勇被堅甲蹠勁弩帶利劍一人當百不足言也戰國策

趙
趙孟晉卿之貴者也孟子注
周繆王賜造父以趙城由此爲趙氏史記趙世家
閔公元年晉侯作二軍以滅耿賜趙夙耿春秋左氏傳
河東郡皮氏耿鄉故耿國晉獻公滅之以賜大夫趙夙漢書地理志
僖公二十五年趙衰爲原大夫春秋左氏傳
河內郡軹有原鄉後漢書郡國志
溫趙氏邑春秋經傳集解

晉陽趙鞅邑同上
定公十三年晉趙鞅入于晉陽以叛晉趙鞅歸于晉春秋
襄子立四年知伯與韓趙魏盡分其范中行故地史記趙世家
五年襄子敗知伯晉陽與韓魏三分其地史記六國表
於是趙北有代南并知氏彊於韓魏史記趙世家
獻侯少即位治中牟同上
威烈王二十三年韓魏趙始列爲諸侯史記六國表
敬侯元年趙始都邯鄲史記趙世家

趙國邯鄲、堵山、牛首水所出、東入白渠、趙敬侯自中牟徙此。漢書地理志

安王二十六年、分晉國。史記六國表

趙地昴畢之分野、趙分晉、得趙國、北有信都、眞定、常山、中山、又得涿郡之高陽、鄚州鄉、東有廣平、鉅鹿、淸河、河間、又得渤海郡之東平舒、中邑、文安、束州、成平、章武、河以北也、南至浮水、繁陽、內黃、斥邱、西有大原、定襄、雲中、五原、上黨、上黨本韓之别郡也、遠韓近趙、後卒降趙、皆趙分也。漢書地理志

蘇秦從燕之趙、始合從、說趙王曰、當今之時、山東之建國、莫如趙强、趙地方三千里、帶甲數十萬、車千乘、騎萬匹、粟支十年、西有常山、南有河漳、東有淸河、北有燕國、爲大王計、莫如一韓、魏、齊、楚、燕、趙、六國從親、以儐畔秦、令天下之將相、相與會於洹水之上、約曰、秦攻楚、齊、魏各出銳師以佐之、韓絕食道、趙涉河漳、燕守常山之北、秦攻韓、魏、則楚絕其後、齊出銳師以佐之、趙涉河漳、燕守雲中、秦攻齊、則楚絕其後、韓守成皋、魏塞午道、趙涉河漳、博關、燕出銳師以佐之、秦攻燕、則趙守常山、楚軍武關、齊涉渤海、韓、魏出銳師以佐之、秦攻趙、則韓軍宜陽、楚軍武關、魏軍河外、齊涉渤海、燕出銳師以佐之、六國從親、以儐秦、秦必不敢出兵於函谷關、以害山東矣。戰國策

趙東臨九州、南瞻恒嶽、有泜滱之流、飛壺、井陘之險、至於潁陽、涿鹿之野。河圖括地象

自趙夙九世稱侯、四世敬侯徙都邯鄲、至武靈王稱王、五世爲秦所滅。漢書地理志

燕

燕、周之分子也。春秋穀梁傳

武王克殷及商未及下車而封黃帝之後于薊。禮記樂記

黃帝姓姬。君奭其後也。經典釋文

召公奭與周同姓。姓姬氏。史記燕世家

廣陽國薊、故燕國、召公所封、漢書地理志

燕地尾箕分野也、東有漁陽右北平遼西遼東、西有上谷、代郡雁門、南得涿郡之易容城范陽北新城故安涿縣良鄉新昌、及勃海之安次、皆燕分也、樂浪元菟亦宜屬焉、漢書地理志

顯王三十五年、蘇秦說燕、史記六國表

蘇秦將爲從北說燕文侯曰、燕東有朝鮮遼東、北有林胡樓煩、西有雲中九原、南有呼沱易水、地方二千里、帶甲數十萬、車七百乘、騎六千匹、粟支二年、南有碣石鴈門之饒、北有棗栗之利、民雖不田作、棗栗之實足食於民矣、此所謂天府也、秦之攻燕也、踰雲中九原、過代上谷、彌地踵道數千里、雖得燕城、秦計固不能守也、趙之攻燕也、發號出令、不至十日、而數十萬之衆軍於東垣矣、渡呼沱涉易水、不至四五日而距國都矣、故曰秦之攻燕也、戰於千里之外、趙之攻燕也、戰於百里之內、是故願大王與趙從親、天下爲一、則國必無患矣、戰國策

夫燕亦勃碣之間一都會也。南通齊楚。東北邊胡。上谷至遼東。地踔遠。人民希。數被寇。大與趙代俗相類。而民雕悍少慮。有魚鹽棗栗之饒。北鄰烏桓夫餘。東綰濊貉朝鮮真番之利。史記貨殖傳

燕都背沙漠。進臨易水。西至君都。東至於遼。長蛇帶塞。險陸相乘也。河圖括地象

燕以河爲境。以薊爲國。襲涿方城。殘齊平中山。韓非子

燕九世稱侯、八世稱公、十世稱王、風俗通義

楚 荆 舒

荆楚荆州之楚國也詩毛傳

周成王時封文武先師鬻熊之曾孫熊繹於荆蠻爲楚子

居丹陽漢書地理志

秭歸城北對丹陽城城據山跨阜周八里二百八十步東北兩面悉臨絶澗西帶亭下谿南枕大江險峭壁立信天固也楚子熊繹始封之所都也水經注

楚武王克權春秋左氏傳

南郡當陽縣東南有權城春秋經傳集解

武王徙郢世本

文王始都郢史記楚世家

南郡江陵故郢都楚文王自丹陽徙此漢書地理志

文王二年伐申史記楚世家

南陽郡宛故申伯國漢書地理志

淯水又南逕宛城東其地故申伯之國楚文王滅申以爲縣也水經注

十二年伐鄧滅之史記楚世家

南陽郡鄧故國漢書地理志

楚子如息以食入享遂滅息春秋左氏傳

汝南郡新息故息國漢書注

楚人滅弦春秋

江夏郡軑故弦子國漢書地理志

楚人滅黄春秋

汝南郡弋陽有黄亭故黄國後漢書郡國志

楚人滅夔春秋

夔今建平秭歸縣春秋經傳集解。秭歸漢屬南郡

楚人滅江春秋

汝南郡安陽有江亭故國嬴姓後漢書郡國志

楚人滅六春秋

六安國六故國皋繇後偃姓爲楚所滅漢書地理志

楚公子燮滅蓼春秋

六安國蓼故國皋繇後爲楚所滅漢書地理志

楚人滅庸春秋

漢中郡上庸本庸國後漢書郡國志

楚人滅舒蓼春秋

廬江郡舒故國漢書地理志

楚子滅蕭 春秋

沛郡蕭故蕭叔國宋别封附庸也 漢書地理志

楚人滅舒庸 春秋

楚屈建帥師滅舒鳩 同上

廬江郡龍舒羣舒之邑 漢書注

楚子伐吳遂滅賴 春秋

汝南郡褒信有賴亭故國 後漢書郡國志

楚子期滅唐 春秋左氏傳

南陽郡舂陵上唐鄉故唐國 漢書地理志

汝南郡南頓故頓子國姬姓 漢書地理志

楚公子結帥師滅頓 春秋

楚子滅胡 春秋

汝南郡女陰故胡國 漢書地理志

楚公孫朝帥師滅陳 春秋左氏傳

淮陽國陳故國舜後胡公所封爲楚所滅 漢書地理志

惠王四十二年楚滅蔡 史記楚世家

沛郡下蔡故州來國爲楚所滅後吳取之至夫差遷昭侯于此後四世侯齊竟爲楚所滅 漢書地理志

四十四年楚滅杞 史記楚世家

杞國本都雍丘縣桓六年淳于公亡國杞似并之遷都淳于僖十四年又遷緣陵襄二十九年晉人城杞之淳于杞又遷都淳于 春秋經傳集解

北海郡淳于淳于公國之所都 漢書注

是時越已滅吳而不能正江淮北楚東侵廣地至泗上 史記楚世家

簡王元年北伐滅莒 同上

城陽國莒故國盈姓三十世爲楚所滅 漢書地理志

悼王九年伐韓取負黍 史記楚世家

潁川郡陽城有負黍聚 後漢書郡國志

肅王四年蜀伐楚取茲方於是楚爲扞關以距之 史記楚世家

威王七年齊田嬰欺楚楚伐齊敗之于徐州 同上

十年魏取我魯陽 同上

楚滅越 通鑑綱目

越王無彊時興師北伐齊西伐楚與中國爭彊當楚威王之時越北伐齊齊威王使人說越王曰楚三大夫張九軍

北圍曲沃於中以至無假之關者三千七百餘里景翠之軍北聚魯齊南陽分有大此者乎且王之所求者鬬晉楚也晉楚不鬬越兵不起是知二五而不知十也此時不攻楚臣以是知越大不王小不伯復讎龐長沙楚之粟也竟澤陵楚之材也越窺兵通無假之關此四邑者不上貢事於郢矣臣聞之圖王不成其敝可以伯然而不伯者王道失也故願大王之轉攻楚也於是越遂釋齊而攻楚楚威王興兵而伐之大敗越殺王無疆盡取故吳地至浙江北破齊於徐州而越以此散諸族子爭立或爲王或爲君濱

於江南海上服朝於楚史記越世家

蘇秦爲趙合從說楚威王曰楚天下之强國也楚地西有黔中巫郡東有夏州海陽南有洞庭蒼梧北有汾陘之塞郇陽地方五千里帶甲百萬車千乘騎萬匹粟支十年此霸王之資也秦之所害於天下莫如楚故爲大王計莫如從親以孤秦大王不從親秦必起兩軍一軍出武關一軍下黔中則鄢郢動矣戰國策

威王十一年卒魏伐楚取我陘山史記楚世家

河南尹密縣有陘山後漢書郡國志

懷王六年楚使柱國昭陽將兵而攻魏破之於襄陵得八邑史記楚世家

十七年與秦戰丹陽秦大敗我軍遂取漢中之郡同上

張儀爲秦破從連橫說楚王曰秦西有巴蜀方船積卒起於汶山循江而下至郢三千餘里舫船載卒一舫載五十人與三月之糧下水而浮一日行三百餘里里數雖多不費汗馬之勞不至十日而距扞關扞關驚則從竟陵以東盡城守矣黔中巫郡非王之有也秦舉甲出武關南面而攻則北地絕秦之攻楚也危難在三月之內而楚恃諸侯

之救在半歲之外此其勢不相及也戰國策

蘇代約燕王曰秦之行暴正告天下告楚曰蜀地之甲乘船浮於汶乘夏水而下江五日而至郢漢中之甲乘船出於巴乘夏水而下漢四日而至五渚寡人積甲宛東下隨智者不及謀勇者不及怒寡人如解隼矣同上

二十五年秦復歸我上庸史記六國表

二十八年秦攻楚取我重丘史記楚世家

二十九年秦取我襄城史記六國表

三十年秦復伐楚取八城史記楚世家

頃襄王元年秦攻楚取析十五城而去同上
南陽郡析故屬宏農故楚白羽邑後漢書郡國志
齊湣王與魏楚伐宋遂滅宋而三分其地史記宋世家
魏得其梁陳留齊得其濟陰東平楚得其沛漢書地理志
十五年楚王與秦三晉燕共伐齊取淮北史記楚世家
十九年割上庸漢北地與秦同上
二十年秦拔鄢西陵史記六國表
二十一年秦將白起遂拔我郢燒先王墓夷陵楚襄王兵散東北保於陳城史記楚世家

二十二年秦復拔我巫黔中郡同上
二十三年襄王復取秦所拔我江旁十五邑以爲郡同上
考烈王元年納州於秦以平是時楚益弱同上
十四年楚滅魯史記六國表
二十二年楚東徙都壽春命曰郢史記楚世家
負芻元年秦大破我取十城史記六國表
五年秦滅楚同上
楚地翼軫之分野也今之南郡江夏零陵桂陽武陵長沙及漢中汝南郡盡楚分也漢書地理志

楚地南卷沅湘北繞潁泗西包巴蜀東裹郯淮潁汝以爲洫江漢以爲池垣之以鄧林綿之以方城山高尋雲谿肆無景淮南子
夫自淮北沛陳汝南南郡此西楚也其俗剽輕易發怒地薄寡於積聚江陵故郢都西通巫巴東有雲夢之饒陳在楚夏之交通魚鹽之貨其民多賈徐僮取慮則清刻矜己諾彭城以東東海吳廣陵此東楚也其俗類徐僮朐繒以北俗則齊浙江南則越夫吳自闔廬春申王濞三人招致天下之喜游子弟東有海鹽之饒章山之銅三江五湖之

利亦江東一都會也衡山九江江南豫章長沙是南楚也其俗大類西楚郢之後徙壽春亦一都會也而合肥受南北潮皮革鮑木輸會也與閩中于越雜俗故南楚好辭巧說少信江南卑溼丈夫早夭多竹木豫章出黃金長沙出連錫然堇堇物之所有取之不足以更費九疑蒼梧以南至儋耳者與江南大同俗而楊越多焉番禺亦其一都會也珠璣犀瑇瑁果布之湊史記貨殖傳
楚後背方城前及衡嶽左則彭蠡右則九疑有江漢之流實險阻之國也河圖括地象

葉

葉今南陽葉縣也春秋經傳集解

南陽郡葉楚葉公邑有長城號曰方城漢書地理志

醴水又屈而東南流逕葉縣故城北春秋成公十五年許遷於葉者也楚盛周衰控覇南土欲爭强中國多築列城於北方以逼華夏故號此城爲萬城或作方城唐勒奏土論曰我是楚也世覇南土自越以至葉垂宏境萬里故號曰萬城也余按春秋屈完之在邵陵對齊侯曰楚國方城以爲城杜預曰方城山名也在葉南未詳孰是楚惠王以封諸梁子號曰葉公城即子高之故邑也水經注

醴水又逕其城東與燒車水合水西出苦菜山東流側葉城而下逕醴水醴水又東逕葉公廟北廟前有公子高諸梁碑同上

醴水又東與葉西陂水會縣南有方城山屈完所謂楚國方城以爲城者也山有涌泉北流畜之以爲陂故塘方三里陂水散流又東逕葉城南而東北注醴水醴水又東注葉陂陂東西十里南北七里二陂並諸梁之所堨也同上

潕水之左即黃城山也水出黃城山東北逕方城郭仲產曰苦菜于東之間有小城名方城東臨谿水尋此城致號之由當因山以表名也苦菜即黃城也及于東通爲方城矣世謂之方城山水東流注潕水故地理志曰南陽葉方城邑西有黃城山是長沮桀溺耦耕之所有東流水則子路問津處尸子曰楚狂接輿耕於方城蓋於此也同上

楚語

楚人謂乳穀謂虎於菟春秋左氏傳。宣公四年

兩足不能相過齊謂之綦楚謂之踙衛謂之輒春秋穀梁傳。昭公二十年

漚漸也楚人曰漚齊人曰湊周官注。㡛氏

陳或作陵楚人聲禮記注。檀弓下

楚人謂恨不得爲坯治也淮南子注。道應訓

楚人謂士爲武同上。齊俗訓

楚人謂倨爲倦同上。道應訓

楚人謂冢爲琴矣水經注

吳

吳故國周泰伯所邑漢書地理志

吳郡順帝分會稽置吳本國震澤在西後名具區澤後漢書郡國志

泰伯虞仲太王之昭也泰伯不從是以不嗣春秋左氏傳。僖公五年

太伯初奔荆蠻荆蠻歸之號曰句吳太伯卒仲雍立至曾孫周章而武王克殷因而封之漢書地理志

成公七年巫臣請使于吳晉侯許之吳子壽夢說之乃通

吳于晉以兩之一卒適吳舍偏兩之一焉與其射御教吳乘車教之戰陳教之叛楚吳始伐楚伐巢伐徐蠻夷屬于楚者吳盡取之是以始大通吳於上國春秋左氏傳

吳地斗分野也今之會稽九江丹陽豫章廬江廣陵六安臨淮郡盡吳分也漢書地理志

吳左洞庭右彭蠡後濱長江南至豫章水戒險阻之國也河圖括地象

越

於越國名春秋經傳集解

會稽郡山陰會稽山在南上有禹冢禹井揚州山越王句踐本國漢書地理志

粤地牽牛婺女之分野也今之蒼梧鬱林合浦交阯九眞南海日南皆粤分也其君禹後少康之庶子云同上

自交阯至會稽七八千里百越雜處各有種姓不得盡云少康之後也按世本越爲芊姓與楚同祖故國語曰芊姓夔越然則越非禹後明矣又芊姓之越亦句踐之後不謂南越也漢書音義

四書類考卷六

四書類考卷七

形色類

人血氣　身　躬　體膚　筋骨

形色長　好色　美惡

首頂　領

髮毛　黎　須白

面顏　額

目眸子

耳

鼻息　臭

口舌

肩背

胸中膺　腹

心

肺肺

四體四支

手臂　肱　掌

指巨擘　無名指

人　血氣　身　躬　軀　體　膚　筋骨

人天地之性最貴者也許氏說文

人者其天地之德陰陽之交鬼神之會五行之秀氣也禮記禮運

人者天地之心也五行之端也食味別聲被色而生者也同上

惟天地萬物父母惟人萬物之靈尚書泰誓

人之所以能靈於萬物者謂其目能收萬物之色耳能收萬物之聲鼻能收萬物之氣口能收萬物之味聲色氣味者萬物之體也目耳口鼻者萬人之用也皇極經世書

人受命於天固超然異於羣生入有父子兄弟之親出有君臣上下之誼會聚相遇則有耆老長幼之施粲然有文以相接驩然有恩以相愛此人之所以貴也生五穀以食之桑麻以衣之六畜以養之服牛乘馬圈豹檻虎是其得天之靈貴於物也故孔子曰天地之性人為貴明於天性知自貴於物知自貴於物然後知仁誼知仁誼然後重禮節重禮節然後安處善安處善然後樂循理樂循理然後謂之君子漢書董仲舒傳

人生始化曰魄既生魄陽曰魂用物精多則魂魄强是以有精爽至於神明春秋左氏傳昭公七年

附形之靈爲魄附氣之靈爲魂春秋正義

氣也者神之盛也魄也者鬼之盛也禮記祭義

氣謂嘘吸出入者也耳目之聰明爲魄禮記注

精氣爲物游魂爲變是故知鬼神之情狀周易繫辭上傳

陰精陽氣聚而成物神之伸也魂游魄降散而爲變鬼之歸也易本義

道生一一生二二生三三生萬物萬物負陰而抱陽冲氣以爲和道德經

血稟於陰行於脉之內而爲榮氣稟於陽行於脉之外而爲衛語孟輯說

人有四支五藏一覺一寐吐納往來流爲榮衛章爲氣色發爲音聲人常數也唐書孫思邈傳

百骸九竅六藏賅而存焉莊子齊物論

寓六骸莊子德充符

六骸手足首身也經典釋文

人之體統而言之謂之一身分而言之則腰足而上謂之身易解

躬猶身也周易正義

體第也骨肉毛血表裏大小相次第也釋名

四體既正膚革充盈人之肥也禮記禮運

膚是革外之薄皮革是膚內之厚皮禮記正義

筋肉之力也骨肉之覈也許氏說文

精神者天之分骨骸者地之分屬天淸而散屬地濁而聚列子天瑞篇

凡藥以酸養骨以辛養筋以鹹養脉以苦養氣以甘養肉以滑養竅周官天官

以類相養也酸木味木根立地中似骨辛金味金之纏合異物似筋鹹水味水之流行地中似脉苦火味火之出入無形似氣甘土味土含載四者似肉滑滑石也凡諸滑物通利往來似竅周禮注

故禮義也者人之大端也所以講信修睦而固人肌膚之會筋骸之束也禮記禮運

膚最在外肌次之筋又次之骸最在內以肌合膚以筋束骸四者之聚爲身禮記纂言

形色長　好色　美　惡

在天成象在地成形周易繫辭上傳

象者形之精華發於上者也形者象之體質留於地者也蘇氏易傳

本乎天者親上本乎地者親下則各從其類也府易文言傳

凡動物首向上是親乎上人類是也凡植物本向下是親乎下草木是也朱子語類

道與之貌天與之形惡得不謂之人莊子德充符

民之所生皆因地氣所感不同故使形類有異也周禮疏

大司徒以土會之法辨五地之物生一曰山林其民毛而方二曰川澤其民黑而津三曰邱陵其民專而長四曰墳衍其民晳而瘠五曰原隰其民豐而庳周禮地官

是故堅土之人肥虛土之人大沙土之人細息土之人美耗土之人醜大戴禮易本命

岠齊州以南戴日爲丹穴北戴斗極爲空桐東至日所出爲太平西至日所入爲大蒙太平之人仁丹穴之人智大蒙之人信空桐之人武爾雅釋地

東南曰揚州其民二男五女正南曰荆州其民一男二女河南曰豫州其民二男三女正東曰青州其民二男二女河東曰兖州其民二男三女正西曰雍州其民三男二女東北曰幽州其民一男三女河内曰冀州其民五男三女正北曰并州其民二男三女周禮夏官職方氏

是故山氣多男澤氣多女障氣多暗風氣多聾林氣多癃木氣多傴岸下氣多腫石氣多力險阻多癭暑氣多夭寒氣多壽谷氣多痺邱氣多狂衍氣多仁陵氣多貪輕土多利重土多遲清水音小濁水音大湍水人輕遲水人重中

土多聖人皆象其氣皆應其類淮南子地形訓

相形不如論心論心不如擇術形不勝心心不勝術術正而心順之則形相雖惡而心術善無害爲君子也形相善而心術惡無害爲小人也君子之謂吉小人之謂凶故長短大小善惡形相非吉凶也荀子非相篇

長形立而名之曰長短形立而名之曰短非長短之名先立而長短之形從之也潛夫論

僬僥氏長三尺短之至也長者不過十之數之極也國語

帝堯長帝舜短文王長周公短仲尼長子弓短昔者衛靈

公有臣曰公孫吕身長七尺面長三尺焉廣三寸鼻目耳具而名動天下楚之孫叔敖期思之鄙人也突禿長左軒較之下而以楚覇葉公子高微小短瘠行若將不勝其衣然白公之亂也令尹子西司馬子期皆死焉葉公子高入據楚誅白公定楚國如反手耳仁義功名善於後世荀子非相篇

首　項　頷

首頭也許氏說文

乾爲首周易說卦傳

人之身體頭爲元首四支爲末春秋正義

人頭圓象天足方象地孝經援神契

頭容直禮記玉藻

頭頸必中同上

頂顛也許氏說文

頷項也同上

髪毛　黎　頒白

髪首上毛也玉篇

毛貌也冐也在表所以别形貌自覆冐也釋名

班序顛毛以爲民統紀國語

言次列頂髪之白黑使長幼有等以爲治民之經紀也國語解

黎黑也黑髪之人猶秦言黔首也孟子集註

始皇二十六年更名民曰黔首史記秦本紀

黔亦黎黑也漢書集解音義

頒者斑也頭半白斑斑者也孟子注

雜色曰斑禮記注

人初老則髪白太老則髪黄禮記正義

面頞　額

面顔前也許氏說文

顔眉目之間也同上

瀕頟顔顙也汝頴淮泗之間謂之顔揚子方言

頞額也孟子集註

顙額也玉篇

中夏謂之頟東齊謂之顙揚子方言

髪下眉上謂額六書故

頞鼻莖也玉篇

蹙齃謂鼻蹙眉史記索隱

目眸子　視　覿　瞻　望

目人眼象形重童子也許氏說文

眸子瞳子也孟子注

盼白黑分詩毛傳

天之神棲乎日人之神發乎目皇極經世書

離爲目周易說卦傳

目容端禮記玉藻

見視也許氏說文

覿瞻也同上

天子視不上於袷不下於帶國君綏視大夫衡視士視五步凡視上於面則敖下於帶則憂傾則姦禮記曲禮下

凡與大夫言始視面中視抱卒視面毋改衆皆若是若父則遊目毋上於面毋下於帶若不言立則視足坐則視膝儀禮士相見禮

坐視膝立視足應對言語視面立視前六尺而大之荀子大略篇

視有四則朝廷之視端沵平衡祭祀之視視如有將軍旅之視固植虎張喪紀之視下沵垂綱視經也新書

毋淫視禮記曲禮上

淫視睇眄也禮記注

覿視也博雅

常事曰視非常曰觀春秋穀梁傳

瞻臨視也許氏說文

仰視曰瞻韻會

視瞻毋回禮記曲禮上

望出亡在外望其還也許氏說文

望遠者察其貌而不察其形春秋穀梁傳

視有上下視高則氣高視下則心柔故視國君不離紳帶之中蓋目者人之所常用且心常託之視之上下且試之已之敬傲必見於視所以欲下其視者欲柔其心也張子語錄

耳聽 聞 聰

耳主聽也許氏說文

坎爲耳周易說卦傳

坎北方之卦主聽故爲耳也周易正義

五事四曰聽尚書洪範

聽曰聰同上

聽德惟聰尚書太甲下

不傾聽禮記曲禮上

毋側聽同上

側聽耳屬於垣嫌探人之私也禮記注

夫耳目心之樞機也聽龢則聰視正則明聰則言聽明則德昭聽言昭德則能思慮純固以言德於民民歆而德之則歸心焉國語

鼻息 臭

鼻引氣自畀也許氏說文

鼻嘒也出氣嘒嘒也釋名

鼻者肺之使白虎通義

肺者金之精鼻爲之候何鼻出入氣高而有竅山亦有金石累積亦有孔穴出雲布雨以潤天下雨則雲消鼻能出納氣也同上

息鼻息出入者也論語集註

呼外息也吸內息也許氏說文

屈伸往來之義只於鼻息之間見之二程遺書

古之眞人其寢不寐其覺無憂其食不甘其息深深眞人之息以踵衆人之息以喉莊子大宗師

通於鼻者謂之臭禮記正義

孟春之月其臭羶孟夏之月其臭焦中央土其臭香孟秋之月其臭腥孟冬之月其臭朽禮記月令

口舌

口人所以言食也象形 許氏說文

舌在口所以言也別味者也 同上

兌爲口 周易說卦傳

兌爲口舌 同上

口舌爲言語之具也 周易正義

夫口內味而耳內聲聲味生氣氣在口爲言在目爲明 國語

孟春之月其味酸孟夏之月其味苦中央土其味甘孟秋之月其味辛孟冬之月其味鹹 禮記月令

潤下作鹹炎上作苦曲直作酸從革作辛稼穡作甘 尚書洪範

味以行氣氣以實志志以定言言以出令 春秋左氏傳昭公九年

志以發言言以出信信以立志參以定之 同上。襄公二十七年

肩背

肩髆也从肉象形 許氏說文

背倍也在後稱也 釋名

背者无見之物也 周易注

艮其背不獲其身行其庭不見其人无咎 周易下經

人之四體皆能動惟背不動取止之義 朱子語類

咸九五咸其脢无悔 周易下經

脢在背而夾脊 王氏周易注

艮六四艮其身无咎 周易下經

咸五居心上故咸其脢者背也此爻亦居心上則亦背之象矣不言艮其背者艮其背爲卦義非中正之德不足以當之四雖直其位而德非中故但言艮其身而已蓋艮其背則不獲其身矣不獲其身者忘也若艮其身則能止而未能忘也然止者忘之路故其占亦曰无咎 周易折中

胷中膺 腹

胷膺也許氏說文

膺胷也同上

腹複也富也腸胃之屬以自裏盛復於外複之其中多品似富者也釋名

坤爲腹周易說卦傳

坤能包藏含容故爲腹也周易正義

離其於人也爲大腹周易說卦傳

取其懷陰氣也周易正義

心

心人心土藏在身之中象形博士說以爲火藏許氏說文

心者形之君也而神明之主也荀子解蔽篇

由太虛有天之名由氣化有道之名合虛與氣有性之名合性與知覺有心之名正蒙太和篇

心統性情者也橫渠語錄

心一也有指體而言者寂然不動是也有指用而言者感而遂通天下之故是也伊川文集與呂大臨論中書

耳目鼻口形能各有接而不相能也夫是之謂天官心居

中虛以治五官夫是之謂天君荀子天論篇

肺肝

肺、金藏也。肝、木藏也。許氏說文

肝之爲言干也。肺之爲言費也。白虎通義

肝、木之精也。故肝象木色青而有枝葉。肺者金之精。故肺象金色白也。同上

四體四支

四體謂之四支。孟子注

手足左右各自爲貳也。國語解

左右手各握五。左右足各履五。曰四支。逸周書武順解

物生有兩。有三。有五。有陪貳。故天有三辰。地有五行。體有左右。各有妃耦。春秋左氏傳。昭公三十二年

貳若體焉。上下左右。以相心目。用而不倦。身之利也。上貳代舉。下貳代履。周旋變動。以役心目。故能治事。以制百物。若下攝上。與上攝下。周旋不變。以違心目。其反爲物用也。何事能治。國語

手臂　肱　掌

手、須也、事業所須也、釋名

臂、手上也、許氏說文

自肩至肘曰臑、自肘至腕曰臂、正字通

肱、臂也、詩毛傳

掌、手中也。許氏說文

艮爲手周易說卦傳

指　巨擘　無名指

指、手指也。許氏說文

艮爲指周易說卦傳

取其執止物也。周易正義

手之五指之名曰巨指、食指、將指、無名指、小指也、春秋正義

巨擘、大指也、孟子注

大射之儀司射適次袒決遂執弓挾乘矢於弓外見鏃於弣右巨指鉤絃儀禮

右巨指右手大擘儀禮注

食指第二指也春秋經傳集解

食指者食所偏用春秋正義

俗所謂啑鹽指也春秋左氏傳解義

楚人獻黿於鄭靈公公子宋與子家將見子公之食指動以示子家曰他日我如此必嘗異味及入宰夫將解黿相視而笑公問之子家以告及食大夫黿召子公而弗與也子公怒染指於鼎嘗之而出春秋左氏傳。宣公四年

將者言其將領諸指也足之用力大指爲多手之取物中

指最長故足以大指爲將指手以中指爲將指春秋正義
凡挾矢於二指之間橫之儀禮鄉射記
二指謂左右手之第二指此以食指將指挾之儀禮注
無名之指手之第四指也蓋以其餘指皆有名無名指者
非手之用指也孟子注
大射之儀小射正坐奠笥于物南遂拂以巾取決興贊設
決朱極三儀禮
極猶放也所以韜指利放弦也以朱韋爲之三者食指將
指無名指無極放弦契於此指多則痛小指短不用儀禮

注
少牢饋食禮主人坐奠爵興再拜稽首興受黍坐振祭嚌
之詩懷之實于左袂挂于季指儀禮
季猶小也儀禮注
駢於足者連無用之肉也枝於手者樹無用之指也莊子
駢拇篇
駢於拇者決之則泣。枝於手者齕之則啼。二者或有餘於
數或不足於數。其於憂一也。同上
晉郤缺帥師革車八百乘以納接菑于邾婁邾婁人言曰

接菑晉出也貜且齊出也子以其指則接菑也四貜且也
六子以大國壓之則未知齊晉孰有之也貴則皆貴矣雖
然貜且也長春秋公羊傳。文公十四年
彼至正者不失其性命之情故合者不爲駢而枝者不爲
跂莊子駢拇篇
拱合兩手也把以一手把之也孟子注

足 脛 踵 立 行 走 趨

足人之足也在下從止口許氏說文

脛本曰股詩傳

震爲足巽爲股周易說卦傳

踵脚後也禮記正義

以足履地而不行曰立禮記纂言

立必正方禮記曲禮上

立毋跛同上

立如齊同上

立容德禮記玉藻

立容辨卑毋諂頭頸必中同上

固頤正視平肩正背臂如抱鼓足閒二寸端面攝纓端股整足體不搖肘曰經立因以微磬曰共立因以磬折曰肅立因以垂佩曰卑立立容也新書容經

行人之步趨也許氏說文

行伉也伉足而前也釋名

从彳亍左步从亍右步也左右步俱舉而後爲行者也韻會

凡行容惕惕廟中齊齊朝廷濟濟翔翔禮記玉藻

凡行容尊者體盤卑者體蹙禮記注

天子穆穆諸侯皇皇大夫濟濟士蹌蹌庶人僬僬禮記曲禮下

行以微磬之容臂不搖掉肩不上下身似不則從然而任行容也新書容經

山立時行盛氣顛實揚休玉色禮記玉藻 顛讀爲闐

走趨也趨走也許氏說文

行而張足曰趨禮記注

凡趨有二種有疾趨行而張足曰趨是也有徐趨舒武舉

前曳踵是也儀禮疏

君與尸行接武大夫繼武士中武徐趨皆用是禮記玉藻

武迹也中人之迹尺二寸儀禮注

尊者尚徐蹈半迹繼武迹相及中武迹閒容迹也禮記注

圈豚行不舉足齊如流席上亦然禮記玉藻

圈轉也豚之言若有所循不舉前曳踵則衣之齊如水之流矣此徐趨也禮記注

執龜玉舉前曳踵蹜蹜如也禮記玉藻

著徐趨之事禮記注

執玉執龜筴不趨堂上不趨城上不趨禮記少儀

帷薄之外不趨堂上不趨執玉不趨禮記曲禮上

小子走而不趨禮記少儀

趨徐趨也禮記正義

凡執幣者不趨容彌蹙以爲儀儀禮士相見禮

既不爲疾趨又不爲徐趨但疾徐之間爲之故以進而益恭爲威儀也儀禮疏

疾趨則欲發而手足毋移禮記玉藻

疾趨謂直行也疏數自若發謂起屨也毋移欲其直且正禮記注

端行頤霤如矢弁行剡剡起屨禮記玉藻

此疾趨也禮記注

頤霤者行既疾身乃小折而頭直俯臨前頤如屋霤之垂也剡剡身起貌也急行欲速而身屨恒起也禮記正義

趨以微磬之容飄然翼然肩狀若流足如射箭趨容也新書容經

室中謂之時堂上謂之行堂下謂之步門外謂之趨中庭謂之走大路謂之奔爾雅釋宮

拜

拜从兩手下也許氏說文

大祝辨九拜一曰稽首二曰頓首三曰空首四曰振動五曰吉拜六曰凶拜七曰奇拜八曰褒拜九曰肅拜以享右祭祀周禮春官

稽首拜頭至地也周禮注

頭至地多時則爲稽首也稽首拜中最重臣拜君之拜周禮疏

襄公三年公如晉始朝也夏盟于長樗孟獻子相公稽首知武子曰天子在而君辱稽首寡君懼矣春秋左氏傳

哀公十七年公會齊侯盟于蒙孟武伯相齊侯稽首公拜齊人怒武伯曰非天子寡君無所稽首同上

覲禮侯氏入門右坐奠圭再拜稽首擯者謁侯氏坐取圭升致命王受之玉侯氏降階東北面再拜稽首擯者延之曰升升成拜乃出儀禮

始見於君士大夫則奠贄再拜稽首君答壹拜儀禮士相見禮

燕禮公坐取大夫所媵觶興以酬賓賓降西階下再拜稽

首、公命小臣辭、賓升成拜、公坐奠觶、答再拜、儀禮注
升成拜、復再拜稽首也、先時君辭之、於禮若未成、然、儀禮注
執觶興、立卒觶、賓下拜。小臣辭。賓升再拜稽首、儀禮
不言成拜者、爲拜故下實未拜也。下不輒拜。禮殺也。儀禮注
公食大夫禮、公當楣北鄉、至再拜、賓降也、公再拜、賓西階東北面答拜、擯者辭、拜也、公降一等辭曰、寡君從子、雖將拜、興也、賓栗階升不拜、命之成拜、階上北面再拜稽首、儀禮

凡下未拜有二。或禮殺。或君親辭。君親辭則聞命卽升。升乃拜。是以不言成拜。儀禮注
大夫之臣不稽首、非尊家臣。以辟君也。禮記郊特牲
平衡曰拜。下衡曰稽首。至地曰稽顙。大夫之臣拜不稽首。非尊家臣也。所以辟君也。荀子大略篇
君拜臣下、其有敬事亦稽首。故大誓云、周公曰、都懋哉、予聞古先哲王之格言、以下大子發拜手稽首、洛誥云、周公拜手稽首、朕復子明辟、成王拜手稽首、不敢不敬承天之

休者、此卽兩相尊敬、故皆稽首、周禮疏
頓首拜、頭叩地也、周禮注
引頭至地、首頓地卽舉、故名頓首、平敵自相拜之拜。周禮疏
晉穆嬴頓首、於趙宣子、魯季平子頓首、於叔孫、則敵已下皆用之、周禮總義
空首拜、頭至手、所謂拜手也、周禮注
先以兩手拱至地、乃頭至手、是爲空首也、君答臣下拜。周禮疏

振動、戰栗變動之拜、周禮注
中候我膺云、季秋七月甲子、赤雀啣丹書入酆、至昌戶、再拜稽首、受、按今文大誓、得火烏之瑞、使上附以周公書報誥於王、王動色變、雖不見拜文、與文王受赤雀之命、同爲稽首拜也、周禮疏
吉拜、拜而後稽顙、謂齊衰不杖以下者。言吉者、此殷之凶拜。周以其拜與頓首相近。故謂之吉拜云、凶拜、稽顙而後拜、謂三年服者。周禮注
三年之喪。以其喪拜。非三年之喪。以吉拜。禮記雜記下

拜稽顙哀戚之至隱也稽顙隱之甚也禮記檀弓下

孔子曰拜而后稽顙頹乎其順也稽顙而后拜頎乎其至也三年之喪吾從其至者禮記檀弓上

晉獻公之喪秦穆公使人弔公子重耳公子重耳稽顙而不拜哭而起起而不私子顯以致命於穆公穆公曰仁夫公子重耳夫稽顙而不拜則未爲後也故不成拜哭而起則愛父也起而不私則遠利也禮記檀弓下

爲妻父母在不杖不稽顙禮記雜記上

母在不稽顙稽顙者其贈也拜同上

奇拜謂一拜也褒讀爲報再拜是也周官解詁

一拜答臣下拜再拜拜神與尸周禮注

奇拜者鄉飲射聘士相見凡禮之殺者皆一拜是也褒拜者特牲少牢饗神與受尸嘏則再拜是也周禮總義

肅拜但俯下手今時揖是也介者不拜故曰爲事故敢肅使者周官解詁

成公十六年郤至三遇楚子之卒見楚子必下免胄而趨風楚子使工尹襄問之以弓郤至見客免胄承命曰君之外臣至從寡君之戎事以君之靈間蒙甲胄不敢拜命敢告不寧君命之辱爲事之故敢肅使者三肅使者而退春秋左氏傳

軍中之拜肅拜禮記注

婦人吉事雖有君賜肅拜爲尸坐則不手拜肅拜爲喪主則不手拜禮記少儀

婦人以肅拜爲正凶事乃手拜耳禮記注

此九拜之中四種是正拜五者逐事生名還依四種正拜而爲之也振動附稽首吉拜附頓首凶拜亦附稽首奇拜附空首褒拜亦附稽首周禮疏

凡男拜尚左手凡女拜尚右手禮記內則

拜以磬折之容吉事尚左凶事尚右隨前以舉項衡以下寧速無遲背項之狀如屋之元拜容也拜而未起伏容也新書容經

揖

推手曰揖。引手曰厭。儀禮注

司儀詔王儀南鄉見諸侯土揖庶姓、時揖異姓、天揖同姓、周禮秋官

土揖推手小下之也、時揖平推手也、天揖推手小舉之、周禮注

以手通指曰揖。公羊傳解詁。僖公二年

推手解其揖狀、通指道其揖意也。儀禮疏

應對進退

父召無諾、先生召無諾、唯而起、禮記曲禮上

侍於君子不顧望而對非禮也、禮記曲禮下

謀於長者必操几杖以從之長者問不辭讓而對非禮也、禮記曲禮上

洗盥執食飲者勿氣有問焉則辟咡而對、禮記少儀

長者與之提攜則兩手奉長者之手負劍辟咡詔之則掩口而對、禮記曲禮上

從長者而上丘陵則必鄉長者所視、同上

從於先生不越路而與人言、遭先生於道趨而進正立拱手先生與之言則對不與之言則趨而退、同上

見父之執不謂之進不敢進不謂之退不敢退不問不敢對此孝子之行也、同上

威儀

威儀、曲禮也。中庸章句

孔子曰、禮儀三百、可勉能也、威儀三千、則難也、公西赤問曰、何謂也、孔子曰、貌以擯禮、禮以擯辭、是之謂也、大戴禮衛將軍文子

民受天地之中以生。所謂命也。是以有動作禮義威儀之則、以定命也。能者養之以福。不能者敗以取禍。春秋左氏傳。成公十三年

有威而可畏謂之威。有儀而可象謂之儀。君有君之威儀。

其臣畏而愛之。則而象之。故能有其國家。令聞長世。臣有臣之威儀。其下畏而愛之。則而象之。故能守其官職。保族宜家。順是以下皆如是。是以上下能相固也。衛詩曰、威儀棣棣。不可選也。言君臣上下父子兄弟內外大小皆有威儀也。周詩曰、朋友攸攝。攝以威儀。言朋友之道。必相教訓以威儀也。周書數文王之德曰、大國畏其力。小國懷其德。言畏而愛之也。詩云、不識不知。順帝之則。言則而象之也。紂囚文王七年。諸侯皆從之囚。紂於是乎懼而歸之。可謂愛之。文王伐崇。再駕而降爲臣。蠻夷帥服。可謂畏之。文王之功。天下誦而歌舞之。可謂則之。文王之行。至今爲法。可謂象之。有威儀也。故君子在位可畏。施舍可愛。進退可度。周旋可則。容止可觀。作事可法。德行可象。聲氣可樂。動作有文。言語有章。以臨其下。謂之有威儀也。同上。襄公三十一年

朝有著定。會有表。衣有襘。帶有結。會朝之言。必聞于表著之位。所以昭事序也。視不過結襘之中。所以道容貌也。言以命之。容貌以明之。失則有闕。同上。昭公十一年

容貌

貌是容儀舉身之大名也。尚書正義

五事一曰貌。尚書洪範

貌曰恭。同上

足容重。手容恭。目容端。口容止。聲容靜。頭容直。氣容肅。立容德。色容莊。禮記玉藻

容有四起。朝廷之容。師師然翼翼然整以敬。祭祀之容。遂遂然粥粥然敬以婉。軍旅之容。湢然肅然固以猛。喪紀之容。怮然慑然若不還。容經也。新書容經

凡祭容貌顏色如見所祭者。喪容纍纍。色容顛顛。視容瞿瞿梅梅。言容繭繭。戎容暨暨。言容詻詻。色容厲肅。視容清明。禮記玉藻

君子之容舒遲。見所尊者齊遬。同上

保氏掌諫王惡。而養國子以道。乃教之六儀。一曰祭祀之容。二曰賓客之容。三曰朝廷之容。四曰喪紀之容。五曰軍旅之容。六曰車馬之容。周禮地官

言語之美。穆穆皇皇。朝廷之美。濟濟翔翔。祭祀之美。齊齊皇皇。車馬之美。匪匪翼翼。鸞和之美。肅肅雍雍。禮記少儀

顏色

顏。眉目之間也。許氏說文

色。顏氣也。人之憂喜皆著於顏。故謂色為顏氣。同上

色容莊。禮記玉藻

君子衰絰則有哀色。端冕則有敬色。甲冑則有不可辱之色。禮記表記

臨喪則必有哀色。介冑則有不可犯之色。故君子戒慎不失色於人。禮記曲禮上

志有四興。朝廷之志淵然清以嚴。祭祀之志諭然思以和。

軍旅之志怫然慍然精以厲。喪紀之志漻然憖然憂以湫。四志形中。四色發外。維如志色之經也。新書容經

疾病 采薪之憂

氣失其平則爲疾。論語集註

疾甚曰病。儀禮注

天子有疾稱不豫。諸侯稱負玆。大夫稱犬馬。士稱負薪。公羊傳解詁。桓公十六年

君使士射。不能則辭以疾。言曰某有負薪之憂。禮記曲禮下

天有六氣。降生五味。發爲五色。徵爲五聲。淫生六疾。六氣、曰陰陽風雨晦明也。分爲四時、序爲五節。過則爲菑。陰淫寒疾。陽淫熱疾。風淫末疾。雨淫腹疾。晦淫惑疾。明淫心疾。春秋左氏傳。昭公元年

天生陰陽寒暑燥濕、四時之化、萬物之變、莫不爲利、莫不爲害。聖人察陰陽之宜。辨萬物之利。以便生。故精神安乎形。而年壽得長焉。長也者、非短而續之也。畢其數也。畢數之務在乎去害。何謂去害。大甘、大酸、大苦、大辛、大鹹、五者克形則生害矣。大喜、大怒、大憂、大恐、大哀、五者接神則生害矣。大寒、大熱、大燥、大濕、大風、大霖、大霧、七者動精則生害矣。故凡養生莫若知本。知本則疾無由至矣。精氣之集也。必有入也。集于羽鳥、與爲飛揚。集于走獸、與爲流行。集于珠玉、與爲精朗。集于樹木、與爲茂長。集于聖人、與爲夐明。精氣之來也、因輕而揚之、因走而行之、因美而良之、因長而養之、因智而明之。流水不腐、戶樞不螻、動也。形氣亦然。形不動則精不流。精不流則氣鬱。鬱處頭則爲腫爲風、處耳則爲挶爲聾、處目則爲䁾爲盲、處鼻則爲鼽爲窒、處足則爲痿爲蹷。輕水所多禿與癭人。重水所多尰與躄人。甘水所多疽與痤人、苦水所多尪與傴人。凡食無彊厚味、無以烈味重酒。是以謂之疾首。食能以時、身必無災。凡食

之道、無饑無飽、是之謂五藏之葆。口必甘味、和精端容、將之以神氣、百節虞歡、咸進受氣。飲必小咽、端直無戾。今世上卜筮禱祠、故疾病愈來。譬之若射者、射而不中、反修于招、何益于中。夫以湯止沸、沸愈不止。去其火則止矣。故巫醫毒藥、逐除治之。故古之人賤之也、爲其末也。呂氏春秋盡數篇

夫忿滀之氣、散而不反則爲不足。上而不下則使人善怒。下而不上則使人善忘。不上不下、中身當心則爲病。莊子達生篇

齒 赤子 孺子 襁褓 孩提之童 五尺之童
六尺之孤 童子 丈夫 十五 三十 四十
五十 六十 七十 壽 夭

齒人壽之數也禮記注

古者謂年齡齒亦齡也禮記文王世子

天一地二人三三三而九九九八十一一主日日數十故人十月而生大戴禮易本命

人受命於天地變化而生一月而膏二月而脈三月而胚四月而胎五月而筋六月而骨七月而成形八月而動九月而躁十月而生續博物志

人生而不具者五目無見不能食不能行不能言不能化三月而徹眗然後能有見八月生齒然後食朞而生臏然後能行三年顖合然後能言十有六情通然後能化陰窮反陽陽窮反陰辰故陰以陽化陽以陰變故男以八月而生齒八歲而齔一陰一陽然後成道二八十六然後情通然後其施行女七月生齒七歲而齔二七十四然後其化成合於三也大戴禮易本命

赤子嬰兒也孟子注

子生赤色故曰赤子書正義

孺乳子也許氏說文

孩提二三歲之間在襁褓知孩笑可提抱者也孟子注

襁織縷為之廣八寸長丈二以約小兒於背博物志

子能食食教以右手能言男唯女俞男鞶革女鞶絲禮記內則

孺子蚤寢晏起唯所欲食無時同上

幼子常視毋誑禮記曲禮上

六年教之數與方名七年男女不同席不共食八年出入門戶及即席飲食必後長者始教之讓禮記內則

八歲毀齒始有識知入學學書計白虎通義

古者年八歲而出就外舍學小藝焉履小節焉大戴禮保傅篇

九年教之數日十年出就外傅居宿於外學書計衣不帛襦袴禮帥初朝夕學幼儀請肄簡諒禮記內則

人生十年曰幼學禮記曲禮上

童子不衣裘裳同上

童子不裘不帛不屨絇無緦服聽事不麻無事則立主人之北南面見先生從人而入禮記玉藻

童子之節也。緇布衣。錦緣。錦紳並紐。錦束髮。皆朱錦也。同上

童子、未冠之稱。禮記注

十有三年、學樂。誦詩。舞勺。禮記內則

使公卿之太子、大夫元士之適子、十有三年、始入小學。見小節焉。踐小義焉。尚書大傳

成童、舞象。學射御。禮記內則

成童、十五以上、禮記注

十五成童。志明。入大學。學經術。白虎通義

四書類考　卷七　形色　四三

年十五入小學。見小節。踐小義焉。尚書大傳

六尺之孤、年十五以下。鄭氏論語注

周制以八寸爲尺。十尺爲丈。人長八尺。故曰丈夫。許氏說文

國中自七尺以及六十。野自六尺以及六十有五。皆征之。周官地官

七尺、謂年二十。六尺、謂年十五。周禮疏

年十八始入大學。見大節。踐大義焉。尚書大傳

二十曰弱冠。禮記曲禮上

男子二十冠而字。同上

二十而冠。始學禮。可以衣裘帛。舞大夏。惇行孝弟。博學不教。內而不出。禮記內則

二十入大學。見大節焉。見大義焉。尚書大傳

白虎通曰、八歲入小學、十五入大學、此太子之禮、尚書大傳曰、公卿之太子大夫元士嫡子、年十三始入小學、年二十入大學、此世子入學之期也。又曰十五年入小學、十八入大學者、謂諸子性晚成者、至十五入小學、其早成者十八入大學、內則曰、十年出就外傳、謂公卿以下教子於家

四書類考　卷七　形色　四三

也。大戴禮注

三十曰壯。有室。禮記曲禮上

三十而有室。始理男事。博學無方。孫友視志。禮記內則

男三十而娶。筋骨堅强。任爲人父。白虎通義

四十曰强。而仕。禮記曲禮上

四十始仕。方物出謀發慮。道合則服從。不可則去。禮記內則

五十曰艾。服官政。禮記曲禮上

五十命爲大夫。服官政。禮記內則

六十曰耆。指使。禮記曲禮上
七十曰老。而傳。同上
七十致事禮記內則
大夫七十而致事。若不得謝。則必賜之几杖。行役以婦人。
適四方乘安車。自稱曰老夫。於其國則稱名。越國而問焉。
必告之以其制。禮記曲禮上
一命齒於鄉里。再命齒於族。三命不齒。族有七十者弗敢
先。七十者不有大故不入朝。若有大故而入。君必與之揖
讓而后及爵者。禮記祭義

八十九十曰耄。七年曰悼。悼與耄雖有罪不加刑焉。百年
曰期頤。禮記曲禮上
五十始衰。六十非肉不飽。七十非帛不煖。八十非人不煖。
九十雖得人不煖矣。禮記王制
五十養於鄉。六十養於國。七十養於學。達於諸侯。八十拜
君命一坐再至。瞽亦如之。九十使人受。同上
五十異粻。六十宿肉。七十貳膳。八十常珍。九十飲食不離
寢。膳飲從於遊可也。同上
五十杖於家。六十杖於鄉。七十杖於國。八十杖於朝。九十
者天子欲有問焉。則就其室以珍從。同上
七十不俟朝。八十月告存。九十日有秩。同上
洪範九五福。一曰壽。尚書
上壽百二十歲。中壽百。下壽八十。春秋正義
人上壽百歲。中壽八十。下壽六十。莊子盜跖篇
壽之爲言猶酬也。自行可久之道者。其壽酬於久。自行不
可久之道者。其壽亦酬於不久。久之情各酬其平生之所
行。故曰壽者酬也。春秋繁露
夭殁也。短折曰夭。壽之反也。玉篇

洪範六極。一曰凶短折。尚書
壽考曰卒。短折曰不祿。禮記曲禮下
短未六十。折未二十。尚書傳
年十九至十六爲長殤。十五至十二爲中殤。十一至八歲
爲下殤。不滿八歲以下爲無服之殤。儀禮喪服傳

四書類考卷七

四書類考卷八

性命

天所賦爲命人所受爲性易傳

無極而太極太極動而生陽動極而靜靜而生陰靜極復動一動一靜互爲其根分陰分陽兩儀立焉陽變陰合而生水火木金土五氣順布四時行焉五行一陰陽也陰陽一太極也太極本無極也五行之生也各一其性無極之眞二五之精妙合而凝乾道成男坤道成女二氣交感化生萬物萬物生生而變化無窮焉惟人也得其秀而最靈形既生矣神發知矣五性感動而善惡分萬事出矣聖人

定之以仁義中正而主靜立人極焉故聖人與天地合其德日月合其明四時合其序鬼神合其吉凶君子修之吉小人悖之凶故曰立天之道曰陰與陽立地之道曰柔與剛立人之道曰仁與義又曰原始反終故知死生之說大哉易也斯其至矣周子太極圖說

生之謂性性即氣氣即性生之謂也人生氣稟理有善惡然不是性中元有此兩物相對而生也有自幼而善有自幼而惡是氣稟有然也善固性也然惡亦不可不謂之性也蓋生之謂性人生而靜以上不容說才說性時便已不

是性也。凡人說性。只是說繼之者善也。孟子言性善是也。夫所謂繼之者善也者。猶水流而就下也。皆水也。有流而至海。終無所汚。此何煩人力之爲也。有流而未遠。固已漸濁。有出而甚遠。方有所濁。有濁之多者。有濁之少者。淸濁雖不同。然不可以濁者不爲水也。如此則人不可以不加澄治之功。故用力敏勇則疾淸。用力緩怠則遲淸。及其淸也。則却只是元初水也。不是將淸來換却濁。亦不是取出濁來置在一隅也。水之淸則性善之謂也。故不是善與惡在性中爲兩物相對。各自出來。此理天命也。順而循之則道也。循此而修之。各得其分。則教也。自天命以至於教。我無加損焉。此舜有天下而不與焉者也。二程遺書

論性不論氣不備。論氣不論性不明。二之則不是。同上

天所性者通極於道。氣之昏明不足以蔽之。天所命者通極於性。遇之吉凶不足以戕之。不免於蔽之戕之者。未之學也。性通乎氣之外。命行乎氣之內。氣無內外。假有形而言爾。故思知人不可不知天。盡其性然後能至於命。正蒙誠明篇

性通極於無。氣其一物爾。命稟同於性。遇乃適然焉。人一己百。人十己千。然有不至。猶難語性。可以言氣。行同報異。猶難語命。可以言遇。正蒙乾稱篇

形而後有氣質之性。善反之則天地之性存焉。故氣質之性。君子有弗性者焉。正蒙誠明篇

德不勝氣。性命於氣。德勝其氣。性命於德。窮理盡性。則性天德。命天理。同上

莫非天也。陽明勝則德性用。陰濁勝則物欲行。領惡而全好者。其必由學乎。同上

性情中和

性也者與生俱生也情也者接於物而生也性之品有三而其所以為性者五情之品有三而其所以為情者七曰何也曰性之品有上中下三上焉者善焉而已矣中焉者可導而上下也下焉者惡而已矣其所以為性者五曰仁曰禮曰信曰義曰智上焉者之於五也主於一而行於四中焉者之於五也一不少有焉則少反焉其於四也混下焉者之於五也反於一而悖於四性之於情視其品情之品有上中下三其所以為情者七曰喜曰怒曰哀曰懼曰

愛曰惡曰欲上焉者之於七也動而處其中中焉者之於七也有所甚有所亡然而求合其中者也下焉者之於七也亡與甚直情而行者也情之於性視其品孟子之言性曰人之性善荀子之言性曰人之性惡揚子之言性曰人之性善惡混夫始善而進惡與始惡而進善與始也混而今也善惡皆舉其中而遺其上下者也得其一而失其二者也叔魚之生也其母視之知其必以賄死楊食我之生也叔向之母聞其號也知必滅其宗越椒之生也子文以為大戚知若敖氏之鬼不食也人之性果善乎后稷之生也其母無災其始匍匐也則岐岐然嶷嶷然文王之在母也母不憂既生也傅不勤既學也師不煩人之性果惡乎堯之朱舜之均文王之管蔡習非不善也而卒為姦瞽叟之舜鯀之禹習非不惡也而卒為聖人人之性善惡果混乎故曰三子之言性也舉其中而遺其上下者也得其一而失其二者也曰然則性之上下者其終不可移乎曰上之性就學而愈明下之性畏威而寡罪是故上者可教而下者可制也其品則孔子謂不移也曰今之言性者異於此何也曰今之言者雜佛老而言也雜佛老而言也者奚言而不異　昌黎集　原性

天命之性渾然而已以其體而言之則曰中以其用而言之則曰和中者天地之所以立也和者化育之所以行也故曰大本故曰達道此天命之全也人之所受蓋亦莫非此理之全喜怒哀樂未發是則所謂中也發而莫不中節是則所謂和也然人為物誘而不能自定則大本有所不立發而或不中節則達道有所不行大本不立達道不行則雖天理流行未嘗間斷而其在我者或幾乎息矣惟君子知道之不可須臾離者其體用在是則必有以致之以

極其至焉。蓋敬以直內，而喜怒哀樂無所偏倚，所以致夫中也。義以方外，而喜怒哀樂各得其正，所以致夫和也。敬義夾持，涵養省察，無所不用其戒謹恐懼。是以當其未發而品節已具，隨所發用而本體卓然，以至寂然感通，無少間斷，則中和在我，天人無間，而天地之所以位，萬物之所以育，其亦不外是矣。朱子文集

道德

道，所行道也。許氏說文

道者，所繇適於治之路也。仁義禮樂皆其具也。漢書董仲舒傳

一陰一陽之謂道。周易繫辭上傳

立天之道曰陰與陽，立地之道曰柔與剛，立人之道曰仁與義。周易說卦傳

德者，得也。禮記樂記

德也者，得於身也。禮記鄉飲酒義

德愛曰仁，宜曰義，理曰禮，通曰智，守曰信。通書

動而正曰道，用而和曰德。匪仁匪義匪禮匪智匪信，悉邪也。邪動，辱也；甚焉，害也。故君子慎動。同上

博愛之謂仁，行而宜之之謂義，由是而之焉之謂道，足乎己無待於外之謂德。仁與義為定名，道與德為虛位。故道有君子小人，而德有凶有吉。老子之小仁義，非毀之也，其見者小也。坐井而觀天，曰天小者，非天小也。彼以煦煦為仁，孑孑為義，其小之也則宜。其所謂道，道其所道，非吾所謂道也；其所謂德，德其所德，非吾所謂德也。凡吾所謂道

德云者合仁與義言之也天下之公言也老子之所謂道德云者去仁與義言之也一人之私言也周道衰孔子沒火于秦黃老于漢佛于晉魏梁隋之間其言道德仁義者不入于楊則入于墨不入于老則入于佛入于彼必出于此入者主之出者奴之入者附之出者汙之噫後之人其欲聞仁義道德之說孰從而聽之老者曰孔子吾師之弟子也佛者曰孔子吾師之弟子也爲孔子者習聞其說樂其誕而自小也亦曰吾師亦嘗云爾不惟舉之於其口而又筆之於其書噫後之人雖欲聞仁義道德之說其孰從

而求之甚矣人之好怪也不求其端不訊其末惟怪之欲聞古之爲民者四今之爲民者六古之教者處其一今之教者處其三農之家一而食粟之家六工之家一而用器之家六賈之家一而資焉之家六奈之何民不窮且盜也古之時人之害多矣有聖人者立然後教之以相生養之道爲之君爲之師驅其蟲蛇禽獸而處之中土寒然后爲之衣飢然後爲之食木處而顛土處而病也然後爲之宮室爲之工以贍其器用爲之賈以通其有無爲之醫藥以濟其夭死爲之葬埋祭祀以長其恩愛爲之禮以次其先後爲之樂以宣其壹鬱爲之政以率其怠勧爲之刑以鋤其强梗相欺也爲之符璽斗斛權衡以信之相奪也爲之城郭甲兵以守之害至而爲之備患生而爲之防今其言曰聖人不死大盜不止剖斗折衡而民不爭嗚呼其亦不思而已矣如古之無聖人人之類滅久矣何也無羽毛鱗介以居寒熱也無爪牙以爭食也是故君者出令者也臣者行君之令而致之民者也民者出粟米麻絲作器皿通貨財以事其上者也君不出令則失其所以爲君臣不行君之令而致之民民不出粟米麻絲作器皿通貨財以事

其上則誅今其言曰必棄而君臣去而父子禁而相生養之道以求其所謂清靜寂滅者嗚呼其亦幸而出於三代之後不見黜於禹湯文武周公孔子也其亦不幸而不出於三代之前不見正於禹湯文武周公孔子也帝之與王其號雖殊其所以爲聖一也夏葛而冬裘渴飲而飢食其事雖殊其所以爲智一也今其言曰曷不爲太古之無事是亦責冬之裘者曰曷不爲葛之之易也責飢之食者曰曷不爲飲之之易也傳曰古之欲明明德於天下者先治其國欲治其國者先齊其家欲齊其家者先脩其身欲脩

其身者先正其心欲正其心者先誠其意然則古之所謂正心而誠意者將以有爲也今也欲治其心而外天下國家滅其天常子焉而不父其父臣焉而不君其君民焉而不事其事孔子之作春秋也諸侯用夷禮則夷之進於中國則中國之經曰夷狄之有君不如諸夏之亡詩曰戎狄是膺荆舒是懲今也舉夷狄之法而加之先王之教之上幾何其不胥而爲夷也夫所謂先王之教者何也博愛之謂仁行而宜之之謂義由是而之焉之謂道足乎己無待於外之謂德其文詩書易春秋其法禮樂刑政其民士農

工賈其位君臣父子師友賓主昆弟夫婦其服麻絲其居宮室其食粟米果蔬魚肉其爲道易明而其爲教易行也是故以之爲己則順而祥以之爲人則愛而公以之爲心則和而平以之爲天下國家無所處而不當是故生則得其情死則盡其常郊焉而天神格廟焉而人鬼饗曰斯道也何道也曰斯吾所謂道也非向所謂老與佛之道也堯以是傳之舜舜以是傳之禹禹以是傳之湯湯以是傳之文武周公文武周公傳之孔子孔子傳之孟軻軻之死不得其傳焉荀與揚也擇焉而不精語焉而不詳由周公而上上而爲君故其事行由周公而下下而爲臣故其說長然則如之何而可也曰不塞不流不止不行人其人火其書廬其居明先王之道以道之鰥寡孤獨廢疾者有養也其亦庶乎其可也 昌黎集。原道從考異本

道之大原出於天天不變道亦不變 漢書董仲舒傳

書言天秩天叙天有是理循而行之所謂道也聖人本天釋氏本心 二程遺書

誠忠信　忠恕

无妄之謂誠不欺其次矣二程遺書

誠者聖人之本大哉乾元萬物資始誠之源也乾道變化各正性命誠斯立焉純粹至善者也故曰一陰一陽之謂道繼之者善也成之者性也元亨誠之通利貞誠之復大哉易也性命之源乎周子通書

聖誠而已矣誠五常之本百行之源也靜無而動有至正而明達也五常百行非誠非也邪暗塞也故誠則無事矣至易而行難果而確無難焉故曰一日克己復禮天下歸仁焉同上

自其外者學之而得於內者謂之明自其內者得之而兼於外者謂之誠誠與明一也二程遺書

自明誠由窮理而盡性也自誠明由盡性而窮理也正蒙誠明篇

盡己之謂忠以實之謂信發已自盡爲忠循物無違謂信表裏之義也二程遺書

維天之命於穆不已忠也乾道變化各正性命恕也同上

或問忠恕之别曰猶形影也無忠則不能爲恕矣同上

以己及物仁也推己及物恕也忠恕一以貫之忠者天理恕者人道忠者无妄恕者所以行乎忠也忠者體恕者用大本達道也此與違道不遠異者動以天爾同上

誠字以心之全體而言忠字以其應事接物而言此義理之本名也至曾子所言忠恕則是聖人之事故其忠與誠仁與恕得通言之朱子文集。答程允夫

仁義禮智

仁者天下之公善之本也易傳

公而以人體之故爲仁二程遺書

天地以生物爲心者也而人物之生又各得夫天地之心以爲心者也故語心之德雖其總攝貫通無所不備然一言以蔽之則曰仁而已矣請試詳之蓋天地之心其德有四曰元亨利貞而元無不統其運行焉則爲春夏秋冬之序而春生之氣無所不通故人之爲心其德亦有四曰仁義禮智而仁無不包其發用焉則爲愛恭宜別之情而惻

隱之心無所不貫故論天地之心者則曰乾元坤元則四德之體用不待悉數而足論人心之妙者則曰仁人心也則四德之體用亦不待偏舉而該蓋仁之爲道乃天地生物之心卽物而在情之未發而此體已具情之旣發而其用不窮誠能體而存之則衆善之源百行之本莫不在是此孔門之教所以必使學者汲汲於求仁也其言有曰克己復禮爲仁言能克去己私復乎天理則此心之體無不在而此心之用無不行也又曰居處恭執事敬與人忠則亦所以存此心也又曰事親孝事兄弟及物恕則亦所以行此心也又曰求仁得仁則以讓國而逃諫伐而餓爲能不失乎此心也又曰殺身成仁則以欲甚於生惡甚於死爲能不害乎此心也此心何心也在天地則坱然生物之心在人則溫然愛人利物之心包四德而貫四端者也或曰若子之言則程子所謂愛情仁性不可以愛爲仁者非與曰不然程子之所訶以愛之發而名仁者也吾之所論以愛之理而名仁者也蓋所謂情性者雖其分域之不同然其脈絡之通各有攸屬者則曷嘗判然離絕而不相管哉吾方病夫學者誦程子之言而不求其意遂至於判然

離愛而言仁故特論此以發明其遺意而子顧以爲異乎程子之說不亦誤哉或曰程氏之徒言仁多矣蓋有謂愛非仁而以萬物與我爲一爲仁之體者矣亦有謂愛非仁而以心有知覺釋仁之名者矣今子之言若是然則彼皆非與曰彼謂物我爲一者可以見仁之無不愛矣而非仁之所以爲體之眞也彼謂心有知覺者可以見仁之包乎智矣而非仁之所以得名之實也觀孔子答子貢博施濟衆之問與程子所謂覺不可以訓仁者則可見矣子尙安得復以此而論仁哉抑泛言同體者使人含糊昏緩而無

警切之功其弊或至於認物爲已者有之矣專言知覺者使人張皇迫躁而無沈潛之味其弊或至於認欲爲理者有之矣一忘一助二者蓋胥失之而知覺之云者於聖門所示樂山能守之氣象尤不相似子尚安得復以此而論仁哉 朱子文集。仁說

乾稱父坤稱母予茲藐焉乃混然中處故天地之塞吾其體天地之帥吾其性民吾同胞物吾與也大君者吾父母宗子其大臣宗子之家相也尊高年所以長其長慈孤弱所以幼其幼聖其合德賢其秀也凡天下疲癃殘疾惸獨鰥寡皆吾兄弟之顛連而無告者也于時保之子之翼也樂且不憂純乎孝者也違曰悖德害仁曰賊濟惡者不才其踐形惟肖者也知化則善述其事窮神則善繼其志不愧屋漏爲無忝存心養性爲匪懈惡旨酒崇伯子之顧養育英才穎封人之錫類不施勞而底豫舜其功也無所逃而待烹申生其恭也體其受而歸全者參乎勇於從而順令者伯奇也富貴福澤將厚吾之生也貧賤憂戚庸玉女於成也存吾順事沒吾寧也 正蒙。西銘

義宜也裁制事物使各宜也 釋名

在物爲理處物爲義 易傳。艮象

仲尼言仁未嘗兼義獨於易曰立人之道曰仁與義孟子言仁必以義配蓋仁者體也義者用也知義之爲用而不外焉者可與論道矣世之論仁義者多外之不然則混而無別非知仁義之說也 二程遺書

仁存諸心性之所以爲體也義制夫事性之所以爲用也 朱子或問

禮者履也履道成文 白虎通義

禮亦陽德仁之屬也 朱子或問

智知也無所不知也 釋名

智主含藏分別有知覺而無運用冬之象也 朱子文集。答廖子晦

仁包四端而智居四端之末者蓋冬者藏也所以始萬物而終萬物者也智有藏之義焉有終始之義焉則惻隱羞惡恭敬是三者皆有可爲之事而智則無事可爲但分別其爲是爲非爾是以謂之藏也又惻隱羞惡恭敬皆是一面底道理而是非則有兩面既別其所是又別其所非是終始萬物之象故仁爲四端之首而智則能成始能成終

猶元氣雖四德之長然元不生於元而生於貞蓋由天地之化不翕聚則不能發散理固然也仁智交際之間乃萬化之機軸此理循還不窮脗合無間程子所謂動靜無端陰陽無始者此也同上。答陳器之

喜怒哀樂

六情者何謂也喜怒哀樂愛惡謂六情所以扶成五性白虎通義

何謂人情喜怒哀懼愛惡欲七者弗學而能。禮記禮運

民有好惡喜怒哀樂生於六氣是故審則宜類以制六志哀有哭泣樂有歌舞喜有施舍怒有戰鬭喜生於好怒生於惡是故審行信令禍福賞罰以制死生生好物也死惡物也好物樂也惡物哀也哀樂不失乃能協於天地之性是以長久春秋左氏傳。昭公二十五年

人生而靜天之性也感於物而動性之欲也物至知知然後好惡形焉好惡無節於內知誘於外不能反躬天理滅矣夫物之感人無窮而人之好惡無節則是物至而人化物也人化物也者滅天理而窮人欲者也禮記樂記

人喜則斯陶陶斯咏咏斯猶猶斯舞舞斯蹈矣人悲則斯愠愠斯戚戚斯歎歎斯辟辟斯踊矣品節斯斯之謂禮禮記檀弓下。從義疏定本

陶鬱陶也咏謳也猶當爲搖謂身動搖舞謂手舞之禮記注

蹈蹴也許氏說文

不知手之舞之足之蹈之歎之至也。禮記注

愠猶怒也戚憤恚也歎吟息也辟拊心踊躍也同上

治怒爲難治懼亦難克己可以治怒明理可以治懼二程遺書

氣習　風俗

陰陽者天之氣也剛柔緩速人之氣也。張子語錄

萬物負陰而抱陽冲氣以爲和老子

形而後有氣質之性善反之則天地之性存焉故氣質之性君子有弗性者焉張子正蒙

氣是那初稟底質是成這模樣了底如金之鑛木之萌芽相似。朱子語類

氣質猶人言性氣氣有剛柔緩速淸濁之氣也質才也氣質是一物若草木之生亦可言氣質惟其能克己則爲能

變化卻習俗之氣性制得習俗之氣所以養浩然之氣。經學理窟

大凡寬褊者是所稟之氣也氣者自萬物散殊時各有所得之氣習者自胎胞中以至於嬰孩時皆是習也氣者在性習之間性猶有氣之惡者爲病氣又有習以害之所以要鞭辟至於齊强學以勝其氣習其間則更有緩急精麄則是人之性雖同氣則有異天下無兩物一般所以不同張子語錄

夫習與正人居之不能毋正猶生長於齊不能不齊言也。

習與不正人居之不能毋不正猶生長於楚之地不能不楚言也故擇其所耆必先受業迺得嘗之擇其所樂必先有習乃得爲之孔子曰少成若天性習慣如自然漢書賈誼傳

夫心未濫而先諭教則化易成也開於道術智誼之指則教之力也若其服習積貫則左右而已夫胡粤之人生而同聲耆欲不異及其長而成俗累數譯而不能相通行者雖死而不相爲者則教習然也同上

習乎習以習非之勝是也況習是之勝非乎於戲亦審其

實而已矣法言

習與智長故切而不媿化與心成故中道若性漢書賈誼傳

凡民函五常之性而其剛柔緩急音聲不同繫水土之風氣故謂之風好惡取舍動靜亡常隨君上之情欲故謂之俗孔子曰移風易俗莫善於樂言聖王在上統理人倫必移其本而易其末此混同天下一之虖中和然後王教成也漢書地理志

教 中道 中行 中庸 過不及

教上所施下所效也說文

天令之謂命命非聖人不行質樸之謂性性非教化不成人欲之謂情情非制度不節是故王者上謹於承天意以順命也下務明教化民以成性也正法度之宜別上下之序以防欲也脩此三者而大本舉矣漢書董仲舒傳

或問曰易爲天下善曰師曰何謂也曰性者剛柔善惡中而已矣不達曰剛善爲義爲直爲斷爲嚴毅爲幹固惡爲猛爲隘爲强梁柔善爲慈爲順爲巽惡爲懦弱爲無斷爲

邪佞惟中也者和也中節也天下之達道也聖人之事也故聖人立教俾人自易其惡自至其中而已矣故先覺覺後覺闇者求於明而師道立矣師道立則善人多善人多則朝廷正而天下治矣周子通書

帝曰夔命汝典樂教胄子直而溫寬而栗剛而無虐簡而無傲尚書舜典

皋陶曰都亦行有九德亦言其人有德乃言曰載采采禹曰何皋陶曰寬而栗柔而立愿而恭亂而敬擾而毅直而溫簡而廉剛而塞彊而義彰厥有常吉哉尚書皋陶謨

而轉語辭也正言而反應者所以明其德之不偏皆指其成德之自然非以彼濟此之謂也書集傳

洪範六三德一曰正直二曰剛克三曰柔克平康正直彊弗友剛克燮友柔克沈潛剛克高明柔克周書

正者無邪直者無曲剛克柔克者威福予奪抑揚進退之用也彊弗友者強梗弗順也燮友者和柔委順也沈潛者沈深潛退不及中者也高明者高亢明爽過乎中者也蓋習俗之偏氣稟之過者也故平康正直無所事乎矯拂無爲而治是也彊弗友剛克以剛克剛也燮友柔克以柔克柔也沈潛剛克以剛克柔也高明柔克以柔克剛也正直之用一而剛柔之用四也聖人撫世酬物因時制宜三德乂用陽以舒之陰以斂之執其兩端用其中於民所以納天下民俗於皇極者蓋如此書集傳

治性之道必審己之所有餘而強其所不足蓋聰明疏通者戒於大暴仁愛溫良者戒於無斷湛靜安舒者戒於後時廣心浩大者戒於遺忘必審己之所當戒而齊之以義然後中和之化應而巧僞之徒不敢比周而望進漢書匡衡傳

四書類考卷九

人倫類

妻妾
甥舅　妻兄弟
朋友
師
養老
事長
故舊
慈幼
窮民

人倫

倫序也人之大倫有五父子有親君臣有義夫婦有別長幼有序朋友有信是也論語集註

何謂人義父慈子孝兄良弟弟夫義婦聽長惠幼順君仁臣忠十者謂之人義禮記禮運

君義臣行父慈子孝兄愛弟敬所謂六順也春秋左氏傳隱公三年

君令臣共父慈子孝兄愛弟敬夫和妻柔姑慈婦聽禮也君令而不違臣共而不貳父慈而敎子孝而箴兄愛而友弟敬而順夫和而義妻柔而正姑慈而從婦聽而婉禮之善物也春秋左氏傳昭公二十六年

有天地然後有萬物有萬物然後有男女有男女然後有夫婦有夫婦然後有父子有父子然後有君臣有君臣然後有上下有上下然後禮義有所錯周易序卦傳

三綱者何謂也謂君臣父子夫婦也六紀者何謂也謂諸父兄弟族人諸舅師長朋友也故君爲臣綱父爲子綱夫爲妻綱六紀者爲三綱之紀者也師長君臣之紀也以其皆成己也諸父兄弟父子之紀也以其有親恩連也諸舅

朋友夫婦之紀也以其皆有同志爲紀助也 白虎通義

民生於三事之如一父生之師教之君食之非父不生非食不長非教不知生之族也故壹事之唯其所在則致死焉報生以死報賜以力人之道也 國語

父子一體也夫妻一體也昆弟一體也故父子首足也夫妻牉合也昆弟四體也故昆弟之義無分 儀禮喪服傳

七教父子兄弟夫婦君臣長幼朋友賓客 禮記王制

天下有大戒二其一命也其一義也子之愛親命也不可解於心臣之事君義也無適而非君也無所逃於天地之間是之謂大戒是以夫事其親者不擇地而安之孝之至也夫事其君者不擇事而安之忠之盛也 莊子人間世

以五常之道配五典之倫則仁行於父子義行於君臣禮行於長幼智行於夫婦信行於朋友皆不易之定理 中庸

或問首章不以禮主長幼智主夫婦何也豈以禮與智通行無間不當指定分配也與曰智字分配似稍費力正不必如此牽合也 朱子文集答廖子晦

君臣

君臣者何謂也君羣也下之所歸心臣者纏堅也屬志自堅固 白虎通義

君者出令者也臣者行君之令而致之民者也 昌黎集

夫百姓不能自治故立君以治之明君不能獨治則爲臣以佐之 昭明文選袁宏三國名臣贊

天生民而立之君使司牧之勿使失性有君而爲之貳使師保之勿使過度是故天子有公諸侯有卿卿置側室大夫有貳宗士有朋友庶人工商皁隸牧圉皆有親暱以相輔佐也善則賞之過則匡之患則救之失則革之自王以下各有父兄子弟以補察其政史爲書瞽爲詩工誦箴諫大夫規誨士傳言庶人謗商旅于市百工獻藝故夏書曰遒人以木鐸徇于路官師相規工執藝事以諫正月孟春於是乎有之諫失常也天之愛民甚矣豈其使一人肆於民上以從其淫而弃天地之性必不然矣 春秋左氏傳襄公十四年

使臣

君之所不臣於其臣者二當其爲尸則弗臣也當其爲師則弗臣也大學之禮雖詔於天子無北面所以尊師也 禮記學記

始封之君不臣諸父昆弟封君之子不臣諸父而臣昆弟封君之孫盡臣諸父昆弟 儀禮喪服傳

禮君於臣而不名者有五諸父兄不名上大夫不名盛德之士不名老臣不名 公羊傳解詁

太宰之職以八柄詔王馭羣臣一曰爵以馭其貴二曰祿以馭其富三曰予以馭其幸四曰置以馭其行五曰生以馭其福六曰奪以馭其貧七曰廢以馭其罪八曰誅以馭其過 周禮天官

事君

事君者量而後入不入而后量凡乞假於人爲人從事者亦然然故上無怨而下遠罪也 禮記少儀

子言之事君先資其言拜自獻其身以成其信是故君有責於其臣臣有死於其言故其受祿不誣其受罪益寡 禮記表記

子曰事君大言入則望大利小言入則望小利故君子不以小言受大祿不以大言受小祿易曰不家食吉 同上

子曰事君不下達不尚辭非其人弗自小雅曰靖共爾位正直是與神之聽之式穀以女 同上

子曰邇臣守和宰正百官大臣慮四方 同上

子曰事君難進而易退則位有序易進而難退則亂也故君子三揖而進一辭而退以遠亂也 同上

子曰事君慎始而敬終 同上

子曰事君可貴可賤可富可貧可生可殺而不可使爲亂 同上

子曰事君軍旅不辟難朝廷不辭賤處其位而不履其事則亂也故君使其臣得志則慎慮而從之否則孰慮而從

之終事而退，臣之厚也。易曰：不事王侯，高尚其事。同上

子曰：唯天子受命于天，士受命于君，故君命順，則臣有順命；君命逆，則臣有逆命。同上

事君者，諫過而賞善，薦可而替否，獻能而進賢，擇才而薦之，朝夕誦善敗而納之，道之以文，行之以順，勤之以力，致之以死，聽則進，否則退。國語

子曰：君子之事上也，進思盡忠，退思補過，將順其美，匡救其惡，故上下能相親也。孝經

將適公所，宿齊戒，居外寢，沐浴，史進象笏，書思對命。既服，

習容觀玉聲乃出，揖私朝，煇如也，登車則有光矣。禮記玉藻

凡君召以三節，二節以走，一節以趨。在官不俟屨，在外不俟車。同上

諫

臣所以有諫君之義何？盡忠納誠也。白虎通義

為人臣下者，有諫而無訕，有亡而無疾，頌而無諂，諫而無驕，怠則張而相之，廢則埽而更之，謂之社稷之役。禮記少儀

為人臣之禮，不顯諫，三諫而不聽，則逃之。禮記曲禮下

孔子曰：忠臣之諫君，有五義焉：一曰譎諫，二曰戇諫，三曰降諫，四曰直諫，五曰風諫。唯度主而行之，吾從其風諫乎。家語辯政篇

子曰：事君遠而諫，則諂也；近而不諫，則尸利也。禮記表記

子曰：事君欲諫不欲陳。詩云：心乎愛矣，遐不謂矣，中心藏之，何日忘之。同上

事親有隱而無犯，左右就養無方，服勤至死，致喪三年。事君有犯而無隱，左右就養有方，服勤至死，方喪三年。事師無犯無隱，左右就養無方，服勤至死，心喪三年。禮記檀弓上

舊君

爲舊君者孰謂也仕焉而已者也何以服齊衰三月也言與民同也儀禮喪服傳

大夫在外其妻長子爲舊國君何以服齊衰三月也妻言與民同也長子言未去也同上

大夫爲舊君何以服齊衰三月也大夫去君歸其宗廟故服齊衰三月也言與民同也何大夫之謂乎言其以道去君而猶未絶者也同上

古者大夫已去三年待放春秋公羊傳宣公元年

大夫俟放于郊三年得環乃還得玦乃去王度記見禮記正義

反之以玦其不待放者亦與之物同上見白虎通義諫諍篇

子曰事君三違而不出竟則利祿也人雖曰不要吾弗信也禮記表記

大夫士去國祭器不踰竟大夫寓祭器於大夫士寓祭器於士禮記曲禮下

大夫士去國踰竟爲壇位鄉國而哭素衣素裳素冠徹緣鞮屨素簚乘髦馬不蚤鬋不祭食不說人以無罪婦人不當御三月而復服同上

君子行禮不求變俗祭祀之禮居喪之服哭泣之位皆如其國之故謹脩其法而審行之同上

不務變其故俗重本也謂去先祖之國居他國者禮記注

去國三世爵祿有列於朝出入有詔於國若兄弟宗族猶存則反告于宗後去國三世爵祿無列於朝出入無詔於國唯興之日從新國之法禮記曲禮下

爵祿有列於朝君不絶其祖祀復立其族若臧紇奔邾立

臧爲矣詔告也謂與卿大夫吉凶往來相赴告者若兄弟宗族猶存謂無列無詔者禮記注

父子 母 諸父

父子者何謂也、父者矩也、以法度教子、子者孳孳無已也、

白虎通義

父爲考。母爲妣。父之考爲王父。父之妣爲王母。王父之考爲曾祖王父。王父之妣爲曾祖王母。曾祖王父之考爲高祖王父。曾祖王父之妣爲高祖王母。父之世父叔父爲從祖祖父。父之世母叔母爲從祖祖母。父之昆弟先生爲世父。後生爲叔父。爾雅釋親

子之子爲孫。孫之子爲曾孫。曾孫之子爲元孫。元孫之子爲來孫。來孫之子爲晜孫。晜孫之子爲仍孫。仍孫之子爲雲孫。同上

養子

妊子者、寢不側。坐不邊。立不蹕。不食邪味。割不正不食。席不正不坐。目不視邪色。耳不聽淫聲。夜則令瞽誦詩道正事。列女傳

妊子之時。必謹所感。感於物。則其子形音肖之。故妊者能謹於此。則生子形容端正。才識必過人矣。此之謂胎教

同上

妻將生子。及月辰。居側室。夫使人日再問之。作而自問之。妻不敢見。使姆衣服而對。至於子生。夫復使人日再問之。夫齊則不入側室之門。子生。男子設弧於門左。女子設帨於門右。三日始負子。男射女否。禮記內則

凡接子擇日。大夫少牢。士特豕。庶人特豚。其非冢子。則皆降一等。同上

異爲孺子室於宮中。擇於諸母與可者。必求其寬裕慈惠溫良恭敬慎而寡言者。使爲子師。其次爲慈母。其次爲保母。皆居子室。他人無事不往。同上

大夫之子有食母。士之妻自養其子。同上

三月之末。擇日翦髮爲鬌。男角女羈。否則男左女右。是日

也妻以子見於父貴人則爲衣服由命士以下皆漱澣男女夙興沐浴衣服具視朔食夫入門升自阼階立于阼西鄉妻抱子出自房當楣立東面姆先相曰母某敢用時日祇見孺子夫對曰欽有帥父執子之右手咳而名之妻對曰記有成遂左還授師子師辯告諸婦諸母名妻遂適寢夫告宰名宰辯告諸男名書曰某年某月某日某生而藏之宰告閭史閭史書爲二其一藏諸閭府其一獻諸州史州史獻諸州伯州伯命藏諸州府夫入食如養禮 同上

名子者不以國不以日月不以隱疾不以山川 禮記曲禮上

大夫士之子不敢與世子同名 禮記內則

名有五有信有義有象有假有類以名生爲信以德命爲義以類命爲象取於物爲假取於父爲類不以國不以官不以山川不以隱疾不以畜牲不以器幣周人以諱事神名終將諱之故以國則廢名以官則廢職以山川則廢主以畜牲則廢祀以器幣則廢禮晉以僖侯廢司徒宋以武公廢司空先君獻武廢二山是以大物不可以命 春秋左氏傳。桓公六年

教子

子既生不免乎水火母之罪也羈貫成童不就師傅父之罪也就師學問無方心志不通身之罪也心志既通而名譽不聞友之罪也名譽既聞有司不舉有司之罪也有司舉之王者不用王者之過也 春秋穀梁傳。昭公十九年

樹子世子

樹立也孟子注

樹子嫡子春秋穀梁傳集解

立嫡以長不以賢立子以貴不以長春秋公羊傳

禮適夫人無子立右媵右媵無子立左媵左媵無子立嫡姪娣嫡姪娣無子立右媵姪娣右媵姪娣無子立左媵姪娣公羊傳解詁

昔先王之命曰王后無適則擇立長年鈞以德德鈞以卜王不立愛公卿無私古之制也春秋左氏傳○昭公二十六年

大子死有母弟則立之無則立長年鈞擇賢義鈞則卜古之道也春秋左氏傳○襄公三十一年

春秋經稱世子傳皆爲大然則古者世之與大字義通也春秋正義○桓公九年

世子貴也世子猶世世子也春秋公羊傳○僖公五年

世子生則君沐浴朝服夫人亦如之皆立于阼階西鄉世婦抱子升自西階君名之乃降禮記內則

適子庶子見於外寢撫其首咳而名之禮帥初無辭同上

大子奉冢祀社稷之粢盛以朝夕視君膳者也故曰冢子君行則守有守則從從曰撫軍守曰監國古之制也春秋左氏傳○閔公二年

立大子之道三身鈞以年年同以愛愛疑決之以卜筮國語

先王之法立天子不使諸侯疑焉立諸侯不使大夫疑焉立適子不使庶孽疑焉疑生爭爭生亂是故諸侯失位則天下亂大夫無等則朝廷亂妻妾不分則家室亂適孽無別則宗族亂愼子曰今一兎走百人逐之非一兎足爲百人分也由未定由未定堯且屈力而況衆人乎積兎滿市行者不顧非不欲兎也分已定矣分已定人雖鄙不爭故治天下及國在乎定分而已矣呂氏春秋愼勢篇

事父母

善父母爲孝。爾雅釋訓

由命士以上。父子皆異宮。昧爽而朝。慈以旨甘。日出而退。各從其事。日入而夕。慈以旨甘。禮記內則

子事父母。雞初鳴。咸盥漱。櫛縰笄總。拂髦冠緌纓。端韠紳。搢笏。左右佩用。左佩紛帨。刀礪。小觿。金燧。右佩玦捍。管遰。大觿。木燧。偪。屨著綦。及所。下氣怡聲。問衣燠寒。疾痛苛癢。而敬抑搔之。出入則或先或後。而敬扶持之。進盥。少者奉槃。長者奉水。請沃盥。盥卒授巾。問所欲而敬進之。柔色以溫之。饘酏酒醴。芼羹菽麥。蕡稻黍粱秫。唯所欲。棗栗飴蜜以甘之。堇荁枌榆免薧滫瀡以滑之。脂膏以膏之。必嘗之而後退。同上

父母舅姑將坐。奉席請何鄉。將衽。長者奉席請何趾。少者執牀與坐。御者舉几。斂席與簟。縣衾篋枕。斂簟而襡之。父母舅姑之衣衾簟席枕几不傳。杖屨祇敬之。勿敢近。敦牟卮匜。非餕莫敢用。與恒食飲。非餕莫之敢飲食。父母在。朝夕恒食。子婦佐餕。既食恒餕。父沒母存。冢子御食。群子婦佐餕如初。旨甘柔滑。孺子餕。在父母舅姑之所。有命之。應唯。敬對。進退周旋慎齊。升降出入揖遊。不敢噦噫嚏咳。欠伸跛倚睇視。不敢唾洟。寒不敢襲。癢不敢搔。不有敬事。不敢袒裼。不涉不撅。褻衣衾不見裏。父母唾洟不見。冠帶垢。和灰請漱。衣裳垢。和灰請澣。衣裳綻裂。紉箴請補綴。五日則燂湯請浴。三日具沐。其間面垢。燂潘請靧。足垢。燂湯請洗。少事長。賤事貴。共帥時。同上

子婦孝者敬者。父母舅姑之命。勿逆勿怠。若飲食之。雖不耆。必嘗而待。加之衣服。雖不欲。必服而待。加之事。人代之。己雖弗欲。姑與之而姑使之。而後復之。同上

子婦無私貨。無私畜。不敢私假。不敢私與。同上

父母存。不許友以死。不有私財。禮記曲禮上

親在。行禮於人稱父。人或賜之。則稱父拜之。禮記玉藻

父母在。不敢有其身。不敢私其財。示民有上下也。父母在。饋獻不及車馬。示民不敢專也。禮記坊記

夫爲人子者。三賜不及車馬。故州閭鄉黨稱其孝也。兄弟親戚稱其慈也。僚友稱其弟也。執友稱其仁也。交遊稱其信也。禮記曲禮上

爲人子者。父母存。冠衣不純素。同上

凡父母存子雖老不坐禮記內則
恒言不稱老禮記曲禮上
子云父母在不稱老言孝不言慈閨門之內戲而不歎君子以此坊民民猶薄於孝而厚於慈禮記坊記
父子不同席禮記曲禮上
凡爲人子之禮冬溫而夏凊昏定而晨省在醜夷不爭同上
夫爲人子者出必告反必面所遊必有常所習必有業同上

爲人子者居不主奧坐不中席行不中道立不中門食饗不爲槩祭祀不爲尸同上
父命呼唯而不諾手執業則投之食在口則吐之走而不趨親老出不易方復不過時親癠色容不盛此孝子之疏節也禮記玉藻
聽於無聲視於無形不登高不臨深不苟訾不苟笑禮記曲禮上
孝子不登高不履危痺亦弗憑不苟笑不苟訾隱不命臨不指故不在尤之中也大戴禮曾子本孝篇

孝子不服闇不登危懼辱親也禮記曲禮上

幾諫

幾者微也。論語章句

子之事親也。三諫而不聽。則號泣而隨之。禮記曲禮下

父母有過。下氣怡色。柔聲以諫。諫若不入。起敬起孝。說則復諫。不說。與其得罪於鄉黨州閭。寧孰諫。父母怒不說。而撻之流血。不敢疾怨。起敬起孝。禮記內則

子云。從命不忿。微諫不倦。勞而不怨。可謂孝矣。禮記坊記

子云。君子弛其親之過。而敬其美。同上

子云。善則稱親。過則稱己。則民作孝。同上

單居離問於曾子曰。事父母有道乎。曾子曰。有。愛而敬。父母之行若中道則從。若不中道則諫。諫而不用。行之如由己。從而不諫。非孝也。諫而不從。亦非孝也。孝子之諫。達善而不敢爭辨。爭辨者。作亂之所由興也。由己爲無咎則寧。由己爲賢人則亂。孝子無私樂。父母所憂憂之。父母所樂樂之。孝子唯巧變。故父母安之。若夫坐如尸。立如齊。弗訊不言。言必齊色。此成人之善者也。未得爲人子之道也。大戴禮

兄弟昆　伯仲叔季

謂之兄弟何。兄者况也。况父法也。弟者悌也。心順行也。白虎通義

男子先生爲兄。後生爲弟。爾雅釋親

昆。兄也。詩毛傳

伯仲叔季。長幼之稱。儀禮注

稱號所以有四何。法四時用事先後。長幼兄弟之象也。故以時長幼號曰伯仲叔季也。適長稱伯。伯禽是也。庶長稱孟。魯大夫孟氏是也。男女異長。各自有伯仲。法陰陽各自有終始也。白虎通義

質家稱仲。文家稱叔。禮緯含文嘉

若兄弟四人。則依次稱之。逾其數者。夏殷則積仲。周則積叔。如管叔霍叔之類是也。儀禮疏

伯者。子最長。迫近父也。仲者。中也。叔者。少也。季者。幼也。白虎通義

善兄弟爲友。爾雅釋訓

單居離問曰。事兄有道乎。曾子曰。有。尊視之以爲己望也。兄事之不遺其言。兄之行若中道則兄事之。若不中道則

養之養之內不養於外則是越之也養之外不養於內則是疏之也是故君子內外養之也單居離問曰使弟有道乎曾子曰有嘉事不失時也弟之行若中道則正以使之弟之行若不中道則兄事之詘事兄之道若不可然後舍之矣曾子曰夫禮大之由也不與小之自也飲食以齒力事不讓辱事不齒執觴觚杯豆而不醉和歌而不哀夫弟者不衡坐不苟越不干逆色趨翔周旋俛仰從命不見於顏色未成於弟也大戴禮

嫂

嫂兄妻也許氏說文

女子謂兄之妻爲嫂弟之妻爲婦長婦謂稚婦爲娣婦娣婦謂長婦爲姒婦爾雅釋親

謂弟之妻婦者是嫂亦可謂之母乎名者人治之大者也可無愼乎禮記大傳

嫂叔不通問禮記曲禮上

婦人謂夫之弟爲叔公羊傳解詁

嫂叔之無服也蓋推而遠之也禮記檀弓上

宗族同姓

父之黨爲宗族爾雅釋親

宗尊也爲先祖主也宗人之所尊也白虎通義

別子爲祖繼別爲宗繼禰者爲小宗有百世不遷之宗有五世則遷之宗禮記大傳

五世而遷之宗其繼高祖者也禮記喪服小記

宗其繼高祖者五世則遷者也禮記大傳

是故祖遷於上宗易於下尊祖故敬宗敬宗所以尊祖禰也禮記喪服小記

百世不遷者別子之後也宗其繼別子之所自出者百世不遷者也尊祖故敬宗敬宗尊祖之義也禮記大傳

古者所以必有宗何也所以長和睦也大宗能率小宗小宗能率羣弟通其有無所以統理族人也宗其爲始祖後者爲大宗此百世不遷之宗也宗其爲高祖後者五世而遷者也高祖遷於上宗則易於下宗其爲曾祖後者爲曾祖宗宗其爲祖後者爲祖宗宗其爲父後者爲父宗以上至高祖宗皆爲小宗以其轉遷別於大宗也別子者自與其子孫爲祖繼別者各自爲宗小宗有四大宗有一凡有五宗人之親所以備矣白虎通義

族者何也族者湊也聚也謂恩愛相流湊也生相親愛死相哀痛有會聚之道故謂之族族所以九何九之爲言究也親疏恩愛究竟也同上

九族者據己上至高祖下及元孫之親詩鄭箋

父爲考母爲妣父之考爲王父父之妣爲王母王父之考爲曾祖王父王父之妣爲曾祖王母曾祖王父之考爲高祖王父曾祖王父之妣爲高祖王母爾雅釋親

子之子爲孫孫之子爲曾孫曾孫之子爲元孫元孫之子

爲來孫來孫之子爲晜孫晜孫之子爲仍孫仍孫之子爲雲孫同上

男子先生爲兄後生爲弟同上

父之晜弟先生爲世父後生爲叔父父之兄妻爲世母父之弟妻爲叔母同上

父之世父叔父爲從祖祖父父之世母叔母爲從祖祖母同上

兄之子弟之子相謂爲從父晜弟同上

父之從父晜弟爲從祖父父之從父晜弟之妻爲從祖母

從祖父之子相謂爲從祖昆弟同上

父之從祖昆弟爲族父父之從祖昆弟之妻爲族祖母父之從祖祖父爲族曾王父父之從祖祖母爲族曾王母族父之子相謂爲族昆弟族昆弟之子相謂爲親同姓同上 疑有缺文

親親以三爲五以五爲九上殺下殺旁殺而親畢矣禮記喪服小記

已上親父下親子三也以父親祖以子親孫五也以祖親高祖以孫親元孫九也禮記注

上殺者服父三年祖殺至期應曾祖大功高祖小功但其恩已疎故從齊衰三月所以喪服注云重其衰麻尊尊也減其日月恩殺也不可以大功小功旁親之服加至尊故皆服齊衰也下殺者子服父三年父亦宜報服而父子首足不宜等衰故父服子期若正適傳重不敢降也孫卑不得祖報故祖爲孫大功若傳重亦服期也爲孫大功則曾孫宜五月但曾孫服曾祖齊衰三月故曾祖報亦一時而曾祖正尊自加齊衰曾孫正卑正服緦麻也曾孫既三月元孫理不容異故服同三月旁殺者據祖期年則世叔宜九月而世叔是父一體故加至期從世叔既疎加所不及據期而殺是以五月族世叔又疎一等故緦麻此外無服是發父而旁漸至輕也祖是父一體故加至期祖之兄弟非己一體加亦不及便正五月族祖又疎故緦麻此外無服是發祖而旁殺也又曾孫據期本應五月曾祖之兄弟既疎一等故宜三月此外及高祖之兄弟悉無服矣又兄弟一體相爲期同堂兄弟九月從祖兄弟小功族昆弟三月此外無服是發兄弟而旁殺也父爲子期兄弟之子宜九月而兄弟之子爲世叔加期世叔旁尊無義可降故報

兄弟子期且兄弟之子不宜隔異與己子等所以至期同堂兄弟之子服從伯叔無加則從伯叔亦正報五月族兄弟之子又疎故宜緦麻此發子而旁殺也孫服祖期祖尊故爲孫大功兄弟之孫服從祖五月故從祖報之小功同堂兄弟之孫爲緦麻其外無服矣曾祖爲曾孫三月爲兄弟曾孫以無等降之故亦爲三月始自父母終于族人故云親盡矣禮記正義

四世而緦服之窮也五世袒免殺同姓也六世親屬竭矣禮記大傳

絕族無移服。親者屬也。同上

同姓之親無服屬。爾雅注

人所以有姓者何。所以崇恩愛厚親親。遠禽獸。別婚姻也。白虎通義

天子建德。因生以賜姓。胙之土而命之氏。諸侯以字爲諡。因以爲族。官有世功。則有官族。邑亦如之。春秋左氏傳。隱公八年。諡當作氏

諸侯之子稱公子。公子之子稱公孫。公孫之子各以其王父字爲氏。白虎通義

黃帝之子二十五人。其同姓者二人而已。唯青陽與夷鼓皆爲己姓。其同生而異姓者四母之子別爲十二姓。凡黃帝之子二十五宗。其得姓者十四人爲十二姓。姬酉祁己滕箴任荀僖姞儇依是也。唯青陽與蒼林氏同于黃帝。故皆爲姬姓。國語

其庶姓別於上。而戚單於下。婚姻可以通乎。繫之以姓而弗別。綴之以食而弗殊。雖百世而昏姻不通者。周道然也。禮記大傳

始祖爲正姓。高祖爲庶姓。禮記注

夫婦

夫婦者何謂也。夫者扶也。以道扶接也。婦者服也。以禮屈服。白虎通義

夫也者夫也。夫也者。以知帥人者也。婦人從人者也。幼從父兄。嫁從夫。夫死從子。禮記郊特牲

禮始於謹夫婦。不敢縣於夫之楎椸。不敢藏於夫之篋笥。不敢共湢浴。夫不在。斂枕篋簟席襡器而藏之。少事長。賤事貴。咸如之。禮記內則

夫婦之禮。唯及七十同藏無閒。故妾雖老。年未滿五十。必

與五日之御。將御者齊漱澣。慎衣服。櫛縰笄總。拂髦衿纓。綦屨。雖婢妾衣服飲食必後長者。妻不在。妾御莫敢當夕。同上

夫婦人以順從爲務。貞慤爲首。故婦人事夫有五。平旦纚笄而朝。則有君臣之嚴。沃盥饋食。則有父子之敬。報反而行。則有兄弟之道。受期必誠。則有朋友之信。寢席之交。而後有夫婦之際。列女傳

男女居室。人事之至近。而道行乎其間。然幽暗之中。衽席之上。人或褻而慢之。則天命有所不行矣。此君子之道所

以造端乎夫婦之微而語其極則察乎天地之高深也然非知幾謹獨之君子其孰能體之易首於乾坤而中於咸恒禮謹大昏而詩以二南爲正始之道其以此與知言亦曰道存乎飲食男女之事而溺於流者不知其精又曰接而知有禮焉交而知有道焉惟敬者能守而不失耳亦此意也朱子文集。答胡伯逢書

妻妾

聘則爲妻奔則爲妾禮記內則

妻之言齊也以禮聘問則得與夫敵體妾之言接也聞彼有禮走而往焉以得接見於君子也禮記注

天子有后有夫人有世婦有嬪有妻有妾公侯有夫人有世婦有妻有妾禮記曲禮下

天子一娶九女王度記

或曰天子娶十二女法天十有二月萬物必生也白虎通義

天子后立六宮三夫人九嬪二十七世婦八十一御妻以聽天下之內治以明章婦順故天下內和而家理禮記昏義

諸侯壹聘九女諸侯不再娶春秋公羊傳。莊公十九年

諸侯娶一國則二國往媵之以姪娣從同上

卿大夫一妻二妾者何尊賢重繼嗣也士一妻一妾何下卿大夫也白虎通義

天子之妃曰后諸侯曰夫人大夫曰孺人士曰婦人庶人曰妻禮記曲禮下

納女於天子曰備百姓。於國君曰備酒漿。於大夫曰備埽灑。同上

天子求后於諸侯。諸侯對曰、夫婦所生若而人。妾婦之子若而人。無女而有姊妹及姑姊妹則曰先守某公之遺女若而人。春秋左氏傳。襄公十二年

國君取夫人之辭曰、請君之玉女與寡君共有敝邑事宗廟社稷。禮記祭統

夫人自稱於天子曰老婦。自稱於諸侯曰寡小君。自稱於其君曰小童。自世婦以下自稱曰婢子。禮記曲禮下

甥舅　妻兄弟

謂我舅者。吾謂之甥也。爾雅釋親

言甥舅者。嫁女與之則爲甥。主娶女來則爲舅。周禮疏

妻之父爲外舅。爾雅釋親

謂我舅者吾謂之甥。然則亦宜呼壻爲甥。爾雅注

母之晜弟爲舅。母之從父晜弟爲從舅。爾雅

舅之言舊。尊長之稱。孫氏爾雅注

男子謂姊妹之子爲出。謂出之子爲離孫。爾雅

妻之姊妹同出爲姨。女子謂姊妹之夫爲私。同上

私。無正親之言。然則謂吾姨者我謂之私。孫氏爾雅注

兩壻相謂爲亞。爾雅

朋友

朋友者何謂也朋者黨也友者有也禮記曰同門曰朋同志曰友 白虎通義

大司徒之職以本俗六安萬民五曰聯朋友 周官地官

大宰之職以九兩繫邦國之民八曰友以任得民 周官天官

友謂同井相合耦耡作者 周禮注

人之大倫其別有五自昔聖賢皆以爲天之所叙而非人之所能爲也然以今考之則惟父子兄弟爲天屬而以人合者居其三焉是則若有可疑者然夫婦者天屬之所由以續者也君臣者天屬之所賴以全者也朋友者天屬之所賴以正者也是則所以紀綱人道建立人極不可一日而偏廢雖或以人而合其實皆天理之自然有不得不合者此其所以爲天之所叙而非人之所能爲者也然是三者之於人或能具其形矣而不能保其生或能保其生矣而不能存其理必欲君臣父子兄弟夫婦之間交盡其道而無悖焉非有朋友以責其善輔其仁其孰能使之然哉故朋友之於人倫其勢若輕而所繫爲甚重其分若疏而

所關爲至親其名若小而所職爲甚大此古之聖人修道立教所以必重於此而不敢忽也然自世教不明君臣父子兄弟夫婦之間旣皆莫有盡其道者而朋友之倫廢闕爲尤甚世之君子雖或深病其然未必深知其所以然也予嘗思之父子也兄弟也天屬之親也非其乖離之極固不能自已者以故雖或不盡其道猶得以相牽聯比合而不至于盡壞至於朋友則其親不足以相維其情不足以相固其勢不足以相攝而爲之者初未嘗知其理之所從職之所任其重有如此也且其於君臣父子兄弟夫婦之間猶或未嘗求盡其道則固無所藉於責善輔仁之益此其所以恩疏而義薄輕合而易離亦無怪其相視漠然如行路之人也夫人倫有五而其理則一朋友者又其所藉以維持是理而不使至於悖焉者也由夫四者之不求盡道而朋友以無用廢然則朋友之道盡廢而責善輔仁之職不舉彼夫四者又安得獨立而久存哉嗚乎其亦可爲寒心也已 朱子文集。跋黃仲木朋友說

師

師也者教之以事而喻諸德者也。禮記文王世子

師無當於五服五服弗得不親。禮記學記

大宰之職以九兩繫邦國之民三曰師以賢得民四曰儒以道得民。周官天官

師有德行以教民者儒有六藝以教民者。周禮注

大司徒之職以本俗六安萬民四曰聯師儒。周官地官

師儒鄉里教以道藝者。周禮注

古之學者必有師師者所以傳道受業解惑也人非生而

知之者孰能無惑惑而不從師其爲惑也終不解矣生乎吾前其聞道也固先乎吾吾從而師之生乎吾後其聞道也亦先乎吾吾從而師之吾師道也夫庸知其年之先後生於吾乎是故無貴無賤無長無少道之所存師之所存也嗟乎師道之不傳也久矣欲人之無惑也難矣古之聖人其出人也遠矣猶且從師而問焉今之衆人其下聖人也亦遠矣而恥學於師是故聖益聖愚益愚聖人之所以爲聖愚人之所以爲愚其皆出於此乎愛其子擇師而教之於其身也則恥師焉惑矣彼童子之師授之書而習其句讀者非吾所謂傳其道解其惑者也句讀之不知惑之不解或師焉或不焉小學而大遺吾未見其明也巫醫樂師百工之人不恥相師士大夫之族曰師曰弟子云者則羣聚而笑之問之則曰彼與彼年相若也道相似也位卑則足羞官盛則近諛嗚乎師道之不復可知矣巫醫樂師百工之人君子不齒今其智乃反不能及其怪也歟聖人無常師孔子師郯子萇宏師襄老聃郯子之徒其賢不及孔子孔子曰三人行則必有我師是故弟子不必不如師師不必賢於弟子聞道有先後術業有專攻如是而已昌

黎集。師說

養老

凡養老五帝憲三王有乞言五帝憲養氣體而不乞言有善則記之爲惇史三王亦憲旣養老而后乞言亦微其禮皆有惇史禮記內則

凡養老有虞氏以燕禮夏后氏以饗禮殷人以食禮周人脩而兼用之禮記王制

有虞氏養國老於上庠養庶老於下庠夏后氏養國老於東序養庶老於西序殷人養國老於右學養庶老於左學周人養國老於東膠養庶老於虞庠虞庠在國之西郊有

虞氏皇而祭深衣而養老夏后氏收而祭燕衣而養老殷人冔而祭縞衣而養老周人冕而祭元衣而養老凡三王養老皆引年同上

昔者有虞氏貴德而尚齒夏后氏貴爵而尚齒殷人貴富而尚齒周人貴親而尚齒虞夏殷周天下之盛王也未有遺年者年之貴乎天下久矣次乎事親也禮記祭義

仲春之月上丁命樂正習舞釋菜天子乃帥三公九卿諸侯大夫親往視之禮記月令

羅氏掌羅烏鳥蜡則作羅襦中春羅春鳥獻鳩以養國老行羽物周官地官

季春之月擇吉日大合樂天子乃帥三公九卿諸侯大夫親往視之禮記月令

凡大合樂必遂養老禮記文王世子

適東序適奠於先老遂設三老五更之席位焉適饌省醴養老之珍具遂發咏焉退修之以孝養也同上

仲秋之月養衰老授几杖禮記月令

大司徒以保息六養萬民二曰養老周官地官

司門以其財養死政之老與其孤同上

酒正凡饗士庶子饗耆老孤子皆共其酒無酌數周禮天官

槀人若饗耆老孤子士庶子共其食周官地官

外饔邦饗耆老孤子則掌其割亨之事饗士庶子亦如之周官天官

所謂養老者凡國都皆有掌老年七十已上一子無征三月有饋肉八十已上二子無征月有饋肉九十已上盡家無征日有酒肉死上共棺槨勸子弟精膳食問所欲求所嗜此之謂老老管子入國篇

事長

年長以倍則父事之。十年以長則兄事之。五年以長則肩隨之。羣居五人則長者必異席。禮記曲禮上

父之齒隨行。兄之齒鴈行。朋友不相踰。禮記王制

尊長與已踰等不敢問其年。燕見不將命。遇於道見則面。不請所之。禮記少儀

踰等、父兄黨也。禮記注

見先生。從人而入。禮記玉藻

先生、鄉大夫致仕者也。儀禮注

先生、老人教學者。禮記注

學士年長者謂之先生。孟子注

凡言先生、謂年德俱高又教道於物者。凡云長者、直以年爲稱也。凡言君子者、皆爲有德尊之。不據年之長幼。故所稱不同也。三禮義宗

故舊

故舊、爲日已久。或平生舊交。或親屬恩好。禮記正義

大宰之職以八統詔王馭萬民。二曰敬故。周官天官

敬故、不慢舊也。周禮注

大宗伯之職、以賓射之禮親故舊朋友。周官春官

王之故舊朋友、爲世子時共在學者。天子亦有友諸侯之義。武王誓曰、我友邦冢君是也。周禮注

伐木燕朋友故舊也。自天子至于庶人、未有不須友以成者。親親以睦。友賢不棄。不遺故舊、則民德歸厚矣。詩序

故舊、師昔之朋友也。朋友新故通名。故舊唯施久遠。詩正義

天子謂同姓諸侯。諸侯謂同姓大夫。皆曰父。異姓則稱舅。國君友其賢臣。大夫士友其宗族之仁者。詩傳

慈幼

慈幼謂愛幼少也周禮注

大司徒之職以保息六養萬民一曰慈幼周官地官

所謂慈幼者凡國都皆有掌幼士民有子子有幼弱不勝養爲累者有三幼者無婦征四幼者盡家無征五幼又予之葆受二人之食能事而後止此之謂慈幼管子入國篇

將免者以告公令醫守之生丈夫二壺酒一犬生女子二壺酒一豚生三人公與之母生二人公與之餼國語

窮民

窮者有四曰矜曰寡曰孤曰獨周禮注

無妻曰鰥愁悒不能寐目恒鰥鰥然其字從魚魚目恒不閉無夫曰寡寡倮也倮然單獨也無父曰孤孤顧也顧望無所瞻見也無子曰獨獨鹿也鹿鹿無所依也釋名

大司徒之職以保息六養萬民三曰振窮周官地官

少而無父者謂之孤老而無子者謂之獨老而無妻者謂之矜老而無夫者謂之寡此四者天民之窮而無告者也皆有常餼禮記王制

所謂合獨者凡國都皆有掌媒丈夫無妻曰鰥婦人無夫曰寡取鰥寡而合和之予田宅而家室之三年然後事之此之謂合獨管子入國篇

所謂恤孤者凡國都皆有掌孤士人死子孤幼無父母所養不能自生者屬之其鄉黨知識故人養一孤者一子無征養二孤者二子無征養三孤者盡室無征掌孤數行問之必知其飲食飢寒身之膌胜而哀憐之此之謂恤孤同上

四書類考卷九

四書類考卷十

述作類

述作

作，造爲也。（爾雅）

作者之謂聖，述者之謂明，明聖者述作之謂也。（禮記樂記）

聖人制作曰經，賢者著述曰傳。（博物志）

聖人之四府者，易書詩春秋之謂也。禮樂汚隆於其間矣。易爲生民之府，書爲長民之府，詩爲收民之府，春秋爲藏民之府。號民之庶謂之萬，雖曰萬之又萬，其庶能出此聖人之四府者乎。昊天之四府者時也，聖人之四府者經也。昊天以時授人，聖人以經法天，天人之事當如何哉。（皇極經世書）

孔子贊易自羲軒而下，序書自堯舜而下，删詩自文武而下，修春秋自桓文而下。自羲軒而下，祖三皇也；自堯舜而下，宗五帝也；自文武而下，子三王也；自桓文而下，孫五霸也。（同上）

樂正崇四術，立四教，順先王詩書禮樂以造士。春秋教以禮樂，冬夏教以詩書。（禮記王制）

昭公二年，晉侯使韓宣子來聘，觀書於太史氏，見易象與春秋，曰：周禮盡在魯矣，吾乃今知周公之德與周之所以

王也。春秋左氏傳

孔子曰、入其國其教可知也。其爲人也、溫柔敦厚詩教也。疏通知遠書教也。廣博易良樂教也。絜靜精微易教也。恭儉莊敬禮教也。屬辭比事春秋教也。故詩之失愚。書之失誣。樂之失奢。易之失賊。禮之失煩。春秋之失亂。其[illegible]也、溫柔敦厚而不愚。則深於詩者也。疏通知遠而不誣。則深於書者也。廣博易良而不奢。則深於樂者也。絜靜精微而不賊。則深於易者也。恭儉莊敬而不煩。則深於禮者也。屬辭比事而不亂。則深於春秋者也。禮記經解

六藝之文。樂以和神。仁之表也。詩以正言。義之用也。禮以明體。明者著見。故無訓也。書以廣聽。知之術也。春秋以斷事。信之符也。五者蓋五常之道。相須而備。而易爲之原。故曰易不可見。則乾坤或幾乎息矣。言與天地爲終始也。漢書藝文志

書文

書、著也。許氏說文

上古結繩而治。後世聖人易之以書契。百官以治。萬民以察。蓋取諸夬。繫辭下傳

蒼頡作書。呂氏春秋君守篇

黃帝之史蒼頡。見鳥獸蹏迒之迹。知分理之可相別異也。初造書契。說文解字序

昔者蒼頡作書而天雨粟。鬼夜哭。淮南子本經訓

蒼頡之初作書。蓋依類象形。故謂之文。其後形聲相益。即

謂之字。字者言孳乳而浸多也。著於竹帛謂之書。書者如也。說文解字序

保氏掌諫王惡。而養國子以道。乃教之六藝。五曰六書。周禮地官

六書、象形、會意、轉注、處事、假借、諧聲也。周禮注

一曰指事。指事者視而可識。察而可見。上下是也。二曰象形。象形者畫成其物。隨體詰詘。日月是也。三曰形聲。形聲者以事爲名。取譬相成。江河是也。四曰會意。會意者比類合誼以見指撝。武信是也。五曰轉注。轉注者建類一首。同

類相受考老是也六曰假借假借者本無其字依聲託事令長是也說文解字序。建類一首周禮疏作建類一音

書有六體形聲實多若江河之類是左形右聲鳩鴿之類是右形左聲草藻之類是上形下聲婆娑之類是上聲下形圃國之類是外形內聲闤闠衡銜之類是外聲內形此形聲之等有六也周禮疏

河圖

河出圖洛出書聖人則之繫辭上傳

河出馬圖禮記禮運

馬圖龍馬負圖而出也禮記注

伏羲氏有天下龍馬負圖出於河遂法之畫八卦中候握河紀

伏犧德合上下天應以鳥獸文章地應以河圖洛書伏犧則而象之乃作八卦禮緯含文嘉

伏羲氏得河圖夏后因之曰連山黃帝氏得河圖商人因之曰歸藏列山氏得河圖周人因之曰周易山海經

易

日月爲易象陰陽也 許氏說文

易一名而含三義所謂易也變易也不易也 乾鑿度

古者包犧氏之王天下也仰則觀象於天俯則觀法於地觀鳥獸之文與地之宜近取諸身遠取諸物於是始作八卦以通神明之德以類萬物之情 周易繫辭下傳

八卦成列象在其中矣因而重之爻在其中矣 同上

太卜掌三易之法一曰連山二曰歸藏三曰周易其經卦皆八其別皆六十有四 周禮春官

簭人掌三易以辨九簭之名一曰連山二曰歸藏三曰周易 同上

連山宓犧歸藏黃帝 周官注

夏曰連山殷曰歸藏周曰周易 易贊

連山八萬言歸藏四千三百言夏易煩而殷易簡 新論

孔子曰吾欲觀殷道是故之宋而不足徵也吾得坤乾焉 禮記禮運

得殷陰陽之書也其書存者有歸藏 禮記注

連山易其卦以純艮爲首歸藏易以純坤爲首 周禮疏

西伯拘而演周易 史記

易之興也其於中古乎作易者其有憂患乎 周易繫辭下傳

易之興也其當殷之末世周之盛德邪當文王與紂之事邪是故其辭危危者使平易者使傾其道甚大百物不廢懼以終始其要无咎此之謂易之道也 同上

易以道陰陽 莊子天下篇

春秋推見至隱易本隱以之顯 史記司馬相如傳

易變易也隨時變易以從道也其爲書也廣大悉備將以順性命之理通幽明之故盡事物之情而示開物成務之道也聖人之憂患後世可謂至矣去古雖遠遺經尚存然而前儒失意以傳言後學誦言而忘味自秦而下蓋無傳矣予生千載之後悼斯文之湮晦將俾後人沿泝而討源此傳所以作也易有聖人之道四焉以言者尚其辭以動者尚其變以制器者尚其象以卜筮者尚其占吉凶消長之理進退存亡之道備於辭推辭考卦可以知變象與占在其中矣君子居則觀其象而玩其辭動則觀其變而玩其占得於辭不達其意者有矣未有不得於辭而能通其

意者也。至微者理也。至著者象也。體用一源。顯微無間。觀會通以行其典禮。則辭無所不備。故善學者求言必自近。易於近者非知言者也。予所傳者辭也。由辭以求其意。則在乎人焉。伊川文集。易傳序

書

尚書者。二帝之迹。三王之義。所以推其期運。明授命之際。尚者上也。上世帝王之遺書也。春秋說題辭

古之王者世有史官。君舉必書。所以慎言行。昭法式也。左史記言。右史記事。事爲春秋。言爲尚書。帝王靡不同之。漢書藝文志

動則左史書之。言則右史書之。禮記玉藻

藝文志及六藝論云。右史記事。左史記言。與此正反。禮記正義

外史掌三皇五帝之書。周禮春官

昔之說書者。序以百虞夏之書渾渾爾。商書灝灝爾。周書噩噩爾。法言

伏羲神農黃帝之書。謂之三墳。言大道也。少昊顓頊高辛唐虞之書。謂之五典。言常道也。至於夏商周之書。雖設教不倫。雅誥奧義。其歸一揆。是故歷代寶之。以爲大訓。八卦之說。謂之八索。求其義也。九州之志。謂之九丘。丘聚也。言九州所有土地所生風氣所宜。皆聚此書也。尚書序

昭公十二年。楚子次於乾谿。右尹子革夕。左史倚相趨過。

王曰是良史也是能讀三墳五典八索九邱。春秋左氏傳

孔子生於周末覩史籍之煩文懼覽者之不一。遂乃定禮樂明舊章刪詩爲三百篇約史記而修春秋讚周易以黜八索述方職以除九邱討論墳典斷自唐虞以下迄于周芟夷煩亂翦截浮辭舉其宏綱撮其機要足以垂世教典謨訓誥誓命之文凡百篇所以恢宏至道示人以軌範也帝王之道坦然明白可舉而行三千之徒並受其義尚書序

詩

詩言志尚書舜典

大師教六詩曰風曰賦曰比曰興曰雅曰頌周禮春官

詩以道志莊子天下篇

詩者中聲之所止也荀子

詩者志之所之也在心爲志發言爲詩情動於中而形於言言之不足故嗟歎之嗟歎之不足故永歌之永歌之不足不知手之舞之足之蹈之也情發於聲聲成文謂之音治世之音安以樂其政和亂世之音怨以怒其政乖亡國

之音哀以思其民困故正得失動天地感鬼神莫近乎詩先王以是經夫婦成孝敬厚人倫美教化移風俗故詩有六義焉一曰風二曰賦三曰比四曰興五曰雅六曰頌上以風化下下以風刺上主文而譎諫言之者無罪聞之者足以戒故曰風至于王道衰禮義廢政教失國異政家殊俗而變風變雅作矣國史明乎得失之迹傷人倫之變哀刑政之苛吟詠性情以風其上達於事變而懷其舊俗者也故變風發乎情止乎禮義發乎情民之性也止乎禮義先王之澤也是以一國之事繫一人之本謂之風言天下

之事形四方之風謂之雅雅者正也言王政之所由廢興也政有小大故有小雅焉有大雅焉頌者美盛德之形容以其成功告於神明者也是謂四始詩之至也詩大序

古者詩三千餘篇及至孔子去其重取可施於禮義上采契后稷中述殷周之盛至幽厲之缺始於衽席故曰關雎之亂以爲風始鹿鳴爲小雅始文王爲大雅始淸廟爲頌始三百五篇孔子皆絃歌之以求合韶武雅頌之音禮樂自此可得而述以備王道成六藝史記孔子世家

書曰詩言志哥詠言故哀樂之心感而哥詠之聲發誦其

言謂之詩詠其聲謂之哥故古有采詩之官王者所以觀風俗知得失自考正也孔子純取周詩上采殷下采魯凡三百五篇遭秦而全者以其諷誦不獨在竹帛故也漢書藝文志

或有問於予曰詩何爲而作也予應之曰人生而靜天之性也感於物而動性之欲也夫旣有欲矣則不能無思旣有思矣則不能無言旣有言矣則言之所不能盡而發於咨嗟詠歎之餘者必有自然之音響節族而不能已焉此詩之所以作也曰然則其所以敎者何也曰詩者人心之

感物而形於言之餘也心之所感有邪正故言之所形有是非惟聖人在上則其所感者無不正而其言皆足以爲敎其或感之之雜而所發不能無可擇者則上之人必思所以自反而因有以勸懲之是亦所以爲敎也昔周盛時上自郊廟朝廷而下達於鄉黨閭巷其言粹然無不出於正者聖人固已協之聲律而用之鄉人用之邦國以化天下至於列國之詩則天子巡守亦必陳而觀之以行黜陟之典降自昭穆而後寖以陵夷至於東遷而遂廢不講矣孔子生於其時旣不得位無以行帝王勸懲黜陟之政於

是特舉其籍而討論之去其重複正其紛亂而其善之不足以爲法惡之不足以爲戒者則亦刊而去之以從簡約示久遠使夫學者卽是而有以考其得失善者師之而惡者改焉是以其政雖不足以行於一時而其敎實被於萬世是則詩之所以爲敎者然也曰然則國風雅頌之體其不同若是何也曰吾聞之凡詩之所謂風者多出於里巷歌謠之作所謂男女相與詠歌各言其情者也惟周南召南親被文王之化以成德而人皆有以得其性情之正故其發於言者樂而不過於淫哀而不及於傷是以二篇獨

爲風詩之正經自邶而下則其國之治亂不同人之賢否亦異其所感而發者有邪正是非之不齊而所謂先王之風者於此焉變矣若夫雅頌之篇則皆成周之世朝廷郊廟樂歌之詞其語和而莊其義寬而密其作者往往聖人之徒固所以爲萬世法程而不可易者也至於雅之變者亦皆一時賢人君子閔時病俗之所爲而聖人取之其忠厚惻怛之心陳善閉邪之意猶非後世能言之士所能及之此詩之爲經所以人事浹於下天道備於上而無一理之不具也曰然則其學之也當奈何曰本之二南以求其

端參之列國以盡其變正之於雅以大其規和之於頌以要其止此學詩之大旨也於是乎章句以綱之訓詁以紀之諷詠以昌之涵濡以體之察於性情隱微之間審之言行樞機之始則修身及家平均天下之道其亦不待他求而得之於此矣問者唯唯而退余時方輯詩傳因悉次是語以冠其篇云 朱子文集。詩集傳序

春秋

春秋者魯史策書之名 隋書經籍志

春秋經世先王之志也聖人議而不辯 莊子齊物論

春秋以道名分 莊子天下篇

孔子受端門之命制春秋之義使子夏等十四人求周史記得百二十國寶書九月經立 春秋叙

孔子將修春秋與左邱明乘如周觀書於周史歸而修春秋之經邱明爲之傳共爲表裏 嚴氏春秋引觀周篇

孔子在庶德無所施功無所就志在春秋行在孝經以春

秋屬商孝經屬參 孝經鉤命決

孔子作春秋一萬八千字九月而書成以授游夏游夏之徒不能改一字 春秋說題辭

孔子知言之不用道之不行也是非二百四十二年之中以爲天下儀表貶天子退諸侯討大夫以達王事而已矣子曰我欲載之空言不如見之行事之深切著明也 史記自序

春秋何以始乎隱祖之所逮聞也所見異辭所聞異辭所傳聞異辭何以終乎哀十四年曰備矣君子曷爲爲春秋

撥亂世反諸正莫近於春秋春秋公羊傳

春秋分十二世有見有聞有傳聞有見三世有聞四世有傳聞五世故定哀昭君子之所見也襄成文宣君子之所聞也僖閔莊桓隱君子之所傳聞也所見六十一年所聞八十五年所傳聞九十六年春秋繁露

子曰吾道不行矣吾何以自見於後世哉乃因史記作春秋上至隱公下訖哀公十四年十二公據魯親周故殷運之三代約其文辭而指博故吳楚之君自稱王而春秋貶之曰子踐土之會實召周天子而春秋諱之曰天王狩於

河陽推此類以繩當世貶損之義後有王者舉而開之春秋之義行則天下亂臣賊子懼焉孔子在位聽訟文辭有可與人共者弗獨有也至於爲春秋筆則筆削則削子夏之徒不能贊一辭史記孔子世家

春秋文成數萬其指數千萬物之聚散皆在春秋故有國者不可以不知春秋前有讒而不見後有賊而弗知爲人臣者不可以不知春秋守經事而不知其宜遭變事而不知其權史記自序

春秋之於王道是輕重之權衡曲直之繩墨也舍則無所

取衷矣文中子

春秋其以天道終乎故止於獲麟同上

春秋正王道明大法也孔子爲後世王者而修也亂臣賊子誅死者於前所以懼生者於後也通書

春秋孔子之刑書也皇極經世書

春秋爲君弱臣强而作故謂之名分之書同上

人言春秋非性命書非也至於書郊牛之口傷改卜牛又死猶三望此因魯事而貶之也聖人何容心哉無我故也豈非由性命而發言也同上

天之生民必有出類之才起而君長之治之而爭奪息導之而生養遂教之而倫理明然後人道立天道成地道平二帝而上聖賢世出隨時有作順乎風氣之宜不先天以開人各因時而立政暨乎三王迭興三重既備子丑寅之建正忠質文之更尚人道備矣天運周矣聖王既不復作有天下者雖欲倣古之跡亦私意妄爲而已事之繆秦至以建亥爲正道之悖漢專以智力持世豈復知先王之道也夫子當周之末以聖人不復作也順天應時之治不復有也於是作春秋爲百王不易之大法所謂考諸三王而

不謬建諸天地而不悖質諸鬼神而無疑百世以俟聖人而不惑者也先儒之傳曰游夏不能贊一辭辭不待贊也言不能與於斯耳斯道也惟顏子嘗聞之矣行夏之時乘殷之輅服周之冕樂則韶舞此其準的也後世以史視春秋謂褒善貶惡而已至於經世之大法則不知也春秋大義數十其義雖大炳如日星乃易見也惟其微辭隱義時措從宜者爲難知也或抑或縱或與或奪或進或退或微或顯而得乎義理之安文質之中寬猛之宜是非之公乃制事之權衡揆道之模範也夫觀百物然後識化工之神聚衆材然後知作室之用於一事一義而欲窺聖人之用心非上智不能也故學春秋者必優游涵泳默識心通然後能造其微也後王知春秋之義則雖德非禹湯尚可以法三代之治自秦而下其學不傳予悼夫聖人之志不明於後世也故作傳以明之俾後之人通其文而求其義得其意而法其用則三代可復也是傳也雖未能極聖人之蘊奧庶幾學者得其門而入矣伊川文集。春秋傳序

晉之乘

晉名春秋爲乘者取其善惡無不載孟子手音

乘者與於田賦乘馬之事因以爲名孟子注

莊公十六年王使虢公命曲沃伯以一軍爲晉侯春秋左氏傳

閔公元年晉侯作二軍同上

僖公二十七年作三軍同上

二十八年晉侯作三行以禦狄同上

三十一年晉蒐于清原作五軍以禦狄同上

文公六年晉蒐于夷舍二軍同上

成公三年晉作六軍同上

襄公十四年晉侯舍新軍禮也成國不過半天子之軍周爲六軍諸侯之大者三軍可也同上

楚之檮杌

楚謂春秋爲檮杌者、在紀惡而興善也。孟子手音

檮杌、嚚凶之類、興於記惡之戒、因以爲名。孟子注

檮杌、頑凶無儔匹之貌。春秋經傳集解

檮杌狀似虎、毫長三尺、人面虎足、猪牙、尾長丈八尺、能鬬不退。神異經

商之興也、檮杌次于丕山。其亡也、夷羊在牧。國語

顓頊有不才子、不可教訓、不知話言、告之則頑、舍之則嚚、傲很明德、以亂天常、天下之民謂之檮杌。春秋左氏傳

四書類考　卷十　述作　二十

先王居檮杌于四裔、以禦螭魅。春秋左氏傳○昭公九年

魯之春秋

春秋者、魯史記之名也。春秋經傳集解序

春秋以二始舉四時、記萬事之名。孟子注

春秋之名、經無所見、惟傳記有之。昭二年、韓起聘魯、見魯春秋。外傳晉語、司馬侯對晉悼公云、羊舌肸習於春秋。楚語申叔時論傅太子之法云、教之以春秋。所說皆在孔子之前、則知未修之時、舊有春秋之目。其名起遠、亦難得而詳。據周世法、則每國有史記、當同名春秋。春秋正義

按外傳申叔時、司馬侯乃是晉楚之人、其言皆云春秋、不

四書類考　卷十　述作　二十一

言乘與檮杌、然則春秋是其大名、晉楚私立別號、魯無別號、故守其本名。同上

晉語司馬侯曰、羊舌肸習於春秋。楚語申叔時曰、教之春秋。皆在孔子前、所謂乘、檮杌也、魯之春秋。韓起所見、公羊傳所云不修春秋也。困學紀聞

不修春秋、謂史記也。古者謂史記爲春秋。公羊傳解詁

不修春秋曰、雨星不及地尺而復。君子修之曰、霣星如雨。春秋公羊

昭公二年春、晉侯使韓宣子來聘、觀書於太史氏、見易象

與魯春秋曰周禮盡在魯矣吾乃今知周公之德與周之所以王也春秋左氏傳

定四年傳稱分魯公以備物典策則史官書策之法若發凡起例皆是周公制之周衰之後諸國典策各違舊章唯魯春秋遵此周公之典以序時事故云周禮盡在魯矣春秋正義

志

志記也孟子注

小史掌邦國之志奠繫世辨昭穆周官春官

志謂記也春秋傳所謂周志國語所謂鄭書之屬是也周官解詁

外史掌四方之志周官春官

志記也謂若魯之春秋晉之乘楚之檮杌周禮注

籍者借也借此簡書以記錄政事故曰籍。尚書正義
小行人掌邦國賓客之禮籍以待四方之使者令諸侯春入貢秋獻功王親受之各以其國之籍禮之。周官秋官
禮籍名位尊卑之書。周禮注
掌訝掌邦國之等籍以待賓客。周官秋官
等九儀之差數。周禮注

方策
方版也策簡也禮記注
聘禮若有故則卒聘束帛加書將命百名以上書於策不及百名書於方。儀禮
大事書之於策小事簡牘而已。春秋經傳集解序
單執一札謂之爲簡連編諸簡乃名爲策簡之所容一行字耳牘乃方版版廣於簡可以並容數行凡爲書字有多少一行可盡者書之於簡數行可盡者書之於方方所不容者乃書于策春秋正義

春秋策二尺四寸書之孝經策一尺二寸書之。孝經鉤命决
易詩書禮樂春秋策皆二尺四寸。孝經謙半之。論語八寸策者三分居一又謙焉鄭氏論語注序
策者簡也其制長二尺短者半之其次一長一短兩編下附。獨斷
古文篆書一簡八字。春秋左氏傳解義

版

版、戶籍也、周禮注

司民掌登萬民之數。自生齒以上。皆書於版。辨其國中、與其都鄙、及其郊野。異其男女。歲登下其死生。及三年大比。以萬民之數詔司寇。司寇及孟冬祀司民之日。獻其數于王。王拜受之。登于天府。內史司會冢宰貳之。以贊王治。周禮秋官

古者不料民而知其少多。司民協孤終。司商協名姓。司徒協旅。司寇協姦。牧協職。工協革。場協入。廩協出。是則少多

死生出入往來者。皆可知也。國語

小司寇孟冬祀司民。獻民數於王。王拜受之。以圖國用而進退之。及大比登民數。自生齒以上。登于天府。內史司會冢宰貳之。以制國用。周禮秋官

天府掌祖廟之守藏。與其禁令。若祭天之司民司祿而獻民數穀數則受而藏之。周官春官

四書類考卷十

四書類考卷二

大學類

士 儒

士講學道藝者也國語解

古者四民世事士之子恒爲士儀禮注

昔聖王之處士也使就閒燕令夫士羣萃而州處閒燕則父與父言義子與子言孝其事君者言敬其幼者言悌少而習焉其心安焉不見異物而遷焉是故其父兄之教不肅而成其子弟之學不勞而能夫是故士之子恒爲士國語

儒學者之稱論語集註

儒之言優也和也言能安人能服人也經典釋文

太宰之職以九兩繫邦國之民四曰儒以道得民周官天官

通天地人曰儒法言

大學

大學者大人之學也大學章句

聖希天賢希聖士希賢伊尹顏淵大賢也伊尹恥其君不爲堯舜一夫不得其所若撻于市顏淵不遷怒不貳過三月不違仁志伊尹之所志學顏子之所學過則聖及則賢不及則亦不失於令名周子通書志學篇

聖人之門其徒三千獨稱顏子爲好學夫詩書六藝三千子非不習而通也然則顏子所獨好者何學也學以至聖人之道也聖人可學而至與曰然學之道如何曰天地儲

精得五行之秀者爲人其本也眞而靜其未發也五性具焉曰仁義禮智信形既生矣外物觸其形而動於中矣其中動而七情出焉曰喜怒哀樂愛惡欲情既熾而益蕩其性鑿矣是故覺者約其情使合於中正其心養其性故曰性其情愚者則不知制之縱其情而至於邪僻梏其性而亡之故曰情其性凡學之道正其心養其性而已中正而誠則聖矣君子之學必先明諸心知所往然後力行以求至所謂自明而誠也故學必盡其心盡其心則知其性知其性反而誠之聖人也故洪範曰思曰睿睿作聖誠之之

道在乎信道篤信道篤則行之果行之果則守之固仁義
忠信不離乎心造次必於是顛沛必於是出處語默必於
是久而弗失則居之安動容周旋中禮而邪僻之心無自
生矣故顔子所事則曰非禮勿視非禮勿聽非禮勿言非
禮勿動仲尼稱之則曰得一善則拳拳服膺而弗失之矣
又曰不遷怒不貳過有不善未嘗不知知之未嘗復行也
此其好之篤學之之道也視聽言動皆禮矣所異於聖人
者蓋聖人則不思而得不勉而中從容中道顔子則必思
而後得必勉而後中故曰顔子之與聖人相去一息孟子

曰充實而有光輝之謂大大而化之之謂聖聖而不可知
之謂神顔子之德可謂充實而有光輝矣所未至者守之
也非化之也以其好學之心假之以年則不日而化矣故
仲尼曰不幸短命死矣蓋傷其不得至於聖人也所謂化
之者入於神而自然不思而得不勉而中之謂也孔子曰
七十而從心所欲不踰矩是也或曰聖人生而知之者也
今謂可學而至其有稽乎曰然孟子曰堯舜性之也湯武
反之也性之者生而知之者也反之者學而知之者也又
曰孔子則生而知也孟子則學而知也後人不達以謂聖

本生知非學可至而爲學之道遂失不求諸己而求諸外
以博聞强記巧文麗辭爲工榮華其言鮮有至於道者則
今之學與顔子所好異矣伊川文集　○　顔子所好何學論

忠信所以進德脩辭立其誠所以居業者乾道也敬以直
內義以方外者坤道也程氏遺書

內積忠信所以進德也擇言篤志所以居業也知至至之
致知也求知所至而後至之知之在先故可與幾所謂始
條理者知之事也知終終之力行也既知所終則力進而
終之守之在後故可與存義所謂終條理者聖之事也此

學之始終也伊川易傳

敬義夾持直上達天德自此程子遺書

學者不必遠求近取諸身只明人理敬而已矣便是約處
易之乾卦言聖人之學坤卦言賢人之學惟言敬以直內
義以方外敬義立而德不孤至於聖人亦止如是更無別
途穿鑿繫累自非道理故有道有理天人一也更不分別
浩然之氣乃吾氣也養而不害則塞乎天地一爲私心所
蔽則欿然而餒却甚小也思無邪無不敬只此二句循而
行之安得有差有差者皆由不敬不正也同上

聖可學乎曰可有要乎曰有請問焉曰一爲要一者無欲也無欲則靜虛動直靜虛則明明則通動直則公公則溥明通公溥庶矣乎 周子通書

所謂定者動亦定靜亦定無將迎無內外苟以外物爲外牽己而從之是以己性爲有內外也且以性爲隨物於外則當其在外時何者爲在內是有意於絶外誘而不知性之無內外也既以內外爲二本則又烏可遽語定哉夫天地之常以其心普萬物而無心聖人之常以其情順萬事而無情故君子之學莫若廓然而大公物來而順應易曰

貞吉悔亡憧憧往來朋從爾思苟規規於外誘之除將見滅於東而生於西也非惟日之不足顧其端無窮不可得而除也人之情各有所蔽故不能適道大率患在於自私而用智自私則不能以有爲爲應迹用智則不能以明覺爲自然今以惡外物之心而求照無物之地是反鑑而索照也易曰艮其背不獲其身行其庭不見其人孟氏亦曰所惡於智者爲其鑿也與其非外而是內不若內外之兩忘也兩忘則澄然無事矣無事則定定則明尚何應物之爲累哉聖人之喜以物之當喜聖人之怒以物之當怒是聖人之喜怒不繫於心而繫於物也是則聖人豈不應於物哉烏得以從外者爲非而更求在內者爲是也今以自私用智之喜怒而視聖人喜怒之正爲何如哉夫人之情易發而難制者惟怒爲甚第能於怒時遽忘其怒而觀理之是非亦可以見外誘之不足惡而於道亦思過半矣 明道文集

存養

涵養須用敬程氏遺書

誠則無不敬未至於誠則敬然後誠二程粹言

入道莫如敬未有能致知而不在敬者今人操心不定視心如寇賊而不可制不是事累心乃是心累事當知天下無一物是合少得者不可惡也程氏遺書

呂與叔嘗言患思慮多不能驅除明道曰此正如破屋中禦寇東面一人來未逐得西面又一人至矣左右前後驅逐不暇蓋其四面空疎盜固易入無緣作得主定又如虛器入水水自然入若以一器實之以水置之水中水何能入來蓋中有主則實實則外患不能入自然無事近思錄

學者先務固在心志有謂欲屏去聞見知思則是絕聖棄智有欲屏去思慮則是須坐禪入定如明鑑在此萬物畢照是鑑之常難爲使之不照人心不能不交萬物亦難爲使之不思慮若欲免此惟是心有主如何爲主敬而已矣有主則虛虛謂邪不能入無主則實實謂物來奪之今夫瓶罌有水實內則雖江海之浸無所能入安得不虛無水於內則停注之水不可勝注安得不實大凡人心不可二

用用於一事則他事更不能入者事爲之主也事爲之主尚無思慮紛擾之患若主於敬又焉有此患乎所謂敬者主一之謂敬所謂一者無適之謂一且欲涵泳主一之義一則無二三矣言敬無如聖人之言易所謂敬以直內義以方外須是直內乃是主一之義程氏遺書

或問程子言有主則實又曰有主則虛何也朱子曰此只是有主於中外邪不能入自其有主於中言之則謂之實自其外邪不入言之則謂之虛近思錄集解

嚴威儼恪非敬之道但致敬須自此入程氏遺書

閑邪則固一矣然主一則不消言閑邪有以一爲難見不可下工夫如何一者無他只是整齊嚴肅則心便一一則自是無非僻之干此意但涵養久之則天理自然明同上

敬而無失便是喜怒哀樂未發謂之中敬不可謂中但敬而無失卽所以中也同上

致知

涵養須用敬進學則在致知程氏遺書

凡一物上有一理須是窮致其理窮理亦多端或讀書講明義理或論古今人物别其是非或應接事物而處其當皆窮理也同上

或問格物須物物格之還只格一物而萬理皆知曰怎得便會貫通若只格一物便通衆理雖顔子亦不敢如此道便是今日格一件明日又格一件積習既多然後脱然自有貫通處同上

所務於窮理者非道須窮盡了天下萬物之理又不道是窮得一理便到只是要積累多後自然見去同上

問觀物察己還因見物反求諸身否曰不必如此説物我一理纔明彼卽曉此此合内外之道也同上

君子學以聚之問以辨之周易文言傳

彊勉學問則聞見博而知益明漢書董仲舒傳

博學於文者只要得習坎心亨蓋人經歷險阻艱難然後其心亨通張子文集

天在山中大畜君子以多識前言往行以畜其德周易象上傳

人之蘊畜由學而大在多聞前古聖賢之言與行考跡以觀其用察言以求其心識而得之以畜成其德乃大畜之義也程子易傳

聞見如登九層之臺二程遺書

學者先要會疑二程外書

善問者如攻堅木先其易者後其節目及其久也相說以解不善問者反此禮記學記

洪範曰思曰睿睿作聖無思本也思通用也幾動於彼誠

動於此無思而無不通爲聖人不思則不能通微不睿則不能無不通是則無不通生於通微通微生於思故思者聖功之本而吉凶之機也周子通書

致思如掘井初有渾水久後稍引動得清者出來人思慮始皆溷濁久自明快二程遺書

問如何是近思曰以類而推同上

義理有疑則濯去舊見以來新意心中有所開卽便劄記不思則還塞之矣張子文集

思之思之又重思之思而不通鬼神將通之非鬼神之力

也精誠之極也管子
未知立心惡思多之致疑旣知所立惡講治之不精講治
致思莫非術內雖勤而何厭所以急於可欲者求立吾心
於不疑之地然後若決江河以利吾往遜此志務時敏厥
脩乃來故雖仲尼之才之美然且敏以求之今持不遜之
資而欲徐徐以聽其自適非所聞也横渠文集

力行

非知之艱行之惟艱尚書說命中
君子乾乾不息於誠然必懲忿窒慾遷善改過而後至乾
之用其善是損益之大莫是過聖人之旨深哉吉凶悔吝
生乎動噫吉一而已動可不慎乎周子通書
是故履德之基也謙德之柄也復德之本也恒德之固也
損德之脩也益德之裕也困德之辨也井德之地也巽德
之制也履和而至謙尊而光復小而辨於物恒雜而不厭
損先難而後易益長裕而不設困窮而通井居其所而遷

巽稱而隱履以和行謙以制禮復以自知恒以一德損以
遠害益以興利困以寡怨井以辨義巽以行權周易繫辭
下傳
人之視最先非禮而視則所謂開眼便錯了次聽次言次
動有先後之序人能克己則心廣體胖仰不愧俯不怍其
樂可知有息則餒矣二程外書
心兮本虛應物無迹操之有要視爲之則蔽交於前其中
則遷制之於外以安其內克己復禮久而誠矣伊川文集
四箴

人有秉彝本乎天性知誘物化遂亡其正卓彼先覺知止有定閑邪存誠非禮勿聽 同上

人心之動因言以宣發禁躁妄內斯靜專矧是樞機興戎出好吉凶榮辱惟其所召傷易則誕傷煩則支己肆物忤出悖來違非法不道欽哉訓辭 同上

哲人知幾誠之於思志士厲行守之於為順理則裕從欲惟危造次克念戰兢自持習與性成聖賢同歸 同上

北方之學

大抵南北所為章句好尚互有不同南人約簡得其英華北學深蕪窮其枝葉考其始終要其會歸其立身成名殊方同致矣 北史儒林傳

褚季野語孫安國曰北人學問淵綜廣博孫答曰南人學問清通簡要支道林聞之曰聖賢固所忘言自中人以還北人看書如顯處視月南人學問如牖中窺日 世說新語

支所言但譬成孫褚之理也然則學廣則難周難周則識闇故如顯處視月學寡則易覈易覈則智明故如牖中窺日也 世說新語注

言行

言出乎身加乎民行發乎邇見乎遠言行君子之樞機樞機之發榮辱之主也言行君子之所以動天地也可不愼乎周易繫辭上傳

子曰君子不失足於人不失色於人不失口於人是故君子貌足畏也色足憚也言足信也甫刑曰敬忌而罔有擇言在躬禮記表記

子曰王言如絲其出如綸王言如綸其出如綍故大人不倡游言可言也不可行君子弗言也可行也不可言君子弗行也則民言不危行而行不危言矣詩云淑愼爾止不僭于儀禮記緇衣

子曰君子道人以言而禁人以行故言必慮其所終而行必稽其所敝則民謹於言而愼於行詩云愼爾出話敬爾威儀大雅曰穆穆文王於緝熙敬止同上

子曰言有物而行有格也是以生則不可奪志死則不可奪名故君子多聞質而守之多志質而親之精知畧而行之君陳曰出入自爾師虞庶言同詩云淑人君子其儀一也同上

子曰苟有車必見其軾苟有衣必見其敝人苟或言之必聞其聲苟或行之必見其成葛覃曰服之無斁同上

子曰言從而行之則言不可飾也行從而言之則行不可飾也故君子寡言而行以成其信則民不得大其美而小其惡同上

非先王之法服不敢服非先王之法言不敢道非先王之德行不敢行是故非法不言非道不行口無擇言身無擇行言滿天下無口過行滿天下無怨惡三者備矣然後能守其宗廟蓋卿大夫之孝也孝經

風自火出家人君子以言有物而行有恒周易象下傳

文所以載道也輪轅飾而人弗庸徒飾也况虚車乎文辭藝也道德實也篤其實而藝者書之美則愛愛則傳焉賢者得以學而至之是爲敎故曰言之無文行之不遠然不賢者雖父兄臨之師保勉之不學也强之不從也不知務道德而第以文辭爲能者藝焉而已噫弊也久矣周子通書

人聲之精者爲言文辭之於言又其精也昌黎集

隱見　進退　仕止久速　行藏

隱微也。爾雅釋詁

由潛離隱故曰見。周易注

初九曰潛龍勿用何謂也子曰龍德而隱者也不易乎世不成乎名遯世无悶不見是而无悶樂則行之憂則違之確乎其不可拔潛龍也周易文言傳

君子以成德為行日可見之行也潛之為言也隱而未見行而未成是以君子弗用也同上

在易蠱之上九云不事王侯高尚其事蹇之六二則曰王臣蹇蹇匪躬之故夫不以所居之時不一而所蹈之德不同也若蠱之上九居無用之地而致匪躬之節以蹇之六二在王臣之位而高不事之心則冒進之患生曠官之刺興志不可則而尤不終無也韓愈爭臣論

自古聖人賢士皆非有求於聞用也閔其時之不平人之不乂得其道不敢獨善其身而必以兼濟天下也孜孜矻矻死而後已故禹過家門不入孔席不暇暖而墨突不得黔彼二聖一賢者豈不知自安佚之為樂哉誠畏天命而悲人窮也夫天授人以賢聖才能豈使自有餘而已誠欲以補其不足者也耳目之於身也耳司聞而目司見聽其是非視其險易然後身得安焉聖賢者時人之耳目也時人者聖賢之身也同上

四書類考卷十一

四書類考卷十二

小道類

小道

御 僕 執 綏 策 執輿 升 式 下

蓍龜

著

龜 蔡

夢

禎祥

妖孽

祝

巫

醫

藥

農夫

農時 耕 播種 耰 芸 耔

百畝之糞

耒耜 鎡基 蓧 蕢

圃 夏畦 場師

商賈

博奕

小道

凡執技以事上者祝史射御醫卜及百工禮記王制

凡執技以事上者不貳事不移官出鄉不與士齒仕於家者出鄉不與士齒同上

凡執技論力適四方贏股肱決射御同上

樂者非謂黃鐘大呂弦歌干揚也樂之末節也故童者舞之鋪筵席陳尊俎列籩豆以升降爲禮者禮之末節也故有司掌之樂師辨乎聲詩故北面而弦宗祝辨乎宗廟之禮故後尸喪祝辨乎喪禮故後主人是故德成而上藝成而下行成而先事成而後是故先王有上有下有先有後然後可以有制於天下也禮記樂記

御僕　執綏　策　執輿　升　式　下

御使馬也許氏說文

保氏掌諫王惡而養國子以道乃教之六藝四曰五馭周禮地官

五馭鳴和鸞逐水曲過君表舞交衢逐禽左周禮注

在軾曰和在鑣曰鸞詩毛傳○蓼蕭

鸞在衡和在軾皆以金爲鈴周禮注

升車則馬動馬動則鸞鳴鸞鳴則和應韓詩說見周禮疏

君子在車則聞鸞和之聲禮記玉藻

凡馭路行以肆夏趨以采薺凡馭路儀以鸞和爲節周禮夏官

居則習禮文行則鳴佩玉升車則聞和鸞之聲是以非僻之心無自入也在衡爲鸞在軾爲和馬動而鸞鳴鸞鳴而和應聲曰和和則敬此御之節也上車以和鸞爲節下車以佩玉爲度大戴禮保傅篇

逐水曲者謂御車隨逐水勢之屈曲而不墜水也周禮疏

表所以識正行列也周禮注

虞人萊所田之野爲表百步則一爲三表又五十步爲一

表周禮夏官大司馬
田者大芟草以爲防或舍其中褐纏旃以爲門裘纏質以爲槸間容握驅而入擊則不得入詩毛傳
艾蘭以爲防置旃以爲轅門以葛覆質以爲槷流旁握御轚者不得入車軌塵馬候蹄揜禽旅御者不失其馳然後射者能中春秋穀梁傳昭公八年
舞交衢者衢道也謂御車在交道車旋應於舞節周禮疏
逐禽左者謂御驅逆之車逆驅禽獸使左當人君以射之人君自左射同上

善御馬者正銜勒齊轡筴均馬力和馬心故口無聲手不搖筴不用而馬爲行也大戴禮盛德
造父之御齊輯之于轡銜之際而急緩之于脣吻之和正度于胸臆之中而執節于掌握之間內得于心中外合于馬志是故能進退履繩而旋曲中規取道致遠而氣力有餘誠得其術也淮南子主術訓
僕即御車者也周禮諸僕皆用大夫士禮記正義
凡僕人之禮必授人綏若僕者降等則受不然則否若僕者降等則撫僕之手不然則自下拘之禮記曲禮上

綏所以引升車者儀禮注
僕者右帶劍負良綏申之面拖諸幦以散綏升執轡然後步禮記少儀○幦音覓
綏制當是以索爲環兩頭相屬故負之者得以如環處自左腋下過前後各上至背則合而出於右腋之中以申於前而自車下撇於幦上君升則還身向後復以覆幦如環處授君使君得以兩手執之而升也儀禮經傳通解
僕於君子君子升下則授綏始乘則式君子下行然後還立禮記少儀

僕御婦人則進左手後右手御國君則進右手後左手而俯禮記曲禮上
君車將駕則僕執策立于馬前已駕僕展軨效駕奮衣由右上取貳綏跪乘執策分轡驅之五步而立君出就車則僕并轡授綏左右攘辟車驅而騶至於大門君撫僕之手而顧命車右就車門閭溝渠必步同上○辟音避
策馬杖也僕執杖監駕立馬前恐馬奔逸也展眡也軨謂轄頭楷也車行由轄故具眡之效白也僕監眡駕竟而入白君也僕人白駕竟先出就車於車後自振其衣去塵從

右邊升上辟君空位也綏登車索綏有二一是正綏擬君之升一是散綏擬僕右之升故僕振衣畢取副綏而升也跪乘者僕先試車未敢依常而立故跪乘以爲敬也五步而立者跪而驅馬以行五步即止而倚立以待君出蓋跪以見敬而立則調試之也君出就車則僕并六轡及策置右手中左手取正綏轉身向後引君上也辟遠也君已上車車欲進行則左右侍駕陪位諸臣皆遷卻以避君使不妨車行也禮記正義

正綏少儀所謂良綏貳綏少儀所謂散綏禮記解

執君之乘車則坐禮記少儀

大馭掌馭玉路以祀周禮夏官

戎僕掌馭戎車掌王倅車之政正其服同上

戎車革路也禮記注

齊僕掌馭金路以賓朝覲宗遇饗食皆乘金路其法儀各以其等爲車送逆之節周禮夏官

道僕掌馭象路以朝夕燕出入掌貳車之政令同上

田僕掌馭田路以田以鄙掌佐車之政同上

田路木路也周禮注

隸僕王行洗乘石周禮夏官

乘石王登車之石也詩云有扁斯石履之卑兮周官解詁

王后出入之禮與王同其行登車亦履石詩鄭箋

爲君尸者乘必以几禮記曲禮上

昏禮婦乘以几儀禮

乘以几者尚安舒也儀禮注

謂登車時也儀禮疏

乘車君皆在左若兵戎革路則君在中央御者居左禮記正義

自非元帥御者皆在中將在左春秋經傳集解

乘車之禮君處左車右處右僕處中故造車者必慎於左考工記所謂終日馳騁左不楗也器物不敢措之於左月令所謂載耒耜於參保介之御間是也後世虛左以迎皆古之遺制耳此乘車爲然兵車則御者在左戎右在右將帥居中昔晉伐齊郤克將中軍解張御鄭緩爲右解張曰自始合而矢貫余手及肘余折以御左輪朱殷傷手而血殷左輪則御在車左矣此將帥所乘也士卒所乘則左人持弓右人持矛中人御故書戒左不攻于左右不攻于右

御非其馬之正言左右而又言御則御在中可知也左傳僖公三十三年秦師過周北門左右免冑而下言左右下則御在中不下可知也宣公十二年楚樂伯曰致師者左射以菆是左人執弓也成公十六年欒鍼爲晉侯右曰寡君使鍼持矛焉哀公二年衛太子爲簡子右禱曰蒯聵不敢自佚備持矛焉是右人持矛也蓋御無定位右有常處故將帥車則御在左士卒車則御居中右人之持矛雖將帥士卒之車不同而所居常在右所職常持矛也此三人乘車之法也陳氏禮書

國君不乘奇車車上不廣欬不妄指立視五巂式視馬尾顧不過轂禮記曲禮上

道路男子由右女子由左車從中央禮記王制

國君以策彗卹勿驅塵不出軌禮記曲禮上

坐乘以經坐之容手撫式視五旅欲無顧顧不過轂小禮動中禮式大禮下坐車之容也立乘以經立之容右持綏而左臂詘存劍之緯欲無顧顧不過轂小禮據中禮式大禮下立車之容也禮介者不拜兵車不式不顧不言反抑式以應武容也兵車之容也新書容經

道右詔王之車儀王式則下前馬王下則以蓋從周禮夏官

式者車上之橫木男子立乘有所敬則俯而憑式遂以式爲敬名書正義

式謂俯下頭也禮記正義

國君下宗廟式齊牛大夫士下公門式路馬禮記曲禮上

爲君尸者大夫士見之則下之君知所以爲尸者則自下之尸必式同上

故君子式黃髮下卿位入國不馳入里必式同上

祥車曠左乘君之乘車不敢曠左左必式同上

乘路馬必朝服載鞭策不敢授綏左必式同上

大僕王出入則自左馭而前驅周禮夏官

乘貳車則式佐車則否禮記少儀

貳車佐車皆副車也朝祀之副曰貳戎獵之副曰佐禮記注

貳車者諸侯七乘上大夫五乘下大夫三乘禮記少儀

馭夫掌馭貳車從車使車分公馬而駕治之周禮夏官

貳車象路之副也從車戎路田路之副也使車驅逆之車

周禮注

武車不式禮記少儀

兵車不式禮記曲禮上

武車言其道戎車言其事兵車言其器革車言其飾禮記解

國君撫式大夫下之大夫撫式士下之禮記曲禮上

蓍龜

龜爲卜筴爲筮卜筮者先聖王之所以使民信時日敬鬼神畏法令也所以使民決嫌疑定猶與也故曰疑而筮之則弗非也日而行事則必踐之禮記曲禮上○筴或爲蓍

龜陰之老也蓍陽之老也禮雜記逸文見白虎通義

稽疑擇建立卜筮人乃命卜筮曰雨曰霽曰蒙曰驛曰克曰貞曰悔凡七卜五占用二衍忒立時人作卜筮三人占則從二人之言汝則有大疑謀及乃心謀及卿士謀及庶人謀及卜筮汝則從龜從筮從卿士從庶民從是之謂大

同身其康強子孫其逢吉汝則從龜從筮從卿士逆庶民逆吉卿士從龜從筮從汝則逆庶民逆吉庶民從龜從筮從汝則逆卿士逆吉汝則從龜從筮逆卿士逆庶民逆作內吉作外凶龜筮共違于人用靜吉用作凶尚書洪範

凡卜筮日旬之外曰遠某日旬之內曰近某日喪事先遠日吉事先近日外事以剛日內事以柔日曰爲日假爾泰龜有常假爾泰筮有常卜筮不過三卜筮不相襲禮記曲禮上

子言之昔三代明王皆事天地之神明無非卜筮之用不

敢以其私褻事上帝是故不犯日月不違卜筮卜筮不相襲也大事有時日小事無時日有筮外事用剛日內事用柔日不違龜筮 禮記表記

子曰大人之器威敬天子無筮諸侯有守筮天子道以筮諸侯非其國不以筮卜宅寢室天子不卜處太廟 同上

子曰君子敬則用祭器是以不廢日月不違龜筮以敬事其君長是以上不瀆於民下不褻於上 同上

昔者聖人建陰陽天地之情立以爲易易抱龜南面天子卷冕北面雖有明知之心必進斷其志焉示不敢專以尊天也善則稱人過則稱己教不伐以尊賢也 禮記祭義

子曰善則稱人過則稱己則民不爭善則稱人過則稱己則怨益亡詩云爾卜爾筮履無咎言 禮記坊記

子曰善則稱人過則稱己則民讓善詩云考卜惟王宅是鎬京惟龜正之武王成之 同上

子曰南人有言曰人而無恒不可以爲卜筮古之遺言與龜筮猶不能知也而況于人乎詩云我龜既厭不我告猶 禮記緇衣

龜象也筮數也物生而後有象象而後有滋滋而後有數

春秋左氏傳 僖公十五年

著

昔者聖人之作易也幽贊于神明而生蓍周易說卦傳

天下和平王道得而蓍莖長丈其叢生滿百莖史記龜策傳

蓍之爲言耆也白虎通義

天子蓍長九尺諸侯七尺大夫五尺士三尺禮三正記

大衍之數五十其用四十有九分而爲二以象兩掛一以象三揲之以四以象四時歸奇于扐以象閏五歲再閏故再扐而後掛乾之策二百一十有六坤之策百四十有四凡三百有六十當期之日二篇之策萬有一千五百二十當萬物之數也是故四營而成易十有八變而成卦八卦而小成引而伸之觸類而長之天下之能事畢矣周易繫辭上傳

簭人掌三易以辨九簭之名一曰連山二曰歸藏三曰周易九簭之名一曰巫更二曰巫咸三曰巫式四曰巫目五曰巫易六曰巫比七曰巫祠八曰巫參九曰巫環以辨吉凶凡國之大事先簭而後卜上春相簭凡國事共簭周禮春官

陳厲公生敬仲其少也周史有以周易見陳侯者陳侯使筮之遇觀之否曰是爲觀國之光利用賓于王此其代陳有國乎不在此其在異國非此其身在其子孫光遠而自他有耀者也坤土也巽風也乾天也風爲天於土上山也有山之材而照之以天光於是乎居土上故曰觀國之光利用賓于王庭實旅百奉之以玉帛天地之美具焉故曰利用賓于王猶有觀焉故曰其在後乎風行而著於土故曰其在異國乎若在異國必姜姓也姜太嶽之後也山嶽則配天物莫能兩大陳衰此其昌乎春秋左氏傳。莊公二十二年

成季之將生也桓公使卜楚丘之父卜之又筮之遇大有之乾曰同復于父敬如君所同上。閔公二年

初畢萬筮仕於晉遇屯之比辛廖占之曰吉屯固比入其必蕃昌震爲土車從馬足居之兄長之母覆之衆歸之六體不易合而能固安而能殺公侯之卦也公侯之子孫必復其始同上。閔公元年

秦伯伐晉卜徒父筮之吉涉河徒車敗詰之對曰乃大吉也三敗必獲晉君其卦遇蠱曰千乘三去三去之餘獲其雄狐夫狐蠱必其君也蠱之貞風也其悔山也歲云秋矣

我落其實而取其材所以克也實落材亡不敗何待 同上

○僖公十五年

初晉獻公筮嫁伯姬於秦遇歸妹之睽史蘇占之曰不吉其繇曰士刲羊亦無衁也女承筐亦無貺也西鄰責言不可償也歸妹之睽猶無相也震之離亦離之震爲雷爲火爲嬴敗姬車說其輹火焚其旗不利行師敗于宗丘歸妹睽孤寇張之弧姪其從姑六年其逋逃歸其國而弃其家明年其死於高梁之墟 同上

秦伯召公子於楚公子親筮之得貞屯悔豫皆八也筮史占之皆曰不吉閉而不通爻無爲也司空季子曰吉是在易皆利建侯不有晉國以輔王室安能建侯我命筮曰尚有晉國筮告我曰利建侯得國之務也吉孰大焉震車也坎水也坤土也屯厚也豫樂也車班外內順以訓之泉原以資之土厚而落其實不有晉國何以當之震雷也車也坎勞也水也衆也主雷與車而尚水與衆車有震武也衆而順文也文武具厚之至也故曰屯其繇曰元亨利貞勿

用有攸往利建侯主震雷長也故曰元衆而順嘉也故曰亨內有震雷故利貞車上水下必伯小事不濟壅也故曰勿用有攸往一夫之行也衆順而有武威故曰利建侯坤母也震長子也母老子彊故曰豫其繇曰利建侯行師居樂出威之謂也是二者得國之卦也 國語

董因迎公於河公問曰吾其濟乎對曰臣筮之得泰之八曰是謂天地配亨小往大來今及之矣何不濟之有 同上

秦伯師于河上將納王狐偃言于晉侯曰求諸侯莫如勤王筮之遇大有之睽曰吉遇公用享于天子之卦戰克而王饗吉孰大焉且是卦也天爲澤以當日天子降心以逆公不亦可乎大有去睽而復亦其所也 春秋左氏傳○僖

公二十五年

穆姜薨於東宮始往而筮之遇艮之八史曰是謂艮之隨隨其出也君必速出姜曰亡是於周易曰隨元亨利貞无咎元體之長也亨嘉之會也利義之和也貞事之幹也體仁足以長人嘉會足以合禮利物足以和義貞固足以幹事然故不可誣也是以雖隨无咎今我婦人而與於亂固在下位而有不仁不可謂元不靖國家不可謂亨作而害身不可謂利弃位而姣不可謂貞有四德者隨而無咎我皆無之豈隨也哉我則取惡能無咎乎必死於此弗得出

矣同上。襄公九年

齊棠公之妻東郭偃之姊也棠公死偃御武子以弔焉見棠姜而美之使偃取之偃曰不可武子筮之遇困之大過史皆曰吉示陳文子文子曰夫從風風隕妻不可娶也且其繇曰困于石據于蒺藜入于其宮不見其妻凶困于石往不濟也據于蒺藜所恃傷也入于其宮不見其妻凶無所歸也同上。襄公二十五年

初穆子之生也莊叔以周易筮之遇明夷之謙以示卜楚邱曰是將行而歸爲子祀以讒人入其名曰牛卒以餒死

明夷日也日之數十故有十時亦當十位自王以下其二爲公其三爲卿日上其中食日爲二旦日爲三明夷之謙明而未融其當旦乎故曰爲子祀日之謙當鳥故曰明夷于飛明而未融故曰垂其翼象日之動故曰君子于行當三在旦故曰三日不食離火也艮山也離爲火火焚山山敗於人爲言敗言爲讒故曰有攸往主人有言言必讒也純離爲牛世亂讒勝勝將適離故曰其名爲牛謙不足飛不翔垂不峻翼不廣故曰其爲子後乎吾子亞卿也抑少不終同上。昭公五年

衛襄公夫人姜氏無子嬖人婤姶生孟縶晉韓宣子爲政聘于諸侯之歲婤姶生子名之曰元孟縶之足不良弱行孔成子以周易筮之曰元尚享衛國主其社稷遇屯又曰余尚立縶尚克嘉之遇屯之比以示史朝史朝曰元亨又何疑焉成子曰非長之謂乎對曰孟非人也將不列於宗不可謂長且其繇曰利建侯嗣吉何建建非嗣也二卦皆云子其建之同上。昭公七年

南蒯之將叛也枚筮之遇坤之比曰黃裳元吉以爲大吉也示子服惠伯曰卽欲有事何如惠伯曰吾嘗學此矣忠

信之事則可不然必敗外彊內溫忠也和以率貞信也故曰黃裳元吉黃中之色也裳下之飾也元善之長也中不忠不得其色下不共不得其飾事不善不得其極外內倡和爲忠率事以信爲共供養三德爲善非此三者弗當且夫易不可以占險將何事也且可飾乎中美能黃上美爲元下美則裳參成可筮猶有闕也筮雖吉未也同上（昭公十二年

晉趙鞅卜救鄭陽虎以周易筮之遇泰之需曰宋方吉不可與也微子啓帝乙之元子也宋鄭甥舅也祉祿也若帝

乙之元子歸妹而有吉祿。我安得吉焉。乃止。同上。哀公九年

龜筮

龜之爲言久也。白虎通義

天子龜長一尺二寸。諸侯一尺。大夫八寸。士六寸。禮三正記

龜人掌六龜之屬。各有名物。天龜曰靈屬。地龜曰繹屬。東龜曰果屬。西龜曰靁屬。南龜曰獵屬。北龜曰若屬。各以其方之色與其體辨之。周官春官

龜俯者靈。仰者謝。前弇諸果。後弇諸獵。左倪不類。右倪不若。爾雅釋魚

天龜法天。故向下而俯。地龜法地。故向上而仰。東南陽方。故東龜甲向前長而前弇。南龜甲向後長而後弇。西北陰方。故不能長前後。西龜頭向左。北龜頭向右。如相睥睨然。不類仰畱不若仰若也。周禮疏

凡取龜用秋時。攻龜用春時。各以其物入于龜室。春官龜人

龜有六室。各入于一室。以蓍龜歲易。秋取春攻。訖卽易去前龜也。周禮疏

天時四時之龜歲易。若大寶龜。非常用者不常易。同上

卜師掌開龜之四兆一曰方兆二曰功兆三曰義兆四曰弓兆 周禮春官

將卜則開龜之下體去其外甲而存其下甲有橫直之文者以卜也其下甲有直文者所以分左右陰陽也橫有五文分十二位者象五行與辰次也其上下不可以爲兆可開而爇者左右各二故曰四兆 禮記中義

凡卜辨龜之上下左右陰陽以授命龜者而詔相之 卜師

以邦事作龜之八命一曰征二曰象三曰與四曰謀五曰果六曰至七曰雨八曰瘳 太卜

征謂巡守也 周禮注

象謂災變雲物如衆赤烏之屬有所象似易曰天垂象見吉凶春秋傳天事恒象是也 周官解詁

與謂所與共事也果謂以勇決爲之 周禮注

至謂至不也雨謂雨不也瘳謂疾瘳不也 馬官解詁

凡卜事眡高揚火以作龜致其墨 卜師

示位卜也揚猶熾也致其墨者孰灼之明其兆 周禮注

凡卜以明火爇燋遂歈其焌契以授卜師 菙氏

明火以陽燧取火于日 周官注

焌謂以契柱燋火而歛之也契既然以授卜師用作龜也 周禮注

古之灼龜取生荆枝及生堅木燒之斬斷以灼龜 史記索隱

太卜掌三兆之灋一曰玉兆二曰瓦兆三曰原兆其經兆之體皆百有二十其頌皆千有二百 周官春官

兆者灼龜發於火其形可占其象有玉瓦原之璺罅是用名之焉頌謂繇也三法體繇之數同其名占異耳百二十每體十繇體有五色又重之以墨坼也五色者洪範所謂

曰雨曰霽曰圛曰蟊曰尅 周禮注

經兆者謂龜之正經體謂龜之金木水火土龜兆有五而爲百二十者兆別爲二十四分也每體十繇故其頌千有二百 周禮疏

凡卜簭君占體大夫占色史占墨卜人占坼 占人

體兆象也色兆氣也墨兆廣也坼兆璺也體有吉凶色有善惡墨有大小坼有微明尊者視兆象而已卑者以次詳其餘也凡卜象吉色善墨大坼明則逢吉 周禮注

卜人定龜史定墨君定體 禮記玉藻

諸侯以龜爲寶。家不寶龜。禮記禮器

禹曰。枚卜功臣。惟吉之從。帝曰。禹。官占惟先蔽志。昆命于元龜。朕志先定。詢謀僉同。鬼神其依。龜筮協從。卜不習吉。尚書大禹謨

夏之衰也。褒人之神化爲二龍。以同于王庭而言曰。余褒之二君也。夏后卜殺之與去之與止之。莫吉。卜請其漦而藏之。吉。國語

西伯將出獵。卜之曰。所獲非龍非彲。非虎非羆。所獲霸王之輔。史記齊太公世家

考卜惟王。宅是鎬京。維龜正之。武王成之。詩大雅文王有聲

王乃徇師而誓曰。天其以予乂民。朕夢協朕卜。襲于休祥。戎商必克。尚書太誓中

王有疾弗豫。公乃自以爲功。乃卜三龜。一習吉。啟籥見書。乃并是吉。尚書金縢

成王定鼎于郟鄏。卜世三十。卜年七百。春秋左氏傳。宣公三年

三月戊申。太保朝至于洛。卜宅。厥既得卜。則經營。尚書召誥

周公拜手稽首曰。予惟乙卯。朝至于洛師。我卜河朔黎水。我乃卜澗水東。瀍水西。惟洛食。我又卜瀍水東。亦惟洛食。伻來以圖及獻卜。尚書洛誥

初懿氏卜妻敬仲。其妻占之曰。吉。是謂鳳皇于飛。和鳴鏘鏘。有嬀之後。將育于姜。五世其昌。並于正卿。八世之後。莫之與京。春秋左氏傳。莊公二十二年

獻公卜伐驪戎。史蘇占之曰。勝而不吉。公曰。何謂也。對曰。遇兆挾以銜骨。齒牙爲猾。戎夏交捽。交捽是交勝也。臣故云。國語

成季之將生也。桓公使卜楚丘之父卜之。曰。男也。其名曰友。在公之右。間于兩社。爲公室輔。季氏亡。則魯不昌。春秋左氏傳。閔公二年

初晉獻公欲以驪姬爲夫人。卜之不吉。筮之吉。卜人曰。筮短龜長。不如從長。且其繇曰。專之渝。攘公之羭。一薰一蕕。十年尚猶有臭。必不可。同上。僖公四年

惠公之在梁也。梁伯妻之。梁嬴孕過期。卜招父與其子卜之。其子曰。將生一男一女。招曰。然。男爲人臣。女爲人妾。同

卜。僖公十七年

秦伯師于河上、將納王、狐偃言於晉侯曰、求諸侯莫如勤王、使卜偃卜之、曰吉遇黃帝戰于阪泉之兆、同上。僖公二十五年

齊侯戒師期、而有疾、公閭之、卜曰、尚無及期、惠伯令龜、卜楚邱占之曰、齊侯不及期、非疾也、君亦不聞令龜有咎、同上。文公十八年

鄭皇耳帥師侵衛、孫文子卜追之、獻兆於定姜、姜氏問繇、曰、兆如山陵、有夫出征、而喪其雄、姜氏曰、征者喪雄、禦寇

之利也、同上。襄公十年

盧蒲癸王何卜攻慶氏、示子之兆、曰、或卜攻讎、敢獻其兆、子之曰、克見血、同上。襄公二十八年

慶封田于萊、陳無宇從、文子使召之、請曰、無宇之母疾病、請歸、慶季卜之、示之兆、曰死、奉龜而泣、乃使歸、同上

初靈王卜曰、余尚得天下、不吉、投龜詬天而呼曰、是區區者、而不余畀、余必自取之、同上。昭公十三年

晉趙鞅卜救鄭、遇水適火、占諸史趙、史墨、史龜、史龜曰、是謂沈陽、可以興兵、利以伐姜、不利子商、伐齊則可、敵宋不吉、史墨曰、盈水名也、子水位也、名位敵、不可干也、炎帝爲太師、姜姓其後也、水勝火、伐姜則可、史趙曰、是謂如川之滿、不可游也、鄭方有罪、不可救也、救鄭則不吉、不知其他、同上。哀公九年

王與葉公枚卜子良以爲令尹、沈尹朱曰、吉過於其志、葉公曰、王子而相國、過將何爲、他日改卜子國而使爲令尹、同上。哀公十七年

衛侯貞卜、其繇曰、如魚竀尾、衡流而方羊、裔焉大國、滅之將亡、闔門塞竇、乃自後踰、同上

元龜爲蔡、非四民所得居、漢書食貨志

蔡、國君之守龜、出蔡地、因以爲名焉、長尺有二寸、論語章句

大蔡、地名、元龜之所出、因名其龜、淮南子注

夢

夢寐而有覺也許氏說文

夢者人精神所寤可占者周禮注

寤形開而志交諸外也夢形閉而氣專於內也寤所以知新于耳目寐所以緣舊于習心醫謂饑夢取飽夢與凡寤寐所感專語氣於五藏之變各有取焉爾正蒙動物篇

太卜掌三夢之法一曰致夢二曰觭夢三曰咸陟周禮春官

夢出於有所因故曰致孔子之夢周公是也一仰一俯爲觭觭夢蓋怪異之夢趙簡子夢童子倮而轉以歌魯聲伯夢泣而珠盈懐是也無心感物謂之咸陟升也精神上與鬼神通高宗之夢傳說是也周禮解義

占夢掌其歲時觀天地之會辨陰陽之氣以日月星辰占六夢之吉凶一曰正夢二曰噩夢三曰思夢四曰寤夢五曰喜夢六曰懼夢周禮春官

正夢無所感動平安自夢杜子春云噩當爲驚愕之愕謂驚愕而夢思夢覺時所思念之而夢寤夢覺時道之而夢喜夢喜悅而夢懼夢恐懼而夢周禮注

季冬聘王夢獻吉夢于王王拜而受之乃舍萌于四方以贈惡夢遂令始難毆疫周禮春官

舍讀爲釋舍萌猶釋菜也萌菜始生也贈送也欲以新善去故惡令令方相氏也周禮注

禎祥

禎祥、吉之萌兆、禮記正義

國本有今異曰禎本無今有曰祥、同上

保章氏掌天星以志星辰日月之變動以觀天下之遷。辨其吉凶以星土辨九州之地所封封域皆有分星以觀妖祥以十有二歲之相觀天下之妖祥以五雲之物辨吉凶水旱降豐荒之祲象以十有二風察天地之和命乖別之妖祥凡此五物者以詔救政訪序事周官春官

妖孽

妖孽、謂凶惡之萌兆也、禮記正義

衣服歌謠草木之怪爲妖禽獸蟲蝗之怪爲孽、說文

凡草物之類謂之妖妖猶夭胎言尚微蟲豸之類謂之孽孽則牙孽矣及六畜謂之旤言其著也及人謂之痾痾病貌言寖深也甚則異物生謂之眚自外來謂之祥祥猶禎也氣相傷謂之沴沴猶臨莅不和意也漢書五行志

天反時爲災地反物爲妖民反德爲亂亂則妖災生春秋左氏傳宣公十五年

人之所忌其氣燄以取之妖由人興也人無釁焉妖不自作人弃常則妖興同上莊公十四年

木石之怪曰夔蝄蜽水之怪曰龍罔象土之怪曰羵羊國語

祝

祝祭主贊詞者 許氏說文

大祝掌六祝之辭以事鬼神示祈福祥求永貞一曰順祝二曰年祝三曰吉祝四曰化祝五曰瑞祝六曰筴祝 周官春官

掌六祈以同鬼神示一曰類二曰造三曰禬四曰禜五曰攻六曰說 太祝

祈嘄也謂爲有災變號呼告於神以求福天神地示人鬼不和則六癘作見故以祈禮同之類造加誠肅求如志禬禜告之以時有災變也攻說則以辭責之類造禬禜皆有牲攻說用幣而已 周禮注

作六辭以通上下親疏遠近一曰祠二曰命三曰誥四曰會五曰禱六曰誄 太祝

辨六號一曰神號二曰鬼號三曰示號四曰牲號五曰齍號六曰幣號 同上

號謂尊其名更爲美稱焉神號若云皇天上帝鬼號若云皇祖伯某示號若云后土地示 周禮注

牲號謂犧牲名號 周官解詁

牛曰一元大武豕曰剛鬣豚曰腯肥羊曰柔毛雞曰翰音犬曰羹獻雉曰疏趾兔曰明視脯曰尹祭槀魚曰商祭鮮魚曰脡祭 禮記曲禮下

齍號謂黍稷名號 周官解詁

水曰清滌酒曰清酌黍曰薌合粱曰薌萁稷曰明粢稻曰嘉蔬韭曰豐本鹽曰鹹鹺 禮記曲禮下

幣號若玉曰嘉玉幣曰量幣 周禮注

若有德之君外內不廢上下無怨動無違事其祝史薦信無愧心矣是以鬼神用饗國受其福祝史與焉其所以蕃祉老壽者爲信君使也其言忠信於鬼神其適遇淫君外內頗邪上下怨疾動作辟違從欲厭私高臺深池撞鐘舞女斬刈民力輸掠其聚以成其違不恤後人暴虐淫從肆行非度無所還忌不思謗讟不憚鬼神神怒民痛無悛於心其祝史薦信是言罪也其蓋失數美是矯誣也進退無辭則虛以求媚是以鬼神不饗其國以禍之祝史與焉所以夭昏孤疾者爲暴君使也其言僭嫚於鬼神 春秋左氏傳昭公二十年

祝社稷之常隸也社稷不動祝不出竟官之制也君以軍

行。祓社釁鼓。祝奉以從。於是乎出竟。同上。定公四年

巫

巫、祝也、女能事無形、以舞降神者也、許氏說文

巫咸始作巫。世本

古者民神不雜。民之精爽不攜貳者。而又能齊肅衷正。其知能上下比義。其聖能光遠宣朗。其明能光照之。其聰能聽徹之。如是則神明降之。在男曰覡。在女曰巫。是使制神之處位次主。而爲之牲器時服。國語

男子陽有兩稱、名巫名覡、女子陰不變、直名巫、無覡稱、周禮疏

司巫掌羣巫之政令。若國大旱。則帥巫而舞雩。國有大烖。則帥巫而造巫恒。祭祀則共匰主及道布及葅館。凡祭祀守瘞。凡喪事掌巫降之禮。周禮春官

男巫掌望祀、望衍授號、旁招以茅。冬堂贈。無方無算。春招弭以除疾病。王弔則與祝前。同上

女巫掌歲時祓除釁浴。旱暵則舞雩。若王后弔則與祝前。凡邦之大烖。歌哭而請。同上

凡以神仕者。掌三辰之法。以猶鬼神示之居。辨其名物。以冬日至致天神人鬼。以夏日至致地示物鬽。以禬國之凶

荒氏之札喪 同上

醫

醫治病工也 許氏說文

醫師掌醫之政令聚毒藥以共醫事凡邦之有疾病者有疕瘍者造焉則使醫分而治之歲終則稽其醫事以制其食十全爲上十失一次之十失二次之十失三次之十失四爲下 周禮天官

食醫掌和王之六食六飲六膳百羞百醬八珍之齊凡食齊眡春時羹齊眡夏時醬齊眡秋時飲齊眡冬時凡和春多酸夏多苦秋多辛冬多鹹調以滑甘凡會膳食之宜牛宜稌羊宜黍豕宜稷犬宜粱鴈宜麥魚宜苽凡君子之食恒放焉 同上

疾醫掌養萬民之疾病四時皆有癘疾春時有痟首疾夏時有痒疥疾秋時有瘧寒疾冬時有嗽上氣疾以五味五穀五藥養其病以五氣五聲五色眡其死生兩之以九竅之變參之以九藏之動凡民之有疾病者分而治之死終則各書其所以而入于醫師 同上

瘍醫掌腫瘍潰瘍金瘍折瘍之祝藥劀殺之齊凡療瘍以五毒攻之以五氣養之以五藥療之以五味節之凡藥以

酸養骨以辛養筋以鹹養脉以苦養氣以甘養肉以滑養竅凡有瘍者受其藥焉同上

獸醫掌療獸病療獸瘍凡療獸病灌而行之以節之以動其氣觀其所發而養之凡療獸瘍灌而劀之以發其惡然後藥之養之食之凡獸之有病者有瘍者使療之死則計其數以進退之同上

藥

藥治病草許氏說文

神農氏始嘗百草始有醫藥史記補

醫師聚毒藥以共醫事周禮天官

毒藥藥之辛苦者藥之物恒多毒周禮注

疾醫以五味五穀五藥養其病周禮天官

養猶治也病由氣勝負而生攻其贏養其不足者五味醯酒飴蜜薑鹽之屬五穀麻黍稷麥豆也五藥草木蟲石穀也其治合之齊則存乎神農子儀之術云周禮注

素問形不足溫之以氣精不足補之以味味養精者也穀養形者也藥則療病者也養精爲本養形次之療病爲末周禮新義

農夫

農耕也種也許氏說文

太宰以九職任萬民一曰三農生九穀周禮天官

三農平地山澤也周官解詁

大司徒頒職事十有二于邦國都鄙使以登萬民一曰稼穡周禮地官

令夫農羣萃而州處察其四時權節其用耒耜枷芟及寒擊菒除田以待時耕及耕深耕而疾耰之以待時雨時雨既至挾其槍刈耨鎛以旦暮從事於田野脫衣就功首戴

茅蒲身衣襏襫霑體塗足暴其髮膚盡其四支之敏以從事於田野少而習焉其心安焉不見異物而遷焉是故其父兄之教不肅而成其子弟之學不勞而能夫是故農之子恒為農國語

今農夫五口之家其服役者不下二人其能耕者不過百畮百畮之收不過百石春耕夏耘秋收冬藏伐薪樵治官府給繇役春不得避風塵夏不得避暑熱秋不得避陰雨冬不得避寒凍四時之間亡日休息又私自送往迎來弔死問疾養孤長幼在其中勤苦如此尚復被水旱之災急政暴虐賦斂不時朝令而暮改當其有者半價而賣亡者取倍稱之息於是有賣田宅鬻子孫以償責者矣漢書食貨志

農時 耕 芸 播種 耰 耨

農時、謂春耕夏耘秋收之時、孟子集註

三之日于耜。四之日舉趾。詩豳風七月

三之日、夏正月也、豳土晚寒、于耜、始修耒耜也、四之日、周四月也、民無不舉足而耕矣、詩傳

冬至後五旬七日。菖始生。菖者百草之先生者也。於是始耕。呂氏春秋任地篇

耕、犂也、許氏說文

兩人耕爲耦。周禮疏

凡耕之大方。力者欲柔。柔者欲力。息者欲勞。勞者欲息。棘者欲肥。肥者欲棘。急者欲緩。緩者欲急。溼者欲燥。燥者欲溼。上田棄畝。下田棄甽。五耕五耨、必審以盡。其深殖之度。陰土必得。大草不生。又無螟蜮。今茲美禾。來茲美麥。呂氏春秋任地篇

除草曰芸、古論語訓

農夫既耘除草木根株。乃更以利耜熾菑之。而後種其種。皆成好含生氣。詩箋

耰、覆種也、論語注

耰、摩平也、國語

耰、摩田器、布種後以此器摩之、使土開發處、復合覆種也、說文繫傳

故畮欲廣以平。甽欲小以深。下得陰。下得陽。然後咸生。稼欲生于塵而殖于堅者、慎其種。無使數。亦無使疏。于其施土。無使不足。亦無使有餘。熟有耰也。必務其培。其耰也植。植者其生也必先。其施土也均。均者其生也必堅。呂氏春秋辨土篇

耨柄尺、此其度也、其耨六寸、所以間稼也、呂氏春秋任地篇

耨、所以芸苗也、刃廣六寸、所以入苗間也、呂氏春秋注

夫四序參發、大甽小畝、爲青魚胠、苗若直獵、地竊之也、既種而無行、耕而不長、則苗相竊也、弗除則蕪、除之則虛、則草竊之也、故去此三盜者、而後粟可多也。呂氏春秋辨土篇

苗、其弱也欲孤。長也欲相與居。其熟也欲相扶。是故三以爲族、乃多粟、凡禾之患、不俱生而俱死、是以先生者美米、後生者爲粃、是故其耨也、長其兄而去其弟。樹肥無使扶

疏樹墝不欲專生而族居肥而扶疏則多粃墝而專居則多死同上

若農之服田務耕而不耨維草其宅之既秋而不獲維禽其饗之人而獲飢去誰哀之逸周書大開武解

百畝之糞

糞壅苗之根也禮記正義

薙氏掌殺草春始生而萌之夏日至而夷之秋繩而芟之冬日至而耜之若欲其化也則以水火變之掌凡殺草之政令周禮秋官

謂以火燒其所芟夷之草已而水之則其土亦和美矣周禮注

季夏之月土潤溽暑大雨時行燒薙行水利以殺草如以熱湯可以糞田疇可以美土疆禮記月令

柞氏掌攻草木及林麓夏日至令刊陽木而火之冬日至令剝陰木而水之若欲其化也則春秋變其水火凡攻木者掌其政令周禮秋官

草人掌土化之法以物地相其宜而爲之種凡糞種騂剛用牛赤緹用羊墳壤用麋渴澤用鹿鹹潟用貆勃壤用狐埴壚用豕彊檃用蕡輕爂用犬周禮地官

凡所以糞種者皆謂煮取汁也周禮注

耒耜鎡基 蓧 蕢

耒手耕曲木也耜耒耑也許氏說文

耜耒頭金周禮疏

古者耜一金兩人併發之今之耜岐頭兩金象古之耦也

周禮注

包犧氏沒神農氏作斲木爲耜揉木爲耒耒耨之利以教

天下蓋取諸益繫辭下傳

倕作耜世本

車人爲耒庛長尺有一寸中直者三尺有三寸上句者二

尺有二寸自其庛緣其外以至於首以弦其內六尺有六

寸與步相中也堅地欲直庛柔地欲句庛直庛則利推句

庛則利發倨句磬折謂之中地考工記。庛音刺

季冬之月命農計耦耕事脩耒耜具田器禮記月令

田器鎡錤之屬禮記注

鎡今之鋤類何氏禮記義

耨茲其也國語解

蓧竹器論語章句

蓧說文作莜芸田器也論語正義

蕢草器論語集解

蕢織草爲器所以盛土也漢書注

鐵官之數曰一女必有一鍼一刀若其事立耕者必有一

耒一耜一銚若其事立行服連軺輂者必有一斤一鋸一

椎一鑿若其事立不爾而成事者天下無有管子海王篇

圃　夏畦　場師

樹果蓏曰圃。周禮注

大宰以九職任萬民二曰園圃毓草木。周禮天官

木實曰果草實曰蓏。漢書注

菜茹有畦瓜瓠果蓏殖於疆易。漢書食貨志

畦區也。漢書注

夏畦夏月治畦之人也孟子集註

治畦是先築土爲行水之道灌園則桔槔俯仰引水注之北方夏月惟此爲勞非若田作其旱澇猶可任之天也義門讀書記

子貢南遊於楚反於晉過漢陰見一丈人方將爲圃畦鑿隧而入井抱甕而出灌搰搰然用力甚多而見功寡子貢曰有械於此一日浸百畦用力甚寡而見功多夫子不欲乎爲圃者仰而視之曰奈何曰鑿木爲機後重前輕挈水若抽數如泆湯其名爲槔爲圃者忿然作色而笑曰吾聞之吾師有機械者必有機事有機事者必有機心機心存於胸中則純白不備純白不備則神生不定神生不定者道之所不載也吾非不知羞而不爲也莊子天地篇

春夏爲圃秋冬爲場詩毛傳

場圃同地自物生之時耕治之以種菜茹至物盡成熟築堅以爲場詩鄭箋

載師以場圃任園地。周禮地官

圃樹果蓏之屬季秋於中爲場樊圃謂之園。周禮注

場人掌國之場圃而樹之果蓏珍異之物以時斂而藏之凡祭祀賓客共其果蓏享亦如之周禮地官

商賈

行曰商處曰賈周禮注

商之爲言商其遠近度其有亡通四方之物故謂之商也

賈之爲言固固有其用物以待民來以求其利者也白虎通義

太宰以九職任萬民六曰商賈阜通貨賄周禮天官

令夫商羣萃而州處察其四時而監其鄉之貲以知其市之賈負任儋何服牛軺馬以周四方以其所有易其所無市賤鬻貴旦暮從事於此以飭其子弟相語以利相示以

賴相陳以知賈少而習焉其心安焉不見異物而遷焉是故其父兄之教不肅而成其子弟之學不勞而能夫是故商之子恒爲商國語

賈人夏則資皮冬則資絺旱則資舟水則資車以待乏也同上

博奕

博局戲也六箸十二棊也許氏說文

投六箸行六棊故爲六博也楚辭招魂注

投博謂之枰楊子方言

古者烏曹作博世本

菎蔽象棊有六博些分曹並進遒相迫些成梟而牟呼五白些晉制犀比費白日些楚辭招魂

菎玉蔽薄箸以玉飾之也言宴樂旣畢乃設六博菎蕗作箸象牙爲棊妙且好也倍勝爲牟五白博齒也言巳棊巳

梟當成牟勝射張食棊下逃於窟故呼五白以助投者也

晉國工作博棊箸比集犀角以爲雕飾楚辭注

博者或欲大投或欲分功史記范雎蔡澤列傳

大投全勝也分功分勝者所獲也戰國策注

夫博者之用梟欲食則食欲握則握戰國策

食者行棊握不食也戰國策注

夫博之所以貴梟者便則食不便則止矣史記魏世家

博頭有刻爲梟鳥形者擲得梟者合食其子若不便則爲餘行也史記正義

夫梟棊之所以爲能者以散棊佐之也夫一梟之不勝不如五散亦明矣 戰國策

哀公問於孔子曰吾聞君子不博有之乎孔子曰有之公曰何爲對曰爲其有二乘公曰有二乘則何爲不博子曰爲其兼行惡道也 家語五儀解

奕圍棊也 春秋經傳集解

棊者所執之子以子圍而相殺故謂之圍棊 春秋正義

堯作圍棋以教丹朱 博物志

棊局從横各十七道合二百八十九道白黑棊子各一百五十枚 藝經

俗有圍棊或言是兵法之類也及爲之上者張置疏遠多得道而爲勝中者務相絶遮要以爭便利下者守邊趨作罫目生於小地 桓譚新論

以智力求者喻如奕棊進退取與攻劫殺舍在我者也 尹文子

奕者舉棊不定不勝其耦 春秋左氏傳

今世之人多不務經術好翫博奕廢事棄業忘寢與食窮日盡明繼以脂燭當其臨局交爭雌雄未决專精鋭意神迷體倦人事曠而不修賓旅闕而不接雖有太牢之饌韶夏之樂不暇存也至或賭及衣物徙棊易行廉耻之意弛而忿戾之色發然其所志不出一枰之上所務不過方罫之間勝敵無封爵之賞獲地無兼土之實伎非六藝用非經國立身者不階其術徵選者不由其道求之於戰陣則非孫呉之倫也考之於道藝則非孔氏之門也以變詐爲務則非忠信之事也以劫殺爲名則非仁者之意也而空妨日廢業終無補益是何異設木而擊之置石而投之哉 韋昭博奕論

四書類考卷十三

爵祿類

爵

天子

公 三公

侯

伯

子

男

附庸

卿

大夫

士

百官有司

冢宰 大宰

司徒

司馬

司寇 司敗

司城

令尹

右師

行人

士師

封人

抱關擊柝

委吏

乘田

宰老 陪臣

攝

庶人在官 史 埜

執鞭之士 行辟人

祿

乘

萬乘之國

千乘之家

千乘之國

百乘之家

廖賞

圭田

餼稟

爵

爵者盡也各量其職盡其才也白虎通義

爵謂公侯伯子男卿大夫士也周禮注

大宰之職以八柄詔王馭羣臣一曰爵以馭其貴周禮天官

乃施典于邦國而建其牧立其監設其參傅其伍陳其殷置其輔同上

以侯伯有功德者加命作州長謂之牧所謂八命作牧監謂公侯伯子男各監一國參謂卿三人伍謂大夫五人殷

衆也謂衆士也輔府史庶人在官者也周禮注

乃施則于都鄙而建其長立其兩設其伍陳其殷置其輔周禮天官

長謂公卿大夫食采邑者兩謂兩卿不言三卿者不足於諸侯周禮注

乃施法于官府而建其正立其貳設其攷陳其殷置其輔周禮天官

正謂冢宰司徒宗伯司馬司寇司空也貳謂小宰小司徒小宗伯小司馬小司寇小司空也考成也佐成事者謂宰

夫鄉師肆師軍司馬士師也司空亡未聞其攷周禮注

宰夫之職掌百官府之徵令以辨其八職一曰正掌官法以治要二曰師掌官成以治凡三曰司掌官法以治目四曰旅掌官常以治數周禮天官

正辟於治官則冢宰也治要若歲計也師辟小宰宰夫也治凡若月計也司辟上士中士治目若今日計也旅辟下士也治數每事多少異也周禮注

天子

天子者爵稱也爵所以稱天子者何王者父天母地爲天之子也白虎通義

獨陰不生獨陽不生獨天不生三合然後生故曰毋之子也可天之子也可尊者取尊稱焉卑者取卑稱焉其曰王者民之所歸往也春秋穀梁傳。莊公三年

君天下曰天子朝諸侯分職授政任功曰予一人踐祚臨祭祀內事曰孝王某外事曰嗣王某臨諸侯畛於鬼神曰有天王某甫崩曰天王崩復曰天子復矣告喪曰天王登假措之廟立之主曰帝天子未除喪曰予小子生名之死亦名之禮記曲禮下

公三公

公之爲言平也公平正直元命包

公之爲言公正無私也白虎通義

爵位盛大以無私爲德者公也孟子正義

上公九命爲伯其國家宮室車旗衣服禮儀皆以九爲節春官典命

上公之禮執桓圭九寸繅藉九寸冕服九章建常九斿樊纓九就貳車九乘介九人秋官大行人

命圭九寸謂之桓圭公守之考工記玉人

公之服自袞冕而下如王之服春官司服

諸侯之繅斿九就瑉玉三采其餘如王之事繅斿皆就玉瑱玉笄夏官弁師○侯當爲公

諸公者何天子三公稱公王者之後稱公春秋公羊傳

王會曰堂下之右唐公虞公南面立焉堂下之左殷公夏公立焉唐公虞公樂記所謂祝陳也殷公夏公樂記所謂杞宋也困學紀聞

王之三公八命及其出封加一等春官典命

制三公一命袞若有加則賜也不過九命禮記王制

記曰虞夏商周有師保有疑丞設四輔及三公不必備唯其人語使能也禮記文王世子

立太師太傅太保茲惟三公論道經邦燮理陰陽官不必備惟其人少師少傅少保曰三孤貳公宏化寅亮天地弼予一人尚書周官

昔者周成王幼在襁褓之中召公爲太保周公爲太傅太公爲太師保保其身體傅傅之德義師導之教訓此三公之職也大戴禮保傅篇

天子三公者何天子之相也天子之相則何以三自陝而

東者周公主之自陝而西者召公主之一相處乎內春秋公羊傳

相謂三公相王之事也禮記注

昔者黃帝得六相而天地治神明至管子

舜臣堯舉八愷使主后土以揆百事莫不時序地平天成舉八元使布五教于四方父義母慈兄友弟恭子孝內平外成是以堯崩而天下如一同心戴舜以爲天子以其舉十六相也春秋左氏傳

惟尹公先見于西邑夏自周有終相亦惟終其後嗣王罔

克有終相亦罔終。尚書太甲上 ○周當作君
成湯居亳初置二相以伊尹仲虺爲之。晉書職官志
武丁夜夢得聖人迺使百工營求之野得說於傅險中舉
以爲相。史記殷本紀
天子之宰通于四海。春秋穀梁傳
宰、天官冢宰兼爲三公者。穀梁傳集解
天官卿治官之長是爲冢宰內總百官、外均四海蓋天子
之相也。書集解
惟周公位冢宰正百工。尚書蔡仲之命

至六國時一人知事者特謂之相。後又爲丞相也。禮記正
義

侯

侯者候也候王順逆。元命包
斥堠于外以君人爲德者侯也。孟子正義
諸侯見天子曰臣某侯某其與民言自稱曰寡人。其在凶
服曰適子孤臨祭祀內事曰孝子某侯某外事曰曾孫某
侯某死曰薨復曰某甫復矣旣葬見天子曰類見言謚曰
類。禮記曲禮下
王侯自稱孤寡。孟子注
故貴以賤爲本高以下爲基。是以侯王自謂孤寡不穀此

其以賤爲本耶非乎。老子
諸侯之於天子曰某土之守臣某。其在邊邑曰某屏之臣
某其於敵以下曰寡人小國之君稱孤擯者亦曰孤。禮記
玉藻
侯伯七命其國家宮室車旗衣服禮儀皆以七爲節。周禮
春官典命
諸侯之禮執信圭七寸。繅藉七寸。冕服七章。建常七斿。樊
纓七就。貳車七乘。介七人。周禮秋官大行人
命圭七寸謂之信圭侯守之。考工記

侯伯之服自鷩冕而下如公之服周禮春官司服

四書類考　卷十三爵祿　八

伯

伯之爲言白也明白於德也元命包

體仁足以長人者伯也孟子正義

諸伯執躬圭其他皆如諸侯之禮周禮秋官大行人

命圭七寸謂之躬圭伯守之考工記

公執桓圭侯執信圭伯執躬圭繅皆三采三就周禮春官典瑞

四書類考　卷十三爵祿　九

子

子者奉恩宣德 元命包

子者孳也孳孳無已也 白虎通義

子字也字養也其德足以養人故曰子也。孟子正義

子男五命其國家宮室車旗衣服禮儀皆以五爲節 周禮春官典命

諸子執穀璧五寸。繅藉五寸。冕服五章。建常五斿。樊纓五就貳車五乘介五人。周禮秋官大行人

子男自毳冕而下如侯伯之服。周禮春官司服

男

男者任功立業 元命包

男者任也 白虎通義

男任也任安也其德足以安人故曰男也。孟子正義

諸男執蒲璧其他皆如諸子之禮。周禮秋官大行人

子執穀璧男執蒲璧繅皆二采再就。周禮春官典瑞

附庸

小城曰附庸附庸者，以國事附於大國，未能以其名通也。禮記注

民功曰庸。夏官司勲

公無附庸，侯附庸九同，伯附庸七同，子附庸五同，男附庸三同。進則取焉，退則歸焉。周官注

侯附庸九同者，以其侯有功進受公地，但公五百里，開方之，方百里者五五二十五，侯四百里，開方之四四十六，加九同則爲二十五同，與公等。伯附庸七同者，伯地三百里，三三而九，加七同則爲十六同，與侯等。子附庸五同，男附庸三同者，以其子有功進受伯地，加五同與伯等，男有功進受子地，加三同與子等。開方之皆可知。凡言同者，皆百里地。周法不滿百里乃爲附庸，今皆名附庸爲同者，積集附庸成同，并數之矣。周禮疏

附庸字者方三十里，名者方二十里，人氏者方十五里。春秋繁露

州不若國，國不若氏，氏不若人，人不若名，名不若字，字不若子。春秋公羊傳莊公十年

卿

卿之爲言章善明理也。白虎通義

卿之言嚮也，爲人所歸嚮。禮記正義

羣而不黨而知進退，則曰卿。禮記解

知進退而其道上達者，卿也。孟子正義

治官之屬，太宰卿一人；教官之屬，大司徒卿一人；禮官之屬，大宗伯卿一人；政官之屬，大司馬卿一人；刑官之屬，大司寇卿一人。周官序官

事官之屬，大司空卿一人。

卿大夫每鄉卿一人。地官

世婦每宮卿二人。春官

王六軍，軍將皆命卿。夏官

周官之法，在朝則爲六官，在國則兼爲鄉遂之官，及都鄙之君。故平居則六卿各教其所治民。國有大事而致民，則六卿各率其鄉遂之民而至；國有大故，則六卿各糾其民而守其有會同師役而用衆，則六卿各帥其都家所統之民而往。所以體統合一，情意流通，而無内外隔絕、上下扞格之弊也。周禮傳

天子之卿六命及其出封加一等春官典命
六命賜官七命賜國春官大宗伯
大國三卿皆命於天子次國三卿二卿命於天子一卿命
於其君禮記王制
子男三卿一卿命于天子王度記
小國亦三卿一卿命於天子二卿命於其君禮記注
三卿者依周制而言謂立司徒兼冢宰之事立司馬兼宗
伯之事立司空兼司寇之事故春秋左傳云季孫爲司徒
叔孫爲司馬孟孫爲司空也三禮義宗

大國之卿不過三命下卿再命小國之卿與下大夫一命
禮記王制
公之卿三命侯伯之卿亦如之子男之卿再命周官典命
次國之上卿位當大國之中中當其下下當其上大夫小
國之上卿位當大國之下卿中當其上大夫下當其下大
夫禮記王制

大夫

大夫之爲言大扶進人者也故傳曰進賢達能謂之大夫
也白虎通義
智足以帥人者大夫也孟子正義
上以忠扶君下以智帥人則曰大夫禮記解
治官之屬小宰中大夫二人宰夫下大夫四人太府下大
夫二人司會中大夫二人下大夫四人內宰下大夫二人
教官之屬小司徒中大夫二人鄉師下大夫四人州長每
州中大夫一人黨正每黨下大夫一人師氏中大夫一人

保氏下大夫一人司市下大夫二人司門下大夫二人遂
人中大夫二人遂師下大夫四人遂大夫每遂中大夫一
人縣正每縣下大夫一人稾人下大夫二人禮官之屬小
宗伯中大夫二人肆師下大夫四人世婦每宮下大夫四
人冢人下大夫二人墓大夫下大夫二人大司樂中大夫
二人樂師下大夫四人太師下大夫二人太卜下大夫二
人太祝下大夫二人太史下大夫二人內史中大夫一人
下大夫二人巾車下大夫二人政官之屬小司馬中大夫
二人軍司馬下大夫四人射人下大夫二人司士下大夫

二人諸子下大夫二人虎賁氏下大夫二人太僕下大夫二人司甲下大夫二人司弓矢下大夫二人戎右中大夫二人齊右下大夫二人大馭中大夫二人戎僕中大夫二人齊僕下大夫二人校人中大夫二人職方氏中大夫四人下大夫八人刑官之屬小司寇中大夫二人士師下大夫四人大行人中大夫二人小行人下大夫四人事官闕

周官序官

王之大夫四命及其出封加一等春官典命

五命賜則春官大宗伯

公之大夫再命侯伯之大夫亦如之子男之大夫一命春官典命

下大夫五人禮記王制

下大夫五人者謂司徒之下置小卿二人一是小宰一是小司徒司空之下亦置二小卿一是小司寇一是小司空也司馬之下惟置一小卿小司馬也三禮義宗

士

士者事也任事之稱也故傳曰通古今辨然否謂之士白虎通義

才足以事人者士也孟子正義

志有所尙仕有所事則曰士禮記解

天子三公九卿二十七大夫八十一元士禮記王制

此夏制也禮記注

治官之屬宰夫上士八人中士十有六人旅下士三十有二人宮正上士二人中士四人下士八人宮伯中士二人

下士四人膳夫上士二人中士四人下士八人庖人中士四人下士八人內饔中士四人下士八人外饔中士四人下士八人亨人下士四人甸師下士二人獸人中士四人下士八人𩿯人中士二人下士四人鼈人下士四人腊人下士四人醫師上士二人下士四人食醫中士二人疾醫中士八人瘍醫下士八人獸醫下士四人酒正中士四人下士八人淩人下士二人宮人中士四人下士八人掌舍下士四人幕人下士一人掌次下士四人大府上士四人下士八人玉府上士二人中士四人內府中士二人外府

中士二人司會上士八人中士十有六人司書上士二人中士四人職内上士二人中士四人職歲上士四人中士八人職幣上士二人中士四人司裘中士二人下士四人掌皮下士四人内宰上士四人中士八人内小臣奄上士四人典婦功中士二人下士四人典絲下士二人典枲下士二人染人下士二人追師下士二人屨人下士二人夏采下士四人周禮天官序官

教官之屬鄉師上士八人中士十有六人旅下士三十有二人族師每族上士一人閭胥每閭中士一人比長五家

下士一人封人中士四人下士八人鼓人中士六人舞師下士二人牧人下士六人牛人中士二人下士四人充人下士二人載師上士二人中士四人閭師中士二人縣師上士二人中士四人遺人中士二人下士四人均人中士二人下士四人師氏上士二人保氏中士二人司諫中士二人司救中士二人調人下士二人媒氏下士二人司市上士四人中士八人下士十有六人質人中士二人下士四人廛人中士二人下士四人泉府上士四人中士八人下士十有六人司門上士四人中士八人下士十有六人司關上士二人中士四人掌節上士二人中士四人遂師上士八人中士十有六人旅下士三十有二人鄙師每鄙上士一人酇長每酇中士一人里宰每里下士一人鄰長五家則一人旅師中士四人下士八人稍人下士四人委人中士二人下士四人土均上士二人中士四人下士八人草人下士四人稻人上士二人中士四人下士八人土訓中士二人下士四人誦訓中士二人下士四人山虞每大山中士四人下士八人中山下士六人小山下士二人林衡每大林麓下士十有二人中林麓如中山之虞小林

麓如小山之虞川衡每大川下士十有二人中川下士六人小川下士二人澤虞每大澤大藪中士四人下士八人中澤中藪如中川之衡小澤小藪如小川之衡迹人中士四人下士八人丱人中士二人下士四人角人下士二人羽人下士二人掌葛下士二人掌染草下士二人掌炭下士二人掌荼下士二人掌蜃下士二人囿人中士四人下士八人場人每場下士二人廩人上士二人中士八人下士十有六人舍人上士二人中士四人倉人中士四人下士八人司祿中士四人下士八人司稼下士八人周禮地

官序官

禮官之屬肆師上士八人中士十有六人旅下士三十有二人鬱人下士二人鬯人下士二人雞人下士一人司尊彝下士二人司几筵下士二人天府上士一人中士二人典瑞中士二人典命中士二人司服中士二人典祀中士二人下士四人世婦每宮中士八人冢人中士四人墓大夫中士八人職喪上士二人中士四人下士八人樂師上士八人下士十有六人大胥中士四人小胥下士八人小師上士四人典同中士二人磬師中士四人下士八人鍾

師中士四人下士八人笙師中士二人下士四人鎛師中士二人下士四人韎師下士二人旄人下士四人籥師中士四人籥章中士二人下士四人鞮鞻氏下士四人典庸器下士四人司干下士二人卜師上士四人卜人中士八人下士十有六人龜人中士二人菙氏下士二人占人下士八人簭人中士二人占夢中士二人眡祲中士二人大祝上士四人小祝中士八人下士十有六人喪祝上士二人中士四人下士八人甸祝下士二人詛祝下士二人司巫中士二人男巫無數女巫無數其師中士四人大史上

士四人小史中士八人下士十有六人馮相氏中士二人下士四人保章氏中士二人下士四人內史上士四人中士八人下士十有六人外史上士四人中士八人下士十有六人御史中士八人下士十有六人巾車上士四人中士八人下士十有六人典路中士二人下士四人車僕中士二人下士四人司常中士二人下士四人都宗人上士二人中士四人家宗人如都宗人之數周禮春官序官

政官之屬輿司馬上士八人行司馬中士十有六人旅下士三十有二人司勳上士二人下士四人馬質中士二人

量人下士二人小子下士二人羊人下士二人司爟下士二人掌固上士二人下士八人司險中士二人下士四人掌疆中士八人候人上士六人下士十有六人環人下士六人挈壺氏下士六人射人上士四人下士八人服不氏下士一人射鳥氏下士一人羅氏下士一人掌畜下士二人司士中士六人下士十有二人諸子中士四人司右上士二人下士四人虎賁氏中士十有二人旅賁氏中士二人下士十有六人節服氏下士八人小臣上士四人祭僕中士六人御僕下士十有二人隸僕下士二人弁師下士

二人司甲中士八人司兵中士四人司戈盾下士二人司弓矢中士八人繕人上士二人下士四人槀人中士四人戎右上士二人道右上士二人道僕上士十有二人田僕上士十有二人馭夫中士二十人下士四十人校人上士四人下士十有六人趣馬下士皁一人巫馬下士二人牧師下士四人廋人下士閑二人職方氏中士十有六人土方氏上士五人下士十人懷方氏中士八人合方氏中士八人訓方氏中士四人形方氏中士四人山師中士二人下士四人川師中士二人下士四人邍師中士四人下士

八人匡人中士四人撢人中士四人都司馬每都上士二人中士四人下士八人周禮夏官序官

△刑官之屬鄉士上士八人中士十有六人旅下士三十有二人遂士中士十有二人縣士中士三十有二人方士中士十有六人訝士中士八人朝士中士六人司民中士六人司刑中士二人司刺下士二人司約下士二人司盟下士二人職金上士二人下士四人司厲下士二人犬人下士二人司圜中士六人下士十有二人掌囚下士十有二人掌戮下士二人司隸中士二人下士十有二人布憲中

士二人下士四人禁殺戮下士二人禁暴氏下士六人野廬氏下士六人蜡氏下士四人雍氏下士二人萍氏下士二人司寤氏下士二人司烜氏下士六人條狼氏下士六人脩閭氏下士二人冥氏下士二人庶氏下士一人穴氏下士一人翨氏下士二人柞氏下士八人薙氏下士二人硩蔟氏下士一人翦氏下士一人赤犮氏下士一人蟈氏下士一人壺涿氏下士一人庭氏下士一人銜枚氏下士二人伊耆氏下士一人司儀上士八人中士十有六人行夫下士三十有二人環人中士四人象胥每翟上士一人

中士二人下士八人掌客上士二人下士四人掌訝中士八人掌交中士八人掌察四方中士八人掌貨賄下士十有六人朝大夫每國上士二人下士四人都則中士一人下士二人都士中士二人下士四人家士亦如之周禮秋官序官

王之上士三命中士再命下士一命周禮注

壹命受職再命受服三命受位周禮春官大宗伯

公之士一命侯伯亦如之子男之士不命周禮春官典命

上士二十七人其有中士下士者數各居其上之三分禮

此謂中士三倍于上士之數。下士三倍于中士之數也。禮記王制 記集註

百官有司

官、吏、事、君也。許氏說文

昔者黃帝氏以雲紀。故爲雲師而雲名。炎帝氏以火紀。故爲火師而火名。共工氏以水紀。故爲水師而水名。大皞氏以龍紀。故爲龍師而龍名。少皞摯之立也。鳳鳥適至。故紀於鳥。爲鳥師而鳥名。鳳鳥氏歷正也。元鳥氏司分者也。伯趙氏司至者也。青鳥氏司啓者也。丹鳥氏司閉者也。祝鳩氏司徒也。鴡鳩氏司馬也。鳲鳩氏司空也。爽鳩氏司寇也。鶻鳩氏司事也。五鳩鳩民者也。五雉爲五工正。利器用正度量夷民者也。九扈爲九農正。扈民無淫者也。自顓頊以來。不能紀遠。乃紀於近。爲民師而命以民事。則不能故也。春秋左氏傳。昭公十七年

唐虞稽古。建官惟百。周書周官

夏商官倍。同上

有虞氏官五十。夏后氏官百。殷二百。周三百。禮記明堂位

大宰以八法治官府。周禮天官

百官所居曰府。周禮注

一曰官屬。以舉邦治。周禮天官

小宰之職。以官府之六屬舉邦治。一曰天官。其屬六十。掌邦治。大事則從其長。小事則專達。二曰地官。其屬六十。掌邦教。大事則從其長。小事則專達。三曰春官。其屬六十。掌邦禮。大事則從其長。小事則專達。四曰夏官。其屬六十。掌邦政。大事則從其長。小事則專達。五曰秋官。其屬六十。掌邦刑。大事則從其長。小事則專達。六曰冬官。其屬六十。掌邦事。大事則從其長。小事則專達。周禮天官

周禮宗伯之類。諸言伯者。伯。長也。以尊長爲名。縣師之類言師者。皆取可師法也。諸稱人者。若輪人車人腊人鼈人

之類。以其事名官。言氏者有二種。若桃氏爲劍。築氏爲削之類。族有世業。以氏名官。若馮相氏保章氏師氏保氏之類。官有世功。則有官族。是也。諸稱司。若司裘司市之類。皆是專任其事。事由於己。故以司言之也。典婦功典絲典枲之類。言典者。出入由己。課彼作人。故謂之爲典也。諸稱職者。若職幣職內職歲。財不久停。職之而已。凡云掌者有三義。一者他官供物。已則暫掌之而已。若幕人供帷幕幄帟掌次張之也。二則掌徵斂之官。若掌皮掌染草之類是也。三者掌非己所爲。則掌節掌固掌疆。本非己造。廢壞修之而已。自外不稱典司職掌者。皆是逐事立名。周禮疏

二曰官職。以辨邦治。周禮天官

小宰以官府之六職辨邦治。一曰治職。以平邦國。以均萬民。以節財用。二曰教職。以安邦國。以寧萬民。以懷賓客。三曰禮職。以和邦國。以諧萬民。以事鬼神。四曰政職。以服邦國。以正萬民。以聚百物。五曰刑職。以詰邦國。以糾萬民。以除盜賊。六曰事職。以富邦國。以養萬民。以生百物。同上

三曰官聯。以會邦治。同上

小宰以官府之六聯合邦治。一曰祭祀之聯事。二曰賓客

之聯事。三曰喪荒之聯事。四曰軍旅之聯事。五曰田役之聯事。六曰斂弛之聯事。凡小事皆有聯。同上

四曰官常。以聽官治。同上

官常謂各自領其官之常職也。周官解詁

宰夫掌百官府之徵令。辨其八職。四曰旅。掌官常以治數。周禮天官

五曰官成。以經邦治。同上

小宰以官府之八成經邦治。一曰聽政役以比居。二曰聽師田以簡稽。三曰聽閭里以版圖。四曰聽稱責以傅別。五

曰聽祿位以禮命。六曰聽取予以書契。七曰聽賣買以質劑。八曰聽出入以要會。同上

六曰官法以正邦治同上

小宰以法掌祭祀朝覲會同賓客之戒具。軍旅田役喪荒亦如之。同上

七曰官刑以糾邦治。同上

大司寇之職以五刑糾萬民。四曰官刑。上能糾職。周禮秋官

八曰官計以弊邦治。周禮天官

小宰以聽官府之六計弊羣吏之治。一曰廉善。二曰廉能。三曰廉敬。四曰廉立。五曰廉法。六曰廉辨。同上。聽字衍

既斷以六事。又以廉爲本。周禮注

冢宰

冢大也宰者官也。三禮目錄

百官總焉則謂之冢。列職於王則稱大冢。大之上也。山頂曰冢。周禮注

天子建天官先六大。曰大宰大宗大史大祝大士大卜典司六典。禮記曲禮下

此蓋殷時制也。周則大宰爲天官。禮記注

治官之屬大宰卿一人小宰中大夫二人宰夫下大夫四人周禮天官序官

冢宰掌邦治。統百官。均四海。尚書周官

隱公十一年羽父請殺桓公將以求大宰。春秋左氏傳

魯之三卿無大宰也。羽父名見於經已是卿矣。而復求大宰。蓋欲令魯特置此官以榮己耳。以後更無大宰。知魯竟不立之。春秋正義

宋殤公立督爲大宰。春秋左氏傳

成公十五年向帶爲大宰。魚府爲少宰。同上

襄公九年宋災。樂喜爲司城以爲政。使西鉏吾庀府守。同上

鉏吾、大宰也、春秋經傳集解

十七年、宋皇國父為大宰。春秋左氏傳

周禮六卿。大宰為長。楚臣令尹為長。仍別有大宰之官。但位任卑耳。傳稱太宰伯州犂是也、春秋正義

司徒

司徒、主衆徒、三禮目錄

少皥氏鳥名官。祝鳩氏、司徒也。春秋左氏傳

帝曰、契。百姓不親。五品不遜。汝作司徒。敬敷五教。在寬。尚書舜典

天子之五官。曰司徒、司馬、司空、司士、司寇、典司五衆。禮記曲禮下

此殷時制也。禮記注

教官之屬。大司徒卿一人、小司徒中大夫二人、周禮地官

序官

司徒掌邦教。敷五禮。擾兆民。尚書周官

司馬

馬者武也言爲武者也 三禮目錄

少皥氏鳥名官鶻鳩氏司馬也 春秋左氏傳

政官之屬大司馬卿一人小司馬中大夫二人軍司馬下大夫四人輿四馬上士八人行司馬中士十有六人 周禮夏官序官

司馬掌邦政統六師平邦國 尚書周官

宋殤公立孔父嘉爲司馬 春秋左氏傳

公子過宋與司馬公孫固相善 國語

固宋莊公之孫大司馬固也 國語解

僖二十二年傳稱大司馬固於時又有司馬子魚蓋是孤卿之官也宋是上公禮得有孤 春秋正義

文公七年宋成公卒樂豫爲司馬昭公將去羣公子穆襄之族率國人以攻公殺公孫固公孫鄭于公宮六卿和公室樂豫舍司馬以讓公子卬 春秋左氏傳

八年宋襄夫人因戴氏之族以殺襄公之孫孔叔公孫鍾離及大司馬公子卬皆昭公之黨也司馬握節以死故書以官 同上

十有五年宋司馬華孫來盟 春秋

十六年文公即位華耦卒而使蕩虺爲司馬 春秋左氏傳

成公十五年蕩澤爲司馬弱公室殺公子肥華元使華喜公孫師帥國人攻蕩氏殺子山華元使老佐爲司馬 同上

襄公六年宋華弱與樂轡少相狎長相優又相謗也子蕩怒以弓梏華弱于朝平公見之曰司武而梏於朝難以勝矣遂逐之夏宋華弱來奔 同上

司武司馬 春秋經傳集解

襄公九年宋災樂喜爲司城以爲政使皇鄖命校正出馬

工正出車備甲兵庀武守 春秋左氏傳

皇鄖皇父充石之後十世宗卿爲人之子大司馬椒也 春秋左氏傳解義

昭公二十年公請于華費遂將攻華氏 春秋左氏傳

費遂大司馬華氏族 春秋經傳集解

二十二年宋公使公孫忌爲大司馬 春秋左氏傳

司寇司敗

寇害也天子立司寇使掌邦刑刑者所以驅恥惡納人於善道也三禮目錄

少皞氏鳥名官爽鳩氏司寇也春秋左氏傳

有虞氏曰士夏曰大理周曰大司寇禮記注

刑官之屬大司寇卿一人小司寇中大夫二人周禮秋官序官

司寇掌邦禁詰姦慝刑暴亂尚書周官

陳楚名司寇爲司敗春秋經傳集解

魯有孟叔季三卿又有臧氏爲司寇禮記正義

孔子由中都宰爲司空由司空爲司寇禮記注

夫子爲司空者爲小司空也從小司空爲小司寇也禮記正義

司城

宋以武公廢司空春秋左氏傳○桓公六年

武公名司空廢爲司城春秋經傳集解

文公七年公子蕩爲司城同上

司城蕩卒公孫壽辭司城請使意諸爲之同上○十六年

八年司城蕩意諸來奔效節於府人而出同上

十一年襄仲聘于宋且言司城蕩意諸而復之同上

十六年宋昭公將田孟諸未至夫人王姬使帥甸攻而殺之蕩意諸死之文公即位使母弟須爲司城同上

十八年宋公殺母弟須使公孫師爲司城同上

襄公九年宋災樂喜爲司城以爲政同上

昭公二十二年樂祁爲司城同上

哀公二十六年樂茷爲司城同上

令尹

楚國名上卿爲令尹春秋正義

莊公四年令尹鬬祁莫敖屈重除道梁溠營軍臨隨春秋左氏傳

三十年楚令尹子元欲蠱文夫人歸自伐鄭而處王宮申公鬬班殺子元鬬穀於菟爲令尹同上

子元楚武王子文王弟王子善也國語解

僖公二十三年楚成得臣帥師伐陳遂取焦夷城頓而還子文以爲之功使爲令尹春秋左氏傳○成得臣子玉也

二十八年楚殺其大夫得臣春秋

蔿呂臣爲令尹春秋左氏傳○呂臣字叔伯

三十三年楚令尹子上侵陳蔡陳蔡成晉陽處父侵蔡子上救之與晉師夾泜而軍陽子患之乃駕以待子上退舍遂歸太子商臣譖子上曰受晉賂而辟之楚之恥也王殺子上同上○子上鬬勃

文公十二年楚令尹大孫伯卒成嘉爲令尹同上○孫伯卽大心子玉子也成嘉若敖曾孫子孔

鬬般爲令尹子越爲司馬蔿賈爲工正譖子揚而殺之子越爲令尹已爲司馬子越又惡之囚伯嬴於轑陽而殺之將攻王楚子與若敖氏戰于皐滸遂滅若敖氏同上○般子文之子子揚蔿賈伯嬴孫叔敖之父

宣公十一年令尹蔿艾獵城沂同上○艾獵孫叔敖

成公二年公受盟于晉會晉伐齊故楚令尹子重爲陽橋之役以救齊同上○子重公子嬰齊莊王弟

襄公三年楚子辛爲令尹同上○子辛公子壬夫

五年楚殺其大夫壬夫春秋

楚子囊爲令尹春秋左氏傳○子囊公子貞十四年卒

十五年楚公子午爲令尹同上

二十一年楚子庚卒楚子使薳子馮爲令尹以疾辭乃使子南爲令尹同上○子庚公子午子南公子追舒

二十二年楚殺其大夫公子追舒春秋

復使薳子馮爲令尹春秋左氏傳○子馮叔敖從子

二十五年薳子馮卒屈建爲令尹同上○屈建子木

二十八年楚屈建卒同上

二十九年楚郟敖卽位王子圍爲令尹同上○圍康王弟

昭公九年楚靈王卽位薳罷爲令尹同上○罷子蕩

公子比爲王。公子黑肱爲令尹。弃疾即位。使子旗爲令尹。同上。○黑肱子皙子旗蔓成然。○十三年
十四年、楚子殺鬬成然。同上
十七年、陽匄爲令尹。同上。○陽匄穆王曾孫子瑕
二十五年、子瑕卒。楚囊瓦爲令尹。同上。○囊瓦子囊之孫子常也
定公四年、楚囊瓦出奔鄭。春秋
六年、令尹子西改紀其政以定楚國。春秋左氏傳。○子西平王子昭王庶兄公子申也

哀公十六年、楚大子建之遇讒也。其子曰勝在吳。子西召之。使處吳竟爲白公。子西曰、楚國第、我死、令尹、司馬、非勝而誰。遂作亂、殺子西子期于朝。沈諸梁兼二事、國寧、乃使寧爲令尹、同上。○寧子西之子子國也

右師

右師、齊之貴臣、孟子注
天子之卿、尊者謂之太師、卑者謂之少師、諸侯之卿、尊者謂之左師、卑者謂之右師、孟子正義
文公七年、宋成公卒、於是公子成爲右師、公孫友爲左師。春秋左氏傳
十六年、華元爲右師。公孫友爲左師。同上
成公十五年、華元爲右師。魚石爲左師。蕩澤爲司馬。弱公室。殺公子肥。華元曰、我爲右師。君臣之訓。師所司也。今公室卑而不能正。吾罪大矣。同上

行人

行人、掌使之官、論語解

大行人中大夫二人。小行人下大夫四人。司儀上士八人。中士十有六人。行夫下士三十有二人。周禮秋官序官

士師

士師、典獄之官、古論語訓

士察也、主察獄訟之事者、周禮注

士師下大夫四人。鄉士上士八人。中士十有六人。旅下士三十有二人。遂士中士十有二人。縣士中士三十有二人。方士中士十有六人。訝士中士八人。朝士中士六人。周禮秋官序官

封人

封人官名。論語注

封人中士四人下士八人。周禮地官序官

聚土曰封謂壝埒及小封疆也。周禮注

封人掌王之社壝爲畿封而樹之凡封國設其社稷之壝。封其四疆造都邑之封域者亦如之令社稷之職周禮地官

封人典封疆者。春秋經傳集解

天子封人職典封疆知諸侯封人亦然也傳言祭仲足爲

祭封人宋高哀爲蕭封人皆以地名封人蓋封人職典封疆居在邊邑潁谷儀祭皆是國之邊邑也春秋正義

抱關擊柝

抱關擊柝監門之職也。孟子注

柝戒守者所擊也。周官解詁

重門擊柝以待暴客蓋取諸豫。周易繫辭下傳

宮正掌王宮之戒令糾禁以時比宮中之官府次舍之衆寡爲之版以待夕擊柝而比之國有故則令宿其比亦如之周禮天官

莫行夜以比直宿者爲其有解惰離部署。周禮注

野廬氏比國郊及野之道路宿息井樹若有賓客則令守

涂地之人聚欜之有相翔者誅之。周禮秋官。欜同柝

聚擊欜以宿衛之也有姦人相翔於賓客之側則誅之不得令寇盜賓客。周禮解詁

修閭氏掌比國中宿互欜者。周禮秋官

宿謂宿衛也互謂行馬所以障互禁止人也欜謂行夜擊欜周官解詁

挈壺氏凡軍事縣壺以序聚欜。周禮夏官

縣壺以爲漏以序聚欜以次更聚擊欜備守也。周官解詁

擊欜兩木相敲行夜時也。周禮注

司寤氏掌夜時以星分夜以詔夜士夜禁禦晨行者禁宵行者夜遊者周禮秋官

夜士主行夜徼候者如今都候之屬周禮注

委吏

委吏主委積倉庾之吏也孟子注

少曰委多曰積周禮注

遺人掌邦之委積以待施惠鄉里之委積以卹民之囏阨門關之委積以養老孤郊里之委積以待賓客野鄙之委積以待羇旅縣都之委積以待凶荒凡賓客會同師役掌其道路之委積凡國野之道十里有廬廬有飲食三十里有宿宿有路室路室有委五十里有市市有候館候館有積凡委積之事巡而比之以時頒之周禮地官

乘田　牧　芻　豢

乘田苑囿之吏也主六畜之芻牧者也。孟子注

牧人養牲於野田者。周禮注

養牛羊曰芻犬豕曰豢。禮記注

食草曰芻食穀曰豢。禮記正義

囿人掌囿游之獸禁牧百獸祭祀喪紀賓客共其生獸死獸之物。周禮地官

牧人掌牧六牲而阜蕃其物以共祭祀之牲牷。同上

宰老　陪臣

宰邑長家臣之通號。論語集註

問大夫之富曰有宰食力。禮記曲禮下

故仕於公曰臣仕於家曰僕。禮記禮運

三世仕家君之再世以下主之事君以死事主以勤。國語晉語

公卿大夫室老士貴臣其餘皆衆臣也君謂有地者也。儀禮喪服傳

室老家相也士邑宰也。儀禮注

有釆地者有邑宰復有家相無地者直有家相。儀禮疏

大夫之臣不稽首非尊家臣以辟君也。禮記郊特牲

大夫於其臣雖賤必荅拜之。禮記曲禮下

大夫不名世臣姪娣士不名家相長妾。同

世臣父時老臣。禮記注

大夫私事使私人擯則稱名。禮記玉藻

士臣於大夫者曰私人。禮記注

私人家臣已所自謁除也大夫言私人明不純臣也士言私臣明有君之道。儀禮注

攝

攝猶兼也。論語章句

禮國君事大官各有人大夫兼并。同上

大夫具官非禮也。禮記禮運

鄉射禮作相爲司正未旅乃納射器遂以比三耦于堂西司正爲司馬儀禮

相主人家臣擯贊傳命者爵備樂畢將留賓以事爲有懈倦失禮立司正以監之察儀法也兼官由便也立司正爲涖酒爾今射司正無事儀禮注

少牢饋食禮司宮筵于奧祝設几于筵上右之儀禮

司宮摡豆籩勺爵觚觶几洗篚于東堂下勺爵觚觶實于篚卒摡饌豆籩與篚于房中放于四方設洗于阼階東南當東榮同上

大夫攝官司宮兼掌祭器也儀禮注

司宮筵神席于奧又掌豆籩之等故云攝官。儀禮疏

庶人在官史　臺

庶人在官謂府史之屬官長所除不命於天子國君者。禮記注

宰夫之職掌百官府之徵令辨其八職五曰府掌官契以治藏六曰史掌官書以贊治七曰胥掌官叙以治叙八曰徒掌官令以徵令周禮天官

治藏藏文書及器物贊治若今起文書草也治叙次序官中如今侍曹伍伯傳吏朝也徵令趨走給召呼周禮注

府治藏史掌書者凡府史皆其官長所自辟除胥讀如諝謂其有才知爲什長同上

府史大例皆府少而史多而府又在史上。唯御史史百有二十人特多而在府上以其掌贊書數多也又有府兼有史以其當職事繁故也或空有史而無府者以其當職事少得史即足故也至於角人羽人等直有府無史以其當職文書少而有税物須藏之故直有府也腊人食醫之等府史俱無者以其專官行事更無所須故也唯天府一官特多於史以其所藏物重故也有胥必有徒腊人之類有徒無胥者得徒則足不假長帥故也食醫之類胥徒並無

者以其專官行事不假胥徒也周禮疏
府一而史倍胥一而徒十此例之常也周禮詳說
王制下士視上農夫食九人祿足以代耕則府食八人史
食七人胥食六人徒食五人其官並亞士故號庶人在官
者也周禮疏
載師以官田牛田賞田牧田任遠郊之地周禮地官
官田庶人在官者其家所受田也周禮注
可賦田則給之田不可賦田則給之祿其祿以百畝爲差
太平經國之書統集

天有十日人有十等下所以事上上所以共神也故王臣
公公臣大夫大夫臣士士臣皁皁臣輿輿臣隸隸臣僚僚
臣僕僕臣臺馬有圉牛有牧以待百事春秋左氏傳
臺賤官主給使令者孟子注
芟草爲防者曰廝汲水漿者曰役養馬者曰扈炊烹者曰
養公羊傳解詁

執鞭之士 行辟人

執鞭賤職也論語正義
條狼氏掌執鞭以趨辟王出入則八人夾道公則六人侯
伯則四人子男則二人凡誓執鞭以趨於前且命之周禮
秋官
趨辟趨而辟行人若今卒辟車之爲也孔子曰富而可求
雖執鞭之士吾亦爲之言士之賤也周禮注
朝士掌建邦外朝之法帥其屬而以鞭呼趨且辟周禮秋
官

趨朝辟行人執鞭以威之周禮注
小司寇大賓客前王而辟后世子之喪亦如之周禮秋官
士師王燕出入則前驅而辟同上
前王一也有前王而辟者有前王而不辟者前驅一也有
前驅而辟者有前驅而不辟者大司寇尊矣故前王而不
辟前王而辟者小司寇也然大司寇前王於納烹小司寇
前王於大賓客抑亦宗廟之中無庸辟止行人也大僕掌
正王之服位則前驅小臣掌正王之燕服故燕出入則前
驅皆前驅而不辟也士師前驅而辟與小司寇之辟同但

前王者步而近於王前驅者亦乘車則在前而稍遠周禮詳說
閽人掌守王宮之中門之禁凡外內命夫命婦出入則爲之闢周禮天官。闢本作辟
鄉士三公若有邦事則爲之前驅而辟其喪亦如之周禮秋官
遂士六卿若有邦事則爲之前驅而辟其喪亦如之同上
縣士大夫若有邦事則爲之前驅而辟其喪亦如之同上
訝士邦有賓客則與行人送逆之入於國則爲之前驅而辟野亦如之同上
野廬氏凡有節者及有爵者至則爲之辟同上
鄉士於三公遂士於六卿縣士於大夫皆言爲之前驅而辟是三公六卿大夫有辟而無蹕也訝士職邦有賓客入於國則爲之前驅而辟野亦如之居館則帥其屬而爲之蹕是知外諸侯有辟而又有蹕也然三公六卿大夫在鄉遂公邑之間則辟在王城之內則否以邦事則辟非邦事則否諸侯辟於王之國蹕於客之館則其在國皆得用也明矣周禮詳說

蹕以禁止行者辟則開道而使辟於旁周官義疏

祿穀　食

祿所受食。禮記注

祿之言穀也年穀登乃後制祿。周禮注。春官天府

太宰之職以八柄詔王馭羣臣二曰祿以馭其富。周禮天官

小宰之職以官府之六叙正羣吏四曰以叙制其食以官府之八成經邦治五曰聽祿位以禮命。同上

以庸制祿則民興功。周禮地官大司徒

司士掌羣臣之版以治其政令歲登下其損益之數辨其年歲與其貴賤周知邦國都家縣鄙之數卿大夫士庶子之數以詔王治以德詔爵以功詔祿以能詔事以久奠食惟賜無常。周禮夏官

故天子有田以處其子孫諸侯有國以處其子孫大夫有采以處其子孫是謂制度。禮記禮運

諸公之地封疆方五百里其食者半諸侯之地封疆方四百里其食者參之一諸伯之地封疆方三百里其食者參之一諸子之地封疆方二百里其食者四之一諸男之地封疆方百里其食者四之一。周禮地官

其食者半公所食租稅得其半耳其半皆附庸小國也參之一者亦然。周官解詁

公食貢大夫食邑士食田庶人食力工商食官皁隸食職官宰食加。國語

乘

地方一里爲井，井十爲通，通十爲成，成方十里。成十爲終，終十爲同，同方百里。同十爲封，封十爲畿，畿方千里。有稅有賦，稅以足食，賦以足兵。故四井爲邑，四邑爲丘，丘十六井也，有戎馬一匹，牛三頭。四丘爲甸，甸六十四井也，有戎馬四匹，兵車一乘，牛十二頭，甲士三人，卒七十二人，干戈備具，是謂乘馬之法。漢書刑法志

六尺爲步，步百爲畝，畝百爲夫，夫三爲屋，屋三爲井，四井爲邑，四邑爲丘，丘有戎馬一匹，牛三頭，是曰匹馬丘牛。四

丘爲甸，甸六十四井，出長轂一乘，馬四匹，牛十二頭，甲士三人，步卒七十二人，戈楯具，爲之乘馬。司馬法

四井爲邑，方二里；四邑爲丘，方四里；四丘爲甸，甸方八里，旁加一里，則方十里，爲一成。四甸爲縣，方二十里；四縣爲都，方四十里；四都方八十里，旁加十里，乃得方百里，爲一同也。周禮注

六尺爲步，步百爲畮，畮百爲夫，夫三爲屋，屋三爲井，井十爲通，通爲匹馬，三十家，士一人，徒二人。通十爲成，成百井，三百家，革車一乘，士十人，徒二十人。十成爲終，終千井，三千家，革車十乘，士百人，徒二百人。十終爲同，同方百里，萬井，三萬家，革車百乘，士千人，徒二千人。司馬法，見周禮注

此謂天子畿內采地法。鄭注論語道千乘之國，亦引司馬法，彼是畿外邦國法。周禮疏

古者方十里，其中六十四井，出兵車一乘，此兵賦之法也。禮記注

司馬法：成方十里，出革車一乘。又云：甸方八里，出長轂一乘。鄭云：通溝洫之地，則爲十里；若除溝洫之地，則爲八里。禮記義疏

萬乘之國

天子畿方千里。提封百萬井。定出賦六十四萬井。戎馬四萬匹。兵車萬乘。故稱萬乘之王。漢書刑法志

天子之地一圻。春秋左氏傳○襄公二十五年

千里之內曰甸。禮記王制

先王之制。邦內甸服。國語

天子百里之內以共官。千里之內以爲御。禮記王制

昔我先王之有天下也。規方千里以爲甸服。以共上帝山川百神之祀。以備百姓兆民之用。以待不庭不虞之患。其

餘以均分公侯伯子男。使各有寧宇。以順及天地。無逢其災害。先王豈有賴焉。內官不過九御。外官不過九品。足以供給神祇而已。豈敢厭縱其耳目心腹以亂百度。亦唯是死生之服物采章。以臨長百姓。而輕重布之。王何異之有。國語

千乘之家

天子之縣內諸侯祿也。禮記王制

天子之縣內方百里之國九。七十里之國二十有一。五十里之國六十有三。凡九十三國。名山大澤不以盼。其餘以祿士以爲閒田。同上

天子之縣內方千里者。爲方百里者百。封方百里者九。其餘方百里者九十一。又封方七十里者二十一。爲方百里者十。方十里者二十九。其餘方百里者八十。方十里者七十一。又封方五十里者六十三。爲方百里者十五。方十里

者七十五。其餘方百里者六十四。方十里者九十六。同上

天子之田方千里。同上

天子三公之田視公侯。天子之卿視伯。天子之大夫視子男。天子之元士視附庸。同上

載師掌任土之法。以公邑之田任甸地。以家邑之田任稍地。以小都之田任縣地。以大都之田任畺地。周禮地官

任土者。任其力勢所能生育。且以制貢賦也。家邑、大夫采地。小都、卿采地。大都、公采地。王子弟所食邑也。畺、五百里。王畿界也。周禮注○載師

采地食者四之一其制三等百里之國凡四都一都之田稅入於王五十里之國凡四縣一縣之田稅入於王二十五里之國凡四甸一甸之田稅入于王 周禮注 ○小司徒縣方二十里更加五里即爲大夫家采邑也四縣是小都五十里是六卿之采地四都爲方百里一同即爲三公王子母弟之大都也 周禮疏

千乘之國

一封三百一十六里提封十萬井定出賦六萬四千井戎馬四千匹兵車千乘此諸侯之大者也是謂千乘之國 漢書刑法志

公侯封方百里凡千乘伯四百九十乘子男二百五十乘 公羊傳解詁

制國不過千乘 禮記坊記

百乘之家

一同百里提封萬井除山川沈斥城池邑居園囿術路三千六百井定出賦六千四百井戎馬四百匹兵車百乘此卿大夫采地之大者也是謂百乘之家漢書刑法志

家賦不過百乘禮記坊記

唯卿備百邑春秋左氏傳襄公二十七年

此一乘之邑非四井之邑論語稱千室又云十室明通稱春秋經傳集解

司馬法成方十里出革車一乘此一乘之邑每邑方十里

也論語云百乘之家大夫之家邑有百乘是百乘爲采邑之極此云唯卿備百邑者皆是一乘之邑非四井之邑也杜以一乘名邑書傳無文故引論語千室十室明其大小通稱邑也春秋正義

諸侯臣之采地則公之孤侯伯之卿與天子三公同俱方百里公之卿與侯伯之大夫俱方五十里公之大夫與侯伯之下大夫俱方二十五里其子男之地惟方二百里以下其卿之采地不得復方百里禮記義疏

大國之卿一旅之田上大夫一卒之田國語

五百人爲旅爲田五百頃百人爲卒爲田百頃國語解

慶賞

慶、賞也、賞之以地、益其地也、孟子注

有功德於民者加地進律。禮記王制

載師掌任土之法。以官田牛田賞田任遠郊之地。周禮地官

賞田者、賞賜之田、周官解詁

司勳掌六鄉賞地之法。以等其功。王功曰勳。國功曰功。民功曰庸。事功曰勞。治功曰力。戰功曰多。凡有功者。銘書于王之大常。祭於大烝。司勳詔之。大功、司勳藏其貳。掌賞地之政令。凡賞無常。輕重眡功。凡頒賞地。參之一食。惟加田無國正。周禮夏官

圭田

圭之言珪、絜也、周謂之士田。周禮注

載師掌任土之法。以宅田士田賈田任近郊之地。周禮地官

士讀爲仕、仕者亦受田、所謂圭田也、周禮注

夫圭田無征。禮記王制

治圭田者不稅、所以厚賢也。禮記注

古者卿以下至於士皆受圭田五十畝。所以供祭祀也。圭、潔也、士田故謂之圭田、所謂惟士無田、則亦不祭、言絀士無潔田也。孟子注

凡大夫士賜地有四種。大夫已上有采家邑任稍地之等是也。又有賞田及加田。載師又有仕田及王制圭田。圭田卽仕田、王制大夫士有田則祭。無田則薦。少牢特牲、是大夫士有田者。是知士亦有田也。周禮疏

旣廩旣讀爲餼
餼廩稍食也禮記注
稍食祿稟周禮注
稍食者稍稍與之則月俸是也周禮疏
宮正以時比宮中之官府次舍之衆寡爲之版以待辨外内而時禁稽其功緒糾其德行幾其出入均其稍食會其什五而教之道藝月終則會其稍食歲終則會其行事周禮天官
宮伯掌王宮之士庶子凡在版者掌其政令行其秩敘作

其徒役之事月終則均秩歲終則均敘同上
秩祿稟也敘才等也周禮注
内宰掌書版圖之法以治王内之政令均其稍食分其人民以居之歲終則會内人之稍食稽其功事正歲均其稍食施其功事周禮天官
廩人掌九穀之數以待國之匪頒賙賜稍食周禮地官
匪讀爲分
小宰以官府之六敘正羣吏四曰以敘制其食周禮天官
醫師掌醫之政令歲終則稽其醫事以制其食同上

稾人乘其事試其弓弩以下上其食而誅賞周禮夏官

四書類考卷十四

禮樂類

禮樂總

禮樂

六經之道同歸而禮樂之用爲急治身者斯須
嫚入之矣爲國者一朝失禮則荒亂及之矣人函天地陰
陽之氣有喜怒哀樂之情天稟其性而不能節也聖人能
爲之節而不能絶也故象天地而制禮樂所以通神明立
人倫正情性節萬事者也人性有男女之情妬忌之别爲
制婚姻之禮有交接長幼之序爲制鄉飲之禮有哀死思
遠之情爲制喪祭之禮有尊尊敬上之心爲制朝覲之禮
哀有哭踊之節樂有歌舞之容正人足以副其誠邪人足

以防其失故婚姻之禮廢則夫婦之道苦而淫辟之罪多
鄉飲之禮廢則長幼之序亂而爭鬭之獄蕃喪祭之禮廢
則骨肉之恩薄而背死忘先者衆朝聘之禮廢則君臣之
位失而侵陵之漸起故孔子曰安上治民莫善於禮移風
易俗莫善於樂禮節民心樂和民聲政以行之刑以防之
禮樂政刑四達而不誖則王道備矣樂以治内而爲同禮
以脩外而爲異同則和親異則畏敬和親則無怨畏敬則
不爭揖讓而天下治者禮樂之謂也二者並行合爲一體
畏敬之意難見則著之於享獻辭受登降跪拜和親之說

難形則發之於詩歌詠言鐘石筦弦蓋嘉其敬意而不及其財賻美其歡心而不流其聲音故孔子曰禮云禮云玉帛云乎哉樂云樂云鐘鼓云乎哉此禮樂之本也故曰知禮樂之情者能作識禮樂之文者能述作者之謂聖述者之謂明明聖者述作之謂也漢書禮樂志

人生而靜天之性也感於物而動性之欲也物至知知然後好惡形焉好惡無節於內知誘於外不能反躬天理滅矣夫物之感人無窮而人之好惡無節則是物至而人化物也人化物也者滅天理而窮人欲者也於是有悖逆詐

僞之心有淫佚作亂之事是故强者脅弱衆者暴寡知者詐愚勇者苦怯疾病不養老幼孤獨不得其所此大亂之道也是故先王之制禮樂人爲之節衰麻哭泣所以節喪紀也鐘鼓干戚所以和安樂也昏姻冠笄所以別男女也射鄉食饗所以正交接也禮節民心樂和民聲政以行之刑以防之禮樂刑政四達而不悖則王道備矣禮記樂記樂本篇

樂者爲同禮者爲異同則相親異則相敬樂勝則流禮勝則離合情飾貌者禮樂之事也禮義立則貴賤等矣樂文同則上下和矣好惡著則賢不肖別矣刑禁暴爵舉賢則政均矣仁以愛之義以正之如此則民治行矣禮記樂記樂論篇

樂由中出禮自外作樂由中出故靜禮自外作故文大樂必易大禮必簡樂至則無怨禮至則不爭揖讓而治天下者禮樂之謂也暴民不作諸侯賓服兵革不試五刑不用百姓無患天子不怒如此則樂達矣合父子之親明長幼之序以敬四海之內天子如此則禮行矣同上

大樂與天地同和大禮與天地同節和故百物不失節故

祀天祭地明則有禮樂幽則有鬼神如此則四海之內合敬同愛矣禮者殊事合敬者也樂者異文合愛者也禮樂之情同故明王以相沿也故事與時並名與功偕故鐘鼓管磬羽籥干戚樂之器也屈伸俯仰綴兆疾徐樂之文也簠簋俎豆制度文章禮之器也升降上下周旋裼襲禮之文也故知禮樂之情者能作識禮樂之文者能述作者之謂聖述者之謂明明聖者述作之謂也同上

樂者天地之和也禮者天地之序也和故百物皆化序故[redacted]物皆別樂由天作禮以地制過制則亂過作則暴明于

天地然後能興禮樂也論倫無患樂之情也欣喜歡愛樂之官也中正無邪禮之質也莊敬恭順禮之制也若夫禮樂之施于金石越于聲音用于宗廟社稷事乎山川鬼神則此所與民同也同上

王者功成作樂治定制禮其功大者其樂備其治辯者其禮具干戚之舞非備樂也孰亨而祀非達禮也五帝殊時不相沿樂三王異世不相襲禮樂極則憂禮粗則偏矣及夫敦樂而無憂禮備而不偏者其惟大聖乎天高地下萬物散殊而禮制行矣流而不息合同而化而樂興焉春作

夏長仁也秋斂冬藏義也仁近於樂義近於禮樂者敦和率神而從天禮者別宜居鬼而從地故聖人作樂以應天制禮以配地禮樂明備天地官矣天尊地卑君臣定矣卑高以陳貴賤位矣動靜有常大小殊矣方以類聚物以羣分則性命不同矣在天成象在地成形如此則禮者天地之別也地氣上齊天氣下降陰陽相摩天地相蕩鼓之以雷霆奮之以風雨動之以四時煖之以日月而百化興焉如此則樂者天地之和也化不時則不生男女無辨則亂升天地之情也及夫禮樂之極乎天而蟠乎地行乎陰陽而通乎鬼神窮高極遠而測深厚樂著太始而禮居成物著不息者天也著不動者地也一動一靜者天地之間也故聖人曰禮樂云禮記樂記樂體篇

樂也者情之不可變者也禮也者理之不可易者也樂統同禮辨異禮樂之說管乎人情矣窮本知變樂之情也著誠去僞禮之經也禮樂偩天地之情達神明之德降興上下之神而凝是精粗之體領父子君臣之節是故大人舉禮樂則天地將爲昭焉天地訢合陰陽相得煦嫗覆育萬物然後草木茂區萌達羽翼奮角觡生蟄蟲昭蘇羽者嫗

伏毛者孕鬻胎生者不殰而卵生者不殈則樂之道歸焉耳禮記樂記樂情篇

樂者非謂黃鐘大呂弦歌干揚也樂之末節也故童者舞之鋪筵席陳尊俎列籩豆以升降爲禮者禮之末節也故有司掌之樂師辨乎聲詩故北面而弦宗祝辨乎宗廟之禮故後尸商祝辨乎喪禮故後主人是故德成而上藝成而下行成而先事成而後是故先王有上有下有先有後然後可以有制于天下也同上

君子曰禮樂不可斯須去身致樂以治心則易直子諒之

心油然生矣易直子諒之心生則樂樂則安安則久久則天天則神天則不言而信神則不怒而威致樂以治心者也致禮以治躬則莊敬莊敬則嚴威心中斯須不和不樂而鄙詐之心入之矣外貌斯須不莊不敬而易慢之心入之矣故樂也者動於內者也禮也者動於外者也樂極和禮極順內和而外順則民瞻其顏色而弗與爭也望其容貌而民不生易慢焉故德煇動於內而民莫不承聽理發諸外而民莫不承順故曰致禮樂之道舉而錯之天下無難矣樂也者動於內者也禮也者動於外者也故禮主其

減樂主其盈禮減而進以進爲文樂盈而反以反爲文禮減而不進則銷樂盈而不反則放故禮有報而樂有反禮得其報則樂樂得其反則安禮之報樂之反其義一也禮記樂記樂化篇

由三代而上治出於一而禮樂達於天下由三代而下治出於二而禮樂爲虛名古者宮室車輿以爲居衣裳冕弁以爲服尊爵俎豆以爲器金石絲竹以爲樂以適郊廟以臨朝廷以事神而治民其歲時聚會以爲朝覲聘問懽忻交接以爲射鄉食饗合衆興事以爲師田學校下至里閭田畝吉凶哀樂凡民之事莫不一出於禮由之以教其民爲孝慈友悌忠信仁義者常不出於居處動作衣服飲食之間蓋其朝夕從事者無非乎此也此所謂治出於一而禮樂達於天下使天下安習而行之不知所以遷善遠罪而成俗也及三代已亡遭秦變古後之有天下者自天子百官名號位序國家制度宮車服器一切用秦舊其間雖有欲治之主思所改作不能超然遠復三代之上而牽其時俗稍即以損益大抵安於苟簡而已其朝夕從事則以簿書獄訟兵食爲急曰此爲政也所以治民至於三代禮

樂具其名物而藏之有司時出而用之郊廟朝廷曰此爲禮也所以教民此所謂治出於二而禮樂爲虛名故自漢以來史官所記事物名數降登揖讓拜俛伏興之節皆有司之事耳所謂禮之末節也然用之郊廟朝廷自搢紳大夫從事其間者皆莫能曉習而天下之人至於老死未嘗見也況欲識禮樂之盛曉然喻其意而被其教化以成俗乎新唐書禮樂志

禮也者反其所自生樂也者樂其所自成是故先王之制禮也以節事脩樂以道志故觀其禮樂而治亂可知也禮

記禮器

子曰禮也者理也樂也者節也君子無理不動無節不作不能詩於禮繆不能樂於禮素薄於德於禮虛禮記仲尼燕居

五行不相沴則王者可以制禮四靈以爲畜則王者可以作樂文中子

禮理也樂和也陰陽理而後和君君臣臣父父子子兄兄弟弟夫夫婦婦萬物各得其理然後和故禮先而樂後通書

古者聖王制禮法脩教化三綱正九疇叙百姓大和萬物咸若乃作樂以宣八風之氣以平天下之情故樂聲淡而不傷和而不淫入其耳感其心莫不淡且和焉淡則欲心平和則躁心釋優柔平中德之盛也天下化中治之至也是謂道配天地古之極也後世禮法不脩政刑苛紊縱欲敗度下民困苦謂古樂不足聽也代變新聲妖淫愁怨導欲增悲不能自止故有賊君棄父輕生敗倫不可禁者矣嗚呼樂者古以平心今以助欲古以宣化今以長怨不復古禮不變今樂而欲至治者遠矣同上

四書類考卷十五

禮

太史公曰洋洋美德乎宰制萬物役使羣衆豈人力也哉余至大行禮官觀三代損益乃知緣人情而制禮依人性而作儀其所由來尚矣人道經緯萬端規矩無所不貫誘進以仁義束縛以刑罰故德厚者位尊祿重者寵榮所以總一海內而整齊萬民也人體安駕乘爲之金輿錯衡以繁其飾目好五色爲之黼黻文章以表其能耳樂鐘磬爲之調諧八音以蕩其心口甘五味爲之庶羞酸鹹以致其美情好珍善爲之琢磨圭璧以通其意故大路越席皮弁

布裳朱絃洞越大羹元酒所以防其淫侈救其彫敝是以君臣朝廷尊卑貴賤之序下及黎庶車輿衣服宮室飲食嫁娶喪祭之分事有宜適物有節文仲尼曰禘自既灌而往者吾不欲觀之矣周衰禮廢樂壞大小相踰管仲之家兼備三歸循法守正者見侮於世奢溢僭差者謂之顯榮自子夏門人之高弟也猶云出見紛華盛麗而說入聞夫子之道而樂二者心戰未能自決而況中庸以下漸漬於失教被服於成俗乎孔子曰必也正名於衛所居不合仲尼沒後受業之徒沈湮而不舉或適齊楚或入河海豈不痛哉史記禮書

禮起於何也曰人生而有欲欲而不得則不能無求求而無度量分界則不能不爭爭則亂亂則窮先王惡其亂也故制禮義以分之以養人之欲給人之求使欲必不窮乎物物必不屈於欲兩者相持而長是禮之所起也故禮者養也芻豢稻粱五味調香所以養口也椒蘭芬茝所以養鼻也雕琢刻鏤黼黻文章所以養目也鐘鼓管磬琴瑟竽笙所以養耳也疏房檖貌越席牀笫几筵所以養體也故禮者養也君子既得其養又好其別曷謂別曰貴賤有等

長幼有差貧富輕重皆有稱者也故天子大路越席所以養體也側載睪芷所以養鼻也前有錯衡所以養目也和鸞之聲步中武象趨中部濩所以養耳也龍旗九斿所以養信也寢兕持虎蛟韅絲末彌龍所以養威也故大路之馬必倍至教順然後乘之所以養安也孰知夫出死要節之所以養生也孰知夫出費用之所以養財也孰知夫恭敬辭讓之所以養安也孰知夫禮義文理之所以養情也故人苟生之爲見若者必死苟利之爲見若者必害苟怠惰偷懦之爲安若者必危苟情說之爲樂若者必滅故人

一之於禮義則兩得之矣一之於情性則兩失之矣故儒者將使人兩得之者也墨者將使人兩喪之者也是儒墨之分也荀子禮論。史記禮書

禮有三本天地者生之本也先祖者類之本也君師者治之本也無天地惡生無先祖惡出無君師惡治三者偏亡焉無安人故禮上事天下事地尊先祖而隆君師是禮之三本也故王者天太祖諸侯不敢懷大夫士有常宗所以別貴始貴始德之本也郊止乎天子而社至於諸侯道及士大夫所以別尊者事尊卑者事卑宜大者巨宜小者小故有天下者事七世有一國者事五世有五乘之地者事三世有三乘之地者事二世持手而食者不得立宗廟所以表積厚積厚者流澤廣積薄者流澤狹也大饗尚元酒俎上腥魚先大羹貴食飲之本也饗尚元尊而用酒醴先黍稷而飯稻粱祭齊大羹而飽庶羞貴本而親用也貴本之謂文親用之謂理兩者合而成文以歸太一夫是之謂大隆故尊之尚元酒也俎之尚生魚也豆之先大羹也一也利爵之不醮也成事之俎不嘗也三宥之不食也一也大昏之未發齊也大廟之未入尸也始卒之未小斂也一

也大路之素未集也郊之麻絻也喪服之先散麻也一也三年之喪哭之不文也清廟之歌一倡而三歎也縣一鐘尚拊之膈朱絃而通越也一也凡禮始乎梲成乎文終乎悅校故至備情文俱盡其次情文代勝其下復情以歸大一也天地以合日月以明四時以序星辰以行江河以流萬物以昌好惡以節喜怒以當以爲下則順以爲上則明萬物變而不亂貳之則喪也禮豈不至矣哉立隆以爲極而天下莫之能損益也本末相順終始相應至文以有別至察以有說天下從之者治不從者亂從之者安不從者危從之者存不從者亡小人不能測也禮之理誠深矣堅白同異之察入焉而溺其理誠大矣擅作典制辟陋之說入焉而喪其理誠高矣暴慢恣睢輕俗之屬入焉而隊故繩墨誠陳矣則不可欺以曲直衡誠縣矣則不可欺以輕重規矩誠施矣則不可欺以方圓君子審於禮則不可欺以詐僞故繩者直之至衡者平之至規矩者方圓之至禮者人道之極也然而不法禮不足禮謂之無方之民法禮足禮謂之有方之士禮之中焉能思索謂之能慮禮之中焉能勿易謂之能固能慮能固加好者焉斯聖人矣故天

者高之極也地者下之極也無窮者廣之極也聖人者道之極也故學者固學爲聖人也非特學爲無方之民也禮者以財物爲用以貴賤爲文以多少爲貴以隆殺爲要文理繁情用省是禮之隆也文理省情用繁是禮之殺也文理情用相爲內外表裏並行而雜是禮之中流也故君子上致其隆下盡其殺而中處其中步驟馳騁厲鶩不外是矣是君子之壇宇宮庭也人有是士君子也外是民也於是其中焉旁皇周浹曲得其次序是聖人也故厚者禮之積也大者禮之廣也高者禮之隆也明者禮之盡也詩曰

禮儀卒度笑語卒獲此之謂也同上○史記禮書大戴禮三本篇并同

嗚呼荀卿之不知禮也其言曰聖人化性而起僞吾是以知其不知禮也知禮者貴乎知禮之意而荀卿盛稱其法度節奏之美至於言化則以爲僞也亦烏知禮之意哉故禮始於天而成於人知天而不知人則野知人而不知天則僞聖人惡其野而疾其僞以是禮興焉今荀卿以謂聖人之化性而起僞則是不知天之過也然彼亦有見而云爾凡爲禮者必詘其放傲之心逆其嗜慾之性莫不欲逸而爲尊者勞莫不欲得而爲長者讓擎跽曲拳以見其恭夫民之於此豈皆有樂之之心哉患上之惡已而隨之以刑也故荀卿以爲特劫之法度之威而爲之於外爾此亦不思之過也夫斲木而爲之器服馬而爲之駕此非生而能者也故必削之以斧斤直之以繩墨圓之以規而方之以矩束聯膠漆之而後器適於用焉前之以銜勒之制後之以鞭策之威馳驟舒疾無得自放而一聽於人而後馬適於駕焉由是觀之莫不劫之於外而服之以力者也然聖人捨木而不爲器捨馬而不爲駕者固亦因其天資之

材也今人生而有嚴父愛母之心聖人因其性之欲而爲之制焉故其制雖有以强人而乃以順其性之欲也聖人苟不爲之禮則天下蓋將有慢其父而疾其母者矣此亦可謂失其性也得性者以爲僞則失其性者乃可以爲眞乎此荀卿之所以爲不思也夫狙猿之形非不若人也欲繩之以尊卑而節之以揖讓則彼有趍於深山大麓而走耳雖畏之以威而馴之以化其可服耶以謂天性無是而可以化之使僞耶則狙猿亦可使爲禮矣故曰禮始於天而成於人天則無是而人欲爲之者舉天下之物吾蓋未

之見也。王臨川集。禮論

夫禮天之經也地之義也民之行也天地之經而民實則之則天之明因地之性生其六氣用其五行氣爲五味發爲五色章爲五聲淫則昏亂民失其性是故爲禮以奉之爲六畜五牲三犧以奉五味爲九文六采五章以奉五色爲九歌八風七音六律以奉五聲爲君臣上下以則地義爲夫婦外内以經二物爲父子兄弟姑姊甥舅昏媾姻亞以象天明爲政事庸力行務以從四時爲刑罰威獄使民畏忌以類其震曜殺戮爲温慈惠和以效天之生殖長育

民有好惡喜怒哀樂生于六氣是故審則宜類以制六志哀有哭泣樂有歌舞喜有施舍怒有戰鬬喜生於好怒生於惡是故審行信令禍福賞罰以制死生生好物也死惡物也好物樂也惡物哀也哀樂不失乃能協于天地之性是以長久春秋左氏傳。昭公二十五年

夫禮者所以定親疎決嫌疑别同異明是非也道德仁義非禮不成教訓正俗非禮不備分爭辨訟非禮不决君臣上下父子兄弟非禮不定宦學事師非禮不親班朝治軍涖官行法非禮威嚴不行禱祠祭祀供給鬼神非禮不誠不莊是以君子恭敬撙節退讓以明禮鸚鵡能言不離飛鳥猩猩能言不離禽獸今人而無禮雖能言不亦禽獸之心乎夫唯禽獸無禮故父子聚麀是故聖人作爲禮以教人使人以有禮知自别於禽獸人有禮則安無禮則危故曰禮者不可不學也禮記曲禮上

禮者何也即事之治也君子有其事必有其治治國而無禮譬猶瞽之無相與倀倀乎其何之譬如終夜有求於幽室之中非燭何見若無禮則手足無所錯耳目無所加進退揖讓無所制禮記仲尼燕居

夏禮殷禮周禮損益

五帝殊時不相沿樂三王異世不相襲禮禮記樂記

言其有損益也禮記注

立權度量考文章改正朔易服色殊徽號異器械別衣服此其所得與民變革者也其不可得變革者則有矣親親也尊尊也長長也男女有別此其不可得與民變革者也禮記大傳

夏度以步周度以蹝亦王者相改周禮注

夏度以步殷度以尋是王者相改也周禮疏

文章禮法也禮記注

王者一質一文據天地之道尚書大傳

質法天文法地三正記

殷因於夏尚質周因於殷尚文漢書杜欽傳

夏人之立教以忠其失野故救野莫若敬殷人之立教以敬其失鬼故救鬼莫若文周人之立教以文其失蕩故救蕩莫若忠春秋元命包

子曰虞夏之質殷周之文至矣虞夏之文不勝其質殷周之質不勝其文禮記表記

大凡生於天地之間者皆曰命其萬物死皆曰折人死曰鬼此五代之所不變也七代之所更立者禘郊祖宗其餘不變也禮記祭法

有虞氏禘黃帝而郊嚳祖顓頊而宗堯夏后氏亦禘黃帝而郊鯀祖顓頊而宗禹殷人禘嚳而郊冥祖契而宗湯周人禘嚳而郊稷祖文王而宗武王同上

郊之祭大報天而主日配以月夏后氏祭以闇殷人祭其陽周人祭日以朝及闇禮記祭義

稷田正也有烈山氏之子曰柱爲稷自夏以上祀之周棄

亦爲稷自商以來祀之春秋左氏傳

三王之祭川也皆先河而後海禮記學記

唐虞五廟親廟四始祖廟一禹四廟至子孫五殷五廟至子孫六禮緯稽命徵

唐堯五廟親廟四與始祖廟一禹四廟至子孫五殷五廟至子孫六周六廟至子孫七鉤命決

天子諸侯宗廟之祭春曰礿夏曰禘秋曰嘗冬曰烝禮記王制

此蓋夏殷之祭名周則改之春曰祠夏曰礿以禘爲殷祭

禮記注

有虞氏之祭也尚用氣血腥爓祭用氣也殷人尚聲臭味未成滌蕩其聲樂三闋然後出迎牲聲音之號所以詔告於天地之間也周人尚臭灌用鬯臭鬱合鬯臭陰達於淵泉灌以圭璋用玉氣也既灌然後迎牲致陰氣也蕭合黍稷臭陽達於牆屋故既奠然後焫蕭合羶薌凡祭慎諸此魂氣歸於天形魄歸於地故祭求諸陰陽之義也殷人先求諸陽周人先求諸陰 禮記郊特牲

夏后氏尚明水殷尚醴周尚酒 禮記明堂位

夏后氏駱馬黑鬣殷人白馬黑首周人黃馬蕃鬣夏后氏牲尚黑殷白牡周騂剛 同上

夏后氏尚黑大事斂用昏戎事乘驪牲用元殷人尚白大事斂用日中戎事乘翰牲用白周人尚赤大事斂用日出戎事乘騵牲用騂 禮記檀弓上

有虞氏祭首夏后氏祭心殷祭肝周祭肺 禮記明堂位

繹又祭也夏曰復胙商曰肜周曰繹 爾雅

夏立尸而卒祭殷坐尸周旅酬六尸 禮記禮器

掘中霤而浴毀竈以綴足及葬毀宗躐行出于大門殷道也學者行之 禮記檀弓上

周人浴不掘中霤葬不毀宗躐行 禮記注

有虞氏瓦棺夏后氏堲周殷人棺槨周人牆置翣周人以殷人之棺槨葬長殤以夏后氏之堲周葬中殤下殤以有虞氏之瓦棺葬無服之殤 禮記檀弓上

夏后氏殯於東階之上則猶在阼也殷人殯於兩楹之間則與賓主夾之也周人殯於西階之上則猶賓之也 同上

夏后氏用明器殷人用祭器周人兼用之 同上

孔子謂爲明器者知喪道矣備物而不可用也哀哉死者而用生者之器也不殆於用殉乎哉 禮記檀弓下

殷朝而殯於祖周朝而遂葬 同上

有虞氏之綏夏后氏之綢練殷之崇牙周之璧翣 禮記明堂位

孔子之喪公西赤爲志焉飾棺牆置翣設披周也設崇殷也綢練設旐夏也 禮記檀弓上

子張之喪公明儀爲志焉褚幕丹質蟻結于四隅殷士也 同上

幼名冠字五十以伯仲死謚周道也 同上

周人弁而葬。殷人冔而葬。禮記檀弓下

殷既封而弔。周反哭而弔。孔子曰、殷已慤。吾從周。同上

重、主道也。殷主綴重焉。周主重徹焉。同上

殷練而祔。周卒哭而祔。孔子善殷。同上

天子五年一巡守。禮記王制

五年者、虞夏之制也。周則十二歲一巡守。禮記注

夏殷之時。天子蓋六年一巡守。鄭志

諸侯之於天子也。比年一小聘。三年一大聘。五年一朝。禮記王制

此大聘與朝。晉文霸時所制也。虞夏之制。諸侯歲朝。周之制。侯甸男采衛要服六者。各以其服數來朝也。禮記注

凡養老。有虞氏以燕禮。夏后氏以饗禮。殷人以食禮。周人脩而兼用之。禮記王制

有虞氏養國老於上庠。養庶老於下庠。夏后氏養國老於東序。養庶老於西序。殷人養國老於右學。養庶老於左學。周人養國老於東膠。養庶老於虞庠。同上

米廩。有虞氏之庠也。序、夏后氏之序也。瞽宗、殷學也。頖宮、周學也。禮記明堂位

昔者有虞氏貴德而尚齒。夏后氏貴爵而尚齒。殷人貴富而尚齒。周人貴親而尚齒。禮記祭義

子曰、夏道尊命。事鬼敬神而遠之。近人而忠焉。先祿而後威。先賞而後罰。親而不尊。其民之敝。惷而愚。喬而野。朴而不文。殷人尊神。率民以事神。先鬼而後禮。先罰而後賞。尊而不親。其民之敝。蕩而不靜。勝而無恥。周人尊禮尚施。事鬼敬神而遠之。近人而忠焉。其賞罰用爵列。親而不尊。其民之敝。利而巧。文而不慙。賊而蔽。禮記表記

有虞氏未施信於民而民信之。夏后氏未施敬於民而民

敬之。禮記檀弓下

殷人作誓而民始畔。周人作會而民始疑。同上

子曰、夏道未瀆辭。不求備。不大望於民。民未厭其親。殷人未瀆禮而求備於民。周人強民。未瀆神而賞爵刑罰窮矣。禮記表記

子曰、虞夏之道。寡怨於民。殷周之道。不勝其敝。同上

唐虞稽古。建官惟百。夏商官倍。尚書周官

有虞氏官五十。夏后氏官百。殷二百。周三百。禮記明堂位

夏祝、祝習夏禮者也。夏人教以忠。其於養宜。商祝、祝習商

禮者也商人之教以敬於接神宜 儀禮注

正朔三而改 三正記

正謂年始朔謂月初周子殷丑夏寅是改正也周夜半殷雞鳴夏平旦是改朔也 禮記正義

服色車馬也 禮記注

鸞車有虞氏之路也鉤車夏后氏之路也大路殷路也乘路周路也 禮記明堂位

夏后氏曰鉤車先正也殷曰寅車先疾也周曰元戎先良也 詩傳

夏后氏謂輦曰余車殷曰胡奴車周曰輜輦輦一斧一斤一鑿一梩一鋤周輦加二版二築 司馬法

夏后氏二十人而輦殷十八人而輦周十五人而輦 同上

緌號旌旂之名也 禮記注

有虞氏之旂夏后氏之綏殷之大白周之大赤 禮記明堂位

器械禮樂之器及甲兵也 禮記注

有虞氏上陶夏后氏上匠殷人上梓周人上輿 考工記

泰有虞氏之尊也山罍夏后氏之尊也著殷尊也犧象周尊也 禮記明堂位

爵夏后氏以琖殷以斝周以爵 同上

灌尊夏后氏以雞夷殷以斝周以黃目其勺夏后氏以龍勺殷以疏勺周以蒲勺 同上

俎有虞氏以梡夏后氏以嶡殷以椇周以房俎 同上

夏后氏以楬豆殷玉豆周獻豆 同上

有虞氏之兩敦夏后氏之四璉殷之六瑚周之八簋 同上

土鼓蕢桴葦籥伊耆氏之樂也拊搏玉磬揩擊大琴大瑟中琴小瑟四代之樂器也 同上

夏后氏之鼓足殷楹鼓周縣鼓 同上

夏后氏之龍簨虡殷之崇牙周之璧翣 同上

衣服吉凶之制也 禮記注

委貌周道也章甫殷道也毋追夏后氏之道也周弁殷冔夏收三王共皮弁素積 禮記郊特牲

有虞氏皇而祭深衣而養老夏后氏收而祭燕衣而養老殷人冔而祭縞衣而養老周人冕而祭元衣而養老 禮記王制

有虞氏服韍夏后氏山殷火周龍章 禮記明堂位

夫樂而不亂復而不厭者謂之道道者萬世亡弊弊者道之失也先王之道必有偏而不起之處故政有眊而不行舉其偏者以補其弊而已矣三王之道所祖不同非其相反將以捄溢扶衰所遭之變然也故孔子曰亡爲而治者其舜虖改正朔易服色以順天命而已其餘盡循堯道何更爲哉故王者有改制之名亡變道之實然夏上忠殷上敬周上文者所繼之救當用此也孔子曰殷因於夏禮所損益可知也周因於殷禮所損益可知也其或繼周者雖百世可知也此言百王之用以此三者矣夏因於虞而獨

不言所損益者其道如一而所上同也道之大原出于天天不變道亦不變是以禹繼舜舜繼堯三聖相受而守一道亡救弊之政也故不言其所損益也由是觀之繼治世者其道同繼亂世者其道異漢書董仲舒傳

禮儀

禮儀經禮也中庸章句

保氏掌諫王惡而養國子以道乃教之六藝一曰五禮周禮地官

五禮吉凶賓軍嘉也周禮注

大宗伯之職掌建邦之天神人鬼地示之禮以佐王建保邦國以吉禮事邦國之鬼神示以禋祀祀昊天上帝以實柴祀日月星辰以槱燎祀司中司命風師雨師以血祭祭社稷五祀五嶽以貍沈祭山林川澤以疈辜祭四方百物

以肆獻祼享先王以饋食享先王以祠春享先王以禴夏享先王以嘗秋享先王以烝冬享先王以凶禮哀邦國之憂以喪禮哀死亡以荒禮哀凶札以弔禮哀禍烖以禬禮哀圍敗以恤禮哀寇亂以賓禮親邦國春見曰朝夏見曰宗秋見曰覲冬見曰遇時見曰會殷見曰同時聘曰問殷頫曰視以軍禮同邦國大師之禮用衆也大均之禮恤衆也大田之禮簡衆也大役之禮任衆也大封之禮合衆也以嘉禮親萬民以飲食之禮親宗族兄弟以昏冠之禮親成男女以賓射之禮親故舊朋友以饗燕之禮親四方之

客以脤膰之禮親兄弟之國以慶賀之禮親異姓之國周禮春官

吉禮之別十有二凶禮之別有五賓禮之別有八軍禮之別有五嘉禮之別有六周禮注

郊社之義所以仁鬼神也嘗禘之禮所以仁昭穆也饋奠之禮所以仁死喪也射鄉之禮所以仁鄉黨也食饗之禮所以仁賓客也是故以之居處有禮故長幼辨也以之閨門之內有禮故三族和也以之朝廷有禮故官爵序也以之田獵有禮故戎事閑也以之軍旅有禮故武功成也是

故宮室得其度量鼎得其象味得其時樂得其節車得其式鬼神得其饗喪紀得其哀辨說得其黨官得其體政事得其施加於身而錯於前凡衆之動得其宜禮記仲尼燕居

郊社嘗禘饋奠存死之善者也射鄉食饗存生之善者也禮記注

祀帝於郊敬之至也宗廟之祭仁之至也喪禮忠之至也備服器仁之至也賓客之用幣義之至也故君子欲觀仁義之道禮之本也禮記禮器

故朝覲之禮所以明君臣之義也聘問之禮所以使諸侯相尊敬也喪祭之禮所以明臣子之恩也鄉飲酒之禮所以明男女之別也夫禮禁亂之所由生猶坊止水之所自來也故以舊坊爲無所用而壞之者必有水敗以舊禮爲無所用而去之者必有亂患故昏姻之禮廢則夫婦之道苦而淫辟之罪多矣鄉飲酒之禮廢則長幼之序失而爭鬬之獄繁矣喪祭之禮廢則臣子之恩薄而倍死忘生者衆矣聘覲之禮廢則君臣之位失諸侯之行惡而倍畔侵陵之敗起矣故禮之教化也微其止邪也於未形使人日

徙善遠罪而不自知也是以先王隆之也禮記經解

夫禮必本於天殽於地列於鬼神達於喪祭射御冠昏朝聘故聖人以禮示之故天下國家可得而正也禮記禮運

禮也者猶體也體不備君子謂之不成人設之不當猶不備也禮有大有小有顯有微大者不可損小者不可益顯者不可揜微者不可大也故經禮三百曲禮三千其致一也未有入室而不由戶者禮記禮器

經禮固今之儀禮其存者十七篇而其逸見於他書者猶有投壺奔喪遷廟釁廟中霤等篇其不可見者又有古經

增多三十九篇而明堂陰陽王史氏記數十篇及河間獻王所輯禮樂古事多至五百餘篇倘或猶有逸在其間者大率以春官所領五禮之目約之則其初固當有三百餘篇亡疑矣所謂曲禮則皆禮之微文小節如今曲禮少儀內則玉藻弟子職篇所記事親事長起居飲食容貌辭氣之法制器備物宗廟宮室衣冠車旗之等凡所以行乎經禮之中者其篇之全數雖不可知然條而析之亦應不下三千有餘矣儀禮經傳通解

君子之於禮也有所竭情盡慎致其敬而誠若有美而文

而誠若君子之於禮也有直而行也有曲而殺也有經而等也有順而討也有摲而播也有推而進也有放而文也有放而不致也有順而摭也禮記禮器

直而行若始死哭踊無節也曲而殺若父在為母期也經而等若天子下至士庶人為父母三年討猶去也順而討若天子以十二公以九侯伯以七子男以五摲之言芟也摲而播若祭者貴賤皆有所得不使虛也推而進若王者之後得用天子之禮放而文若天子之服象日月以至黼黻放而不致若諸侯自山龍以下順而摭若君沐粱大夫沐稷士沐粱禮記注

君子曰禮之近人情者非其至者也郊血大饗腥三獻爓一獻孰是故君子之於禮也非作而致其情也此有由始也是故七介以相見也不然則已愨三辭三讓而至不然則已蹙故魯人將有事於上帝必先有事於頖宮晉人將有事於河必先有事於惡池齊人將有事於泰山必先有事於配林三月繫七日戒三日宿慎之至也故禮有擯詔樂有相步溫之至也禮記禮器

民之所由生禮為大非禮無以節事天地之神也非禮無

以辨君臣上下長幼之位也非禮無以別男女父子兄弟之親昏姻疏數之交也君子以此之為尊敬然然後以其所能教百姓不廢其會節有成事然後治其雕鏤文章黼黻以嗣其順之然後言其喪算備其鼎俎設其豕腊修其宗廟歲時以敬祭祀以序宗族既安其居節醜其衣服卑其宮室車不雕幾器不刻鏤食不貳味以與民同利昔之君子之行禮者如此禮記哀公問

禮之於正國也猶衡之於輕重也繩墨之於曲直也規矩之於方圓也故衡誠縣不可欺以輕重繩墨誠陳不可欺

以曲直規矩誠設不可欺以方圓君子審禮不可誣以姦詐是故隆禮由禮謂之有方之士不隆禮不由禮謂之無方之民敬讓之道也故以奉宗廟則敬以入朝廷則貴賤有位以處室家則父子親兄弟和以處鄉里則長幼有序孔子曰安上治民莫善於禮此之謂也 禮記經解

文質

王者必一質一文何質法天文法地也故天爲質地受而化之養而成之故爲文 白虎通義

先王之立禮也有本有文忠信禮之本也義理禮之文也無本不立無文不行 禮記禮器

君子曰甘受和白受采忠信之人可以學禮苟無忠信之人則禮不虛道是以得其人之爲貴也 同上

子曰制度在禮文爲在禮行之其在人乎 禮記仲尼燕居

禮時爲大順次之體次之宜次之稱次之堯授舜舜授禹湯放桀武王伐紂時也詩云匪革其猶聿追來孝天地之祭宗廟之事父子之道君臣之義倫也社稷山川之事鬼神之祭體也喪祭之用賓客之交義也羔豚而祭百官皆足大牢而祭不必有餘此之謂稱也諸侯以龜爲寶以圭爲瑞家不寶龜不藏圭不臺門言有稱也禮有以多爲貴者天子七廟諸侯五大夫三士一天子之豆二十有六諸公十有六諸侯十有二上大夫八下大夫六諸侯七介七牢大夫五介五牢天子之席五重諸侯之席三重大夫再重天子崩七月而葬五重八翣諸侯五月而葬三重六翣大

夫三月而葬再重四翣此以多爲貴也有以少爲貴者天子無介祭天特牲天子適諸侯諸侯膳以犢諸侯相朝灌用鬱鬯無籩豆之薦大夫聘禮以脯醢天子一食諸侯再大夫士三食力無數大路繁纓一就次路繁纓七就圭璋特琥璜爵鬼神之祭單席諸侯視朝大夫特士旅之此以少爲貴也有以大爲貴者宮室之量器皿之度棺槨之厚邱封之大此以大爲貴也有以小爲貴者宗廟之祭貴者獻以爵賤者獻以散尊者舉觶卑者舉角五獻之尊門外缶門內壺君尊瓦甒此以小爲貴也有以高爲貴者天子

之堂九尺諸侯七尺大夫五尺士三尺天子諸侯臺門此以高爲貴也有以下爲貴者至敬不壇埽地而祭天子諸侯之尊廢禁大夫士棜禁此以下爲貴也禮有以文爲貴者天子龍袞諸侯黼大夫黻士元衣纁裳天子之冕朱綠藻十有二旒諸侯九上大夫七下大夫五士三此以文爲貴也有以素爲貴者至敬無文父黨無容大圭不琢大羹不和大路素而越席犧尊疏布鼏樿杓此以素爲貴也孔子曰禮不可不省也禮不同不豐不殺此之謂也蓋言稱也禮之以多爲貴者以其外心者也德發揚詡萬物大理物博如此則得不以多爲貴乎故君子樂其發也禮之以少爲貴者以其內心者也德產之致也精微觀天下之物無可以稱其德者如此則得不以少爲貴乎是故君子慎其獨也古之聖人內之爲尊外之爲樂少之爲貴多之爲美是故先王之制禮也不可多也不可寡也唯其稱也禮記禮器

君人者將昭德塞違以臨照百官猶懼或失之故昭令德以示子孫是以清廟茅屋大路越席大羹不致粢食不鑿昭其儉也袞冕黻珽帶裳幅舄衡紞紘綖昭其度也藻率

鞞鞛鞶厲游纓昭其數也火龍黼黻昭其文也五色比象昭其物也鍚鸞和鈴昭其聲也三辰旂旗昭其明也夫德儉而有度登降有數文物以紀之聲明以發之以臨照百官百官於是乎戒懼而不敢易紀律春秋左氏傳 桓公二年

是故君子大牢而祭謂之禮匹士大牢而祭謂之攘管仲鏤簋朱紘山節藻棁君子以爲濫矣晏平仲祀其先人豚肩不揜豆澣衣濯冠以朝君子以爲隘矣是故君子之行禮也不可不慎也衆之紀也紀散而衆亂孔子曰我戰則

克祭則受福蓋得其道矣。禮記禮器

孔子曰管仲鏤簋而朱紘旅樹而反坫山節而藻梲賢大夫也而難爲上也晏平仲祀其先人豚肩不揜豆賢大夫也而難爲下也君子上不僭下下不偪上。禮記雜記下

曾子曰晏子可謂知禮也已恭敬之有焉有若曰晏子一狐裘三十年遣車一乘及墓而反國君七个遣車七乘大夫五个遣車五乘晏子焉知禮曾子曰國無道君子恥盈禮焉國奢則示之以儉國儉則示之以禮。禮記檀弓下

禮者理也文也理者實也本也文者華也末也文過則奢實過則儉奢自文所生儉自實所出　二程遺書

禮也者反本脩古不忘其初者也故凶事不詔朝事以樂醴酒之用元酒之尚割刀之用鸞刀之貴莞簟之安而稾鞂之設是故先王之制禮也必有主也故可述而多學也　禮記禮器

先王之薦可食也而不可耆也卷冕路車可陳也而不可好也武壯而不可樂也宗廟之威而不可安也宗廟之器可用也而不可便其利也所以交於神明者不可以同於所安樂之義也酒醴之美元酒明水之尚貴五味之本也

黼黻文繡之美疏布之尚反女功之始也莞簟之安而蒲越稾鞂之尚明之也大羹不和貴其質也大圭不琢美其質也丹漆雕幾之美素車之乘尊其樸也貴其質而已矣所以交於神明者不可同於所安褻之甚也如是而后宜　禮記郊特牲

四書類考卷十五

四書類考卷十六

禮樂類禮之一

祭

鬼神神祇

郊

社

社稷

旅

祭神日神與竈

儺

宗廟昭穆

禜

禘

嘗

尸

齊

灌

旣灌

旅酬

徹

不與祭

告朔

祭

祭之爲言察也察者至也至者人事至也人事[illegible]

祭者薦也薦之爲言在也在也者在其道也[illegible]

凡治人之道莫急於禮禮有五經莫重於祭（禮記祭統）

禮有五經謂吉禮凶禮賓禮軍禮嘉禮也莫重於祭謂以吉禮爲重也（禮記注）

大宗伯之職以吉禮事邦國之鬼神示（周官春官）

天子祭天地祭四方祭山川祭五祀歲徧諸侯方祀祭山川祭五祀歲徧大夫祭五祀歲徧士祭其先（禮記曲禮下）

天子祭天地諸侯祭社稷大夫祭五祀（禮記王制）

古者先王日祭月享時類歲祀諸侯舍日卿大夫舍月士庶人舍時天子徧祀羣臣品物諸侯祀天地三辰及其土之山川卿大夫祀其禮士庶人不過其祖（國語）

鬼神（神祇）

鬼神者造化之迹也（易傳）

鬼神者二氣之良能也（張子正蒙）

鬼之爲言歸也（爾雅）

神也者妙萬物而爲言者也（周易說卦傳）

物之初生氣日至而滋息物生既盈氣日反而游散至之爲神以其伸也反之爲鬼以其歸也（張子正蒙）

鬼神往來屈伸之義故天曰神地曰示人曰鬼（同上）

天道不窮寒暑已衆動不窮屈伸已鬼神之實不越二端而已矣（同上）

宰我曰吾聞鬼神之名不知其所謂子曰氣也者神之盛也魄也者鬼之盛也合鬼與神教之至也衆生必死死必歸土此之謂鬼骨肉斃于下陰爲野土其氣發揚于上爲昭明焄蒿悽愴此百物之精也神之著也因物之精制爲之極明命鬼神以爲黔首則百衆以畏萬民以服聖人以是爲未足也築爲宮室設爲宗祧以别親疎遠邇教民反古復始不忘其所生也衆之服自此故聽且速也二端既立報以二禮建設朝事燔燎羶薌見以蕭光以報氣也此

教衆反始也薦黍稷羞肺肝首心覵以俠甒加以鬱鬯以報魄也教民相愛上下用情禮之至也 禮記祭義

氣謂噓吸出入者也耳目之聰明爲魄合鬼神而祭之聖人之教致之也二端旣立謂氣也魄也更有尊名云鬼神也二禮謂朝事與薦黍稷也朝事謂薦血腥時也薦黍稷所謂饋食也相愛用情謂此以人道祭之也報氣以氣報魄以實各首其類 禮記注

郊

大宗伯之職以禋祀祀昊天上帝 周禮春官

昊天上帝冬至圜丘所祀 周禮注

圜丘則郊也以所在言之謂之郊以所祭言之謂之圜丘祭法燔柴於泰壇則圜丘也郊特牲周之始郊日以至周官冬至祭天於圜丘一也 周官禮注

郊之祭也迎長日之至也大報天而主日也兆於南郊就陽位也掃地而祭於其質也器用陶匏以象天地之性也於郊故謂之郊牲用騂貴赤也用犢貴誠也郊之用辛也

周之始郊日以至 禮記郊特牲

卜郊受命於祖廟作龜於禰宮尊祖親考之義也卜之日王立於澤親聽誓命受教諫之義也獻命庫門之內戒百官也大廟之命戒百姓也 同上

祭之日王皮弁以聽祭報示民嚴上也喪者不哭不敢凶服氾埽反道鄉爲田燭弗命而民聽上 同上

郊之祭也喪者不敢哭凶服者不敢入國門敬之至也 禮記祭義

祭之日王被衮以象天戴冕璪十有二旒則天數也乘素

車貴其質也。旂十有二旒，龍章而設日月，以象天也。天垂象，聖人則之。郊所以明天道也。禮記郊特牲

帝牛不吉，以爲稷牛。帝牛必在滌三月，稷牛唯具。所以别事天神與人鬼也。同上

萬物本乎天，人本乎祖，此所以配上帝也。郊之祭也，大報本反始也。同上

郊之祭，大報天而主日，配以月。夏后氏祭其闇，殷人祭其陽，周人祭日以朝及闇。禮記祭義

祭日於壇，祭月於坎，以别幽明，以制上下。祭日於東，祭月於西，以别外內，以端其位。日出於東，月生於西，陰陽長短，終始相巡，以致天下之和。同上

是故因天事天，因地事地，因名山升中於天，因吉土以饗帝於郊。升中於天而鳳凰降，龜龍格；饗帝於郊而風雨節，寒暑時。是故聖人南面而立而天下大治。禮記禮器

凡樂，圜鍾爲宮，黄鍾爲角，大簇爲徵，姑洗爲羽，靁鼓靁鼗，孤竹之管，雲和之琴瑟，雲門之舞，冬日至，於地上之圜丘奏之，若樂六變，則天神皆降，可得而禮矣。周官春官大司樂

昔者周公郊祀后稷以配天，宗祀文王於明堂以配上帝，是以四海之內各以其職來祭。孝經

萬物本乎天，人本乎祖，故冬至祭天而以祖配之，以冬至氣之始也；萬物成形於帝，而人成形於父，故季秋享帝而以父配之，以季秋成物之時也。二程遺書

社

瘞埋於泰折。祭地也。禮記祭法

泰折、北郊之坎也。以之瘞埋、陳氏禮書

祭地于泰折。在北郊。就陰位也。禮記逸文見漢書郊祀志

大宗伯以璜琮禮地。皆有牲幣。放其器之色。周禮春官

典瑞、兩圭有邸以祀地。同上

兩圭五寸有邸。以祀地。考工記玉人

以夏日至致地示物鬽。周禮春官凡以神仕者

乃奏大蔟。歌應鍾。舞咸池。以祭地示。周禮春官大司樂

函鍾爲宮。大簇爲角。姑洗爲徵。南呂爲羽。靈鼓靈鼗。孫竹之管。空桑之琴瑟。咸池之舞。夏日至。於澤中之方邱奏之。若樂八變。則地示皆出。可得而禮矣。同上

社稷

社稷、土穀之神。有德者配食焉。周禮注

王者所以有社稷何。爲天下求福報功。人非土不立。非穀不食。土地廣博。不可徧敬也。五穀衆多。不可一一而祭也。故封土立社。示有土尊。稷五穀之長。故封稷而祭之也。白虎通義

共工氏有子曰句龍。爲后土。后土爲社。稷田正也。有烈山氏之子曰柱。爲稷。自夏以上祀之。周棄亦爲稷。自商以來祀之。春秋左氏傳。昭公二十九年

昔烈山氏之有天下也。其子曰柱。能殖百穀百蔬。夏之興也。周棄繼之。故祀以爲稷。共工氏之伯九有也。其子曰后土。能平九土。故祀以爲社。國語。禮記祭法同

王爲羣姓立社曰大社。王自爲立社曰王社。諸侯爲百姓立社曰國社。諸侯自爲立社曰侯社。大夫以下成羣立社曰置社。禮記祭法

有天下之社。有一國之社。有衆人之社。有一人之社。有失國之社。大社。天下之社也。國社。一國之社也。王社侯社。一人之社也。喪國之社。屋之。失國之社也。三社之制。大社爲

大此孟子所謂民爲貴、社稷次之、君爲輕也、喪國之社。天子所以爲戒、則又亥於王社矣。以言安不可以忘危也。書曰夏社、禮與春秋曰亳社、皆以爲戒而已、然則諸侯有國社侯社、與春秋之亳社、亦三社矣。天子之社在雉門之右、而緜詩曰乃立應門、繼之曰乃立冢土、冢土、社也、則諸侯之社亦在門內也。天子之牲太牢、則諸侯當用少牢、若郊特牲曰社事單出里、邱乘供粢盛、此大夫以下之社也。陳氏禮書

封人掌設王之社壝、爲畿封而樹之。凡封國設其社稷之壝、封其四疆、造都邑之封域者亦如之、令社稷之職。周禮地官

小宗伯之職、掌建邦之神位、右社稷、左宗廟。周禮春官

匠人營國、左祖右社。考工記

社稷在中門之外、外門之內、何尊而親之、與先祖同也。白虎通義

社祭土而主陰氣也、君南鄉於北墉下、答陰之義也。日用甲、用日之始也。天子大社必受霜露風雨、以達天地之氣也。社所以神地之道也、地載萬物、天垂象、取財於地、取法

於天、是以尊天而親地也、故教民美報焉。禮記郊特牲

命降於社之謂殽地。禮記禮運

祀社於國、所以列地利也。同上

春秋文義曰、天子之社稷廣五丈、諸侯半之、其色如何、春秋傳曰、天子有大社焉、東方青色、南方赤色、西方白色、北方黑色、上冒以黃土、故將封東方諸侯、青土苴以白茅。白虎通義

王祭社稷則希冕。周禮春官司服

天子祭社稷皆太牢、諸侯祭社稷皆少牢。禮記王制

仲春教振旅、遂以蒐田、獻禽以祭社。周禮夏官大司馬

季春出火、爲焚也、然後簡其車賦、而歷其卒伍、而君親誓社、以習軍旅、左之右之、坐之起之、以觀其習變也、而流示之禽、而鹽諸利、以觀其不犯命也、求服其志、不貪其得、故以戰則克、祭則受福。禮記郊特牲

鬯人掌共秬鬯而飾之、凡祭祀社壝用大罍。周官春官

鼓人以靈鼓鼓社祭。周禮地官

舞師教帗舞、帥而舞社稷之祭祀。同上

社之日、涖卜來歲之稼。周禮春官肆師

天子將出宜乎社。禮記王制

天子將出征宜乎社。同上

宜祭名。禮記注

用命賞于祖弗用命戮于社。尚書甘誓

稷社之細也。周禮注

喪國之社屋之不受天陽也薄社北牖使陰明也。禮記郊特牲

喪祝掌勝國邑之社稷之祝號以祭祀禱祠焉。周禮春官

士師若祭勝國之社稷則爲之尸。周禮秋官

哀公四年六月辛丑亳社災。春秋

亳社者亳之社也亳亡國也亡國之社以爲廟屏戒也其屋亡國之社不使達上也。春秋穀梁傳

亡國之社蓋揜之揜其上而柴其下。春秋公羊傳

大夫有民其有社稷者亦爲報功也。白虎通義

大司徒設其社稷之壝而樹之田主各以其野之所宜木。遂以名其社與其野。周禮地官

仲春之月擇元日命民社。禮記月令

土發而社助時也。國語

旅

祭山曰旅。書傳

天子祭天下名山大川五嶽視三公四瀆視諸侯諸侯祭名山大川之在其地者。禮記王制

五嶽視三公四瀆視諸侯其餘山川視伯小者視子男。尚書大傳

天子祭天諸侯祭土天子有方望之事無所不通諸侯山川有不在其封內者則不祭也。春秋公羊傳。僖公三十一年

天子祭山川歲徧諸侯祭山川歲徧。禮記曲禮

大宗伯以血祭祭五嶽以貍沈祭山林川澤。周禮春官

五嶽東曰岱宗南曰衡山西曰華山北曰恒山中曰嵩高山不見四竇者四竇五嶽之匹或省文。周禮注

泰山爲東嶽華山爲西嶽霍山爲南嶽恒山爲北嶽嵩高爲中嶽。爾雅釋山

江淮河濟爲四瀆四瀆者發源注海者也。爾雅釋水

曷爲祭泰山河海山川有能潤于百里者天子秩而祭之。觸石而出膚寸而合不崇朝而徧雨乎天下者唯泰山爾

河海潤乎千里。春秋公羊傳

晉人將有事於河。必先有事於惡池。齊人將有事於泰山。必先有事於配林。禮記禮器。惡讀爲呼

祭神　百神　與　竈

祭神、謂祭百神。古論語訓

百神謂宗廟之外皆是言百神、舉成數。論語正義

王爲羣姓立七祀曰司命曰中霤曰國門曰國行曰泰厲、曰戶曰竈王自爲立七祀、諸侯爲國立五祀曰司命曰中霤曰國門、曰國行曰公厲諸侯自爲立五祀大夫立三祀曰族厲曰門曰行適士立二祀曰門曰行庶士庶人立一祀或立戶或立竈。禮記祭法

天子祭天地祭四方祭山川祭五祀歲徧。諸侯方祀祭山川祭五祀歲徧大夫祭五祀歲徧。禮記曲禮下

五祀戶竈中霤門行也。禮記注

大夫祭五祀。禮記王制

五祀謂司命也中霤也門也行也厲也。禮記注

曲禮大夫祭五祀謂戶竈中霤門行以爲殷禮此大夫祭五祀爲有地大夫五祀之神又別者以曲禮天子諸侯大夫皆祭五祀更無等差故以月令五祀當之總爲殷禮此文天子云祭天地諸侯祭社稷大夫云祭五祀既別爲尊卑之差故以周法解之。禮記正義

士處適寢疾病。乃行禱於五祀。儀禮士喪禮

此禱於所常祭者也。士之得祭五祀。於此可見。儀禮集說

五祀見於周禮禮記儀禮。雜出於史傳多矣。特祭法以司命泰厲爲七祀。而左傳昭二十五年家語五帝篇則以五祀爲重該修熙黎句龍之五官。月令則以五祀爲門行戶竈中霤。白虎通劉昭范蔚宗高堂隆之徒。以五祀爲門井戶竈中霤。鄭氏釋大宗伯之五祀。則用左傳家語之說。釋小祝之五祀用月令之說。釋士制之五祀用祭法之說。而荀卿謂五祀執薦者百人。侍西房。侍西房則五祀固非四

方之五官。侍必百人。則五祀固非門戶之類。然則所謂五祀者。其名雖同。其祭各有所主。七祀之制。不見他經。鄭氏以七祀爲周制。五祀爲商制。然周官雖天子亦止於五祀。儀禮雖士亦備五祀。則五祀無尊卑隆殺之數矣。祭法自七祀推而下之。至於適士二祀。庶人一祀。非周禮也。然禮所言五祀。蓋皆門戶之類。而已門戶人所資以出入者也。中霤人所資以居者也。竈井人所資以養者也。先王之於五者。不特所資如此。而又事有所本。制度有所與。此所以祀而報之也。中霤土之所用事。故祀于中央。竈火之所用事。故祀於夏。井水之所用事。故祀於冬。戶在內而奇陽也。故祀於春。門在外而偶陰也。故祀於秋。兩漢魏晉之立五祀。井皆與焉。特隋唐參用月令祭法之說。五祀祭行。及李林甫之徒復脩月令。冬亦祀井而不祀行。然則行神亦特軷於始行而已。非先王冬日之常祀也。攷之於禮。五祀之牲羊牲。凡祭五祀於廟。有主有尸。覲月令臘先祖五祀同時。則五祀祭於廟可知也。曾子問旣殯而祭五祀。尸入三飯。則五祀有尸可知也。旣殯而祭。不酳不酢。則凡祭五祀固有侑酳與酢矣。老婦之祭。先儒以爲竈配。則五祀固有

配矣。先儒又謂卿以上宗廟有主。五祀亦有主矣。大夫以下宗廟無主。五祀亦如之。然大夫之廟未嘗無主。五祀有主與否。不可攷也。陳氏禮書

凡祭五祀于廟。用特牲。有主有尸。皆先設席于奥。中霤禮

春祀戶祭先脾。禮記月令

祀戶之禮。南面設主于戶內之西。北面乃制脾及腎爲俎。奠于主北。又設盛于俎西。祭黍稷祭肉祭醴。皆三祭肉脾一腎再。旣祭徹之。更陳鼎俎。設饌于筵前。迎尸略如祭宗廟之儀。中霤禮

夏祀竈祭先肺禮記月令

祀竈之禮先席于門之奥東面設主于竈陘乃制肺及心肝爲俎奠于主西又設盛于俎南亦祭黍三祭肺心肝各一祭醴二亦旣祭徹之更陳鼎俎設饌于筵前迎尸如祀戸之禮中霤禮

孔子曰臧文仲安知禮燔柴於奥夫奥者老婦之祭也盛於盆尊於瓶禮記禮器

奥當爲爨字之誤也禮記注

奥者夏祀竈神其禮尊以老婦配之耳故中霤禮祭竈先

薦於奥有主有尸用特牲迎尸以下略如祭宗廟之禮是其事大也爨者宗廟祭祀尸卒食之後特祭老婦盛於盆尊於瓶是其事小也古周禮說顓頊氏有子曰黎爲祝融祀以爲竈神鄭駁之云祝融乃古火官之長王者祭之但就竈陘一何陋也如鄭此言則祝融是五官之神祭於郊奥者正是竈之神常祀在夏以老婦配之有俎及籩豆設于竈陘又延尸入奥爨者宗廟祭後直祭先炊老婦之神在于爨竈此祝融并與及爨三者所以不同也禮記正義

中央祀中霤祭先心禮記月令

祀中霤之禮設主於牖下乃制心及肺肝爲俎其祭肉心肺肝各一其他皆如祀戸之禮中霤禮

秋祀門祭先肝禮記月令

祀門之禮北面設主於門左樞乃制肝及肺心爲俎奠于主南又設盛于俎東其他皆如祭竈之禮中霤禮

冬祀行祭先腎禮記月令

行在廟門外之西爲軷壤厚三寸廣五尺輪四尺祀行之禮北面設主于軷上乃制腎及脾爲俎奠于主南又設盛于俎東祭肉腎一脾再其他皆如祀門之禮中霤禮

行山曰軷犯之者封土爲山象以菩芻棘栢爲神主旣祭之以車轢之而去喻無險難也春秋傳跋涉山川詩云載謀載惟取蕭祭脂取羝以軷詩家說曰將出祖道犯軷之祭也聘禮曰乃舍軷飲酒於其側禮家說亦謂道祭周禮注

大馭掌馭玉路以祀及犯軷王自左馭馭下祝登受轡犯軷遂驅之及祭酌僕僕左執轡右祭兩軹祭軌乃飲周官夏官○軹音止軌音犯

酌尸之僕如君之僕其在車則左執轡右受爵祭左右軌

范乃飲禮記少儀。軓周禮作軹范周禮作軓
周禮太馭祭兩軹祭軓乃飲軓與軹同謂轄頭也軓與范
聲同謂式前也禮記注

儺

儺驅逐疫鬼古論語訓
季春出疫于郊以攘春氣王居明堂禮
季春之月命國儺九門磔攘以畢春氣禮記月令
陰氣右行此月之中日行歷昴昴有大陵積尸之氣氣佚
則厲鬼隨而出行命方相氏帥百隸索室驅疫以逐之又
磔牲以攘於四方之神所以畢止其災也禮記注
仲秋九門磔攘以發陳氣禦止疾疫王居明堂禮
仲秋之月天子乃難以達秋氣禮記月令

陽氣左行此月宿直昴畢昴畢亦得大陵積尸之氣氣佚
則厲鬼亦隨而出行于是亦命方相氏帥百隸而儺之禮
記注
季冬之月命有司大難旁磔出土牛以送寒氣禮記月令
陰氣右行此月之中日歷虚危虚危有墳墓四司之氣爲
厲鬼將隨強陰出害人也旁磔於四方之門磔攘也出猶
作也作土牛者丑爲牛可牽止也禮記注
方相氏掌蒙熊皮黄金四目元衣朱裳執戈揚盾帥百隸
而時難以索室驅疫大喪先匶及墓入壙以戈擊四隅毆

方良。周禮夏官

宗廟昭穆

室有東西廂曰廟。無東西廂有室曰寢。爾雅釋官

廟者貌也。尚書大傳

君子將營宮室。宗廟爲先。廐庫爲次。居室爲後。禮記曲禮下

小宗伯、掌建邦之神位。右社稷。左宗廟。辨廟祧之昭穆。周禮春官

唐虞五廟。親廟四。始祖廟一。夏四廟。至子孫五。殷五廟。至子孫六。禮緯稽命徵見禮記正義

唐堯五廟。親廟四。與始祖五。禹四廟。至子孫五。殷五廟。至子孫六。周六廟。至子孫七。鉤命決

天下有王。分地建國。置都立邑。設廟祧壇墠而祭之。乃爲親疏多少之數。禮記祭法

天子七廟。諸侯五。大夫三。士一。禮記禮器

天子七廟。三昭三穆。與太祖之廟而七。諸侯五廟。二昭二穆。與太祖之廟而五。大夫三廟。一昭一穆。與太祖之廟而三。士一廟。庶人祭於寢。禮記王制

是故王立七廟。一壇一墠。曰考廟。曰王考廟。曰皇考廟。曰

顯考廟曰祖考廟皆月祭之遠廟爲祧有二祧享嘗乃止
去祧爲壇去壇爲墠壇墠有禱焉祭之無禱乃止去墠爲
鬼諸侯立五廟一壇一墠曰考廟曰王考廟曰皇考廟皆
月祭之顯考廟祖考廟享嘗乃止去祖爲壇去壇爲墠壇
墠有禱焉祭之無禱乃止去墠爲鬼大夫立三廟二壇曰
考廟曰王考廟曰皇考廟享嘗乃止顯考祖考無廟有禱
焉爲壇祭之去壇爲鬼適士二廟一壇曰考廟曰王考廟
享嘗乃止顯考無廟有禱焉爲壇祭之去壇爲鬼官師一
廟曰考廟王考無廟而祭之去皇考爲鬼庶士庶人無廟

死曰鬼禮記祭法

天子七廟諸侯五大夫三士二故德厚者流光德薄者流
卑是以貴始德之本也始封必爲祖春秋穀梁傳。僖公
十五年

夫宗廟之有昭穆也以次世之長幼而等胄之親疏也夫
祀昭孝也各致齊敬於其皇祖昭孝之至也故工史書世
宗祝書昭穆猶恐其踰也國語

自始祖之後父爲昭子爲穆周禮注

凡昭穆父南面故曰昭子北面故曰穆央疑要義注

小史掌邦國之志奠繫世辨昭穆大祭祀讀禮法史以書
叙昭穆之俎簋周官春官

繫世謂帝繫世本之屬是也小史主定之周禮注

大祭祀小史主叙其昭穆以其主定繫世祭祀史主叙其
昭穆次其俎簋周官解詁

俎簋笙與黍稷以書次之校比之周禮注

夫祭有昭穆昭穆者所以別父子遠近長幼親疏之序而
無亂也是故有事於大廟則羣昭羣穆咸在而不失其倫
此之謂親疏之殺也禮記祭統

昭穆咸在同宗父子皆來禮記注

尸主旣有昭穆故主人及賓衆亦爲昭穆列在廟不失倫
類禮記正義

大伯虞仲大王之昭也虢仲虢叔王季之穆也春秋左氏
傳。僖公五年

管蔡郕霍魯衞毛聃郜雍曹滕畢原酆郇文之昭也邘晉
應韓武之穆也同上。僖公二十四年

文公二年秋八月丁卯大事于太廟躋僖公逆祀也同上
禮父子異昭穆兄弟昭穆同故僖閔不得爲父子同爲穆

耳當閔在僖上今升僖先閔故云逆祀二公位次之逆非昭穆亂也春秋正義

釁

釁謂殺牲以血血之周禮注

成廟則釁之其禮祝宗人宰夫雍人皆爵弁純衣雍人拭羊宗人祝之宰夫北面於碑南東上雍人舉羊升屋自中中屋南面刲羊血流於前乃降門夾室皆用雞先門而後夾室其衈皆於屋下割雞門當門夾室中室有司皆鄉室而立門則有司當門北面既事宗人告事畢乃皆退反命於君曰釁某廟事畢反命於寢君南鄉於門內朝服既反命乃退路寢成則考之而不釁釁屋者交神明之道也禮記雜記下

凡宗廟之器其名者成則釁之以豭豚同上

小子掌珥于社稷祈于五祀釁邦器及軍器周禮夏官

珥讀爲衈祈或爲刉

用毛牲曰刉羽牲曰衈社稷五祀謂始成其宮兆時也邦器謂禮樂之器及祭器之屬周禮注

始立學者既興器用幣然後釋菜禮記文王世子　興當爲釁

禮樂之器成則釁之又用幣告先聖先師以器成也禮記

天府、上春釁寶鎮及寶器。周禮春官
龜人、上春釁龜。祭祀先卜。同上
孟冬之月命太史釁龜筴。占兆。審卦吉凶。禮記月令
大司馬之職若大師則掌其戒令。涖大卜。帥執事涖釁主
及軍器。周禮夏官
主謂遷廟之主及社主在軍者也。軍器、鼓鐸之屬。周禮注
小祝、大師掌釁祈號祝。周禮春官
釁謂釁鼓也。周官解詁

君以軍行、祓社釁鼓。祝奉以從。春秋左氏傳。○定公四年
師出先有事祓禱於社謂之宜社。於是殺牲以血塗鼓鼙
為釁鼓。春秋經傳集解
司約、若有訟者則珥而辟藏。周禮秋官。○珥讀曰衈
訟約、衈殺雞取血釁其戶辟藏、開府視約書。周禮注
圉師、春除蓐釁廐。周禮夏官
羊人、凡祈珥共其羊牲。凡沈辜侯禳釁積共其羊牲。同上
○祈或為刏。珥當為衈
士師、凡刏珥則奉犬牲。周禮秋官。○珥當為衈

犬人掌犬牲。凡幾珥沈辜用駹可也。同上。○幾讀為刏。珥
當為衈
雞人、凡祭祀面禳釁共其雞牲。周禮春官

禘

禘大祭也爾雅釋天

禘之爲言諦諦定昭穆尊卑之義也禘祭以夏四月夏者陽氣在上陰氣在下故正尊卑之義也祫祭以冬十月冬者五穀成熟物備禮成故合聚飲食也後漢書張純傳

其合祭奈何毀廟之主陳於太廟未毀廟之主皆升合食于太祖五年而再殷祭春秋公羊傳文公二年

三年一祫五年一禘春秋說

禮不王不禘王者禘其祖之所自出以其祖配之禮記大傳

王者禘其祖之所自出以其祖配之而立四廟庶子王亦如之禮記喪服小記

長發大禘也詩商頌序

雝禘太祖也詩周頌序

王齊禘於清廟檀弓逸文見蔡邕集

有虞氏禘黃帝而郊嚳祖顓頊而宗堯夏后氏亦禘黃帝而郊鯀祖顓頊而宗禹殷人禘嚳而郊冥祖契而宗湯周人禘嚳而郊稷祖文王而宗武王禮記祭法

日用丁亥禘于太廟禮

不得丁亥則己亥辛亥亦用之無則苟有亥焉可也儀禮注

其昭尸穆尸其祝辭總稱孝子孝孫禘于太廟禮見禮記正義

皆升合食於其祖同上

周旅酬六尸禮記禮器

旅酬六尸謂祫祭時聚羣廟之主於太祖后稷廟中后稷在室西壁東向爲發爵之主尊不與子孫爲酬酢餘自文

武二尸就親廟尸凡六在后稷之東南北對爲昭穆更相次序以酬也禮記正義

祫祭於祖則祝迎四廟之主主出廟入廟必蹕禮記曾子問

祫即禘也取其序昭穆謂之禘取其合集羣祖謂之祫禮記正義

凡四時之間祀追享朝享祼用虎彝蜼彝皆有舟其朝踐用兩太尊其再獻用兩山尊皆有罍諸臣之所昨也周官春官司尊彝

追享朝享。謂禘祫也。在四時之間。故曰間祀。周官解詁

嘗

春祭曰祠。夏祭曰礿。秋祭曰嘗。冬祭曰烝。爾雅釋天

天子諸侯宗廟之祭。春曰礿。夏曰禘。秋曰嘗。冬曰烝。禮記王制

此蓋夏殷之祭名。周則改之。春曰祠。夏曰礿。以禘爲殷祭。禮記注

凡祭有四時。春祭曰礿。夏祭曰禘。秋祭曰嘗。冬祭曰烝。礿禘陽義也。嘗烝陰義也。禘者陽之盛也。嘗者陰之盛也。故曰莫重於禘嘗。古者於禘也發爵賜服。順陽義也。於嘗也出田邑。發秋政。順陰義也。故記曰。嘗之日發公室。示賞也。草艾則墨。未發秋政。則民弗敢草也。故曰禘嘗之義大矣。治國之本也。不可不知也。禮記祭統

祭不欲數。數則煩。煩則不敬。祭不欲疏。疏則怠。怠則忘。是故君子合諸天道。春禘秋嘗。霜露既降。君子履之。必有悽愴之心。非其寒之謂也。春雨露既濡。君子履之。必有怵惕之心。如將見之。樂以迎來。哀以送往。故禘有樂而嘗無樂。禮記祭義

亟則黷。黷則不敬。君子之祭也。敬而不黷。疏則怠。怠則忘。

士不及茲四者則冬不裘夏不葛春秋公羊傳 ○ 桓公八年

饗禘有樂而食嘗無樂陰陽之義也凡飲養陽氣也凡食養陰氣也故春禘而秋嘗春饗孤子秋食耆老其義一也而食嘗無樂飲養陽氣也故有樂食養陰氣也故無聲凡聲陽也禮記郊特牲 ○ 禘當為禴

尸

尸神象也禮記郊特牲

祭必有尸者節神也春秋公羊傳解詁 ○ 宣公八年

祭天無尸五經異義

惟十有三祀帝乃稱王而入唐郊丹朱為尸尚書大傳

周公祭天用太公為尸石渠論見詩正義

平公有疾祀夏郊董伯為尸國語

周公祀泰山召公為尸白虎通義

夏立尸而卒祭殷坐尸周旅酬六尸禮記禮器

后稷之尸發爵不受旅禮記注

禮天子以卿為尸諸侯以大夫為尸卿大夫以下以孫為尸春秋公羊傳解詁 ○ 宣公八年

曾子問曰祭必有尸乎若厭祭亦可乎孔子曰祭成喪者必有尸尸必以孫孫幼則使人抱之無孫則取於同姓可也祭殤必厭蓋弗成也祭成喪而無尸是殤之也禮記曾子問

夫祭之道孫為王父尸所使為尸者子行也父北面而事之所以明子事父之道也此父子之倫也禮記祭統

禮曰君子抱孫不抱子此言孫可以爲王父尸子不可以爲父尸爲君尸者大夫士見之則下之君知所以爲尸者則自下之尸必式乘必以几禮記曲禮上

孔子曰尸弁冕而出卿大夫士皆下之尸必式必有前驅禮記曾子問

尸服卒者之上服儀禮士虞禮

守祧若將祭祀則各以其服授尸周禮春官

先王之尸服袞冕先公之尸服鷩冕周禮疏

酌尸之僕如君之僕其在車則左執轡右受爵祭左右軌

范乃飲禮記少儀

君迎牲而不迎尸別嫌也尸在廟門外則疑於臣在廟中則全於君君在廟門外則疑於君入廟門則全於臣全於子是故不出者明君臣之義也禮記祭統

男男尸女女尸必使異姓不使賤者儀禮士虞禮

齊

齊之爲言齊也齊不齊以致齊者也是故君子非有大事也非有恭敬也則不齊不齊則於物無防也嗜欲無止也及其將齊也防其邪物訖其耆欲耳不聽樂故記曰齊者不樂言不敢散其志也心不苟慮必依於道手足不苟動必依於禮是故君子之齊也專致其精明之德也故散齊七日以定之致齊三日以齊之定之之謂齊齊者精明之至也然後可以交於神明也是故先期旬有一日宮宰宿夫人夫人亦散齊七日致齊三日君致齊於外夫人致齊

於內禮記祭統

七日戒三日宿慎之至也禮記禮器

子曰七日戒三日齊承一人焉以爲尸過之者趨走以教敬也禮記坊記

致齊於內散齊於外齊之日思其居處思其笑語思其志意思其所樂思其所嗜齊三日乃見其所謂齊者禮記祭義

孔子曰三日齊一日用之猶恐不敬二日伐鼓何居禮記郊特牲

齊者不樂不弔。禮記曲禮上
王即齊宮百官御事各即其齊三日。國語
君子非致齊也非疾也不晝夜居於內禮記檀弓
內正寢之中。禮記注
太古冠布齊則緇之。禮記郊特牲
周弁殷冔夏收同上
齊所服而祭也禮記注
元冠丹組纓諸侯之齊冠也。元冠綦組纓士之齊冠也。禮
記玉藻

元冕齊戒鬼神陰陽也禮記郊特牲
其齊服有元端素端周禮春官司服
齊則綪結佩而爵韠禮記玉藻
齊之元也以陰幽思也故君子三日齊必見其所祭者禮
記郊特牲
君羔幦虎犆大夫齊車鹿幦豹犆朝車士齊車鹿幦豹犆
禮記玉藻
孔子曰端衣元裳絻而乘路志不在於食葷荀子哀公篇
葷葱薤之屬也荀子注

王齊日三舉周禮天官膳夫
王齊則共食玉周禮天官玉府
凡王之齊事共其秬鬯周禮春官鬯人
顏回曰回之家貧唯不飲酒不茹葷者數月矣若此則可
以為齊乎曰是祭祀之齊非心齊也莊子人間世篇

灌祼

獻之屬莫重於祼禮記祭統

獻之屬有九而莫重於祼是以降神者爲重凡獻卿大夫及羣有司皆其輕者也陳氏禮書

天子大祫十有二獻四時惟有九獻上公亦九獻侯伯七獻子男五獻卿大夫士略同三獻而祭禮成也儀禮疏

祼謂以圭瓚酌鬱鬯始獻尸也周禮注

祼之言灌也明不爲飲主以祭祀唯人道宗廟有祼天地大神至尊不祼莫稱焉凡鬱鬯受祭之啐之奠之同上

鬱鬱金香草宜以和鬯鬯釀秬爲酒芬芳條暢於上下也

秬如黑黍一稃二米同上

鬱草名十葉爲貫百二十貫爲築以煮之鐎中停於祭前

鬱爲草若蘭周官解詁

天子以鬯諸侯以薰大夫以蘭芝士以蕭庶人以艾王度記

暢臼以椈杵以梧禮記雜記上

所以擣鬱也椈柏也禮記注

肆師及果築鬻周官春官

鬱人掌祼器凡祭祀賓客之祼事和鬱鬯以實彝而陳之凡祼玉濯之陳之以贊祼事詔祼將之儀與其節凡祼事沃盥周官春官

祼器謂彝及舟與瓚祼玉謂圭瓚璋瓚周禮注

小宗伯辨六彝之名物以待果將周官春官

彝亦尊也鬱鬯曰彝彝法也言爲尊之法也周禮注

春祠夏禴祼用雞彝鳥彝皆有舟秋嘗冬烝祼用斚彝黄彝皆有舟凡四時之間祀追享朝享祼用虎彝蜼彝皆有舟周官春官司尊彝

舟尊下臺若今時承槃周官解詁

灌尊夏后氏以雞夷殷以斚周以黄目其勺夏后氏以龍勺殷以疏勺周以蒲勺禮記明堂位○夷作彝

黄目鬱氣之上尊也黄者中也目者氣之清明者也言酌於中而清明於外也禮記郊特牲

龍龍頭也疏通刻其頭蒲合蒲如鳧頭也禮記注

鬱尊用黄目灌用玉瓚大圭禮記明堂位

與瑞祼圭有瓚以肆先王周官春官

玉人祼圭尺有二寸有瓚以祀廟考工記

瓚形如槃容五升以大圭爲柄是謂圭瓚禮記注
玭彼玉瓚黄流在中詩大雅旱麓
黄流秬鬯也圭瓚之狀以圭爲柄黄金爲勺青金爲外朱
中央矣詩箋
周人尚臭灌用鬯臭鬱合鬯臭陰達於淵泉灌以圭璋用
玉氣也禮記郊特牲
祭日之旦王服衮冕而入尸亦衮冕祝在後侑之王不出
迎尸尸入室乃作樂降神乃灌當灌之時衆尸皆在太廟
中依次而灌所灌鬱鬯是爲一獻也三禮義宗

鬱齊獻酌周官春官司尊彝
汁獻涗于醆酒禮記郊特牲
小宰凡祭祀贊祼將之事周禮天官
小宗伯凡祭祀以時將瓚祼周禮春官
王乃出迎牲后從灌二獻也三禮義宗
内宰大祭祀后祼獻則贊周禮天官
天子用圭瓚后用璋瓚周禮疏
大璋中璋九寸邊璋七寸射四寸厚寸黄金勺青金外朱
中鼻寸衡四寸有繅考工記

射剡出者也鼻勺流也凡流皆爲龍口也衡謂勺徑也三
璋之勺形如圭瓚周禮注
舉斝角詔妥尸古者尸無事則立有事而後坐也尸神象
也祝將命也禮記郊特牲
初灌亞灌王與后皆酌以獻尸祝詔尸祭尸祭以降神即
舉王與后所獻之圭瓚璋瓚祭之啐之奠之而後即席而
坐而拜以安之也禮記義疏
鬱人大祭祀與量人受舉斝之卒爵而飲之周禮春官
鬱人所有事者祼也豈二祼尸既祭之啐之奠之之後既

乃舉此以嘏王王卒爵有未盡者鬱人乃與量人飲之與
周官義疏
諸侯賜圭瓚然後爲鬯未賜圭瓚則資鬯于天子禮記王
制
君執圭瓚祼尸大宗執璋瓚亞祼禮記祭統
大宗亞祼容夫人有故攝焉禮記注
若未賜圭瓚者則用璋瓚禮記正義

既灌
祭必先灌乃後薦腥薦熟周禮注
其先灌訖乃始迎牲次腥其俎腥其俎訖乃爓爓祭訖始
迎尸入室乃有黍稷周禮疏
既灌然後迎牲致陰氣也禮記郊特牲
君肉袒迎牲於門禮記明堂位
及迎牲君執紖卿大夫從士執芻禮記祭統
封人凡祭祀飾其牛牲設其楅衡置其絼共其水槀周
地官。絼持忍反

飾謂刷治絜清之也楅設於角衡設於鼻水槀給殺時洗
薦牲也周禮注
納牲詔於庭禮記禮器
君親牽牲大夫贊幣而從同上
當用幣告神而殺牲禮記注
王出迎牲之時祝延尸向戶外戶牖之間南面后於是薦
朝事八豆八籩周禮疏
朝事之籩其實麷蕡白黑形鹽膴鮑魚鱐周官天官
朝事之豆其實韭菹醓醢昌本麋臡菁菹鹿臡茆菹麇臡

同上
朝事謂清朝未食先進寒具口實之籩周官解詁
迎牲而入至於庭王親執鸞刀啟其毛而祝以血毛告於
室凡牲則廟各別牢於是行朝踐之事尸出於室太祖之
尸坐於戶西南面其主在右昭在東穆在西相對坐主各
在其右祝乃取牲膟膋燎於爐炭入以詔神於室又出以
薦於主前王乃洗肝於鬱鬯而燔之以制於主前所謂制
祭次乃升牲首於室中置於北牖下乃薦腥于尸主之前
謂之朝踐王乃以玉爵酌著尊泛齊以獻尸三獻也三禮

義宗
祭之日君牽牲穆荅君卿大夫序從既入廟門麗于碑卿
大夫袒而毛牛尚耳鸞刀以刲取膟膋乃退禮記祭義
執其鸞刀以啟其毛取其血膋詩小雅信彼南山
割刀之用而鸞刀之貴貴其義也聲和而後斷也禮記郊
特牲
薦其血毛禮記禮運
血毛詔於室禮記禮器
毛血告幽全之物也告幽全之物者貴純之道也禮記郊

特牲

毛以示物血以告殺接誠拔取以獻具爲齊敬也。國語

膋脂膏也膋以升臭合之黍稷實之於蕭合馨香也。詩箋

建設朝事燔燎羶薌見以蕭光以報氣也此教衆反始也。禮記祭義。羶當爲馨見當爲覵

蕭合黍稷臭陽達於牆屋故旣奠然後焫蕭合羶薌禮記郊特牲

取膟膋燔燎升首報陽也同上

朝事進血膋時制肝洗於鬱鬯以祭於室及主禮記注

詔祝於室坐尸於堂用牲於庭升首於室。禮記郊特牲

制祭之後升牲首於北牖下尊首尚氣也禮記注

羊人祭祀割羊牲登其首周禮夏官

首也者直也禮記郊特牲

爓祭祭腥而退敬之至也。禮記祭義

爓祭祭腥祭爓肉腥肉也湯肉曰爓禮記注

腥其俎孰其殽禮記禮運

腥其俎謂豚解而腥之孰其殽謂體解而爓之。禮記注

有虞氏之祭也尚用氣血腥爓祭用氣也禮記郊特牲

血祭盛氣也祭肺肝心貴氣主也同上

春祠夏禴其朝踐用兩獻尊凡四時之間祀追享朝享其朝踐用兩大尊周禮春官

朝踐謂薦血腥酌醴始行祭事旣又酌獻周禮注

泰有虞氏之尊也犧象周尊也禮記明堂位

朝用醴齊周禮注

醴齊縮酌周禮春官

縮酌用茅明酌也禮記郊特牲

五齊醴尤濁和之以明酌藉之以茅縮去滓也明酌者事

酒之上也名曰明者事酒今之醳酒皆新成也禮記注

后又以玉爵酌著尊醴齊以獻尸四獻也三禮義宗

夫人薦豆執挍執醴授之執鐙禮記祭統

挍豆中央直者也鐙豆下跗也禮記注

謂夫人獻尸以醴齊之時禮記正義

然後退而合亨體其犬豕牛羊實其簠簋籩豆鉶羹。禮記禮運

羹定詔於堂。禮記禮器

直祭祝於主禮記郊特牲

謂薦孰時也禮記注
至薦孰之時陳於堂乃後延主入室太祖東面昭南面穆
北面徙堂上之饌於室內坐前當此大合樂也自此以前
謂之接祭乃迎尸入室后獻饋食之豆籩王乃以玉爵酌
壺尊盎齊以獻尸爲五獻也三禮義宗
祭黍稷加肺報陰也禮記郊特牲
薦黍稷羞肝肺首心覸以俠甒加以鬱鬯以報魄也教民
相愛上下用情禮之至也禮記祭義
君執鸞刀羞嚌夫人薦豆禮記祭統

嚌嚌肺祭肺之屬也君以鸞刀割制之禮記注
饋食之籩其實棗栗桃乾藤榛實周禮天官
饋食之豆其實葵菹蠃醢脾析蠯醢蜃蚳醢豚拍魚醢同
上
秋嘗冬烝其饋獻用兩壺尊周禮春官
尊以魯壺春秋左氏傳
饋用盎齊周禮注
盎齊涗酌周禮春官
醆酒涗于淸禮記郊特牲

醆酒盎齊盎齊差淸和之以淸酒泲之而已泲盎齊必和
以淸酒者皆久味相得禮記注
后又以玉爵酌壺尊醴齊以獻尸是六獻也三禮義宗
於是尸十五飯訖王以玉爵因朝踐之尊泛齊以酳尸爲
七獻也同上
士九飯大夫十一飯諸侯十三飯天子十五飯禮記正義
秋嘗冬烝其朝獻用兩著尊周官春官
其變朝踐言朝獻者尊相因也朝獻謂尸卒食王酳之用
禮注

酳猶羨也既食之而又飲之所以樂之儀禮注
著殷尊也禮記明堂位
后薦加豆籩尸酌酢主人主人受嘏王所以獻諸侯於是
后以瑤爵因酌饋食壺尊醍齊以酳尸爲八獻也三禮義
宗
內宗掌宗廟之祭祀薦加豆籩周官春官
加籩之實蔆芡栗脯蔆芡栗脯周官天官
加豆之實芹菹兎醢深蒲醓醢菭菹鴈醢筍菹魚醢同上
醢人

諸侯爲賓者。以瑶爵酌壺尊醍齊以獻尸。爲九獻。三禮義宗

春祠夏禴其再獻用兩象尊秋嘗冬烝其饋獻用兩壺尊凡四時之間祀追享朝享其再獻用兩山尊 周禮春官

再獻者王酳尸之後后酌亞獻諸臣爲賓又次后酌盎齊備卒食三獻也其變再獻爲饋獻者亦尊相因 周禮注

此凡九酌王及后各四諸臣一祭之正也 同上

九獻之後謂之加爵按特牲有三加則天子以下依尊卑不止三加也故特牲三加後别有嗣子舉奠文王世子諸

侯謂之上嗣舉奠亦當然 三禮義宗

爵及二王之後皆九獻其行之與天子同 同上

尸飲五君洗玉爵獻卿尸飲七以瑶爵獻大夫尸飲九以散爵獻士及羣有司皆以齒明尊卑之等也 禮記祭統

凡祭二獻祼用鬱鬯尸祭奠而不飲朝踐二獻饋食二獻及食畢主人酳尸此等皆尸飲之故云尸飲五於此之時以獻卿獻卿之後乃主婦酳尸酳尸畢賓長獻尸是尸飲七也乃瑶爵獻大夫是正九獻禮畢自此以後長賓長兄弟更爲加爵尸又飲二并前尸飲九主人乃散爵獻士及羣有司也此謂上公九獻 禮記正義

侯伯七獻朝踐及饋獻時君皆不獻於九獻之中減二故爲七獻也 三禮義宗

君親制祭夫人薦盎 禮記禮器

侯伯子男之君朝踐君不獻故夫人薦盎 禮記正義

君親割牲夫人薦酒 禮記禮器

薦孰時君親割牲體於時君亦不獻故夫人薦酒 禮記正義

子男五獻者亦以薦腥饋孰二君皆不獻酳尸之時君但

一獻而已九獻之中去其四故爲五 三禮義宗

子男饋孰以前君與夫人並無獻也食後行三獻通二灌爲五也 禮記正義

大夫士祭三獻而獻賓 禮記注

今吉禮存者特牲少牢諸侯之大夫士祭禮也不灌不薦血腥而自薦孰始是以皆云饋食之禮 周禮注

旅酬
旅衆也詩傳
酬勸酒也酬之言周儀禮注
始主人酌賓爲獻賓旣酢主人主人又自飲酌賓曰酬至
旅而爵交錯以辯詩箋
東西爲交邪行爲錯詩傳
特牲之禮堂下行旅酬無筭爵在室中者不與旅酬之事
儀禮疏
士雖有獻尸及賓等相酬酢行禮於廟之事不謂之賓尸

也禮記正義
酬之爵皆用觶儀禮注
獻以爵而酬以觶考工記
四觶一酌奠其三長兄弟酬賓卒受者與賓弟子兄弟弟
子舉觶於其長禮殺事相接儀禮注
酌奠于鉶南是嗣子雖飲還復神之奠觶也餘有三在主
人先一觶酬賓奠于薦北賓舉奠於薦南此未舉也下篚
有二觶在及兄弟弟子舉觶於長兄弟長兄弟奠于薦北
此亦未舉也下篚仍有一觶在尸盖之後賓始舉奠觶行

旅酬辯卒受者以虛觶奠于下篚還有二觶至爲加爵者
作止爵時長兄弟亦坐舉其奠觶酬賓如賓酬兄弟之儀
卒受者未實觶于篚時賓弟子兄弟弟子洗觶各酌舉觶
于其長卽用其篚二觶卒受者未奠之故三觶並用也儀
禮疏○從義疏定本
一人舉觶爲旅酬始同上
發酒端曰舉儀禮注
兄弟弟子洗酌于東方之尊阼階前北面舉觶于長兄弟
如主人酬賓儀賓坐取觶阼階前北面酬長兄弟長兄弟

在右賓奠觶拜長兄弟答拜賓立卒觶酌于其尊東面立
長兄弟拜受觶賓北面答拜揖復位長兄弟西階前北面
衆賓長自左受旅如初長兄弟卒觶酌于其尊西面立受
旅者拜受長兄弟北面答拜揖復位衆賓及衆兄弟交錯
以辯皆如初儀長兄弟酬賓如賓酬兄弟之儀以辯卒受
者實觶于篚儀禮特牲饋食禮
二人舉觶爲無筭爵始儀禮疏
賓弟子及兄弟弟子洗各酌于其尊中庭北面西上舉觶
于其長奠觶拜長皆答拜舉觶者祭卒觶拜長皆答拜舉

觶者洗各酌于其尊復初位長皆拜舉觶者皆奠觶于薦右長皆執以興舉觶者皆復位答拜長皆奠觶于其所皆揖其弟子弟子皆復其位爵皆無算儀禮特牲饋食禮

算數也賓取觶酬兄弟之黨長兄弟取觶酬賓之黨唯已所欲無次第之數因今接會使之交恩定好優勸之儀禮注

男子獻于堂上旅于堂下婦人獻于南面旅于西面內賓象衆賓宗婦象兄弟其節與其儀依男子也主婦酬內賓之長酌奠于薦左內賓之長坐取奠于右宗婦之娣婦舉

觶于其姒婦亦如之內賓之長坐取奠觶酬宗婦之姒交錯以辯宗婦之姒亦取奠觶酬內賓之長交錯以辯內賓之少者宗婦之娣婦各舉觶于其長並行交錯無算其拜及飲者皆西面主婦之東南同上

旅酬與無算爵分言之爲二節合言之總一旅酬也蓋由獻而有酢由酢而有酬由酬而有旅由旅之爵有算以至于爵之無算賓筵詩云舉酬逸逸言旅酬而自該無算爵也儀禮義疏

卿大夫曰賓尸詩箋

大夫賓尸尸與旅酬不與無算爵故別使二人舉觶于尸侑尸侑得舉爲旅酬徧及堂下尸與旅酬者以其賓尸在堂故也儀禮疏

卿大夫既祭而賓尸禮崇也儀禮注

二人洗觶升實爵西楹西北面東上坐奠爵拜執爵以興尸侑答拜坐祭遂飲卒爵執爵以興坐奠爵拜尸侑答拜皆降洗升酌反位尸侑皆拜受爵舉觶者皆拜送侑奠于右尸遂執觶以興北面于阼階上酬主人主人在奠爵拜主人答拜不祭立飲卒爵不拜既爵酌就

上酬主人主人拜受爵尸拜送尸就筵主人以酬楹西侑在左坐奠爵拜執爵興侑答拜不祭立飲拜既爵酌復位侑拜受主人拜送主人復筵乃升長酬之如主人之禮至于衆賓遂及兄弟亦如之皆飲于遂及私人拜受者升受下飲卒爵升酌以之其位相酬辯卒飲者實爵于篚儀禮有司徹

鄉飲酒鄉射及特牲皆一人舉觶爲旅酬始今以二人爲旅酬始者此賓尸別一禮與彼不同儀禮疏

兄弟之後生者舉觶于其長洗升酌降北面立于阼階南

長在左坐奠爵拜執爵以興長答拜坐祭遂飲卒爵執爵以興坐奠爵拜執爵以興長答拜洗升酌降長拜受于其位舉爵者東面答拜爵止賓一人舉爵于尸如初亦遂之于下賓及兄弟交錯其酬皆遂及私人爵無算儀禮有司徹

若不賓尸賓兄弟交錯其酬無算爵同上

此兄弟舉觶于其長亦當如儐禮在羞于私人之後加獻之前文不具耳集釋古禮

天子諸侯之祭明日而繹儀禮注

繹又祭也天子諸侯曰繹以祭之明日卿大夫曰宥祭同日詩箋

周禮繹祭於祊祊在廟門之西家語公西赤問篇

祊祭明日之繹祭也謂之祊者於廟門之旁因名焉其之禮既設祭於室而事尸於堂孝子求神非一處也禮記注

祊之祭宜於廟門外之西室繹又於其堂神位在西也此二者同時而大名曰繹其祭禮簡而事尸禮大同上

君獻尸夫人薦豆禮記祭義

謂繹日也禮記注

豆謂內羞庶羞也繹而賓尸及賓客詩傳

正祭則先薦豆後獻繹祭則先獻後薦詩正義

繹之旅士用兕觥變於祭也詩箋

夏立尸而卒祭殷坐尸周旅酬六尸曾子曰周禮其猶與禮記禮器

殷但坐尸未有旅酬之禮而周益之也禮記正義

后稷之尸發爵不受旅合錢飲酒為醵旅酬相酌似禮記注

祫祭時聚羣廟之主於太祖后稷廟中后稷在室西嚮為發爵之主尊不與子孫為酬酢餘自文武二尸廟尸凡六在后稷之東南北對為昭穆更相次序以酬禮記正義

司士凡祭祀及賜爵呼昭穆而進之帥其屬而割牲羞豆周禮夏官

賜爵謂祭末旅酬無算爵之時皆有酒爵賜及之周禮疏

凡賜爵昭為一穆為一昭與昭齒穆與穆齒凡羣有司皆以齒此之謂長幼有序禮記祭統

徹

徹、祭畢而收其俎也。論語集註

大、祝既祭令徹。周官春官

膳夫、凡王祭祀、則徹王之胙俎。周官天官

膳夫親徹胙俎、胙俎最尊也。其餘則其屬徹之。周禮注

内小臣若有祭祀徹尸之俎。周官天官

凡祭於公者。必自徹其俎。禮記曲禮上

外宗、佐王后薦玉豆。眂豆籩。及其樂徹。亦如之。周禮

内宗薦加豆籩。及其樂徹。則佐傳豆籩。同上

小祝、大祭祀贊徹。同上

大宗伯、凡大祭祀。王后不與。則攝而薦豆籩徹。同上

小子、祭祀贊羞受徹焉。周禮夏官

小師、大祭祀登歌擊拊。下管擊應鼓。徹歌。周禮春官

於有司徹而歌雍。周禮注

樂師、及徹。帥學士而歌雍。周禮春官

學士、國子也。徹者歌雍。雍在周頌臣工之什。周禮注

雍、禘大祖也、詩序

周禮樂師及徹、帥學士而歌徹、說者以爲卽此詩、論語亦曰以雍徹、然則此蓋徹祭所歌。而亦名爲徹也。詩集傳

客出以雍。徹以振羽。禮記仲尼燕居

雍振羽皆樂章也。振、振鷺、禮記注

雍振鷺二詩、本以禘太祖與助祭。而又用之於此者、猶之鹿鳴本以燕羣臣。而又用之於鄉飲酒也。然論語言以雍徹其用又與此不同者。蓋彼所言者天子饗神之事。此所言者諸侯饗賓之事。故諸侯所用之大者。天子止用之於小者。此所以不同。禮記解

不與祭

大宗伯若王不與祭祀則攝位。周禮春官

王有故代行其祭事周禮注

有故者謂有疾及哀慘皆是也。周禮疏

凡大祭祀王后不與則攝而薦豆籩徹。周禮春官

祭僕掌受命於王以眂祭祀而警戒祭祀有司糾百官之戒具既祭帥羣有司而反命以王命勞之誅其不敬者周禮夏官

謂王有故不親祭也。周禮注

君子之祭也必身親涖之有故則使人可也雖使人不失其義者君明其義故也。禮記祭統

君不失其義者言君雖不自親祭祭禮無闕於君德不損也禮記注

爲人祭曰致福。禮記少儀

告朔

天子告朔于諸侯諸侯受于禰廟禮也。春秋穀梁傳

太史正歲年以序事頒之于官府及都鄙頒告朔于邦國。周禮春官

頒布也以十二月朔布告天下諸侯。周禮解詁

天子元端而朝日於東門之外聽朔于南門之外閏月則闔門左扉立于其中禮記玉藻

東門南門皆謂國門也天子廟及路寢皆如明堂制明在國之陽每月就其時之堂而聽朔焉卒事反宿路

如之閏月非常月也聽其朔於明堂門中還處路寢門終月凡聽朔必以特牲禮記注

諸侯皮弁以聽朔於太廟禮記玉藻

禮諸侯受十二月朔於天子藏于太祖廟每月朔朝廟使大夫南面奉天子命君北面而受之比時使有司先告朔謹之至也受於廟者孝子歸美先君不敢自專也言朝者緣生以事死親在朝朝莫夕已死不敢瀆鬼神故事必于朔者感月始生而朝公羊傳解詁

天子以朔政班于諸侯諸侯受而納之禰廟告朔以羊。

粱傳集解

諸侯告朔以特羊。則天子以特牛與。禮記注

四書類考卷十六

四書類考卷十七

禮樂類 禮之二

偏
諱
弔
凶年 飢饉
糴
菑害 裁 焚 溺
旱乾
水溢

喪

喪於五禮屬凶禮三禮目錄

喪爲之服也朱子文集

喪禮哀戚之至也節哀順變也君子念始之者也禮記檀弓下

喪禮者以生者飾死者也大象其生以送其死也故如死如生如存如亡終始一也始卒沐浴鬠體飯含象生執也不沐則濡櫛三律而止不浴則濡巾三式而止充耳而設瑱飯以生稻含以槁骨反生術矣設褻衣襲三稱縉紳而無鉤帶矣設掩面儇目鬠而不冠笄矣書其名置于其重則名不見而柩獨明矣薦器則冠有鍪而無縰甕廡虛而不實有簟席而無牀笫木器不成斲陶器不成物薄器不成內竽笙具而不和琴瑟張而不均輿藏而馬反告不用也具生器以適墓象徙道也略而不盡貌而不功趨輿而藏之金革轡靷而不入明不用也象徙道又明不用也是皆所以重哀也故生器文而不功明器貌而不用凡禮事生飾歡也送死飾哀也祭祀飾敬也師旅飾威也是百王之所同古今之所一也未有知其所由來者也故壙壟其

貌象室屋也棺椁其貌象版蓋斯拂也無帾絲魚蔞翣其貌以象菲帷幬尉也抗折其貌以象槾茨藩閼也故喪禮者無他焉明死生之義送以哀敬而終周藏也故葬埋敬葬其形也祭祀敬事其神也其名誄繫世敬傳其名也事生飾始也送死飾終也終始具而孝子之事畢聖人之道備矣刻死而附生謂之墨刻生而附死謂之惑殺生而送死謂之賊大象其生以送死使死生終始莫不稱宜而好善是禮之法式也儒者是矣荀子禮論

禮者謹於吉凶不相厭者也紸纊聽息之時則夫忠臣孝

子亦知其閔已然而殯斂之具未有求也垂涕恐懼然而幸生之心未已持生之事未輟也卒矣然後作具之故雖備家必踰日然後能殯三日而成服然後告遠者出矣備物者作矣故殯久不過七十日速不損五十日是何也曰遠者可以至矣百求可以得矣百事可以成矣其忠至矣其節大矣其文備矣然後月朝卜日月夕卜宅然後葬也當是時也其義止誰得行之其義行誰得止之故三月之葬其貌以生設飾死者也始非直留死者以安生者也是致隆思慕之義也同上

死　殂落　崩　薨　終

死之言澌精氣窮也白虎通義

人之生氣之聚也聚則爲生散則爲死莊子知北遊

崩薨無祿卒殂落殪死也爾雅釋詁

死者魂氣歸于天故曰殂體魄歸于地故曰落朱子文集

高曰崩厚曰崩尊曰崩春秋穀梁傳○隱公三年

天子曰崩諸侯曰薨大夫曰卒士曰不祿春秋公羊傳

天子死曰崩諸侯曰薨大夫曰卒士曰不祿庶人曰死壽考曰卒短折曰不祿死寇曰兵禮記曲禮下

自上顛壞曰崩薨顛壞之聲卒終也不祿不終其祿死之言澌也精神澌盡也老而死從大夫之稱少而死從士之稱禮記注

君子曰終小人曰死禮記檀弓上

三年之喪有子之喪
三年之喪二十五月而畢禮記三年問
再期之喪三年也禮記喪服小記
期而小祥又期而大祥中月而禫儀禮士虞禮記
祥而縞是月禫徙月樂禮記檀弓上
二十五月大祥二十七月而禫喪服變除禮
父母之喪三日而食粥三月而沐期十三月而練冠三年
而祥禮記喪服四制
始死三日不怠三月不懈期悲哀三年憂恩之殺也聖人
因殺以制節此喪之所以三年賢者不得過不肖者不得
不及此喪之中庸也同上
斬衰裳苴絰杖絞帶冠繩纓菅屨者父諸侯爲天子君父
爲長子爲人後者妻爲夫妾爲君女子子在室爲父布總
箭笄髽衰三年子嫁反在父之室爲父三年公士大夫之
衆臣爲其君布帶繩屨儀禮喪服
疏衰裳齊牡麻絰冠布纓削杖布帶疏屨三年者父卒則
爲母繼母如母慈母如母母爲長子同上
三年之喪何也曰稱情而立文因以飾羣別親疏貴賤之

節而弗可損益也故曰無易之道也創鉅者其日久痛甚
者其愈遲三年者稱情而立文所以爲至痛極也斬衰苴
杖居倚廬食粥寢苫枕塊所以爲至痛飾也三年之喪二
十五月而畢哀痛未盡思慕未忘然而服以是斷之者豈
不送死有已復生有節也哉凡生天地之間者有血氣之
屬必有知有知之屬莫不知愛其類今是大鳥獸則失喪
其羣匹越月踰時焉則必反巡過其故鄉翔回焉鳴號焉
蹢躅焉踟蹰焉然後乃能去之小者至於燕雀猶有啁噍
之頃焉然後乃能去之故有血氣之屬者莫知於人故人
於其親也至死不窮將由夫患邪淫之人與則彼朝死而
夕忘之然而從之則是曾鳥獸之不若也夫焉能相與羣
居而不亂乎將由夫修飾之君子與則三年之喪二十五
月而畢若駟之過隙然而遂之則是無窮也故先王焉爲
之立中制節壹使足以成文理則釋之矣然則何以至期
也曰至親以期斷是何也曰天地則已易矣四時則已變
矣其在天地之中者莫不更始焉以是象之也然則何以
三年也曰加隆焉爾也焉使倍之故再期也由九月以下
何也曰焉使弗及也故三年以爲隆緦小功以爲殺期九

月以爲閒上取象於天下取法於地中取則於人人之所以羣居和壹之理盡矣故三年之喪人道之至文者也夫是之謂至隆是百王之所同古今之所壹也未有知其所由來者也禮記三年問

期之喪

期之喪二年也禮記喪服小記

期之喪十一月而練十二月而祥十五月而禫禮記雜記下

見父在爲母亦備二祥節也禮記正義

疏衰裳齊牡麻絰冠布纓削杖布帶疏屨期者父在爲母出妻之子爲母父卒繼母嫁從爲之服報儀禮喪服

不杖麻屨者祖父母世父母叔父母大夫之適子爲妻昆弟爲衆子昆弟之子大夫之庶子爲適昆弟適孫爲人後者爲其父母報女子子適人者爲其父母昆弟之爲父後者繼父同居者爲夫之君姑姊妹女子子適人無主者姑姊妹報爲君之父母妻長子祖父母妾爲女君婦爲舅姑夫之昆弟之子公妾大夫之妾爲其子女子子爲其祖父母大夫之子爲世父母叔父母子昆弟昆弟之子姑姊妹女子子無主者爲大夫命婦者唯子不報大夫爲祖父母適孫爲士者公妾以及士妾爲其父母同上

數月之喪

公子爲其母練冠麻。麻衣縓緣。既葬除之。儀禮喪服記

何以不在五服之中也。君之所不服子亦不敢服也。君之所爲服子亦不敢不服也。同上

公子君之庶子也。其或爲母謂妾子也。麻者緦麻之絰帶也。此麻衣者爲不制衰裳變也。縓淺絳也。練冠而麻衣縓緣三年練之受飾也。諸侯之妾子爲母不得伸權爲制此服不奪其恩也。儀禮注

衣衾

衣謂斂衣衾被也。孝經注

喪具君子恥具一日二日而可爲也者君子弗爲也。禮記檀弓上

六十歲制七十時制八十月制九十日脩唯絞紟衾冒死而後制。禮記王制

疾病廢牀徹褻衣加新衣。禮記喪大記

始死遷尸於牀幠用斂衾去死衣。同上

公襲衮衣一元端一朝服一素積一纁裳一爵弁二元冕一褒衣一朱綠帶申加大帶於上。禮記雜記上

子羔之襲也繭衣裳與稅衣纁衻爲一素端一皮弁一爵弁一元冕一曾子曰不襲婦服。同上

袍必有表不禪衣必有裳謂之一稱。禮記喪大記

公襲無袍繭。禮記雜記逸文見喪大記正義

士襲三稱子羔襲五稱今公襲九稱則尊卑襲數不同矣諸侯七稱天子十二稱與。禮記注

君錦冒黼殺綴旁七大夫元冒黼殺綴旁五士緇冒赬殺綴旁三凡冒質長與手齊殺三尺。禮記喪大記

冒者何也所以掩形也自襲至小斂不設冒則形是以襲而后設冒也禮記雜記下

自小斂以往用夷衾夷衾質殺之裁猶冒也禮記喪大記

小斂于戶內大斂于阼同上

小斂布絞縮者一橫者三君錦衾大夫縞衾士緇衾皆一衣十有九稱君陳衣於序東大夫士陳衣於房中皆西領北上絞紟不在列大斂布絞縮者三橫者五布紟二衾君大夫士一也君陳衣於庭百稱北領西上大夫陳衣於序東五十稱西領南上士陳衣於序東三十稱西領南上絞

紟如朝服絞一幅爲三不辟紟五幅無紞同上

天子衣衾百二十稱上公侯衣衾九十稱大夫衣衾五十稱士衣衾三十稱凡衣禪袷備爲一稱王制逸文見白虎通義

小斂之衣祭服不倒君無襚大夫士畢主人之祭服親戚之衣受之不以卽陳小斂君大夫士皆用複衣復衾大斂君大夫士祭服無算君褶衣褶衾大夫士猶小斂也禮記喪大記

棺椁

棺關也所以掩屍許氏說文

椁大也以木爲之言椁大於棺也禮記注

古之葬者厚衣之以薪葬之中野不封不樹喪期無數後世聖人易之以棺椁蓋取諸大過易繫辭下傳

有虞氏瓦棺夏后氏堲周殷人棺椁周人牆置翣周人以殷人之棺椁葬長殤以夏后氏之堲周葬中殤下殤以有虞氏之瓦棺葬無服之殤禮記檀弓上

天子之棺四重水兕革棺被之其厚三寸杝棺一梓棺二

四者皆周棺束縮二衡三衽每束一柏椁以端長六尺同上。杝音移

諸公三重諸侯再重大夫一重士不重禮記注

上公革棺不被三重也諸侯無革棺再重也大夫無椑一重也士無屬不重也同上。喪大記

君卽位而爲椑歲一漆之藏焉禮記檀弓上。椑音僻

君大棺八寸屬六寸椑四寸上大夫大棺八寸屬六寸下大夫大棺六寸屬四寸士棺六寸禮記喪大記

君裏棺用朱綠用雜金鐕大夫裏棺用元綠用牛骨鐕士

不綠。同上。定本綠皆作琢

君蓋用漆。三衽三束。大夫蓋用漆。二衽二束。士蓋不用漆。二衽二束。同上

君松椁。大夫柏椁。士雜木椁。禮記喪大記

椁、謂周棺者也。天子柏椁以端長六尺。夫子制於中都。使庶人之椁五寸。五寸、謂端方也。此謂尊者用大材。卑者用小材耳。自天子諸侯卿大夫士庶人六等。其椁長自六尺而下。其方自五寸而上。未聞其差所及也。禮記注

柏椁以端長六尺。其方蓋一尺。以此差之。諸侯方九寸。卿方八寸。大夫七寸。士六寸。庶人五寸。禮記正義

君裏椁虞筐。大夫不裏椁。士不虞筐。禮記喪大記

棺椁之間。君容柷。大夫容壺。士容甒。同上

殯

棺在肂中斂尸焉。所謂殯也。儀禮注

以尸入棺名斂。亦名殯也。儀禮疏

天子七日而殯。諸侯五日而殯。大夫三日而殯。禮記王制

天子之殯也。故塗龍輴以椁。加斧于椁上。畢塗屋。天子之禮也。禮記檀弓上

君殯用輴。攢至其上。畢塗屋。大夫殯以幬。攢置于西序。塗不暨於棺。士殯見衽。塗上帷之。禮記喪大記

天子之殯。居棺以龍輴。攢木題湊象椁。上四注如屋以覆之。盡塗之。諸侯輴不畫龍。攢不題湊象椁。其他亦如之。大夫之殯廢輴。置棺西牆下。就牆攢其三面。塗之不及棺者、言攢中狹小。裁取容棺。然則天子諸侯差寬大矣。士不攢。掘地下棺。見小要耳。帷之、鬼神尚幽闇也。士達於天子皆然。禮記注

布幕、衛也。縿幕。魯也。禮記檀弓上

夏后氏殯於東階之上。則猶在阼也。殷人殯於兩楹之間。則與賓主夾之也。周人殯於西階之上。則猶賓之也。同上

凶服齊衰　齊疏之服

喪服衰絰也周禮注

衰與其不當物也寧無衰禮記檀弓上

凡衰外削幅裳內削幅幅三袧若齊裳內衰外負廣出於適寸適博四寸出於衰衰長六寸博四寸衣帶下尺衽二尺有五寸袂屬幅衣二尺有二寸袪尺二寸儀禮喪服

衰三升三升有半其冠六升以其冠爲受受冠七升齊衰四升其冠七升以其冠爲受受冠八升繐衰四升有半其冠八升大功八升若九升小功十升若十一升同上

斬衰三升齊衰四升五升六升大功七升八升九升小功十升十一升十二升緦麻十五升去其半有事其縷無事其布曰緦禮記閒傳

斬者何不緝也齊者何緝也儀禮喪服傳

小功

言小功者對大功是用功麤大則小功是用功細小精密者也儀禮疏

五月之喪二時也禮記喪服小記

小功布衰裳牡麻絰卽葛五月者從祖祖父母從祖父母報從祖昆弟從父姊妹孫適人者爲人後者爲其姊妹適人者爲外祖父母從母丈夫婦人報夫之姑姊妹娣姒婦報大夫大夫之子公之昆弟爲從父昆弟庶孫姑姊妹女子子適士者大夫之妾爲庶子適人者庶婦君之父母從母君子子爲庶母慈己者儀禮喪服

從祖祖父者祖之昆弟也其子謂從祖父又其子謂從祖昆弟又其子謂從祖昆弟之子凡四世上三世以祖父已旁殺之義推之皆當服小功名爲三小功下一世以子旁殺之義推之當服緦此三小功一緦與已同出曾祖儀禮經傳通解續

緦

緦麻、緦布衰裳而麻絰帶也、儀禮注

謂之緦者、治其縷細如絲也。同上

緦者十五升抽其半、有事其縷、無事其布曰緦。儀禮喪服傳

四世而緦、服之窮也。禮記大傳

三月之喪、一時也。禮記喪服小記

緦麻三月者、族曾祖父母、族祖父母、族父母、族昆弟、庶孫之婦、庶孫之中殤、從祖姑姊妹適人者報、從祖父、從祖昆

弟之長殤、外孫、從父昆弟姪之下殤、夫之叔父之中殤下殤、從母之長殤報、庶子爲父後者爲其母、士爲庶母、貴臣貴妾、乳母、從祖昆弟之子、曾孫、父之姑、從母昆弟、甥、壻、妻之父母、姑之子、舅、舅之子、夫之姑姊妹之長殤、夫之諸祖父母報、君母之昆弟、從父昆弟之子之長殤、昆弟之孫之長殤、爲夫之從父昆弟之妻。儀禮

族曾祖父者、曾祖父之兄弟也、其子謂族祖父、又其子謂族父、又其子謂族昆弟、凡四世皆當服緦麻、名爲四緦麻。續儀禮經傳通解

飦粥之食

飦、糜也、孟子集註。飦與饘同

厚曰饘、希曰粥。禮記注

君子之執親之喪也、水漿不入於口者三日。禮記檀弓

親始死、水漿不入口、三日不舉火、故鄰里爲之糜粥以飲食之。禮記問喪

父母之喪、三日而食粥。禮記喪服四制

斬衰菅屨杖而歠粥者、志不在於飲食。大戴禮

歠粥、朝一溢米、夕一溢米、既虞疏食水飲、既練始食菜果。

飯素食。儀禮喪服傳

父母之喪、既虞卒哭、疏食水飲、不食菜果。期而小祥、食菜果、又期而大祥、有醯醬、中月而禫、禫而飲醴酒、始飲酒者先飲醴酒、始食肉者先食乾肉。禮記閒傳

斬衰三日不食、齊衰二日不食、大功三不食、小功緦麻再不食、士與斂焉則一不食。故父母之喪、既殯食粥、朝一溢米、莫一溢米、齊衰之喪、疏食水飲、不食菜果、大功之喪、不食醯醬、小功緦麻不飲醴酒、此哀之發於飲食者也。同上

功衰食菜果、飲水漿、無鹽酪、不能食、食鹽酪可也。禮記雜

記下
膳夫王日一舉大喪則不舉周禮天官
君之喪子大夫公子衆士皆三日不食子大夫公子衆士
食粥納財朝一溢米莫一溢米食之無算士疏食水飲食
之無算夫人世婦諸妻皆疏食水飲食之無算大夫之喪
主人室老子姓皆食粥衆士疏食水飲妻妾疏食水飲士
亦如之旣葬主人疏食水飲不食菜果婦人亦如之君大
夫士一也練而食菜果祥而食肉食粥於盛不盥食於篹
者盥食菜以醯醬始食肉者先食乾肉始飲酒者先飲醴

酒期之喪三不食食疏食水飲不食菜果三月旣葬食肉
飲酒期終喪不食肉不飲酒父在爲母爲妻九月之喪食
飲猶期之喪也食肉飲酒不與人樂之五月三月之喪壹
不食再不食可也比葬食肉飲酒不與人樂之叔母世母
故主宗子食肉飲酒不能食粥羹之以菜可也有疾食肉
飲酒可也五十不成喪七十唯衰麻在身禮記喪大記
居喪之禮頭有創則沐身有瘍則浴有疾則飲酒食肉疾
止復初不勝喪乃比於不慈不孝五十不致毀六十不毀
七十唯衰麻在身飲酒食肉處於內禮記曲禮上

喪食雖惡必充饑饑而廢事非禮也飽而忘哀亦非禮也
視不明聽不聰行不正不知哀君子病之故有疾飲酒食
肉五十不致毀六十不毀七十飲酒食肉皆爲疑死禮記
雜記下
曾子曰喪有疾食肉飲酒必有草木之滋焉以爲薑桂之
謂也禮記檀弓上
孔子曰身有瘍則浴首有創則沐病則飲酒食肉毀瘠爲
病君子弗爲也毀而死君子謂之無子禮記雜記下
旣葬若君食之則食之大夫父之友食之則食之矣不辟

粱肉若有酒醴則辭禮記喪大記
有服人召之食不往大功以下旣葬適人人食之其黨也
食之非其黨弗食也禮記雜記下
三年之喪如或遺之酒肉則受之必三辭主人衰絰而受
之如君命則不敢辭受而薦之喪者不遺人人遺之雖酒
肉受也從父昆弟以下旣卒哭遺人可也同上
視君之母與君之妻比之兄弟發諸顏色者亦不飲食也
同上

諒陰 居廬

諒古作梁楣謂之梁闇讀如鶉鶴之鶴闇謂廬也廬有梁者所謂柱楣也 禮記注

宮正大喪則授廬舍辨其親疎貴賤之居 周禮天官

廬倚廬也舍堊室也親者貴者居倚廬疎者賤者居堊室 周禮注

倚木爲廬在中門外東方北戶 儀禮注

居倚廬寢苫枕塊既虞翦屏柱楣寢有席既練舍外寢 儀禮喪服

父母之喪既虞卒哭柱楣翦屏苄翦不納期而小祥居堊室寢有席又期而大祥居復寢中月而禫禫而牀 禮記間傳

父母之喪居倚廬不塗寢苫枕凷非喪事不言君爲廬宮之大夫士襢之既葬柱楣塗廬不於顯者君大夫士皆宮之凡非適子者自未葬以於隱者爲廬 禮記喪大記

宮謂圍障之也襢袒也謂不障廬不於顯者不塗見面於隱者爲廬蓋廬於東南角既葬猶然 禮記注

居於倚廬哀親之在外也寢苫枕塊哀親之在土也 禮記問喪

父母之喪居倚廬寢苫枕塊不脫絰帶齊衰之喪居堊室苄翦不納大功之喪寢有席小功緦麻牀可也此哀之發於居處者也 禮記間傳

三年之喪廬堊室之中不與人坐焉在堊室之中非時見乎母也不入門疏衰皆居堊室不廬廬嚴者也 禮記王制下

既練居堊室不與人居既祥黝堊禫而從御吉祭而復寢期居廬終喪不御於內者父在爲母爲妻齊衰期者大功

布衰九月者皆三月不御於內 禮記喪大記

公之喪大夫俟練士卒哭而歸 同上

大夫次於公館以終喪士練而歸士次於公館大夫居廬士居堊室 禮記雜記上

哭泣涕

哭哀聲也泣無聲出涕也許氏說文

自目曰涕自鼻曰泗詩傳

始卒主人啼兄弟哭婦人哭踊禮記喪大記

既正尸子坐於東方卿大夫父兄子姓立於東方有司庶士哭於堂下北面夫人坐於西方內命婦姑姊妹子姓立於西方外命婦率外宗哭於堂上北面大夫之喪主人坐於東方主婦坐於西方其有命夫命婦則坐無則皆立士之喪主人父兄子姓皆坐於東方主婦姑姊妹子姓皆坐於西方凡哭尸於室者主人二手承衾而哭同上

哭尸於堂上主人在東方由外來者在西方諸婦南鄉同上

君喪虞人出木角狄人出壺雍人出鼎司馬縣之乃官代哭大夫官代哭不縣壺士代哭不以官同上

哭天子九諸侯七大夫五士三禮記奔喪

公七踊大夫五踊婦人居間士三踊婦人皆居間禮記雜記上

朝夕哭不帷禮記雜記上

朝夕哭不辟子卯儀禮上喪禮

國禁哭則止朝夕之奠即位自因也禮記雜記下

居倚廬哭晝夜無時既虞朝一哭夕一哭而已既練哭無時儀禮喪服傳

士三月而葬是月也卒哭大夫三月而葬五月而卒哭諸侯五月而葬七月而卒哭禮記雜記下

葬

葬之爲言下藏之也所以入地何人将於陰含陽光死始入地歸所與也白虎通義

天子七月而葬同軌畢至諸侯五月同盟至大夫三月同位至士踰月外姻至春秋左氏傳。隱公元年

禮有以多爲貴者天子崩七月而葬五重八翣諸侯五月而葬三重六翣大夫三月而葬再重四翣此以多爲貴也禮記禮器

天子六綍四碑禮記正義

君葬用輴四綍二碑御棺用羽葆大夫葬用輴當爲輇二綍二碑御棺用茅士葬用國車二綍無碑比出宮御棺用功布禮記喪大記

碑桓楹也禮記注

公室視豐碑三家視桓楹禮記檀弓下

豐碑斲大木爲之形如石碑於椁前後四角樹之穿中於間爲鹿盧下棺以綍繞天子六綍四碑前後各重鹿盧也諸侯下天子斲之形如大楹耳四植謂之桓諸侯四綍二碑碑如桓矣禮記注

凡封用綍去碑負引君封以衡大夫士以咸君命毋譁以鼓封大夫命毋哭士哭者相止也禮記喪大記。封周禮作窆

庶人縣封葬不爲雨止不封不樹禮記王制

冢人掌公墓之地辨其兆域而爲之圖先王之葬居中以昭穆爲左右凡諸侯居左右以前卿大夫士居後各以其族凡死于兵者不入兆域凡有功者居前以爵等爲邱封之度與其樹數周禮春官

天子墳高三仞樹以松諸侯半之樹以柏大夫八尺樹以欒士四尺樹以槐庶人無墳樹以楊柳春秋含文嘉

誄

誄禱篇名論語注

誄累也累功德以求福論語正義

太祝作六辭以通上下親疏遠近六曰誄周禮春官

誄謂積累生時德行以錫之命主爲其辭也周官解詁

大史大喪遣之日讀誄凡喪事攷焉小喪賜謚周禮春官

遣謂祖廟之庭大奠將行時也人之道終於此累其行而讀之大師又帥瞽廞之而作謚瞽史知天道使共其事言王之誄謚成於天道周禮注

小史卿大夫之喪賜謚讀誄周禮春官

其讀誄亦以大史賜謚爲節事相成也周禮注

賤不誄貴幼不誄長禮也唯天子稱天以誄之諸侯相誄非禮也禮記曾子問

誄累也累列生時行迹誄之以作謚禮記注

天子崩臣下至南郊謚之者何以爲人臣之義莫不欲褒大其君掩惡揚善故之南郊明不得欺天也故曾子問孔子曰天子崩臣下至南郊告謚之諸侯薨世子赴告天子天子遣大夫會其葬而謚之何幼不誄長賤不誄貴諸侯

相誄非禮也臣當受謚於君也白虎通義

幼名冠字五十以伯仲死謚周道也禮記檀弓上

死而謚今也古者生無爵死無謚儀禮士冠禮

惟周公旦太公望開嗣王發建功于牧野及終將葬乃制謚法謚者行之迹也號者功之表也車服位之章也是以大行受大名細行受小名行出於己名生於人一人無名曰神稱善賦簡曰聖敬賓厚禮曰聖德象天地曰帝靖民則法曰皇仁義歸往曰王立志及衆曰公執應八方曰侯一德不懈曰簡平易不疵曰簡經緯天地曰文道德博聞曰文學勤好問曰文慈惠愛民曰文愍民惠禮曰文錫民爵位曰文剛强直理曰武威彊敵德曰武克定禍亂曰武刑民克服曰武大志多窮曰武敬事供上曰恭尊賢貴義曰恭尊賢敬讓曰恭既過能改曰恭執事堅固曰恭安民長悌曰恭執禮敬賓曰恭芘親之闕曰恭尊長讓善曰恭淵源流通曰恭照臨四方曰明譖訴不行曰明威儀悉備曰欽大慮靜民曰定安民大慮曰定安民法古曰定純行不二曰定謀慮不威曰德辟地有德曰襄甲胄有勞曰襄有伐而還曰釐質淵受諫曰釐慈惠愛親曰釐博聞多能

曰獻、聰明叡哲曰獻、溫柔聖善曰懿、五宗安之曰孝、協時
肇享曰孝、秉德不回曰孝、大慮行節曰孝、執心克莊曰齊、
輔輕供就曰齊、溫柔好樂曰康、安樂撫民曰康、令民安樂
曰康、安民立政曰成、布德執義曰穆、中情見貌曰穆、敏以
敬順曰頃、昭德有勞曰昭、聖聞周達曰昭、保民耆艾曰胡、
彌年壽考曰胡、強毅果敢曰剛、追補前過曰剛、柔德考衆
曰靜、恭己鮮言曰靜、寬樂令終曰靜、治而清省曰平、執事
有制曰平、布綱治紀曰平、由義而濟爲景、布義行剛曰景、
清白守節曰貞、大慮克就曰貞、不隱無克曰貞、強以剛果

曰威、猛以強果曰威、強毅信正曰威、辟土服遠曰桓、道德
純一曰思、不肯兆民曰思、外內思索曰思、追悔前過曰思、
柔質受諫曰惠、能思辯衆曰元、行義說民曰元、始建國都
曰元、主義行德曰元、兵甲亟作曰莊、叡通克服曰莊、死於
原野曰莊、屢征殺伐曰莊、武而不遂曰莊、克殺秉正曰夷、
安心好靜曰夷、執義揚善曰懷、慈義短折曰懷、夙夜警戒
曰敬、夙夜共事曰敬、象方益平曰敬、合善法典曰敬、述善
不克曰丁、述義不悌曰丁、有功安民曰烈、秉德遵業曰烈、
剛克爲伐曰翼、思慮深遠曰翼、剛德克就曰肅、執心決斷

曰肅、愛民好治曰戴、典禮不塞曰戴、死而志成曰靈、亂而
不損曰靈、極知鬼事曰靈、不勤成名曰靈、死見鬼能曰靈、
好祭鬼神曰靈、短折不成曰殤、未家短折曰殤、不顯尸國
曰隱、隱拂不成曰隱、年中早天曰悼、肆行勞祀曰悼、恐懼
從處曰悼、不思忘愛曰刺、愎佷遂過曰刺、外內從亂曰荒、
好樂怠政曰荒、在國逢難曰愍、使民折傷曰愍、在國連憂
曰愍、禍亂方作曰愍、蚤孤短折曰哀、恭仁短折曰哀、蚤孤
有位曰幽、壅遏不通曰幽、動祭亂常曰幽、克威捷行曰魏、
克威惠禮曰魏、去禮遠衆曰煬、甄心動懼曰甄、容儀恭美

曰勝、威德剛武曰圉、聖善周聞曰宣、治民克盡曰使、行見
中外曰慤、勝敵壯志曰勇、昭功寧民曰商、狀古述今曰譽、
心能制義曰庶、好和不爭曰安、外內貞復曰白、不生其國
曰聲、致戮無辜曰厲、官人應實曰知、凶年無穀曰糠、名實
不爽曰質、不悔前過曰戾、溫良好樂曰良、怙威肆行曰醜、
勤政無私曰類、好變動民曰躁、慈和徧服曰順、滿志多窮
曰惑、危身奉上曰忠、思慮深遠曰明、息政外交曰推、疏遠
繼位曰紹、彰義掩過曰堅、肇敏行成曰直、內外賓服曰正、
華言無實曰夸、教誨不倦曰長、愛民在刑曰克、嗇於賜與

曰愛逆天虐民曰煬好靡自克曰節擇善而從曰比好更改舊曰易名與實爽曰謬思厚不爽曰愿貞心大度曰匡逸周書謚法解

俑

俑偶人也有面目機發似於生人禮記注

木人送葬設關而能踊跳故名之曰俑孟子正義

塗車芻靈自古有之明器之道也禮記檀弓下

芻靈束茅爲人馬謂之靈者神之類禮記注

冢人及葬言鸞車象人周禮春官

象人謂以芻爲人周禮解詁

校人大喪飾遣車之馬及葬埋之周禮夏官

言埋之則是馬塗車之芻靈周禮注

孔子謂爲芻靈者善謂爲俑者不仁不殆於用人乎哉禮記檀弓下

諱

諱辟其名禮記注

卒哭而諱生事畢而鬼事始已既卒哭宰夫執木鐸以命于宮曰舍故而諱新自寢門至于庫門禮記檀弓下

卒哭而諱王父母兄弟世父叔父姑姊妹子與父同諱母之諱宮中諱妻之諱不舉諸其側與從祖昆弟同名則諱禮記雜記下

卒哭乃諱禮不諱嫌名二名不偏諱逮事父母則諱王父母不逮事父母則不諱王父母君所無私諱大夫之所有

公諱詩書不諱臨文不諱夫人之諱雖質君之前臣不諱也婦諱不出門大功小功不諱禮記曲禮上

於大夫所有公諱無私諱凡祭不諱廟中不諱教學臨文不諱禮記玉藻

君前不諱郊廟中不諱曲禮逸文見白虎通義姓名篇

弔

弔問終也許氏說文

弔生曰唁弔死曰弔玉篇

知生者弔知死者傷知生而不知死弔而不傷知死而不知生傷而不弔禮記曲禮上

凡弔事弁絰服王為三公六卿錫衰為諸侯緦衰為大夫士疑衰其首服皆弁絰周官春官司服

君臨臣喪以巫祝桃茢執戈惡之也所以異於生也禮記檀弓下

其已襲則止巫去桃茢禮記注

遣大夫弔詞曰皇天降災子遭離之難嗚乎哀哉天王使臣某弔檀弓逸文見白虎通義

諸侯之喪士弔大夫送葬春秋左氏傳昭公三十年

弔者即位于門西東面其介在其東南北面西上西於門主孤西面相者受命曰孤某使某請事客曰寡君使某如何不淑相者入告出曰孤某須矣弔者入主人升堂西面弔者升自西階東面致命曰寡君聞君之喪寡君使某如何不淑子拜稽顙弔者降反位禮記雜記上

諸侯弔於異國之臣則其君爲主諸侯弔必皮弁錫衰所弔雖已葬主人必免主人未喪服則君亦不錫衰禮記喪服小記

賓入竟而死遂也主人爲之具而殯君弔介爲主人若大夫介卒亦如之士介死爲之棺斂之君不弔焉儀禮聘禮

公爲卿大夫錫衰以居出亦如之當事則弁絰大夫相爲亦然禮記服問

君于大夫疾三問之在殯三往焉士疾壹問之在殯壹往焉君弔則復殯服禮記喪大記

君于大夫三問其疾三臨其喪于士一問一臨諸侯非弔疾問喪不之臣之家荀子大略篇

諸侯非問疾弔喪而入諸臣之家是謂君臣爲謔禮記禮運

君於大夫世婦大斂焉爲之賜小斂焉於外命婦既加蓋而君至於士既殯而往爲之賜大斂焉禮記喪大記

公視大斂公升商祝鋪席乃斂禮記雜記上

大夫之喪將大斂既鋪絞紟衾衣君至主人迎先入門右巫止於門外君釋菜祝先入升堂君即位於序端卿大夫即位於堂廉楹西北面東上主人房外南面主婦尸西東面遷尸卒斂宰告主人降北面於堂下君撫之主人拜稽顙君降升主人馮之命主婦馮之士之喪將大斂君不在其餘禮猶大夫士也禮記喪大記

君弔主人待於門外見馬首不哭君至主人先入君升自阼階西向哭主人居中庭從哭雜記逸文見白虎通義

弔曰寡君承事主人曰臨禮記檀弓下

大夫士既殯而君往焉使人戒之主人具殷奠之禮俟於門外見馬首先入門右巫止於門外祝代之先君釋菜於

門內祝先升自阼階負墉南面君即位於阼小臣二人執戈立於前二人立於後擯者進主人拜稽顙君稱言視祝而踊主人踊大夫則奠可也士則出俟於門外命之反奠乃反奠卒奠主人先俟於門外君退主人送於門外拜稽顙禮記喪大記

大夫士若君不戒而往不具殷奠君退必奠同上

君若載而后弔之則主人東面而拜門右北面而踊出待反而后奠禮記雜記上

君於大夫將葬弔於宮及出命引之三步則止如是者三

君退朝亦如之。哀次亦如之。禮記檀弓下

君遇柩於路。必使人弔之。同上

大夫弔於命婦錫衰。命婦弔於大夫亦錫衰。儀禮喪服記

大夫弔當事而至則辭焉。禮記檀弓下

當袒大夫至雖當踊絕踊而拜之。反改成踊乃襲。於士既事成踊襲而后拜之。不改成踊。禮記雜記下

小斂大斂啟。皆辯拜。禮記雜記上

凡喪事未畢有弔者。則為位而哭拜踊。同上

弔於葬者必執引。若從柩及壙皆執紼。禮記檀弓下

弔非從主人也。四十者執綍。鄉人五十者從反哭。四十者待盈坎。禮記雜記下

相趨也出宮而退。相揖也哀次而退。相問也既封而退。相見也反哭而退。朋友虞附而退。同上。附當為祔

反哭之弔也。哀之至也。反而亡焉失之矣。於是為甚。殷既封而弔。周反哭而弔。孔子曰殷已慤。吾從周。禮記檀弓下

弔於人是日不樂。行弔之日不飲酒食肉焉。同上

凶年　飢饉

穀不熟為飢。蔬不熟為饉。果不熟為荒。仍飢為荐。爾雅釋天

五穀不升為大饑。一穀不升謂之嗛。二穀不升謂之饑。三穀不升謂之饉。四穀不升謂之康。五穀不升謂之大侵。大侵之禮。君食不兼味。臺榭不塗。弛侯廷道不除。百官布而不制。鬼神禱而不祀。此大侵之禮也。春秋穀梁傳。襄公二十四年

年不順成。則天子素服。乘素車。食無樂。禮記玉藻

年不順成。君衣布搢本。關梁不租。山澤列而不賦。土功不興。大夫不得造車馬。同上

歲凶年穀不登。君膳不祭肺。馬不食穀。馳道不除。祭事不縣。大夫不食粱。士飲酒不樂。禮記曲禮下

國家靡敝。則車不雕幾。甲不組縢。食器不刻鏤。君子不履絲屨。馬不常秣。禮記少儀

孔子曰。凶年則乘駑馬。祀以下牲。禮記雜記下

上牲損則用下牲。下牲損則祭不備。曲禮逸文見說苑

一穀不升不備雞鶩。二穀不升徹鳧鴈。三穀不升徹雉兔。

四穀不升損囿獸五穀不升不備三牲。白虎通義
大司徒之職以荒政十有二聚萬民一曰散利二曰薄征。三曰緩刑四曰弛力五曰舍禁六曰去幾七曰眚禮八曰殺哀九曰蕃樂十曰多昏十有一曰索鬼神十有二曰除盜賊。周官地官。蕃讀爲藩

糴

買穀曰糴。公羊傳解詁
國有饑饉卿出告糴古之制也。國語
莊公二十八年大無麥禾臧孫辰告糴于齊。春秋
魯饑臧文仲以鬯圭與玉磬如齊告糴曰天災流行戾於敝邑饑饉荐降民羸幾卒大懼殄周公太公之命祀職貢業事之不共而獲戾不腆先君之敝器敢告滯積以紓執事以救敝邑使能共職豈惟寡君與二三臣實受君賜其周公太公及百辟神祇實永饗而賴之齊人歸其玉而予之糴。國語

菑害 裁 焚 溺

菑由天降害自人作 四書集畧

大宗伯之職以凶禮哀邦國之憂以喪禮哀死亡以荒禮哀凶札以弔禮哀禍烖以禬禮哀圍敗以恤禮哀寇亂 周官春官

荒人物有害也札謂疫癘禍烖謂遭水火兵作於外爲寇作於內爲亂 周禮注

小宗伯之職凡天地之大烖類社稷宗廟則爲位 周官春官

天烖謂日月食星辰奔殞地烖謂震裂 周禮疏

凡日月食四鎮五嶽崩大傀異烖諸侯薨命去樂大札大凶大烖大臣死凡國之大憂令弛縣 周官春官

傀猶怪也大怪異烖謂天地奇變若星辰奔霣及震裂爲害者札疫癘也凶凶年也烖水火也 周禮注

山川之神則水旱疫癘之災於是乎禜之日月星辰之神則雪霜風雨之不時於是乎禜之 春秋左氏傳

天反時爲災 同上

八庶徵曰雨曰暘曰燠曰寒曰風曰時五者來備各以其敘庶草蕃廡一極備凶一極無凶曰休徵曰肅時雨若曰乂時暘若曰晢時燠若曰謀時寒若曰聖時風若曰咎徵曰狂恒雨若曰僭恒暘若曰豫恒燠若曰急恒寒若曰蒙恒風若 周書洪範

夫天地之氣不失其序若過其序民之亂也陽伏而不能出陰遁而不能烝於是有地震 國語

國主山川故山崩川竭君爲之不舉降服垂縵徹樂出次祝幣史辭以禮焉 春秋左氏傳 成公五年

大災者何大瘠也大瘠者何痢也 春秋公羊傳

古者有災者謂之厲君一時素服使有司弔死問疾憂以巫醫匍匐以救之湯粥以方之善者先乎矜寡孤獨及疾不能相養死無以葬埋者葬埋之 說苑修文篇

凡火人火曰火天火曰災 春秋左氏傳 宣公十六年

襄公九年春宋災樂喜爲司城以爲政使伯氏司里火所未至徹小屋塗大屋陳畚挶具綆缶備水器量輕重蓄水潦積土塗巡丈城繕守備表火道使華臣具正徒令隧正納郊保奔火所使華閱討右官官庀其司向戌討左亦如之使樂遄庀刑器亦如之使皇鄖命校正出馬工正出車

備甲兵庀武守使西鉏吾庀府守令司宮巷伯儆宮二師令四鄉正敬享祝宗用馬于四墉祀盤庚于西門之外同上

三十年或叫于宋太廟曰譆譆出出鳥鳴于亳社如曰譆譆甲午宋大災宋伯姬卒待姆也同上

昭公十八年夏五月火始昏見丙子風梓慎曰是謂融風火之始也七日其火作乎戊寅風甚壬午火甚宋衛陳鄭皆火火作子產辭晉公子公孫于東門使司寇出新客禁舊客勿出於宮使子寬子上巡羣屏攝至于大宮使公孫

登徙大龜使祝史徙主祏於周廟告于先君使府人庫人各儆其事商成公儆司宮出舊宮人寘諸火所不及司馬司寇列居火道行火所焮城下之人伍列登城明日使野司寇各保其徵郊人助祝史除於國北禳火于元冥回祿祈于四鄘書焚室而寬其征與之材三日哭國不市使行人告於諸侯宋衛皆如是陳不救火許不弔災君子是以知陳許之先亡也同上

哀公三年夏五月辛卯司鐸火火踰公宮桓僖災救火者皆曰顧府南宮敬叔至命周人出御書俟於宮曰庀女而不在死子服景伯至命宰人出禮書以待命命不共有常刑校人乘馬巾車脂轄百官官備府庫愼守官人肅給濟濡帷幕鬱攸從之蒙葺公屋自太廟始外內以悛助所不給有不用命則有常刑無赦公父文伯至命校人駕乘車季桓子至御公立于象魏之外命救火者傷人則止財可爲也命藏象魏曰舊章不可亡也富父槐至曰無備而官辦者猶拾瀋也於是乎去表之槀道還公宮同上

有焚其先人之室則三日哭故曰新宮火亦三日哭禮記檀弓下

死於水曰溺溺弱也不能自勝也釋名

溺人必笑春秋左氏傳○哀公二十年

大過上六過涉滅頂凶周易上經

坎初六習坎入于坎窞凶同上

死而不弔者三畏厭溺禮記檀弓上

溺謂不乘橋船禮記注

夫火烈民望而畏之故鮮死焉水懦弱民狎而翫之則多死焉春秋左氏傳○昭公二十年

蹈水火者之求免於人也不惟其父兄子弟之慈愛然後

呼而望之也將有介於其側者雖其所憎怨苟不至乎欲其死者則將大其聲疾呼而望其仁之也彼介於其側者聞其聲而見其事不惟其父兄子弟之慈愛然後往而全之也雖有所憎怨苟不至乎欲其死者則將狂奔盡氣濡手足焦毛髮救之而不辭也若是者何哉其勢誠急而其情誠可悲也昌黎集

旱乾

旱不雨也許氏說文

司巫若國有大旱則帥巫而舞雩國有大裁則帥巫而造巫恒周官春官

女巫旱暵則舞雩凡邦之大裁歌哭而請同上

歌者憂愁之歌若雲漢之詩是也周禮疏

舞師教皇舞帥而舞旱暵之事周官地官

稻人旱暵共其雩斂同上

僖公二十一年夏大旱公欲焚巫尪臧文仲曰非旱備也脩城郭貶食省用務穡勸分此其務也巫尪何爲天欲殺之則如勿生若能爲害焚之滋甚公從之是歲也饑而不害春秋左氏傳

歲旱穆公召縣子而問然曰天久不雨吾欲暴尪而奚若曰天則不雨而暴人之疾子虐毋乃不可與然則吾欲暴巫而奚若曰天則不雨而望之愚婦人於以求之毋乃已疏乎徙市則奚若曰天子崩巷市七日諸侯薨巷市三日爲之徙市不亦可乎禮記檀弓下

水溢

水溢謂水之汎溢。禮記正義

凡平原出水爲大水。春秋左氏傳。桓公元年

高下有水災曰大水。春秋穀梁傳

莊公十一年。秋宋大水。公使弔焉。曰天作淫雨害於粢盛。若之何不弔。對曰孤實不敬天降之災。又以爲君憂拜命之辱。春秋左氏傳

二十五年。秋大水。鼓用牲于社于門。非常也。凡天災有幣無牲。非日月之眚不鼓。同上

旣戒鼓而駭衆用牲可以已矣。救日以鼓兵。救水以鼓衆。春秋穀梁傳

四書類考卷十七

四書類考卷十八

禮樂類禮之二

巡守

王者必制巡守之禮何、尊天重民也、所以五年巡守何、五歲再閏、天道大備、所以至四岳者盛德之山、[illegible]能與雲致雨也、巡守者何、巡循也、守牧也、爲天循行牧民也、禮記逸文見太平御覽

五載一巡守。尚書舜典

歲二月東巡守。至於岱宗。柴。望秩於山川。肆覲東后。五玉三帛二生一死贄。協時月正日。同律度量衡。修五禮。如五器。卒乃復。五月南巡守。至于南岳。如岱禮。八月西巡守。至于西岳。如初。十有一月朔巡守。至于北岳。如西禮。歸、格于藝祖。用特。同上

五年者、虞夏之制也。禮記注

虞夏五年一巡者、五行迊王而徧也。春秋正義

先王卜征五年。而歲習其祥。祥習則行。不習則增修德而改卜。春秋左氏傳○襄公十三年

夏殷之時。天子蓋六年一巡守。鄭志

王之所以撫邦國諸侯者。歲徧存。三歲徧頫。五歲徧省。七歲屬象胥諭言語。協辭命。九歲屬瞽史諭書名。聽聲音。十有一歲達瑞節。同度量。成牢禮。同數器。修法則。十有二歲王巡守殷國。周禮秋官大行人

六年五服一朝。又六年王乃時巡。考制度于四岳。諸侯各朝于方岳。大明黜陟。尚書周書

職方氏、王將巡守。則戒於四方曰、各修平乃守。攷乃職事。無敢不敬戒。國有大刑。及王之所行。先道。帥其屬而巡戒令。王殷國亦如之。周官夏官

土訓、王巡守則夾王車。周禮地官○誦訓同

土方氏、王巡守則樹王舍。周官夏官

天子無客禮。莫敢爲主焉。君適其臣。升自阼階。不敢有其室也。禮記郊特牲○坊記同

天子適諸侯。諸侯膳用犢。同上

王巡守殷國。則國君膳以牲犢。令百官百牲皆具。從者三公眂上公之禮。卿眂侯伯之禮。大夫眂子男之禮。士眂諸侯之卿禮。庶子壹眂其大夫之禮。周禮秋官司儀

若王巡守。則君親監之。國語

故天子適諸侯。必舍其祖廟。而不以禮籍入。是謂天子壞法亂紀。禮記禮運

天子巡守諸侯待於竟天子先見百年者八十九十者東行西行者不敢過西行東行者不敢過欲言政者君就之可也禮記祭義

問百年者就見之命大師陳詩以觀民風命市納賈以觀民之所好惡志淫好辟命典禮考時月定日同律禮樂制度衣服正之山川神祇有不舉者爲不敬不敬者君削以地宗廟有不順者爲不孝不孝者君絀以爵變禮易樂者爲不從不從者君流革制度衣服者爲畔畔者君討有功德於民者加地進律禮記王制

天子巡守諸侯避舍納筦鍵攝衽抱几視膳於堂下天子已食而退聽朝也戰國策

會同

時見曰會殷見曰同周禮春官

時會以發四方之禁殷同以施天下之政周禮秋官

時會即時見也無常期諸侯有不順服者王將有征討之事則既朝王命爲壇於國外合諸侯而發禁命事焉殷同即殷見也王十二歲一巡守若不巡守則殷同殷同者六服盡朝既朝王亦命爲壇於國外合諸侯而命其政殷同四方四時分來歲終則徧矣周禮注

大宰大朝覲會同贊玉幣玉獻玉几玉爵周禮天官

小宰以法掌祭祀朝覲會同賓客之戒具命百官府共其財用治其施舍聽其治訟同上

宰夫凡朝覲會同賓客以牢禮之法掌其牢禮委積膳獻飲食賓賜之飧牽與其陳數同上

掌舍掌王之會同之舍設梐枑再重設車門轅門爲壇壝宮棘門爲帷宮設旌門無宮則共人門凡舍事則掌之同上

幕人凡朝覲會同軍旅田役祭祀共其帷幕幄帟綬同上

掌次諸侯朝覲會同則張大次小次同上

外府凡祭祀賓客喪紀會同軍旅共其財用之幣齎賜予之財用同上

鄉師大軍旅會同正治其徒役與其輂輦戮其犯命者周禮地官

牛人凡會同軍旅行役共其兵車之牛與其牽徬以載公任器同上

縣師若將有軍旅會同田役之戒則受法於司馬以作其衆庶及馬牛車輦會其車人之卒伍使皆備旗鼓兵器以帥而至同上

遺人凡賓客會同師役掌其道路之委積同上

師氏凡祭祀賓客會同喪紀軍旅王舉則從同上○保氏同

司市凡會同師役市司帥賈師而從治其市政掌其賣價之事同上

稍人若有會同師田行役之事則以縣師之法作其同徒輂輦帥而以至治其政令以聽於司馬同上

廩人凡邦有會同師役之事則治其糧與其食同上

大宗伯朝覲會同則爲上相周禮春官

小宗伯凡王之會同軍旅甸役之禱祠肄儀爲位同上

雞人大祭祀夜嘑旦以嘂百官凡國之大賓客會同軍旅喪紀亦如之同上

大祝大會同造于廟宜于社過大山川則用事焉反行舍奠同上

太史大會同朝覲以書協禮事及將幣之日執書以詔王同上

典路凡會同軍旅弔于四方以路從同上

車僕凡師共革車各以其萃會同亦如之同上

司常凡祭祀各載其旗會同賓客亦如之置旌門同上

大司馬大會同則帥士庶子而掌其政令周禮夏官

射人會同朝覲作大夫介凡有爵者同上

司士凡會同作士從賓客亦如之同上

諸子會同賓客作羣子從同上

司右凡軍旅會同合其車之卒伍而比其乘屬其右同上

虎賁氏掌先後王而趨以卒伍軍旅會同亦如之同上

旅賁氏凡祭祀會同賓客則服而趨同上

司兵軍事建車之五兵會同亦如之同上

司戈盾軍旅會同授貳車戈盾建乘車之戈盾授旅賁及虎士戈盾及舍設藩盾行則斂之同上

司弓矢凡師役會同頒弓弩各以其物從授兵甲之儀同上

戎右會同充革車同上

齊右掌祭祀會同賓客前齊車王乘則持馬行則陪乘同上

挍人凡大祭祀朝覲會同毛馬而頒之飾幣馬執扑而從之同上

大司寇凡朝覲會同前王周禮秋官

司盟掌盟載之法凡邦國有疑會同則掌其盟約之載及其禮儀北面詔明神既盟則貳之同上

司儀將合諸侯則令為壇三成宮旁一門詔王儀王南鄉見諸侯土揖庶姓時揖異姓天揖同姓及其擯之各以其禮公於上等侯伯於中等子男於下等其將幣亦如之其禮亦如之王燕則諸侯毛同上

掌客王合諸侯而饗禮則具十有二牢庶具百物備諸侯長十有再獻同上

盟

盟明也告其事於神明也釋名

涖牲曰盟禮記曲禮下

盟者書其辭於策殺牲取血坎其牲加書於上而埋之謂之載書周禮注

司盟掌盟載之法凡邦國有疑會同則掌其盟約之載及其禮儀北面詔明神既盟則貳之盟萬民之犯命者詛其不信者亦如之凡民之有約劑者其貳在司盟有獄訟者則使之盟詛凡盟詛各以其地域之衆庶共其牲而致焉

既盟則為司盟共祈酒脯周禮秋官

玉府若合諸侯則共珠槃玉敦周禮天官

敦槃類珠玉以為飾古者以槃盛血以敦盛食合諸侯者必割牛耳取其血歃之以盟珠槃以盛牛耳尸盟者執之周禮注

戎右會同充革車盟則以玉敦辟盟遂役之贊牛耳桃茢周禮夏官

役之者傳敦血授當歃者贊牛耳尸盟者割牛耳取血助為之及血在敦中以桃茢拂之又助之也桃鬼所畏也茢

犧幣、所以掃不祥、周禮注

朝覲 述職

天子無事與諸侯相見曰朝。考禮正刑一德。以尊於天子。禮記王制

天子當依而立。諸侯北面而見天子曰覲。天子當宁而立。諸公東面諸侯西面曰朝。禮記曲禮下

春見曰朝。夏見曰宗。秋見曰覲。冬見曰遇。周禮春官大宗伯

春朝諸侯而圖天下之事。秋覲以比邦國之功。夏宗以陳天下之謨。冬遇以協諸侯之慮。周禮秋官大行人

朝猶朝也、欲其來之早、宗尊也、欲其尊王、覲之言勤也、欲其勤王之事、遇偶也、欲其若不期而偶至。周禮注

諸侯春見曰朝、受贄於朝、受享於廟、生氣文也。秋見曰覲、一受之於廟、殺氣質也。朝者位於內朝而序進、覲者位於廟門外而序入、王南面立於依宁而受焉。夏宗依春、冬遇依秋、覲禮今存、朝宗遇禮今亡、禮記注

諸侯之於天子也。五年一朝。禮記王制

邦畿方千里。其外方五百里謂之侯服。歲一見。其貢祀物。又其外方五百里謂之甸服。二歲一見。其貢嬪物。又其外

方五百里謂之男服三歲一見其貢器物又其外方五百里謂之采服四歲一見其貢服物又其外方五百里謂之衛服五歲一見其貢材物又其外方五百里謂之要服六歲一見其貢材物九州之外謂之蕃國世一見各以其所貴寶爲贄周禮秋官大行人

兩君之好

凡諸侯之邦交歲相問也殷相聘也世相朝也周禮秋官大行人

諸侯相見必告於禰朝服而出視朝命祝史告於五廟所過山川亦命國家五官道而出反必親告於祖禰乃命祝史告至於前所告者而后聽朝而入禮記曾子問

凡諸公相爲賓主國五積三問皆三辭拜受皆旅擯再勞三辭三揖登拜受拜送主君郊勞交擯三辭車逆拜辱三揖三辭拜受車送三還再拜致館亦如之致飱如致積之禮及將幣交擯三辭車逆拜辱賓車進答拜三揖三讓每門止一相及廟唯上相入賓三揖三讓登再拜授幣賓拜送幣每事如初賓亦如之及出車送三請三進再拜賓三還三辭告辟致饔餼還圭饗食致贈郊送皆如將幣之儀賓之拜禮拜饔餼拜饗食賓繼主君皆如主國之禮諸侯諸伯諸子諸男之相爲賓也各以其禮相待也如諸公之儀周禮秋官司儀

君入門介拂闑大夫中棖與闑之間士介拂棖禮記玉藻此謂兩君相見也禮記注

擯相

出接賓曰擯入詔禮曰相周禮注

上公之禮介九人其朝位賓主之間九十步立當車軹擯者五人諸侯之禮介七人其朝位賓主之間七十步立當前疾擯者四人諸伯如諸侯之禮諸子介五人朝位賓主之間五十步立當車衡擯者三人諸男如諸子之禮周禮秋官大行人

凡諸公相爲賓主國五積三問皆三辭拜受皆旅擯再勞三辭三揖登拜受拜送主君郊勞交擯三辭車逆拜辱三

揖三辭拜受車送三還再拜致館亦如之致飧如致積之禮周禮秋官司儀○旅音臚

旅讀爲鴻臚之臚陳之也賓之介九人使者七人皆陳擯位不傳辭也賓之上介出請使者則前對位皆當其末擯焉交擯者各陳九介使傳辭也周禮注

及將幣交擯三辭車逆拜辱賓車進答拜三揖三讓每門止一相及廟惟上相入賓三揖三讓登再拜授幣賓拜送幣每事如初賓亦如之及出車送三請三進再拜賓三還三辭告辟致饔餼還圭饔食致贈郊送皆如將幣之儀周禮秋官司儀

卿爲上擯大夫爲承擯士爲紹擯儀禮

賓出門九十步而陳九介主君在大門外之東陳五擯上擯入受命出請事傳辭與承擯承擯傳辭與末擯末擯傳與末介末介傳與承介承介傳與上介上介傳與賓賓又傳與上介上介傳與承介承介傳與末介末介傳與末擯末擯傳與承擯承擯傳與上擯上擯入告君如是者三謂之交擯周禮疏

凡行人之儀不正其主面亦不背客周禮秋官司儀

謂擯相傳辭也不正東鄉不正西鄉常視賓主之前卻得兩鄉之而已周禮注

凡諸侯之卿其禮各下其君一等以下及其大夫士皆如之周禮秋官大行人

聘禮上公七介侯伯五介子男三介所以明貴賤也禮記聘義

朝位則上公七十步侯伯五十步子男三十步與周禮注

諸公之臣相爲國客則三積皆三辭拜受及大夫郊勞旅擯三辭拜辱三讓登聽命下拜登受賓使者如初之儀及

退拜送致館如初之儀及將幣旅擯三辭拜逆客辟三揖每門止一相及廟唯君相入三讓客登拜客三辟授幣下出每事如初之儀及禮私面私獻皆再拜稽首君答拜出周禮秋官司儀

於是時賓出次直闑西北面上擯在闑東閾外西面其相去也公之使者七十步侯伯之使者五十步子男之使者三十步此旅擯耳不傳命上介在賓西北東面承擯在上擯東南西面各自次序而下末擯末介旁相去三丈六尺上擯之請事進南面揖賓俱前賓至末介上擯至末擯亦相去三丈六尺止揖而請事還入告於公儀禮注

聘

聘問也春秋穀梁傳

存頫省聘問臣之禮也周禮秋官小行人

王之所以撫邦國諸侯者歲徧存三歲徧頫五歲徧省周禮秋官大行人

問問以諭諸侯之志同上

間問者間歲一問諸侯謂存省之屬周禮注

諸侯之於天子也比年一小聘三年一大聘五年一朝禮記王制

時聘曰問殷頫曰視周禮春官大宗伯

時聘以結諸侯之好殷頫以除邦國之慝周禮秋官大行人

凡諸侯之卿其禮各下其君二等以下及其大夫士皆如之同上

諸侯使大夫問於諸侯曰聘禮記曲禮下

賓入不中門不履閾公事自闑西私事自闑東禮記玉藻

此謂聘客也公事聘享也私事覿面也禮記注

執圭

大夫執圭而使所以申信也禮記郊特牲

圭瑞玉也許氏說文

大宗伯以玉作六瑞以等邦國王執鎮圭公執桓圭侯執信圭伯執躬圭子執穀璧男執蒲璧周禮春官○信當爲身○秋官小行人同

王晉大圭執鎮圭繅藉五采五就以朝日公執桓圭侯執信圭伯執躬圭繅皆三采三就子執穀璧男執蒲璧繅皆二采再就以朝覲宗遇會同于王諸侯相見亦如之周禮春官典瑞

玉人之事鎮圭尺有二寸天子守之命圭九寸謂之桓圭公守之命圭七寸謂之信圭侯守之命圭七寸謂之躬圭伯守之考工記

大行人上公之禮執桓圭九寸繅藉九寸諸侯之禮執信圭七寸繅藉七寸諸伯執躬圭其他皆如諸侯之禮諸子執穀璧五寸繅藉五寸諸男執蒲璧其他皆如諸子之禮周禮秋官

鎮安也所以安四方鎮圭者蓋以四鎮之山爲瑑飾圭二王之後及王之上公雙植謂之桓桓宮室之象所以安其上也桓圭蓋以桓爲瑑飾身圭躬圭蓋皆象以人形爲瑑飾穀所以養人蒲爲席所以安人二玉蓋或以穀或以蒲爲瑑飾周禮注

贊大行曰圭上公九寸侯伯七寸子男五寸博三寸厚半寸剡上左右各寸半玉也藻三采六等禮記雜記

所以朝天子圭與繅皆九寸剡上寸半厚半寸博三寸繅三采六等朱白蒼朱白蒼儀禮聘禮記○朱白蒼三字依禮記正義補

瑑圭璋八寸璧琮八寸以頫聘考工記

瑑文飾也周禮注

此謂上公之臣執以頫聘用圭璋享用璧琮於天子及后也若兩諸侯自相聘亦執之侯伯之臣宜六寸子男之臣宜四寸凡諸侯之臣頫聘並不得執君之桓圭信圭之等直瑑爲文飾耳周禮疏

瑑圭璋璧琮繅皆二采一就以頫聘周禮春官典瑞

問諸侯朱綠繅八寸皆朱纁繫長尺絢組儀禮聘禮記

凡四器者唯其所寶以聘可也同上

聘禮上介及衆介俟於使者之門外使者載旜帥以受命於朝君朝服南鄉卿大夫西面北上君使卿進使者使者入及衆介隨入北面東上君揖使者進之上介立于其左接聞命賈人西面坐啟櫝取圭垂繅不起而授宰宰執圭屈繅自公左授使者使者受圭同面垂繅以受命既述命同面授上介上介受圭屈繅出授賈人衆介不從 儀禮

未入竟壹肄爲壝壇畫階帷其北無宮朝服無主無執也介皆與北面西上習公事不習私事 同上

厥明訝賓于館賓皮弁聘至於朝賓入于次乃陳幣擯者出請事公皮弁迎賓于大門內大夫納賓賓入門左公再拜賓辟不答拜公揖入每門每曲揖及廟門公揖入立于中庭賓立接西塾几筵既設擯者出請命賈人東面坐啟櫝取圭垂繅不起而授上介上介不襲執圭屈繅授賓賓襲執圭擯者入告出辭玉納賓賓入門左介皆入門左北面西上三揖至于階三讓公升二等賓升西楹西東面擯者退中庭賓致命公左還北鄉擯者進公當楣再拜公側襲受玉于中堂與東楹之間擯者退負東塾而立賓降介逆出賓出公側授宰玉裼降立 同上

凡執玉無藉者襲 同上

執玉其有藉者則裼無藉者襲 禮記曲禮下

服之襲也充美也是故尸襲執玉龜襲無事則裼弗敢充也 禮記玉藻

上介執圭如重授賓賓入門皇升堂讓將受志趨授如爭承下如送君還而后送下階發氣怡焉再三舉足又趨及門正焉 儀禮聘禮記

執圭入門鞠躬焉如恐失之皇且行入門主敬升堂主慎 同上

凡執主器執輕如不克執主器操幣圭璧則尚左手行不舉足車輪曳踵 禮記曲禮下

執圭如重慎之也皇自莊盛也讓謂舉手平衡也志猶念也念趨謂審行步也 儀禮注

圈豚行不舉足齊如流席上亦然執龜玉舉前曳踵蹜蹜如也 禮記玉藻

執天子之器則上衡國君則平衡大夫則綏之士則提之 禮記曲禮下

享禮

享獻也既聘又獻所以厚恩惠也儀禮注

五等諸侯享天子用璧享后用琮其大各如其瑞皆有庭實以馬若皮皮虎豹皮也用圭璋者二王之後也二王後尊故享用圭璋而特之其於諸侯亦用璧琮耳子男於諸侯則享用琥璜下其瑞也凡二王後諸侯相享之玉大小各降其瑞一等及使卿大夫頫聘亦如之周禮注

小行人合六幣圭以馬璋以皮璧以帛琮以錦琥以繡璜以黼此六物者以合諸侯之好故周禮秋官

六幣所以享也周禮注

圭璋特禮記禮器

圭璋特達德也禮記聘義

惟有皮馬無束帛可加故云特周禮疏

璧琮九寸諸侯以享天子考工記玉人

上公之禮廟中將幣三享諸侯之禮廟中將幣三享諸伯如諸侯之禮諸子廟中將幣三享諸男如諸子之禮周禮秋官大行人

三享皆束帛加璧庭實惟國所有儀禮覲禮

初享或用馬或用虎豹之皮其次享龜也金也丹漆絲纊竹箭也其餘無常貨此地物非一國所有唯所有分爲三享皆以璧帛致之儀禮注

旅幣無方所以別土地之宜而節遠邇之期也龜爲前列先知也以鐘次之以和居參之也虎豹之皮示服猛也束帛加璧往德也禮記郊特牲

內金示和也束帛加璧尊德也龜爲前列先知也金次之見情也丹漆絲纊竹箭與衆共材也其餘無常貨各以其國之所有則致遠物也禮記禮器

瑑琮八寸諸侯以享夫人考工記玉人

言以享夫人則是諸侯自相朝所用致享者也此八寸據上公二王後侯伯當六寸子男自相享退用琥璜降用四寸周禮疏

瑑圭璋八寸璧琮八寸以頫聘考工記玉人

此謂上公之臣執以頫聘用圭璋享用璧琮于天子及后也若兩諸侯自相聘亦執之侯伯之臣宜六寸子男之臣宜四寸周禮疏

小聘曰問不享儀禮

大聘雖有享不言數明一享而已儀禮疏
受享束帛加璧儀禮
習享士執庭實同上
士士介也庭實必執之者皮則有攝張之節儀禮注
享時庭實旅百獻國所有非止於皮知所執是皮者以其
金龜竹箭之等皆列於地不執之所執者唯有皮而已儀
禮疏
聘而獻物於是有庭實旅百春秋左氏傳成公十五年
所獻之物庭中實之有百品謂聘享之禮龜金竹箭之屬

有百品也春秋規過
擯者出請賓裼奉束帛加璧享擯者入告出許庭實皮則
攝之毛則内内攝之入設也賓入門左揖讓如初升致命
張皮公再拜受幣士受皮者自後右客賓出當之坐攝之
公側授宰幣皮如入右首而東儀禮
及享發氣焉盈容衆介北面蹌焉同上
凡庭實隨入左先皮馬相間可也賓之幣惟馬出其餘皆
東同上
凡諸侯之交各稱其邦而爲之幣以其幣爲之禮周禮秋

官司儀
多貨則傷于德幣美則没禮儀禮聘禮記
貨天地所化生謂玉也君子於玉比德焉朝聘之禮以爲
瑞節重禮也幣人所造成以自覆敝謂束帛也愛之斯欲
衣食之君子之情也是以享用幣所以副忠信儀禮注
聘禮志曰幣厚則傷德財侈則殄禮禮云禮云玉帛云乎
哉詩云物其旨矣唯其偕矣不時宜不敬交不驩欣雖旨
非禮也荀子大略篇

私覿

覿見也鄉將公事是欲交其歡敬也儀禮注

擯者出請事賓告事畢賓奉束錦以請覿擯者入告出辭請禮賓賓禮辭聽命儀禮

賓覿奉束錦總乘馬二人贊入門右北面奠幣再拜稽首擯者辭賓出擯者坐取幣出有司二人牽馬以從出門西面于東塾南擯者請受賓禮辭聽命牽馬右之入設賓奉幣入門左介皆入門左西上公揖讓如初升公北面再拜賓三退反還負序振幣進授當東楹北面士受馬者自前還牽者後適其右受牽馬者自前西乃出賓降階東拜送君辭拜也君降一等辭擯者曰寡君從子雖將拜起也栗階升公西鄉賓階上再拜稽首賓降出公側授宰幣馬出同上

私覿愉愉焉出如舒鴈同上

朝覲大夫之私覿非禮也大夫執圭而使所以申信也不敢私覿所以致敬也而庭實私覿何爲乎諸侯之庭爲人臣者不外交不敢貳君也禮記郊特牲

其君親來其臣不敢私見於王國君也以君命聘則有私見禮記注

賓退

擯者出請。賓告事畢。擯者入告。公出送賓。及大門內。公問君。賓對。公再拜。公問大夫。賓對。公勞賓。賓再拜稽首。公答拜。公勞介。介皆再拜稽首。公答拜。賓出。公再拜送。賓不顧。賓請有事于大夫。公禮辭許。賓即館。儀禮

諸公之臣相爲國客。出及中門之外。問君。客再拜對。君拜。客辟而對。君問大夫。客對。君勞客。客再拜稽首。君答拜。客趨辟。周禮秋官司儀

問君曰。君不恙乎。對曰。使臣之來。寡君命臣于庭。問大夫曰。二三子不恙乎。對曰。寡君命臣于庭。二三子皆在。勞客曰。道路悠遠。客甚勞。勞介則曰。二三子甚勞。周禮注

見

凡卑於尊曰見。敵而曰見。謙敬之辭也。經典釋文

聞始見君子者。辭曰。某固願聞名於將命者。不得階主。敵者曰。某固願見。罕見曰聞名。亟見曰朝夕。瞽曰聞名。禮記少儀

士相見之禮。贄。冬用雉。夏用腒。左頭奉之。曰。某也願見。無由達。某子以命命某見。主人對曰。某子命某見。吾子有辱。請吾子之就家也。某將走見。賓對曰。某不足以辱命。請終賜見。主人對曰。某不敢爲儀。固請吾子之就家也。某將走見。賓對曰。某不敢爲儀。固以請。主人對曰。某也固辭不得命。將走見。聞吾子稱贄。敢辭贄。賓對曰。某不以贄不敢見。主人對曰。某不足以習禮。敢固辭。賓對曰。某也不依於贄不敢見。固以請。主人對曰。某也固辭不得命。敢不敬從。出迎于門外。再拜。賓答再拜。主人揖入門右。賓奉贄入門左。主人再拜受。賓再拜送贄出。主人請見。賓反見。退。主人送于門外。再拜。儀禮

凡與客入者。每門讓于客。客至于寢門。則主人請入爲席。然後出迎客。客固辭。主人肅客而入。主人入門而右。客入

門而左主人就東階客就西階客若降等則就主人之階主人固辭然後客復就西階主人與客讓登主人先登客從之拾級聚足連步以上上於東階則先右足上於西階則先左足 禮記曲禮上

席南鄉北鄉以西方爲上東鄉西鄉以南方爲上若非飲食之客則布席席間函丈主人跪正席客跪撫席而辭客徹重席主人固辭客踐席乃坐主人不問客不先舉 同上

質 與贄同 玉帛 束脩

贄者質也質已之誠致已之悃愊也 白虎通義

摯之言至所執以自致 周禮注

凡摯天子鬯諸侯圭卿羔大夫鴈士雉庶人之摯匹童子委贄而退野外軍中無摯以纓拾矢可也婦人之摯椇榛脯脩棗栗 禮記曲禮下

大宗伯以禽作六摯以等諸臣孤執皮帛卿執羔大夫執鴈士執雉庶人執鶩工商執雞 周禮春官

羔小羊取其羣而不失其類鴈取其候時而行雉取其守介而死不失其節鶩取其不飛遷雞取其守時而動 周禮注

男贄大者玉帛小者禽鳥以章物也女贄不過榛栗棗脩以告虔也 春秋左氏傳 莊公二十四年

男子之贄羔鴈雉腒婦人之贄棗栗鍛脩 春秋穀梁傳

士相見之禮贄冬用雉夏用腒 儀禮

禮婦人見舅姑以棗栗爲贄見女姑以鍛脩爲贄棗栗取其早自謹敬鍛脩取其斷斷自脩正 春秋公羊傳解詁

栗取其戰栗也棗取其早起也脩取其自脩也 春秋正義

脩腒也。周官解詁

薄析曰脯棰之而施薑桂曰鍛脩。周禮注

古之大夫束脩之問不出竟。禮記檀弓上

聘弓鍭矢不出竟埸束脩之肉不行竟中。春秋穀梁傳隱公元年

其以乘壺酒束脩一犬賜人若獻人則陳酒執脩以將命。亦曰乘壺酒束脩一犬。禮記少儀

凡物十曰束。儀禮注

脯十脡亦曰束。儀禮疏

屈曰朐伸曰脡。公羊傳解詁

脊以前爲正其次名脡卻後名横脡者取脡脡然直横者取潤於脡凡名骨者皆隨形名之唯言正者以義取稱焉儀禮疏

膱長尺二寸。儀禮鄉射記

膱猶脡也。儀禮注

童子見先生或尋朋友旣未成人不敢與主人相授受拜伉之儀但奠委其摯於地而自退辟之然童子之摯悉用束脩也。禮記正義

終

四書類考卷十九

禮樂類禮之四

田獵

三軍師 旅 將軍

大宗伯之職以軍禮同邦國周官春官

凡制軍萬有二千五百人爲軍王六軍大國三軍次國二軍小國一軍軍將皆命卿二千有五百人爲師師帥皆中大夫五百人爲旅旅帥皆下大夫百人爲卒卒長皆上士二十五人爲兩兩司馬皆中士五人爲伍伍皆有長周官

軍師旅卒兩伍皆衆名也伍一比兩一閭卒一族旅一黨師一州軍一鄉家所出一人將帥長司馬者其師吏也言軍將皆命卿則凡軍帥不特置選於六官六鄉之吏自卿

以下德任者使兼官焉周禮注

成國不過半天子之軍周爲六軍諸侯之大者三軍可也春秋左氏傳

小司徒之職乃會萬民之卒伍而用之五人爲伍五伍爲兩四兩爲卒五卒爲旅五旅爲師五師爲軍以起軍旅以作田役以比追胥以令軍賦周禮地官

君行師從卿行旅從春秋左氏傳

天子作師公帥之以征不德元侯作師卿帥之以承天子諸侯有卿無軍帥教衛以賛元侯自伯子男有大夫無卿

帥賦以從諸侯是以上能征下下無姦慝國語
晉使卿爲軍將謂之將中軍將上軍昭二十八年閻没女寬以魏戌將中軍故呼爲將軍及六國以來遂以將軍爲官名其元蓋起於此春秋正義
漢書百官表將軍皆周末官秦因之按國語鄭文公以詹伯爲將軍又吳夫差十旌一將軍左傳豈將軍食之而有不足檀弓衛將軍文子魯使愼子爲將軍然則其名久矣容齋隨筆

虎賁

虎賁以武力事王尚書傳
天子有虎賁習武訓也諸侯有旅賁禦災害也大夫有貳車備承事也士有陪乘告奔走也國語
虎賁氏掌先後王而趨以卒伍軍旅會同亦如之舍則守王閑王在國則守王宮國有大故則守王門大喪亦如之及葬從遣車而哭適四方使則從士大夫若道路不通有徵事則奉書以使於四方周禮夏官

治賦

凡令賦以地與民制之上地食者參之二其民可用者家三人中地食者半其民可用者二家五人下地食者參之一其民可用者家二人 周禮夏官大司馬

小司徒之職乃均土地以稽其人民而周知其數上地家七人可任也者家三人中地家六人可任也者二家五人下地家五人可任也者家二人凡起徒役毋過家一人以其餘爲羨唯田與追胥竭作 周官地官

殷周以兵定天下矣天下既定戢藏干戈教以文德而猶

立司馬之官設六軍之衆因井田而制軍賦地方一里爲井井十爲通通十爲成成方十里成十爲終終十爲同同方百里同十爲封封十爲畿畿方千里有稅有賦稅以足食賦以足兵故四井爲邑四邑爲邱邱十六井也有戎馬一匹牛三頭四邱爲甸甸六十四井也有戎馬四匹兵車一乘牛十二頭甲士三人卒七十二人干戈備具是謂乘馬之法一同百里提封萬井除山川沈斥城池邑居園囿術路三千六百井定出賦六千四百井戎馬四百匹兵車百乘此卿大夫采地之大者也是謂百乘之家一封三百一十六里提封十萬井定出賦六萬四千井戎馬四千匹兵車千乘此諸侯之大者也是謂千乘之國天子畿方千里提封百萬井定出賦六十四萬井戎馬四萬匹兵車萬乘故稱萬乘之主戎馬車徒干戈素具春振旅以搜夏拔舍以苗秋治兵以獮冬大閱以狩皆於農隙以講事焉五國爲屬屬有長十國爲連連有帥三十國爲卒卒有正二百一十國爲州州有牧連帥比年簡車卒正三年簡徒羣牧五載大簡車徒此先王爲國立武足兵之大畧也 漢書刑法志

中春教振旅司馬以旗致民平列陳如戰之陳辨鼓鐸鐲鐃之用王執路鼓諸侯執賁鼓軍將執晉鼓師帥執提旅帥執鼙卒長執鐃兩司馬執鐸公司馬執鐲以教坐作進退疾徐疏數之節遂以蒐田有司表貉誓民鼓遂圍禁火弊獻禽以祭社 周官夏官

中夏教茇舍如振旅之陳羣吏撰車徒讀書契辨號名之用帥以門名縣鄙各以其名家以號名鄉以州名野以邑名百官各象其事以辨軍之夜事其他皆如振旅遂以苗田如蒐之法車弊獻禽以享礿 同上

中秋教治兵如振旅之陳辨旗物之用王載大常諸侯載旂軍吏載旗師都載旜鄉遂載物郊野載旐百官載旟各書其事與其號焉其他皆如振旅遂以獮田如蒐田之法羅弊致禽以祀祊 同上

中冬教大閱前期羣吏戒衆庶脩戰法虞人萊所田之野爲表百步則一爲三表又五十步爲一表田之日司馬建旗於後表之中羣吏以旗物鼓鐸鐲鐃各帥其民而致質明弊旗誅後至者乃陳車徒如戰之陳皆坐羣吏聽誓于陳前斬牲以左右徇陳曰不用命者斬之中軍以鼙令鼓

鼓人皆三鼓司馬振鐸羣吏作旗車徒皆作鼓行鳴鐲車徒皆行及表乃止三鼓摝鐸羣吏弊旗車徒皆坐又三鼓振鐸作旗車徒皆作鼓進鳴鐲車驟徒趨及表乃止坐作如初乃鼓車馳徒走及表乃止鼓戒三闋車三發徒三刺乃鼓退鳴鐃且卻及表乃止坐作如初遂以狩田以旌爲左右和之門羣吏各帥其車徒以敘和出左右陳車徒有司平之旗居卒間以分地前後有屯百步有司巡其前後險野人爲主易野車爲主既陳乃設驅逆之車有司表貉于陳前中軍以鼙令鼓鼓人皆三鼓羣司馬振鐸車徒皆作遂鼓行徒銜枚而進大獸公之小禽私之獲者取左耳及所弊鼓皆駭車徒皆譟徒乃弊致禽饁獸于郊入獻禽以享烝 同上

及師大合軍以行禁令以救無辜伐有罪 同上

出爲治兵尚威武也入爲振旅反尊卑也 爾雅

反尊卑者出則壯者在前老弱在後入則壯者在後老弱在前 周禮疏

凡物不足以講大事其材不足以備器用則君不舉焉君將納民於軌物者也故講事以度軌量謂之軌取材以章

物采謂之物不軌不物謂之亂政亂政亟行所以敗也故春蒐夏苗秋獮冬狩皆於農隙以講事也三年而治兵入而振旅歸而飲至以數軍實昭文章明貴賤辨等列順少長習威儀也鳥獸之肉不登於俎皮革齒牙骨角毛羽不登於器則公不射古之制也 春秋左氏傳。隱公五年

征伐侵削滅

大司馬以九伐之法正邦國。周禮夏官

馮弱犯寡則眚之。同上

四面削其地。王霸記

賊賢害民則伐之。周禮夏官

凡師有鐘鼓曰伐，無曰侵，輕曰襲。春秋左氏傳。莊公二十九年

觕者曰侵，精者曰伐。春秋公羊傳。莊公十年

苞人民、毆牛馬曰侵，斬樹木、壞宮室曰伐。春秋穀梁傳。隱公五年

大罪伐之，小罪憚之。襲侵之事陵也。是故伐備鐘鼓，聲其罪也。戰以錞于丁寧，儆其民也。襲侵密聲，爲蹔事也。國語

暴內陵外則壇之。周禮夏官

置之空墠之地。王霸記

野荒民散則削之。周禮夏官

負固不服則侵之。同上

賊殺其親則正之。同上

正，殺之也。王霸記

放弒其君則殘之。周禮夏官

殘，滅其爲惡。王霸記

犯令陵政則杜之。周禮夏官

犯令者，違命也。陵政者，輕政法不循也。王霸記

外內亂、鳥獸行則滅之。周禮夏官

悖人倫，內外亂，無以異於禽獸，不可親百姓，則誅滅去之也。王霸記

凡書取，言易也。用大師焉曰滅，弗地曰入。春秋左氏傳。襄公十三年

凡勝國曰滅之，獲大城焉曰入之。同上。文公十五年

戰勝　敗　追

戰鬭也　許氏說文

凡師敵未陳曰敗某師皆陳曰戰大崩曰敗績得儁曰克覆而敗之曰取某師京師敗曰王師敗績于某　春秋左氏傳○莊公十一年

凡師聲罪致討曰伐潛師掠境曰侵兩兵相接曰戰環其城邑曰圍造其國都曰入徙其朝市曰遷毀其宗廟社稷曰滅詭道而勝之曰敗悉虜而俘之曰取輕行而掩之曰襲已追而躡之曰追聚兵而守之曰戍以弱假強而能左右之曰以　胡氏春秋傳

齊人隆技擊得一首者賜贖錙金無本賞矣是事小敵毳則偷可用也事大敵堅則渙焉離耳若飛鳥然傾側反覆無日是亡國之兵也兵莫弱是矣是其去賃市傭而戰之幾矣魏氏之武卒以度取之衣三屬之甲操十二石之弩負服矢五十箇置戈其上冠軸帶劍贏三日之糧日中而趨百里中試則復其戶利其田宅是數年而衰而未可奪也改造則不易周也是故地雖大其稅必寡是危國之兵也秦人其生民也狹阸其使民也酷烈劫之以勢隱之以

阸忸之以慶賞鰌之以刑罰使天下之民所以要利於上者非鬭無由也阸而用之得而後功之功賞相長也五甲首而隸五家是最為衆彊長久多地以正故四世有勝非幸也數也故齊之技擊不可以遇魏氏之武卒魏氏之武卒不可以遇秦之銳士秦之銳士不可以當桓文之節制桓文之節制不可以敵湯武之仁義有遇之者若以焦熬投石焉　荀子議兵篇

德刑詳義禮信戰之器也德以施惠刑以正邪詳以事神義以建利禮以順時信以守物民生厚而德正用利而事節時順而物成上下和睦周旋不逆求無不具各知其極故詩曰立我烝民莫匪爾極是以神降之福時無災害民生敦厖和同以聽莫不盡力以從上命致死以補其闕此戰之所由克也　春秋左氏傳○成公十六年

陳

陳謂軍師行伍之列 論語集註

善爲國者不師善師者不陳善陳者不戰善戰者不死善死者不亡 春秋穀梁傳

將死鼓御死轡百吏死職士大夫死行列聞鼓聲而進聞金聲而退順命爲上有功次之 荀子議兵篇

行前朱鳥而後元武左青龍而右白虎招搖在上急繕其怒進退有度左右有局各司其局 禮記曲禮上

天陳地陳風陳雲陳虎翼陳蛇蟠陳飛龍陳鳥翔陳 八陳

四爲正四爲奇餘奇爲握機或總稱之先出遊軍定兩端天有衝地有軸前後有衝風附於天雲附於地衝有重列各四隊前後之衝各二隊風居四維故有圓軸單列各二隊前後之衝各三隊雲居四角故有方天居兩端地居中間總爲八陳陳訖遊軍從後躡敵或驚其左或驚其右聽音望麾以出四奇天地之前衝爲虎翼風爲蛇蟠圍繞之義也虎居於中張翼以進蛇居兩端向敵而蟠以應之天地之後衝爲飛龍雲爲鳥翔突擊之義也龍居於中張翼以進鳥掖兩端向敵而翔以應之虛實二壘皆逐天文氣候背山川利害隨時而行以正合以奇勝 風后握機文

金鼓旌旗數角音二初警衆末收衆草音五一持兵二結陳三行四趨走五急鬬金音五一緩鬬二止鬬三退四背五急背麾法五一元二黃三白四青五赤旗法八一天元二地黃三風青四雲白五天前六天後七地前八地後二革二金爲天三草三金爲地二草三金爲風三草二金爲雲四革三金爲龍三草四金爲虎四草五金爲鳥五草四金爲蛇此八陳各用金鼓之制其金草之間加一角音者在天爲兼風在地爲兼雲在龍爲兼鳥在虎爲兼蛇加二

角音者全師進東加三角音者全師進南加四角音者全師進西加五角音者全師進北鼙音不止者行伍不整金革既息而角音不止者師並旋三十二隊天衝八隊天前衝八隊天後衝十八隊風二十四隊地軸十二隊地前衝十二隊地後衝十六隊雲以天地前衝爲虎翼天地後衝爲飛龍風爲蛇蟠雲爲鳥翔天地以下八重以列或曰握機望敵即引其後以犄角前列不動或合而爲一或離而爲八各隨師之多少觸類而長天或圓布不動前爲右後爲左天地四望之屬是也天居兩端其次風其次雲左右

相向是也地方布風雲各在前後衝之前天居兩端其次地居中間兩地爲比是也縱布天一天二次之縱布地四次於天後縱布四風挾天地之左右天地前衝居其右後衝居其左雲居兩端虛實二壘則此是也同上

今按此法六十四陣天衝十六陣居兩端地軸十二陣居中間天前衝四陣居右後衝四陣居左地前衝六陣居前後衝六陣居後風八陣附天雲八陣附地合爲八陣天衝並前後衝二十四陣合風八陣爲三十二陽地軸並前後衝二十四陣合雲八陣爲三十二陰遊軍二十四陣在六十四陣之後凡行軍結陣合戰設疑補闕全在遊兵天地之前衝爲虎翼風爲蛇蟠兵家先陰以右爲前又風從虎虎與蛇皆陰類同位西北也天地之後衝爲飛龍雲爲鳥翔兵家後陽以左爲後又雲從龍龍與鳥皆陽類同位東南也以天地風雲爲四正以龍虎鳥蛇爲四奇所謂八陣也每以二陣相從一陣之中又有兩陣一戰一守故又有三十二隊天衝二十四隊地軸等數也中外有輕重之權陰陽有剛柔之節彼此有虛實之地主客有先後之勢輕重之權剛柔之節者家計也以實擊虛以先奪後者合變

也我易而敵常險我簡而敵常繁兵法所謂致人而不致於人此其機要也儀禮經傳通解

桓公五年王以諸侯伐鄭鄭伯禦之王爲中軍虢公林父將右軍蔡人衛人屬焉周公黑肩將左軍陳人屬焉鄭子元請爲左拒以當蔡人衛人爲右拒以當陳人從之曼伯爲右拒祭仲足爲左拒原繁高渠彌以中軍奉公爲魚麗之陳先偏後伍伍承彌縫戰于繻葛命二拒曰旝動而鼓蔡衛陳皆奔王卒亂鄭師合以攻之王卒大敗春秋左氏傳

拒方陳司馬法車戰二十五乘爲偏以車居前以伍承之承偏之隙而彌縫闕漏五人爲伍此蓋魚麗陣法春秋經傳集解

昭公二十一年公子城以晉師至與華氏戰于赭丘鄭翩願爲鸛其御願爲鵝子祿御公子城莊堇爲右大敗華氏春秋左氏傳

鄭翩華氏黨鸛鵝皆陳名春秋經傳集解

革甲　函人

革甲胄之屬中庸章句

甲今之鎧也周禮注

司甲下大夫二人中士八人府四人史八人胥八人徒八十人周禮夏官

函人爲甲犀甲七屬兕甲六屬合甲五屬犀甲壽百年兕甲壽二百年合甲壽三百年凡爲甲必先爲容然後制革權其上旅與其下旅而重若一以其長爲之圍凡甲鍛不摯則不堅已敝則橈凡察革之道眡其鑽空欲其惌也眡其裏欲其易也眡其朕欲其直也櫜之欲其約也舉而眡之欲其豐也衣之欲其無齘也眡其鑽空而惌則革堅也眡其裏而易則材更也眡其朕而直則制善也櫜之而約則周也舉之而豐則明也衣之無齘則變也考工記

兵

兵械也許氏說文

蚩尤以金作兵兵有五一弓二殳三矛四戈五戟世本

弓矢圍殳矛守戈戟助長以衛短短以救長司馬法

司右凡國之勇力之士能用五兵者屬焉掌其政令周官夏官

司兵掌五兵五盾各辨其物與其等以待軍事及授兵從司馬之法以頒之及其受兵輸亦如之及其用兵亦如之祭祀授舞者兵大喪廞五兵軍事建車之五兵會同亦如之同上

五兵者戈殳戟酋矛夷矛周官解詁

車之五兵鄭司農所云者是也步卒之五兵則無夷矛而有弓矢周禮注

夫佳兵者不祥之器物或惡之故有道者不處君子居則貴左用兵則貴右兵者不祥之器非君子之器不得已而用之道德經

以道佐人主者不以兵強天下其事好還師之所處荊棘生焉大兵之後必有凶年同上

先王燿德不觀兵夫兵戢而時動動則威觀則玩玩則無震是故周文公之頌曰載戢干戈載櫜弓矢我求懿德肆于時夏允王保之國語

夫兵猶火也弗戢將自焚也春秋左氏傳。隱公四年

天生五材民並用之廢一不可誰能去兵兵之設久矣所以威不軌而昭文德也聖人以興亂人以廢廢興存亡昏明之術皆兵之由也同上。襄公二十七年

弓矢 弧 乘矢 彀率 機

弓穹也張之穹穹然也釋名

矢指也言其有所指向迅疾也同上

少皞生般般是始爲弓矢山海經

牟夷作矢揮作弓世本

倕作弓浮游作矢荀子解蔽篇

弦木爲弧剡木爲矢弧矢之利以威天下蓋取諸睽周易繫辭下傳

司弓矢掌六弓四弩八矢之法辨其名物而掌其守藏與

其出入周官夏官

弓六物爲三等夏官槀人

王弓弧弓以授射甲革椹質者司弓矢

往體寡來體多謂之王弓之屬利射革與質弓人

甲革革甲也春秋傳蹲甲而射之質正也樹椹以爲射正射甲與椹試弓習武也周禮注

射深者用直此又直焉於射堅宜也王弓合九而成規弧弓亦然同上

夾弓庾弓以授射豻侯鳥獸者司弓矢

往體多來體寡謂之夾庾之屬利射侯與弋弓人
豻侯五十步及射鳥獸皆近射也近射用弱弓則射大侯者用王弧射參侯者用唐大矣周禮注
射遠者用埶夾庾之弓合五而成規侯非必遠顧埶弓者材必薄薄則弱弱則矢不深中侯不落大夫士射侯矢落不獲同上
唐弓大弓以授學射者使者勞者司弓矢
往體來體若一謂之唐弓之屬利射深弓人
學射者弓用中後習强弱則易也使者勞者弓亦用中遠近可也周禮注
射深用直唐弓合七而成規大弓亦然同上
天子之弓合九而成規諸侯合七而成規大夫合五而成規士合三而成規句者謂之弊弓司弓矢
往體寡來體多則合多往體多來體少則合少而圜弊猶惡也句者惡則直者善矣周禮注
天子之弓王弧也諸侯之弓則唐大大夫之弓則夾庾士之弓則六弓之外句曲合三成規謂之弊弓者句之至極無過合三也周禮疏

弓長六尺有六寸謂之上制上士服之弓長六尺有三寸謂之中制中士服之弓長六尺謂之下制下士服之弓人
凡爲弓各因其君之躬志慮血氣豐肉而短寬緩以荼若是者爲之危弓危弓爲之安矢骨直以立忿埶以奔若是者爲之安弓安弓爲之危矢其人安其弓安其矢安則莫能以速中且不深其人危其弓危其矢危則莫能以愿中弓人
危弓則夾庾弱者安弓謂王弧之類强者周禮疏
弩四物亦如之稾人
凡弩夾庾利攻守唐大利車戰野戰司弓矢
攻城壘者與其自守者相迫近弱弩發疾也車戰野戰進退非强則不及弩無王弧王弧往體少恒服弦則使矢不疾周禮注
矢八物皆三等稾人
凡矢枉矢絜矢利火射用諸守城車戰司弓
枉矢者取名變星飛行有光今之飛矛是也或謂之兵矢絜矢象焉二者皆可結火以射敵用諸守城車戰前於重後微輕行疾也周禮注

兵矢田矢五分二在前三在後 矢人
兵矢謂枉矢絜矢也此二矢亦可以田 周禮注
殺矢鍭矢用諸近射田獵 司弓矢
殺矢言中則死鍭矢象焉鍭之言候也二者皆可以伺候
射敵之近者及禽獸前尤重中深而不可遠也 周禮注
鍭矢參分茀矢參分一在前二在後 矢人○茀當爲殺
冶氏爲殺矢刃長寸圍寸鋌十之重三垸 考工記○垸音
丸
矰矢茀矢用諸弋射 司弓矢

結繳於矢謂之矰矰高也茀矢象焉茀之言刜也二者皆
可以弋飛鳥刜羅之也前於重後微輕行不低也 周禮注
殺矢七分三在前四在後 矢人○殺當爲茀
鐵叉差短小也 周禮注
恒矢痺矢用諸散射 司弓矢
恒矢安居之矢也痺矢象焉二者皆可以散射謂禮射及
習射也前後訂其行平也 周禮注
以矰矢七分三在前四在後則知此八分四在前四在後
即行平也 周禮疏

天子彤弓諸侯彤弓大夫黑弓禮也 荀子大略篇
禮天子雕弓諸侯彤弓大夫嬰弓士盧弓 公羊傳解詁
弤雕弓也 孟子注
敦弓既堅四鍭既均舍矢既均序賓以賢敦弓既句既挾
四鍭四鍭如樹序賓以不侮 詩大雅
敦與雕古今之異雕是畫飾之義冬官弓人爲弓唯言用
漆不言畫則漆上又畫之彼不言畫文不具耳 詩正義
金鏃翦羽謂之鍭骨鏃不翦羽謂之志 爾雅釋器
鍭矢參亭 詩傳

參訂之而平者前有鐵重也 周禮注
矢槀長三尺槀之前設刃故有鐵而重槀之後設羽故無
鐵而輕矢人之職必稱量其槀而訂平之 周禮總義
射必四矢者象其能禦四方之亂也 詩箋
既句是引滿之時也說文云彀張弓也二京賦曰雕弓既
彀彀與句字雖異音義同 詩正義
若虞機張往省括于度則釋 尚書太甲上
機弩牙也 禮記注

戈

戈平頭戟也 許氏說文

戈鉤孑戟也如戟而横安刃但頭不嚮上爲鉤也直刃長八寸横刃長六寸刃下接柄處長四寸並廣二寸用以鉤害人也 禮記正義

司戈盾掌戈盾之物而頒之祭祀授旅賁殳故士戈盾授舞者兵亦如之軍旅會同授貳車戈盾建乘車之戈盾授旅賁及虎士戈盾及舍設藩盾行則斂之 周禮夏官

戈廣二寸内倍之胡三之援四之已倨則不入已句則不決長内則折前短内則不疾是故倨句外博重三鋝 考工記冶氏

戈柲六尺有六寸 考工記廬人

柲猶柄也 周禮注

戟

戟格也旁有枝格也 釋名

戟廣寸有半寸内三之胡四之援五之倨句中矩與刺重三鋝 考工記冶氏

戟今三鋒戟也内長四寸半胡長六寸援長七寸半三鋒者胡直中矩言正方也刺者著柲直前如鐏者也戟胡横貫之胡中矩則援之外句磬折與 周禮注

越棘大弓天子之戎器也 禮記明堂位

棘戟也 禮記注

斧戚　鈇

斧斫也許氏說文

斧甫也甫始也凡將制器始用斧代木已乃制之也釋名

斧所以斫除荆棘以安其舍者也周易注

隋銎曰斧詩毛傳

戚斧也同上

戚蹙也斧以斬斷見者蹙懼也釋名

鈇莝斫刀許氏說文

鈇斧也蒼頡篇

柯

柯斧柄也詩毛傳

柯長三尺博三寸厚一寸有半五分其長以其一爲之首考工記

柯長三尺謂斧柯因以爲度周官解詁

凡造作皆用斧因以量物故先論斧柄長短及刃之大小也周禮疏

鉞揚

鉞豁也所向莫敢當前豁然破散也釋名

揚鉞也詩毛傳

廣雅云鉞戚斧也則戚揚皆斧鉞之别名傳以戚爲斧以揚爲鉞鉞大而斧小太公六韜云太阿斧重八斤一名天鉞是鉞大於斧也牧誓云武王左杖黃鉞孔安國云黃鉞以黃金飾斧也以其特言黃鉞故云以金飾然則不言黃者未必皆金飾也詩正義

劍

劍人所帶兵也許氏說文

劍檢也所以防檢非常釋名

昔葛天盧之山發而出金蚩尤受而制之以爲劍鎧管子地數篇

桃氏爲劍臘廣二寸有半寸兩從半之以其臘廣爲之莖圍長倍之中其莖設其後參分其臘廣去一以爲首廣而圍之身長五其莖長重九鋝謂之上制上士服之身長四其莖長重七鋝謂之中制中士服之身長三其莖長重五鋝謂之下制下士服之考工記

干

干、扞也、爾雅釋言

干、盾也、詩鄭箋

萬者何、干舞也、春秋公羊傳。宣公八年

干、謂楯也、能爲人扞難而不使害人、故聖王貴之、以爲武舞、公羊傳解詁

司干、掌舞器、祭祀舞者既陳、則授舞器、既舞則受之、賓饗亦如之、大喪廞舞器、及葬奉而藏之。周禮春官

田獵

田、取禽也、詩毛傳

獵、虐也、爾雅釋言

春獵爲蒐、夏獵爲苗、秋獵爲獮、冬獵爲狩、宵田爲獠、火田爲狩、爾雅釋天

大司馬中春教振旅、遂以蒐田、有司表貉、誓民、鼓、遂圍禁、火弊、獻禽以祭社、周禮夏官

春田爲蒐、表貉、立表而貉祭也、誓民、誓以犯田法之罰也、禁者、虞衡守禽之厲禁也、既誓令鼓而圍之、遂蒐田、火弊、

火止也、春田主用火、因焚萊除陳草、皆殺而火止、獻、致也、田止虞人植旌、衆皆獻其所獲禽焉、春田主祭社者、土方施生也、周禮注

中夏教茇舍、遂以苗田、如蒐之灋、車弊、獻禽以享礿、周禮夏官

車弊、驅獸之車止也、夏田主用車、示所取物希、皆殺而車止、礿、宗廟之夏祭也、周禮注

中秋教治兵、遂以獮田、如蒐田之灋、羅弊、致禽以祀祊、周官夏官。祊當爲方

秋田爲獮獮殺也羅弊罔止也秋田主用罔中殺者多也
皆殺而罔止秋田主祭四方報成萬物詩曰以社以方周
禮注
中冬教大閱遂以狩田以旌爲左右和之門羣吏各帥其
徒以叙和出左右陳車徒有司平之旗居卒間以分地前
後有屯百步有司巡其前後險野人爲主易野車爲主既
陳乃設驅逆之車有司表貉於陳前中軍以鼙令鼓鼓人
皆三鼓羣司馬振鐸車徒皆作遂鼓行徒銜枚而進大獸
公之小禽私之獲者取左耳及所弊鼓皆駴車徒皆譟徒

乃弊致禽饁獸於郊入獻禽以享烝周禮夏官
冬田爲狩軍門曰和今謂之壘門立兩旌以爲之叙和出
用次第出和門也有司平之鄉師居門正其出入之行列
也旗謂軍吏所載分地調其部曲疏數前後有屯百步車
徒異羣也車徒畢出和門鄉師又巡其行陳驅驅出禽獸
使趨田者也逆逆要不得令走設此車者田僕也羣司馬
謂兩司馬也枚如箸銜之有繣結項中軍法止語爲相疑
惑也得禽獸者取左耳當以計功及所弊田所當止也天
子諸侯蒐狩有常至其常處吏士鼓譟象攻敵克勝而喜

也疾雷擊鼓曰駴徒乃弊徒止也冬田主用衆物多衆得
取也致禽饁獸于郊聚所獲禽因以祭四方神于郊入又
以禽祭宗廟周禮注
田者大芟草以爲防或舍其中褐纏旃以爲門裘纏質以
爲槸間容握驅而入擊則不得入左者之左右者之右然
後焚而射焉天子發然後諸侯發諸侯發然後大夫士發
天子發抗大綏諸侯發抗小綏獻禽於其下故戰不出頃
田不出防不逐奔走古之道也詩毛傳車攻
因蒐狩以習用武事禮之大者也艾蘭以爲防置旃以爲

轅門以葛覆質以爲槸流旁握御轚者不得入車軌塵馬
候蹄揜禽旅御者不失其馳然後射者能中過防弗逐不
從奔之道也面傷不獻不成禽不獻禽雖多天子取三十
焉其餘與士衆以習射於射宮射而中田不得禽則得禽
田得禽而射不中則不得禽是以知古之貴仁義而賤勇
力也春秋穀梁傳昭公八年
天子諸侯無事則歲三田一爲乾豆二爲賓客三爲充君
之庖無事而不田曰不敬田不以禮曰暴天物禮記王制
一曰乾豆二曰賓客三曰充君之庖故自左膘而射之達

于右腢爲上殺。射右耳本次之。射左髀達于右䯒爲下殺。
面傷不獻。踐毛不獻。不成禽不獻。禽雖多擇取三十焉。其餘
以與大夫士以習射於澤宮。田雖得禽。射不中不得取禽。
田雖不得禽。射中則得取禽。古者以辭讓取。不以勇力取。
詩毛傳。車攻

已有三牲必田狩者。孝子之意以爲己之所養。不如天地
自然之牲。逸豫肥美。禽獸多則傷五穀。因習兵事。又不空
設。故因以捕禽獸。所以共承宗廟。示不忘武備。又因以爲
田除害。鮮者何也。秋取嘗也。秋取嘗何以也。習鬬也。習鬬

也者男子之事也。然而戰鬬不可不習。故於搜狩閑之也。
閑之者貫之也。貫之也者習之也。已祭取餘獲陳於澤。然
後卿大夫相與射。命中者雖不中取也。命不中者雖中不
取。何以也。所以貴揖讓之取。而賤勇力之取也。鄉之取於
國中。勇力之取也。今之取於澤。揖讓之取也。尚書大傳

天子不合圍。諸侯不掩羣。天子殺則下大綏。諸侯殺則下
小綏。大夫殺則止佐車。佐車止則百姓田獵。禮記王制

國君春田不圍澤。大夫不掩羣。士不取麛卵。禮記曲禮下

獺祭魚然後虞人入澤梁。豺祭獸然後田獵。鳩化爲鷹然
後設罻羅。草木零落然後入山林。昆蟲未蟄不以火田。不
麛不卵。不殺胎。不殀夭。不覆巢。禮記王制

四書類考卷三十

禮樂類禮之五

燕

燕於五禮屬嘉禮。三禮目錄

祭祀畢。歸賓客之俎。同姓則留與之燕。所以尊賓客親骨肉也。詩箋

以飲食之禮親宗族兄弟。周官春官

宗室有事。族人皆侍終日。大宗已侍於賓奠。然後燕私。燕私者何也。已而與族人飲也。尚書大傳

因其酒肉聚其宗族以教民睦也。禮記坊記

燕朝服于寢。儀禮燕禮記

祭時在廟燕當在寢。詩正義

諸宰君婦廢徹不遲。諸父兄弟備言燕私。詩小雅楚茨

膳夫凡王祭祀賓客食。則徹王之胙俎。周官天官

膳夫親徹胙俎。胙俎尊也。其餘則其屬徹之。周禮注

自尸祝至於兄弟之庶羞。宗子以與族人燕飲於堂。內賓宗婦之庶羞。主婦以燕飲於房。儀禮注

王與族人燕。以異姓爲賓。詩箋

膳夫王燕飲酒。則爲獻主。周官天官

若公與族燕。則異姓爲賓。膳宰爲主人。公與父兄齒。禮記

文王世子

同姓無相賓客之道。禮記注

設賓主飲酒之道也使宰夫爲獻主臣莫敢與君亢禮也

禮記燕義

王與族人燕兄弟之親無遝無近俱揖而進之年稚者爲

設筵而已老者加之以几詩箋

肆筵設席授几有緝御或獻或酢洗爵奠斝醓醢以薦或

燔或炙嘉殽脾臄或歌或咢詩大雅行葦

進酒於客曰獻客答之曰酢主人又洗爵醻客客受而奠

之不舉也薦之禮非菹則醓醢也燔用肉炙用肝以脾函

爲加故謂之嘉詩箋

歌者比於琴瑟也徒擊鼓曰咢詩傳

樂具入奏以綏後祿爾殽既將莫怨具慶詩小雅楚茨

親戚宴饗則有殽烝國語

凡祭於室中堂上無跣燕則有之禮記少儀

敦弓既堅四鍭既鈞舍矢既均序賓以賢敦弓既句既挾

四鍭四鍭如樹序賓以不侮詩大雅行葦

言既燕而射以爲樂也詩集傳

夜飲之禮在宗室同姓諸侯則成之於庶姓其讓之則止

詩箋

曾孫維主酒醴維醹酌以大斗以祈黃耇黃耇台背以引

以翼壽考維祺以介景福詩大雅行葦

周官王燕則膳夫爲獻主臣莫敢與君抗禮今此曾孫維

主則以尊事黃耇所以爲厚也埤雅

既醉既飽小大稽首神嗜飲食使君壽考孔惠孔時維其

盡之子子孫孫勿替引之詩小雅楚茨

小大猶長幼也同姓之臣燕已醉飽皆再拜稽首曰神乃

歆嗜君之飲食使君壽且考此其慶辭詩箋

先王之於同姓有時燕焉有因祭而燕焉國語曰時燕不

淫此時燕也詩曰諸宰君婦廢徹不遲諸父兄弟備言燕

私坊記曰因其酒肉聚其宗族以教民睦此因祭而燕也

其體之詳雖不可攷要之服皮弁服即於路寢宰夫爲主

異姓爲賓王與族人燕於堂后帥內宗之屬燕於房其物

殽烝所以合好也其食世降一等所以辨親疏也昭穆以

序之所以明世次也夜飲以成之所以別異姓也若夫几

席之位升降之儀脫屨而坐立監相禮羞庶羞以盡愛爵

樂無算以盡歡其大率與諸侯燕禮不異諸侯燕族人與
父兄齒雖王之尊蓋亦不以至尊廢至親也陳氏禮書

冠

冠禮於五禮屬嘉禮三禮目錄

男子二十冠而字禮記曲禮上

冠者禮之始也嘉事之重者也是故古者重冠禮記冠義

成王冠周公使祝雍祝王曰達而勿多也祝雍曰使王近於民遠於年嗇於時惠於財親賢使能大戴禮

其頌曰令月吉日王始加元服去王幼志心是衮職欽若昊天六合是式率爾祖考永永無極此周公之制也家語冠頌解

天子之元子士也天下無生而貴者也禮記郊特牲

諸侯之有冠禮夏之末造也同上

公冠自爲主迎賓揖升自阼立於席北既醴降自阼其餘自爲主者其降也自西階以異其餘皆與公同也公元端與皮弁皆韠朝服素韠公冠四加元冕饗之以三獻之禮無介無樂皆元端其酬幣朱錦采四馬其慶也同天子擬焉太子與庶子其冠皆自爲主其禮與士同其饗賓也皆同大戴禮公冠篇

諸侯四加則天子當五加衮冕也禮記正義

君冠必以祼享之禮行之以金石之樂節之以先君之祧處之春秋左氏傳。襄公九年

無大夫冠禮而有其昏禮古者五十而后爵何大夫冠禮之有儀禮士冠記

始冠緇布冠自諸侯下達冠而弊之可也禮記玉藻

緇布冠繢緌諸侯之冠也同上

緇布冠缺項青組纓屬于缺緇纚廣終幅長六尺儀禮士冠禮

始加祝曰令月吉日始加元服棄爾幼志順爾成德壽考惟祺介爾景福同上

皮弁服素積緇帶素韠同上

皮弁者以白鹿皮爲冠象上古也儀禮注

再加曰吉日令辰乃申爾服敬爾威儀淑慎爾德眉壽萬年永受胡福儀禮士冠禮

爵弁服纁裳純衣緇帶韎韐同上

爵弁者冕之次其色赤而微黑如爵頭然或謂之緅儀禮注

三加曰以歲之正以月之令咸加爾服兄弟具在以成厥德黄耇無疆受天之慶儀禮士冠禮

故適子冠於阼以著代也醮於客位加有成也三加彌尊喻其志也冠而字之敬其名也見於母母拜之見於兄弟兄弟拜之成人而與爲禮也元冠元端奠摯於君遂以摯見于鄉大夫鄉先生以成人見也禮記冠義

取本亦作娶
娶、娶婦也、許氏說文
士娶妻之禮。以昏爲期。因而名焉。必以昏者。陽往而陰來。日入三商爲昏。昏禮於五禮屬嘉禮。三禮目錄
三十曰壯。有室。禮記曲禮上
有室、有妻也。妻稱室。禮記注
取妻不取同姓。故買妾不知其姓則卜之。禮記曲禮上
其庶姓別於上。而戚單於下。昏姻可以通乎。繫之以姓而弗別。綴之以食而弗殊。雖百世而昏姻不通者。周道然也。

嫁
嫁、女適人也、許氏說文
自家而出謂之嫁。方言
婦人謂嫁曰歸。春秋公羊傳。隱公二年
女子許嫁笄而字。禮記曲禮上
女子許嫁纓。非有大故不入其門。同上
女子十年不出。姆教婉娩聽從。執麻枲。治絲繭。織紝組紃。學女事以共衣服。觀於祭祀。納酒漿籩豆菹醢。禮相助奠。十有五年而笄。二十而嫁。有故二十三年而嫁。禮記內則

古者婦人先嫁三月。祖廟未毀。教于公宮。祖廟既毀。教于宗室。教以婦德婦言婦容婦功。教成祭之。牲用魚。芼之以蘋藻。所以成婦順也。禮記昏義
父醴女而俟迎者。母南面于房外。女出于母左。父西面戒之。必有正焉。若衣若笄。母戒諸西階上。不降。儀禮士昏記
父送女。命之曰。戒之敬之。夙夜無違命。母施衿結帨曰。勉之敬之。夙夜無違宮事。庶母及門內施鞶。申之以父母之命。命之曰。敬恭聽宗爾父母之言。夙夜無愆。視諸衿鞶。同上

禮送女。父不下堂。母不出祭門。諸母兄弟不出闕門。父戒之曰。謹愼從爾舅之言。母戒之曰。謹愼從爾姑之言。諸母般申之曰。謹愼從爾父母之言。春秋穀梁傳。桓公三年

媒妁

媒。謀也。謀合二姓以成昏媾也。許氏說文

妁。媒也。同上

媒氏掌萬民之判。凡男女自成名以上。皆書年月日名焉。令男三十而娶。女二十而嫁。凡娶判妻入子者。皆書之。中春之月。令會男女。於是時也。奔者不禁。若無故而不用令者。罰之。司男女之無夫家者而會之。凡嫁子娶妻。入幣純帛無過五兩。禁遷葬者與嫁殤者。凡男女之陰訟。聽之于勝國之社。其附于刑者。歸之于士。周禮地官

男女非有行媒。不相知名。非受幣。不交不親。故日月以告君。齊戒以告鬼神。以厚其別也。禮記曲禮上

子云。夫禮坊民之淫。章民之別。使民無嫌。以爲民紀者也。故男女無媒不交。無幣不相見。恐男女之無別也。以此坊民。民猶有自獻其身。禮記坊記

周地賤媒。爲其兩譽也。之男家曰女美。之女家曰男美。然而周之俗不自爲娶妻。且夫處女無媒。老且不嫁。舍媒而自衒。敝而不售。順而無敗。售而不敝者。唯媒而已矣。戰國

親迎

男子親迎男先於女剛柔之義也 禮記郊特牲

父醮子命之辭曰往迎爾相承我宗事勗帥以敬先妣之嗣若則有常子曰諾唯恐弗堪不敢忘命 儀禮士昏記

主人爵弁纁裳緇袘從者畢元端乘墨車從車二乘執燭前馬婦車亦如之有裧至於門外主人筵於戶西西上右几女次純衣纁袡立于房中南面姆纚笄宵衣在其後女從者畢袗元纚笄被纇黼在其後主人元端迎於門外西面再拜賓東面答拜主人揖入賓執鴈從至于廟門揖入

三揖至于階三讓主人升西面賓升北面奠鴈再拜稽首降出婦從降自西階主人不降送壻御婦車授綏姆辭不受婦乘以几姆加景乃驅御者代壻乘其車先俟于門外婦至主人揖婦以入 儀禮士昏禮

壻親御授綏親之也 禮記郊特牲

親迎其禮奈何曰諸侯以屨三兩加琮大夫庶人以屨二兩加束脩二曰某國寡小君使寡人奉不珍之琮不珍之屨禮夫人貞女夫人曰有幽室數辱之產未諭于傅姆之教得承執衣裳之事敢不敬拜祝祝答拜夫人受琮取一兩屨以履女正笄衣裳而命之曰往矣善事爾舅姑以順爲宮室無二爾心無敢回也女拜乃親引其手授夫于戶夫引手出戶夫行女從拜辭父于堂拜諸母于大門夫先升輿執轡女乃升輿轂三轉然後夫下先行大夫士庶人稱其父曰某之父某之師友使某執不珍之屨不珍之束脩敢不敬禮某氏貞女母曰有草茅之產未習于織紝紡績之事得奉箕帚之事敢不敬拜 說苑

大夫以上親迎冕服 儀禮注

元冕齊戒鬼神陰陽也將以爲社稷主爲先祖後而可以

不致敬乎 禮記郊特牲

天子以下皆用上服以五冕色俱元故總稱元冕也 禮記正義

公曰寡人願有言然冕而親迎不已重乎孔子愀然作色而對曰合二姓之好以繼先聖之後以爲天地宗廟社稷之主君何謂已重乎 禮記哀公問

子貢曰冕而親迎不已重乎孔子曰合二姓之好以繼萬世之後何謂已重乎 春秋穀梁傳 桓公三年

射

射於五禮屬嘉禮。三禮目錄

射之爲言者繹也或曰舍也繹者各繹己之志也故心平體正持弓矢審固持弓矢審固則射中矣禮記射義

保氏掌諫王惡而養國子以道乃教之六藝三曰五射。周禮地官

五射白矢參連剡注襄尺井儀也周官解詁。襄音讓

白矢者矢貫侯而過見其鏃白也參連者前放一矢後三矢連續而中也剡注者謂羽頭高鏃低而去剡剡然也襄尺者臣與君射不與君並立襄君一尺而退也井儀者四矢貫侯如井字也周禮疏

凡天子諸侯及卿大夫士禮射有三一爲大射是將祭擇士之射二爲賓射諸侯來朝天子入而與之射也或諸侯相朝而與之射也三爲燕射謂息燕而與之射也禮記正義

張皮侯而棲鵠則春以功考工記

皮侯以皮飾之侯天子將祭必與諸侯羣臣射與之事鬼神焉周禮注

天子將祭必先習射於澤澤者所以擇士也已射於澤而後射於射宮射中者得與于祭不中者不得與於祭不得與於祭者有讓削以地得與于祭者有慶益以地進爵絀地是也禮記射義

古者天子之制諸侯歲獻貢士於天子天子試之於射宮其容體比於禮其節比於樂而中多者得與於祭其容體不比於禮其節不比於樂而中少者不得與於祭數與於祭而君有慶數不與於祭而君有讓數有慶而益地數有讓而削地是以諸侯君臣盡志於射以習禮樂夫君臣習禮樂而以流亡者未之有也故詩曰曾孫侯氏四正具舉大夫君子凡以庶士小大莫處御于君所以燕以射則燕則譽言君臣相與盡志於射以習禮樂則安則譽也是以天子制之而諸侯務焉此天子所以養諸侯而兵不用諸侯自爲正之具也同上

王大射則共虎侯熊侯豹侯設其鵠諸侯則共熊侯豹侯卿大夫則共麋侯皆設其鵠周官天官司裘

士不大射士無臣祭無所擇周禮注

射人以射法治射儀王以六耦射三侯三獲三容樂以騶

虞九節五正諸侯以四耦射二侯二獲二容樂以貍首七節三正孤卿大夫以三耦射一侯一獲一容樂以采蘋五節二正士以三耦射豻侯一獲一容樂以采蘩五節二正

若王大射則以貍步張三侯 周禮夏官

三侯虎熊豹也二侯熊豹也 周官解詁

豻胡犬也士與士射則以豻皮飾侯下大夫也 周禮注

大射之儀司馬命量人量侯道與所設乏以貍步大侯九十參七十干五十設乏各去其侯西十北十 儀禮

大侯者熊侯謂之大者與天子熊侯同干讀爲豻豻侯者

豻鵠豻飾也 儀禮注

大侯者以其大於二侯名之參侯者以其參於二侯名之也此大侯熊侯也則參侯其豹侯與 儀禮集說

射人言士射豻侯豻侯皮侯也則士亦有大射矣 儀禮義疏

張五采之侯則遠國屬 考工記

五采之侯謂以五采畫正之侯也遠國屬者諸侯朝會王張此侯與之射所謂賓射也 周禮注

以賓射之禮親故舊朋友 周官春官大宗伯

射禮王亦立賓主王之故舊朋友爲世子時共在學者天子亦有友諸侯之義武王誓曰我友邦冢君是也 周禮注

小臣小祭祀賓客饗食賓射掌事如大僕之法 周官夏官

鎛師凡祭祀鼓其金奏之樂饗食賓射亦如之 周官春官

典庸器及祭祀帥其屬而設筍簴陳庸器饗食賓射亦如之 同上

牛人饗食賓射共其膳羞之牛 周官地官

張獸侯則王以息燕 考工記

獸侯畫獸之侯也燕謂勞使臣若與羣臣飲酒而射 周禮

注

凡侯天子熊侯白質諸侯麋侯赤質大夫布侯畫以虎豹士布侯畫以鹿豕凡畫者丹質 儀禮鄉射記

此所謂獸侯也燕射則張之 儀禮注

三射之外又有鄉射謂鄉大夫貢賢能之後行鄉射之禮而詢衆庶是也又有州長射于州序之禮 禮記正義

鄉大夫之職三年則大比攷其德行道藝而興賢者能者鄉老及鄉大夫帥其吏與其衆寡以禮禮賓之厥明鄉老及鄉大夫羣吏獻賢能之書于王王再拜受之登于天府

內史貳之道而以鄉射之禮五物詢衆庶一曰和二曰容三曰主皮四曰和容五曰興舞 周官地官

州長春秋以禮會民而射于州序 同上

諸侯之鄉大夫旣貢士於其君亦用此禮射而詢衆庶乎 儀禮注

鄉射當張采侯二正 同上

古者諸侯之射也必先行燕禮卿大夫士之射也必先行鄉飲酒之禮故燕禮者所以明君臣之義也鄉飲酒之禮者所以明長幼之序也故射者進退周旋必中禮內志正外體直然後持弓矢審固持弓矢審固然後可以言中此可以觀德行矣 禮記射義

諸侯之射必先行燕禮者大射也卿大夫之射必先行鄉飲酒之禮者鄉射也 芸閣禮記解

故男子生桑弧蓬矢六以射天地四方天地四方者男子之所有事也故必先有志於其所有事然後敢用穀也飯食之謂也 禮記射義

孔子曰士使之射不能則辭以疾縣弧之義也 禮記郊特牲

禮射不主皮主皮之射者勝者又射不勝者降 儀禮鄉射記

凡主皮之射有二一是卿大夫從君田獵班餘獲而射二是庶人無侯張皮而射之是也 禮記正義

正鵠

畫布曰正禮記注

正之言正也射者內志正則能中焉周禮注。射人

正者正也亦鳥名齊魯之間名題肩爲正儀禮注。大射儀

正謂賓射之侯禮記正義

射人以射法治射儀王以六耦射三侯三獲三容樂以騶虞九節五正諸侯以四耦射二侯二獲二容樂以貍首七節三正孤卿大夫以三耦射一侯一獲一容樂以采蘋五

節二正士以三耦射豻侯一獲一容樂以采蘩五節二正周禮夏官

畫五正之侯中朱次白次蒼次黃元居外三正損元黃二正去白蒼而畫以朱綠其外之廣皆居侯中參分之一中二尺士與士射則以豻皮飾侯下大夫也大夫以上與賓射飾侯以雲氣用采各如其正周禮注

張五采之侯則遠國屬考工記梓人

棲皮曰鵠禮記注

鵠之言較較者直也射者所以直己志周禮注。司裘。儀禮注同

或曰鵠鳥名射之難中中之爲儁是以所射於侯取名也

淮南子曰鳱鵠知來儀禮注

鵠謂大射之侯禮記正義

大射者謂祭祀射也凡大射各於其射宮侯者其所射也以虎豹熊麋之皮飾其側又方制之以爲章謂之鵠著於侯中所謂皮侯周禮注。司裘

王大射則共虎侯熊侯豹侯設其鵠諸侯則共熊侯豹侯卿大夫則共麋侯皆設其鵠周禮天官司裘

梓人爲侯廣與崇方參分其廣而鵠居一焉上兩个與其身三下兩个半之上綱與下綱出舌尋縜寸焉張皮侯而棲鵠則春以功考工記

今夫鵠的非咎罪於人也便弓引弩而射之中者則善不中則愧少長貴賤則同心於貫之者何也惡其示人以難也戰國策

升下飲
禮射三而止 詩箋
始射獲而未釋獲 儀禮鄉射記
大射之儀上耦出次西面揖進上射在左並行當階北面揖及階揖上射先升三等下射從之中等上射升堂少左下射升上射揖並行皆當其物北面揖及物揖皆左足履物還視侯中合足而俟 儀禮 ○鄉射禮同
物謂射時所立處也 儀禮注
上射既發挾矢而后下射射拾發以將乘矢獲者坐而獲

與旌以宮偃旌以商獲而未釋獲卒射右挾之北面揖揖如升射上射降三等下射少右從之中等並行上射於左與升射者相左交於階前相揖適次釋弓說決拾襲反位三耦卒射亦如之 儀禮大射儀
復釋獲 儀禮鄉射記
謂第二番射時 儀禮集說
司射作射如初一耦揖升如初司馬命去侯負侯許諾如初司馬降釋弓反位司射猶挾一个去扑與司馬交于階前適阼階下北面請釋獲于公公許反搢扑遂命釋獲者設中以弓爲畢北面太史釋獲小臣師執中先首坐設之東面退大史實八算于中橫委其餘于中西興共而俟司射遂進由堂下北面視上射命曰不貫不釋上射揖司射退反位釋獲者坐取中之八算改實八算興執而俟乃射若中則釋獲者每一个釋一算上射於右下射於左若有餘算則反委之又取中之八算改實八算於中興執而俟三耦卒射 儀禮大射儀
司射適階西釋弓去扑襲進由中東立于中南北面視算釋獲者東面于中西坐先數右獲二算爲純一純以取實

于左手十純則縮而委之每委異之有餘純則橫諸下一算爲奇奇則又縮諸純下興自前適左東面坐坐兼斂算實于左手一純以委十則異之其餘如右獲司射復位釋獲者遂進取賢獲執之由阼階下北面告于公若右勝則曰右賢于左若左勝則曰左賢於右以純數告若有奇者亦曰奇若左右鈞則左右各執一算以告曰左右鈞還復位坐兼斂算實八算于中委其餘于中西興共而俟 同上
司射命設豐司宮士奉豐由西階升北面坐設于西楹西降復位勝者之子弟洗觶升酌散南面坐奠于豐上降反

位司射遂袒執弓挾一个搢扑東面于三耦之西命三耦及衆射者勝者皆袒決遂執張弓不勝者皆襲說決拾卻左手右加弛弓于其上遂以執弣司射先反位三耦及衆射者皆升飲射爵于西階上小射正作升飲射爵者如作射一耦出揖如升射及階勝者先升升堂少右不勝者進北面坐取豐上之觶興少退立卒觶進坐奠于豐下興揖不勝者先降與升飲者相左交于階前相揖適次釋弓襲反位僕人師繼酌射爵取觶實之反奠于豐上退俟于序端升飲者如初三耦卒飲衆皆繼飲射爵如三耦射爵辯

乃徹豐與觶同上

復用樂行之儀禮鄉射記

謂第三番射時儀禮集說

司射猶挾一个以作射如初一耦揖升如初司馬升命去侯負侯許諾司馬降釋弓反位司射與司馬交于階前倚扑于階西適阼階下北面請以樂于公公許司射反搢扑東面命樂正曰命用樂樂正曰諾司射遂適堂下北面視上射命曰不鼓不釋上射揖司射退反位樂正命大師曰奏貍首間若一大師不興許諾樂正反位奏貍首以射三

耦卒射賓就席諸公卿大夫衆射者皆繼射釋獲如初遂命勝者執張弓不勝者執弛弓升飲如初儀禮大射儀

周禮射節天子九諸侯七卿大夫以下五儀禮注

其節天子以騶虞爲節諸侯以貍首爲節卿大夫以采蘋爲節士以采蘩爲節騶虞者樂官備也貍首者樂會時也采蘋者樂循法也采蘩者樂不失職也禮記射義

歌騶虞若采蘋皆五終儀禮鄉射記

鄉射之鼓五節歌五終所以將八矢一節之間當拾發四節四拾其一節先以聽也儀禮注

王九節者五節先以聽諸侯七節者三節先以聽卿大夫士五節者一節先以聽皆四節拾將乘矢但尊者先以聽則多卑者先以聽則少優至尊先知審故也儀禮疏

孔子曰射者何以射何以聽循聲而發發而不失正鵠者其唯賢者乎若夫不肖之人則彼將安能以中詩云發彼有的以祈爾爵祈求也求中以辭爵也酒者所以養老也所以養病也求中以辭爵者辭養也禮記射義

君子之於事始取苟能中課有功終用成法教化之漸也射用應樂爲難儀禮注

饗

饗設盛禮以飲賓也周禮注

大飲賓曰饗詩箋

大行人以九儀辨諸侯之命等諸臣之爵以同邦國之禮而待其賓客上公之禮饗禮九獻諸侯之禮饗禮七獻諸伯如諸侯之禮諸子饗禮五獻諸男如諸子之禮凡大國之孤眂小國之君凡諸侯之卿其禮各下其君二等以下及其大夫士亦如之周官秋官

王享有體薦宴有折俎公當享卿當宴王室之禮也春秋左氏傳宣公十六年

朝聘有珪享頫有璋小有述職大有巡功設机而不倚爵盈而不飲同上昭公五年

享饗也春秋經傳集解

大饗尚服脩而已矣禮記郊特牲

夫先樂金奏肆夏繁遏渠天子所以饗元侯也國語

天子饗元侯歌肆夏合文王諸侯歌文王合鹿鳴諸侯於鄰國之君與天子於諸侯同詩譜

天子享元侯升歌肆夏合大雅享五等諸侯升歌大雅合小雅享臣子升歌小雅合鄉樂若兩元侯自相享與天子享己同五等諸侯自相享亦與天子享己同諸侯享臣子亦與天子享臣子同燕之用樂與享同周禮疏

王合諸侯而饗禮則具十有二牢庶具百物備諸侯長十有再獻周官秋官掌客

諸侯閒於天子之事則相朝也於是有享宴之禮享以訓共儉宴以示慈惠春秋左氏傳成公十二年

凡諸侯之禮上公三饗三食三燕侯伯三饗再食再燕子男壹饗壹食壹燕周禮秋官掌客

兩君相見揖讓而入門入門而縣興揖讓而升堂升堂而樂闋下管象武夏籥序興陳其薦俎序其禮樂備其百官如此而後君子知仁焉行中規還中矩和鸞中采齊客出以雍徹以振羽是故君子無物而不在禮矣入門而金作示情也升歌清廟示德也下而管象示事也是故古之君子不必親相與言也以禮樂相示而已禮記仲尼燕居

賓入大門而奏肆夏示易以敬也卒爵而樂闋孔子屢歎之奠酬而工升歌發德也歌者在上匏竹在下貴人聲也禮記郊特牲

夫歌文王大明緜則兩君相見之樂也。國語
大饗君三重席而酢焉。三獻之介君專席而酢焉。此降尊以就卑也。禮記郊特牲
凡諸侯之卿大夫士爲國客則如其介之禮以待之。周官秋官掌客
朝聘之制。大國之卿五獻。春秋經傳集解
周禮大夫三獻。同上
士禮一獻。卿大夫三獻。儀禮注
壹獻者主人獻賓而已。無亞獻者。獻酢酬賓主人各兩爵

而禮成。同上
大夫而饗君非禮也。禮記郊特牲

反坫

反坫反爵之坫也。蓋在尊南。兩君相見。主君既獻於反爵焉。禮記注
主君獻賓。賓筵前受爵飲畢反此虛爵於坫上。於西階上拜。主人於阼階上答拜。賓於坫取爵洗爵酌以酢主人。主人受爵飲畢反此虛爵受坫上。主人阼階上拜賓答拜。禮記義疏
鄉飲酒是卿大夫之禮。尊於房戶間。燕禮是燕己之臣子。故尊於東楹之西。若兩君相敵則尊於兩楹間。故其坫在

兩楹間。禮記正義
山節藻棁復廟重檐刮楹達鄉反坫出尊崇坫康圭疏屛。天子之廟飾也。禮記明堂位
反坫反爵之坫也。出尊當尊南也。唯兩君爲好既獻反爵於其上。禮君尊于兩楹之間。禮記注
反坫者築土爲之。在兩楹間近南。禮記正義
臺門而旅樹反坫繡黼丹朱中衣大夫之僭禮也。禮記郊特牲

鄉人飲酒

鄉飲酒於五禮屬嘉禮　三禮目錄

鄉飲酒爲饗禮　儀禮疏

凡鄉飲酒之禮其名有四賓賢能一也黨正飲酒亦謂之鄉飲酒二也州長春秋習射於州序先行鄉飲酒三也鄉大夫士飲國中賢者四也　同上

鄉大夫之職正月之吉受教法于司徒退而頒之于其鄉吏使各以教其所治三年則大比攷其德行道藝而與賢者鄉老及鄉大夫帥其吏與其衆寡以禮禮賓之　周官地官

變舉言興者謂合衆而尊寵之以鄉飲酒之禮禮而賓之　周禮注

州長春秋以禮會民而射於州序　周官地官

以禮謂先行鄉飲酒之禮乃射　周禮疏

黨正國索鬼神而祭祀則以禮屬民而飲酒于序以正齒位壹命齒于鄉里再命齒于父族三命而不齒　周官地官

[illegible]鄉飲酒義所謂六十者坐五十者立侍六十者三豆七十者四豆八十者五豆九十者六豆是也必正之者爲民三時務農至此農隙而教之尊長養老見孝弟之道也　周禮注

鄉大夫士飲國中賢者亦用此禮也　禮記注

鄉人凡有會聚皆當行此禮恐不止四事論語載鄉人飲酒杖者出斯出矣亦指鄉人而言之　芸閣禮記解

族師月吉則屬民而讀邦法書其孝弟睦婣有學者春秋祭酺亦如之　周官地官

族師無飲酒之禮因祭酺而與其民以長幼相獻酬焉　周禮注

仲秋乃命國醵　王居明堂禮

合錢飲酒爲醵　禮記注

鄉射飲酒皆爲國行禮不可橫斂於民故得公酒其百家爲族不得公酒族祭步神之時合錢飲酒　周禮疏

庶人之有賢行者其農功畢乃爲酒漿以合朋友習禮講道藝也酒既成先與父兄室人亨匏葉而飲之所以急和親也飲食而曰嘗者以其爲之主於賓客賓客則加之以羞　詩箋

飲酒之禮既奏酒於賓乃薦羞每酌言言者禮不下庶人

庶人依士禮。立賓主爲酌名。同上

膰

脤曰脤。熟曰膰。春秋公羊傳。定公十四年

脤社祭之肉盛之以蜃宗廟之肉名曰膰。五經異義

大宗伯以脤膰之禮親兄弟之國。周禮春官

大行人歸脤以交諸侯之福。周禮秋官

國之大事在祀與戎祀有執膰戎有受脤神之大節也。春秋左氏傳。成公十三年

宋先代之後也於周爲客天子有事膰焉有喪拜焉。同上。僖公二十四年

葵邱之會。天子使宰孔致胙於桓公。桓公下拜升受命賞服大路龍旂九旒渠門赤旂諸侯稱順焉。國語

都宗人掌都祭祀之禮。凡都祭祀致福於國。周禮春官

家宗人掌家祭祀之禮。凡祭祀致福。同上

祭僕凡祭祀致福者展而受之。周禮夏官

膳夫凡祭祀之致福者受而膳之。周禮天官

爲人祭曰致福。爲己祭而致膳於君子曰膳。祔練曰告。凡膳告于君子。主人展之。以授使者於阼階之南。南面再拜稽首送反命。主人又再拜稽首。其禮太牢。則以牛左肩臂

臑折九箇少牢則以羊左肩七箇犆豕則以豕左肩五箇
禮記少儀

饋 歸 餽 遺 賜 與

饋遺也禮記注
遺謂以物有所饋遺周禮注
於卑者曰賜於尊者曰獻禮記注
賜果於君前其有核者懷其核御食於君君賜餘器之溉者不寫其餘皆寫禮記曲禮上
溉謂陶梓之器不溉謂萑竹之器也寫者傳已器中乃食之也禮記注
若賜之食而君客之則命之祭然後祭先飯辯嘗羞飲而

俟君若有嘗羞者則俟君之食然後食飯飲而俟君命之羞羞近者命之品嘗之然後唯所欲凡嘗遠食必順近食君未覆手不敢飧君既食又飯飧飯飧者三飯也君既徹執飯與醬乃出授從者禮記玉藻
君若賜之爵則越席再拜稽首受登席祭之飲卒爵而俟君卒爵然後授虛爵君子之飲酒也受一爵而色洒如也二爵而言言斯禮已三爵而油油以退退則坐取屨隱辟而后屨坐左納右坐右納左同上
臣侍君宴過三爵非禮也春秋左氏傳宣公二年

君賜車馬乘以拜賜衣服服以拜賜君未有命弗敢卽乘
服也君賜稽首據掌致諸地酒肉之賜弗再拜 禮記玉藻
大夫拜賜而退士待諾而退又拜弗答拜 同上
大夫有獻弗親君有賜不面拜爲君之答己也 禮記郊特
牲
大夫親賜士士拜受又拜於其室衣服弗服以拜敵者不
在拜於其室 禮記玉藻
凡賜君子與小人不同日 同上
有慶非君賜不賀 同上

大宗伯之職以賀慶之禮親異姓之國 周官春官
賛喜曰慶加財物曰賀 周禮刪翼
大行人賀慶以賛諸侯之喜 周禮秋官
士於大夫不承賀下大夫於上大夫承賀 禮記玉藻
凡膳告於君子主人展之以授使者于阼階之南南面再
拜稽首送反命主人又再拜稽首其禮大牢則以牛左肩
臂臑折九箇少牢則以羊左肩七箇犆豕則以豕左肩五
箇 禮記少儀
其以乘壺酒束脩一犬賜人若獻人則陳酒執脩以將命

亦曰乘壺酒束脩一犬其以鼎肉則執以將命其禽加於
一雙則執一雙以將命委其餘犬則執緤守犬田犬則授
擯者既受乃問犬名牛則執紖馬則執靮皆右之臣則左
之 同上
車則說綏執以將命甲若有以前之則執以將命無以前
之則袒櫜奉胄器則執蓋弓則以左手屈韣執拊劍則啟
櫝蓋襲之加夫襓與劍焉笏書脩苞苴弓茵席枕几熲杖
琴瑟戈有刃者櫝策籥其執之皆尚左手刀卻刃授穎削
授拊凡有刺刃者以授人則辟刃 同上

凡遺人弓者張弓尚筋弛弓尚角右手執簫左手承弣尊
卑垂帨若主人拜則客還辟辟拜主人自受由客之左接
下承弣鄉與客並然後受進劍者左首進戈者前其鐏後
其刃進矛戟者前其鐓 禮記曲禮上
獻車馬者執策綏獻甲者執胄獻杖者執末獻民虜者操
右袂獻粟者執右契獻米者操量鼓獻孰食者操醬齊獻
田宅者操書致 同上
進几杖者拂之效馬效羊者右牽之效犬者左牽之執禽
者左首飾羔鴈者以繢 同上

獻鳥者佛其首畜鳥者則勿佛也同上

水潦降不獻魚鼈同上

受珠玉者以掬受弓劍者以袂同上

凡以弓劍苞苴簞笥問人者操以受命如使之容同上

四書類考卷二十一

禮樂類

八佾

師大師　少師　瞽者

相

樂

太史公曰余每讀虞書至於君臣相勑維是幾安而股肱不良萬事墮壞未嘗不流涕也成王作頌推己懲艾悲彼家難可不謂戰戰恐懼善守善終哉君子不爲約則修德滿則棄禮佚能思初安能惟始沐浴膏澤而歌詠勤苦非大德誰能如斯傳曰治定功成禮樂乃興海內人道益深其德益至所樂者益異滿而不損則溢盈而不持則傾凡作樂者所以節樂君子以謙退爲禮以損減爲樂樂其如此也以爲州異國殊情習不同故博采風俗協比聲律以補短移化助流政教天子躬於明堂臨觀而萬民咸蕩滌邪穢斟酌飽滿以飾厥性故云雅頌之音理而民正嘄噭之聲興而士奮鄭衛之曲動而心淫及其調和諧合鳥獸盡感而況懷五常含好惡自然之勢也治道虧缺而鄭音興起封君世辟名顯鄰州爭以相高自仲尼不能與齊優遂容於魯雖退正樂以誘世作五章以刺時猶莫之化史記樂書

凡音之起由人心生也人心之動物使之然也感於物而動故形於聲聲相應故生變變成方謂之音比音而樂之

及干戚羽旄謂之樂樂者音之所由生也其本在人心之感於物也是故其哀心感者其聲噍以殺其樂心感者其聲嘽以緩其喜心感者其聲發以散其怒心感者其聲粗以厲其敬心感者其聲直以廉其愛心感者其聲和以柔六者非性也感於物而后動是故先王慎所以感之者故禮以道其志樂以和其聲政以一其行刑以防其姦禮樂刑政其極一也所以同民心而出治道也禮記樂記

凡音者生於人心者也樂者通倫理者也是故知聲而不知音者禽獸是也知音而不知樂者衆庶是也惟君子爲能知樂是故審聲以知音審音以知樂審樂以知政而治道備矣是故不知聲者不可與言音不知音者不可與言樂知樂則幾於禮矣禮樂皆得謂之有德德者得也是故樂之隆非極音也食饗之禮非致味也清廟之瑟朱弦而疏越壹倡而三歎有遺音者矣大饗之禮尚元酒而俎腥魚大羹不和有遺味者矣是故先王之制禮樂也非以極口腹耳目之欲也將以教民平好惡而反人道之正也同上。樂本

天地之道寒暑不時則疾風雨不節則饑教者民之寒暑也教不時則傷世事者民之風雨也事不節則無功然則先王之爲樂也以法治也善則行象德矣同上。樂施

樂也者聖人之所樂也而可以善民心其感人深其移風易俗故先王著其教焉夫民有血氣心知之性而無哀樂喜怒之常應感起物而動然後心術形焉是故志微噍殺之音作而民思憂嘽諧慢易繁文簡節之音作而民康樂粗厲猛起奮末廣賁之音作而民剛毅廉直勁正莊誠之音作而民肅敬寬裕肉好順成和動之音作而民慈愛流辟邪散狄成滌濫之音作而民淫亂是故先王本之情性稽之度數制之禮義合生氣之和道五常之行使之陽而不散陰而不密剛氣不怒柔氣不懾四暢交於中而發作於外皆安其位而不相奪也然後立之學等廣其節奏省其文采以繩德厚律小大之稱比終始之序以象事行使親疏貴賤長幼男女之理皆形見于樂故曰樂觀其深矣土敝則草木不長水煩則魚鱉不大氣衰則生物不遂世亂則禮慝而樂淫是故其聲哀而不莊樂而不安慢易以犯節流湎以忘本廣則容姦狹則思欲感條暢之氣而滅平和之德是以君子賤之也同上。樂言

凡姦聲感人而逆氣應之逆氣成象而淫樂興焉正聲感人而順氣應之順氣成象而和樂興焉倡和有應回邪曲直各歸其分而萬物之理各以類相動也是故君子反情以和其志比類以成其行姦聲亂色不留聰明淫樂慝禮不接心術惰慢邪辟之氣不設於身體使耳目鼻口心知百體皆由順正以行其義然後發以聲音而文以琴瑟動以干戚飾以羽旄從以簫管奮至德之光動四氣之和以著萬物之理是故清明象天廣大象地終始象四時周還象風雨五色成文而不亂八風從律而不姦百度得數而

有常小大相成終始相生倡和清濁迭相爲經故樂行而倫清耳目聰明血氣和平移風易俗天下皆寧故曰樂者樂也君子樂得其道小人樂得其欲以道制欲則樂而不亂以欲忘道則惑而不樂是故君子反情以和其志廣樂以成其教樂行而民鄉方可以觀德矣同上

德者性之端也樂者德之華也金石絲竹樂之器也詩言其志也歌詠其聲也舞動其容也三者本於心然後樂器從之是故情深而文明氣盛而化神和順積中而英華發外唯樂不可以爲僞同上

樂者心之動也聲者樂之象也文采節奏聲之飾也君子動其本樂其象然後治其飾是故先鼓以警戒三步以見方再始以著往復亂以飭歸奮疾而不拔極幽而不隱獨樂其志不厭其道備舉其道不私其欲是故情見而義立樂終而德尊君子以好善小人以聽過故曰生民之道樂爲大焉同上　樂象

夫樂者樂也人情之所不能免也樂必發於聲音形於動靜人之道也聲音動靜性術之變盡於此矣故人不耐無樂樂不耐無形形而不爲道不耐無亂先王恥其亂故制

雅頌之聲以道之使其聲足樂而不流使其文足論而不息使其曲直繁瘠廉肉節度足以感動人之善心而已矣不使放心邪氣得接焉是先王立樂之方也是故樂在宗廟之中君臣上下同聽之則莫不和敬在族長鄉里之中長幼同聽之則莫不和順在閨門之內父子兄弟同聽之則莫不和親故樂者審一以定和比物以飾節節奏合以成文所以合和父子君臣附親萬民也是先王立樂之方也故聽其雅頌之聲志意得廣焉執其干戚習其俯仰詘伸容貌得莊焉行其綴兆要其節奏行列得正焉進退得

齊焉故樂者天地之命中和之紀人情之所不能免也夫樂者先王之所以飾喜也軍旅鈇鉞者先王之所以飾怒也故先王之喜怒皆得其儕焉喜則天下和之怒則暴亂者畏之先王之道禮樂可謂盛矣同上。樂化。耐古能字族長之長當作黨

四書類考　卷三　禮樂　六

古樂　先王之樂　雅樂　韶　禹之聲　文王之聲　武

古樂先王之正樂也禮記注

昔葛天氏之樂三人摻牛尾投足以歌八闋一曰載民二曰元鳥三曰遂草木四曰奮五穀五曰敬天常六曰達帝功七曰依地德八曰總萬物之極呂氏春秋

伏羲樂爲立基神農樂爲下謀祝融樂爲祝續五行鈎命決

黃帝曰咸池樂緯

黃帝命伶倫與榮猨鑄十二鍾以和五音以仲春之月乙卯之日日在奎始奏之命之曰咸池呂氏春秋古樂篇。猨亦作將

四書類考　卷三　禮樂　七

帝張咸池之樂於洞庭之野莊子天運篇

咸池備矣禮記樂記

咸皆也池之言施也言德之無不施也禮記注

少皞作大淵帝王世紀

顓頊作六莖漢書禮樂志

帝顓頊生自若水實處空桑乃登爲帝惟天之合正風乃行其音若熙熙淒淒鏘鏘帝顓頊好其音乃命飛龍作效

八風之音命之曰承雲以祭上帝乃令鱓先爲樂倡鱓乃偃寢以其尾鼓其腹其音英呂氏春秋古樂篇

六莖及根莖也漢書禮樂志

帝嚳曰六英樂緯。漢書帝嚳作五英

帝嚳命咸黑作爲聲歌九招六列六英有倕作爲鼙鼓鐘磬吹苓管壎篪鞀椎鐘帝嚳乃令人抃或鼓鼙擊鐘磬吹苓展管篪因令鳳鳥天翟舞之帝嚳大喜乃以康帝德呂氏春秋古樂篇

五英英華茂也漢書禮樂志

堯作大章樂緯

帝堯立乃命質爲樂質乃效山林谿谷之音以歌乃以麋輅置缶而鼓之乃拊石擊石以象上帝玉磬之音以致舞百獸瞽叟乃拌五絃之瑟作以爲十五絃之瑟命之曰大章以祭上帝呂氏春秋古樂篇。質當爲夔

大章章之也禮記樂記

言堯德章明也禮記注

舜曰簫韶樂緯

舜立命延乃拌瞽叟之所爲瑟益之八絃以爲二十三絃之瑟帝舜乃令質修九招六列六英以明帝德呂氏春秋古樂篇

帝曰夔命汝典樂教胄子直而溫寬而栗剛而無虐簡而無傲詩言志歌永言聲依永律和聲八音克諧無相奪倫神人以和尚書舜典

夔曰戛擊鳴球搏拊琴瑟以詠祖考來格虞賓在位羣后德讓下管鼗鼓合止柷敔笙鏞以閒鳥獸蹌蹌簫韶九成鳳皇來儀尚書益稷

夔曰於予擊石拊石百獸率舞庶尹允諧同上

韶繼也禮記樂記

韶之言紹也言舜能繼紹堯之德禮記注

禹曰大夏樂緯

禹立勤勞天下日夜不懈通大川決壅塞鑿龍門降通漻水以導河疏三江五湖注之東海以利黔首于是命皋陶作爲夏籥九成以昭其功呂氏春秋古樂篇

禹行功見塗山之女禹未之遇而巡省南土塗山氏之女乃令其妾待禹于塗山之陽女乃作歌歌曰候人兮猗實始作爲南音呂氏春秋音初篇

夏大也禮記樂記
夏大承二帝也漢書禮樂志
商曰大濩樂緯
殷湯即位夏爲無道暴虐萬民侵削諸侯不用軌度天下
患之湯於是率六州以討桀之罪功名大成黔首安寧湯
乃命伊尹作爲大濩歌晨露修九招六列以見其善呂氏
春秋古樂篇
濩言救民也漢書禮樂志
象箾舞所執南籥以籥舞也皆文王之樂春秋經傳集解

周文王處岐諸侯去殷三淫而翼文王散宜生曰殷可伐
也文王弗許周公旦乃作詩曰文王在上於昭于天周雖
舊邦其命維新以繩文王之德呂氏春秋古樂篇
周曰大武樂緯
武王即位以六師伐殷六師未至以銳兵克之于牧野歸
乃薦俘馘于京太室乃命周公爲作大武呂氏春秋古樂
篇
晉武王伐殷歲在鶉火月在天駟日在析木之津辰在斗
柄星在天黿星與日辰之位皆在北維顓頊之所建也帝

嚳受之我姬氏出自天黿及析木者有建星及牽牛焉則
我皇妣太姜之姪伯陵之後逄公之所馮神也歲之所在
則我有周之分野也月之所在辰馬農祥也我太祖后稷
之所經緯也王欲合是五位三所而用之自鶉及駟七列
也南北之揆七同也凡神人以數合之以聲昭之數合聲
龢然後可同也故以七同其數而以律龢其聲於是乎有
七律王以二月癸亥夜陳未畢而雨以夷則之上宮畢之
當辰辰在戌上故長夷則之上宮名之曰羽所以藩屏
民也王以黃鍾之下宮布戎于牧之野故謂之厲所以厲
六師也以太蔟之下宮布令于商昭顯文德底紂之多辠

故謂之宣所以宣三王之德也反及嬴內以無射之上宮
布憲施舍於百姓故謂之嬴亂所以優柔容民也國語
武言以功定天下也漢書禮樂志
夫文止戈爲武武王克商作頌曰載戢干戈載櫜弓矢我
求懿德肆于時夏允王保之又作武其卒章曰耆定爾功
其三曰鋪時繹思我徂維求定其六曰綏萬邦屢豐年夫
武禁暴戢兵保大定功安民和衆豐財者也故使子孫無
忘其章春秋左氏傳

賓牟賈侍坐于孔子。孔子與之言及樂。曰。夫武之備戒之已久。何也。對曰。病不得其衆也。咏歎之。淫液之。何也。對曰。恐不逮事也。發揚蹈厲之已蚤。何也。對曰。及時事也。武坐致右憲左。何也。對曰。非武坐也。聲淫及商。何也。對曰。非武音也。子曰。若非武音。則何音也。對曰。有司失其傳也。若非有司失其傳。則武王之志荒矣。子曰。唯。丘之聞諸萇弘。亦若吾子之言是也。賓牟賈起。免席而請曰。夫武之備戒之已久。則既聞命矣。敢問遲之遲而又久。何也。子曰。居。吾語女。夫樂者。象成者也。總干而山立。武王之事也。發揚蹈厲。

太公之志也。武亂皆坐。周召之治也。且夫武始而北出。再成而滅商。三成而南。四成而南國是疆。五成而分周公左。召公右。六成復綴以崇天子。夾振之而駟伐。盛威於中國也。分夾而進。事蚤濟也。久立於綴。以待諸侯之至也。且女獨未聞牧野之語乎。武王克殷反商。未及下車而封黃帝之後於薊。封帝堯之後於祝。封帝舜之後於陳。下車而封夏后氏之後於杞。投殷之後於宋。封王子比干之墓。釋箕子之囚。使之行商容而復其位。庶民弛政。庶士倍祿。濟河而西。馬散之華山之陽而弗復乘。牛散之桃林之野而弗復服。車甲衅而藏之府庫而弗復用。倒載干戈。包之以虎皮。將帥之士使爲諸侯。名之曰建櫜。然後天下知武王之不復用兵也。散軍而郊射。左射貍首。右射騶虞。而貫革之射息也。裨冕搢笏而虎賁之士說劍也。祀乎明堂而民知孝。朝覲然後諸侯知所以臣。耕藉然後諸侯知所以敬。五者天下之大教也。食三老五更於大學。天子袒而割牲。執醬而饋。執爵而酳。冕而總干。所以教諸侯之弟也。若此則周道四達。禮樂交通。則夫武之遲久。不亦宜乎。禮記樂記

周公作勺。勺。言能勺先祖之道也。漢書禮樂志

武王立。殷民反。王命周公踐伐之。商人服象。爲虐于東夷。周公遂以師逐之。至於江南。乃爲三象以嘉其德。呂氏春秋古樂篇

保氏掌諫王惡。而養國子以道。乃教之以六藝。二曰六樂。周禮地官

六樂。雲門。大咸。大韶。大夏。大濩。大武也。周禮注

今樂世俗之樂　鄭聲

今樂世俗之樂孟子集註

凡音者生人心者也情動于中故形於聲聲成文謂之音是故治世之音安以樂其政和亂世之音怨以怒其政乖亡國之音哀以思其民困聲音之道與政通矣宮爲君商爲臣角爲民徵爲事羽爲物五者不亂則無怗懘之音矣宮亂則荒其君驕商亂則陂其官壞角亂則憂其民怨徵亂則哀其事勤羽亂則危其財匱五者皆亂迭相陵謂之慢如此則國之滅亡無日矣鄭衛之音亂世之音也比于

慢矣桑間濮上之音亡國之音也其政散其民流誣上行私而不可止也禮記樂記

桀作東音操北里大合樂桑林路史

紂使師涓作新淫聲北里之舞靡靡之樂史記殷本紀

衛靈公之時將之晉至於濮水之上舍夜半時聞鼓琴聲問左右皆對曰不聞乃召師涓曰吾聞鼓琴音問左右皆不聞其狀似鬼神爲我聽而寫之師涓曰諾因端坐援琴聽而寫之明日曰臣得之矣然未習也請宿習之靈公曰可因復宿明日報曰習矣即去之晉見晉平公平公置酒於施惠之臺酒酣靈公曰今者來聞新聲請奏之平公曰可即令師涓坐師曠旁援琴鼓之未終師曠撫而止之曰此亡國之聲也不可聽平公曰何道出師曠曰師延所作也與紂爲靡靡之樂武王伐紂師延東走自投濮水之中故聞此聲必於濮水之上先聞此聲者國削史記樂書

桑中刺奔也衛之公室淫亂男女相奔至于世族在位相竊妻妾期於幽遠政散民流而不可止詩序

衛地有桑間濮上之阻男女亦亟聚會聲色生焉故俗稱鄭衛之音漢書地理志

鄭國土陿而險山居谷汲男女亟聚會故其俗淫鄭詩曰出其東門有女如雲又曰溱與洧方灌灌兮士與女方秉蕑兮恂盱且樂惟士與女伊其相謔此其風也吳札聞鄭之歌曰美哉其細已甚民弗堪也是其先亡乎同上

六律

陽爲律陰爲呂六律黃鍾大蔟姑洗蕤賓夷則無射也六呂林鍾中呂夾鍾大呂應鍾南呂也 國語解

昔黃帝令伶倫作爲律伶倫自大夏之西乃之阮隃之陰取竹於嶰谿之谷以生空竅厚鈞者斷兩節間其長三寸九分而吹之以爲黃鍾之宮次曰含少次制十二筒以之阮隃之下聽鳳凰之鳴以別十二律其雄鳴爲六雌鳴亦六以比黃鍾之宮適合黃鍾之宮皆可以生之故曰黃鍾之宮律呂之本 呂氏春秋古樂篇

律所以立均出度也古之神瞽考中聲而量之以制度律均鍾百官軌儀紀之以三平之以六成於十二天之道也夫六中之色也故名之曰黃鍾所以宣養六氣九德也由是第之二曰大蔟所以金奏贊陽出滯也三曰姑洗所以修潔百物考神納賓也四曰蕤賓所以安靖神人獻酬交酢也五曰夷則所以詠歌九則平民無貳也六曰無射所以宣布哲人之令德示民軌儀也爲之六間所以揚沉伏而黜散越也元間大呂助宣物也二間夾鍾出四隙之細也三間中呂宣中氣也四間林鍾和展百事俾莫不任肅純恪也五間南呂贊陽秀也六間應鍾均利器用俾應復也律呂不易無姦物也 國語

律十有二陽六爲律陰六爲呂律以統氣類物呂以旅陽宣氣黃鍾黃者中之色君之服也鍾者種也天之中數五五爲聲聲上宮五聲莫大焉地之中數六六爲律律有形有色色上黃五色莫盛焉故陽氣施種於黃泉孳萌萬物爲六氣元也以黃色名元氣律者著宮聲也宮以九唱六變動不居周流六虛始于子在十一月大呂呂旅也言陰大旅助黃鍾宣氣而牙物也位于丑在十二月大蔟蔟奏

也言陽氣大奏地而達物也位於寅在正月夾鍾言陰夾助大蔟宣四方之氣而出種物也位於卯在二月姑洗洗絜也言陽氣洗物辜絜之也位於辰在三月中呂言微陰始起未成著於其中旅助姑洗宣氣齊物也位於巳在四月蕤賓蕤繼也賓導也言陽始導陰氣使繼養物也位於午在五月林鍾林君也言陰氣受任助蕤賓君主種物使長大楙盛也位於未在六月夷則則法也言陽氣正法度而使陰氣夷當傷之物也位於申在七月南呂南任也言陰氣旅助夷則任成萬物也位於酉在八月亡射射厭也

陽氣究物而使陰氣畢剝落之終而復始亡厭已也位於
戌在九月應鍾言陰氣應亡射該臧萬物而雜陽閡種也
位於亥在十月漢書律歷志
黄鍾初九也下生林鍾之初六林鍾又上生大蔟之九二
大蔟又下生南吕之六二南吕又上生姑洗之九三姑洗
又下生應鍾之六三應鍾又上生蕤賓之九四蕤賓又下
生大吕之六四大吕又上生夷則之九五夷則又下生夾
鍾之六五夾鍾又上生無射之上九無射又下生中吕之
上六同位者象夫妻異位者象子母所謂律取妻而吕生

子也黄鍾長九寸其實一籥下生者三分去一上生者三
分益一五下六上乃一終矣周禮注。春官大師
生黄鍾術曰以下生者倍其實三其法以上生者四其實
三其法宫九徵六商八羽五角七置一而九三之以爲法
實如法得長一寸凡得九寸命曰黄鍾之宫故曰音始於
宫窮於角數始於一終於十成於三氣始於冬至周而復
生史記律書
黄鍾長九寸大吕長八寸二百四十三分寸之一百四大
蔟長八寸夾鍾長七寸二千一百八十七分寸之千七十
五姑洗長七寸九分寸之一中吕長六寸萬九千六百八
十三分寸之萬二千九百七十四蕤賓長六寸八千一分
寸之二十六林鍾長六寸夷則長五寸七百二十七分之
寸之四百五十一南吕長五寸三分寸之一無射長四寸
六千五百六十一分寸之六千五百二十四應鍾長四寸
二十七分寸之二十周禮注
律數九九八十一以爲宫三分去一五十四以爲徵三分
益一七十二以爲商三分去一四十八以爲羽三分益一
六十四以爲角黄鍾長八寸十分一宫大吕長七寸伍分

三分二大蔟長七寸十分二角夾鍾長六寸七分三分一
姑洗長六寸十分四羽仲吕長五寸九分三分二徵蕤賓
長五寸六分三分二林鍾長五寸十分四角夷則長五寸
三分二商南吕長四寸十分八徵無射長四寸四分三分
二應鍾長四寸二分三分二羽史記律書。從朱子定本
黄鍾九寸大吕八寸三分七釐六毫大蔟八寸夾鍾七寸
四分三釐七毫三絲姑洗七寸一分中吕六寸五分八釐
三毫四絲六忽蕤賓六寸二分八釐林鍾六寸夷則五寸
五分五釐一毫南吕五寸三分無射四寸八分八釐四毫

八絲應鍾四寸六分六釐。儀禮經傳通解

鄭氏之說分寸審度之正法也。太史之言欲其便於損益而爲假說之權制也。蓋律管之長以九爲本上下相生以三爲法鄭氏所用正法破一寸以爲十分而其下破分爲釐破釐爲毫破毫爲絲破絲爲忽皆必以十爲數則其數中損益之際皆有餘分雖有巧歷終不能盡是以自分而下遂不可析而直以九相乘歷十二管中呂之數至破一寸以爲一萬九千餘分而後略可得而記焉然亦苦於難記而易差終不若太史公之法爲得其要而易考也。儀禮

五音

聲者宮商角徵羽也。所以作樂者諧八音蕩滌人之邪意全其正性移風易俗也。商之爲言章也物成孰可章度也角觸也物觸地而出戴芒角也宮中也居中央暢四方唱始施生爲四聲綱也徵祉也物盛大而繁祉也羽宇也物聚藏宇覆之也夫聲者中於宮觸於角祉於徵章於商宇於羽故四聲爲宮紀也協之五行則角爲木五常爲仁五事爲貌商爲金爲義爲言徵爲火爲禮爲視羽爲水爲智爲聽宮爲土爲信爲思以君臣民事物言之則宮爲君商

爲臣角爲民徵爲事羽爲物唱和有象故言君臣位事之體也五聲之本生於黃鍾之律九寸爲宮或損或益以定商角徵羽九六相生陰陽之應也漢書律歷志

宮謂之重商爲之敏角謂之經徵謂之迭羽謂之柳爾雅釋樂

凡聽徵如負猪豕覺而駭凡聽羽如鳴鳥在樹凡聽宮如牛鳴窌中凡聽商如離羣羊凡聽角如雉登木凡將起五音凡首先主一而三之四開以合九九以是生黃鍾小素之音以成宮三分而益之以一爲百有八爲徵有三分而

去其乘適足以是生商有三分而復於其所以是成羽有三分而去其乘適足以是成角管子

九九八十一以為宮三分去一五十四以為徵三分益一七十二以為商三分去一四十八以為羽三分益一六十四以為角史記律書

周有七音黃鍾為宮大蔟為商姑洗為角林鍾為徵南呂為羽應鍾為變宮蕤賓為變徵國語解

姑洗生應鍾不比於正音故為和應鍾生蕤賓不比於正音故為繆淮南子

按五聲相生至於角位則其數六十有四隔八下生當得宮前一位以為變宮然其數三分損益每分各得二十有一尚餘一分不可損益故五聲之正自此而窮若欲生之則須更以所餘一分析而為九損其三分之一分乃得四十一分餘九分分之陸而後得成變宮之數又自變宮隔八上生當得徵前一位其數五十有六餘九分分之八以為變徵正合相生之法自此又當下生則又餘二分不可損益而其數又窮故立均之法至於是而終焉然而二變但為和繆已不得為正聲矣儀禮經傳通解

按五聲宮與商商與角徵與羽相去各一律至角與徵羽與宮相去乃二律相去一律則音節和相去二律則音節遠故角徵之間近徵收一聲比徵少下故謂之變徵羽宮之間近宮收一聲少高於宮故謂之變宮也律呂新書

五聲六律十二管還相為宮也禮記禮運

五聲宮商角徵羽也其管陽曰律陰曰呂布十二辰始於黃鍾管長九寸下生者三分去一上生者三分益一終於南呂凡六十也禮記注

黃鍾為第一宮下生林鍾為徵上生大蔟為商下生南呂

為羽上生姑洗為角林鍾為第二宮上生大蔟為徵下生南呂為商上生姑洗為羽下生應鍾為角大蔟為第三宮下生南呂為徵上生姑洗為商下生應鍾為羽上生蕤賓為角南呂為第四宮上生姑洗為徵下生應鍾為商上生蕤賓為羽下生大呂為角姑洗為第五宮下生應鍾為徵上生蕤賓為商上生大呂為羽下生夷則為角應鍾為第六宮上生蕤賓為徵上生大呂為商下生夷則為羽上生夾鍾為角蕤賓為第七宮上生大呂為徵下生夷則為商上生夾鍾為羽下生無射為角大呂為第八宮下生夷則

為徵上生夾鍾為商下生無射為羽上生仲呂為角夷則為第九宮上生夾鍾為徵下生無射為商上生仲呂為羽上生黃鍾為角夾鍾為第十宮下生無射為徵上生仲呂為商上生黃鍾為羽下生林鍾為角無射為第十一宮上生仲呂為徵上生黃鍾為商下生林鍾為羽上生大蔟為角仲呂為第十二宮上生黃鍾為徵下生林鍾為商上生大蔟為羽下生南呂為角是十二宮各有五聲凡六十聲 禮記正義

宮生徵徵生商商生羽羽生角此五聲相生之次也是黃

鍾為均用五聲之法以下十二辰辰各有五聲其為宮商之法亦如之故辰各有五聲合為六十聲此十二律之正聲也十二律長短相生一終於中呂又制十二鍾準為十二律之正聲焉鳧氏為鍾以律計自倍半半者準正聲之半以為十二子律制為十二子聲以子聲比正聲則正聲為倍以正聲比子聲則子聲為半其為半正聲之法者以黃鍾九寸為均子聲則四寸半復上下損益以生十一律之子聲此半正聲法其半相生之法者以正中呂之管六寸五分有奇上生黃鍾八寸七分有奇又上下相生以至

仲呂皆以相生所得之律寸數半之以為子聲之律 通典

十二律各自為宮以生五聲二變其黃鍾林鍾大蔟南呂姑洗應鍾六律則能具足至蕤賓大呂夷則夾鍾無射仲呂六律則取黃鍾林鍾大蔟南呂姑洗應鍾六律之聲少下不和故有變律變律者其聲近正而稍高於正律也變律非正律故不為宮也 律呂新書

黃鍾為宮則大蔟姑洗林鍾南呂皆以正聲應無有忽微不復與它律為役者同心一統之義也非黃鍾而它律雖當其月自宮者則其和應之律有空積忽微不得其正此

黃鍾至尊亡與並也 漢書律歷志

律呂之數往而不返故黃鍾不復為他律役所用七聲皆正律無空積忽微自林鍾而下則有半聲大呂大蔟一半聲夾鍾姑洗二半聲蕤賓林鍾四半聲夷則南呂五半聲無射應鍾六半聲仲呂為十二律之窮三半聲自蕤賓而下則有變律蕤賓一變律大呂二變律夷則三變律夾鍾四變律無射五變律仲呂六變律皆有空積忽微不得其正故黃鍾獨為聲氣之元雖十二律八十四聲皆黃鍾所生然黃鍾一均所謂純粹中之純粹者也八十四聲正律

六十三蕤律二十一六十三者九七之數也二十一者三七之數也律呂新書

先王之樂所以節百事也故有五節遲速本末以相及中聲以降五降之後不容彈矣於是有煩手淫聲慆堙心耳乃忘平和君子弗聽也春秋左氏傳 昭公元年

一氣二體三類四物五聲六律七音八風九歌以相成也清濁小大短長疾徐哀樂剛柔遲速高下出入周疏以相濟也君子聽之以平其心心平德和故詩曰德音不瑕同上 昭公二十年

八音

八音土曰塤匏曰笙皮曰鼓竹曰管絲曰絃石曰磬金曰鐘木曰柷五聲和八音諧而樂成白虎通義

八音謂金鐘也石磬也絲琴瑟也竹箎笛也匏笙也土塤也革鼓也木柷敔也經典釋文

琴瑟尚宮鐘尚羽石尚角匏竹利制大不踰宮細不過羽夫宮音之主也第以及羽聖人保樂而愛財財以備器樂以殖財故樂器重者從細輕者從大是以金尚羽石尚角絲尚宮匏竹尚議草木一聲夫政象樂樂從和和從平聲以龢樂律以平聲金石以動之絲竹以行之詩以道之歌以詠之匏以宣之瓦以贊之草木以節之物得其常曰樂極極之所集曰聲聲應相保曰龢細大不踰曰平如是而鑄之金磨之石繫之絲木越之匏竹節之鼓而行之以遂八風於是乎氣無滯陰亦無散陽陰陽序次風雨時至嘉生繁祉人民和利物備而樂成上下不罷故曰樂正國語

鐘聲鏗鏗以立號號以立橫橫以立武君子聽鐘聲則思武臣石聲磬磬以立辨辨以致死君子聽磬聲則思死封疆之臣絲聲哀哀以立廉廉以立志君子聽琴瑟之聲則

思志義之臣。竹聲濫。濫以立會。會以聚衆。君子聽竽笙簫管之聲。則思畜聚之臣。鼓鞞之聲讙。讙以立動。動以進衆。君子聽鼓鞞之聲。則思將帥之臣。君子聽音非聽其鏗鏘而已也。彼亦有所合之也。禮記樂記

鐘 追　金聲

鐘、空也、內空受氣多、故聲大也、釋名

垂作鐘。世本

黃帝命伶倫與榮將鑄十二鐘。以和五音。以施英韶。以仲春之月乙卯之日日在奎始奏之。命之曰咸池。呂氏春秋古樂篇

鳧氏爲鐘。兩欒謂之銑。考工記

銑、鐘口兩角。周禮注

銑間謂之于。于上謂之鼓。鼓上謂之鉦。鉦上謂之舞。鳧氏

此四名者鐘體也。周禮注

于、鐘脣之上祛也。鼓所擊處、周官解詁

十分其銑。去二以爲鉦。以其鉦爲之銑間。去二分以爲之鼓間。以其鼓間爲之舞脩。去二分以爲舞廣。鳧氏

此言鉦之徑居銑徑之八。而銑間與鉦之徑相應。鼓間又居銑徑之六。與舞脩相應。舞脩舞徑也。舞上下促。以橫爲脩。從爲廣。舞廣四分。今亦去徑之二分以爲之間。則舞間之方恒居銑之四也。舞間方四。則鼓間六亦其方也。鼓六鉦六舞四。此鐘口十者。其長十六也。周禮注

舞上謂之甬甬上謂之衡鳧氏
此二名者鐘柄也周禮注
以其鉦之長爲之甬長以其甬長爲之圍參分其圍去一
以爲衡圍鳧氏
幷衡數也衡居甬上又小周禮注
鐘縣謂之旋旋蟲謂之幹鳧氏
旋屬鐘柄所以懸之也今時旋有蹲熊盤龍辟邪周禮注
旋蟲者旋以蟲爲飾也周官解詁
參分其甬長二在上一在下以設其旋鳧氏

今衡居一分則參分旋亦二在上一在下以旋當甬之中
央是其正周禮注
追鍾紐也孟子注
今太常鐘鎛皆於甬本爲紐謂之旋蟲側垂之皇祐中杭
州西湖側發地得一古鐘匾而短其板長幾半寸大略制
度如鳧氏所載惟甬乃中空甬半以上差小所謂衡者細
考其制亦似有義甬所以中空者疑鐘縻自其中垂下當
衡甬之間以衡括挂之甬半以上差小者所以礙橫括橫
括之形似蟲而可旋疑所謂旋蟲夢溪筆談

鍾師掌金奏凡樂事以鍾鼓奏九夏周禮春官
金奏擊金以爲奏樂之節金謂鍾及鎛周禮注
大鍾謂之鏞其中謂之剽小者謂之棧爾雅釋樂
大射儀樂人宿縣于阼階東笙磬西面其南笙鍾其南鑮
皆南陳西階之西頌磬東面其南鍾其南鑮皆南陳儀禮
鑮如鍾而大奏樂以鼓鑮爲節儀禮注
以大故特縣不編之也儀禮疏
清廟之歌一倡而三歎也縣一鍾尚拊之膈朱絃而通越
也一也荀子禮論

磬師掌教擊磬擊編鍾周禮春官
鍾有不編不編者鍾師擊之周禮注
細鈞有鍾無鎛昭其大也大鈞有鎛無鍾甚大無鎛鳴其
細也大昭小鳴和之道也國語
襄公十九年季武子以所得於齊之兵作林鍾而銘魯功
焉春秋左氏傳
林鍾律名鑄鍾聲應林鍾因以爲名春秋經傳集解
昭公二十一年天王將鑄無射泠州鳩曰王其以心疾死
乎夫樂天子之職也夫音樂之輿也而鍾音之器也天子

省風以作樂器以鍾之輿以行之小者不窕大者不槬則和於物物和則嘉成故和聲入於耳而藏於心心億則樂窕則不咸槬則不容心是以感感實生疾今鍾槬矣王心弗堪其能久乎春秋左氏傳

大呂陳於元英。戰國策

大呂齊鍾名元英燕宮殿名史記索隱

宋之衰也作爲千鍾齊之衰也作爲大呂。呂氏春秋侈樂篇

木鐸

木鐸金鈴木舌所以振文教也。尚書傳

古者將有新令必奮木鐸以警衆使明聽也。木鐸木舌也文事奮木鐸武事奮金鐸周禮注

每歲孟春遒人以木鐸徇於路。尚書允征

小宰正歲帥治官之屬而觀治象之法徇以木鐸曰不用法者國有常刑。周禮天官

宮正春秋以木鐸修火禁。同上

小司徒正歲則帥其屬而觀教象之法徇以木鐸曰不用法者國有常刑周禮地官

鄉師凡四時之徵令有常者。以木鐸徇於市朝。同上

小司寇正歲帥其屬而觀刑象之法。以木鐸曰不用法者國有常刑周禮秋官

士師之職掌國之五禁之法以左右刑法。一曰宮禁。二曰官禁。三曰國禁四曰野禁五曰軍禁皆以木鐸徇之于朝書而懸于門閭同上

司烜氏中春以木鐸修火禁于國中。同上

旣卒哭宰夫執木鐸以命于宮曰舍故而諱新。自寢門至

於庫門。禮記檀弓下

振木鐸於朝。天子之政也。禮記明堂位

磬　玉振

磬。磬也。聲堅磬磬然。釋名

磬者夷則之氣也。象萬物之盛也。其氣磬。故曰磬。白虎通義

無句作磬。世本

大磬謂之毊。爾雅

磬氏爲磬。倨句一矩有半。其博爲一。股爲二。鼓爲三。參分其股博。去一以爲鼓博。參分其鼓博。以其一爲之厚。已上則摩其旁。已下則摩其耑。考工記

磬師掌教擊磬。擊編鐘。教縵樂燕樂之鐘磬。凡祭祀奏縵樂。周禮春官

磬前長三律。二尺七寸。後長二律。尺八寸。樂記逸文見考工記疏

清廟之歌。一倡而三歎也。縣一磬而尚拊搏。朱絃而通越也。一也。大戴禮禮三本篇

叔之離磬。禮記明堂位

編之則雜。而小離之則特。而大叔之離磬。則專簴之特磬。非十二器之編磬也。陳氏樂書

大射儀樂人宿縣于阼階東笙磬西面西階之西頌磬東面儀禮

應笙之磬謂之笙磬應歌之磬謂之頌磬陳氏樂書

小胥正樂縣之位王宮縣諸侯軒縣卿大夫判縣士特縣辨其聲凡縣鍾磬半爲堵全爲肆周禮春官

樂縣謂鍾磬之屬縣於筍簴者周禮注

宮縣四面縣軒縣去其一面判縣又去其一面特縣又去其一面四面象宮室四面有牆故謂之宮縣軒縣三面其形曲故春秋傳曰請曲縣繁纓以朝諸侯之禮也周官解詁

軒縣去南面辟王也判縣左右之合又空北面特縣縣於東方或於階閒而已鍾磬者編縣之二八十六枚而在一簴謂之堵鍾一堵磬一堵謂之肆周禮注

鍾磬在簴作上下兩列一列八枚謂之堵即半也合兩列則全而爲肆全者全十二律與四清聲也周官義疏

宮縣者阼階之東西階之西以及階閒庭南各有磬一肆鍾一肆而鎛與鼖鼓各一也軒縣者阼階之東西階之西以及階閒皆如上縣惟庭南不縣所以示降於天子也判縣者阼階之東西階之西各有磬一肆鍾一肆一鎛一鼖一鼓闕其北面所以示降於諸侯也特縣者阼階之西西階之東有磬一肆鍾一肆一鎛一鼖一鼓而已所以示降於大夫也儀禮義疏

徒鼓鍾謂之修徒鼓磬謂之寋爾雅

鼓

鼓郭也春分之音萬物郭皮甲而出故謂之鼓 許氏說文

鼓震音煩氣也萬物憤懣震動而生雷以動之溫以煖之風以散之雨以濡之奮至德之光感和平之氣也同聲相應同氣相求神明報應天地祐之其本乃在萬物之始耶故謂鼓也 白虎通義

鼓人掌教六鼓四金之音聲。以節聲樂以和軍旅。以正田役教爲鼓而辯其聲用。以雷鼓鼓神祀。以靈鼓鼓社祭。以路鼓鼓鬼享。以鼖鼓鼓軍事。以鼛鼓鼓役事。以晉鼓鼓金

奏。周禮地官

靁鼓靁鼗冬日至于地上之圜丘奏之。靈鼓靈鼗於澤中之方丘奏之。路鼓路鼗於宗廟之中奏之。周官大司樂

鼓長八尺鼓四尺中圍加三之一謂之鼖鼓 考工記韗人

鼓四尺謂革所蒙者廣四尺 周官解詁

賁鼓維鏞 詩大雅。賁亦作鼖

爲皋鼓長尋有四尺鼓四尺倨句磬折。韗人

磬折中曲之不參正也中圍與鼖鼓同以磬折爲異 周禮注

百堵皆興鼛鼓弗勝 詩大雅

韗人爲皋陶長六尺有六寸左右端廣六寸中尺厚三寸。穹者三之一上三正 考工記。三當爲參

穹隆者居鼓面三分之一則其鼓四尺者版穹一尺三寸三分寸之一也倍之爲二尺六寸三分寸之二加鼓四尺穹之徑六尺六寸三分寸之二也此鼓合二十版正直也參直者穹上一直兩端又直各居二尺二寸不弧曲也此鼓兩面以六鼓差之近晉鼓也 周禮注

凡冒鼓必以啓蟄之日良鼓瑕如積環鼓大而短則其聲

疾而短聞鼓小而長則其聲舒而遠聞 考工記

大鼓謂之鼖小鼓謂之應 爾雅釋樂

廟堂之下縣鼓在西應鼓在東 禮記禮器

建鼓在阼階西南鼓應鼙在其東南鼓西階之西一建鼓在其南東鼓朔鼙在其北一建鼓在西階之東南面 儀禮大射儀

徒擊鼓謂之咢 爾雅

鼗

鼗如鼓而小持其柄搖之旁耳還自擊周禮注 ○ 小師

大鼗謂之麻小者謂之料爾雅釋樂

小師掌教鼓鼗柷敔塤簫管弦歌周禮春官

瞽矇掌播鼗柷敔塤簫管弦歌同上

播謂發揚其音周禮注

鼗倚于頌磬西紘儀禮大射儀

紘編磬繩也設鼗于磬西倚于紘也儀禮注

天子賜諸侯樂則以柷將之賜伯子男樂則以鼗將之禮

記王制

柷鼗皆所以節樂禮記注

仲夏之月命樂師修鞀鞞鼓禮記月令 ○ 鞀本作鼗

鞀導也所以導樂作釋名

鼓以節之鼗以兆之作樂之道也八風兆於草音則鼗所

以兆奏鼓也世紀帝嚳命垂作鞀鞞蓋大者謂之鞞爾雅

謂之麻以其音概而長也小者謂之鞀爾雅謂之料以其

音清而不亂也蓋鼓則擊而不播鼗則播而不擊雷鼓雷

鼗六面而工十有二以二人各直一面左播鼗右擊鼓故

也靈鼓靈鼗八面而工十有六路鼓路鼗四面而工八人

亦若是與鬻子曰禹之治天下也縣五聲以聽曰語寡人

以獄訟者揮鞀呂氏春秋曰武王有誡慎之鞀由是觀之

欲誡者必播鞀鼓矣蓋鞀兆奏鼓者也作堂下之樂必先

鼗鼓者豈非樂記所謂先鼓以警誡之意與陳氏樂書

琴瑟 弦

琴者禁也所以禁止淫邪正人心也白虎通義

琴禁也神農所作洞越練朱五弦周加二弦許氏說文

琴長三尺六寸六分廣雅

大琴謂之離爾雅

昔者舜作五弦之琴以歌南風禮記樂記

昔者舜彈五弦之琴造南風之詩其詩曰南風之薰兮可以解吾民之慍兮南風之時兮可以阜吾民之財兮孔子家語辯樂解

瑟者嗇也閑也所以懲忿宮商角則宜君父有節臣子有義然後四時和四時和然後萬物生故謂之瑟也白虎通義

庖犧氏作五十絃黃帝使素女鼓瑟哀不自勝乃破爲二十五絃世本

大瑟謂之灑爾雅釋樂

徒鼓瑟謂之步同上

不學操縵不能安弦禮記學記

學操縵教樂也弦琴瑟之屬禮記正義

歌者比于琴瑟也詩毛傳

君子之近琴瑟以儀節也非以慆心也春秋傳

夫大弦濁以春溫者君也小弦廉折以清者相也攫之深醳之愉者政令也均諧以鳴大小相益回邪而不相害者四時也史記田世家

管

管如篪六孔周官解詁

管如遂而小併兩而吹之周禮注

管漆竹長一尺六孔樂記樂器篇逸文見風俗通

大管謂之簥其中謂之篞小者謂之篎爾雅

大師大祭祀帥瞽登歌命奏擊拊下管播樂器令奏鼓朄大饗亦如之周禮春官

特言管者貴人氣也周禮注

以歌者在上對匏竹在下故先鄭云貴人聲以匏竹在堂下對鐘鼓在庭又有上下之別故後鄭云貴人氣周禮疏

小師掌教鼓鼗柷敔塤簫管弦歌大祭祀登歌擊拊下管擊應鼓徹歌大饗亦如之周禮春官

瞽矇掌播鼗柷敔塤簫管弦歌同上

笙師掌教龡竽笙塤籥簫篪遂管同上

升歌清廟下管象禮記明堂位

升歌清廟示德也下而管象示事也禮記仲尼燕居

升歌鹿鳴下管新宮儀禮燕禮記

夫吹管也猶有嗃也莊子則陽篇

籥

籥如遂三空周禮注

籥六孔詩毛傳

籥七孔廣韻

籥躍也氣躍出也釋名

大籥謂之産其中謂之仲小者謂之箹爾雅

籥師掌教國子舞羽龡籥祭祀則鼓羽籥之舞賓客饗食則亦如之大喪廞其樂器奉而藏之周禮春官 龡同吹

文舞有持羽吹籥者所謂籥舞也文王世子曰秋冬學羽籥詩云左手執籥右手秉翟周禮注

籥師學戈籥師丞贊之禮記文王世子

籥章掌土鼓豳籥中春晝擊土鼓龡豳詩以逆暑中秋夜迎寒亦如之凡國祈年于田祖龡豳雅擊土鼓以樂田畯國祭蜡則龡豳頌擊土鼓以息老物周禮春官

詩者中聲所止也籥者中聲所通也土者中聲所本也周官籥章掌土鼓豳籥者以其迎寒逆暑必以中聲之詩奏之中聲之鼓龡之中聲之籥則所道者中德所詠者中聲所順者中氣無往不爲中和之紀矣陳氏樂書

宣公八年夏六月辛巳有事于大廟仲遂卒于垂壬午猶繹萬入去籥春秋

萬者何干舞也籥者何籥舞也其言萬入去籥何去其有聲者廢其無聲者存其心焉耳存其心焉爾者何知其不可而爲之也猶者何通可以已也春秋公羊傳

籥所吹以節舞也吹籥而舞文樂之長公羊傳解詁

歌

曲合樂爲歌詩毛傳

歌之爲言也長言之也說之故言之言之不足故長言之長言之不足故嗟歎之嗟歎之不足故不知手之舞之足之蹈之也禮記樂記

歌者比於琴瑟也詩毛傳。行葦

詩言志歌永言聲依永律和聲八音克諧無相奪倫神人以和尚書舜典

詩者志之所之也在心爲志發言爲詩情動於中而形於

言言之不足故嗟歎之嗟歎之不足故永歌之永歌之不足不知手之舞之足之蹈之也情發於聲聲成文謂之音詩序

夔曰戛擊鳴球搏拊琴瑟以詠祖考來格虞賓在位羣后德讓下管鼗鼓合止柷敔笙鏞以閒鳥獸蹌蹌簫韶九成鳳凰來儀虞書益稷

帝庸作歌曰勑天之命惟時惟幾乃歌曰股肱喜哉元首起哉百工熙哉皋陶拜手稽首颺言曰念哉率作興事愼乃憲欽哉屢省乃成欽哉乃賡載歌曰元首明哉股肱良

哉庶事康哉又歌曰元首叢脞哉股肱惰哉萬事墮哉帝拜曰俞往欽哉同上

昔者舜作五絃之琴以歌南風禮記樂記

舜彈五弦之琴其辭曰南風之薰兮可以解吾民之慍兮南風之時兮可以阜吾民之財兮尸子

自夏以往其流不可聞也殷頌猶有存者周詩旣備而其器用張陳周官具焉典者自卿大夫師瞽以下朝夕習業以教國子國子者卿大夫之子弟也皆學歌九德誦六詩習六舞五聲八音之和漢書禮樂志

太師教六詩曰風曰賦曰比曰興曰雅曰頌以六德爲之本以六律爲之音周禮春官

關雎之亂以爲風始鹿鳴爲小雅始文王爲大雅始淸廟爲頌始史記孔子世家

關雎后妃之德也風之始也所以風天下而正夫婦也故用之鄉人焉用之邦國焉詩序

鄉飲酒之禮乃合樂周南關雎葛覃卷耳召南鵲巢采蘩采蘋儀禮

燕禮遂歌鄉樂周南關雎葛覃卷耳召南鵲巢采蘩采蘋同上

合樂謂歌樂與衆聲俱作周南召南國風篇也王后國夫人房中之樂歌也關雎言后妃之德葛覃言后妃之職卷耳言后妃之志鵲巢言國君夫人之德采蘩言國君夫人不失職采蘋言卿大夫之妻能循其法度夫婦之道生民之本王政之端此六篇者其教之原也故國君與其臣下及四方之賓燕用之合樂也儀禮鄉飲酒注○燕禮注同

鄉射之禮席工於西階上少東樂正先升北面立于其西工四人二瑟瑟先相者皆左何瑟面鼓執越內弦右手相

入升自西階北面東上工坐相者坐授瑟乃降笙入立于縣中西面乃合樂周南關雎葛覃卷耳召南鵲巢采蘩采蘋工不興告于樂正曰正歌備樂正告于賓乃降儀禮

不歌不笙不間志在射略于樂也不略合樂者周南召南之風鄉樂也不可略其正也儀禮注

凡射王以騶虞爲節諸侯以貍首爲節大夫以采蘋爲節士以采蘩爲節周禮春官樂師○鐘師夏官射人幷同

騶虞采蘋采蘩皆樂章名在國風召南惟貍首在樂記周禮注

故天子以騶虞爲節諸侯以貍首爲節卿大夫以采蘋爲節士以采蘩爲節騶虞者樂官備也貍首者樂會時也采蘋者樂循法也采蘩者樂不失職也是故天子以備官爲節諸侯以時會天子爲節卿大夫以循法爲節士以不失職爲節 禮記射義

大司樂及射令奏騶虞 周禮春官

命樂正曰請以樂樂于賓賓許樂正東面命大師曰奏騶虞間若一大師不興許諾樂正退反位乃奏騶虞以射 儀禮鄉射禮

此天子之射節也而用之者方有樂賢之志取其宜也其他賓客卿大夫則歌采蘋 儀禮注

散軍而郊射左射貍首右射騶虞而貫革之射息矣 禮記樂記

司射與司馬交于階前倚扑于階西適阼階下北面請以樂于公公許司射反搢扑東面命樂正曰命用樂樂正命太師曰奏貍首間若一大師不興許諾樂正反位奏貍首以射 儀禮大射儀

今無貍首周衰諸侯并僭而去之孔子錄詩不得也爲禮

樂之記者從後存之遂不得其次序 詩譜

詩曰曾孫侯氏四正具舉大夫君子凡以庶士小大莫處御于君所以燕以射則燕則譽 禮記射義

此曾孫之詩諸侯之射節也 禮記注

此詩名貍首而發首曰曾孫侯氏者但此篇之中有貍首之字在於篇中撮取貍首之字以爲篇首之目謂若騶虞之詩其字雖在篇內而名騶虞矣 禮記正義

雅者正也言王政之所由廢興也政有小大故有小雅焉有大雅焉 詩序

小雅大雅者周室居西都豐鎬之時詩也其用於樂國君以小雅天子以大雅然而饗賓或上取燕或下就何者天子饗元侯歌肆夏合文王諸侯歌文王合鹿鳴諸侯於鄰國之君與天子於諸侯同天子諸侯燕羣臣及聘問之賓皆歌鹿鳴合鄉樂此其著略大校見在書籍禮樂崩壞不可得詳 詩譜

鄉飲酒之禮工四人二瑟瑟先相者二人皆左何瑟後首挎越內弦右手相樂工先升立于西階東工入升自西階北面坐相者東面坐遂授瑟乃降工歌鹿鳴四牡皇皇者

華儀禮
三者皆小雅篇也鹿鳴君與臣下及四方之賓燕講道修政之樂歌也四牡君勞使臣之來樂歌也皇皇者華君遣使臣之樂歌也儀禮注
笙入堂下磬南北面立樂南陔白華華黍儀禮鄉飲酒
以笙吹此詩以爲樂也南陔白華華黍小雅篇也今亡其義未聞儀禮注
乃間歌魚麗笙由庚歌南有嘉魚笙崇丘歌南山有臺笙由儀儀禮鄉飲酒

間代也謂一歌則一吹六者皆小雅篇也魚麗言太平年豐物多也南有嘉魚言太平君子有酒樂與賢者共之也南山有臺言太平之治以賢者爲本由庚崇丘由儀今亡其義未聞儀禮注
燕禮席工于西階上少東樂正先升北面立于其西小臣納工工四人二瑟小臣左何瑟面鼓執越內弦右手相入升自西階北面東上坐小臣坐授瑟乃降工歌鹿鳴四牡皇皇者華笙入立于縣中奏南陔白華華黍乃間歌魚麗笙由庚歌南有嘉魚笙崇丘歌南山有臺笙由儀儀禮

鄉樂者風也小雅爲諸侯之樂大雅頌爲天子之樂鄉飲酒升歌小雅禮盛者可以進取也燕合鄉樂禮輕者可以逮下也春秋傳曰肆夏繁遏渠天子所以享元侯也文王大明緜兩君相見之樂也然則諸侯相與燕升歌大雅合小雅天子與次國小國之君燕亦如之與大國之君燕升歌頌合大雅其笙間之篇未聞儀禮注○鄉飲酒燕禮并同
升歌鹿鳴下管新宮笙入三成遂合鄉樂儀禮燕禮記
新宮小雅逸篇也管之入三成謂三終也儀禮注

新宮或謂斯干也困學紀聞
大射之儀乃席工于西階上少東小臣納工工六人四瑟僕人正徒相太師僕人師相少師僕人士相上工相者皆左何瑟後首內弦挎越右手相後者徒相入小樂正從之升自西階北面東上坐授瑟乃降小樂正立于西階東乃歌鹿鳴三終大師及少師上工皆降立于鼓北羣工陪于後乃管新宮三終儀禮
襄公四年穆叔如晉報知武子之聘也晉侯享之金奏肆夏之三不拜工歌文王之三又不拜歌鹿鳴之三三拜韓

獻子使行人子員問之曰子以君命辱於敝邑先君之禮藉之以樂以辱吾子吾子舍其大而重拜其細敢問何禮也對曰三夏天子所以享元侯也使臣弗敢與聞文王兩君相見之樂也臣不敢及鹿鳴君所以嘉寡君也敢不拜嘉四牡君所以勞使臣也敢不重拜皇皇者華君教使臣曰必諮於周臣聞之訪問於善爲咨咨親爲詢咨禮爲度咨事爲諏咨難爲謀臣獲五善敢不重拜春秋左氏傳

文公四年衛甯武子來聘公與之宴爲賦湛露及彤弓不辭又不答賦使行人私焉對曰臣以爲肄業及之也昔諸

侯朝正于王王宴樂之於是乎賦湛露則天子當陽諸侯用命也諸侯敵王所愾而獻其功王於是乎賜之彤弓一彤矢百玈弓矢千以覺報宴今陪臣來繼舊好君辱貺之其敢干大禮以自取戾同上

夫歌文王大明緜則兩君相見之樂也國語

頌者美盛德之形容以其成功告於神明者也詩序

夫大嘗禘升歌清廟下而管象朱干玉戚以舞大武八佾以舞大夏此天子之樂也禮記祭統

清廟頌文王之詩也管象吹管而舞武象之樂也禮記注

季夏六月以禘禮祀周公於太廟升歌清廟下管象禮記明堂位

兩君相見揖讓而入門入門而縣興揖讓而升堂升堂而樂闋下管象武夏籥序興禮記仲尼燕居

此下管象武之上少升歌清廟之一句禮記正義

升歌清廟示德也下而管象示事也禮記仲尼燕居

適東序釋奠於先老遂設三老五更羣老之席位焉反登歌清廟下管象舞大武禮記文王世子

維清奏象舞也詩序

徹以振羽禮記仲尼燕居

振羽振鷺禮記注

振鷺二王之後來助祭也詩序

樂師及徹帥學士而歌徹周禮春官

徹者歌雍雍在周頌臣工之什周禮注

雝禘太廟也詩序

小師徹歌周禮春官

客出以雍禮記仲尼燕居

言客出之時歌雍以送之禮記正義

鍾師凡樂事以鍾鼓奏九夏王夏肆夏昭夏納夏章夏齊夏族夏祴夏驁夏周禮春官

夏大也樂之大歌有九九夏皆詩篇名頌之族類也此歌之大者載在樂章樂崩亦從而亡是以頌不能具周禮注

大樂師大祭祀王出入則令奏王夏大射王出入令奏王夏周禮春官

大祭祀尸出入則令奏肆夏大饗如祭祀同上

金奏肆夏繁遏渠天子所以享元侯也國語

肆夏繁遏渠所謂三夏矣吕叔玉曰肆夏繁遏渠皆周頌也肆夏時邁也繁遏執競也渠思文也肆遂也夏大也言遂於大位謂王位也故時邁曰肆于時夏允王保之繁多也遏止也言福祿止於周之多也故執競曰降福穰穰降福簡簡福祿來反渠大也言以后稷配天王道之大也故思文曰思文后稷克配彼天故國語謂之曰皆昭令德以合好也周官解詁

賓入大門而奏肆夏示易以敬也禮記郊特牲

大射之儀擯者納賓賓及庭公降一等揖賓賓辟公升即席奏肆夏儀禮

燕禮記若以樂納賓則賓及庭奏肆夏賓拜酒主人答拜而樂闋公拜受爵而奏肆夏同上

卿大夫有王事之勞則奏此樂焉儀禮注

大夫之奏肆夏也由趙文子始也禮記郊特牲

大司樂大祭祀牲出入則令奏昭夏大饗不入牲周禮春官

四方賓來奏納夏周官注

臣有功奏章夏同上

夫人祭奏齊夏同上

族人侍祭奏族夏同上

此四夏皆無明文或子春别有所見故後鄭從之周禮疏

客醉而出奏陔夏周官注

鄉飲酒之禮賓出奏陔儀禮

陔陔夏也陔之言戒也終日燕飲酒罷以陔爲節明無失禮也儀禮注

鄉射之禮賓興樂正命奏陔賓降及階陔作賓出衆賓皆出儀禮

燕禮賓醉北面坐取其薦脯以降奏陔賓所執脯以賜鐘

入於門內霤遂出。同上。大射禮同

陔夏者天子諸侯以鐘鼓。大夫士鼓而已。儀禮注

其出也肆夏而送之。蓋重禮也。禮記禮器

肆夏當爲陔夏。禮記注

笙師掌教舂牘應雅以教裓樂。周禮春官

公出入奏驁夏。周禮注

大射之儀公入驁。儀禮

謳齊歌也謂齊聲而歌或曰齊地之歌。漢書注

謳爲歌之別謂歌爲謳之總名。正字通

舞

舞舞樂也。許氏說文

大司樂以樂舞教國子。舞雲門、大卷、大咸、大磬、大夏、大濩、大武。周禮春官

黃帝樂曰雲門大卷、大咸、大池、堯樂也。周禮注

大磬舜樂也。同上

帝曰咨禹惟時有苗弗率、汝徂征。三旬苗民逆命、班師振旅帝乃誕敷文德舞干羽于兩階七旬有苗格。尚書大禹謨

大夏禹樂。大濩湯樂。大武武王樂。周官注

襄公二十九年吳公子札來聘請觀於周樂見舞象箾南籥者曰美哉猶有憾見舞大武者曰美哉周之盛也其若此乎見舞韶濩者曰聖人之宏也而猶有慙德聖人之難也見舞大夏者曰美哉勤而不德非禹其誰能修之見舞韶箾者曰德至矣哉大矣如天之無不幬也如地之無不載也雖甚盛德其蔑以加於此矣觀止矣若有他樂吾不敢請矣。春秋左氏傳

夫武始而北出再成而滅商三成而南四成而南國是疆

五成而分周公左召公右六成復綴以崇天子夾振之而駟伐盛威於中國也分夾而進事蚤濟也久立於綴以待諸侯之至也禮記樂記

十有三年學樂誦詩舞勺成童舞象二十而冠舞大夏禮記內則

先學勺後學象文武之次也大夏樂之文武備者也禮記注

朱干玉戚冕而舞大武皮弁素積裼而舞大夏禮記明堂位

朱干玉戚以舞大夏八佾以舞大武春秋公羊傳○昭公二十有五年

王者舞六樂于宗廟之中舞先王之樂明有法也舞巳之樂明有則也公羊傳解詁

樂師掌國學之政以教國子小舞凡舞有帗舞有羽舞有皇舞有旄舞有干舞有人舞周禮春官

舞羽者析羽旄舞者氂牛之尾干舞者兵舞周官解詁

帗析五采繒皇雜五采羽人舞無所執以手袖爲威儀周禮注

舞師掌教兵舞帥而舞山川之祭祀教帗舞帥而舞社稷之祭祀教羽舞帥而舞四方之祭祀教皇舞帥而舞旱暵之事凡野舞則皆教之凡小祭祀則不與舞周禮地官

辟雝以旄星辰以人舞周官解詁

萬者何干舞也籥者何籥舞也春秋公羊傳○宣公八年

干謂楯也能爲人扞難而不使害人故聖王貴之以爲武樂籥所吹以節舞也吹籥而舞文樂之長公羊傳解詁

八佾

八佾者何謂也佾者列也以八人爲行列八八六十四人也（白虎通義）

隱公五年秋九月考仲子之宫初獻六羽（春秋）

九月考仲子之宫將萬焉公問羽數於衆仲對曰天子用八諸侯用六大夫四士二夫舞所以節八音而行八風故自八以下公從之於是初獻六羽始用六佾也（春秋左氏傳）

佾者列也八人爲列八八六十四人六人爲列六六三十六人四人爲列四四十六人（公羊傳解詁）

何休說如此服虔以用六爲六八四十八大夫四爲四八三十二士二爲二八十六杜以舞勢宜方行列既減卽每行人數亦宜減故同何說也（春秋正義）

師　太師　少師　瞽者

師樂人盲者（古論語訓）

凡樂之歌必使瞽矇爲焉命其賢知以爲太師少師（周禮注）

大師下大夫二人小師上士四人瞽矇上瞽四十人中瞽百人下瞽百有六十人（周禮春官序官）

無目眹謂之瞽有目眹而無見謂之矇有目無眸子謂之瞍（周官解詁）

大師掌六律六同以合陰陽之聲大祭祀帥瞽登歌令奏擊拊下管播樂器令奏鼓朄大饗亦如之大射帥瞽而歌射節大師執同律以聽軍聲而詔吉凶大喪帥瞽而廞作匶謚凡國之瞽矇正焉（周禮春官）

小師掌教鼓鼗柷敔塤簫管弦歌大祭祀登歌擊拊下管擊應鼓徹歌大饗亦如之凡小祭祀小樂事鼓朄掌六樂聲音之節與其和（同上）

瞽矇掌播鼗柷敔塤簫管弦歌諷誦詩世奠繫鼓琴瑟掌九德六詩之歌以役大師（同上）

大射之儀席工於西階上少東小臣納工工六人四瑟僕

禮

六人大師少師各一人上工四人四瑟者禮大樂衆也儀禮注

燕禮席工于西階上少東小臣納工工四人二瑟儀禮工四人者燕禮輕也儀禮注

鄉飲酒之禮設席于堂廉東上工四人二瑟儀禮四人大夫制也二瑟二人鼓瑟則二人歌也儀禮注

鄉射之禮席工于西階上少東工四人二瑟儀禮鄉大夫飲酒而云四人大射諸侯禮而云六人鄉射兼有

鄉大夫故工亦四人大夫制也若然士當二人天子當八人爲差次也儀禮疏

相

相扶工也儀禮注

眡瞭凡樂事相瞽周禮春官

天子相工使視瞭者凡工瞽矇也故有扶之者儀禮注

大射之儀席工于西階上少東小臣納工工六人四瑟儀人正徒相太師僕人師相少師僕人士相上工相者皆左何瑟後首内弦挎越右手相後者徒相入儀禮

天子視瞭相工諸侯兼官是以僕人掌之儀禮注

鄉飲酒之禮設席于堂廉東上工四人二瑟瑟先相者二

人皆左何瑟後首挎越内弦右手相儀禮○鄉射燕并同相衆賓之少者爲之相瑟者則爲之持瑟其相歌者徒相也儀禮注

四書類考卷二十一

四書類考卷二十二

政事類

政事

法度舊章

民事

井地制産　田里　溝洫　防　經界

省耕省斂

稅什一大畢之布　貢　助　徹　粟米之征　布縷之征

賦力役之征　使民　勞

庠序校

學

舉賢才

錯諸枉

政事

政謂法教古論語訓

政者有所改更匡正事者凡行常事論語解

在君爲政在臣爲事春秋經傳集解

此對文別耳論語稱孝友是亦爲政明其政事通言也春秋正義

禹曰於帝念哉德惟善政政在養民水火金木土穀惟修正德利用厚生惟和九功惟敘九敘惟歌戒之用休董之用威勸之以九歌俾勿壞尚書大禹謨

九功之德皆可歌也謂之九歌六府三事謂之九功水火金木土穀謂之六府正德利用厚生謂之三事春秋左氏傳。文公七年

三八政一曰食二曰貨三曰祀四曰司空五曰司徒六曰司寇七曰賓八曰師尚書洪範

洪範八政一曰食二曰貨食謂農殖嘉穀可食之物貨謂布帛可衣及金刀龜貝所以分財布利通有無者也二者生民之本興自神農之世斲木爲耜揉木爲耒耒耜之利以教天下而食足日中爲市致天下之民聚天下之貨交

易而退各得其所而貨通食足貨通然後國實民富而教化成黃帝以下通其變使民不倦堯命四子以敬授民時舜命后稷以黎民阻飢是爲政首禹平洪水定九州制土田各因所生遠近賦入貢棐楙遷有無萬國作乂殷周之盛詩書所述要在安民富而教之故易稱天地之大德曰生聖人之大寶曰位何以守位曰仁何以聚人曰財財者帝王所以聚人守位養成羣生奉順天德治國安民之本也故曰不患寡而患不均不患貧而患不安蓋均亡貧和亡寡安亡傾是以聖王域民築城郭以居之制廬井以均

之開市肆以通之設庠序以教之士農工商四民有業學以居位曰士闢土殖穀曰農作巧成器曰工通財鬻貨曰商聖王量能授事四民陳力受職故朝亡廢官邑無敖民地亡曠土理民之道地著爲本故必建步立晦正其經界六尺爲步步百爲晦晦百爲夫夫三爲屋屋三爲井井方一里是爲九夫八家共之各受私田百晦公田十晦是爲八百八十晦餘二十晦以爲廬舍出入相友守望相助疾病則救民是以和睦而教化齊同力役生產可得而平也民受田上田夫百晦中田夫二百晦下田夫三百晦歲耕

種者爲不易上田休一歲者爲一易中田休二歲者爲再易下田三歲更耕之自爰其處農民戶人已受田其家衆男爲餘夫亦以口受田如比士工商家受田五口乃當農夫一人此謂平土可以爲法者也若山林藪澤原陵淳鹵之地各以肥磽多少爲差有賦有稅稅謂公田什一及工商衡虞之入也賦共車馬甲兵士徒之役充實府庫賜予之用稅給郊社宗廟百神之祀天子奉養百官祿食庶事之費民年二十受田六十歸田七十以上上所養也十歲以下上所長也十一以上上所彊也種穀必雜五種以備

災害田中不得有樹用妨五穀力耕數耘收穫如寇盜之至還廬樹桑菜茹有畦瓜瓠果蓏殖於疆易雞豚狗彘毋失其時女修蠶織則五十可以衣帛七十可以食肉在野曰廬在邑曰里五家爲鄰五鄰爲里四里爲族五族爲黨五黨爲州五州爲鄉鄉萬二千五百戶也鄰長位下士自此上稍登一級至鄉而爲卿也於里有序而鄉有庠序以明教庠則行禮而視化焉春令民畢出在野冬則畢入於邑其詩曰四之日舉趾同我婦子饁彼南畝又曰十月蟋蟀入我牀下嗟我婦子聿爲改歲入此室處所以順陰陽

備寇賊習禮文也春秋出民里胥平旦坐於右塾鄰長坐於左塾畢出然後歸夕亦如之入者必持薪樵輕重相分班白不提挈冬民既入婦人同巷相從夜績女工一月得四十五日必相從者所以省費燎火同巧拙而合習俗也男女有不得其所者因相與歌詠各言其傷是月餘子亦在于序室八歲入小學學六甲五方書計之事始知室家長幼之節十五入大學學先聖禮樂而知朝廷君臣之禮其有秀異者移鄉學於庠序庠序之異者移國學於少學諸侯歲貢少學之異者於天子學于大學命曰造士行同

能偶則別之以射然後爵命焉孟春之月羣居者將散行人振木鐸徇于路以采詩獻之太師比其音律以聞於天子故曰王者不窺牖戶而知天下此先王制土處民富而教之之大略也漢書食貨志

王道之至於民也其亦深矣賢人君子自潔於上而民不免爲小人朝廷之間揖讓如禮而民不免爲盜賊禮行於上而淫僻邪放之風起於下而不能止此猶未免爲王道之未成也王道之本始於民之自喜而成於民之相愛而王者之所以求之於民者其粗始於力田而其精極於孝悌廉恥之際力田者民之最勞而孝悌廉恥者匹夫匹婦之所不悅強所最勞而使之有自喜之心勸所不悅而使之有相愛之意故夫王道之成而及其至於民其亦深矣古者天下之災水旱相仍而上下不相保此其禍起於民之不自喜於力田天下之亂盜賊放恣兵革不息而民不樂業此其禍起於民之不相愛而棄其孝悌廉恥之節夫自喜則雖有太勞而其事不遷相愛則雖有強狠之心而顧其親戚之樂以不忍自棄於不義此二者王道之大權也欒城集。民政策一

王者高拱於穆清之上而化行於裨海之外何修何飭而致哉以純王之心行純王之政爾老吾老以及人之老幼吾幼以及人之幼此純王之心也使老者得其養幼者得其所此純王之政也明道文集。南廟試策第一道

爲人君者正心以正朝廷正朝廷以正百官正百官以正萬民正萬民以正四方四方正遠近莫敢不壹於正而亡有邪氣奸其間者是以陰陽調而風雨時羣生和而萬民殖五穀孰而草木茂天地之間被潤澤而大豐美四海之內聞盛德而皆徠臣諸福之物可致之祥莫不畢至而王

道終矣。孔子曰。鳳鳥不至。河不出圖。吾已矣夫。自悲可致此物而身卑賤不得致也。漢書董仲舒傳

法度　舊章

法。常也。爾雅

太宰之職。掌建邦之六典。以佐王治邦國。一曰治典。以經邦國。以治官府。以紀萬民。二曰教典。以安邦國。以教官府以擾萬民。三曰禮典。以和邦國。以統百官。以諧萬民。四曰政典。以平邦國。以正百官。以均萬民。五曰刑典。以詰邦國以刑百官。以糾萬民。六曰事典。以富邦國。以任百官。以生萬民。周官天官

典。常也。經也。法也。王謂之禮經。常所秉以治天下也。邦國官府謂之禮法。常所守以爲法式也。周禮注

以八法治官府。一曰官屬。以舉邦治。二曰官職。以辨邦治三曰官聯。以會官治。四曰官常。以聽官治。五曰官成。以經邦治。六曰官法。以正邦治。七曰官刑。以糾邦治。八曰官計以弊邦治。周官天官

以八則治都鄙。一曰祭祀。以馭其神。二曰法則。以馭其官三曰廢置。以馭其吏。四曰祿位。以馭其士。五曰賦貢。以馭其用。六曰禮俗。以馭其民。七曰刑賞。以馭其威。八曰田役以馭其衆。同上

以八統詔王馭萬民一曰親親二曰敬故三曰進賢四曰使能五曰保庸六曰尊貴七曰達吏八曰禮賓同上

正月之吉始和布治於邦國都鄙乃縣治象之法于象魏使萬民觀治象挾日而斂之同上

象魏闕也周官解詁

大司徒之職正月之吉始和布教于邦國都鄙乃縣教象之法于象魏使萬民觀教象挾日而斂之乃施教法於邦國都鄙使之各以教其所治民周官地官

大司馬之職正月之吉始和布政于邦國都鄙乃縣政象之法于象魏使萬民觀政象挾日而斂之周官夏官

大司寇之職正月之吉始和布刑于邦國都鄙乃縣刑象之法于象魏使萬民觀刑象挾日而斂之周官秋官

哀公三年夏五月辛卯司鐸火火踰公宮桓僖災季桓子至御公立于象魏之外命藏象魏曰舊章不可亡也春秋左氏傳

周禮正月縣教令之法于象魏使萬民觀之故謂其書爲象魏春秋經傳集解

舊章周公之禮法詩箋

禮莫大于聖王聖王有百吾孰法焉故曰文久而息節族久而絶守法數之有司極禮而褫故曰欲觀聖王之跡則于其粲然者矣後王是也故曰欲觀千歲則審今日欲知億萬則審一二欲知上世則審周道故曰以近知遠以一知萬以微知明此之謂也荀子非相篇

聖人何以不欺曰聖人者以己度者也故以人度人以情度情以類度類以說度功以道觀盡古今一度也類不悖雖久同理故向于邪曲而不迷觀乎雜物而不惑以此度之五帝之外無傳人非無賢人也久故也禹湯有傳政而不若周之察也非無善政也久故也傳者久則論略近則論詳略則舉大詳則舉小愚者聞其略而不知其詳聞其詳而不知其大也是以文久而滅節族久而絶同上

千人萬人之情一人之情是也天地始者今日是也百王之道後王是也君子審後王之道而論于百王之前若端拜而議推禮義之統分是非之分總天下之要治海内之衆若使一人故操彌約而事彌大五寸之矩盡天下之方也故君子不下堂室而海内之情舉積此者則操術然也荀子不苟篇

利不百不變法功不十不易器法古無過循禮無邪史記商君傳

聖人不易民而教知者不變法而治因民而教不勞而成功緣法而治者吏習而民安之同上

必有關雎麟趾之意然後可行周官法度二程外書

有亂國無亂君有治人無治法羿之法非亡也而羿不世中禹之法非亡也而夏不世王故法不能獨立類不能自行得其人則存失其人則亡法者治之端也君子者法之原也荀子君道篇

法而不議則法之所不至者必廢職而不通則職之所不及者必隊故法而議職而通無隱謀無遺善而百事無過非君子莫能故公平者職之衡也中和者聽之繩也其有法者以法行無法者以類舉聽之盡也偏黨而無經聽之辟也故有良法而亂者有之矣有君子而亂者自古及今未嘗聞也荀子王制篇

夫孔孟之時去周之初已數百歲其舊法已亡舊俗已熄久矣二子乃獨明先王以謂不可改者豈將強天下之主以後世之不可爲哉亦將因其所遇之時所遭之變而爲當世之法使不失乎先王之意而已二帝三王之爭其變固殊其法固異而其爲國家天下之意本末先後未嘗不同也二子之道如是而已蓋法者所以適變也不必盡同道者所以立本也不可不一此理之不易者也故二子者守此豈好爲異論哉能勿苟而已矣可謂不惑乎流俗而篤於自信者也元豐類藁○戰國策目錄序

民事

太宰以九職任萬民一曰三農生九穀二曰園圃毓草木三曰虞衡作山澤之材四曰藪牧養蕃鳥獸五曰百工飭化八材六曰商賈阜通貨賄七曰嬪婦化治絲枲八曰臣妾聚斂疏材九曰閒民無常職轉移執事周禮天官

大司徒頒職事十有二于邦國都鄙使以登萬民一曰稼穡二曰樹藝三曰作材四曰阜蕃五曰飭財六曰通財七曰化材八曰斂材九曰生材十曰學藝十有一曰世事十有二曰服事周禮地官

閭師凡任民任農以耕事貢九穀任圃以樹事貢草木任工以飭材事貢器物任商以市事貢貨賄任牧以畜事貢鳥獸任嬪以女事貢布帛任衡以山事貢其物任虞以澤事貢其物同上

井地 制產 田里 溝洫 防 經界

制井田立其五溝五塗之界其制似井之字因取名焉周禮注

理民之道地著爲本故必建步立晦正其經界六尺爲步步百爲晦晦百爲夫夫三爲屋屋三爲井井方一里是爲九夫八家共之各受私田百晦公田十晦是爲八百八十晦餘二十晦以爲廬舍漢書食貨志

方一里者爲田九百畝方十里者爲方一里者百爲田九萬畝方百里者爲方十里者百爲田九十億畝山林陵麓川澤溝瀆城郭宮室塗巷三分去一其餘六十億畝方千里者爲方百里者百爲田九萬億畝禮記王制

古者以周尺八尺爲步今以周尺六尺四寸爲步古者百畝當今東田百四十六畝三十步古者百里當今百二十一里六十步四尺二寸二分同上

載師掌任土之法以物地事授地職而待其政令以廛里任國中之地以場圃任園地以宅田士田賈田任近郊之地以官田牛田賞田牧田任遠郊之地以公邑之田任甸地以家邑之田任稍地以小都之田任縣地以大都之田

任土地 周禮地官

凡造都鄙制其地域而封溝之以其室數制之不易之地家百畮一易之地家二百畮再易之地家三百畮 同上

大司徒

乃經土地而井牧其田野九夫爲井四井爲邑四邑爲丘四丘爲甸四甸爲縣四縣爲都以任地事而令貢賦 同上

小司徒

遂人掌邦之野以土地之圖經田野造縣鄙形體之法五家爲鄰五鄰爲里四里爲酇五酇爲鄙五鄙爲縣五縣爲遂皆有地域溝樹之使各掌其政令以歲時稽其人民而授之田野簡其兵器教之稼穡辨其野之土上地中地下地以頒田里上地夫一廛田百畮萊五十畮餘夫亦如之中地夫一廛田百畮萊百畮餘夫亦如之下地夫一廛田百畮萊二百畮餘夫亦如之凡治野夫間有遂遂上有徑十夫有溝溝上有畛百夫有洫洫上有涂千夫有澮澮上有道萬夫有川川上有路以達於畿 同上

匠人爲溝洫耜廣五寸二耜爲耦一耦之伐廣尺深尺謂之甽田首倍之廣二尺深二尺謂之遂九夫爲井井間廣四尺深四尺謂之溝方十里爲成成間廣八尺深八尺謂之洫方百里爲同同間廣二尋深二仞謂之澮專達於川各載其名 考工記 ○ 甽畎同

先儒謂遂人匠人之法不同蓋以遂人百夫有洫而匠人成間謂之洫乃九百夫之地也遂人千夫有澮而匠人同間謂之澮乃九萬夫之地也不知百夫有洫而九百夫之地不過爲洫者八其外始有澮環之千夫有澮而九千夫之地不過爲澮者八其外始有川環之積至於九萬夫之地亦不過爲澮者七十有二環澮之川九而已其環於百里之外者卽環於三十三里外之川也同間之澮積數雖多而其實卽千夫之澮同間之澮所達之川卽千夫之澮所達之川然則遂人匠人之法實一而已 周官析疑

稻人掌稼下地以豬畜水以防止水以溝蕩水以遂均水以列舍水以澮寫水 周禮地官

偃豬者畜流水之陂也防豬旁隄也遂田首受水小溝也列田之畦埒也澮田尾去水大溝也 周禮注

雍氏掌溝瀆澮池之禁凡害於國稼者 周禮秋官

溝瀆澮田間通水者也池謂陂障之水道也 周禮注

凡溝逆地防謂之不行水屬不理孫謂之不行梢溝三十里而廣倍凡行奠水奠折以參伍欲爲淵則句於矩凡溝必因水埶防必因地埶善溝者水漱之善防者水淫之凡爲防廣與崇方其𣂪參分去一大防外𣂪凡溝防必一日先深之以爲式里爲式然後可以傳衆力考工記匠人

省耕省斂

省視也許氏說文

古之君人者必時視民之所勤民勤於力則功築罕民勤於財則貢賦少民勤於食則百事廢矣春秋穀梁傳莊公二十九年

孟春之月王命布農事命田舍東郊皆修封疆審端徑術善相邱陵阪險原隰土地所宜五穀所殖以教道民必躬親之田事既飭先定準直農乃不惑禮記月令

季春之月天子布德行惠命有司發倉廩賜貧窮振乏絕同上

孟夏之月命野虞出行田原爲天子勞農勸民毋或失時命司徒巡行縣鄙命農勉作毋休于都同上

孟秋之月命百官始收斂同上

仲秋之月乃命有司趣民收斂務畜菜多積聚乃勸種麥毋或失時其有失時行罪無疑同上

孟冬之月命有司循行積聚無有不斂同上

季冬之月命農計耦耕事修耒耜具田器同上

鄉師以歲時巡國及野而賙萬民之囏阨以王命施惠周

禮地官

遂師巡其稼穡而移用其民以救其時事同上

遂大夫正歲簡稼器修稼政同上

鄰長若歲時簡器與有司數之趨其耕耨稽其女功同上

里宰以歲時合耦于耡以治稼穡趨其耕耨行其秋叙同上

耡里宰治處也若今街彈之室周禮注

旅師掌聚野之耡粟屋粟閒粟而用之以質劑致民平頒其興積施其惠散其利而均其政令凡用粟春頒而秋斂

之周禮地官

司稼掌巡邦野之稼而辨穜稑之種周知其名與其所宜地以爲法而縣于邑閭巡野觀稼以年之上下出斂法掌均萬民之食而賙其急而平其興同上

稅什一　貢　助　徹　粟米之征　布縷之征

稅謂公田什一及工商虞衡之入也漢書地理志

什一者天下之中正也多乎什一大桀小桀寡乎什一大貉小貉什一者天下之中正也什一行而頌聲作矣春秋公羊傳○宣公十五年

禹平洪水定九州制土田各因所生遠近賦入貢棐漢書食貨志○棐與篚同

賦者自上稅下之名貢者從下獻上之稱書正義

冀州厥土惟白壤厥賦惟上上錯厥田惟中中濟河惟兖

州厥土黑墳厥田惟中下厥賦貞作十有三載乃同厥貢漆絲厥篚織文海岱惟青州厥土白墳海濱廣斥厥田惟上下厥賦中上厥貢鹽絺海物惟錯岱畎絲枲鉛松怪石厥篚檿絲海岱及淮惟徐州厥土赤埴墳厥田惟上中厥賦中中厥貢惟土五色羽畎夏翟嶧陽孤桐泗濱浮磬淮夷蠙珠暨魚厥篚玄纖縞淮海惟揚州厥土惟塗泥厥田惟下下厥賦下上上錯厥貢惟金三品瑤琨篠簜齒革羽毛惟木厥篚織貝厥包橘柚錫貢荊及衡陽惟荊州厥土惟塗泥厥田惟下中厥賦上下厥貢羽毛齒革惟金三品

杶幹栝柏礪砥砮丹惟箘簵楛三邦底貢厥名包匭菁茅厥篚玄纁璣組九江納錫大龜荆河惟豫州厥土惟壤下土墳壚厥田惟中上厥賦錯上中厥貢漆枲絺紵厥篚纖纊錫貢磬錯華陽黑水惟梁州厥土青黎厥田惟下上厥賦下中三錯厥貢璆鐵銀鏤砮磬熊羆狐貍織皮黑水西河惟雍州厥土惟黃壤厥田惟上上厥賦中下厥貢惟球琳琅玕 尚書禹貢

五百里甸服百里賦納總二百里納銍三百里納秸服四百里粟五百里米 同上

古者公田藉而不稅市廛而不稅關譏而不征林麓川澤以時入而不禁 禮記王制

古謂殷時藉之言借也借民力治公田美惡取於此不稅民之所自治也 禮記注

篤公劉度其隰原徹田爲糧 詩大雅

王命召虎式辟四方徹我疆土 同上

王命召伯徹申伯土田王命召伯徹申伯土疆 同上

以載師職及司馬法論之周制畿內用夏之貢法稅夫無公田以詩春秋論語孟子論之周制邦國用殷之助法制

公田不稅夫貢者自治其所受田貢其稅穀助者借民之力以治公田又使收斂焉畿內用貢法者鄉遂及公邑之吏旦夕從民事爲其促之以公使不得恤其私邦國用助法者諸侯專一國之政爲其貪暴稅民無藝 周禮注 考工記匠人

大宰之職以九賦斂財賄一曰邦中之賦二曰四郊之賦三曰邦甸之賦四曰家削之賦五曰邦縣之賦六曰邦都之賦七曰關市之賦八曰山澤之賦九曰幣餘之賦以九貢致邦國之用一曰祀貢二曰嬪貢三曰器貢四曰幣貢五曰財貢六曰貨貢七曰服貢八曰斿貢九曰物貢 周禮天官

祀貢犧牲包茅之屬斿貢羽毛也 周官解詁

嬪貢絲枲也器貢銀鐵石磬丹漆也幣貢玉馬皮帛也材貢櫄幹栝柏篠簜也貨貢金玉龜貝也服貢絺紵也物貢雜物魚鹽橘柚之屬 周禮注

大司徒之職以土均之法辨五物九等制天下之地征以作民職以令地貢以斂財賦以均齊天下之政凡造都鄙乃分地職奠地守制地貢而頒職事焉以爲地法而待政

令周禮地官

載師凡任地國宅無征園廛二十而一近郊十一遠郊二十而三甸稍縣都皆無過十二惟其漆林之征二十而五凡宅不毛者有里布凡田不耕者出屋粟凡無職事者出夫家之征以時徵其賦同上

閭師凡任民任農以耕事貢九穀任圃以樹事貢草木任工以飭材事貢器物任商以市事貢貨賄任牧以畜事貢鳥獸任嬪以女事貢布帛任衡以山事貢其物任虞以澤事貢其物凡無職者出夫布同上

宅不毛者謂不種桑麻也布泉也周官解詁

載師云凡宅不毛者有里布田不耕者出屋粟民無職事者出夫家之征閭師又云凡民無職者出夫布前重後輕者前以待士大夫之有士者後方是庶民宅不毛為其為亭臺也田不耕為其為池沼也凡民無職事者此是大夫家所養浮泛之人也朱子語類

賦力役之征 使民 勞

賦謂出車徒給繇役也周禮注小司徒

賦共車馬甲兵士徒之役充實府庫賜予之用漢書食貨志

大司徒之職掌建邦之土地之圖與其人民之數以佐王安擾邦國大喪帥六鄉之衆庶屬其六引而治其政令大軍旅大田役以旗致萬民而治其徒庶之政令周禮地官

小司徒之職掌建邦之教法以稽國中及四郊都鄙之夫家九比之數以辨其貴賤老幼廢疾凡征役之施舍乃頒

比法于六鄉之大夫使各登其鄉之衆寡六畜車輦辨其物以歲時入其數以施政教行徵令及三年則大比大比則受邦國之比要乃會萬民之卒伍而用之五人為伍五伍為兩四兩為卒五卒為旅五旅為師五師為軍以起軍旅以作田役以比追胥以令貢賦乃均土地以稽其人民而周知其數上地家七人可任也者家三人中地家六人可任也者二家五人下地家五人可任也者家二人凡起徒役毋過家一人以其餘為羨惟田與追胥竭作凡用衆庶則掌其政教與其戒禁聽其辭訟施其賞罰誅其犯命

者。凡國之大事。致民。大故致餘子。乃分地域而辨其守。施其職而平其政。大軍旅、帥其衆庶。小軍旅、巡役。治其政令。大喪、帥邦役。治其政教。及大比六鄉四郊之吏。平教治正政事。攷夫屋及其衆寡。六畜兵器。以待政令。同上。○施當爲弛

夫家、猶言男女也、大比、謂使天下更簡閱民數、及其財物也、役、功力之事、追、逐寇也、胥、伺捕盜賊也、止以七人六人五人爲卒者、有夫有婦然後成家、自二人以至於十爲九等、七六五者爲其中、可任、謂丁强任力役之事者、出老者

一人、其餘男女强弱相半、其大數、周禮注

鄉師之職。以國比之法。以時稽其夫家衆寡。辨其老幼貴賤廢疾馬牛之物。辨其可任者與其施舍者。掌其戒令糾禁。聽其獄訟。大役則帥民徒而至。治其政令。既役則受州里之役要。以攷司空之辟。以逆其役事。凡邦事令作秩敘。大軍旅會同。正治其徒役與其輂輦。戮其犯命者。大喪用役。則帥其民而至。遂治之。及葬執纛以與匠師御匶而治役。凡四時之田前期。出田法于州里。簡其鼓鐸旗物兵器。修其卒伍。及期以司徒之大旗致衆庶而陳之。以旗物辨鄉邑而治其政令刑禁。巡其前後之屯。而戮其犯命者。斷其爭禽之訟。凡四時之徵令有常者。以木鐸徇于市朝。正歲稽其鄉器。比共吉凶二服。閭共祭器。族共喪器。黨共射器。州共賓器。鄉共吉凶禮樂之器。若國大比。則攷教察辭稽器展事。以詔誅賞。周禮地官

輂、駕馬、輦、人輓、行所以載任器也、止以爲蕃營、司馬法曰、夏后氏謂輦曰余車、殷曰胡奴車、周曰輜輦、輦一斧一斤一鑿一梩一鋤、周輦加二版二築、又曰夏后氏二十人而輦、殷十八人而輦、周十五人而輦、田法、人徒及所當有吉

服者、祭服也、凶服者、弔服也、比長主集爲之、祭器者、簠簋鼎俎之屬、閭胥主集爲之、喪器者、夷槃素俎楬豆輁軸之屬、族師主集爲之、此三者民所以相共也。射器者、弓矢楅中之屬、黨正主集爲之、爲州長或時射於此黨也、賓器者、尊俎笙瑟之屬、州長主集爲之、爲鄉大夫或時賓賢能於此州也、吉器若閭祭器者也、凶器若族喪器者也、禮樂之器若州黨賓射之器者、鄉大夫備集此四者、爲州黨族閭或有故而不共也、此鄉器者旁使相共。則民無廢事。上下相補則禮行而教成。周禮注

鄉大夫之職以歲時登其夫家之衆寡辨其可任者國中自七尺以及六十野自六尺以及六十有五皆征之其舍者國中貴者賢者能者服公事者老者疾者皆舍以歲時入其書周禮地官

州長各掌其州之教治政令之法若國作民而師田行役之事則帥而致之掌其戒令與其賞罰同上

師謂征伐田謂田獵行謂巡狩役謂役作周禮疏

黨正各掌其黨之政令教治凡作民而師田行役則以其法治其政事以歲時涖校比及大比亦如之周禮地官

族師各掌其族之戒令政事以邦比之法帥四閭之吏以時屬民而校登其族之夫家衆寡辨其貴賤老幼廢疾可任者及其六畜車輦五家爲比十家爲聯五人爲伍十人爲聯四閭爲族八閭爲聯使之相保相受刑罰慶賞相及相共以受邦職以役國事以相葬埋若作民而師田行役則合其卒伍簡其兵器以鼓鐸旗物帥而至掌其治令戒禁刑罰同上

閭胥各掌其閭之徵令以歲時各數其閭之衆寡辨其施舍凡春秋之祭祀役政喪紀之數聚衆庶凡事掌其比同上

鼓人凡軍旅夜鼓鼜軍動則鼓其衆田役亦如之同上

縣師掌邦國都鄙稍甸郊里之地域而辨其夫家人民田萊之數及其六畜車輦之稽若將有軍旅會同田役之戒則受法於司馬以作其衆庶及馬牛車輦會其車人之卒伍使皆備旗鼓兵器以帥而至同上

遂人掌邦之野以歲時登其夫家之衆寡及其六畜車輦辨其老幼廢疾與其施舍者以頒職作事以令貢賦以令師田以起政役若起野役則令各帥其所治之民而至以

遂之大旗致之其不用命者誅之凡賓客令脩野道而委積大喪帥六遂之役而致之掌其政令及葬帥而屬六綍及窆陳役凡事致野役而師田作野民帥而至掌其政治禁令同上

遂師各掌其遂之政令戒禁以時登其夫家之衆寡六畜車輦辨其施舍與其可任者作役事則聽其治訟大喪使帥其屬以幄帟先道野役及窆抱磨共丘籠及蜃車之役軍旅田獵平野民掌其禁令比叙其事而賞罰同上

縣正各掌其縣之政令徵比若將用野民師田行役移執

事則帥而至治其政令旣役則稽功會事而誅賞同上

鄙師凡作民則掌其戒令同上

酇長各掌其酇之政令若作其民而用之則以旗鼓兵革帥而至同上

稍人掌令邱乘之政令若有會同師田行役之事則以縣師之法作其同徒輂輦帥而以至治其政令以聽于司馬大喪帥蜃車與其役以至掌其政令以聽于司徒同上

四井爲邑四邑爲邱邱有戎馬一匹牛三頭是曰匹馬邱牛四邱爲甸甸六十四井出長轂一乘馬四匹牛十二頭甲士三人步卒七十二人戈楯具謂之乘馬司馬法

大司馬之法掌建邦國之九法以佐王平邦國凡令賦以地與民制之上地食者參之二其民可用者家三人中地食者半其民可用者二家五人下地食者參之一其民可用者家二人及致建大常比軍衆誅後至者大役與慮事屬其植受其要以待攷而誅賞周禮夏官

致衆衆也大役築城邑也慮事者封人也於有役司馬與之植築城植也屬賦丈尺與其用人數周禮注

均人掌均地政均地守均地職均人民牛馬車輦之力政

凡均力政以歲上下豐年則公旬用三日焉中年則公旬用二日焉無年則公旬用一日焉凶札則無力政無財賦不收地守地職不均地政三年大比則大均周禮地官

用民之力歲不過三日禮記王制

凡土功龍見而畢務戒事也火見而致用水昏正而栽日至而畢春秋左氏傳。莊公二十九年

九月龍星角亢晨見東方三務始畢戒民以土功事大火心星次角亢見者致築作之物十月定星昏而中於是樹板榦而興作日南至微陽始動故土功息春秋經傳集解

時儆曰收而場功待而畚挶營室之中土功其始火之初見期于司里國語

先王制土藉田以力而砥其遠邇賦里以入而量其有無任力以夫而議其老幼於是乎有鰥寡孤疾有軍旅之出則徵之無則已其歲收田一井出稯禾秉芻缶米不是過也同上

庠序校

古之教者家有塾黨有庠術有序禮記學記○鄭注術當為遂陳氏集說術當為州

古者仕焉而已者歸教於閭里朝夕坐於門禮記注

門側之堂謂之塾爾雅釋宮

大夫七十而致仕老于鄉里名曰父師士曰少師以教鄉人子弟於門塾之基而教之學焉尚書大傳

大夫七十而致仕老其鄉里大夫為父師士為少師耰鉏已藏新穀已入歲事已畢餘子皆入學年十五始入小學見小節踐小義焉年十八始入大學見大節踐大義焉距

冬至四十五日始出學傅農事上老平明坐于右塾庶老坐于左塾餘子畢出然後皆歸夕亦如之餘子皆入父之齒隨行兄之齒鴈行朋友不相踰輕任并重任分頒白者不提攜出入皆如之同上

古之教民百里皆有師里中之老有道德者為里右師其次為左師教里中之子弟以道藝孝弟仁義也白虎通義

庠序亦學也庠之言詳也於以考禮詳事也序次序王事也禮記注

校是學之別名言於其中可以校正道藝故稱校也詩正義

大司徒以土會之法辨五地之物生一曰山林其民毛而方二曰川澤其民黑而津三曰邱陵其民專而長四曰墳衍其民皙而瘠五曰原隰其民豐肉而庳因此五物者民之常而施十有二教焉一曰以祀禮教敬則民不苟二曰以陽禮教讓則民不爭三曰以陰禮教親則民不怨四曰以樂禮教和則民不乖五曰以儀辨等則民不越六曰以俗教安則民不偷七曰以刑教中則民不虣八曰以誓教

恤則民不怠九曰以度教節則民知足十曰以世事教能則民不失職十有一曰以賢制爵則民慎德十有二曰以庸制祿則民興功正月之吉始和布教於邦國都鄙乃縣教象之法於象魏使萬民觀教象挾日而斂之乃施教法於邦國都鄙使之各以教其所治民令五家為比使之相保五比為閭使之相受四閭為族使之相葬五族為黨使之相救五黨為州使之相賙五州為鄉使之相賓以鄉三物教萬民而賓興之一曰六德知仁聖義忠和二曰六行孝友睦婣任恤三曰六藝禮樂射御書數以鄉八刑糾萬

民一日不孝之刑二日不睦之刑三日不婣之刑四日不弟之刑五日不任之刑六日不恤之刑七日造言之刑八日亂民之刑以五禮防萬民之僞而教之中以六樂防萬民之情而教之和歲終則令教官正治而致事正歲令于教官曰各共爾職修乃事以聽王命其有不正則國有常刑周禮地官

司徒修六禮以節民性明七教以興民德齊八政以防淫一道德以同俗養耆老以致孝恤孤獨以逮不足上賢以崇德簡不肖以絀惡禮記王制

六禮冠昏喪祭鄉相見七教父子兄弟夫婦君臣長幼朋友賓客八政飲食衣服事爲異別度量數制同上

鄉大夫之職各掌其鄉之政教禁令正月之吉受教法于司徒退而頒之于其鄉吏使各以教其所治以攷其德行察其道藝三年則大比攷其德行道藝而興賢者能者鄉老及鄉大夫帥其吏與其衆寡以禮禮賓之厥明鄉老及鄉大夫羣吏獻賢能之書于王王再拜受之登于天府內史貳之退而以鄉射之禮五物詢衆庶一曰和二曰容三曰主皮四曰和容五曰興舞此謂使民興賢出使長之使民興能入使治之正歲令羣吏考法于司徒以退各憲之于其所治周禮地官

州長各掌其州之教治政令之法正月之吉各屬其州之民而讀法以攷其德行道藝而勸之以糾其過惡而戒之若以歲時祭祀州社則屬其民而讀法亦如之春秋以禮會民而射於州序凡州之大祭祀大喪皆涖其事歲終則會其州之政令正歲則讀教法如初三年大比則大攷州里以賛鄉大夫廢興周禮地官

讀法者讀一年政令及十二教之法使知之周禮疏

序州黨之學也會民而射所以正其志也周禮注

黨正各掌其黨之政令教治及四時之孟月吉日則屬民而讀邦法以糾戒之春秋祭禜亦如之國索鬼神而祭祀則以禮屬民而飲酒于序以正齒位一命齒于鄉里再命齒于父族三命而不齒凡其黨之祭祀喪紀昏冠飲酒教其禮事掌其禁戒正歲屬民讀法而書其德行道藝以歲時涖校比及大比亦如之周禮地官

正齒位者爲民三時務農將闕於禮至此農隙而教之尊長養老見孝弟之道也周禮注

族師各掌其族之戒令政事月吉則屬民而讀邦法書其孝弟睦婣有學者春秋祭酺亦如之 周禮地官

鄉大夫治五州去民遠不讀法州長治五黨去民漸親故四讀法黨正去民彌親故七讀法族師十四讀法彌多於此 周禮疏

彌親民者於教亦彌數 周禮注

閭胥凡春秋之祭祀役政喪紀之數聚衆庶既比則讀法書其敬敏任恤者 周禮地官

敬敏任恤易見者也閭胥書之孝弟睦婣有學進于是者

也族師書之德行則非特孝弟也道藝則非特有學也黨正書之書之者易攷之者難故書于黨正攷于州長與于鄉大夫以卑者其責輕尊者其責重也 陳氏禮書

比長各掌其比之治五家相受相和親有辠奇衺則相及 周禮地官

命鄉簡不帥教者以告耆老皆朝于庠元日習射上功習鄉上齒大司徒帥國之俊士與執事焉不變命國之右鄉簡不帥教者移之左命國之左鄉簡不帥教者移之右如初禮不變移之郊如初禮不變移之遂如初禮不變屏之遠方終身不齒 禮記王制

命鄉論秀士升之司徒曰選士司徒論選士之秀者而升之學曰俊士升於司徒者不征於鄉升於學者不征於司徒曰造士 同上

學

學所以敎士之宮禮記注

國有學禮記學記

國謂天子所都及諸侯國中也禮記正義

古者年八歲而出就外舍學小藝焉履小節焉束髮而就大學學大藝焉履大節焉大戴禮保傅篇

使公卿之太子大夫元士之適子十有三年始入小學見小節焉踐小義焉二十入大學見大節焉踐大義焉故入小學知父子之道長幼之序入大學知君臣之義上下之位故爲君則君爲臣則臣爲父則父爲子則子尚書大傳

小學謂虎闈師保之學也大戴禮注

小學在公宮南之左禮記王制

師氏掌以媺詔王以三德教國子一曰至德以爲道本二曰敏德以爲行本三曰孝德以知逆惡教三行一曰孝行以親父母二曰友行以尊賢良三曰順行以事師長居虎門之左司王朝掌國中失之事以教國子弟凡國之貴遊子弟學焉周禮地官

保氏掌諫王惡而養國子以道乃教之六藝一曰五禮二曰六樂三曰五射四曰五馭五曰六書六曰九數乃教之六儀一曰祭祀之容二曰賓客之容三曰朝廷之容四曰喪紀之容五曰軍旅之容六曰車馬之容同上

國子公卿大夫之子弟師氏教之而世子亦齒焉學君臣父子長幼之道周禮注

大學在郊天子曰辟雍諸侯曰頖宮禮記王制

辟雍者築土雝水之外圓如璧四方來觀者均也泮之言半也半水者蓋東西門以南通水北無也詩鄭箋

辟明雍和也所以明和天下頖之言班也所以班政教也

禮記注

天子設四學當入學而太子齒禮記祭義

學禮曰帝入東學上親而貴仁則親疏有序而恩相及矣帝入南學上齒而貴信則長幼有差而民不誣矣帝入西學上賢而貴德則聖智在位而功不匱矣帝入北學上貴而尊爵則貴賤有等而下不踰矣帝入太學承師問道退習而考於太傅太傅罰其不則而達其不及則智德長而治道得矣此五學者既成於上則百姓黎民化輯於下矣漢書賈誼傳大戴禮保傅篇同

周人立四代之學立謂一處並建四學耳周曰辟雍則辟
雍最居中其北爲有虞氏之學其東爲夏后氏之學其西
爲商人之學其南爲周之東膠當學干戈羽籥者就東序
學禮者就瞽宗學書者就虞庠其辟雍惟天子養老出師
成謀與受俘大射就焉又以虞之庠建之於黨故黨有庠
以夏之序建之於州故州有序以商之校建之於鄉故鄉
有校擇小學之秀者移之庠庠之秀者升之序序之秀者
升之校校之秀者升之大學大學在郊以周包四代之學
故記禮者紛紛所指之體偏也七經小傳從義疏定本

樂正崇四術立四教順先王詩書禮樂以造士春秋教以
禮樂冬夏教以詩書王大子王子羣后之太子卿大夫元
士之適子國之俊選皆造焉凡入學以齒禮記王制
大司樂掌成均之法以治建國之學政而合國之子弟焉
凡有道者有德者使教焉死則以爲樂祖祭于瞽宗以樂
德教國子中和祗庸孝友以樂語教國子興道諷誦言語
以樂舞教國子舞雲門大卷大咸大磬大夏大濩大武周
禮春官
大師掌六律六同以合陰陽之聲陽聲黃鍾大蔟姑洗蕤

賓夷則無射陰聲大呂應鍾南呂函鍾小呂夾鍾皆文之
以五聲宮商角徵羽皆播之以八音金石土革絲木匏竹
教六詩曰風曰賦曰比曰興曰雅曰頌以六德爲之本以
六律爲之音同上
六德卽大司樂所教六德六律兼六同而言儀禮經傳通
解
樂師掌國學之政以教國子小舞周禮春官
籥師掌教國子舞羽歙籥同上
大胥掌學士之版以待致諸子春入學舍采合舞秋頒學

合聲以六樂之會正舞位以序出入舞者比樂官展樂器
凡祭祀之用樂者以鼓徵學士同上
小胥掌學士之徵令而比之觵其不敬者巡舞列而撻其
怠慢者同上
學士謂司徒論俊選所升於學者禮記注
凡學世子及學士必時春夏學干戈秋冬學羽籥皆於東
序小樂正學干大胥贊之籥師學戈籥師丞贊之胥鼓南
春誦夏弦太師詔之瞽宗秋學禮執禮者詔之冬讀書典
書者詔之禮在瞽宗書在上庠凡祭與養老乞言合語之

禮皆小樂正詔之於東序大樂正學舞干戚語說命乞言皆大樂正授數大司成論說在東序凡侍坐於大司成者遠近間三席可以問終則負牆列事未盡不問凡學春官釋奠於其先師秋冬亦如之凡始立學者必釋奠於先聖先師及行事必以幣凡釋奠者必有合也有國故則否凡大合樂必遂養老始立學者既興器用幣然後釋菜不舞不授器乃退儐於東序一獻無介語可也禮記文王世子

大學始教皮弁祭菜示敬道也宵雅肄三官其始也入學鼓篋孫其業也夏楚二物收其威也未卜禘不視學游其

志也時觀而弗語存其心也幼者聽而弗問學不躐等也此七者教之大倫也記曰凡學官先事士先志其此之謂乎禮記學記

大學之教也時教必有正業退息必有居學不學操縵不能安絃不學博依不能安詩不學雜服不能安禮不興其藝不能樂學故君子之於學也藏焉修焉息焉游焉夫然故安其學而親其師樂其友而信其道是以雖離師輔而不反也兌命曰敬孫務時敏厥修乃來其此之謂乎同上

大學之法禁於未發之謂豫當其可之謂時不陵節而施之謂孫相觀而善之謂摩此四者教之所由興也同上

比年入學中年考校一年視離經辨志三年視敬業樂羣五年視博習親師七年視論學取友謂之小成九年知類通達強立而不反謂之大成夫然後足以化民易俗近者說服而遠者懷之此大學之道也記曰蛾子時術之其此之謂乎同上

將出學小胥大胥小樂正簡不帥教者以告于大樂正大樂正以告于王王命三公九卿大夫元士皆入學不變王親視學不變王三日不舉屏之遠方西方曰棘東方曰寄

終身不齒禮記王制

出學謂九年大成學止也禮記注

衆庶之家易治故考校在三年大比之時世祿之家難化故在學九年大成之後三年之近故必四不變乃屏之九年之遠則二不變屏之可也禮記解

大樂正論造士之秀者以告于王而升諸司馬曰進士司馬辨論官材論進士之賢者以告於王而定其論論定然後官之任官然後爵之位定然後祿之禮記王制

凡語於郊者必取賢斂才焉或以德進或以事舉或以言

揚禮記文王世子

語謂論說於郊學大樂正論造士之秀者升諸司馬曰進士謂此矣禮記注

古者鄉學教庶人國學教國子鄉學所升曰選士不過用爲鄉遂之吏而選用之權在司徒國學所升曰進士則命爲朝廷之官而爵祿之權在司馬此鄉國教選之異所以爲編戶世家之別也然庶人之仕進亦有二道可爲選士者司徒試用之一也國學則論選之法與國子同二也禮記中義

古之人自家至於天子之國皆有學自幼至於長未嘗去於學之中學有詩書六藝弦歌洗爵俛仰之容升降之節以習其心體耳目手足之舉措又有祭祀鄉射養老之禮以習其恭讓進材論獄出兵授捷之法以習其從事師友以解其惑勸懲以勉其進戒其不率其所以爲具如此而其大要則務使人學其性不獨防其邪僻放肆也雖有剛柔緩急之異皆可以進之於中而無過不及使其識之明氣之充於其心則其用之於進退語默之間而無不得其宜臨之以禍福死生之故而無足以動其意者爲天下之士而所以養其身之備如此則又使知天地事物之變古今治亂之理至於損益廢置先後始終之要無所不知其在堂戶之上而四海九州之業萬世之策皆得及出而履天下之任列百官之中則隨所施爲無不可者何則其素所學問然也蓋凡人之起居飲食動作之小事至於修身爲國家天下之大體皆自學出而無斯須去於教也其動於視聽四支者必使其洽於內其謹於初者必使其要於終驅之以自然而待之以積久噫何其至也故其俗之成則刑罰措其材之成則三公百官得其士其爲法之永則

中材可以守其入人之深則雖更衰世而不亂爲教之極至此鼓舞天下而人不知其從之豈用力也哉及三代之衰聖人之制作盡壞千餘年之間學有存者亦非古法人之體性之舉動惟其所自肆而臨政治人之方固不素講士有聰明朴茂之質而無教養之漸則其材之不成固然蓋以不學未成之材而爲天下之吏又承衰弊之後而治不教之民嗚乎仁政之所以不行盜賊刑罰之所以積其不以此也與元豐類藁○宜黃縣學記

舉賢才

賢有善行也周禮注

才能也禮記正義

能多才藝者周禮注

五人曰茂十人曰選百人曰俊千人曰英倍英曰賢萬人曰傑萬傑曰聖別名記

萬人曰英千人曰俊百人曰傑十人曰豪春秋繁露

知過萬人者謂之英千人者謂之俊百人者謂之豪十人者謂之傑淮南子泰族訓

德萬人者謂俊德千人者謂豪德百人者謂英鶡冠子

錯諸枉

錯置也廢置邪枉之人論語章句

六邪者一曰安官貪祿營於私家不務公事懷其智藏其能主饑於論渴於策猶不肯盡節容容乎與世沈浮上下左右觀望如此者具臣也二曰主所言皆曰善主所爲皆曰可隱而求主之所好卽進之以快主耳目偷合苟容與主爲樂不顧其後害如此者諛臣也三曰中實頗險外容貌小謹巧言令色又心嫉賢所欲進則明其美而隱其惡所欲退則明其過而匿其美使主妄行過任賞罰不當號

令不行如此者姦臣也四曰智足以飾非辯足以行說反言易辭而成文章內離骨肉之親外妬亂朝廷如此者讒臣也五曰專權擅勢持招國事以爲輕重於私門成黨以富其家又復增加威勢擅矯主命以自貴顯如此者賊臣也六曰諂言以邪墜主不義朋黨比周以蔽主明入則辯言好辭出則更復異其言語使白黑無別是非無間伺候可推而因附然使主惡布於境內聞於四鄰如此者亡國之臣也是謂六邪說苑臣術篇

四書類考卷二十二

四書類考卷二十三

刑罰類

刑罰

聖人治天下、必有刑罰、何所以佐德助治、順天之度也、白虎通義

夫人宵天地之貌。懷五常之性。聰明精粹。有生之最靈者也。爪牙不足以供耆欲。趨走不足以避利害。無毛羽以禦寒暑。必將役物以爲養。任智而不恃力。此其所以爲貴也。故不仁愛則不能羣。不能羣則不勝物。不勝物則養不足。羣而不足。爭心將作。上聖卓然先行敬讓博愛之德者。衆心說而從之。從之成羣。是爲君矣。歸而往之。是爲王矣。洪範曰。天子作民父母。爲天下王。聖人取類以正名。而謂君爲父母。明仁愛德讓。王道之本也。愛待敬而不敗。德須威而久立。故制禮以崇敬。作刑以明威也。聖人既躬明悊之性。必通天地之心。制禮作教。立法設刑。動緣民情。而則天象地。故曰先王立禮。則天之明。因地之性也。刑罰威獄。以類天之震曜殺戮也。溫慈惠和。以效天之生殖長育也。書云。天秩有禮。天討有罪。故聖人因天秩而制五禮。因天討而作五刑。大刑用甲兵。其次用斧鉞。中刑用刀鋸。其次用鑽鑿。薄刑用鞭扑。大刑陳諸原野。小者致之市朝。其所繇

求者尚矣。漢書刑法志
天以春生萬物，止之以秋。物之生也既成矣，不止則過焉，故得秋以成。聖人之法天，以政養萬民，肅之以刑。民之盛也，欲動情勝，利害相攻，不止則賊滅無倫焉，故得刑以治。情僞徵曖，其變千狀，苟非中正明達果斷者不能治也。訟卦曰：利見大人，以剛得中也。噬嗑曰：利用獄，以動而明也。嗚乎，天下之廣，主刑者民之司命也，任用可不愼乎。通書
善爲國者，賞不僭而刑不濫。賞僭則懼及淫人，刑濫則懼及善人。若不幸而過，寧僭無濫。與其失善，寧其利淫。無善

人則國從之。詩曰：人之云亡，邦國殄瘁。無善人之謂也。故夏書曰：與其殺不辜，寧失不經。懼失善也。商頌有之曰：不僭不濫，不敢怠皇，命于下國，封建厥福。此湯所以獲天福也。古之治民者，勸賞而畏刑，恤民不倦。賞以春夏，刑以秋冬。是以將賞，爲之加膳，加膳則飫賜，此以知其勸賞也。將刑，爲之不舉，不舉則徹樂，此以知其畏刑也。夙興夜寐，朝夕臨政，此以知其恤民也。三者禮之大節也，有禮無敗。春秋左氏傳襄公二十六年
天道之大者在陰陽。陽爲德，陰爲刑。刑主殺而德主生。是故陽常居大夏，而以生育養長爲事；陰常居大冬，而積於空虛不用之處。以此見天之任德不任刑也。天使陽出布施於上而主歲功，使陰入伏於下而時出佐陽。陽不得陰之助，亦不能獨成歲，終陽以成歲爲名，此天意也。王者承天意以從事，故任德教而不任刑。刑者不可以治世，猶陰之不可以成歲也。爲政而任刑，不順於天，故先王莫之肯爲也。漢書董仲舒傳
堯舜禹湯文武成康之際，何其愛民之深，憂民之切，而待天下以君子長者之道也。有一善，從而賞之，又從而咏歌

嗟歎之，所以樂其始而勉其終。有一不善，從而罰之，又從而哀矜懲創之，所以棄其舊而開其新。故其吁俞之聲，歡休慘戚，見於虞夏商周之書。成康既没，穆王立而周道始衰，然猶命其臣呂侯，而告之以祥刑。其言憂而不傷，威而不怒，慈愛而能斷，惻然有哀憐無辜之心，故孔子猶有取焉。傳曰：賞疑從與，所以廣恩也；罰疑從去，所以愼刑也。當堯之時，皋陶爲士，將殺人，皋陶曰殺之三，堯曰宥之三。故天下畏皋陶執法之堅，而樂堯用刑之寬。四岳曰：鯀可用。堯曰：不可，鯀方命圮族。既而曰：試之。何堯之不聽皋陶之

殺人而從四岳之用鯀也然則聖人之意蓋亦可見矣書曰罪疑惟輕功疑惟重與其殺不辜寧失不經嗚乎盡之矣可以賞可以無賞賞之過乎仁可以罰可以無罰罰之過乎義過乎仁不失為君子過乎義則流而入於忍人故仁可過也義不可過也古者賞不以爵祿刑不以刀鋸賞以爵祿是賞之道行於爵祿之所加而不行於爵祿之所不加也刑以刀鋸是刑之威施於刀鋸之所及而不施於刀鋸之所不及也先王知天下之善不勝賞而爵祿不足以勸也知天下之惡不勝刑而刀鋸不足以裁也是故疑則舉而歸之於仁以君子長者之道待天下使天下相率而歸於君子長者之道故曰忠厚之至也詩曰君子如祉亂庶遄已君子如怒亂庶遄沮夫君子之已亂豈有異術哉時其喜怒而無失乎仁而已矣春秋之義立法貴嚴而責人貴寬因其襃貶之義以制賞罰亦忠厚之至也 東坡居士集

刑

刑者侀也侀者成也一成而不可變故君子盡心焉 禮記王制

刑五而已無有隱者隱乃諱也大刑用甲兵其次用斧鉞中刑用刀鋸其次用鑽笮薄刑用鞭扑以威民也故大者陳之原野小者致之市朝五刑三次是無隱也 國語

婦人無刑雖有刑不在朝市 春秋左氏傳○襄公十九年

甲兵謂臣有大逆則被甲聚兵而誅之斧鉞軍戮也割劓用刀斷截用鋸亦有大辟鑽臏刑也笮黥刑也鞭官刑也扑教刑也 國語解

天討有罪五刑五用哉 尚書皋陶謨

五刑墨劓剕宮大辟 書傳

刻其顙而涅之曰墨截鼻曰劓刖足曰剕宮淫刑也男子割勢婦人幽閉大辟死刑也 同上

象以典刑流宥五刑鞭作官刑扑作教刑金作贖刑眚災肆赦怙終賊刑欽哉欽哉惟刑之恤哉 尚書舜典

帝曰皋陶蠻夷猾夏寇賊姦宄汝作士五刑有服五服三就五流有宅五宅三居惟明克允 同上

帝曰皐陶惟兹臣庶罔或干予正汝作士明于五刑以弼五教期于予治刑期于無刑民協于中時乃功懋哉 尚書大禹謨

皐陶曰帝德罔愆臨下以簡御衆以寬罰弗及嗣賞延于世宥過無大刑故無小罪疑惟輕功疑惟重與其殺不辜寧失不經好生之德洽于民心兹用不犯于有司 同上

帝曰俾予從欲以治四方風動惟乃之休 同上

皐陶方祗厥叙方施象刑惟明 尚書益稷

若古有訓蚩尤惟始作亂延及于平民罔不寇賊鴟義姦究奪攘矯虔苗民弗用靈制以刑惟作五虐之刑曰法殺戮無辜爰始淫爲劓刵椓黥越兹麗刑并制罔差有辭民興胥漸泯泯棼棼罔中于信以覆詛盟虐威庶戮方告無辜于上上帝監民罔有馨香德刑發聞惟腥皇帝哀矜庶戮之不辜報虐以威遏絶苗民無世在下乃命重黎絶地天通罔有降格羣后之逮在下明明棐常鰥寡無蓋皇帝清問下民鰥寡有辭于苗德威惟畏德明惟明乃命三后恤功于民伯夷降典折民惟刑禹平水土主名山川稷降播種農殖嘉穀三后成功惟殷于民士制百姓于刑之中

以教祗德穆穆在上明明在下灼于四方罔不惟德之勤故乃明于刑之中率乂于民棐彝 尚書呂刑

三后成功惟殷于民皐陶不與蓋吝之也 後漢書楊賜傳

夏有亂政而作禹刑 春秋左氏傳。昭公六年

夏書曰昏墨賊殺皐陶之刑也 同上。昭公十四年

商有亂政而作湯刑 同上

制官刑儆于有位曰敢有恒舞于宫酣歌于室時謂巫風敢有殉于貨色恒于遊畋時謂淫風敢有侮聖言逆忠直遠耆德比頑童時謂亂風惟兹三風十愆卿士有一于身家必喪邦君有一于身國必亡臣下不匡其刑墨具訓于蒙士 尚書伊訓

大司寇之職掌建邦之三典以佐王刑邦國詰四方一曰刑新國用輕典二曰刑平國用中典三曰刑亂國用重典以五刑糾萬民一曰野刑上功糾力二曰軍刑上命糾守三曰鄉刑上德糾孝四曰官刑上能糾職五曰國刑上愿糾暴 周禮秋官

大司徒以鄉八刑糾萬民一曰不孝之刑二曰不睦之刑三曰不婣之刑四曰不弟之刑五曰不任之刑六曰不恤

之刑七曰造言之刑八曰亂民之刑 周禮地官
士師掌士之八成一曰邦汋二曰邦賊三曰邦諜四曰犯邦令五曰撟邦令六曰爲邦盜七曰爲邦朋八曰爲邦誣 周禮秋官
司刑掌五刑之法以麗萬民之罪墨罪五百劓罪五百宮罪五百刖罪五百殺罪五百若司寇斷獄弊訟則以五刑之法詔刑罰而以辨罪之輕重 同上
決關梁踰城郭而畧盜者其刑臏男女不以義交者其刑宮觸易君命革輿服制度姦軌盜攘傷人者其刑劓非事

而事之出入不以道義而誦不祥之辭者其刑墨降畔寇賊刼畧奪攘撟虔者其刑死 尚書大傳
此二千五百罪之目畧也其刑書則亡 周禮注
周公作誓命曰毀則爲賊掩賊爲藏竊賄爲盜盜器爲姦主藏之名賴姦之用在九刑不忘 春秋左氏傳。文公十八年
周有亂政而作九刑 同上。昭公六年
昭公六年鄭人鑄刑書叔向使詒子產書曰始吾有虞於子今則已矣昔先王議事以制不爲刑辟懼民之有爭心也猶不可禁禦是故閑之以義糾之以政行之以禮守之以信奉之以仁制爲祿位以勸其從嚴斷刑罰以威其淫懼其未也故誨之以忠聳之以行教之以務使之以和臨之以敬涖之以彊斷之以剛猶求聖哲之上明察之官忠信之長慈惠之師民於是乎可任使也而不生禍亂民知有辟則不忌於上並有爭心以徵於書而徼幸以成之弗可爲矣夏有亂政而作禹刑商有亂政而作湯刑周有亂政而作九刑三辟之興皆叔世也今吾子相鄭國作封洫立謗政制參辟鑄刑書將以靖民不亦難乎詩曰儀式刑

文王之典日靖四方又曰儀刑文王萬邦作孚如是何辟之有民知爭端矣將棄禮而徵於書錐刀之末將盡爭之亂獄滋豐賄賂並行終子之世鄭其敗乎肸聞之國將亡必多制其此之謂乎 同上
二十九年冬晉趙鞅荀寅帥師城汝濱遂賦晉國一鼓鐵以鑄刑鼎著范宣子所爲刑書焉仲尼曰晉其亡乎失其度矣夫晉國將守唐叔之所受法度以經緯其民卿大夫以序守之民是以能尊其貴貴是以能守其業貴賤不愆所謂度也文公是以作執秩之官爲被廬之法以爲盟主

今弃是度也而爲刑鼎民在鼎矣何以尊貴貴賤無序何

以爲國且夫宣子之刑夷之蒐也晉國之亂制也若之何

以爲法同上

禁

禁謂國中政教所忌禮記正義

入竟而問禁禮記曲禮上

士師之職掌國之五禁之法以左右刑罰周禮秋官

左右助也助其禁民爲非周禮注

一曰宮禁周禮秋官

宮正掌王宮之戒令糾禁以時比宮中之官府次舍之衆寡爲之版以待夕擊柝而比之辨外內而時禁稽其功緒糾其德行幾其出入均其稍食去其淫怠與其奇衺之民

凡邦之大事令于王宮之官府次舍無去守而聽政令春秋以木鐸脩火禁周禮天官

閽人掌守王宮之中門之禁喪服凶器不入宮潛服賊器不入宮奇服怪民不入宮凡內人公器賓客無帥則幾其出入同上

禁暴氏凡奚隸聚而出入者則司牧之戮其犯禁者周禮秋官

二曰官禁同上○士師

朝士掌建邦外朝之法禁慢朝錯立族談者同上

三曰國禁同上

司市掌市之治教政刑量度禁令凡市僞飾之禁在民者十有二在商者十有二在賈者十有二在工者十有二周禮地官

凡執禁以齊衆不赦過有圭璧金璋不粥於市命服命車不粥於市宗廟之器不粥於市犧牲不粥於市戎器不粥於市用器不中度不粥於市兵車不中度不粥於市布帛精麤不中數幅廣狹不中量不粥於市姦色亂正色不粥於市錦文珠玉成器不粥於市衣服飲食不粥於市五穀

不時果實未熟不粥於市木不中伐不粥於市禽獸魚鼈不中殺不粥於市禮記王制

四曰野禁周官秋官

五曰軍禁同上

戒

戒警也許氏說文

士師之職以五戒先後刑罰毋使罪麗于民周禮秋官

先後猶左右也周禮注

一曰誓用之于軍旅周禮秋官

誓於書則甘誓湯誓之屬周禮注

條狼氏凡誓執鞭以趨于前且命之誓僕右曰殺誓馭曰車轘誓大夫曰敢不關鞭五百誓師曰三百誓邦之大史曰殺誓小史曰墨同上

二曰誥用之于會同同上

誥於書則大誥康誥之屬周禮注

三曰禁用諸田役周禮秋官

禁則軍禮曰無干車無自後射之類周禮注

遂人凡事致野役而師田作野民帥而至掌其政治禁令周禮地官

四曰糾用諸國中周禮秋官

糾合聚而約束之也刑之所設別爲條目每事而察之俾民各自檢飭無麗於刑周禮訂義

五日憲用諸都鄙。周禮秋官

小司徒令羣吏憲禁令。周禮地官

小司寇令羣士乃宣布于四方憲刑禁。周禮秋官

憲表也謂縣之也。周禮注

弑

下殺上曰弑。釋名

凡自虐其君曰弑自外曰戕。春秋左氏傳○宣公十八年

放弑其君則殘之。周禮夏官

隱公四年衛州吁弑其君完衛人殺州吁于濮。春秋

其稱人何討賊之辭也。春秋公羊傳

討者除也明國中人人得討之所以廣忠孝之路。公羊傳解詁

十有一年冬十有一月壬辰公薨。春秋

何以不書葬隱也何隱爾弑也弑則何以不書葬春秋君弑賊不討不書葬以為無臣子也子沈子曰君弑臣不討賊非臣也不復讐非子也葬生者之事也春秋君弑賊不討不書葬以為不繫乎臣子也公薨何以不地不忍言也春秋公羊傳

桓公元年春王正月公卽位。春秋

桓無王其曰王何也謹始也其曰無王何也桓弟弑兄臣弑君天子不能定諸侯不能救百姓不能去以為無王之道遂可以至焉爾元年有王所以治桓也繼故不言卽位

正也繼故不言卽位之爲正何也曰先君不以其道終則子弟不忍卽位也繼故而言卽位則是與聞乎弒也繼故而言卽位是爲與聞乎弒何也曰先君不以其道終己正卽位之道而卽位是無恩於先君也春秋穀梁傳

宣公二年九月晉趙盾弒其君夷皐春秋

穿弒也盾不弒而曰盾弒何也以罪盾也其以罪盾何也曰靈公朝諸大夫而暴彈之觀其辟丸也趙盾入諫不聽出亡至於郊趙穿弒公而後反趙盾史狐書賊曰趙盾弒公盾曰天乎天乎予無罪孰爲盾而忍弒其君者乎史狐

曰子爲正卿入諫不聽出亡不遠反不討賊則志同志同則書重非子而誰故書之曰晉趙盾弒其君夷皐者過在下也曰於盾也見忠臣之至於許世子止見孝子之至春秋穀梁傳

昭公十九年許世子止弒其君買冬葬許悼公春

賊未討何以書葬不成于弒也曷爲不成于弒止進藥而藥殺也止進藥而藥殺則曷爲加弒焉爾譏子道之不盡也其譏子道之不盡奈何曰樂正子春之視疾也復加一飯則脫然愈復損一飯則脫然愈復加一衣則脫然愈復損一衣則脫然愈止進藥而藥殺是以君子加弒焉爾曰許世子止弒其君買是君子之聽止也葬許悼公是君子之赦止也赦止者免止之罪辭也春秋公羊傳

邾婁定公之時有弒其父者有司以告公瞿然失席曰是寡人之罪也曰寡人嘗學斷斯獄矣臣弒君凡在官者殺無赦子弒父凡在宮者殺無赦殺其人壞其室洿其宮而豬焉蓋君踰月而后舉爵禮記檀弓下

讎

讎者、至怨之稱、詩正義

父之讎、弗與共戴天。兄弟之讎不反兵。交遊之讎不同國。禮記曲禮上

子夏問於孔子曰、居父母之仇如之何、夫子曰、寢苫枕干。不仕。弗與共天下也。遇諸市朝、不反兵而鬬。曰、請問居昆弟之仇如之何、曰、仕弗與共國。銜君命而使、雖遇之不鬬。曰、請問居從父昆弟之仇如之何、曰、不爲魁。主人能則執兵而陪其後。禮記檀弓上

調人掌司萬民之難而諧和之。凡過而殺傷人者。以民成之。鳥獸亦如之。凡和難。父之讎辟諸海外。兄弟之讎辟諸千里之外。從父兄弟之讎不同國。君之讎眡父。師長之讎眡兄弟。主友之讎眡從父兄弟。弗辟則與之瑞節而以執之。凡殺人有反殺者。使邦國交讎之。凡殺人而義者。令勿讎。讎之則死。凡有鬬怒者成之。不可成者則書之。先動者誅之。周禮地官

父不受誅。子復讎可也。父受誅。子復讎。推刃之道也。復讎不除害。朋友相衛而不相迿。古之道也。春秋公羊傳

父母之讎不與同生。兄弟之讎不與聚國。朋友之讎不與聚鄉。族人之讎不與聚鄰。大戴禮曾子制言上篇

寇

寇暴也許氏說文

羣行攻刼曰寇殺人曰賊尚書傳

兵作於內爲亂於外爲寇春秋左氏傳○文公七年

亂在外爲姦在內爲軌同上○成公十七年

盜竊　攘

盜私利物也許氏說文

春秋有三盜微殺大夫謂之盜非所取而取之謂之盜辟中國之正道以襲利謂之盜春秋穀梁傳○哀公四年

士師之職掌士之八成六曰爲邦盜周官秋官

竊取國之寶藏者周禮注

周公作誓命曰毀則爲賊掩賊爲藏竊賄爲盜盜器爲姦主藏之名賴姦之用爲大凶德有常無赦在九刑不忘春秋左氏傳

往盜曰竊尚書注

穿穿壁窬窬牆古論語訓

穿牆踰屋姦利之心也孟子注

自來而取曰攘尚書傳

有因而盜曰攘論語章句

子曰作易者其知盜乎易曰負且乘致寇至負也者小人之事也乘也者君子之器也小人而乘君子之器盜思奪之矣上慢下暴盜思伐之矣慢藏誨盜冶容誨淫易曰負且乘致寇至盜之招也周易繫辭上傳

跖之徒問於跖曰盜亦有道乎跖曰何適而無有道邪夫妄意室中之藏聖也入先勇也出後義也知可否知也分均仁也五者不備而能成大盜者天下未之有也莊子胠篋篇

將爲胠篋探囊發匱之盜而爲守備則必攝緘縢固扃鐍此世俗之所謂知也然而巨盜至則負匱揭篋擔囊而趨唯恐緘縢扃鐍之不固也然則向之所謂知者不乃爲大盜積者也同上

鬬

鬬爭也玉篇

鬬者忘其身者也忘其親者也忘其君者也行其少頃之怒而喪終身之軀然且爲之是忘其身也室家立殘親戚不免於刑戮然且爲之是忘其親也君上之所惡刑法之所大禁也然且爲之是忘其君也下忘其身內忘其親上忘其君是刑法之所不赦也聖王之所不畜也乳彘觸虎乳狗不遠遊不忘其親也小人下忘其身內忘其親上忘其君則是人也而曾狗彘之不若也凡鬬者必自以爲是

而以人爲非也已誠是也人誠非也則是已君子而人小人也以君子與小人相賊害也下以忘其身內以忘其親上以忘其君豈不過甚矣哉是人也所謂以狐父之戈钃牛矢也將以爲智耶則愚莫大焉將以爲利耶則害莫大焉將以爲榮耶則辱莫大焉將以爲安耶則危莫大焉人之有鬬何哉我欲屬之狂惑疾病耶則不可聖王又誅之我欲屬之鳥鼠禽獸耶則不可其形體又人而好惡多同人之有鬬何哉我甚醜之荀子榮辱篇

夫解雜亂糾紛者不控捲救鬬者不搏撠批亢擣虛形格

勢禁則自爲解耳史記孫吳列傳

訟獄　聽訟　折獄

爭罪曰獄爭財曰訟周禮注

爭辨曰訟既訟而纍繫曰獄周禮考注

凡諸侯之獄訟以邦典定之凡卿大夫之獄訟以邦法斷之凡庶民之獄訟以邦成弊之周禮秋官大司寇

凡命夫命婦不躬坐獄訟同上　小司寇

小宰以官府之八成經邦治一曰聽政役以比居二曰聽師田以簡稽三曰聽閭里以版圖四曰聽稱責以傅別五曰聽祿位以禮命六曰聽取予以書契七曰聽賣買以質劑八曰聽出入以要會周禮天官

小司寇以五聲聽獄訟求民情一曰辭聽二曰色聽三曰氣聽四曰耳聽五曰目聽周禮秋官

大司寇以兩造禁民訟入束矢于朝然後聽之以兩劑禁民獄入鈞金三日乃致于朝然後聽之同上

兩造具備師聽五辭五辭簡孚正于五刑五刑不簡正于五罰五罰不服正于五過五過之疵惟官惟反惟內惟貨惟來其罪惟均其審克之尚書呂刑

司寇正刑明辟以聽獄訟必三刺有旨無簡不聽附從輕

赦從重凡制五刑必即天論郵罰麗于事凡聽五刑之訟必原父子之親立君臣之義以權之意論輕重之序慎測淺深之量以別之悉其聰明致其忠愛以盡之疑獄氾與衆共之衆疑赦之必察大小之比以成之禮記王制

縲絏係累

縲黑索絏攣也所以拘罪人古論語訓○縲本作纍絏本作紲

纍係也紲長繩也漢書注

係累猶縛結也孟子注

坎上六係用徽纆寘于叢棘三歲不得凶周易上經

三股曰徽兩股曰纆皆索名說文

繫拘也爻辰在巳巳爲蛇蛇之蟠屈似徽纆也三五互體艮文與震同體艮爲門闕於木爲多節震之所爲有叢拘之類門闕之內有叢木多節之木是天子外朝左右九棘之象也外朝者所以詢事之處也左嘉石平罷民焉右肺石達窮民焉罷民邪惡之民也上六乘陽有邪惡之罪故縛約徽纆置於叢棘而後公卿以下議之其害人者置之圜土而施職事焉以明刑恥之能復者上罪三年而赦中罪二年而赦下罪一年而赦不得者不自思以得正道終不自改而出圜土者殺故凶鄭氏周易注

古者疑獄三年而後斷易曰繫用徽纆寘於叢棘三歲不得凶是也公羊傳解詁

桎梏

桎梏械也在手曰梏在足曰桎禮記注

大司寇以嘉石平罷民凡萬民之有罪過而未麗於法而害於州里者桎梏而坐諸嘉石役諸司空重罪旬有三日坐期役其次九日坐九月役其次七日坐七月役其次五日坐五月役其下罪三日坐三月役使州里任之則宥而舍之周禮秋官

掌囚掌守盜賊凡囚者上罪梏拲而桎中罪桎梏下罪梏王之同族拲有爵者桎以待弊罪及刑殺告刑於王奉而

適朝士加明梏以適市而刑殺之凡有爵者與王之同族奉而適甸師氏以待刑殺同上

拲者兩手共一木也周官解詁

仲春之月命有司省囹圄去桎梏禮記月令

孟秋之月命有司修法制繕囹圄具桎梏同上

殺肆

殺死刑也周禮注

析言破律亂名改作執左道以亂政殺作淫聲異服奇技奇器以疑衆殺行僞而堅言僞而辨學非而博順非而澤以疑衆殺假於鬼神時日卜筮以疑衆殺此四誅者不以聽禮記王制

鄉士掌國中各掌其鄉之民數而糾戒之聽其獄訟察其辭辨其獄訟異其死刑之罪而要之旬而職聽于朝司寇聽之斷其獄弊其訟于朝羣士司刑皆在各麗其法以議

獄訟獄訟成士師受中協日刑殺肆之三日若欲免之則王會其期周禮秋官

遂士掌四郊各掌其遂之民數而糾其戒令聽其獄訟察其辭辨其獄訟異其死刑之罪而要之二旬而職聽于朝司寇聽之斷其獄弊其訟于朝羣士司刑皆在各麗其法以議獄訟獄訟成士師受中協日就郊而刑殺各於其遂肆之三日若欲免之則王令三公會其期同上

縣士掌野各掌其縣之民數糾其戒令而聽其獄訟察其辭辨其獄訟異其死刑之罪而要之三旬而職聽于朝司

寇聽之斷其獄弊其訟于朝羣士司刑皆在各麗其法以議獄訟獄訟成士師受中協日刑殺各就其縣肆之三日若欲免之則王命六卿會其期同上

掌戮掌斬殺賊諜而搏之凡殺其親者焚之殺王之親者辜之凡殺人者踣諸市肆之三日刑盜於市凡罪之麗於法者亦如之唯王之同族與有爵者殺之於甸師氏凡軍旅田役斬殺刑戮亦如之同上搏當為膊

斬以斧鉞若今要斬也殺以刀刃若今棄市也辜之言枯也謂磔之踣僵尸也肆猶申也陳也周禮注

有罪既刑陳其尸曰肆論語註

刑人于市與衆棄之禮記王制

庶姓無爵者皆刑殺于市周禮注

放流

放者受罪黜免宥之以遠春秋經傳集解

放猶屏也春秋穀梁傳

放之者何猶曰無去是云爾春秋公羊傳

流流遣之使遠去如流放竄殛之類也朱子文集

流遣之遠去如水之流也放置之於此不得他適也竄則驅逐禁錮之殛則拘囚困苦之隨其罪之輕重而異其法也同上

流宥五刑尚書舜典

宥寬也以放流之法寬五刑書傳

古者大夫已去三年待放春秋公羊傳

大夫待放於郊三年得環乃還得玦乃去王度記

反之以玦其不待放者亦與之物同上

罰撻　挻

罰謂撻擊之也周禮注　司救

罰罰贖也同上　職金

鞭作官刑扑作教刑金作贖刑尚書舜典

鞭木末垂革官府之刑也扑夏楚也學校之刑也金罰其金也贖贖其罪也雖入於鞭扑之刑而情法猶有可議者則罰其金以贖罪也朱子文集

庶頑讒說若不在時侯以明之撻以記之尚書益稷

鄉射之禮司射遂適階西取扑搢之以反位儀禮

大射之儀司射遂取扑搢之以立于所設中之西南東面同上

扑所以撻犯教者儀禮注

閭胥凡事掌其比觵撻罰之事周禮地官

小胥掌學士之徵令而比之觵其不敬者巡舞列而撻其怠慢者周禮春官

觵罰爵也撻猶扶也扶以荆扑周禮注

夏楚二物收其威也禮記學記

夏搯也楚荆也二者所以扑撻犯禮者禮記注

扑杖春秋經傳集解

挻杖也孟子注

官刑鞭扑俱用教刑惟扑而已故屬扑於教其實官刑亦當用扑蓋重者鞭之輕者撻之書正義

司市凡市入則胥執鞭度守門市刑小刑憲罰中刑徇罰大刑扑罰其附于刑者歸于士周禮地官

憲罰播其肆也周官解詁

徇舉以示其地之衆也扑撻也周禮注

司救掌萬民之衺惡過失而誅讓之以禮防禁而救之凡

民之有衺惡者三讓而罰三罰而士加明刑恥諸嘉石役諸司空其有過失者三讓而罰三罰而歸於圜土周禮地官

衺惡謂侮慢長老語言無忌而未麗於法者過失亦由衺惡酗醟好訟若抽拔兵器誤以行傷害人麗於罪者誅誅責也古者重刑且責怒之未即罪也罰謂撻擊之也加明刑者去其冠飾而書其衺惡之狀著之背也周禮注

朝士掌建邦外朝之法右嘉石平罷民焉周禮秋官

大司寇以嘉石平罷民凡萬民之有罪過而未麗于法而

害於州里者。桎梏而坐諸嘉石。役諸司空。重罪旬有三日坐。朞役。其次九日坐。九月役。其次七日坐。七月役。其次五日坐。五月役。其下罪三日坐。三月役。使州里任之。則宥而舍之。同上

凡害人者。寘之圜土而施職事焉。以明刑恥之。其能改者反于中國。不齒三年。其不能改而出圜土者殺。同上

司圜掌收教罷民。凡害人者。弗使冠飾。而加明刑焉。任之以事而收教之。能改者。上罪三年而舍。中罪二年而舍。下罪一年而舍。其不能改而出圜土者殺。雖出。三年不齒。凡

圜土之刑人也不虧體。其罰人也不虧財。同上

職金掌受士之金罰貨罰。入于司兵。同上

墨辟疑赦。其罰百鍰。閱實其罪。劓辟疑赦。其罰惟倍。閱實其罪。剕辟疑赦。其罰倍差。閱實其罪。宮辟疑赦。其罰六百鍰。閱實其罪。大辟疑赦。其罰千鍰。閱實其罪。墨罰之屬千。劓罰之屬千。剕罰之屬五百。宮罰之屬三百。大辟之罰其屬二百。五刑之屬三千。尚書呂刑

舜典。所謂贖者。官府學校之刑耳。若五刑則固未嘗贖也。今穆王贖法。雖大辟亦與其贖免矣。書集傳

桓公問曰。齊國寡甲兵。為之若何。管子對曰。制重罪贖以犀甲一戟。輕罪贖以鞼盾一戟。小罪讁以金分。宥閒罪。索訟者三禁而不可上下。坐成以束矢。美金以鑄劒戟。試諸狗馬。惡金以鑄鉏夷斤斸。試諸壤土。甲兵大足。國語

赦

赦，舍也。周禮注

眚災肆赦，怙終賊刑。尚書舜典

眚謂過誤，災謂不幸，若人有如此而入於刑，則不待流宥金贖而直赦之也。怙謂有恃，終謂再犯，若人有如此而入於刑，則雖當宥當贖，亦不許其宥，不聽其贖，而必刑之也。此二句者，或由重而即輕，或由輕而即重，猶今之律有名例。又用法之權衡，所謂法外意也。朱子文集

宥過無大，刑故無小。尚書大禹謨

王曰：嗚呼封，敬明乃罰。人有小罪非眚，乃惟終，自作不典，式爾，有厥罪小，乃不可不殺。乃有大罪非終，乃惟眚災，適爾，既道極厥辜，時乃不可殺。尚書康誥

司刺掌三刺、三宥、三赦之法，以贊司寇聽獄訟。壹刺曰訊羣臣，再刺曰訊羣吏，三刺曰訊萬民。壹宥曰不識，再宥曰過失，三宥曰遺忘。壹赦曰幼弱，再赦曰老旄，三赦曰惷愚。以此三法者求民情，斷民中，而施上服下服之罪，然後刑殺。周官秋官

四書類考卷二十三

四書類考卷二十四

居處類

居處 巢 營窟

居尻處也處居也許氏說文

上古穴居而野處後世聖人易之以宮室上棟下宇以待風雨蓋取諸大壯周易繫辭下傳

昔者先王未有宮室冬則居營窟夏則居橧巢後聖有作然後修火之利范金合土以爲臺榭宮室牖戶禮記禮運

未有宮室寒則累土暑則聚薪柴居其上脩火之利謂孰冶萬物范金謂鑄作器用合土謂瓦瓴甓及甒太禮記注

木處而顛土處而病也然後爲之宮室昌黎集

大司徒之職以本俗六安萬民一曰媺宮室周官地官

殷人以來始屋四阿夏家之屋唯兩下而已禮記正義

四阿若今四注屋周禮注

周天子路寢制似明堂五室十二堂上圓下方明四注也諸侯亦然儀禮疏

周制自卿大夫以下其室爲夏屋儀禮注

夏屋今之門廡也其形旁廣而卑禮記注

宮室

宮謂之室、室謂之宮、爾雅釋宮

黄帝作宮室。白虎通義

禹作宮室。世本

古者貴賤所居皆得稱宮。爾雅疏

古人宮室之制前有門中有堂後有寢凡爲屋三重而通以牆圍之謂之宮。朱子文集

宮人掌王之六寢之脩。周禮天官

六寢者路寢一。小寢五。周禮注

無東西廂有室曰寢。爾雅釋宮

內宰以陰禮教六宮。周禮天官

六宮謂后也婦人稱寢曰宮宮隱蔽之言后象王立六宮而居之亦正寢一燕寢五。周禮注

周禮王有六寢一是正寢餘五寢在後通名燕寢。其一在東北王春居之一在西北王冬居之一在西南王秋居之一在東南王夏居之一在中央六月居之凡后妃以下更以次序而上御王於五寢之中也。禮記正義

諸侯三寢路寢一。燕寢一。側室一。周禮疏

諸侯朝服以日視朝於內朝。退適路寢聽政使人視大夫。大夫退然後適小寢釋服。禮記玉藻

僖公二十年五月西宮災春秋

西宮者何小寢也小寢則曷爲謂之西宮有西宮則有東宮矣魯子曰以有西宮亦知諸侯之有三宮也春秋公羊傳

莊公元年秋築王姬之館于外。春秋

築之禮也于外非禮也其築之何以禮主王姬者必爲之改築主王姬者則曷爲必爲之改築於路寢則不可小寢則嫌羣公子之舍則以卑矣。其道必爲之改築也春秋公羊傳

由命士以上父子皆異宮。禮記內則

爲宮室辨外內男子居外女子居內。同上

夫晝居於內問其疾可也夜居於外弔之可也是故君子非有大故不宿於外非致齊也非疾也不晝夜居於內禮記檀弓上

內正寢之中。禮記注

正寢之室在前。燕寢在後。側室又次燕寢在燕寢之旁。欽

謂之側室。禮記正義

士處適寢。儀禮

朔月若薦新則不饋於下室。同上

下室如今之內堂。正寢聽朝事。儀禮注

為人子者居不主奧。坐不中席。行不中道。立不中門。禮記曲禮上

謂與父同宮者也。禮記注

西南隅謂之奧。爾雅釋宮

古者為室戶不當中而近東則西南隅最為深隱故謂之奧。而祭祀及尊者常處焉。爾雅疏

西北隅謂之屋漏。東北隅謂之宦。爾雅釋宮

屋漏者當室之白日光所漏入。孫氏爾雅注

當室之白謂西北隅得戶明者也。禮記注

室南其戶。戶東而牖西。戶牖之間謂之依。戶東曰房。戶之間。朱子文集

天子諸侯左右房。儀禮注

房中半以北曰北堂。有半階。朱子文集

棁節　標題

棁者梁上楹。論語章句

杗廇謂之梁。其上楹謂之棁。閞謂之槉。爾雅

梁屋大梁也。棁侏儒柱也。槉柱上欂也。亦名枅。又曰楮。爾雅注

節者栭也。論語章句

栭謂之楶。棟謂之桴。爾雅

楶即櫨也。棟屋檼。爾雅注

桷謂之榱。桷直而遂謂之閱。直不受檐謂之交。檐謂之樀。爾雅

周謂之榱。齊魯謂之桷。方言

山節藻棁。復廟重檐。刮楹達鄉。反坫出尊。崇坫康圭。疏屏。天子之廟飾也。禮記明堂位

管仲鏤簋朱紘。山節藻棁。君子以為濫矣。禮記禮器

宮室之飾。士首本。大夫達棱。諸侯斲而礱之。天子加密石焉。無畫山藻之禮也。禮記注

禮。天子之桷。斲之礱之。加密石焉。諸侯之桷。斲之礱之。大夫斲之。士斲本。春秋穀梁傳

天子之室斲其椽而礱之加密石焉諸侯礱之大夫斲之士首之備其物義也從其等禮也國語

秦名爲屋椽周謂之榱齊魯謂之桷許氏說文

夫大木爲杗細木爲桷欂櫨侏儒椳闑扂楔各得其宜施以成室者匠氏之工也昌黎集

牆

牆謂之墉爾雅釋宫

人之有牆以蔽惡也春秋左氏傳昭公元年

國之有封疆家之有垣牆所以合好掩惡也戰國策

牆所以防非常詩傳

牆厚三尺崇三之考工記匠人

高厚以是爲率足以相勝周禮注

牆者墉壁之總名室中謂之墉房與夾亦謂之墉堂上謂之序堂下謂之壁謂之牆其實一也隨所在而異其名耳

版築蔂梩　簣

大版謂之業爾雅

業築牆版也爾雅注

乃召司空乃召司徒俾立室家其繩則直縮版以載作廟翼翼詩大雅緜

繩者營其廣輪方制之正也既正則以索縮其築版上下相承而起詩箋

捄之陾陾度之薨薨築之登登削屢馮馮百堵皆興鼛鼓弗勝詩大雅緜

捄蔂也陾陾衆也登登用力也削牆鍛屢之聲馮馮然詩傳

捄捊也度猶投也築牆者捊聚壤土盛之以蔂而投諸版中詩箋

蔂盛土籠也釋名

蔂梩籠臿之屬可以取土者也孟子注

梩者或解以爲臿也或解以爲鍬也周禮疏

梩徙土轝也廣韻

夏后氏謂輦曰余車殷曰胡奴車周曰輜輦輦一斧一斤一鑿一梩一鋤周輦加二版二築司馬法

簣土籠也論語章句

約之閣閣椓之橐橐風雨攸除鳥鼠攸去君子攸芋詩小雅斯干

約謂縮版也椓謂擣土也詩箋

閣閣猶歷歷也橐橐用力也詩傳

閣閣上下相承也椓築也橐橐杵聲也詩集傳

凡任索約大汲其版謂之無任考工記

約縮也汲引也築防若牆者以繩縮其版大引之言版橈也版橈築之則鼓土不堅矣周禮注

郢人之以兩版垣也吳起變之而見惡呂氏春秋義賞篇

堂

堂、殿也、正寢曰堂、許氏說文

天子之堂九尺、諸侯七尺、大夫五尺、士三尺。禮記禮器

天子之堂廣九雉、三分其廣、以二爲内、五分内、以一爲高、東房西房北堂各三雉、公侯七雉、三分其廣、以二爲内、五分内以一爲高、東房西房北堂各二雉、伯子男五雉、三分其廣、以二爲内、五分内以一爲高、東房西房北堂各一雉、士三雉、三分其廣、以二爲内、五分内以一爲高、有室無房堂。尚書大傳

階等

階、陛也、許氏說文

階、登堂道也、級也、玉篇

凡堂及階、尊者高而多、卑者庳而少、按禮器云、天子之堂九尺、諸侯七尺、大夫五尺、士三尺、士冠禮降三等受爵弁、鄭注云、降三等下至地、則士三等階、以此推之、則一尺爲一階、大夫五尺五等階、諸侯七尺七等階、天子九尺九等階可知。儀禮疏

主人就東階、客就西階、客若降等、則就主人之階、主人固辭然後客復就西階、主人與客讓登、主人先登、客從之、拾級聚足、連步以上、上於東階則先右足、上於西階則先左足。禮記曲禮上

拾當爲涉、聲之誤也、級等也、涉等聚足、謂前足躡一等、後足從之併、重蹀跌也、連步、謂足相隨不相過也。禮記注

凡栗階不過二等。儀禮燕禮

栗蹙也、謂越等急趨君命也、其始升猶聚足連步、越二等左右足各一發而升堂。儀禮注

言凡、則天子九等已下至士三等、皆有栗階之法、栗階不

過二等據上等而言天子已下皆留上等爲栗階左右足各一發而升堂其下無問多少皆連步雜記云主人之升降散等鄭注云散等栗階則栗階亦名散等儀禮疏

凡升階之法有四連步一也栗階二也歷階三也歷階謂從下至上皆越等無連步若禮記檀弓云杜蕢入寢歷階而升是也越階四也越階謂左右足越三等若公羊傳趙盾避靈公踏階而走是也同上

東階謂之阼禮記正義

阼猶酢也東階所以答酢賓客也儀禮注

朝

周天子諸侯皆有三朝外朝一內朝二周禮注　○朝士

外朝在庫門之外皋門之內今司徒府有天子大會殿亦古之外朝哉同上

外朝司寇斷獄弊訟之朝也今司徒府中有百官朝會之殿云天子與丞相舊決大事焉是外朝之存者與周禮注

○棗人

朝士掌建邦外朝之法左九棘孤卿大夫位焉羣士在其後右九棘公侯伯子男位焉羣吏在其後面三槐三公位焉州長衆庶在其後左嘉石平罷民焉右肺石達窮民焉帥其屬而以鞭呼趨且辟禁慢朝錯立族談者周禮秋官

小司寇之職掌外朝之政以致萬民而詢焉一曰詢國危二曰詢國遷三曰詢立君其位王南鄉三公及州長百姓北面羣臣西面羣吏東面小司寇擯以敘進而問焉以衆輔志而弊謀同上

諸侯三門皋應路則外朝在應門外魯之三門庫雉路則外朝在雉門外春秋正義○成公六年

成季之將生也桓公使卜楚邱之父卜之曰男也其名曰

友在公之右間于兩社爲公室輔 春秋左氏傳 ○ 閔公元年
兩社周社亳社兩社之間朝廷執政所在 春秋經傳集解
雉門外左有亳社右有周社間于兩社是在兩社之間朝廷詢謀大事則在此處是執政之所在也 春秋正義
治朝在路門外羣臣治事之朝 周禮注 ○ 太宰
天子皮弁以日視朝 禮記玉藻
司士正朝儀之位辨其貴賤之等王南鄉三公北面東上孤東面北上卿大夫西面北上王族故士虎士在路門之右南面東上大僕大右大僕從者在路門之左南面西上司士擯孤卿特揖大夫以其等旅揖士旁三揖王還揖門左揖門右大僕前王入內朝皆退 周禮夏官
太宰王眡治朝則贊聽治 周禮天官
宰夫之職掌治朝之法以正王及三公六卿大夫羣吏之位掌其禁令叙羣吏之治以待賓客之令諸臣之復萬民之逆 同上
復之言報也反報於王謂於朝廷奏事自下而上曰逆逆謂上書 周禮注

太僕掌正王之服位出入王之大命掌諸侯之復逆王眡朝則前正位而退入亦如之建路鼓于大寢之門外而掌其政以待達窮者與遽令聞鼓聲則速逆御僕與御庶子王不眡朝則辭於三公及孤卿 周禮夏官
大寢路寢也其門外則內朝之中如今宮殿端門下矣 周禮注
稾人掌共外內朝冗食者之食 周禮地官
內朝路門外之朝也冗食者謂留治文書若今尚書之屬直上者 周禮注
諸侯朝服以日視朝於內朝君日出而視之退適路寢聽政使人視大夫大夫退然後適小寢釋服 禮記玉藻
此內朝路寢門外之正朝也 禮記注
庶子之正於公族者其在外朝則以官司士爲之 禮記文王世子
外朝路寢門之外庭 禮記注
此對路寢庭朝爲外朝若對庫門外朝士所掌三槐九棘之朝則此路門外朝亦爲內朝也 禮記正義
內朝之在路門內者或謂之燕朝 周禮注 ○ 朝士

太僕王眡燕朝則正位掌擯相。周禮夏官

燕朝朝于路寢之庭王圖宗人之嘉事則燕朝。周禮注

朝不坐燕不與。禮記檀弓下

朝燕于寢大夫坐于上士立于下。周禮注

朝之與燕皆在于寢若路門外正朝則大夫以下皆立若其燕朝在於路寢則大夫坐于上如孔子攝齊升堂是也升堂則坐矣燕亦在寢故燕禮云燕朝服于寢又燕禮獻卿大夫之後西階上獻士無升堂之文是士立于下也禮記正義

朝雖大夫無坐禮周官三朝之儀可攷而知也惟三公有坐論之理故商陽言之禮記義疏

門戶　闑

門人所出入也在堂房曰戶在區域曰門。玉篇

戶在內門在外。禮記正義

柣謂之閾振謂之楔楣謂之梁樞謂之椳樞達北方謂之落時落時謂之戺爾雅釋宮

閾門限也禮記注

橛謂之闑闔謂之扉所以止扉謂之閎爾雅釋宮

廟門容大扃七个闈門容小扃參个路門不容乘車之五个應門二徹參个考工記匠人

大扃牛鼎之扃長三尺每扃為一个七个二丈一尺小扃膷鼎之扃長二尺參个六尺乘車廣六尺六寸五个三丈三尺言不容者是兩門乃容之兩門乃容之則此門半之丈六尺五寸二徹之內八尺三个二丈四尺周禮注

閍謂之門正門謂之應門觀謂之闕宮中之門謂之闈其小者謂之閨小閨謂之閤衖門謂之閎門側之堂謂之塾爾雅釋宮

非列采不入公門振絺綌不入公門表裘不入公門襲裘不入公門禮記玉藻

龜筴几杖席蓋重素袗絺綌不入公門苞屨扱衽厭冠不入公門書方衰凶器不以告不入公門禮記曲禮下

大夫士出入君門由闑右不踐閾禮記曲禮上

君入門介拂闑大夫中棖與闑之間士介拂棖賓入不中門不履閾公事自闑西私事自闑東禮記玉藻

闑門橛禮記注

天子五門諸侯三門大夫二門禮記正義

天子五門皋庫雉應路魯有庫雉路則諸侯三門與禮記注

廼立皋門皋門有伉詩大雅

王之郭門曰皋門詩毛傳

皋之言高也禮記注

庫門在雉門之外同上

獻命庫門之內戒百官也禮記郊特牲

君復於小寢大寢小祖大祖庫門四郊禮記檀弓上

庫臺元闕逸周書作雒解

門皆有臺於庫門見之後可知也又以黑石爲門限也逸周書注

王五門雉門爲中門雉門設兩觀與今之宮門同周禮注

設兩觀天子之禮也春秋公羊傳

天子諸侯臺門禮記禮注

禮天子諸侯臺門天子外闕兩觀諸侯內闕一觀公羊傳解詁

正月之吉始和布治于邦國都鄙乃縣治象之法于象魏使萬民觀治象挾日而斂之周禮天官

象魏闕也周官解詁

經傳通謂兩觀爲闕惟指雉門高大爲縣舊章而使民觀

之故雉門之觀獨得闕名名爲闕者以其在門兩旁而中央闕然爲道雖則小門亦如此耳春秋正義

王之正門曰應門詩毛傳

廼立應門應門將將詩大雅

王出在應門之內太保率西方諸侯入應門左畢公率東方諸侯入應門右僞書康王之誥

路寢門一名畢門書孔傳

王族故士虎士在路門之右南面東上大僕大右大僕從者在路門之左南面西上周禮夏官

閽氏掌以微詔王居虎門之左司王朝周禮地官
虎門路寢門也周禮注
魯之三門庫雉路春秋正義
庫門宮外門禮記注
庫門天子皐門禮記明堂位
軍有憂則素服哭於庫門之外禮記檀弓下
既卒哭宰夫執木鐸以命於宮曰舍故而諱新自寢門至於庫門同上
魯三門故至庫門耳若天子五門則至皐門也禮記正義

魯莊公之喪既葬而絰不入庫門士大夫既卒哭麻不入禮記檀弓下
孔子曰繹之於庫門內祊之於東方朝市之於西方失之矣禮記郊特牲
衛莊公之反國改舊制變宗廟易朝市高子皐問於孔子曰周禮繹祭於祊祊在廟門之西前朝而後市今衛君欲其事事一更之如之何孔子曰繹之於庫門內祊之於東方市朝之於西方失之矣家語公西赤問
雉門公宮之南門春秋經傳集解
雉門天子應門禮記明堂位
定公二年夏五月壬辰雉門及兩觀災春秋
哀公三年夏五月辛卯司鐸火季桓子至御公立于象魏之外命藏象魏曰舊章不可亡也春秋左氏傳
昔者仲尼與於蜡賓事畢出遊於觀之上禮記禮運
晏平仲端委立于虎門之外春秋左氏傳
虎門路寢門也春秋正義

樹蕭牆

屏謂之樹 爾雅釋宮

禮天子外屏諸侯內屏大夫以簾士以帷 禮緯

南本云及定本皆然或云大夫以帷士以簾者誤也 禮記正義

天子外屏諸侯內屏禮也外屏不欲見內也內屏不欲見外也 荀子大略篇

古者門皆有屏天子設之於外諸侯設之於內禮臺門而旅樹旅道也當道而設屏此外門之屏也治朝在路門之外天子當宁而立宁在門屏之間此路門之屏也國語曰王背屏而立夫人向屏此寢門內之屏也魯廟疏屏天子之廟飾此廟門之屏也月令天子田獵整設于屏外此田防之屏也 陳氏禮書

君臣相見之禮至屏而加肅敬焉是以謂之蕭牆蕭之爲言肅也牆謂屏也 論語注

所以設屏何以自障也示不極臣下之敬也天子德大故外屏諸侯德小故內屏 白虎通義 ○後漢書注引

明堂

明堂也者明諸侯之尊卑也 禮記明堂位

明堂者明政教之堂 周禮注

明堂者古有之也凡九室一室而有四戶八牖三十六戶七十二牖以茅蓋屋上圓下方赤綴戶也白綴牖也二九四七五三六一八堂高三尺東西九筵南北七筵九室十二堂室四戶戶二牖其宮方三百步在近郊近郊三十里 大戴禮盛德篇

夏后氏世室堂修二七廣四修一五室三四步四三尺九階四旁兩夾窗白盛門堂三之二室三之一 考工記

夏度以步令堂脩十四步其廣益以四分脩之一則堂廣十七步半堂上爲五室象五行也三四步室方也四三尺以益廣也木室於東北火室於東南金室於西南水室於西北其方皆三步其廣益之以三尺土室於中央方四步其廣益之以四尺此五室居堂南北六丈東西七丈每室四戶八窗門堂門側之堂取數於正堂令堂如上制則門堂南北九步二尺東西十一步四尺 周禮注

殷人重屋堂脩七尋堂崇三尺四阿重屋 考工記

重屋者，王宫正堂若大寢也。其脩七尋，五丈六尺，放夏周，則其廣九尋，七丈二尺也。五室各二尋。崇，高也。四阿，若今四注屋。重屋，複笮也。周禮注

周人明堂度九尺之筵，東西九筵，南北七筵，堂崇一筵，五室，凡室二筵。考工記

周度以筵，亦王者相改。周禮注

孟春之月，天子居青陽左个。仲春之月，天子居青陽太廟。季春之月，天子居青陽右个。孟夏之月，天子居明堂左个。仲夏之月，天子居明堂太廟。季夏之月，天子居明堂右个。中央土，天子居太廟太室。孟秋之月，天子居總章左个。仲秋之月，天子居總章太廟。季秋之月，天子居總章右个。孟冬之月，天子居元堂左个。仲冬之月，天子居元堂太廟。季冬之月，天子居元堂右个。禮記月令

論明堂之制者非一。某竊意當有九室，如井田之制。東之中爲青陽太廟，東之南爲青陽右个，東之北爲青陽左个；南之中爲明堂太廟，南之東卽東之南爲明堂左个，南之西爲明堂右个；西之中爲總章太廟，西之南爲總章左个，卽南之西，西之北爲總章右个；北之中爲元堂太廟，北之東卽東之北爲元堂右个，北之西卽西之北爲元堂左个；中央爲太廟太室。凡四方之太廟異方所，其左右个則青陽之右个乃明堂之左个，明堂之右个乃總章之左个，總章之右个乃元堂之左个，元堂之右个乃青陽之左个也。但隨其時之方位開門耳。太廟太室則每季十八日天子居焉。古人制事多用井田遺意，此恐是也。朱子文集○明堂說

樓岑樓　上宮

樓、重屋也。許氏說文

陝而脩曲曰樓。爾雅釋宮

樓謂牖戶之間有射孔樓樓然也。釋名

岑樓樓之高銳似山者。孟子集註

上宮樓也。孟子注

臺靈臺　三歸

四方而高曰臺。爾雅釋宮

禮天子有靈臺以候天地諸侯有時臺以候四時。公羊傳解詁

先王之爲臺榭也。榭不過講軍實。臺不過望氛祥。故榭度於大卒之居。臺度於臨觀之高。其所不奪穡地。其爲不匱財用。其事不煩官業。其日不廢時務。瘠磽之地於是乎爲之。城守之木於是乎用之。官寮之暇於是乎臨之。四時之隙於是乎成之。故周詩曰經始靈臺。經之營之。庶民攻之。不日成之。經始勿亟。庶民子來。王在靈囿。麀鹿攸伏。夫爲臺榭將以教民利也。不知其以匱之也。國語

囿

有藩曰園，有牆曰囿。初學記

囿，苑有垣也。許氏說文

囿，今之苑。周禮注

囿所以域養禽獸也。詩箋

天子囿方百里，公侯十里，伯七里，子男五里，皆取一也。公羊傳解詁

囿人掌囿游之獸禁，牧百獸。周官地官

囿游，囿之離宮小苑觀處也。養獸以宴樂視之。周禮注

舍館

舍，行所解止之處。周禮注

館，客舍。孟子注

掌舍掌王之會同之舍，設梐枑再重，設車宮轅門，爲壇壝宮棘門，爲帷宮設旌門，無宮則共人門，凡舍事則掌之。周禮天官

梐枑，謂行馬。周官注

天子適諸侯，必舍其祖廟。禮記禮運

公館者，公宮與公所爲也；私館者，自卿大夫之家也。禮記雜記

凡所使之國，有司所授舍，則公館已。禮記曾子問

凡國野之道，十里有廬，廬有飲食；三十里有宿，宿有路室，路室有委；五十里有市，市有候館，候館有積。周禮地官

廬，若今野候徒有房也。宿可止宿，若今亭有室矣。候館，樓可以觀望者也。一市之間有三廬一宿。周禮注

周之秩官有之曰：敵國賓至，關尹以告，行理以節逆之，候人爲導，卿出郊勞，門尹除門，宗祝執祀，司里授館，司徒具徒，司空視塗，司寇詰姦，虞人入材，甸人積薪，火師監燎，水

師監濯膳宰致餼稟人獻餼司馬陳芻工人展車百官官以物至賓入如歸是故小大莫不懷愛國語

聘禮卿館於大夫大夫館於士士館於工商儀禮

館者必於廟不館於敵者之廟爲太尊也自官師以上有廟有寢工商則寢而已儀禮注

文公之爲盟主也宮室卑庳無觀臺榭以崇大諸侯之館館如公寢庫廄繕修司空以時平易道路圬人以時塓館宮室諸侯賓至甸設庭燎僕人巡宮車馬有所賓從有代巾車脂轄隸人牧圉各瞻其事百官之屬各展其物公不留賓而亦無廢事憂樂同之事則巡之教其不知而恤其不足賓至如歸無寧菑患不畏寇盗而亦不患燥濕春秋左氏傳。襄公三十一年

自卿大夫士之家曰私館禮記曾子問

見人弗能館不問其所舍禮記曲禮上

有客入能館則不問其所舍禮記表記

賓客至無所館夫子曰生於我乎館死於我乎殯禮記檀弓上

陽處父如衛反過甯舍於逆旅甯嬴氏。國語

旅客也逆客而舍之也國語解

將適舍求毋固禮記曲禮上

舍主人家也禮記正義

主謂舍於其家以之爲主人也。孟子集註

洒掃

洒滌也埽棄也从帚以帚却土也許氏說文

氾埽曰埽埽席前曰拚拚席不以鬣執箕膺擖禮記少儀

凡拚之道實水于盤攘臂袂及肘堂上則播灑室中握手執箕膺揲厥中有帚入戶而立其儀不貸執帚下箕倚於戶側凡拚之紀必由奧始俯仰磬折拚毋有徹拚前而退聚于戶內坐板排之以葉適已實帚于箕先生若作乃興而辭坐執而立遂出弃之既拚反立是協是稽管子弟子職篇

凡爲長者糞之禮必加帚於箕上以袂拘而退其塵不及長者以箕自鄉而扱之禮記曲禮上

几席

几人所凭坐也說文韻譜

鋪陳曰筵藉之曰席周禮注

司几筵掌五几五席之名物辨其用與其位周禮春官

五几玉彫彤漆素五席莞藻次蒲熊用位所設之席及其處周禮注

凡大朝覲大饗射凡封國命諸侯王位設黼依周禮春官

斧謂之黼其繡白黑采以絳帛爲質依制如屛風然周禮注

依前南鄉設莞筵紛純加繅席畫純加次席黼純左右玉几祀先王昨席亦如之周禮春官○昨讀曰酢

於依前爲王設席左右有几優至尊也紛如綬有文而狹者周禮注

純緣也繅讀爲藻率之藻同上

繅席削蒲蒻展之編以五采若今合歡矣畫雲氣也次席坑殺席有次列成文周禮疏

諸侯祭祀席蒲筵繢純加莞席紛純右彫几昨席莞筵紛純加繅席畫純筵國賓于牖前亦如之左彤几周禮春官

繢畫文也不莞筵加繅者繅柔嚅不如莞清堅又于鬼神宜周禮注

甸役則設熊席右漆几司几筵

謂王甸有司祭表貉所設席周禮注

凡喪事設葦席右素几其柏席用萑黼純諸侯則紛純每敦一几司几筵

凡吉事變几凶事仍几同上

狄設黼扆綴衣牖間南嚮敷重蔑席黼純華玉仍几西序東嚮敷重底席綴純文貝仍几東序西嚮敷重豐席畫純

雕玉仍几西夾南嚮敷重筍席玄紛純漆仍几尚書顧命

天子之席五重諸侯之席三重大夫再重此以多為貴也鬼神之祭單席此以少為貴也禮記禮器

大饗君三重席而酢焉三獻之介君專席而酢焉此降尊以就卑也禮記郊特牲

凡席有兩則稱二重有一則稱一重禮記義疏

鄉飲酒之禮賓若有尊者諸公大夫則既一人舉觶乃入席于賓東公三重大夫再重公升如賓禮辭一席使一人去之大夫則如介禮有諸公則辭加席委于席端主人不

徹無諸公則大夫辭加席主人對不去加席儀禮

公食大夫禮宰夫設筵加席几同上

司宮具几與蒲筵常緇布純加萑席尋玄帛純皆卷自末同上。今文萑皆為莞

賓坐遂卷加席公不辭同上

上大夫蒲筵加萑席其純皆如下大夫純同上

大夫相食卷加席主人辭賓反之同上

大射之儀小臣設公席於阼階上西鄉司宮設賓席於戶西南面有加席同上

燕禮司宮筵賓于戶西東上無加席也小臣設公席于阼階上西鄉設加席同上

凡與客入者每門讓於客客至於寢門則主人請入為席然後出迎客客固辭主人肅客而入禮記曲禮上

奉席如橋衡請席何鄉席南鄉北鄉以西方為上東鄉西鄉以南方為上同上

布席無常此其順之也上謂席端坐在陽則上左坐在陰則上右禮記注

南鄉東鄉皆坐在陰南鄉以西為右東鄉以南為右北鄉

西鄉皆坐在陽北鄉以西爲左西鄉以南爲左芸閣禮記解

席南上升由下降由上由便儀禮注

登席不由前爲躐席禮記玉藻

毋踖席摳衣趨隅禮記曲禮上

趨隅升席必由下也禮記注

蓋以前爲上後爲下也朱子語類

虛坐盡後食坐盡前禮記曲禮上

徒坐不盡席尺讀書食則齊豆去席尺禮記玉藻

徒坐謂非飲食及講問時也不盡席之前畔有餘一尺讀書食則坐近前與席畔齊禮記正義

飲食之客布席於牖前禮記注

若非飲食之客則布席席閒函丈主人跪正席客跪撫席而辭客徹重席主人固辭客踐席乃坐將即席容毋怍兩手摳衣去齊尺衣毋撥足毋蹶禮記曲禮上

非飲食謂講問之客也禮記注

侍坐於所尊敬無餘席禮記曲禮上

侍坐則必退席不退則必引而去君之黨禮記玉藻

羣居五人則長者必異席禮記曲禮上

此羣居之法若賓主禮席皆無同坐之法禮記義疏

坐

坐亦跪也坐名通跪跪名不通坐禮記正義

古人之坐者兩膝著地因反其蹠而坐於其上正如今之胡跪者其爲肅拜則又拱兩手而下之至地也其爲頓首則又以頭頓於手上也其爲稽首則又卻其手而以頭著地亦如今之禮拜者皆因跪而益致其恭也故儀禮曰坐取爵曰坐奠爵禮記曰坐而遷之曰一坐再至曰武坐致右軒左老子曰坐進此道之類凡言坐者皆謂跪也若漢文帝與賈生語不覺膝之前於席管寧坐不箕股榻當膝

處皆穿皆其明驗然記又云授立不跪授坐不立莊子亦云跪坐而進之則跪與坐又似有小異處疑跪有危義故兩膝著地伸腰及股而勢危者爲跪兩膝著地以尻著蹠而稍安者爲坐也又詩云不遑啟居而傳以啟爲跪爾雅以妥爲安而疏以爲安定之坐夫以啟對居而訓啟爲跪則居之爲坐可見以妥爲安定之坐則跪之爲危坐亦可知蓋兩事相似但一危一安爲小不同耳朱子文集跪坐拜說

坐以經立之容胻不差而足不跌視平衡曰經坐微俯視尊者之膝曰共坐仰首視不出尋常之內曰肅坐廢首低肘曰卑坐坐容也賈誼新書容經

坐毋箕禮記曲禮上

箕謂舒展兩足狀如箕舌也禮記正義

夷踞也論語解

夫戎狄者四方之異氣也蹲夷踞肆與鳥獸無別後漢書魯恭傳

寢　臥　牀　棲　衽　枕　寢衣　東首

寢、臥也、許氏說文

乃生男子載寢之牀。詩小雅斯干

男子初生而臥於牀、尊之也、詩箋

牀者、人所以安也、周易注

人所坐臥曰牀、牀、裝也、所以自裝載也、釋名

棲謂之牀、廣雅

父母舅姑將坐奉席請何鄉。將衽長者奉席請何趾。少者執牀與坐。禮記內則

衽臥席也。經典釋文

下莞上簟乃安斯寢。詩小雅斯干

莞、小蒲之席也、竹葦曰簟、詩

尋常寢席無問貴賤皆下莞上簟、儀禮疏

御者舉几斂席與簟、縣衾篋枕斂簟而襡之。父母舅姑之衣衾簟席枕几不傳。禮記內則

襡、韜也、須臥乃敷之也、禮記注

昏禮御衽于奥媵衽良席在東皆有枕北趾。儀禮

御當爲訝迎也、謂壻從者也、媵、送也、謂女從者也、婦人稱夫曰良、儀禮

枕、臥薦首者、許氏說文。

齊則角枕錦衾、詩傳

衾被也、禂、襌被也、同上

今名曰被、古者曰衾、論語謂之寢衣也、詩正義

寢衣今之被也、古論語訓

寢衣其今之被乎、曰愚嘗意其非被、而曾氏之說、亦以爲然也、朱子或問

君子之居恒當戶寢恒東首。禮記玉藻

東首、首生氣也、禮記注

寢毋伏。禮記曲禮上

臥當或側或仰而不覆也。禮記正義

杖

杖所以扶行也 許氏說文

伊耆氏掌國之大祭祀共其杖咸軍旅授有爵者杖共王之齒杖 周禮秋官○咸讀爲函

老臣雖杖於朝事鬼神尚敬去之有司以此函藏之旣事授之授有爵者杖别吏卒且以扶尊者齒杖王之所以賜老者之杖 周禮注

五十杖於家六十杖於鄉七十杖於國八十杖於朝 禮記王制

大夫七十而致事若不得謝則必賜之几杖 禮記曲禮上

是故朝廷同爵則尚齒七十杖於朝君問則席八十不俟朝君問則就之而弟達乎朝廷矣 禮記祭義

仲秋之月養衰老授几杖 禮記月令

陰氣發老年衰故授其几杖周禮大羅氏掌獻鳩杖以養老 呂氏春秋注○按周禮羅氏仲春獻鳩以養國老無杖字

進几杖者拂之 禮記曲禮上

謀於長者必操几杖以從之 同上

沐浴

沐濯髮也浴洒身也 許氏說文

沐用潘浴用湯 周禮疏

潘淅米汁也 許氏說文

君沐粱大夫沐稷士沐粱 禮記喪大記

士喪禮沐稻此云沐粱蓋天子之士也以差率而上之天子沐黍與 禮記注

沐用瓦盤 禮記喪大記

湯熱水也 許氏說文

浴水用盆沃水用枓 禮記喪大記

凡設水用罍沃盥用枓 儀禮注

大盤廣八尺長丈二深三尺赤中夷盤小焉 禮記注

宮人共王之沐浴 周禮天官

日五盥沐稷而靧粱櫛用樿櫛髮晞用象櫛進禨進羞工乃升歌浴用二巾上絺下綌出杅履蒯席連用湯履蒲席衣布晞身乃屨進飲 禮記玉藻

此大夫禮耳人君沐靧皆粱也 禮記正義

聘禮管人爲客三日具沐五日具浴 儀禮

在父母舅姑之所五日則燂湯請浴三日具沐其間面垢燂潘請靧足垢燂湯請洗少事長賤事貴共帥時禮記內則

位貴賤　上下　左右　前後

位者所處之分也程子易傳

列貴賤者存乎位周易繫辭上傳

天尊地卑乾坤定矣卑高以陳貴賤位矣同上

分均則不偏勢齊則不一衆齊則不使有天有地而上下有差明王始立而處國有制夫兩貴之不能相事兩賤之不能相使是天數也勢位齊而欲惡同物不能贍則必爭爭則亂亂則窮矣先王惡其亂也故制禮義以分之使有貧富貴賤之等足以相兼臨者是養天下之本也荀子王制篇

上天下澤履君子以辨上下定民志周易象上傳

古之時公卿大夫而下位各稱其德終身居之得其分也位未稱德則君舉而進之士修其學學至而君求之皆非有預於已也農工商賈勤其事而所享有限故皆有定志而天下之心可一程子易傳

故天子建國諸侯立家卿置側室大夫有貳宗士有隸子弟庶人工商各有分親皆有等衰是以民服事其上而下無覬覦春秋左氏傳桓公二年

天有十日人有十等下所以事上上所以共神也 同上 昭公六年

目巧之室則有奧阼席則有上下車則有左右行則有隨立則有序古之義也室而無奧阼則亂於堂室也席而無上下則亂於席上也車而無左右則亂於車也行而無隨則亂於塗也立而無序則亂於位也昔聖帝明王辨貴賤長幼遠近男女外內莫敢相踰越皆由此塗出也 禮記仲尼燕居

天道尚左日月西移地道尚右水潦東流 博物志

江海雖左長於百川以其卑也 孔子家語觀周篇

子生男子設弧於門左女子設帨於門右 禮記內則

道路男子由右婦人由左 禮記王制

立者尊右 禮記注

贊幣自左詔辭自右 禮記少儀

立者尊右則坐者尊左也 禮記正義

坐在陽則上左坐在陰則上右 禮記注

席南鄉北鄉以西方為上東鄉西鄉以南方為上 禮記曲禮上

聘禮賓襲執圭擯者入告出辭玉納賓賓入門左介皆入門左北面西上 儀禮

公事自闑西 禮記玉藻

賓覿奉束錦總乘馬二人贊入門右北面奠幣再拜稽首 儀禮

私事自闑東 禮記玉藻

吉事尚左凶事尚右 道德經

喪尚右右陰也吉尚左左陽也 禮記注

凡男拜尚左手凡女拜尚右手 禮記內則

左陽也右陰也 禮記注

凡拜吉喪皆尚左手 逸奔喪禮

孔子與門人立拱而尚右二三子亦皆尚右孔子曰二三子之嗜學也我則有姊之喪故也二三子皆尚左 禮記檀弓上

執主器操幣圭璧則尚左手 禮記曲禮下

尚左手尊左也 禮記注

笏書脩苞苴弓茵席枕几穎杖琴瑟戈有刃者櫝筴籥其執之皆尚左手 禮記少儀

皆、十六物也、左手執上。上、陽也。右手執下。下、陰也。禮記注

左手在上而執之、右手在下而承之、禮記正義

凡遺人弓者右手執簫左手承弣。主人自受由客之左接下承弣。鄉與客竝然後受。禮記曲禮上

簫、弭頭也、弣、把中、由、從也、從客之左、右客、尊之、接下、接客手下也、承弣、卻手、則簫覆手與、禮記注

授在地、地道、貴右、主人推客居右、客覆右手執弓下頭、又卻下左手以承弓把、把當中央而高、兩頭頹下、以授主人、下頭拄地不淨、故自執之、而以上頭授人、所以爲敬也。主

人拜客既竟、從客左而受之、主人既還在客左、與客竝、卻左手接客左手之下而承弣、又覆右手捉弓下頭、是客主授受、皆卻左手承弣、覆右手執簫也、禮記正義

獻粟者執右契。禮記曲禮上

契、券要也、右爲尊。禮記注

少牢饋食之禮司馬升羊右胖。司士升豕右胖。儀禮

升、猶上也、上右胖、周所貴也、儀禮注

士喪禮陳鼎五於門外如初。其實羊左胖。豕亦如之。儀禮

既夕

用左、反吉祭也。儀禮注

特牲饋食禮牲在其西。北首。東足。儀禮

東足者、尚右也。儀禮注

豕縛其足、陳於門外、首北、出於枕、東其足、寢其左、以其周人尚右。將祭、故也。儀禮疏

士虞禮陳牲於廟門外。北首西上。寢右。儀禮

寢右者、當升左胖也。儀禮注

軍尚左。卒尚右。禮記少儀

左、陽也、陽主生。將軍有廟勝之策。左將軍爲上、貴不敗績、

右、陰也、陰主殺。卒之行伍以右爲上。示有死志。禮記注

君子居則貴左。用兵則貴右。道德經

偏將軍處左。上將軍處右。言居制以喪禮處之。同上

車上貴左。禮記正義

祥車曠左。乘君之乘車不敢曠左。左必式。禮記曲禮上

乘車君皆在左。若兵戎革路。則君居中。禮記正義

楚人上左。君必左。春秋左氏傳。桓公八年

楚子爲乘廣三十乘。分爲左右。右廣雞鳴而駕、日中而說、左則受之、日入而說、乙卯、王乘左廣以逐趙旃、遂疾進師、

車馳卒奔乘晉軍王見右廣將從之乘屈蕩戶之曰君以此始亦必以終自是楚之乘廣先左同上○宣公十二年

楚人尚左君必左者謂置車在左此言先左謂乘廣先左耳春秋正義

旅

旅者客寄之名羇旅之稱失其本居而寄他方謂之爲旅周易正義

諸侯不臣寓公故古者寓公不繼世禮記郊特牲

寄公者何也失地之君也何以爲所寓齊衰三月也言與民同也儀禮喪服傳

遺人掌邦之委積以待施惠野鄙之委積以待羇旅周官地官

委人掌斂野之賦斂薪芻凡疏材木材凡畜聚之物以甸

聚待羇旅同上

羇旅過行寄止者周禮注

羇旅謂載贄出疆之士及有故去國之臣之類非奉君命故不以賓客待之而下之不列於齊民謂之羇旅周官義疏

史佚有言曰非羇何忌春秋左氏傳○昭公元年

罕朔奔晉韓宣子問其位於子產子產曰君之羇臣苟得容以逃死何位之敢擇卿違從大夫之位罪人以其罪降古之制也同上○昭公七年

陳公子完奔齊齊侯使敬仲爲卿辭曰羇旅之臣幸若獲宥及於寬政赦其不閑於教訓而免於罪戾弛於負擔君之惠也敢辱高位以速官謗請以死告同上○莊公二十二年

行遠

古者師日行三十里吉行五十里漢書王吉傳

凡師一宿爲舍再宿爲信過信爲次春秋左氏傳

一舍三十里春秋經傳集解

適莽蒼者三飡而反腹猶果然適百里者宿舂糧適千里者三月聚糧莊子逍遙遊

若陟遐必自邇尚書太甲下

詩曰行百里者半於九十此言末路之難戰國策

夫驥一日而千里駑馬十駕則亦及之矣將以窮無窮逐無極與其折骨絕筋終身不可以相及也將有所止之則千里雖遠亦或遲或速或先或後胡爲乎其不可以相及也不識步道者將以窮無窮逐無極與意亦有所止之與故學曰遲彼止而待我我行而就之則亦或遲或速或先或後胡爲乎其不可以相及也故跬步不休跛鱉千里累土不輟邱山崇成厭其源開其竇江河可竭一進一退一左一右六驥不致彼人之才性之相懸也豈若跛鱉之與六驥足哉然而跛鱉致之六驥不致是無他故焉或爲之或不爲之耳道雖邇不行不至事雖小不爲不成其爲人

也多暇日者其出人不遠矣荀子脩身篇

登高

登陞也爾雅

從善如登國語

君升高必自下尚書太甲下

升者進而上也易傳

任負戴

任擔也孟子注

我任我輦我車我牛詩小雅黍苗

營謝轉偉之役有負任者有輓輦者有將車者有牽傍牛者詩箋

有負任者謂器物人所負持生民云是任是負又别爲二則任在前負在背詩正義

恒之糜芑是任是負詩大雅生民

任肩任也負背負也詩集傳

負任在背戴任在首孟子集註

負謂背負戴謂頭戴也物之在人上謂之爲負戴氣之過去在上者其在下者亦負戴也禮記正義

輕任幷重任分班白者不提挈禮記王制

班白者不以其任行乎道路而弟達乎道路矣禮記祭義

雒陽乘軒車蘇秦家貧親老無罷車駑馬桑輪蓬篋羸縢負書擔囊觸塵埃蒙霜露越河漳足重繭日百里而舍戰國策

四書類考卷二十四

四書類考卷二十五

財用類

輪 軏

輿

小車 軏

大車 輗

冶金

切磋琢磨 珠 玉 雕

繪事 采色

杇墁

陶瓦

符節

舟 桴

富

貧

稱貸 假借

乞求 請

財用

財泉穀也用貨賄也周禮注○宰夫

金玉曰貨布帛曰賄同上○太宰

冢宰制國用必於歲之杪五穀皆入然後制國用用地大小視年之豐耗以三十年之通制國用量入以為出祭用數之仂喪三年不祭唯祭天地社稷為越紼而行事喪用三年之仂喪祭用不足曰暴有餘曰浩祭豐年不奢凶年不儉國無九年之蓄曰不足無六年之蓄曰急無三年之蓄曰國非其國也三年耕必有一年之食九年耕必有三

年之食以三十年之通雖有凶旱水溢民無菜色然後天子食日舉以樂禮記王制

仂算今年一歲經用之數而用其什一也喪大事故用三歲之什一禮記注

太宰之職以九職任萬民一曰三農生九穀二曰園圃毓草木三曰虞衡作山澤之材四曰藪牧養蕃鳥獸五曰百工飭化八材六曰商賈阜通貨賄七曰嬪婦化治絲枲八曰臣妾聚斂疏材九曰閒民無常職轉移執事以九賦斂財賄一曰邦中之賦二曰四郊之賦三曰邦甸之賦四曰

家削之賦五曰邦縣之賦六曰邦都之賦七曰關市之賦八曰山澤之賦九曰幣餘之賦以九貢致邦國之用一曰祀貢二曰嬪貢三曰器貢四曰幣貢五曰材貢六曰貨貢七曰服貢八曰斿貢九曰物貢周官天官

以九式均節財用一曰祭祀之式二曰賓客之式三曰喪荒之式四曰羞服之式五曰工事之式六曰幣帛之式七曰芻秣之式八曰匪頒之式九曰好用之式同上

凡頒材以式法授之關市之賦以待王之膳服邦中之賦以待賓客四郊之賦以待稍秣家削之賦以待匪頒邦甸

之賦以待工事邦縣之賦以待幣帛邦都之賦以待祭祀山澤之賦以待喪紀幣餘之賦以待賜予凡邦國之貢以待弔問凡萬民之貢以充府庫凡式貢之餘財以共玩好之用凡邦之賦用取具焉同上

足國之道節用裕民而善藏其餘節用以禮裕民以政彼裕民故多餘裕民則民富民富則田肥以易田肥以易則出實百倍上以法取焉而下以禮節用之餘若邱山不時焚燒無所藏之夫君子奚患乎無餘故知節用裕民則必有仁義聖良之名而且有富厚邱山之積矣此無他故焉生於節用裕民也不知節用裕民則民貧民貧則田瘠以穢田瘠以穢則出實不半上雖好取侵奪猶將寡獲也而或以無禮節用之則必有貪利糾譎之名而且有空虛窮乏之實矣此無他故焉不知節用裕民也康誥曰宏覆乎天若德裕乃身此之謂也禮者貴賤有等長幼有差貧富輕重皆有稱者也故天子朱衮衣冕諸侯元衮衣冕大夫裨冕士皮弁服德必稱位位必稱祿祿必稱用由士以上則必以禮樂節之衆庶百姓則必以法數制之量地而立國計利而畜民度人力而授事使民必勝事事必出利利

足以生民皆使衣食百用出入相掩必時藏餘謂之稱數故自天子通於庶人事無大小多少由是推之故曰朝無幸位民無幸生此之謂也輕田野之稅平關市之征省商賈之數罕興力役無奪農時如是則國富矣夫是之謂以政裕民荀子富國篇

上好攻取則國貧上好利則國貧士大夫衆則國貧工商衆則國貧無制數度量則國貧下貧則上貧下富則上富故田野縣鄙者財之本也垣窌倉廩者財之末也百姓時和事業得叙者貨之源也等賦府庫者貨之流也故明主

必謹養其和節其流開其源而時斟酌焉潢然使天下必有餘而上不憂不足如是則上下俱富交無所藏之是知國計之極也故禹十年水湯七年旱而天下無菜色者十年之後年穀復熟而陳積有餘是無他故焉知本末源流之謂也同上

夫民有餘卽讓不足則爭讓則禮義生爭則暴亂起扣門求水莫弗與者所饒足也林中不賣薪湖上不鬻魚所有餘也故物豐則欲省求贍則爭止淮南子齊俗訓

會計算

會大計也周禮注

計會也算也許氏說文

十年出就外傅居宿於外學書計禮記內則

書周官保氏六書計卽九數禮記解

保氏掌諫王惡而養國子以道乃教之六藝六曰九數周禮地官

九數方田粟米差分少廣商功均輸方程贏不足旁要今有重差夕桀句股也周官解詁

一方田以御田疇界域二粟布以御交質變易三衰分以御貴賤廩稅四少廣以御積冪方圓五商功以御工程積實六均輸以御遠近勞費七盈朒以御隱雜互見八方程以御錯揉正負九句股以御高深遠廣九章算術

以法爲分以名爲表以參爲驗以稽爲決其數一二三四是也莊子天下篇

一數之始也廣韻

一生二二生三三生萬物道德經

一與言爲二二與一爲三莊子齊物論

數始於一終於十成於三史記律書

八有中曰參無中曰兩逸周書武順解

四陰數次三也玉篇

五中數也增韻

五亦有中三亦有中春秋公羊傳昭公五年

三相參爲參五相伍爲伍許氏說文

參之以比物伍之以合參韓非子

紀數之法以三數之則遇五而齊以五數之則遇三而會朱子語類

天之中數五地之中數六漢書律歷志

易之數陰變於六正於八許氏說文

一變而爲七七變而爲九列子天瑞篇

十數之具也許氏說文

倍一倍也孟子集註

蓰五倍也什十倍也孟子注

紀於一協於十長於百大於千衍於萬漢書律歷志

千十百也許氏說文

萬盈數也春秋左氏傳閔公元年

十萬曰億詩箋

數萬至萬曰億數億至億曰秭詩傳

億之數有大小二法其小數以十爲等十萬爲億十億爲兆也其大數以萬爲等萬至萬是萬萬爲億又從億而數至萬億億爲兆億億爲秭禮記正義

司會掌邦之六典八法八則之貳以逆邦國都鄙官府之治以九貢之法致邦國之財用以九賦之法令田野之財用以九功之法令民職之財用以九式之法均節邦之財用掌國之官府郊野縣都之百物財用凡在書契版圖者

之貳以逆羣吏之治而聽其會計以參互攷日成以月要攷月成以歲會攷歲成以周知四國之治以詔王及冢宰廢置周官天官

逆受而鉤考之周禮注

司書掌邦之六典八法八則九職九正九事邦中之版土地之圖以周知入出百物以叙其財受其幣使入於職幣凡上之用財用必攷于司會三歲則大計羣吏之治以知民之財用器械之數以知田野夫家六畜之數以知山林川澤之數以逆羣吏之徵令凡稅斂掌事者受法焉及事

歲則入要貳焉凡邦治考焉 周官天官

職內掌邦之賦入辨其財用之物而執其總以貳官府都鄙之財入之數以逆邦國之賦用凡受財者受其貳令而書之及會以逆職歲與官府財用之出而叙其財以待邦之移用 同上

職歲掌邦之賦出以貳官府都鄙之財出賜之數以待會計而攷之凡官府都鄙羣吏之出財用受式法於職歲凡上之賜予以叙與職幣授之及會以式法贊逆會 同上

職幣掌式法以斂官府都鄙與凡用邦財者之幣振掌事

者之餘財皆辨其物而奠其錄以書楬之以詔上之小用賜予歲終則會其出凡邦之會事以式法贊之 同上

倉廩 廩人

穀藏曰倉米藏曰廩 月令章句

方者曰倉穿地曰窌 呂覽注

倉人掌粟入之藏辨九穀之物以待邦用若穀不足則止餘法用有餘則藏之以待凶而頒之凡國之大事共道路之穀積食飲之具 周官地官

廩人掌九穀之數以待國之匪頒賙賜稍食以歲之上下數邦用以知足否以詔穀用以治年之凶豐凡萬民之食食者人四鬴上也人三鬴中也人二鬴下也若食不能人

二鬴則令邦移民就穀詔王殺邦用凡邦有會同師役之事則治其糧與其食大祭祀則共其接盛 同上

橐囊

小曰橐大曰囊詩傳

宣二年左傳趙盾見靈輒餓食之又爲之簞食與肉寘諸橐以與之橐唯盛食而已是其小也哀六年公羊傳稱陳乞欲立公子陽生盛之巨囊而內可以容人是其大也詩正義

有底曰囊無底曰橐集韻

幣

幣金玉齒革泉布之雜名經學理窟

農工商交易之路通而龜貝金錢刀布之幣興焉所從來久遠自高辛氏之前尚矣靡得而記云史記平準書

虞夏之幣金爲三品或黃或白或赤或錢或布或刀或龜貝同上

湯以莊山之金鑄幣而贖人之無檀賣子者禹以歷山之金鑄幣以救人之困夫玉起於禺氏金起於汝漢珠起於赤野東西南北去周七八千里水絕壤斷舟車不能通爲其途之遠其至之難故託用於其重以珠玉爲上幣以黃金爲中幣以刀布爲下幣三幣握之則非有補於煖也食之則非有補於飽也先王以守財物以御人事而平天下也管子

太宰以九貢致邦國之用四曰幣貢周官天官

幣貢玉馬皮帛也周禮注

府庫

府謂寳藏貨賄之處也。庫謂車馬兵甲之處也。禮記注曲禮下

東方之美者有醫無閭之珣玗琪焉。東南之美者有會稽之竹箭焉。南方之美者有梁山之犀象焉。西南之美者有華山之金石焉。西方之美者有霍山之多珠玉焉。西北之美者有崑崙虛之璆琳琅玕焉。北方之美者有幽都之筋角焉。東北之美者有斥山之文皮焉。中有岱岳與其五穀魚鹽生焉。爾雅釋地

○九府

六府三事允治。書大禹謨

六府。卽水火金木土穀也。六者財用之所自出。故曰府。書集傳

天子之六府。曰司土、司木、司水、司草、司器、司貨。典司六職。禮記曲禮下

太府爲王治藏之長。周禮注

太府掌九貢九賦九功之貳。以受其貨賄之入。頒其貨于受藏之府。頒其賄于受用之府。周禮天官

九功。卽九職也。受藏之府。若內府也。受用之府。若職內也。周禮注

凡頒財。以式灋授之。關市之賦。以待王之膳服。邦中之賦。以待賓客。四郊之賦。以待稍秣。家削之賦。以待匪頒。邦甸之賦。以待工事。邦縣之賦。以待幣帛。邦都之賦。以待祭祀。山澤之賦。以待喪紀。幣餘之賦。以待賜予。太府

此九賦之財給九式者。周禮注

凡邦國之貢以待弔用。太府

此九貢之賦所給也。周禮注

凡萬民之貢以充府庫。太府

此九職之財。周禮注

凡式貢之餘財。以共玩好之用。太府

玉府掌王之金玉玩好兵器凡良貨賄之藏。周禮天府

內府主良貨賄藏在內者。周禮注

內府掌受九貢九賦九功之貨賄良兵良器。以待邦之大用。凡四方之幣獻之金玉齒革兵器凡良貨賄入焉。凡適四方使者共其所受之物而奉之。凡王及冢宰之好賜予則共之。周禮天官

外府主泉藏在外者。周禮注

外府掌邦布之入出以共百物而待邦之用凡有灋者共王及后世子之衣服之用凡祭祀賓客喪紀會同軍旅共其財用之幣齎賜予之財用凡邦之小用皆受焉周禮天官

太公爲周立九府圜法漢書食貨志

周官太府玉府內府外府泉府天府職內職金職幣皆掌財幣之官故云九府漢書注

季春之月命工師令百工審五庫之量金鐵皮革筋角齒羽箭幹脂膠丹漆毋或不良禮記月令

五庫藏此諸物之舍禮記注

金鐵一庫皮革筋一庫角齒一庫羽箭幹一庫脂膠丹漆一庫各以類相從也禮記正義

五庫一曰車庫二曰兵庫三曰祭庫四曰樂庫五曰宴庫月令章句

櫝匱

櫝匱也許氏說文

今通以藏器之大者爲匱次爲匣小爲匵六書故

聘禮使者載旜帥以受命于朝賈人西面坐啓櫝取圭垂繅不起而授宰宰執圭屈繅自公左授使者使者受圭同面垂繅以受命旣述命同面授上介上介受圭屈繅出授賈人儀禮

櫝函也經典釋文

劍則啓櫝蓋襲之加夫襓與劍焉禮記少儀

櫝謂劍函也襲卻合之夫襓劍衣也加劍於衣上禮記注

夫有干越之劍者柙而藏之不敢用也寶之至也莊子刻意篇

夫有夏后氏之璜者匣匵而藏之寶之至也淮南子精神訓

重器 宗器

重器、寶器也 孟子集註

宗器先世所藏之重器 中庸章句

天府掌祖廟之守藏與其禁令凡國之玉鎮大寶器藏焉若有大祭大喪則出而陳之既事藏之上春釁寶鎮及寶器季冬陳玉以貞來歲之媺惡若遷寶則奉之 周禮春官

惟四月乙丑王崩丁卯命作册度越七日癸酉越玉五重陳寶赤刀大訓宏璧琬琰在西序大玉夷玉天球河圖在東序允之舞衣大貝鼖鼓在西房兑之戈和之弓垂之竹矢在東房 尚書顧命

王乃昭德之致于異姓之邦無替厥服分寶玉于伯叔之國時庸展親人不易物惟德其物 尚書旅獒

昔武王克商通道于九夷百蠻使各以其方賄來貢使無忘職業於是肅慎氏貢楛矢石砮其長尺有咫先王欲昭其令德之致遠也以示後人使永監焉故銘其栝曰肅慎氏之貢矢以分大姬配虞胡公而封諸陳 國語

分魯公以大路大旂夏后氏之璜封父之繁弱分康叔以大路少帛綪茷旃旌大呂分唐叔以大路密須之鼓闕鞏姑洗 春秋左氏傳定公四年

密須之鼓與其大路文所以大蒐也闕鞏之甲武所以克商也唐叔受之以處參墟其後襄之二路鏚鉞秬鬯彤弓虎賁文公受之以有南陽之田 同上昭公十五年

葵邱之會賞大路龍旂九旒渠門赤旂服 國語

望諸君獻書報燕王曰臣奉令擊齊長驅至國珠玉財寶車甲珍器盡收入燕大呂陳于元英故鼎反乎磨室齊器設于寧臺薊邱之植植于汶篁 戰國策

大呂齊鐘名元英燕宮殿名燕鼎前輸於齊今反入於磨室磨室亦宮名 史記索隱

器皿 祭器

成形曰器。繫辭注

皿、飲食之器也、許氏說文

車旂之屬謂之器不可謂之皿、籩豆之屬謂之皿、亦可謂之器、禮記解

備物致用立成器以爲天下利莫大乎聖人。周易繫辭上傳

凡家造祭器爲先犧賦爲次養器爲後。禮記曲禮下

祭器籩豆簠簋鉶之屬也有敬事於賓客則用之、謂饗食也。

盤盂之屬爲燕器。禮記注。坊記

大夫祭器不假祭器未成不造燕器。禮記王制

四命受器。周禮春官大宗伯

此公之孤始得有祭器者也王之下大夫亦四命、周禮注

問大夫之富曰有宰食力祭器衣服不假。禮記曲禮下

大夫具官祭器不假聲樂皆具非禮也。禮記禮運

君子敬則用祭器。禮記表記。坊記同

君子雖貧不粥祭器。禮記曲禮下

圭璧金璋不粥於市宗廟之器不粥於市。戎器不粥於市

用器不中度不粥於市錦文珠玉成器不粥於市禮記王制

大夫士去國祭器不踰竟大夫寓祭器於大夫士寓祭器於士。禮記曲禮下

無田祿者不設祭器。同上

鄉師正歲稽其鄉器閭共祭器族共喪器黨共射器州共賓器鄉共吉凶禮樂之器。周禮地官

祭器者簠簋鼎俎之屬閭胥主集爲之喪器者夷槃素俎楬豆輁軸之屬族師主集爲之射器者弓矢楅中之屬黨

正主集爲之賓器者尊俎笙瑟之屬州長主集爲之。周禮注

百工工師

凡執技藝者稱工。儀禮注

天子之六工曰土工、金工、石工、木工、獸工、草工、典制六材。禮記曲禮下

凡攻木之工七。攻金之工六。攻皮之工五。設色之工五。刮摩之工五。摶埴之工二。攻木之工、輪、輿、弓、廬、匠、車、梓。攻金之工、築、冶、鳧、栗、段、桃。攻皮之工、函、鮑、韗、韋、裘。設色之工、畫、繢、鍾、筐、㡛。刮摩之工、玉、楖、雕、矢、磬。摶埴之工、陶、旊。考工記

事官之屬六十。此識其五材三十工略記其事耳。其曰某人者、以其事名官也。其曰某氏者、官有世功、若族有世業、以氏名官者也。周禮注

國有六職。百工與居一焉。或坐而論道。或作而行之。或審曲面埶以飭五材。以辨民器。或通四方之珍異以資之。或飭力以長地財。或治絲麻以成之。坐而論道謂之三公。作而行之謂之士大夫。審曲面埶以辨民器謂之百工。通四方之珍異以資之謂之商旅。飭力以長地財謂之農夫。治絲麻以成之謂之婦功。考工記

知者創物。巧者述之守之世謂之工。百工之事。皆聖人之作也。爍金以為刃。凝土以為器。作車以行陸。作舟以行水。此皆聖人之所作也。同上

天有時。地有氣。材有美。工有巧。合此四者。然後可以為良。材美工巧。然而不良。則不時、不得地氣也。橘踰淮而北為枳。鸜鵒不踰濟。貉踰汶則死。此地氣然也。鄭之刀。宋之斤。魯之削。吳粵之劒。遷乎其地而弗能為良。地氣然也。燕之角。荊之幹。妢胡之笴。吳粵之金錫。此材之美者也。天有時以生。有時以殺。草木有時以生。有時以死。石有時以泐。水有時以凝。有時以澤。此天時也。同上

季春之月。命工師令百工審五庫之量。金鐵、皮革筋、角齒、羽箭幹、脂膠丹漆、毋或不良。百工咸理。監工日號。毋悖于時。毋或作為淫巧。以蕩上心。禮記月令

孟冬之月。命工師效功。陳祭器。按度程。毋或作為淫巧。以蕩上心。必功致為上。物勒工名。以考其誠。功有不當。必行其罪。以窮其情。同上

工師、司空之屬官也、禮記注

度寸尺丈仞尋

度者分寸尺丈引也所以度長短也本起黃鍾之長以子穀秬黍中者一黍之廣度之九十分黃鍾之長一爲一分十分爲寸十寸爲尺十尺爲丈十丈爲引而五度審矣 漢書律歷志

說文仞伸臂一尋八尺从人刃聲書爲山九仞孔傳八尺曰仞正義曰考工記匠人有畎遂溝洫皆廣深等而澮云廣二尋深二仞則澮亦廣深等仞與尋同故知八尺曰仞王肅聖證論及注家語皆云八尺曰仞鄭元曰七尺曰仞與孔義異論語夫子之牆數仞註包云七尺孟子掘井九軔註八尺朱子乃兩從之當以八尺爲是若小爾雅曰四尺漢書應劭註云五尺六寸則益非矣 日知錄

八尺曰尋倍尋曰常 考工記注

丈六尺曰常半常曰尋 儀禮注 公食大夫禮

夫目之察度也不過步武尺寸之間其察色也不過墨丈尋常之間 國語

五尺爲墨倍墨爲丈 國語解

量斗釜庾秉鍾

量者龠合升斗斛也所以量多少也本起於黃鍾之龠用度數審其容以子穀秬黍中者千有二百實其龠以井水準其槩合龠爲合十合爲升十升爲斗十斗爲斛而五量嘉矣 漢書律歷志

㮚氏爲量改煎金錫則不耗不耗然後權之權之然後準之準之然後量之量之以爲鬴深尺內方尺而圜其外其實一鬴其臀一寸其實一豆其耳三寸其實一升重一鈞其聲中黃鍾之宮槩而不稅其銘曰時文思索允臻其極嘉量旣成以觀四國永啓厥後茲器維則 考工記

齊舊四量豆區釜鍾四升爲豆各自其四以登於釜釜十則鍾 春秋左氏傳

四升曰豆四豆曰區四區曰鬴鬴六斗四升也 考工記注

庾實二㲉 音斛 考工記

匊二升二匊爲豆豆四升四豆曰區四區曰釜二釜有半謂之庾 小爾雅

庾本有二法故聘禮記云十六斗曰籔注云今文籔爲逾逾卽庾也按昭二十六年傳粟五千庾杜注云庾十六斗

以此知庾有二法也。周禮疏

十斗曰斛。十六斗曰籔。十籔曰秉。儀禮聘禮

權鈞　鎰

權者、銖兩斤鈞石也。所以稱物平施。知輕重也。本起於黃鍾之重。一龠容千二百黍。重十二銖。兩之爲兩。二十四銖爲兩。十六兩爲斤。三十斤爲鈞。四鈞爲石。忖爲十八。易十有八變之象也。五權之制。以義立之。以物鈞之。其餘小大之差。以輕重爲宜。圜而環之。令之肉倍好者。周旋無端。終而復始。無窮已也。銖者。物由忽微始。至於成著。可殊異也。兩者。兩黃鍾律之重也。二十四銖而成兩者。二十四氣之象也。斤者。明也。三百八十四銖。易二篇之爻。陰陽變動之象也。十六兩成斤者。四時乘四方之象也。鈞者。均也。陽施其氣。陰化其物。皆得其成就平均也。權與物均。重萬一千五百三十銖。當萬物之象也。四百八十兩者。六旬行八節之象也。三十斤成鈞者。一月之象也。石者。大也。權之大者也。始於銖。兩於兩。明於斤。均於鈞。終於石。物終石大也。四鈞爲石者。四時之象也。重百二十斤者。十二月之象也。終於十二辰而復於子。黃鍾之象也。千九百二十兩者。陰陽之數也。三百八十四爻。五行之象也。四萬六千八十銖者。萬一千五百二十物歷四時之象也。而歲功成就。五權謹

矣漢書律歷志

二十兩爲鎰孟子注

古者以鎰爲一金一鎰是爲二十四兩也同上

夫挈輕重者不失銖兩聖人弗用而懸之乎銓衡視高下不失尺寸明主弗任而求之乎浣準何則人材不可專用而度量可世傳也淮南子齊俗訓

古稱亦準權量爲之而得重於今者權量之起本自黃鍾而世俗不同每多改易傳稱齊舊四量陳氏皆加一焉是其不必常依古也近世以來或輕或重魏齊斗稱於古二而爲一周隋斗稱於古三而爲一則古時亦當然春秋正義

規矩準繩

權與物鈞而生衡衡運生規規圜生矩矩方生繩繩直生準準正則平衡而鈞權矣是爲五則規者所以規圜器械令得其類也矩者所以矩方器械令不失其形也規矩相須陰陽位序圜方乃成準者所以揆平取正也繩者上下端直經緯四通也準繩連體衡權合德百工由焉以定法式輔弼執玉以翼天子詩云尹氏大師秉國之鈞四方是維天子是毗俾民不迷咸有五象其義一焉漢書律歷志

規者所以圜萬物也淮南子時則訓

圜曰規方曰矩玉篇

準者五量之宗也管子

水靜則明燭鬚眉平中准大匠取法焉莊子天道篇

平者水停之盛也其可以爲法也內保之而外不蕩也莊子德充符

繩者營其廣輪方制之正也詩箋

惟木從繩則正尚書說命上

繩墨所以正曲者楚辭章句

梓

梓材之美可以爲禮樂之器故工能治材以爲器者謂之梓人。周禮詳解

殷人上梓。考工記

湯放桀疾禮樂之壞而尊梓。周禮注

梓人爲筍虡。考工記。筍本作筍虡音巨

樂器所縣橫曰筍植曰虡。周禮注

梓人爲飲器。考工記

梓人爲侯。同上

梓人攻木者也當主爲侯植而詳言鵠及身與个者必明乎其廣崇之度而後植乃相應也其縫布棲皮畫正等事自有他工爲之專言梓人者侯以植爲骨三等侯之降殺以植爲主也。周官義疏

車輅

車輿輪之總名。許氏說文

奚仲作車。呂氏春秋君守篇。世本同

乘雅作駕寒哀作御王冰作服牛。呂氏春秋勿躬篇

服牛乘馬引重致遠以利天下蓋取諸隨。繫辭下傳

上古聖人見轉蓬始知爲輪輪行可載因物知生復爲之輿輿輪相乘流運罔極任重致遠天下獲其利後世聖人觀於天視斗周旋魁方杓曲以攜龍角爲帝車於是迺曲其輈乘牛駕馬登險赴難周覽八極故易震乘乾謂之大壯言物莫有能上之者也自是以來世加其飾至奚仲爲夏車正建其斿旐尊卑上下各有等級周室大備。後漢書輿服志

鸞車有虞氏之路也鉤車夏后氏之路也大路殷路也乘路周路也。禮記明堂位

鸞有鸞和也鉤有曲輿者也大路木路也乘路玉路也。禮記注

王在焉曰路。周禮注

大路繁纓一就先路三就次路五就。禮記郊特牲

大路殷祭天之車也。禮記注

繁馬腹帶也。纓鞅也。染絲而織之曰罽。五色一帀曰就。就成也。言五色帀一成也。車旣樸素。故馬亦少飾。止一就也。禮記正義

先路。亦殷路也。殷有三路。其世猶質。故以少飾爲先。對次故稱先也。同上

次路。殷之第三路也。供卑用。故就多也。同上

大路繁纓一就。次路繁纓七就。此以少爲貴也。禮記禮器

次路兼革木二路。則殷之次路有五就七就二者。禮書

巾車掌公車之政令。辨其用與其旗物而等叙之。以治其出入。王之五路。一曰玉路。鍚樊纓十有再就。建太常十有二斿以祀。金路鉤樊纓九就。建大旂以賓。同姓以封。象路朱樊纓七就。建大赤以朝。異姓以封。革路龍勒條纓五就。建大白以卽戎。以封四衛。木路前樊鵠纓。建大麾以田。以封蕃國。周禮春官

玉路以玉飾諸末。鍚馬面當盧。刻金爲之。所謂鏤鍚也。樊謂今馬大帶也。纓今馬鞅。玉路之樊及纓。皆以五采罽飾之十二就。金路以金飾諸末。鉤婁頷之鉤也。金路無鍚有鉤。亦以金爲之。其樊及纓以五采罽飾之而九成。象路以象飾諸末。象路無鉤。以朱飾勒而已。其樊及纓以五采罽飾之而七成。革路鞔以革而漆之。無他飾。龍駹也。以白黑飾韋雜色爲勒。條讀爲絛。其樊及纓以絛絲飾之而五成。不言樊字。蓋脫耳。木路不鞔以革。漆之而已。前讀爲緇翦之翦。翦淺黑也。木路無龍勒。以淺黑飾韋爲樊。鵠色飾韋爲纓。不言就數。飾與革路同。周禮注

服車五乘。孤乘夏篆。卿乘夏縵。大夫乘墨車。士乘棧車。庶人乘役車。周官春官

服車。服事者之車。夏篆。五采畫轂約也。夏縵亦五采畫。無瑑爾。墨車不畫也。棧車不革鞔而漆之。役車方箱。可載任器以供役。周禮注

棧車欲弇。飾車欲侈。考工記輿人

棧車欲弇。爲其無革鞔不堅。易坼壞也。飾車謂革鞔輿也。大夫以上革鞔輿。周禮注

弇向內也。侈向外也。車有異物之飾者。則得玉金象之名號。無名號者。直以革爲稱。革路墨車之等是也。若木路亦以革鞔。但不漆飾。故以木爲號。孤卿轂上有篆飾。卽以篆

緩爲名也周禮疏

輪軌

有輻曰輪無輻曰輇許氏說文

凡察車之道必自載於地者始也是故察車自輪始凡察車之道欲其樸屬而微至不樸屬無以爲完久也不微至無以爲戚速也考工記

樸屬猶附著堅固貌也周禮注

微至謂輪至地者少言其圜甚著地者微耳著地者微則易轉故不微至無以爲戚數周官解詁

輪已崇則人不能登也輪已庳則於馬終古登阤也故兵車之輪六尺有六寸田車之輪六尺有三寸乘車之輪六尺有六寸六尺有六寸之輪軹崇三尺有三寸也加軫與轐焉四尺也人長八尺登下以爲節考工記

軹轂末也周禮注

軹軎也周官解詁　軎音衛

軎車軸頭也許氏說文

軫輿也周禮注

軫輿後橫木同上

軫本後橫木之名而通輿下四面皆可謂之軫周禮辨疑

軫之方也以象地也考工記

轐謂伏兔也周官解詁

轐車下伏兔也今人謂之車屐易傳見春秋正義

四馬車一轐車軸上有伏兔伏兔尾後上載車軫軫始有車輿則軸去地三尺三寸又兼伏兔及軫并七寸車輿去地總四尺也周禮疏

乘車之軹廣取數於此軹廣八尺旁出輿亦七寸也周禮注

兩轂之間曰軹車輪所轢曰轍孝經正義

車輿六尺有六寸軹廣八尺旁出輿兩相各七寸七寸之數取於軫轐七寸之數周禮疏

軹車轍也說文

輪人為輪斬三材必以其時三材既具巧者和之轂也者以為利轉也輻也者以為直指也牙也者以為固抱也輪敝三材不失職謂之完考工記

輪之中虛容軸者曰轂輪內周廻直木三十曰輻外行地而周廻抱輻者曰牙周禮完解

輪輻三十以象日月也考工記

三十輻共一轂當其無有車之用道德經

望而眡其輪欲其幎爾而下迆也進而眡之欲其微至也無所取之取諸圜也望其輻欲其揱爾而纖也進而眡之欲其肉稱也無所取之取諸易直也望其轂欲其眼也進而眡之欲其幬之廉也無所取之取諸急也眡其綆欲其蚤之正也察其菑蚤不齵則輪雖敝不匡考工記

幬幔轂之革也周禮注

綆謂輪箄也周官解詁

蚤當為爪謂輻入牙中者也輪雖箄爪牙必正也菑謂輻

入轂中者也菑與爪不相佹乃後輪敝盡不匡刺也周禮注

凡斬轂之道必矩其陰陽陽也者稹理而堅陰也者疏理而柔是故以火養其陰而齊諸其陽則轂雖敝不藃轂小而長則柞大而短則摯是故六分其輪崇以其一為之牙圍參分其牙圍而漆其二椁其漆內而中詘之以為之轂長以其長為之圍以其圍之阞捎其藪五分其轂之長去一以為賢去三以為軹容轂必直陳篆必正施膠必厚施筋必數幬必負幹既摩革色青白謂之轂之善考工記

藪謂空壺中也。賢大穿也。軹小穿也。周官解詁
凡大小穿皆金也。篆轂約也。周禮注
蓋以皮纏之而上加以朱漆也。詩正義
參分其轂長二在外一在内以置其輻。凡輻量其鑿深以爲輻廣。輻廣而鑿淺則是以大扤雖有良工莫之能固。鑿深而輻小則是固有餘而强不足也。故竑其輻廣以爲之弱則雖有重任轂不折。參分其輻之長而殺其一則雖有深泥亦弗之溓也。參分其股圍去一以爲骹圍。揉輻必齊平沈必均。直以指牙。牙得則無槷而固。不得則有槷必足見也。六尺有六寸之輪綆參分寸之二謂之輪之固。考工記

竑謂度之。周官解詁
弱菑也。周禮注
股謂近轂者也。骹謂近牙者也。方言股以喻其豐故言骹以喻其細。人脛近足者細于股謂之骹。羊脛細者亦謂骹。周官解詁
得謂倨句鑿内相應也。周禮注
凡爲輪行澤者欲杼。行山者欲侔。杼以行澤則是刀以割塗也。是故塗不附。侔以行山則是搏以行石也。是故輪雖敝不甐于鑿。凡揉牙外不廉而内不挫旁不腫謂之用火之善。是故規之以眡其圜也。萬之以眡其匡也。縣之以眡其輻之直也。水之以眡其平沈之均也。量其藪以黍以眡其同也。權之以眡其輕重之侔也。故可規可萬可水可縣可量可權也。謂之國工。同上
斲輪徐則甘而不固。疾則苦而不入。不疾不徐得之於手而應於心。口不能言有數存焉於其間。莊子天道篇

輿

輿車底也　許氏說文

輿人爲車　考工記

輿人專作輿言車者車以輿爲主　周禮疏

輪崇車廣衡長參如一謂之參稱　輿人

衡之長容兩服　周禮注

車有一轅而四馬駕之中央兩馬夾轅者名服馬兩邊名騑馬亦曰驂馬　禮記正義

一衡之間惟有服馬二頸橫軛之前別有驂馬二靷也　詩正義

參分車廣去一以爲隧　輿人

隧謂車輿深也　周官解詁

凡人所乘車皆取橫濶以或參乘或駟乘故橫則六尺六寸從四尺四寸　周禮疏

參分其隧一在前二在後以揉其式以其廣之半爲之式崇　輿人

兵車之式深尺四寸三分寸之二高三尺三寸　周禮注

式在車前可凴橫於當面在陰板之上而於車深三分之二者式有三面此謂式之兩相也兩相之端與軹之植者相接向前則左右並折而橫於當面故當面者曰式其兩相深三分之一者亦式也　周官義疏

陰揜軌也　詩傳

揜軌在軾前垂輈上　詩箋

以其隧之半爲之較崇　輿人

較兩輢上出式者兵車自較而下凡五尺五寸　周禮注

車之深四尺四寸其前三之一式也後三之二則較也較長二尺九寸三分寸之一橫於車之兩旁下與軹之植者相貫式在前而低較在後而高望之若兩重然故亦曰重較較在旁亦可凴者人直立則稍向後而一手可以凴較俛躬則稍向前而兩手可以凴式也　周官義疏

六分其廣以一爲之軫圍參分軫圍去一以爲式圍參分較圍去一以爲軹圍參分軹圍去一以爲轛圍　輿人

軫輿後橫者也軹輢之植者衡者也與轂末同名轛式之植者衡者也謂之轛者以其鄉人爲名　周禮注

輢車旁也　說文

圜者中規方者中矩立者中縣衡者中水直者如生焉繼

者如附焉。凡居林大與小無并。大倚小則摧。引之則絕。與人

四書類考　卷三十五　財用　四十

小車軏

小車駟馬車論語章句

小車謂田車兵車乘車。論語集注

兵車革路也。田車木路也。乘車玉路金路象路也。兵車乘車駕國馬。田車駕田馬。周禮注

國馬之輈深四尺有七寸。田馬之輈深四尺。駑馬之輈深三尺有三寸。考工記

輈車轅也。詩云五楘梁輈。周禮注

梁輈輈上句衡也。一輈五束。束有歷錄。詩傳

四書類考　卷三十五　財用　四十一

衡者軛也。轅從軫以前稍曲而上。至衡則居衡之上而嚮下句之。衡則橫居輈下。如屋之梁。故謂之梁輈也。詩正義

國馬謂種馬戎馬齊馬道馬。高八尺。兵車乘車軹崇三尺有三寸。加軫與轐七寸。又并此輈深則衡高八尺七寸也。除馬之高則餘七寸。爲衡頸之間也。田車軹崇三尺一寸半。并此輈深而七尺一寸半。今田馬七尺。衡頸之間亦七寸。軫與轐五寸半。則衡高七尺七寸。輪軹與軫轐大小之減率寸半也。周禮注

衡頸之間此頸謂馬頸也。若輈頸則不得云之間。以輈頸

在衡之上也衡下有軛軛亦非直壓馬頸必有物以承之
其間消去七寸而衡與馬頸相屬矣周官義疏
衡下之軛蓋即論語之軏以曲木為之左傳又謂之輈以
其句曲故曰輈以其扼馬領故曰軛而軏其異名也同上
軏轅端上曲句衡論語章句
古注恐非是轅端上曲即輈頸與輈相連非別一物周官
義疏
輈車轅下曲者許氏說文
輈車轅兩邊叉馬頸者春秋左氏傳解義

凡任木任正者十分其輈之長以其一為之圍衡任者五
分其長以其一為之圍小於度謂之無任考工記
凡任木縱下任正與任衡也任者用力持載車以輿為正
故與下前及左右三材為任正以力持輿之正載處也曰
衡任者上鉤於輈下屬於馬以引車衡之力也周官折衷
輈軏前十尺與隧四尺四寸凡丈四尺四寸則任正之圍
尺四寸五分寸之二衡任者謂兩軛之間也兵車乘車衡
圍一尺三寸五分寸之一周禮注
服馬有二馬有一軛軛者扼馬領不得出兩軛之間謂當

輈頸用力之處也周禮疏
兩軛縛於衡中間有空隙處故以兩軛之間言之周官義
疏
凡揉輈欲其孫而無弧深考工記○孫音遜弧音胡
是故輈欲頎典輈深則折淺則負輈注則利準則久和則
安輈欲弧而無折經而無絕進則與馬謀退則與人謀終
日馳騁左不揵行數千里馬不契需終歲御衣衽不敝此
唯輈之和也勸登馬力馬力既竭輈猶能一取焉同上
頎讀為懇典讀為殄揵音蹇契苦結反

契需謂不傷蹄不需道路周官解詁

大車輗

大車牛車也周禮注

大車平地任載之車轂長半柯者也同上

柯長三尺博三寸厚一寸有半五分其長以其一爲之首考工記

柯長三尺謂斧柯因以爲度周官解詁

轂長半柯其圍一柯有半輻長一柯有半其博三寸厚三之一渠三柯者三六分其輪崇以其一爲之牙圍考工記

大車崇三柯綆寸牝服二柯有參分柯之二同上

綆輪箄牝服長八尺謂較也周禮注

凡爲轅三其輪崇參分其長二在前一在後以鑿其鉤徹廣六尺六當作八鬲長六尺考工記

鉤鉤心鬲謂轅端厭牛領者周官解詁

鬲長六尺者以其兩轅一牛在轅內故狹四馬車鬲六尺六寸者以其一轅兩服馬在轅外故鬲長也周禮疏

鬲卽輗論語所謂輗指此周官義疏

輗謂轅端衡木以縛軛論語章句

輗大車轅端持衡者許氏說文

輪人之牙車人謂之渠輿人之較車人謂之牝服輿人之衡車人謂之鬲輿人之車其箱廣而不方車人之車其箱方而不廣則其制之異可知矣陳氏禮書

今夫大車之轅摯其登又難旣克其登其覆車也必易此無故唯轅直且無橈也是故大車平地旣節軒摯之任及其登陁不伏其轅必縊其牛此無故唯轅直且無橈也故登陁者倍任者也猶能以登及其下陁也不援其邸必緧其牛後此無故唯轅直且無橈也考工記輈人

冶金

冶鑄金之匠也孟子正義

蚩尤造九冶尸子

攻金之工築冶鳧㮚段桃考工記

攻金之工築氏執下齊冶氏執上齊鳧氏爲聲㮚氏爲量段氏爲鎛器桃氏爲刃金有六齊六分其金而錫居一謂之鍾鼎之齊五分其金而錫居一謂之斧斤之齊四分其金而錫居之謂之戈戟之齊參分其金而錫居一謂之大刃之齊五分其金而錫居二謂之削殺矢之齊金錫半謂之鑒燧之齊同上

凡鑄金之狀金與錫黑濁之氣竭黃白次之黃白之氣竭青白次之青白之氣竭青氣次之然後可鑄也同上

今大冶鑄金金踊躍曰我且必爲鏌鋣則大冶必以爲不祥之金莊子大宗師

夫上之化下下之從上猶金之在鎔唯冶者之所鑄漢書董仲舒傳

金之爲物得火之精於土之燥得水之精於土之濡故水火相待而不相害鑠之反流而不耗蓋得土之精實於水

火之際也張子正蒙

黃金謂之璗其美者謂之鏐白金謂之銀其美者謂之鐐鉼金謂之鈑錫謂之鈏爾雅

職金掌凡金玉錫石丹青之戒令受其入征者辨其物之媺惡與其數量楬而璽之入其金錫于爲兵器之府入其玉石丹青于守藏之府入其要掌受士之金罰貨罰入于司兵旅于上帝則共其金版饗諸侯亦如之凡國有大故而用金石則掌其令周官秋官

切磋琢磨 珠 玉 雕

骨謂之切象謂之磋 爾雅釋器

象謂之鵠角謂之鱟 同上

凡相角秋閷者厚春閷者薄稺牛之角直而澤老牛之角紾而昔疢疾險中瘠牛之角無澤角欲青白而豐末夫角之本蹙於𦙶而體於氣是故柔柔故欲其埶也白也者埶之徵也夫角之中恒當弓之畏畏也者必橈橈故欲其堅也青也者堅之徵也夫角之末遠於𦙶而不體於氣是故脃脃故欲其柔也豐末也者柔之徵也角長二尺有五寸三色不失理謂之牛戴牛 考工記

角人掌以時徵齒角凡骨物於山澤之農以當邦賦之政令以度量受之以共財用 周禮地官

山澤出齒角骨物大者犀象其小者麇鹿 周禮注

珠曰切象曰磋 周官解詁

珠者陰之陽也故勝火 管子

水圓折者有珠 尸子

珠足以禦火災則寶之 國語

淮夷蠙珠暨魚 尚書禹貢

玉謂之琢石謂之磨 爾雅釋器

玉謂之雕 同上

雕謂之琢 同上

卝人掌金玉錫石之地而爲之厲禁以守之若以時取之則物其地圖而授之巡其禁令 周禮地官

卝之言礦也金玉未成器曰礦 周禮注

刮摩之工玉楖雕矢磬 考工記

玉石之美者玉有五德潤澤以溫仁之方也䚡理自外可以知中義之方也其聲舒揚專以遠聞智之方也不撓而折勇之方也銳廉而不技絜之方也 許氏說文

鄭人謂玉未理者璞 戰國策

周有砥厄宋有結綠梁有懸黎楚有和璞此四寶者工之所失也而爲天下名器 同上

繪事采色

繪、畫文也、論語注

畫繢之事雜五色。東方謂之青。南方謂之赤。西方謂之白。北方謂之黑。天謂之元。地謂之黃。青與白相次也。赤與黑相次也。元與黃相次也。青與赤謂之文。赤與白謂之章。白與黑謂之黼。黑與青謂之黻。五采備謂之繡。土以黃。其象方。天時變。火以圜。山以章。水以龍。鳥獸蛇。雜四時五色之位以章之。謂之巧。凡畫繢之事後素功。考工記

杇墁

杇、所以塗也、許氏說文

鏝謂之杇。地謂之黝。牆謂之堊。爾雅釋宮

黝、黑也、堊、白也、周官解詁

圬人以時塓館宮室。春秋左氏傳

圬人、塗者也、塓、塗也、春秋經傳集解

守祧掌守先王先公之廟祧。其廟則有司修除之。其祧則守祧黝堊之。周禮春官

禮、天子諸侯黝堊。大夫倉。士黈。春秋穀梁傳

掌蜃掌斂互物蜃物。以共闉壙之蜃。祭祀共蜃器之蜃。共白盛之蜃。周禮地官

蜃可以白器。令色白。周官解詁

盛猶成也。謂飾牆使白之蜃也。今東萊用蛤。謂之义灰云。周禮注

陶瓦

陶作瓦器之匠也 孟子正義

有虞氏上陶 考工記

昆吾作陶 呂氏春秋君守篇

摶埴之工陶旊 考工記

摶之言拍也埴黏土也 周禮注

以手拍黏土以爲培乃燒之 周禮疏

埏埴以爲器當其無有器之用 老子

爲器謂以水和黏膩之土爲陶器也 老子注

陶者曰我善治埴圓者中規方者中矩 莊子馬蹄篇

夫上之化下下之從上猶泥之在鈞唯甄者之所爲 漢書董仲舒傳

瓦土器已燒之總名 許氏說文

桀作瓦室 史記龜策傳

夏時昆吾氏作瓦 古史考

甑甗也 許氏說文

黃帝始作甑 古史考

甗謂之鬵鬵鉹也 爾雅釋器

甑自關而東或謂之甗或謂之鬵或謂之酢餾 揚子方言

陶人爲甗實二鬴厚半寸脣寸盆實二鬴厚半寸脣寸甑實二鬴厚半寸脣寸七穿鬲實五觳厚半寸脣寸庾實二觳厚半寸脣寸 考工記

甑有底而七穿所以通火氣而熟物用之以烝者也 周禮詳解

旊人爲簋實一觳崇尺厚半寸脣寸豆實三而成觳崇尺

凡陶旊之事髻墾薜暴不入市器中膞豆中縣膞崇四尺方四寸 考工記 ○髻讀爲刖音月薜音蘖暴音剝膞讀如車輇之輇

爲其不任用也墾頓傷也薜破裂也暴墳起不堅致也膞既拊泥而轉其均尌膞其側以擬度端其器也 周禮注

符節

符節如今宮中諸官詔符也。周禮注

符付也書所敕命于上付使傳行之也。釋名

節猶信也行者所執之信。周禮注

小行人達天下之六節山國用虎節土國用人節澤國用龍節皆以金爲之道路用旌節門關用符節都鄙用管節皆以竹爲之。周禮秋官

掌節掌守邦節而辨其用以輔王命守邦國者用玉節守都鄙者用角節凡邦國之使節山國用虎節土國用人節澤國用龍節皆金也以英蕩輔之門關用符節貨賄用璽節道路用旌節皆有期以反節凡通達于天下者必有節以傳輔之無節者有幾則不達。周禮地官

舟桴

舟船也。許氏說文

共鼓貨狄作舟。世本

虞姁作舟。呂氏春秋勿躬篇

刳木爲舟剡木爲楫舟楫之利以濟不通致遠以利天下。蓋取諸渙。繫辭下傳

天子造舟諸侯維舟大夫方舟士特舟庶人乘泭。爾雅釋水。泭與桴通

泭謂之簰。方言

桴編竹木大者曰栰小者曰桴。論語解

富

富財豐備書傳

問國君之富數地以對山澤之所出問大夫之富曰有宰食力祭器衣服不假問士之富以車數對問庶人之富數畜以對禮記曲禮下

大宰之職以八柄詔王馭羣臣二曰祿以馭其富周官天官

大司徒之職以保息六養萬民六曰安富周禮地官

洪範九五福二曰富尚書

善人富謂之賞淫人富謂之殃春秋左氏傳。襄公二十八年

古者聚貨不妨民衣食之利聚馬不害民之財用國馬足以行軍公馬足以稱賦不是過也公貨足以賓獻家貨足以共用不是過也國語

天子不言多少諸侯不言利害大夫不言得喪士不通貨財有國之君不息牛羊錯質之臣不息雞豚冢卿不修幣大夫不爲場園從士以上皆羞利而不與民爭業樂分施而恥積臧然故民不困財貧窶者有所竄其手多積財而羞無有重民任而誅不能此邪行之所以起刑罰之所以多也上好羞則民闇飾矣上好富則民死利矣二者亂之衢也民語曰欲富乎忍恥矣傾絕矣絕故舊矣與義分背矣上好富則人民之行如此安得不亂荀子大略篇

且夫富如布帛之有幅焉爲之制度使無遷也夫民生厚而用利於是乎正德以幅之使無黜嫚謂之幅利利過則爲敗春秋左氏傳。襄公二十八年

平爲福有餘則爲害者物莫不然而財其甚者也今富人耳營鐘鼓管籥之聲口嗛於芻豢醪醴之味以感其意遺

忘其業可謂亂矣侅逆於憑氣若負重行而上也可謂苦矣貪財而取慰貪權而取竭靜居則溺體澤則馮可謂疾矣爲欲富就利故滿堵者耳而不知避且馮而不舍可謂辱矣積財而無用服膺而不舍滿心戚醮求益而不止可謂憂矣內則疑刼請之賊外則畏寇盜之害內周樓疏外不敢獨行可謂畏矣此六者天下之至害也皆遺忘而不知察及其患至求盡性竭財單以反一日之無故而不可得也故觀之名則不見求之利則不得繚意絕體而爭此不亦惑乎莊子盜跖篇

夫利百物之所生也天地之所載也而或專之其害多矣天地百物皆將取焉胡可專也國語

昔先王之制自天子公侯卿大夫士至于皁隸抱關擊柝者其爵祿奉養宮室車服棺槨祭祀死生之制各有差品小不得僭大賤不得踰貴夫然故上下序而民志定於是辯其土地川澤丘陵衍沃原隰之宜教民種樹畜養五穀六畜及至魚鼈鳥獸雚蒲材幹器械之資所以養生送終之具靡不皆育育之以時而用之有節屮木未落斧斤不入於山林豺獺未祭罝網不布於壄澤鷹隼未擊矰弋不施於徯隧既順時而取物然猶山不茬櫱澤不伐夭蝝魚麛卵咸有常禁所以順時宣氣蕃阜庶物稸足功用如此之備也然後四民因其土宜各任智力夙興夜寐以治其業相與同功易事交利而俱贍非有徵發期會而遠近咸足故易曰后以財成輔相天地之宜以左右民備物致用立成器以為天下利莫大乎聖人此之謂也管子云古之四民不得雜處士相與言仁誼於閒宴工相與議技巧於官府商相與語財利於市井農相與謀稼穡於田壄朝夕從事不見異物而遷焉故其父兄之教不肅而成子弟之

學不勞而能各安其居而樂其業甘其食而美其服雖見奇麗紛華非其所習辟猶戎翟之與于越不相入矣是以欲寡而事節財足而不爭於是在民上者道之以德齊之以禮故民有恥而有敬貴誼而賤利此三代之所以直道而行不嚴而治之大略也及周室衰禮法墮諸侯刻桷丹楹大夫山節藻梲八佾舞於庭雍徹於堂其流至乎士庶人莫不離制而棄本稼穡之民少商旅之民多穀不足而貨有餘陵夷至乎桓文之後禮誼大壞上下相冒國異政家殊俗耆欲不制僭差亡極於是商通難得之貨工作亡用之器士設反道之行以追時好而取世資偽民背實而要名姦夫犯害而求利篡弒取國者為王公圉奪成家者為雄桀禮誼不足以拘君子刑戮不足以威小人富者木土被文錦犬馬餘肉粟而貧者裋褐不完含菽飲水其為編戶齊民同列而以財力相君雖為僕虜猶亡慍色故夫飾變詐為姦軌者自足乎一世之間守道循理者不免於饑寒之患其教自上興繇法度之無限也漢書貨殖傳

貧

貧。財分少也。許氏說文

無財曰貧。無親曰窮。暫無曰乏。不續曰絕。月令章句

長無謂之貧。窮暫無謂之乏。絕。禮記義疏

大司徒之職。以保息六養萬民。四曰恤貧。周官地官

鄉師之職。以歲時巡國及野。而賙萬民之囏阨。以王命施惠。周上

囏阨。說乏也。周禮注

遺人掌邦之委積。以待施惠。鄉里之委積。以恤民之囏阨。

稱貸 假 借

稱。舉也。今俗所謂舉錢者也。漢書注

貸者。即今之舉物生利。周禮疏

凡民之貸者。與其有司辨而授之。以國服為之息。周禮地官泉府

小宰以官府之八成經邦治。四曰聽稱責以傅別。周禮天官

稱責。謂貸予。傅別。謂券書也。聽訟責者。以券書決之。傅傅著約束於文書。別別為兩。兩家各得一也。周官解詁

凡有責者。有判書以治。則聽。凡民同貨財者。令以國法行之。犯令者刑罰之。凡屬責者。以其地傅而聽其辭。周官秋官朝士

事君者量而后入。不入而后量。凡乞假於人。為人從事者亦然。禮記少儀

凡乞貸假借於人。謂就人乞貸假借。禮記正義

君取於臣謂之取。與於臣謂之賜。臣取於君謂之假。與於君謂之獻。孔子家語正論解

鄙語豈不曰。借車者馳之。借衣者被之哉。戰國策

人有言曰雖有挈缾之知守不假器禮也春秋左氏傳昭公七年

人有言挈缾之智不失守器戰國策

乞求　請

乞求也集韻

乞重辭也春秋穀梁傳

乞不保得之辭春秋經傳集解

求之為言得不得未可知之辭也春秋穀梁傳隱公三年

求者請也古之人重請何重乎請人之所以為人者讓也請道去讓也則是舍其所以為人也是以重之夫請者非可詒託而往也必親之者也是以重之同上定公二年

四書類考卷二十五

四書類考卷二十六

衣服類

衣服

布 麻 縷 倅縗

帛 絲 絮 錦

織 經綸

白素

紺緅 朱 元 纁 淦

黄

紅紫

四書類考　卷二十六目　一

筐

冕衣裳

冕

元冠

韋市

皮冠

纓

袗

祭服

朝服

端

裘

袍

春服 剃 袗

明衣

絺綌

袂

帶 紳 鉤

四書類考　卷二十六目　二

佩

黻

裳 帷裳 褻服

屨 蹝

裼

旌旃旃 羽旄

衣服

衣依也上曰衣下曰裳 許氏說文

衣身之章也 春秋左氏傳○閔公二年

裳下之飾也 同上○昭公十二年

胡曹作衣 世本

黃帝堯舜垂衣裳而天下治蓋取諸乾坤 周易繫辭下傳

昔者先王未有絲麻衣其羽皮後聖有作治其絲麻以為布帛 禮記禮運

上古穴居而野處衣毛而冒皮未有制度後世聖人易之以絲麻觀翬翟之文榮華之色乃染帛以效之始作五采成以為服見鳥獸有冠角頓胡之制遂作冠冕纓緌以為首飾凡十二章 後漢書輿服志

大古冠布衣布先知為上外削其幅以便體也後知為下內削其幅稍有飾也後世聖人易之以此為喪服祭服朝服辟積無數 儀禮注○喪服記

服以旌禮禮以行事事有其物物有其容 春秋左氏傳○昭公九年

布麻　縷　辟纑

布枲織也 許氏說文

麻紵葛曰布 小爾雅

布布也布列衆縷為經以緯橫成之也 釋名

牡麻者枲麻也 儀禮喪服傳

苴者麻之有蕡者也 同上

紵亦麻也科生數十莖宿根在地中至春自生不歲種也荊揚之間一歲三收今官園種之歲再刈刈便生剝之以鐵若竹挾之表厚皮自脫但得其裏韌如筋者謂之徽紵 詩草木鳥獸蟲魚疏

縷綫也 許氏說文

典枲掌布緦縷紵之麻草之物以待時頒功而授齎及獻功受苦功以其賈楬而藏之以待時頒頒衣服授之賜予亦如之歲終則各以其物會之 周禮天官

緝績其麻曰辟練其麻曰纑 孟子注

練煮漚也 玉篇

載績絲事畢而麻事起矣 詩毛傳

帛絲　絮　錦

帛繒也許氏說文

絲蠶所吐也同上

絮敝緜也同上

典絲掌絲入而辨其物以其賈楬之掌其藏與其出以待興功之時頒絲于外內工皆以物授之凡上之賜予亦如之及獻功則受良功而藏之辨其物而書其數以待有司之政令上之賜予凡祭祀共黼畫組就之物喪紀共其絲纊組文之物凡飾邦器者受文織絲組焉歲終則各以其

物會之周禮天官

錦文衣也詩傳

錦以五色絲織成文章故字從帛從金諧聲且貴之也禹貢兗州厥篚織文是也本草綱目

制幣丈八尺純四䊷天子巡守禮

純四只制丈八尺朝貢禮

趙商問只長八寸四八三十二幅廣三尺二寸大廣非其度鄭元答云古積畫誤爲四當爲三三咫則二尺四寸矣鄭志

織　經綸

織作布帛之總名許氏說文

一女不織民有爲之寒者管子揆度篇

王后親織元紞公侯之夫人加之以紘綖卿之內子爲大帶命婦成祭服列士之妻加之以朝服自庶士以下皆衣其夫社而賦事烝而獻功國語

經織也許氏說文

綸倫也作之有倫理也釋名

經綸治絲之事經引之綸理之也周易本義

經者立其規模綸者糾合而成之周易玩辭

士不衣織禮記玉藻

織染絲織之士衣染繒也禮記注

白素

白西方色也許氏說文

西方謂之白考工記

殷人尚白禮記檀弓上

三代之禮一也民共由之或素或青夏造殷因禮記禮器

素尚白青尚黑者也禮記注

賁上九白賁无咎周易上經

賁无色也周易雜卦傳

凡物無飾曰素禮記注

君子曰甘受和白受采禮記禮器

甘爲衆味之本不偏主一味故得受五味之和白是五色之本不偏主一色故得受五色之采以其質素故能包受衆味及衆采也禮記正義

素朴素也已織則供用不復加巧飾也釋名

白素有三義若以衣裳言素者謂白繒也畫繢言素者謂白色也器物無飾亦曰素則檀弓云奠以素器是也儀禮疏

紺緅纁當作緅　朱　元　緇　湼

凡染絳一入謂之縓再入謂之赬三入謂之纁朱則四入與儀禮注○士冠禮

一染謂之縓再染謂之赬三染謂之纁爾雅釋器

縓今之紅也爾雅注

縓淺絳色也禮記正義

緅者三年練以緅飾衣古論語訓○緅當作縓

練縓衣黃裏縓緣禮記檀弓

小祥練冠練中衣以黃爲裏縓爲飾黃之色卑于纁明外除禮記注

練小祥也小祥而著練冠練中衣故曰練也正服不可變中衣非正服但承衰而已故小祥而爲之黃袷裏也緣謂中衣領及褏緣也裏用黃而領緣用縓者明其外除故飾見外也禮記正義

朱深纁也詩毛傳

若以纁入黑則爲紺若以纁入赤則爲朱儀禮疏

紺含也青而含赤色也釋名

紺帛深青揚赤色說文

紺齊服盛色論語訓
齊之元也以陰幽思也禮記郊特牲
凡染黑五入爲緅七入爲緇元則六入與儀禮注
三入爲纁五入爲緅七入爲緇考工記鍾氏
染纁者三入而成又再染以黑則爲緅緅今禮俗文作爵
言如爵頭色也又復再染以黑乃成緇矣周禮注
若以纁入黑則爲紺以紺入黑則爲緅是三入赤再入黑
故其色赤而微黑也對緇爲赤若比纁則又黑多矣故淮
南子云以涅染紺則黑于涅況更一入黑爲緅乎儀禮疏

以涅染緇則黑于涅淮南子俶真訓
涅黑土在水中也許氏說文
染人掌染絲帛凡染春暴練夏纁元秋染夏冬獻功掌凡
染事周禮天官
鍾氏染羽以米湛丹秫三月而熾之淳而漬之考工記
石染當及盛暑熱潤始湛研之三月而後可用考工記鍾
氏則染纁術也染元則史傳闕矣周官注

黃

黃地之色也許氏說文
地謂之黃考工記
夫元黃者天地之雜也天元而地黃周易文言傳
黃中之色也春秋左氏傳○昭公十二年
黃裳元吉文在中也周易象上傳
黃之色卑於纁禮記注
纁是赤色其色華美黃雖正色質卑於纁禮記正義

紅紫

紅帛赤白色。紫帛青赤色。許氏說文

青赤黃白黑五方之正色也。以木克土則青黃合而成綠。以金克木則白青合而成碧。以火克金則赤白合而成紅。以水克火則青赤合而成紫。以土克水則黃黑合而成騮。此五方之間色也。朱子或問

紅南方間色。紫北方間色。論語正義

衣正色裳間色。禮記玉藻

元冠紫緌自魯桓公始也。同上

紫非正色也。後世用之自桓公始。禮記解

齊桓公好服紫。一國盡服紫。當年十素不得一紫。取惡素帛染為紫。其價十倍。韓非子

齊人紫敗素也。而價十倍。戰國策

篚

篚竹器方曰筐圓曰篚。廣韻

篚以竹為之長三尺廣一尺深六寸足高三寸上有蓋也。禮圖

筐篚屬所以行幣帛也。詩傳

濟河惟兗州厥篚織文。海岱惟青州厥篚檿絲。海岱及淮惟徐州厥篚元纖縞。淮海惟揚州厥篚織貝。荊及衡陽惟荊州厥篚元纁璣組。荊河惟豫州厥篚纖纊。尚書禹貢

貢者百功之府。受而藏之。其實於篚者入於女功。鄭氏尚書注

歷檢篚之所盛皆供衣服之用。入於女功。如鄭言矣。諸州無厥篚者。其諸州無入篚之物。故不貢也。書正義

冕衣裳

凡冕服皆元衣纁裳周官注

王之吉服祀昊天上帝則大裘而冕祀五帝亦如之周官春官司服

祭之日王被衮以象天戴冕璪十有二旒則天數也禮記郊特牲

享先王則衮冕享先公饗射則鷩冕祀四望山川則毳冕祭社稷五祀則希冕祭羣小祀則元冕周禮春官司服

天子玉藻十有二旒前後邃延龍卷以祭元端鄭讀冕而朝

日於東門之外聽朔於南門之外禮記玉藻

天子六服大裘爲上其餘爲裨以事尊卑服之儀禮注

凡兵事韋弁服周官春官司服

弁首服之次於冕者自天子而下皆用之冕則不常服周禮傳

周官有韋弁無爵弁書二人雀弁儀禮禮記有爵弁無韋弁士之服止於爵弁而荀卿曰士韋弁孔安國曰雀韋弁也則爵弁卽韋弁耳韋其質也爵其色也士冠禮再加皮弁三加爵弁而以爵弁爲尊聘禮王卿贊禮服皮弁及歸饔餼服韋弁而以韋弁爲敬陳氏禮書

爵弁服纁裳純衣緇帶韎韐儀禮士冠禮

爵弁者冕之次其色赤而微黑如爵頭然其布三十升纁裳淺絳裳純衣絲衣也餘衣皆用布唯冕與爵弁服用絲耳先裳後衣者欲令下近緇明衣與帶同色緇帶黑繒帶也韎韐緼韍而幽衡合韋爲之士染以茅蒐因以名焉儀禮注

皮弁服素積緇帶素韠儀禮士冠禮

眂朝則皮弁服周官春官司服

皮弁者以白鹿皮爲冠象上古也積猶辟也以素爲裳辟蹙其要中皮弁之衣用布十五升其色象焉素韠白韋韠也儀禮注

天子皮弁以日視朝遂以食禮記玉藻

三王共皮弁素積禮記郊特牲

凡甸冠弁服周官春官司服

甸田獵也冠弁委貌其服緇布衣亦積素以爲裳諸侯以爲視朝之服周官注

元冠朝服緇帶素韠儀禮士冠禮

元冠委貌也朝服者十五升布衣而素裳也衣不言色者衣與冠同也儀禮注

王吉服九其六用于祭祀其三用于兵甸視朝六服不同同于用冕三服不同同于用弁所以尊首飾周禮總義

公之服自衮冕而下如王之服春官司服

制三公一命卷若有加則賜也不過九命禮記王制

天子升龍諸侯降龍白虎通義

侯伯之服自鷩冕而下如公之服子男之服自毳冕而下如侯伯之服春官司服

上公之禮冕服九章諸侯之禮冕服七章諸子冕服五章秋官大行人

九章者自山龍以下七章者自華蟲以下五章者自宗彝以下周官注

諸侯元冕以祭裨冕以朝皮弁以聽朔於大廟朝服以日視朝于內朝禮記玉藻

孤之服自希冕而下如子男之服卿大夫之服自元冕而下如孤之服士之服自皮弁而下如大夫之服春官司服

大夫冕而祭於公弁而祭於己士弁而祭於公冠而祭於

己禮記雜記

自公之衮冕至卿大夫之元冕皆其朝聘天子及助祭之服諸侯非二王後其餘皆元冕而祭于己大夫爵弁自祭家廟惟孤爾其餘皆元冠與士同元冠自祭其廟者其服朝服元端諸侯之自相朝聘皆皮弁服周官注

冕

冕者俛也低前一寸二分故得冕稱儀禮疏

凡冕以木爲體長尺六寸廣八寸績麻三十升布上以元下以纁前後有旒同上

凡冕以版廣八寸長尺六寸以上元下朱覆之乃以五采繅繩貫五采玉垂于延前後謂之邃延周官疏

古者績麻三十升布染之上以元下以朱衣之于冕之上下延即上元者也紐者綴于冕兩旁垂之武兩旁作孔以笄貫之使得其牢固也同上

黃帝作冕旒世本

周弁殷冔夏收儀禮○士冠禮

弁名出于槃槃大也言所以自光大也冔名出于幠幠覆也言所以自覆飾也收言所以收斂髮也齊所服而祭也其制之異未聞儀禮注

有虞氏皇而祭深衣而養老夏后氏收而祭燕衣而養老殷人冔而祭縞衣而養老周人冕而祭元衣而養老禮記王制

皇冕屬也畫羽飾焉凡冕屬其服皆元上纁下有虞氏十二章周九章夏殷未聞禮記注

弁師掌王之五冕皆元冕朱裏延紐五采繅十有二就皆五采玉十有二玉笄朱紘周官夏官

袞衣之冕十二斿用玉二百八十八鷩衣之冕九斿用玉二百一十六毳衣之冕七斿用玉百六十八希衣之冕五斿用玉百二十元衣之冕三斿用玉七十二周官注

王之皮弁會五采玉璂象邸玉笄夏官弁師

皮弁之縫中每貫結五采玉十二以爲飾謂之綦詩云會弁如星又曰其弁伊綦是也周官注

諸公之繅斿九就瑉玉三采其餘如王之事繅斿皆就玉瑱玉笄夏官弁師

公之冕用玉百六十二周官注

諸侯及孤卿大夫之冕韋弁皮弁各以其等爲之夏官弁師

冕則侯伯繅七就用玉九十八子男繅五就用玉五十繅玉皆三采孤繅四就用玉三十二三命之卿繅三就用玉十八再命之大夫繅再就用玉八繅玉皆朱綠韋弁皮弁則侯伯璂飾七子男璂飾五玉亦三采孤則璂飾四三命

之卿瑑飾三再命之大夫瑑飾二玉亦二采。周禮注

不言冠弁兼于皮弁韋弁矣。同上

士爵弁無旒。白虎通義

元冠

委貌緇布曰冠。周禮注

此二者惟對皮弁爵弁六冕則曰冠。若散文亦得稱弁。故司服職凡田冠弁服凶事服弁服皆得言弁也。周禮疏

冠弁委貌。周官注

元冠委貌也。儀禮注

初冠時服元端爲緇布冠服。緇布冠非常著之冠。冠而弊之易服宜服元冠配元端。儀禮疏

始冠緇布冠自諸侯下達冠而敝之可也。元冠朱組纓天子之冠也。緇布冠績綏諸侯之冠也。元冠丹組纓諸侯之齊冠也。元冠綦組纓士之齊冠也。禮記玉藻

齊之元也以陰幽思也。禮記郊特牲

委貌之制不可考。觀周禮言冠弁而康成以委貌言之。則委貌類弁矣。范文子以杖擊其子而折委笄。則委貌有笄矣。士冠禮緇布冠有纓無笄而皮弁爵弁有笄。則委貌殊於緇布冠類於弁可知也。周官司服其祭服有元端。記曰太古冠布齊則緇之。又曰齊之元也。又曰齊元而養。又曰元冕齊戒。荀子曰端衣元裳絻而乘路。蓋太古之祭冠以

緇周之祭冠以元天子齊則元冕而元端所以龍而乘路者也諸侯以下則元冠元端而已所謂丹綦組纓者是也禮記解

或疑元冠以布爲之夫既祥縞冠素紕禫而纖皆緣也元冠不以布可知矣記云太古冠布齊則緇之布冠止此耳麻冕特以麻爲板之表裏其冒於首者則繒也儀禮義疏

章甫

委貌周道也章甫殷道也毋追夏后氏之道也儀禮士冠禮○禮記郊特牲同

或謂委貌爲元冠委猶安也言所以安正容貌章明也殷質言以表明丈夫也毋發聲也追猶堆也夏后氏質以其形名之儀禮注

此三代恒所服之冠然三代乃俱用緇布而其形自殊周爲委貌之形殷則爲章甫之形夏則爲毋追之形禮記正義

魯哀公問於孔子曰夫子之服其儒服與孔子對曰丘少居魯衣逢掖之衣長居宋冠章甫之冠禮記儒行

皮冠

皮冠田獵之冠也春秋經傳集解

襄公十四年衛獻公戒孫文子甯惠子食皆服而朝日旰不召而射鴻于囿二子從之不釋皮冠而與之言二子怒春秋左氏傳

昭公十二年楚子狩于州來次于潁尾使蕩侯潘子司馬督囂尹午陵尹喜帥師圍徐以懼吳楚子次于乾谿以爲之援雨雪王皮冠秦復陶翠被豹舄執鞭以出僕析父從右尹子革夕王見之去冠被舍鞭與之語同上

二十年十二月齊侯田于沛招虞人以弓不進公使執之辭曰昔我先君之田也旃以招大夫弓以招士皮冠以招虞人臣不見皮冠故不敢進乃舍之同上

纓

纓冠系也許氏說文

纓頸也自上而繫於頸也釋名

有笄者屈組爲紘垂爲飾無笄者纓而結其絛儀禮注

有笄者皮弁及爵弁也屈組謂以一條組於笄左頭繫定繞頤下右相向上仰屬於笄屈繫之有餘因垂爲飾也無笄者頍緇布冠以二條組兩相屬于頍屬訖則所垂條於頤下結之儀禮疏

紘纓皆以組爲之所以結冠於人首也纓用兩組屬之於

兩旁結之於頷下垂其餘也紘用一組從下屈而上屬之於兩旁垂其餘也有笄者用紘力少故從下而上屬之無笄者用纓力多故從上而下結之冕弁皆有笄故用紘緇布冠無笄故用纓也春秋正義

天子冕而朱紘諸侯冕而青紘禮記祭義

緇布冠缺項青組纓屬于缺緇纚廣終幅長六尺皮弁笄爵弁笄緇組紘纁邊儀禮士冠禮

太古冠布齊則緇之其緌也孔子曰吾未之聞也禮記郊特牲

大帛不緌禮記玉藻

大白不緌緇布之冠皆不緌委武元縞而后緌禮記雜記上

元冠朱組纓天子之冠也緇布冠繢緌諸侯之冠也禮記玉藻

諸侯緇布冠有緌尊者飾也禮記注

順頤而下結之謂之纓纓之垂者謂之緌陳氏禮書

元冠丹組纓諸侯之齊冠也元冠綦組纓士之齊冠也禮記玉藻

居冠屬武自天子下達有事然後緌同上

袗衣

袗畫也孟子注

帝曰予欲觀古人之象日月星辰山龍華蟲作會宗彝藻火粉米黼黻絺繡以五采彰施于五色作服汝明尚書益稷　絺知倚反

日月星辰取其明也山取其人所仰龍取其能變化華蟲取其文理宗彝者據周之彝尊有虎彝蜼彝因於前代則虞時有虎彝蜼彝可知以虎蜼畫於宗彝因號虎蜼爲宗彝虎取其嚴猛蜼取其有智也藻取其有文火取其明粉米取其潔亦取其養人黼謂白黑爲形則斧文近刃白近上黑取斷割焉黻黑與青爲形則兩已相背取臣民背惡向善亦取君臣有合離之義去就之理也周禮疏

古天子冕服十二章王者相變至周而以日月星辰畫於旌旗所謂三辰旂旗昭其明也而冕服九章登龍於山登火於宗彝尊其神明也九章初一曰龍次二曰山次三曰華蟲次四曰火次五曰宗彝皆畫以爲繢次六曰藻次七曰粉米次八曰黼次九曰黻皆希以爲繡則袞之衣五章裳四章凡九也鷩畫以雉謂華蟲也其衣三章裳四章凡

七也毳畫虎蜼謂宗彝也其衣三章裳二章凡五也希刺粉米無畫也其衣一章裳二章凡三也元者衣無文裳刺黻而已是以謂元焉周禮注

繢以爲衣繡以爲裳同上

衣在上陽陽主輕浮故畫之裳在下陰陰主沉重故刺之也周禮疏

祭服

祭服者衮冕與爵弁爲祭服儀禮疏

內宰中春詔后率外內命婦始蠶于北郊以爲祭服歲終則會內人之稍食稽其功事佐后而受獻功者比其小大與其麤良而賞罰之周禮天官

季春之月天子乃薦鞠衣于先帝禮記月令

爲將蠶求福祥之助也鞠衣黃桑之服先帝太皞之屬禮記注

是月也命野虞毋伐桑柘鳴鳩拂其羽戴勝降于桑具曲

植籧筐后妃齊戒親東鄉躬桑禁婦女毋觀省婦使以勸蠶事蠶事既登分繭稱絲效功以共郊廟之服毋有敢惰禮記月令

孟夏之月蠶事畢后妃獻繭乃收繭稅以桑爲均貴賤長幼如一以給郊廟之服同上

季夏之月命婦官染采黼黻文章必以法故無或差貸黑黃倉赤莫不質良毋敢詐僞以給郊廟祭祀之服以爲旗章以別貴賤等級之度同上

王后蠶于北郊以共純服諸侯夫人蠶于北郊以共冕服

禮記祭統

古者天子諸侯必有公桑蠶室近川而爲之築宮仞有三尺棘牆而外閉之及大昕之朝君皮弁素積卜三宮之夫人世婦之吉者使入蠶于蠶室奉種浴于川桑于公桑風戾以食之歲旣單矣世婦卒蠶奉繭以示于君遂獻繭于夫人夫人曰此所以爲君服與遂副褘而受之因少牢以禮之古之獻繭者其率用此與及良日夫人繅三盆手遂布于三宮夫人世婦之吉者使繅遂朱綠之元黃之以爲黼黻文章服旣成君服以祀先王先公敬之至也禮記祭

義

三盆手者三淹也凡繅每淹大總而手振之以出緒也禮記注

繅抽繭出絲也許氏說文

朝服

朝服者緇衣素裳曰視朝之服也禮記正義

朝服十五升禮記雜記上

布八十縷爲升升字當爲登登成也今之禮皆以登爲升俗誤已行久矣儀禮注

布八十縷爲升鄭謂升當作登登成也吳仁傑曰今織具曰筬以成之多少爲布之精粗大率四十齒爲一成而兩縷共一齒正合康成之說困學紀聞

升者麻縷之數八十縷爲升十五升千二百縷讀禮記日

抄

朝服精細全用十五升布爲之禮記正義

素裳者白素絹爲之儀禮疏

朝服布衣先以明衣親身次加中衣冬則次加裘裘上加裼衣裼衣之上加朝服夏則中衣之上不用裘而加葛葛上加朝服禮記義疏

冕服絲衣也中衣用素皮弁服朝服元端麻衣也中衣用布禮記注

以帛裏布非禮也禮記玉藻

皮弁服素衣素裳皆素繒而非布。朝服衣與元端同而用
皮弁服之裳以素繒爲之非布明矣儀禮義疏

端

元端即朝服之衣易其裳耳儀禮注

元端黄裳元裳雜裳可也緇帶爵韠儀禮士冠禮

天子卒食元端而居禮記玉藻

諸侯元端以祭同上

朝元端夕深衣同上

謂大夫士也禮記注

其齊服則有元端素端周官春官司服

端者取其正也士之衣袂皆二尺二寸而屬幅是廣袤等也其袪尺二寸大夫已上侈之侈之者蓋半而益一焉半而益一則其袂三尺三寸袪尺八寸士齊有素端者亦爲札荒有所禱請變素服言素端者明異制周禮注

上文云札荒素服已是齊服此别云元端素端爲士設文以大夫以上侈袂惟士不得侈袂以端爲之明異制也周禮疏

衣有襦裳者爲端周官解詁

朝服亦得名端故論語云端章甫鄭云端諸侯視朝之服皆以十五升布爲緇色正幅爲之儀禮疏

朝服與元端同元端則元裳黃裳雜裳黑屨者朝服元冠元端雖同但裳以素而屨色白也以其俱正幅故朝服亦得端名然六冕皆正幅故亦名端是以樂記云魏文侯端冕而聽古樂又論語云端章甫鄭云端元端諸侯視朝之服則元端以朝得名爲元端也同上

禮衣端正無殺故曰端文德之衣尚褒長故曰委春秋左氏傳解義

古者端衣或施之於冕或施之於冠樂記魏文侯端冕而聽古樂此施之于冕者也冠禮冠者元端緇布冠既冠易服服元冠元端内則子事父母冠緌纓端韠紳公西華曰端章甫以至晉侯端委以入武宫晏平仲端委以立於虎門此施之於冠者也蓋元端齊服也諸侯與士以爲祭服玉藻元端以祭特牲冠元端是也大夫士以爲私朝之服玉藻朝元端是也天子至士亦以爲燕服玉藻天子卒食元端而居内則事父母端韠是也然則端衣所用固不一矣陳氏禮書

裘

裘皮衣也玉篇

司裘掌爲大裘以共王祀天之服中秋獻良裘王乃行羽物季秋獻功裘以待頒賜大喪廞裘飾皮車凡邦之皮事掌之歲終則會唯王之裘與其皮事不會周禮天官

孟冬之月天子始裘禮記月令

唯君有黼裘以誓省大裘非古也禮記玉藻　省當爲獮

天子祭上帝則大裘而冕大裘羔裘也黼裘以羔與狐白雜爲黼文獮秋田也國君有黼裘誓獮田之禮禮記注

凡六冕之裘皆黑羔裘也故司服云祭昊天大裘而冕以下冕皆不云裘是皆用羔裘也禮記義證

緇衣羔裘諸侯之朝服也詩箋

羔裘豹袪卿大夫之服也同上

羔裘豹飾緇衣以裼之禮記玉藻

素衣麑裘視朔之服論語注

在國視朔則素衣麑裘卿大夫士亦皆然其受外國聘享亦素衣麑裘禮記正義

麛裘青豻褎絞衣以裼之禮記玉藻

君衣狐白裘錦衣以裼之君之右虎裘厥左狼裘士不衣狐白同上

裼而有衣曰裼必覆之者裘褻也詩云衣錦絅衣裳錦絅裳然則錦衣復有上衣明矣天子狐白之上衣皮弁服與凡裼衣象裘色也禮記注

錦衣狐裘諸侯之服也禮記玉藻

諸侯朝天子受皮弁之賜歸來饗國則亦錦衣狐裘以告廟禮記正義

大蜡而息民則有黃衣狐裘詩箋

君子狐青裘豹褎元綃衣以裼之狐裘黃衣以裼之禮記玉藻

君子大夫士也禮記注

錦衣以裼燕居之狐裘也元綃衣以裼祭祀之狐裘也黃衣以裼息民之狐裘也禮記解

天子大蜡八伊耆氏始爲蜡蜡也者索也歲十二月合聚萬物而索饗之也蜡之祭也主先嗇而祭司嗇也祭百種以報嗇也饗農及郵表畷禽獸仁之至義之盡也古之君子使之必報之迎貓爲其食田鼠也迎虎爲其食田豕也

迎而祭之也祭坊與水庸事也曰土反其宅水歸其壑昆蟲毋作草木歸其澤皮弁素服而祭素服以送終也葛帶榛杖喪殺也蜡之祭仁之至義之盡也黃衣黃冠而祭息田夫也野夫黃冠黃冠草服也禮記郊特牲

祭謂既蜡臘先祖五祀也於是勞農以休息之論語云黃衣狐裘言祭以息民物象其時物之色草木季秋而黃落禮記注

孟冬之月天子乃祈來年于天宗大割祠于公社及門閭臘先祖五祀禮記月令

國祭蜡則龡豳頌擊土鼓以息老物周官春官籥章

八蜡以記四方四方年不順成八蜡不通以謹民財也順成之方其蜡乃通以移民也既蜡而收民息已故既蜡君子不興功禮記郊特牲

息民與蜡異則黃衣黃冠而祭爲臘必矣禮記注

夏曰清祀殷曰嘉平周曰大蜡亦曰臘廣雅

始皇三十一年十二月更名臘曰嘉平史記秦始皇本紀

裘之裼也見美也弔則襲不盡飾也君在則裼盡飾也服之襲也充美也是故尸襲執玉龜襲無事則裼弗敢充也

禮記玉藻

禮不盛服不充故大裘不裼同上

犬羊之裘不裼不文飾也不裼同上

表裘不入公門襲裘不入公門同上

裼裘者裼衣外之上服直其領而露出裼衣也襲裘者裼衣外之上服曲其領而掩蔽裼衣也禮記纂言

子曰裼襲之不相因也欲民之毋相瀆也禮記表記

不相因者以其或以裼爲敬或以襲爲敬禮盛者以襲爲敬執玉龜之屬也禮不盛者以裼爲敬受享是也禮記注

袍

袍丈夫著下至跗者也袍苞也苞内衣也釋名

袍者或曰周公抱成王宴居故施袍後漢書輿服志

袍衣有著者也論語集註

著充之以絮也儀禮注

纊爲繭縕爲袍禮記玉藻

衣有著之異名也纊今之新綿也縕謂今纊及舊絮也禮記注

春服　絅　袗

春服既成衣單袷之時論語章句

禪爲絅帛爲褶禮記玉藻

絅有衣裳而無裏褶有表裏而無著禮記注

絅蓋單布衣褶以帛爲之即夾衣内無纊縕褶之爲言重也禮記集說

袗禪也禮記注

明衣

明衣所以親身爲圭潔也儀禮注

明衣裳用幕布袂屬幅長下膝儀禮士喪記

幕布帷幕之布升數未聞也屬幅不削幅長下膝於蔽下體深也儀禮注

必云袂屬幅者嫌明衣或異於生也然則吉服之袂屬幅也明矣儀禮集說

景之制蓋如明衣加之以爲行道禦塵令衣鮮明也景亦明也儀禮注

絺綌

葛所以為絺綌女功之事煩辱者精曰絺麤曰綌詩毛傳

掌葛掌以時徵絺綌之材于山農凡葛征徵草貢之材于澤農以當邦賦之政令以權度受之周禮地官

振絺綌不入公門禮記玉藻

振讀為袗禪也禮記注

袂

袂袖也玉篇

袂掣也掣開也開張之以受臂屈伸也釋名

袂屬幅衣二尺有二寸袪尺二寸儀禮喪服記

屬猶連也連幅謂不削衣二尺有二寸此謂袂中也言衣者明與身參齊二尺二寸其袂足以容中人之肱也衣自領至要二尺二寸倍之四尺四寸加闊中八寸而又倍之凡衣用布一丈四寸袪袖口也尺二寸足以容中人之併兩手也儀禮疏

帶紳　鉤

帶帶也著於衣如物之繫帶也釋名

古者韋帶大帶皆謂之鞶內則所謂男鞶韋帶也春秋傳所謂鞶厲大帶也陳氏禮書

吉禮先繫韋帶如今之皮束帶其外又有大帶以申束衣故謂之紳朱子文集

韋帶是正帶以束衣者不專爲佩而設大帶乃申束之耳申重也故謂之紳同上

鞶紳帶也一名大帶春秋經傳集解

所以必有紳帶者示謹敬自約整白虎通義

天子素帶朱裏終辟大夫素帶辟垂士練帶率下辟居士錦帶弟子縞帶并紐約用組三寸長齊於帶禮記玉藻○辟讀如裨冕之裨

謂大帶也而素帶終辟謂諸侯也諸侯不朱裏合素爲之下天子也大夫亦如之率繂也士以下皆禪不合而繂積如今作幧頭爲之也裨謂以繒采飾其側人君充之大夫裨其紐及末士裨其末而已居士道藝處士也三寸謂約帶紐組之廣也長齊於帶與紳齊也禮記注

雜帶君朱綠大夫元華大夫大帶四寸士緇辟二寸再繚四寸凡帶有率無箴功禮記玉藻

雜猶飾也即上之裨也君裨帶上以朱下以綠終之大夫裨垂外以元內以華華黃色也士辟垂之下外內皆以緇是謂緇帶大夫以上以素皆廣四寸士以練廣二寸再繚之凡帶有司之帶亦率之如士帶矣無箴功則不裨之士雖繂帶裨亦用箴功凡帶不裨下士也禮記注

肆束及帶勤者有事則收之走則擁之禮記玉藻○肆讀爲肄

肄餘也餘束約組之餘紐也勤謂執勞辱之事也禮記注

紳長制士三尺有司二尺有五寸子游曰參分帶下紳居二焉紳韠結三齊禮記玉藻

紳帶之垂者也言其屈而重也有司府史之屬也三分帶下而三尺則帶高於中也結約餘也禮記注

凡侍於君紳垂足如履齊頤霤垂拱視下而聽上視帶以及袷聽鄉任左禮記玉藻

男鞶革禮記內則

男子有鞶革者示有金革之事白虎通義見春秋正義

革帶博二寸 禮記玉藻

凡佩繫於鞶帶 禮記注

以大帶用組約其物細小不堪懸韠佩故也 禮記正義

周衣四帶其鉤鞶鍾以玉環測曰帶其鉤鞶自約束也 揚子太元經

腰中之金故謂之鉤鉤無帶不立帶無鉤不著相須成體

以自申束 太元經注

乾時之役申孫之矢集於桓鉤 國語

鉤帶鉤也 國語解

竊鉤者誅 莊子胠篋篇

帶不厭新鉤不厭故 淮南子泰族訓

佩

佩大帶佩也 許氏說文

凡帶必有佩玉唯喪否佩玉有衝牙君子無故玉不去身

君子於玉比德焉 禮記玉藻

玉府共王之服玉佩玉珠玉 周禮天官

天子佩白玉而元組綬公侯佩山元玉而朱組綬大夫佩水蒼玉而純組綬世子佩瑜玉而綦組綬士佩瓀玟而緼組綬孔子佩象環五寸而綦組綬 禮記玉藻

一命緼韍幽衡再命赤韍幽衡三命赤韍葱衡 同上 幽讀爲黝

衡佩玉之衡也 禮記注

佩玉上有葱衡下有雙璜衝牙蠙珠以納其間 韓詩內傳見周禮注

君在不佩玉左結佩右設佩居則設佩朝則結佩齊則綪結佩而爵韠 禮記玉藻

謂世子也出所處而君在焉則去德佩而設事佩辟德而示即事也 禮記注

古之君子必佩玉左徵角右宮羽趨以采齊行以肆夏周

還中規折還中矩進則揖之退則揚之然後玉鏘鳴也故君子在車則聞鸞和之聲行以鳴佩玉是以非辟之心無自入也禮記玉藻

居則習禮文行以鳴珮玉升車則聞和鸞之聲是以非辟之心無自入也上車以和鸞爲節下車以珮玉爲度上有雙衡下有雙璜衝牙玭珠以納其間琚瑀以雜之行以采茨趨以肆夏步環中規折還中矩進則揖之退則揚之然后玉鏘鳴也大戴禮保傅篇

立則磬折垂佩主佩倚則臣佩垂主佩垂則臣佩委禮記曲禮下

君臣俛仰之節倚謂附於身小俛則垂大俛則委於地禮記注

子事父母左右佩用左佩紛帨刀礪小觿金燧右佩玦捍管遰大觿木燧禮記內則

左右佩用事佩也紛帨拭物之佩巾也刀礪小刀及礪礱也小觿解小結也觿貌如錐以象骨爲之金燧可取火於日捍謂拾也言可以捍弦也管筆彄也遰刀鞞也木燧鑽火也禮記注○事本作自從禮記纂言本

黻禮記作韍詩作芾白虎通義作紼

黻韋韠以蔽膝也春秋經傳集解

韍之言亦蔽也禮記注○玉藻

芾大古蔽膝之象也冕服謂之芾其他服謂之韠以韋爲之詩鄭箋○采菽

有虞氏服韍夏后氏山殷火周龍章禮記明堂位

韍冕服之韠也舜始作之以尊祭服禹湯至周增以畫文後王彌飾也山取其仁可仰也火取其明也龍取其變化也天子備焉卿大夫山士韎韋而已禮記注

芾者天子純朱諸侯黃朱詩鄭箋○斯干

紼者蔽也行以蔽前天子朱紼諸侯赤紼白虎通義

一命縕韍幽衡再命赤韍幽衡三命赤韍蔥衡禮記玉藻

韠君朱大夫素士爵韋圜殺直天子直諸侯前後方大夫前方後挫角士前後正禮記玉藻

韠下廣二尺上廣一尺長三尺其頸五寸肩革帶博二寸同上

韠長三尺下廣二尺上廣一尺會去上五寸紕以爵韋六寸不至下五寸純以素紃以五采禮記雜記下

記傳更無韍制皆是韠義明其制與韠同經傳作黻或作
韍或作芾音義同也春秋正義
古者田漁而食因衣以皮先知蔽前後知蔽後後王易之
以布帛而猶存其蔽前者重古道不忘本易乾鑿度注見
詩正義○春秋正義

裳帷裳　褻服
下曰裳裳障也所以自障蔽也釋名
裳下帬也許氏說文
凡裳前三幅後四幅也儀禮注
前爲陽後爲陰故前三後四各象陰陽也儀禮疏
帷裳者朝祭之服其制正幅如帷論語注見春秋正義昭
公元年
朝服祭服辟積無數儀禮注
非帷裳者謂深衣論語注見春秋正義

深衣連衣裳而純之以采者三禮目錄
深衣三袪縫齊倍要禮記玉藻
三袪者謂要中之數也袪尺二寸圍之爲二尺四寸三之
七尺二寸縫紩也紩下齊倍要中齊丈四尺四寸禮記注
要縫半下禮記深衣
三分要中減一以益下下宜寬也裳六幅幅分之以爲上
下之殺禮記注
每幅交解濶頭廣尺二寸狹頭廣六寸此寬頭向下狹頭
向上要中十二幅廣各六寸故爲七尺二寸下齊十二幅

各廣尺二寸。故爲一丈四尺四寸。禮記正義
續衽鉤邊。禮記深衣
續猶屬也。衽在裳旁者也。屬連之、不殊裳前後也。鉤邊、若今曲裾也。禮記注
衽當旁。禮記玉藻
衽謂裳幅所交裂也。凡衽者或殺而下。或殺而上。是以小要取名焉。衽屬衣則垂而放之。屬裳則縫之以合前後。上下相變。禮記注
袂可以回肘。禮記玉藻

袼之高下。可以運肘。袂之短長。反詘之及肘。禮記深衣
袼二寸。袪尺二寸。緣廣寸半。禮記玉藻
帶下毋厭髀。上毋厭脅。當無骨者。禮記深衣。厭於甲反　髀畢婢反　當丁浪反
古者深衣蓋有制度。以應規矩繩權衡。短毋見膚。長毋被土。制十有二幅。以應十有二月。袂圜以應規。曲袷如矩以應方。負繩及踝以應直。下齊如權衡以應平。故規者行舉手以爲容。負繩抱方者以直其政。方其義也。故易曰六二之動。直以方也。下齊如權衡者。以安志而平心也。五法已施。故聖人服之。故規矩取其無私。繩取其直。權衡取其平。故先王貴之。故可以爲文。可以爲武。可以擯相。可以治軍旅。完且弗費。善衣之次也。禮記深衣
善衣、朝祭之服也。自士以上深衣爲之次。庶人吉服深衣而已。禮記注
朝元端。夕深衣。禮記玉藻
大夫莫夕。蓋亦朝服。其私朝及在家。大夫士皆深衣也。禮記正義
其長中繼揜尺。禮記玉藻

其爲長衣中衣。則繼袂揜一尺、若今褎矣、禮記注
素純曰長衣。有表則謂之中衣。三禮目錄
褻服、私居服、非公會之服、王氏論語注

履

履屨也 許氏說文

屨拘也所以拘足也 釋名

複下曰舄禪下曰屨古人言屨以通於複今人言屨以通於禪俗易語反與 周禮注

舄屨有絇有繶有純者飾也絇謂之拘著舄屨之頭以爲行戒繶縫中紃純緣也 同上

屨人掌王及后之服屨爲赤舄黑舄赤繶黃繶青句素屨葛屨辨外內命夫命婦之命屨功屨散屨凡四時之祭祀以宜服之 周禮天官

天子諸侯吉事皆舄其餘惟服冕衣翟著舄耳 周禮注

諸侯赤芾金舄 詩毛傳

屨夏用葛元端黑屨青絇繶純純博寸素積白屨以魁柎之緇絇繶純純博寸爵弁纁屨黑絇繶純純博寸冬皮屨可也 儀禮士冠禮

凡堂上行禮之法立行禮不說屨坐則說屨 儀禮疏

凡祭於室中堂上無跣燕則有之 禮記少儀

跣說屨也 禮記正義

燕不跣者主敬也燕則有跣爲歡也 禮記注

鄉飲酒之禮衆賓皆降說屨揖讓如初升坐 儀禮

鄉射之禮主人以賓揖讓說屨乃升大夫及衆賓皆說屨升坐 同上

燕禮賓反入及卿大夫皆說屨升就席公以賓及卿大夫皆坐乃安 同上

大射之儀司正升賓賓諸公卿大夫皆說屨升就席公以賓及卿大夫皆坐乃安 同上

凡燕坐必說屨屨賤不在堂也禮者尚敬敬多則不親燕安坐相親之心也 儀禮注

說屨主人先左賓先右 同上

若君賜之爵退坐取屨隱辟而后屨 儀禮士相見禮

若君賜之爵退則坐取屨隱辟而后屨坐左納右坐右納左 禮記玉藻

侍坐於長者屨不上於堂解屨不敢當階就屨跪而舉之屏於側鄉長者而屨跪而遷屨俯而納屨 禮記曲禮上

排闔說屨於戶內者一人而已矣有尊長在則否 禮記少儀

禮凡祭於室中堂上無跣燕則有之故特牲少牢饋食自主人以至凡執事皆不脫屨而尸坐亦不脫屨以其侍神不敢燕惰也若夫登坐於燕飲侍坐於長者無不脫屨以其盡歡致親不敢不跣也故在堂則屨不上於堂在室則屨不入於戶排闔脫屨於戶內者一人而已有尊長在則否然則君屨不下於堂不出於室矣解屨必屏於側取屨必隱辟納屨必鄉長者遷之必跪納之必俯脫之必主人先左賓先右納之必坐左納右坐右納左則屨之脫納皆有儀矣屨之爲物有以不脫爲敬有以脫爲敬鄉飲鄉射

禮未畢不脫屨祭祀尸未謖不脫屨此以不脫爲敬也及升堂燕私則脫焉此以脫爲敬也昔褚師聲子韈而登席其君戟手而怒之此知脫屨而不知跣也後世人臣脫屨然後升堂此知致敬而不知非坐不脫屨也陳氏禮書

跣草履也孟子注

褐

褐毛布也詩箋

毛布用毛爲布今夷狄作褐皆織毛爲之賤者所服詩正義

褐寬博獨夫被褐者孟子注

哀公十三年吳申叔儀乞糧於公孫有山氏曰佩玉蘂兮余無所繫之旨酒一盛兮余與褐之父睨之春秋左氏傳

褐輕賤之人春秋經傳集解

知我者希則我貴矣是以聖人被褐懷玉老子

子路問於孔子曰有人於此被褐而懷玉何如子曰國無道隱之可也國有道則衮冕而執玉家語三恕篇

袒裼裸裎

袒裼露臂也裸裎露身也孟子集註

禮裼肉袒也爾雅

君肉袒迎牲於門禮記明堂位

祭之日君牽牲穆答君卿大夫序從既入廟門麗於碑卿大夫袒而毛牛尚耳鸞刀以刲取膟膋乃退禮記祭義

君再拜稽首肉袒親割敬之至也敬之至也服也拜服也稽首服之甚也肉袒服之盡也禮記郊特牲

袒則肉露故謂之肉袒所以致親割之勞禮記解

士喪禮主人髻髮袒衆主人免於房儀禮

悲哀志懣氣盛故袒而踊之所以動體安心下氣也禮記問喪

或問曰冠者不肉袒何也曰冠至尊也不居肉袒之體也故爲之免以代之也同上

然則禿者不免傴者不袒跛者不踊非不悲也身有錮疾不可以備禮也同上

袒括髮變也慍哀之變也去飾去美也袒括髮去飾之甚也有所袒有所襲哀之節也禮記檀弓下

主人含尸左袒含畢襲小斂訖袒奉尸侇于堂襲將大斂袒斂于棺卒塗襲將葬啟殯袒朝于祖襲載柩袒卒束襲將祖袒既祖襲柩行袒出宮襲將窆屬引袒窆訖襲又君視斂君眡皆袒畢事襲蓋有勞事則袒以便其運動有敬事則袒以致其不安其在於喪則於其勞敬之時哀彌甚焉而因以爲行禮之節儀禮義疏

左袒扱諸面之右儀禮士喪禮

面前也謂袒左袖扱於右腋之下帶之內取便也儀禮疏

士虞禮祝饗命佐食祭佐食許諾鉤袒取黍稷祭于苴三

儀禮

鉤袒如今擐衣也儀禮注

鉤袒若漢時入擐衣以露臂故云如今擐衣也儀禮疏

覲禮乃右肉袒于廟門之東乃入門右北面立告聽事儀禮

右肉袒者刑宜施於右也凡以禮事者左袒儀禮注

鄉射之禮司射適堂西袒決遂儀禮

大射之儀司射適次袒決遂同上

袒左免衣也儀禮注

凡射皆袒同上

食三老五更於大學天子袒而割牲執醬而饋執爵而酳冕而總干所以教諸侯之弟也禮記祭義

冠毋免勞毋袒暑毋褰裳禮記曲禮上

袒露也雖有疲勞之事厭患其衣而不得袒露身體禮記正義

古之養老則袒而割牲祭祀則袒而迎牲喪禮以袒踊爲孝喪服以袒免爲制士虞則鉤袒取黍稷大射則袒決遂執弓然則袒豈先王之所不爲以爲無故而袒則非禮也

蓋先王以人不知服飾之爲禮也爲之冠以旌其首爲之屨以重其足爲之衣以充其身束則有帶佩則有玉深衣毋見膚絺綌必有表凡惡其無文而已陳氏禮書

御者入浴小臣四人抗衾御者二人浴其母之喪則内御者抗衾而浴禮記喪大記

抗衾者蔽上重形也禮記注

御者四人抗衾而浴襢第儀禮士喪記

抗衾爲其裸裎蔽之也襢袒也袒簀去席盝水便儀禮注

外御受沐入主人皆出戶外北面儀禮士喪禮

象平生沐浴裸裎子孫不在旁主人出而襢第儀禮注

晉公子重耳之及於難也及曹曹共公聞其駢脅欲觀其裸浴薄而觀之春秋左氏傳

裸謂赤體無衣也駢脅非裸不見故欲觀其裸伺其浴乃逼迫以觀之春秋正義

大伯端委以治周禮仲雍嗣之斷髮文身臝以爲飾豈禮也哉有由然也春秋左氏傳哀公七年

旌旃旆　羽旄

旌旂者凡旗之名雖異旌旂爲之總稱。爾雅疏

司常掌九旗之物名各有屬以待國事。周禮春官

凡九旗之帛皆用絳。周禮注

正幅爲縿斿則屬焉。同上

素錦綢杠纁帛縿素陞龍于縿。練旒九。飾以組。維以縷。爾雅

以白地錦韜旗之竿。纁帛絳也。縿衆旒所著。畫白龍于縿令上向。練絳練也。用綦組飾旒之邊。用朱縷維連持之不

欲令曳地。爾雅注

天子杠九仞諸侯七仞大夫五仞。天子十二斿至地。諸侯九斿至軫卿大夫七斿至較士三斿至肩。廣雅

日月爲常。周禮春官司常

三辰旂旗昭其明也。春秋左氏傳

旂十有二旒龍章而設日月以象天也。禮記郊特牲

王建大常十有二旒以祀。周官春官巾車

節服氏掌祭祀朝覲袞冕六人維王之大常。周官夏官

大常九旗之畫日月者。周禮注

成王以周公爲有勳勞於天下。命魯公世世祀周公以天子之禮樂。是以魯君孟春乘大路載弧韣旂十有二旒日月之章祀帝于郊配以后稷天子之禮也。禮記明堂位

弧旌旗所以張幅也其衣曰韣天子之旌旗畫日月。禮記注

弧以竹爲之其形爲弓以張縿之幅。禮記正義

弧旌枉矢以象弧也。考工記

交龍爲旂。周官春官司常

有鈴曰旂。爾雅釋天

有虞氏之旂。禮記明堂位

王建大旂以賓同姓以封。周官春官巾車

大旂九旗之畫交龍者。周禮注

龍旂九斿以象大火也。考工記

分魯公以大路大旂。春秋左氏傳

龍旂九旒天子之旌也。禮記樂記

通帛爲旜。周官春官司常

通帛謂大赤從周正色無飾。周禮注

因章曰旃。爾雅

以爲緌爲旐因其文章不復畫之爾雅注

周之大赤禮記明堂位

王建大赤以朝異姓以封周官春官巾車

大赤九旗之通帛以朝以日視朝異姓王甥舅周禮注

分康叔以大路少帛綪茷旃旌春秋左氏傳

少帛雜帛也綪茷大赤取染草名也春秋經傳集解

大赤卽今之紅旗取染赤之草爲名也蓋王以通帛雜帛並賜衛也然則大赤卽是旃也茷言旂尾旃言旂身春秋正義

雜帛爲物周官春官司常

雜帛者以帛素飾其側白殷之正色周禮注

殷之大白禮記明堂位

王建大白以卽戎以封四衛周官春官巾車

熊虎爲旗周官春官司常

熊旗六斿以象伐也考工記

鳥隼爲旟周官春官司常

錯革鳥曰旟爾雅

合剝鳥皮毛置之竿頭爾雅注

鳥旟七斿以象鶉火也考工記

龜蛇爲旐周官春官司常

緇廣終幅長尋曰旐繼旐曰旆爾雅

旐是旂身旆是旂尾春秋正義

龜蛇四斿以象營室也考工記

全羽爲旞析羽爲旌周官春官司常

全羽析羽皆五采繫之于旞旌之上所謂注旄於干首也周禮注

注旄首曰旌爾雅

旄牛尾著干首李氏爾雅注

析五采羽注旄上也其下亦有旒縿孫氏爾雅注

禹貢徐州貢夏翟之羽故有虞氏以爲緌後世或無故染鳥羽象而用之謂之夏采周禮注

夏后氏之綏禮記明堂位

綏當爲緌讀爲冠蕤之蕤有虞氏當言緌夏后氏當言旂此蓋錯誤也緌謂注旄牛尾於杠首所謂大麾禮記注綏鄭讀緌今如字

旂之制始於舜至夏則致飾矣故曰綏陳氏禮書

王建大麾以田以封蕃國周官春官巾車

大麾不在九旗中、以正色言之、則黑。夏后氏所建。周禮注

夏采掌大喪、以乘車建綏、復于四郊。周官天官

綏當作緌、以旄牛尾爲之、綴於橦上、所謂注旄於干首者。周禮注

大司馬辨旗物之用。王載大常、諸侯載旂、軍吏載旗、師都載旜、鄉遂載物、郊野載旐、百官載旟、各書其事與其號焉。周官夏官

凡旌旗有軍旅者畫異物、無者帛而已。周禮注

司常及國之大閱、贊司馬頒旗物。王建大常、諸侯建旂、孤

四書類考　卷三十六　衣服　廿三

卿建旜、大夫士建物、師都建旗、州里建旟、縣鄙建旐、道車載旞、斿車載旌、皆畫其象焉。官府各象其事、州里各象其名、家各象其號。凡祭祀、各建其旗。會同賓客亦如之。置旌門。大喪共銘旌、建廞車之旌。及葬亦如之。凡軍事、建旌旗。及致民、置旗弊之。甸亦如之。凡射、共獲旌。歲時共更旌。周官春官

王畫日月、象天明也。諸侯畫交龍、一象其升朝、一象其下復也。孤卿不畫、言奉王之政教而已。大夫士雜帛、言以先王正道佐職也。師都、六鄉六遂大夫也。畫熊虎者、鄉遂出

軍賦、象其守猛、莫敢犯也。州里縣鄙、鄉遂之官、互約言之。鳥隼象其勇健也。龜蛇象其扞難辟害也。道車、象路也。王以朝夕燕出入。斿車、木路也。王以田以鄙。全羽、析羽、五色、象其文德也。大閱王乘戎路、建大常焉。玉路金路不出。周禮注

武車綏旌。德車結旌。禮記曲禮上

綏謂垂舒之也。盡飾也。結謂收斂之也。不盡飾也。禮記注

行、前朱鳥而後元武、左青龍而右白虎、招搖在上、急繕其怒。禮記曲禮上

四書類考　卷三十六　衣服　廿四

青龍在左、左東方也。壽星大火析木之分、主之。白虎在右、右西方也。降婁大梁實沈之分、主之。朱雀在前、前南方也。鶉首鶉火鶉尾之分、主之。元武在後、後北方也。星紀元枵娵訾之分、主之。以是四物畫之於旗、立於軍之左右前後、以象天體之周旋也。周官司常掌九旗之物名、所謂交龍爲旂、象青龍也。熊虎爲旗、象白虎也。鳥隼爲旟、象朱雀也。龜蛇爲旐、象元武也。四方之旗、九旗之遺象也。置招搖於旗首、以象斗之回旋。旗之所指、則伐之、如天之怒也。急迫之也。繕、修也。言作而致其怒也。芸閣禮記解

前有水則載青旌前有塵埃則載鳴鳶前有車騎則載飛鴻前有士師則載虎皮前有摯獸則載貔貅禮記曲禮上

載謂舉於旗首以警衆也禮君行師從卿行旅從前驅舉此則士衆知所有所舉各以其類象青青雀水鳥鳶鳴則將風鴻取飛有行列也士師謂兵衆虎取其有威勇也貔貅亦摯獸也禮記注

四書類考卷二十六

四書類考卷二十七

飲食類

飲食

饌

庖廚

水火

爨釜　甑　灊

飲水　漿

酒

醉

壺

瓢

桮棬

食

五穀　稻　黍　粱　麰麥　菽　萁稗　莠　苗　秀　實　穟　穡　粟　米

杵臼　瑚璉

粢盛　瑚璉

筲

簞

食音寺

飯扶晩切　亞飯　三飯　四飯　饔飧　放飯

飽

糧

犧牲

割亨

鼎

俎

膾

炙

醬

醯

鹽

豆

羹

歠

籩脯　醢

壺

匏瓜瓢

祭

侍食於君

飲食

飲養陽氣也凡食養陰氣也禮記郊特牲

昔者先王未有火化食草木之實鳥獸之肉飲其血茹其毛後聖有作然後修火之利范金合土以炮以燔以亨以炙以為醴酪以養生送死以事鬼神上帝皆從其朔禮記禮運

膳夫掌王之食飲膳羞以養王及后世子凡王之饋食用六穀膳用六牲飲用六清羞用百有二十品珍用八物醬用百有二十甕王日一舉鼎十有二物皆有俎以樂侑食

膳夫授祭品嘗食王乃食卒食以樂徹于造王齊日三舉大喪則不舉大荒則不舉大札則不舉天地有烖則不舉邦有大故則不舉王燕食則奉膳贊祭凡王祭祀賓客食則徹王之胙俎凡王之稍事設薦脯醢王燕飲酒則為獻主掌后及世子之膳羞凡肉脩之頒賜皆掌之凡祭祀之致福者受而膳之以摯見者亦如之歲終則會唯王及后世子之膳不會周禮天官

食醫掌和王之六食六飲六膳百羞百醬八珍之齊凡食齊眡春時羹齊眡夏時醬齊眡秋時飲齊眡冬時凡和春多酸夏多苦秋多辛冬多鹹調以滑甘凡會膳食之宜牛宜稌羊宜黍豕宜稷犬宜粱鴈宜麥魚宜苽凡君子之食恒放焉同上

饌

饌具食也 許氏說文

燕禮膳宰具官饌于寢東 儀禮

具官饌具其官之所饌謂酒也牲也脯醢也 儀禮注

庖廚 庖人

庖廚也廚庖屋也 許氏說文

庖之言苞也裹肉曰苞苴 周禮注

大皞庖犧氏養犧牲以庖廚故曰庖犧 史記補

庖人掌共六畜六獸六禽辨其名物凡其死生鱻薧之物以共王之膳與其薦羞之物及后世子之膳羞共祭祀之好羞共喪紀之庶羞賓客之禽獻凡令禽獻以法授之其出入亦如之凡用禽獻春行羔豚膳膏香夏行腒鱐膳膏臊秋行犢麛膳膏腥冬行鱻羽膳膏羶歲終則會唯王及

后之膳禽不會 周禮天官

六畜六牲也始養之曰畜將用之曰牲 周禮注

六獸麋鹿熊麕野豕兔六禽鴈鶉鷃雉鳩鴿 周官解詁

獸人冬獻狼夏獻麋又內則無熊則六獸當有狼而熊不屬六禽於禽獻及六摯宜爲羔豚犢麛雉鴈凡鳥獸未孕曰禽 周禮注

鮮謂生肉薧謂乾肉 周官解詁

備品物曰薦致滋味乃爲羞王言薦者味以不褻爲尊 周禮注

膏香牛脂也以牛脂和之腒乾雉鱐乾魚周官解詁

膏臊犬膏周官注

膏腥雞膏也周禮注

鮮魚也羽鴈也膏羶羊脂也周官注

羔豚物生而肥犢與麛物成而充腒鱐暵熱而乾魚鴈水涸而性定此八物者得四時之氣尤盛為人食之弗勝是以用休廢之脂膏煎和膳之牛屬司徒土也雞屬宗伯木也犬屬司寇金也羊屬司馬火也周禮注

水火

水火者百姓之所飲食也尚書大傳

五行一曰水二曰火尚書洪範

水曰潤下火曰炎上同上

潤下作鹹炎上作苦同上

燥萬物者莫熯乎火潤萬物者莫潤乎水周易說卦傳

水流濕火就燥周易文言傳

陽陷於陰為水附於陰為火正蒙太和篇

水火醯醢鹽梅以烹魚肉燀之以薪宰夫和之齊之以味濟其不及以洩其過君子食之以平其心春秋左氏傳昭公二十年

先王以土與金木水火雜以成百物是以和五味以調口剛四支以衛體和六律以聰耳正七體以役心平八索以成人建九紀以立純德合十數以訓百體出千品具萬方計億事材兆物收經入行姟極國語

雜合也成百物謂若鑄冶煎烹之屬國語解

爨釜 甑 淅

爨炊也孟子注

爨饔爨廩爨也詩傳

饔爨以煑肉廩爨以炊米詩正義

雍人概鼎匕俎于雍爨雍爨在門東南北上儀禮少牢饋食禮

雍人掌割亨之事者爨竈也在門東南統於主人北上羊豕魚腊皆有竈竈西有鑊凡槩者皆陳之而後告絜儀禮注

亨人掌共鼎鑊以給水火之齊職外內饔之爨亨煮辨膳羞之物祭祀共大羹鉶羹賓客亦如之周官天官

鑊所以煑肉及魚腊之器既孰乃脀于鼎齊多少之量職主也爨今之竈主於其竈煑物周禮注

鑊釜屬增韻

黄帝始作釜古史考

坤爲釜周易說卦傳

取其化生成熟也周易正義

于以湘之維錡及釜詩召南

湘亨也錡釜屬有足曰錡無足曰釜詩傳

誰能亨魚溉之釜鬵詩檜風

鬵是甑非釜類亨魚用釜不用甑雙舉者以其俱是食器故連言耳詩正義

廩人概甑甗匕與敦于廩爨廩爨在雍爨之北儀禮少牢饋食禮

廩人掌米入之藏者甗如甑一孔匕所以匕黍稷者也儀禮注

甑實二鬴厚半寸脣寸七穿考工記

黄帝始作甑古史考

䰛謂之鬵鬵䥶也爾雅

關東謂甑爲鬵涼州謂甑爲䥶孫氏爾雅注

甑自關而東或謂之甗或謂之鬵或謂之酢餾方言

釋之叟叟烝之浮浮詩大雅

釋淅米也叟叟聲也浮浮氣也詩傳

淅漬米也孟子注

飲水　漿

飲奄也以口奄而引咽之也 釋名

古者飲皆煮米爲之以養生也 周禮沿革傳

漿人掌共王之六飲水漿醴凉醫酏入于酒府 周禮天官

漿今之酨漿也 周禮注

醴醴清也 同上

酒正辨四飲言清不言醴彼注云清醴之泲者此六飲言清謂醴之不泲者清濁雖殊本是一物故云醴清也 周禮疏

凉今寒粥若糗飯雜水也 周禮注

醫內則所謂或以酏爲醴凡醴濁釀酏爲之則少清矣酏今之粥內則有黍酏酏飲粥稀者之清也 同上

飲重醴稻醴清糟黍醴清糟粱醴清糟或以酏爲醴黍酏漿水醷濫 禮記內則

重陪也糟醇也清泲也致飲有醇者有泲者陪設之也以酏爲醴釀粥爲醴也黍酏酏粥也漿酢酨水清醴醷梅漿濫以諸和水也以周禮六飲校之則濫凉也紀莒之間名諸爲濫 禮記注

酒正辨四飲之物一曰清二曰醫三曰漿四曰酏 周禮天官

不辨水凉者無厚薄之齊 周禮注

唯水漿不祭若祭爲已偯卑 禮記玉藻

水漿非盛饌也已猶太也祭之爲太有所畏迫臣於君則祭之 禮記注

公食大夫禮宰夫執觶漿以進賓受坐祭遂飲 儀禮

酒

酒就也所以就人性之善惡一曰造也吉凶所造也古者儀狄作酒醪禹嘗之而美遂疏儀狄杜康作秫酒 許氏說文

酒正掌酒之政令以式灋授酒材凡爲公酒者亦如之辨五齊之名一曰泛齊二曰醴齊三曰盎齊四曰緹齊五曰沈齊 周禮天官

泛者成而滓浮泛泛然如今宜成醪矣醴猶體也成而汁滓相將如今恬酒矣盎猶翁也成而翁翁然葱白色如今酇白矣緹者成而紅赤如今下酒矣沈者成而滓沈如今造清矣自醴以上尤濁縮酌者盎以下差清 周禮注

辨三酒之物一曰事酒二曰昔酒三曰清酒 周禮天官

事酒今之醳酒也昔酒今之酋久白酒所謂舊醳者也清酒今中山冬釀接夏而成 周禮注

酒清白 禮記內則

白事酒昔酒也 禮記注

凡祭祀以灋共五齊三酒以實八尊 周禮天官

五齊五尊三酒三尊故云以實八尊此除明水元酒若五齊加明水三酒加元酒爲十六尊不言之者舉其正尊而言也 周禮疏

祭齊加明水報陰也 禮記郊特牲

明水司烜以陰鑑所取於月之水也 禮記注

祭齊加明水則三酒加元酒也 同上

元酒水也以其色黑謂之元而太古無酒此水當酒所用故謂之元酒 禮記正義

酒醴之美元酒明水之尚貴五味之本也 禮記郊特牲

元酒在室醴醆在戶粢醍在堂澄酒在下 禮記禮運

元酒即明水也配鬱鬯故在室醴謂醴齊醆謂盎齊並在戶也粢當爲齊醍齊在堂也澄謂沈齊酒謂三酒二者並在堂下也 周禮疏

醴酒在室醍酒在堂澄酒在下示民不淫也 禮記坊記

鬱齊獻酌醴齊縮酌盎齊涗酌凡酒脩酌 周禮春官司尊彝

此言轉相泲成也獻讀摩莎之莎者鬱和秬鬯以醆酒摩莎泲之出其香汁也醴齊尤濁和以明酌泲之以茅縮去其滓盎齊差清和以清酒泲之而已其餘三齊泛從醴緹

沈從盎凡酒謂三酒也脩讀如滌濯之滌滌酌以水和而泲之凡此四者祼用鬱齊朝用醴齊饋用盎齊諸臣自酢用凡酒唯大事于太廟備五齊三酒 周禮注

縮酌用茅明酌也 禮記郊特牲

五齊醴尤濁和之以明酌簎之以茅縮去滓也明酌者事酒之上也名曰明者事酒今之醳酒皆新成也酌猶斟也酒已泲則斟之以實尊彝 禮記注

醆酒涚于清 禮記郊特牲

謂泲醆酒以清酒也泲盎齊必以清酒者皆久味相得 禮記注

汁獻涚于醆酒 禮記郊特牲

秬鬯者中有煮鬱和以盎齊摩莎泲之出其香汁因謂之汁莎不以三酒泲秬鬯者秬鬯尊也 禮記注

猶明清與醆酒于舊澤之酒也 禮記郊特牲

澤讀為醳舊醳之酒謂昔酒也泲醴齊以明酌泲醆酒以清酒泲汁獻以醆酒天子諸侯之禮也天子諸侯禮廢時人或聞此而不審知云若今明酌清酒與醆酒以舊醳之酒泲之矣就其所知以曉之也 禮記注

仲冬之月乃命大酋秫稻必齊麴蘖必時湛熾必絜水泉必香陶器必良火齊必得兼得六物大酋監之毋有差貸 禮記月令

醉

爲酒所酣曰醉 正韻

夫飲之禮不脫屨而即席者謂之禮跣而上坐者謂之宴能飲者飲之不能飲者已謂之醧齊顏色均衆寡謂之沉閉門不出者謂之湎故君子可以宴可以醧不可以沉不可以湎 韓詩內傳逸文見初學記

夫豢豕爲酒非以爲禍也而獄訟益繁則酒之流生禍也是故先王因爲酒禮壹獻之禮賓主百拜終日飲酒而不得醉焉此先王之所以備酒禍也故酒食者所以合歡也樂者所以象德也禮者所以綴淫也 禮記樂記

壺

壺禮器腹方口圓曰壺反之曰方壺有爵飾 公羊傳解詁

燕禮司宮尊于東楹之西兩方壺左元酒南上公尊瓦大兩有豐冪用綌若錫在尊南南上尊士旅食于門西兩圜壺 儀禮

尊方壺爲卿大夫士也臣道直方瓦大有虞氏之尊也豐形似豆卑而大尊士旅食者用圜壺變於卿大夫也旅衆也士衆食謂未得正祿所謂庶人在官者也 儀禮注

觚

觚禮器一升曰爵二升曰觚論語解

韓詩說一升曰爵爵盡也足也二升曰觚觚寡也飲當寡少三升曰觶觶適也飲當自適也四升曰角角觸也不能自適觸罪過也五升曰散散訕也飲不能自節爲人所謗訕也總名曰爵其實曰觴觴者餉也觥亦五升所以罰不敬觥廓也所以著明之貌君子有過廓然明著非所以餉不得名觴五經異義

梓人爲飲器勺一升爵一升觚三升獻以爵而酬以觚一獻而三酬則一豆矣食一豆肉飲一豆酒中人之食也凡試梓飲器鄉衡而實不盡梓師罪之考工記○觚當爲觶豆當爲斗

桮棬

桮䀀也許氏說文

棬屈木盂也玉篇○棬禮記作圈

圈屈木所爲謂巵匜之屬禮記注○玉藻

巵匜酒漿器同上○內則

巵酒器也匜盛水漿之器禮記正義

父母舅姑之敦牟巵匜非餕莫敢用禮記內則

母沒而杯圈不能飲焉口澤之氣存焉爾禮記玉藻

食
食殖也所以自生殖也釋名
天子皮弁以日視朝遂以食日中而餕奏而食日少牢朔
月大牢五飲上水漿酒醴酏卒食元端而居年不順成則
天子素服乘素車食無樂禮記玉藻
諸侯朝服以食特牲三俎祭肺夕深衣祭牢肉朔月少牢
五俎四簋子卯稷食菜羹夫人與君同庖同上
三俎豕魚腊五俎加羊與其腸胃也朔月四簋則日食粱
稻各二簋而已禮記注

食蝸醢而苽食雉羹麥食脯羹雞羹折稌犬羹兔羹和糝
不蓼濡豚包苦實蓼濡雞醢醬實蓼濡魚卵醬實蓼濡鼈
醢醬腶脩蚳醢脯羹兔醢麋膚魚醢魚膾芥醬麋腥
醢醬桃諸梅諸卵鹽禮記內則
自蝸醢至此二十六物似皆人君燕所食也禮記注
牛脩鹿脯田豕脯麋脯麕脯麋鹿田豕麕皆有軒雉兔皆
有芼爵鷃蜩范芝栭蔆椇棗栗榛柹瓜桃李梅杏楂梨薑
桂禮記內則
自牛脩至此三十一物皆人君燕食所加庶羞也周禮天
子羞用百二十品記者不能次錄禮記注
大夫食日特豚朔日特牲士食日無文朔日特豚禮記正義
大夫燕食有膾無脯有脯無膾士不貳羹胾庶人耆老不
徒食禮記內則
凡進食之禮左殽右胾食居人之左羹居人之右膾炙處
外醯醬處內葱渫處末酒漿處右以脯脩置者左朐右末
禮記曲禮上
此大夫士與賓客燕食之禮禮記注
羹食自諸侯以下至於庶人無等禮記內則

以天產作陰德以中禮防之以地產作陽德以和樂防之
周禮春官大宗伯
天產者動物謂六牲之屬地產者植物謂九穀之屬陰德
陰氣在人者陰氣虛純之則劣故食動物作之使動過則
傷性制中禮以節之陽德陽氣在人者陽氣盈純之則躁
故食植物作之使靜過則傷性制和樂以節之如是然後
陰陽平情性和而能育其類周禮注

五穀 稻 黍 梁 麰麥 菽 荑稗 莠 苗
秀 實 稼 穡 粟 米

穀續也百穀之總名 許氏說文

種穀必雜五種以備災害 漢書食貨志

五穀謂稻黍稷麥菽也 孟子注

五穀麻黍稷麥豆也 周禮注

凡王之饋食用六穀 周官天官

六穀稌黍稷粱麥苽苽雕胡也 周官解詁

大宰以九職任萬民一曰三農生九穀 周官天官

九穀黍稷秫稻麻大小豆大小麥 周官解詁

九穀無秫大麥而有粱苽 周禮注

東南曰揚州其穀宜稻正南曰荊州其穀宜稻河南曰豫州其穀宜五種正東曰青州其穀宜稻麥河東曰兗州其穀宜四種正西曰雍州其穀宜黍稷東北曰幽州其穀宜三種河內曰冀州其穀宜黍稷正北曰并州其穀宜五種 周官夏官職方氏

五種黍稷菽麥稻四種黍稷稻麥三種黍稷稻 周禮注

稻稌也 許氏說

稻一名稌然有粘有不粘今人以粘爲稬不粘爲秔 爾雅

翼

禹令益予衆庶稻可種卑濕 史記夏本紀

稻人掌稼下地 周官地官

以下田種稻麥故云稼下地 周禮疏

季秋之月天子乃以犬嘗稻先薦寢廟 禮記月令

黍者暑也待暑而生暑後乃成也 種植書

黍有數種其苗亦不似蘆雖似粟而非粟也 唐本草

秬黑黍也秠一稃二米也穈赤苗也芑白苗也 詩傳

仲夏之月農乃登黍是月也天子乃以雛嘗黍羞以含桃先薦寢廟 禮記月令

稷與黍一類二種也粘者爲黍不粘者爲稷稷黍之苗似粟而低小有毛結子成枝而殊散其粒似粟而光滑三月下種五六月可收亦有七八月收者其色有赤白黃黑數種黑者禾稍高今俗通呼爲黍子不復呼稷矣 本草綱目

粱即粟也考之周禮九穀六穀之名有粱無粟自漢以後始以大而毛長者爲粱細而毛短者爲粟今則通呼爲粟而粱之名反隱矣 同上

秫即粱米粟米之粘者有赤白黃三色圖經謂秫爲黍之

秠者說文謂秫爲稷之粘者古今注謂秫爲稻之粘者皆誤也惟蘇恭以粟秫分秈糯孫炎注爾雅謂秫爲粘粟者得之同上

麥芒穀許氏說文

麰麥大麥也孟子注

麳小麥麰大麥也廣雅

孟夏之月農乃登麥天子乃以彘嘗麥先薦寢廟禮記月令

仲秋之月乃勸種麥毋或失時其有失時行罪無疑同上

麥者接絶續乏之穀尤重之禮記注

菽衆豆之總名物理論

菽大豆公羊傳解詁

戎菽謂之荏菽爾雅

稗禾別也許氏說文

稗有二種一種黃白色一種紫黑色紫黑者似芑有毛北人呼爲烏禾本草拾遺

稊似稗布地生穢草爾雅注○稊今文作稊通作荑

稊苗似稗而穗如粟有紫毛即烏禾也爾雅謂之荑本草綱目

莠草似稷而無實國語解

莠之莖葉似苗孟子注

穀之始生曰苗吐華曰秀成穀曰實論語集注

木謂之華草謂之榮不榮而實者謂之秀榮而不實者謂之英爾雅

此亦對文爾其實黍稷皆先榮後實詩小雅出車云黍稷方華是嘉穀之秀必有榮也爾雅疏

種之曰稼斂之曰穡尚書正義

粟粱稻之屬也米六米之等禮記正義

古者以粟爲黍稷粱秫之總稱而今之粟在古但呼爲粱本草綱目

杵　精　疏

杵舂杵也 許氏說文

斷木爲杵掘地爲臼臼杵之利萬民以濟蓋取諸小過 周易繫辭下傳

暢臼以椈杵以梧 禮記雜記上

臼杵所以擣鬱也 禮記注

或舂或揄或簸或蹂 詩大雅

舂擣粟也黃帝臣雍父作臼 許氏說文

揄抒臼也或簸糠者或蹂黍者 詩傳

蹂之言潤也舂而抒出之簸之又潤溼之將復舂之趣於鑿也 詩箋

粢食不鑿昭其儉也 春秋左氏傳

精鑿也 論語集註

疏麤也謂糲米也米之率糲十粺九鑿八侍御七 詩箋召旻

粟率五十糲米三十粺二十七鑿二十四御二十一 九章算術

粢盛　瑚璉

黍稷曰粢在器曰盛 春秋經傳集解

舍人以歲時縣穜稑之種以共王后之春獻種 周禮地官

內宰詔王后帥六宮之人而生穜稑之種而獻之於王 周禮天官

孟春擇元辰天子親載耒耜措之于參保介之御閒帥三公九卿諸侯大夫躬耕帝籍天子三推三公五推卿諸侯九推反執爵于太寢三公九卿諸侯大夫皆御命曰勞酒 禮記月令

甸師掌帥其屬而耕耨王藉以時入之以共齍盛 周禮天官

是故昔者天子爲藉千畝冕而朱紘躬秉耒諸侯爲藉百畝冕而青紘躬秉耒以事天地山川社稷先古以爲醴酪粢盛於是乎取之敬之至也 禮記祭義

是故天子親耕於南郊以共齊盛諸侯耕於東郊亦以共齊盛 禮記祭統

古者太史順時覛土陽癉憤盈土氣震發農祥晨正日月底於天廟土乃脈發先時九日太史告稷曰自今至於初

吉陽氣俱烝土膏其動弗震弗渝脉其滿告穀乃不殖稷以告王曰史帥陽官以命我司事曰距今九日土其俱動王其祇祓監農不易王乃使司徒咸戒公卿百吏庶民司空除壇于藉命農大夫咸戒農用先時五日瞽告有協風至王即齊宮百官御事各即其齊三日王乃淳濯饗醴及期鬱人薦鬯犧人薦醴王祼鬯饗醴乃行百吏庶民畢從及藉后稷監之膳夫農正陳藉禮太史贊王王敬從之王耕一墢班三之庶人終於千畝其后稷省功大史監之司徒省民太師監之畢宰夫陳饗膳宰監之膳夫贊王王歆

大牢班嘗之庶人終食是日也瞽帥音官以省風土廩于藉東南鍾而藏之而時布之于農稷則徧戒百姓紀農協功曰陰陽分布震雷出滯土不備墾辟在司寇乃命其旅曰徇農師一之農正再之后稷三之司空四之司徒五之大保六之大師七之大史八之宗伯九之王則大徇耨穫亦如之民用莫不震動恪恭於農修其疆畔日服其鎛不解於時財用不乏民用和同 國語

季秋之月乃命冢宰農事備收舉五穀之要藏帝藉之收於神倉祇敬必飭 禮記月令

御粟而納之三宮三宮米而藏之御廩 春秋公羊傳○桓公十四年

魯祭周公何以為盛周公盛魯公燾羣公廩 同上○文公十三年

天子八簋 詩毛傳

云八簋者據待族人設食之禮 詩正義

方曰簠圓曰簋盛黍稷稻粱器 周禮注○地官舍人

簠稻粱器也簋黍稷器也 同上○秋官掌客

有虞氏之兩敦夏后氏之四璉殷之六瑚周之八簋 禮記

明堂位

凡諸侯之禮上公簠十鼎簋十有二侯伯簠八鼎簋十有二子男簠六鼎簋十有二 周禮秋官掌客

公十簠堂上六西夾東夾各二也侯伯八簠堂上四西夾東夾各二子男六簠堂上二西夾東夾各二合言鼎簋者牲與黍稷俱食之主也 周禮注

聘禮堂上八豆八簋繼之黍其南稷錯兩簠繼之粱在北西夾六豆六簋繼之黍其東稷錯饌于東方亦如之 儀禮

公食大夫禮宰夫設黍稷六簋于俎西二以並東北上黍

當牛俎其西稷錯以終同上
諸侯朔月四簋禮記玉藻
飯黍稷稻粱白黍黃粱稰穛禮記內則
子卯稷食禮記玉藻
少牢饋食禮主婦自東房執一金敦黍有蓋坐設于羊俎之南婦贊者執敦稷以授主婦主婦興受坐設于魚俎南又興受贊者敦黍坐設于稷南又興受贊者敦稷坐設于黍南敦皆南首主婦興入于房儀禮
特牲饋食禮盛兩敦陳于西堂同上

筲
筲竹器容斗二升論語注
筲三黍稷麥儀禮既夕禮
筲畚種類也其容蓋與簋同一穀也儀禮注
豆實三而成觳考工記
菅筲三其實皆瀹儀禮既夕禮
筲以菅草為之儀禮疏
米麥皆湛之湯未知神之所享不用食道所以為敬儀禮注

簞

簞、笥也。古論語訓

盛飯食者，圓曰簞，方曰笥。禮記注

簞圓笥方，俱是竹器，亦以葦爲之。禮記正義

食音寺

食，飯屬也。禮記注○曲禮上

食饐謂之餲，摶者謂之糷，米者謂之檗。爾雅釋器

饐，飯傷熱濕也。字林

餲，飯饖臭。爾雅注

毋摶飯。毋揚飯。禮記曲禮上

飯 扶晚切　亞飯三飯四飯　饔飧　放飯

飯餐飯也 玉篇

或言食或言飯食大名小數曰飯 儀禮注

王者所以日食者何明有四方之物食四時之功也平旦食少陽之始也晝食太陽之始也餔食少陰之始也暮食太陰之始也諸侯三飯卿大夫再飯尊卑之差也 白虎通義

饔飧熟食也朝曰饔夕曰飧 孟子注

禮飯以手 禮記注

飯黍毋以箸 禮記曲禮上

少牢饋食禮廩人摡甑甗匕與敦于廩爨 儀禮

匕所以匕黍稷者也 儀禮注

共飯不澤手 禮記曲禮上

毋放飯 同上

燕侍食於君子毋放飯小飯而亟之數噍毋爲口容 禮記少儀

放飯大飯也 儀禮經傳集解

亟疾也備噦噫若見閒也 禮記注

小飯謂小口而飯亟謂疾速而咽小飯備噦噫速咽之備見問也 禮記正義

饇

飽厭也。許氏說文

饇飽也。足也。玉篇

天子一食。諸侯再。大夫士三。食力無數。禮記禮器

一食再食三食。謂告飽也。禮記注

特牲饋食禮。尸三飯。告飽。祝侑。主人拜。尸又三飯。告飽。祝侑之如初。尸又三飯。告飽。祝侑之如初。儀禮

不復飯者。三三者。士之禮大成也。儀禮注

少牢饋食禮。食舉。三飯。上佐食舉尸牢幹。尸又食。食胾。上佐食舉尸一魚。又食。上佐食舉尸腊肩。又食。上佐食舉尸牢骼。如初。又食。尸告飽。祝西面于主人之南。獨侑不拜。侑曰。皇尸未實。侑。尸又食。上佐食舉尸牢肩。尸不飯。告飽。祝西面于主人之南。主人不言。拜侑。尸又三飯。儀禮

爲祝一飯。爲主人三飯。尊卑之差。凡十一飯。下人君也。儀禮注

士九飯。大夫十一飯。其餘有十三飯。十五飯。儀禮注。有司徹

士三飯。卽告飽而侑。大夫七飯。告飽而侑。諸侯九飯。告飽而侑。天子十一飯而侑也。儀禮疏。少牢饋食禮

禮有以多爲貴。故特牲士祭尸九飯。少牢大夫祭尸十一飯。有以少爲貴。故禮器天子一食。諸侯再。大夫士三。蓋一食卽一飯也。士九飯。大夫十一飯。則皆以三飯而又加者也。正飯致其隆。故貴多。加飯嫌於瀆。故貴少。此飯禮所以不同也。賈疏

一告謂之一飯。士三飯卽告飽而侑。大夫七飯告飽而侑。諸侯九飯而侑。天子十一飯而侑。飯必告飽。而告飽必侑。侑禮有拜以致其敬。有辭以道其勤。有樂以樂其心。然特牲三飯告飽而侑。則九飯三侑。飯寡而侑多。

少牢七飯告飽而侑。則十一飯再侑。飯多而侑寡者。蓋禮殺者儀殽。故告飽速而侑多。禮隆者儀紆。故告飽遲而侑少。此侑禮所以不同也。陳氏禮書

糧 餱 糗

行道曰糧謂糒也止居曰食謂米也周禮注○廩人

適莽蒼者三餐而反腹猶果然適百里者宿舂糧適千里者三月聚糧莊子逍遥遊篇

餱乾飯也許氏說文

民之失德乾餱以愆詩小雅

犧牲 元牲 騂 芻豢 角

牛羊豕爲牲繫養者曰牢熟曰饔腥曰餼生曰牽詩箋○瓠葉

犧純毛也禮記注

凡牲一爲特二爲牢國語注

羊豕曰少牢三牲具爲太牢非一牲即得牢稱一牲即不得牢名儀禮疏

天子以犧牛諸侯以肥牛大夫以索牛士以羊豕禮記曲禮下

大夫以索牛士以羊豕者天子大夫士也禮記正義

天子舉以太牢祀以會諸侯舉以特牛祀以太牢卿舉以少牢祀以特牛大夫舉以特牲祀以少牢士食魚炙祀以特牲庶人食菜祀以魚國語

天子社稷皆大牢諸侯社稷皆少牢大夫士宗廟之祭有田則祭無田則薦庶人春薦韭夏薦麥秋薦黍冬薦稻韭以卵麥以魚黍以豚稻以鴈禮記王制

國君有牛享大夫有羊饋士有豚犬之奠庶人有魚炙之薦籩豆脯醢則上下共之不羞珍異不陳庶侈國語

夏后氏尚黑牲用元殷人尚白牲用白周人尚赤牲用騂禮記檀弓上

魯祭周公何以為牲周公用白牲魯公用騂犅羣公不毛春秋公羊傳。文公十三年

凡陽祀用騂牲毛之陰祀用黝牲毛之望祀各以其方之色牲毛之凡時祀之牲必用牷物凡外祭毀事用尨可也周禮地官牧人

陽祀祭天於南郊及宗廟陰祀祭地北郊及社稷也望祀五嶽四鎮四瀆也時祀謂山川以下至四方百物四時所

常祀外祭謂表貉及王行所過山川用事者周禮注

毀謂副辜候禳毀除殃咎之屬周官注

小宗伯之職毛六牲辨其名物而頒之于五官使共奉之周官春官

司徒主牛宗伯主雞司馬主馬及羊司寇主犬司空主豕周官解詁

孟春之月乃修祭典命祀山林川澤犧牲毋用牝仲春之月祀不用犧牲用圭璧更皮幣季春之月乃合累牛騰馬遊牝于牧犧牲駒犢舉書其數禮記月令

季夏之月命四監大合百縣之秩芻以養犧牲令民無不咸出其力以共皇天上帝名山大川四方之神以祠宗廟社稷之靈以為民祈福同上

仲秋之月乃命宰祝循行犧牲視全具案芻豢瞻肥瘠察物色必比類量大小視長短皆中度五者備當上帝其饗同上

養牛羊曰芻犬豕曰豢禮記注

草食曰芻穀食曰豢國語解

季秋之月大饗帝嘗犧牲告備於天子禮記月令

季冬之月乃命大史次諸侯之列賦之犧牲以共皇天上帝社稷之饗乃命同姓之邦共寢廟之芻豢命宰歷卿大夫至于庶民土田之數而賦犧牲以共山林名川之祀凡在天下九州之民者無不咸獻其力以共皇天上帝社稷寢廟山林名川之祀同上

充人掌繫祭祀之牲牷祀五帝則繫于牢芻之三月享先王亦如之凡散祭祀之牲繫于國門使養之周官地官

帝牲在于滌三月於稷者唯具是視春秋公羊傳。宣公三年

滌宫名、養帝牲三牢之處也、謂之滌者、取其蕩滌絜清、三牢者各主一月、取三月一時、足以充其天牲 公羊傳解詁

遠不過三月、近不過浹日 國語

帝牛不吉、以爲稷牛、帝牛必在滌三月、稷牛唯具、所以別事天神與人鬼也 禮記郊特牲

郊特牲而社稷太牢、天子適諸侯、諸侯膳用犢、諸侯適天子、天子賜之禮太牢、貴誠之義也、故天子牲孕弗食也、祭帝弗用也 同上

祭天地之牛角繭栗、宗廟之牛角握、賓客之牛角尺 禮記王制

郊禘不過繭栗、烝嘗不過把握 國語

古者天子諸侯必有養獸之官、及歲時齊戒沐浴而躬朝之、犧牲祭牲必於是取之、敬之至也、君召牛納而視之、擇其毛而卜之、吉然後養之、君皮弁素積、朔月月半君巡牲、所以致力孝之至也 禮記祭義

是故君子太牢而祭謂之禮、匹士太牢而祭謂之攘 禮記禮器

刲亨牛刀

刲裂也 爾雅釋言

刲謂以刀裂之也 爾雅疏

禘郊之事則有全烝、王公立飫則有房烝、親戚宴饗則有殽烝 國語

全烝全其牲體而升之也、凡禘郊皆血腥也、禮之立成者爲飫、房大俎也、謂半解其體升之房也、殽烝升體解節折之俎、謂之折俎也 國語解

王享有體薦、宴有折俎 春秋左氏傳

享則半解其體而薦之、所以示其儉、體解節折升之於俎、所以示慈惠也 春秋經傳集解

全烝豚解也、房烝體解也、殽烝骨折也、士喪禮、特豚四鬄、去蹄、兩胉、脊、葬奠羊左胖亦如之、四鬄者殊左右肩髀而爲四、又兩胉一脊而爲七、此所謂豚解也、若夫吉祭則天子有豚解體解、禮運曰、腥其俎、孰其殽、腥其俎謂豚解而腥之、爲七體、孰其殽謂體解而孰之、爲二十一體、大夫士有體解無豚解、以其無朝踐獻腥之禮故也 陳氏禮書

豚解、解前後脛脊脅而已、孰乃體解升於鼎也 儀禮注

二十一體則折脊爲三曰正脊曰脡脊曰横脊兩胉各三曰代脅曰長脅曰短脅凡六兩肱各三曰肩曰臂曰臑凡六兩股各三曰髀曰肫曰胳凡六通爲二十一體凡牲與腊方解割時皆是如此但腊則兩髀以賤而不列於正俎

并儀禮經傳通解

内饔掌王及后世子膳羞之割亨煎和之事辨體名肉物辨百品味之物王舉則陳其鼎俎以牲體實之選百羞醬物珍物以俟饋共后及世子之膳羞辨腥臊羶香之不可食者牛夜鳴則庮羊泠色而毳羶犬赤股而躁臊鳥皫色

而沙鳴貍豕盲眡而交睫腥馬黑脊而般臂螻凡宗廟之祭祀掌割亨之事凡燕飲食亦如之凡掌共羞脩刑膴胖骨鱐以待共膳凡王之好賜肉脩則饔人共之 周官天官

割肆解肉也亨煮也煎和齊以五味體名脊脅肩臂臑之屬肉物胾燔之屬百品味庶羞之屬言百舉成數取於鑊以實鼎取於鼎以實俎實鼎曰脅實俎曰載羞庶羞也脩鍛脯也刑鉶羹也膴牒肉大臠所以祭者胖如脯而腥者骨牲體也鱐乾魚 周禮注

外饔掌外祭祀之割亨共其脯脩刑膴陳其鼎俎實之牲體魚腊凡賓客之飧饔饗食之事亦如之邦饗耆老孤子則掌其割亨之事饗士庶子亦如之師役則掌共其獻賜脯肉之事凡小喪紀陳其鼎俎而實之 周官天官

腊人掌乾肉凡田獸之脯腊膴胖之事凡祭祀共豆脯薦脯膴胖凡腊物賓客喪紀共其脯腊凡乾肉之事 同上

大物解肆乾之謂之乾肉若今凉州烏翅矣薄析曰脯棰之而施薑桂曰鍛脩腊小物全乾脯非豆實豆當爲羞聲之誤也 周禮注

庖丁爲文惠君解牛手之所觸肩之所倚足之所履膝之

所踦砉然嚮然奏刀騞然莫不中音合於桑林之舞乃中經首之會文惠君曰譆善哉技蓋至此乎庖丁釋刀對曰臣之所好者道也進乎技矣始臣之解牛之時所見無非牛者三年之後未嘗見全牛也方今之時臣以神遇而不以目視官知止而神欲行依乎天理批大郤導大窾因其固然技經肯綮之未嘗而況大軱乎良庖歲更刀割也族庖月更刀折也今臣之刀十九年矣所解數千牛矣而刀刃若新發於硎彼節者有間而刀刃者無厚以無厚入有間恢恢乎其於遊刃必有餘地矣是以十九年而刀刃若

新發於硎。雖然，每至於族，吾見其難爲，怵然爲戒，視爲止，行爲遲，動刀甚微，謋然已解，如土委地，提刀而立，爲之四顧，爲之躊躇滿志，善刀而藏之。文惠君曰：善哉。莊子養生主

鼎　五鼎　三鼎

鼎，三足兩耳，和五味之寶器也。許氏說文

鼎絕大謂之鼐，圜弇上謂之鼒，附耳外謂之釴，款足者謂之鬲。爾雅釋器

王日一舉，鼎十有二，物皆有俎。周禮天官膳夫

殺牲盛饌曰舉，鼎十有二，牢鼎九，陪鼎三。周禮注

聘禮宰夫朝服設飱，飪一牢在西，鼎九，羞鼎三。儀禮

饔，飪一牢，鼎九，設于西階前，陪鼎當內廉，東面北上，上當碑，南陳，牛羊豕魚腊腸胃同鼎，膚鮮魚鮮腊，設扃鼏，膷臐膮，蓋陪牛羊豕。同上

少牢饋食禮：雍人陳鼎五，三鼎在羊鑊之西，二鼎在豕鑊之西。司馬升羊右胖，髀不升，肩臂臑膊骼，正脊一，脡脊一，橫脊一，短脅一，正脅一，代脅一，皆二骨以並，腸三，胃三，舉肺一，祭肺三，實于一鼎。司士升豕右胖，髀不升，肩臂臑膊骼，正脊一，脡脊一，橫脊一，短脅一，正脅一，代脅一，皆二骨以並，舉肺一，祭肺三，實于一鼎。雍人倫膚九，實于一鼎。司士又升魚腊，魚十有五而鼎，腊一純而鼎，腊用麋。儀禮

特牲饋食禮：主人在右，及佐食舉牲鼎，賓長在右，及執事

舉魚腊鼎。同上

少牢饋食禮。魚用鮒。腊用麋。士腊用兎。儀禮

禮士祭三鼎。大夫祭五鼎。孟子章句

俎

俎。所以載牲體也。詩集傳

俎。有虞氏以梡。夏后氏以嶡。殷以椇。周以房俎。禮記明堂位

内饔。王舉。則陳其鼎俎。以牲體實之。周禮天官

取於鑊以實鼎。取於鼎以實俎。實鼎曰脀。實俎曰載。周禮注

王日一舉。鼎十有二。物皆有俎。周禮天官膳夫

鼎十有二。牢鼎九。陪鼎三。物謂牢鼎之實。亦九俎。周禮注

牢鼎各一俎。陪鼎之實。即庶羞在豆者。別無俎也。周禮疏

公食大夫禮。士設俎于豆南西上。牛羊豕魚在牛南。腊腸胃亞之。膚以爲特。儀禮

上大夫九俎。魚腊皆二俎。同上

諸侯朝服以食。特牲三俎。朔月少牢五俎。禮記玉藻

三俎。豕魚腊。五俎。加羊與其腸胃也。禮記注

少牢饋食禮。佐食二人上利升羊。載右胖。髀不升。肩臂臑膊骼。正脊一。脡脊一。横脊一。短脅一。正脅一。代脅一。皆二骨以並。腸三。胃三。皆及俎拒。舉肺一。長終肺。祭肺三。皆切

肩臂臑膊胳在兩端。脊脅肺肩在上。下利升豕。其載如羊。無腸胃。體其載于俎。皆進下。司士三人升魚腊膚。魚用鮒十有五而俎。縮載右首。進腴。腊一純而俎。亦進下。肩在上。膚九而俎。亦橫載。革順。儀禮

特牲饋食禮。俎人設于豆東。魚次。腊特於俎北。同上

膾

膾、細切肉也、許氏說文

牛與羊魚之腥。聶而切之為膾。麋鹿為菹。野豕為軒。皆聶而不切。麕為辟雞。兔為宛脾。皆聶而切之。切葱若薤。實之醯以柔之。禮記少儀

聶之言牒也、先藿葉切之、復報切之、則成膾。禮記注

肉腥。細者為膾。大者為軒。或曰麋鹿魚為菹。麕為辟雞。野豕為軒。兔為宛脾。切葱若薤。實諸醯以柔之。禮記內則

麋鹿田豕麕。皆有軒。同上

炙

炙炮肉也許氏說文

炙貫之火上禮記注

凡炙無醬儀禮公食大夫禮

無嘬炙禮記曲禮上

嘬炙謂其貪食甚也嘬謂一舉盡臠特牲少牢嚌之加於俎禮記注

火灼曰炙炙肉濡若食炙先當以齒嚌而反置俎上不一舉而併食併食之曰嘬是貪食也禮記正義

膾炙皆在豆禮記注

醬

醬醢也許氏說文

七醢醓蠃蠯蚳魚兔鴈也周禮注。醓吐感反蠃力禾反蠯蒲皆反

醓肉汁也蠃螔蝓同上

蠯蛤也周官解詁

蚳蛾子周禮注

作醢及臡者必先膊乾其肉乃後莝之雜以粱麴及鹽漬以美酒塗置瓶中百日則成矣同上。臡乃兮反

有骨為臡無骨為醢周官解詁

三臡亦醢也周禮注

三臡麋鹿麇也同上

朝事之豆其實韭菹醓醢昌本麋臡菁菹鹿臡茆菹麇臡饋食之豆其實葵菹蠃醢脾析蠯醢蜃蚳醢豚拍魚醢加豆之實芹菹兔醢深蒲醓醢箈菹鴈醢筍菹魚醢周禮天官醢人。菹莊魚反蜃市軫反拍音博箈音迨

切之四寸為菹周禮注

菁蔓菁也茆鳧葵也芹楚葵箈箭萌筍竹萌同上

不言菹者，皆是齏，昌本之類是也。周禮疏
昌本，昌蒲根。周禮注
脾析，牛百葉也。周官解詁
鄭大夫、杜子春皆以拍爲膊，謂脅也。或曰豚拍，肩也。深蒲，蒲始生水中子。周禮注
凡醯醢所和，細切爲齏，全物若䐑爲菹。同上
恒豆之菹，水草之和氣也；其醢，陸產之物也。加豆，陸產也；其醢，水物也。禮記郊特牲
凡醯菹皆以氣味相成。周禮注

水草之菹，陸產之醢，小物備矣。禮記祭統
王舉則共醢六十罋，以五齊、七醢、七菹、三臡實之。賓客之禮，共醢五十罋。凡事共醢。周禮天官醢人。齊當爲齏
濡豚，包苦實蓼；濡雞，醢醬實蓼；濡魚，卵醬實蓼；濡鼈，醢醬實蓼。禮記內則。卵讀爲鯤
凡濡，謂亨之以汁和也。禮記注
此醢之與醬，皆和調濡漬雞豚之屬，爲他物而設之。禮記正義
腶脩，蚳醢；脯羹，兔醢；麋膚，魚醢；魚膾，芥醬；麋腥，醢醬。禮記內則
此醢及醬，各自爲物，但相配而食。禮記正義

醯

醯、酸也、許氏說文

醯人掌共五齊七菹。凡醯物。以共祭祀之齊菹。凡醯醬之物。賓客亦如之。王舉則共齊菹醯物六十甕。共后及世子之醬齊菹。賓客之禮共醯五十甕。凡事共醯。周禮天官

凡醯醬所和細切爲齏。全物若牒爲菹。周禮注

鹽

鹽、鹹也。古者宿沙初作煮海鹽。許氏說文

海岱惟青州。厥貢鹽絺。尚書禹貢

東北曰幽州。其利魚鹽。周禮夏官職方氏

燕有魚鹽棗栗之饒。史記貨殖傳

山東食海鹽、山西食鹽鹵、嶺南沙北固往往出鹽。同上

鹽人掌鹽之政令。以共百事之鹽。祭祀共其苦鹽散鹽。賓客共其形鹽散鹽。王之膳羞共飴鹽。后及世子亦如之。凡齊事鬻鹽以待戒令。周禮天官 ○苦音盬

盬鹽引池而化。山海經鹽販之澤、穆天子傳至于鹽。夏、郇瑕氏之地、而猗頓用是起者也。散鹽煮水而成。夏書青州之貢、職方幽州之利、齊之渠展、燕之遼東、而宿沙初作者也。形鹽掘地以出之。周公閱所云鹽虎形也。飴鹽於戎以取之。伊尹所云和之美者大夏之鹽也。後周四鹽之政倣此。困學紀聞

太公以齊地負海舄鹵。少五穀。而人民寡。迺勸以女工之業。通魚鹽之利。而人物輻湊。漢書地理志

桓公既得管仲。修齊國設輕重魚鹽之利。史記齊世家

管子曰齊有渠展之鹽請君伐菹薪煮水爲鹽正而積之十月始征至于正月成三萬鍾下令曰孟春旣至農事且起大夫無得繕冢墓理宮室立臺榭築牆垣北海之衆無得聚庸而煮鹽此則坐長十倍以令糶之梁趙宋衛濮陽彼盡饋食之國無鹽則腫守圉之國用鹽獨甚桓公乃使糶之得成金萬斤管子海王篇

豆

木豆謂之豆爾雅釋器

夏后氏以揭豆殷玉豆周獻豆禮記明堂位

凡饌以豆爲本儀禮注聘禮

豆菹醢器也周禮注

醢人掌四豆之實朝事之豆其實韭菹醓醢昌本麋臡菁菹鹿臡茆菹麇臡饋食之豆其實葵菹蠃醢脾析蠯醢蜃蚳醢豚拍魚醢加豆之實芹菹兔醢深蒲醓醢箈菹鴈醢筍菹魚醢羞豆之實酏食糝食周禮天官

天子之豆二十有六諸侯十有六諸侯十有二上大夫八下大夫六禮記禮器

豆之數謂天子朔食諸侯相食及食大夫禮記注

凡諸侯之禮上公豆四十侯伯豆三十有二子男豆二十有四周禮秋官掌客

公堂上十六西夾東夾各十二侯伯堂上十二西夾東夾各十子男堂上十二西夾東夾各六周禮注禮記注同

聘禮堂上八豆設于戶西西陳皆二以並東上韭菹其南醓醢屈西夾六豆設于西墉下北上韭菹其東醓醢屈饌

于東方亦如之。西北上。儀禮
公食大夫禮宰夫自東房薦豆六。設于醬東。西上。韭菹以東醓醢昌本。昌本南麋臡。以西菁菹鹿臡。同上
凡王之饋羞用百有二十品。周禮天官膳夫
羞出于牲及禽獸以備滋味謂之庶羞。周禮注
牛脩鹿脯田豕脯麋脯麕脯麋鹿田豕麕皆有軒。雉兎皆有芼。爵鷃蜩范芝栭蔆椇棗栗榛柹瓜桃李梅杏楂梨薑桂。禮記內則
自牛脩至此三十一物皆人君燕食所加庶羞也。周禮天

子羞用百有二十品。記者不能次錄。禮記注
凡諸侯之禮上公食四十侯伯食三十有二子男食二十有四。周禮秋官掌客
食者其庶羞美可食者也。周禮注
禮有正羞庶羞故公食大夫禮設韭菹醓醢六豆設于醬東是正羞也將食士羞庶羞設于稻南膷臐膮牛炙之等十六豆謂之庶羞。又掌客云公豆四十又云食四十則豆盛正羞食謂庶羞也。故鄭注掌客云食者其庶羞美可食者也。是庶羞與正羞別。禮記正義

上大夫庶羞二十。加於下大夫以雉兎鶉鴽。儀禮公食大夫禮
上大夫庶羞。酒飲醬飲庶羞可也同上
膳膷臐膮牛炙醢牛胾醢牛膾羊炙羊胾醢豕炙醢豕胾芥醬魚膾雉兎鶉鷃。禮記內則
此上大夫之禮庶羞二十豆也。禮記注
公食大夫禮士羞庶羞皆有大蓋執豆如宰。由門入升自西階旁四列。西北上。膷以東臐膮牛炙。炙南醢以西牛胾醢牛鮨鮨南羊炙以東羊胾醢豕炙炙南醢以西豕胾芥

醬魚膾。儀禮
醢以豆豆宜濡物也。儀禮注

羹

羹五味和羹也許氏說文

肉謂之羹爾雅釋器

羹大羹鉶羹也詩毛傳

大羹不和貴其質也禮記郊特牲

公食大夫禮大羹湆不和實于鐙宰右執鐙左執蓋由門入升自阼階盡階不升堂授公以蓋降出入反位公設之于醬西賓辭坐遷之儀禮○今文湆爲汁

大羹湆煮肉汁也不和無鹽菜貴其質瓦豆謂之鐙儀禮注

鉶菜和羹之器同上

凡諸侯之禮上公鉶四十有二宜爲三十八侯伯鉶二十有八子男鉶十有八周禮秋官掌客

公鉶堂上十八西夾東夾各十侯伯堂上十二西夾東夾各六子男堂上十西夾東夾各四周禮注

聘禮堂上八豆六鉶繼之牛以西羊豕豕南牛以東羊豕西夾六豆四鉶繼之牛以南羊羊東豕豕以北牛饌于東方亦如之儀禮

公食大夫禮宰夫設鉶四於豆西東上牛以西羊羊南豕豕以東牛同上

鉶芼牛藿羊苦豕薇皆有滑同上

鉶芼用苦若薇有滑夏用葵冬用荁有柶儀禮士虞禮

堇荁枌榆兔薨滫瀡以滑之禮記內則

食蝸醢而苽食雉羹麥食脯羹雞羹折稌犬羹兔羹和糝不蓼同上

雉兔皆有芼同上

鶉羹雞羹鴽釀之蓼同上

毋嚃羹毋絮羹客絮羹主人辭不能亨禮記曲禮上

嚃爲不嚼菜絮猶調也禮記注

羹之有菜者用梜其無菜者不用梜禮記曲禮上

歠

歠、飲也。許氏說文

毋流歠。禮記曲禮上

流歠、大歠、嫌欲疾。禮記注

開口大歠、汁入口如水流、則欲多而速、是傷廉也。禮記正義

食言放、羹言流、皆貪肆飲食而無容也。芸閣禮記解

羹之有菜者用梜、其無菜者不用梜。禮記曲禮上

無菜者謂大羹湆也、直歠之而已。其有肉調者犬羹兎羹之屬、或當用匕也。禮記正義

毋嚃羹。禮記曲禮上

亦嫌欲疾也。嚃為不嚼菜。禮記注

羹有菜者用梜、故不得歠、當梜嚼也。若不嚼菜、含而歠吞之、其欲速而多、又有聲、不敬、傷廉也。禮記正義

籩脯 齒決

籩、竹器如豆者、其容實皆四升。周禮注

竹豆謂之籩。爾雅釋器

籩人掌四籩之實。朝事之籩、其實麷、蕡、白、黑、形鹽、膴、鮑魚、鱐。周禮天官

熬麥曰麷、麻曰蕡、稻曰白、黍曰黑。築鹽以為虎形、謂之形鹽。周官解詁

膴、牒生魚為大臠、鮑者於楅室中糗乾之、出於江淮也。鱐者析乾之、出東海。王者備物、近者腥之、遠者乾之、因其宜也。周禮注

饋食之籩、其實棗、栗、桃、乾𧀇、榛實。周禮天官

乾𧀇、乾梅也。有桃諸、梅諸、是其乾者。周禮注

既有濕桃、乾梅、明別有乾桃、濕梅、則籩中亦宜有乾濕。周禮疏

加豆之實、蔆、芡、栗、脯、蔆、芡、栗、脯。周禮天官

重言之者、以四物為八籩。周禮注

生肉為膾、乾肉為脯。漢書東方朔傳

濡肉齒決、乾肉不齒決。禮記曲禮上

乾肉脯屬也。堅肕不可齒決斷之。故須用手擘而食之。禮記正義

脯用籩。籩宜乾物也。儀禮注

羞籩之實。糗餌粉餈。周禮天官

合蒸曰餌。餅之曰餈。周禮注

羞糗餌粉酏禮記內則

薑

薑禦濕之菜。許氏說文

璇星散而爲薑。春秋運斗樞

和之美者。楊樸之薑。呂氏春秋

齊禁葷物。薑辛而不臭。故不去。古論語訓

曾子曰。喪有疾。食肉飲酒。必有草木之滋焉。以爲薑桂之謂也。禮記檀弓上

匏瓜瓢

匏謂之瓠、詩毛傳

匏葉少時可爲羮、又可淹煑、極美、故詩曰幡幡匏葉、采之亨之、今河南及揚州人恒食之、八月中堅强不可食詩草木鳥獸蟲魚疏

凡蓏屬皆得稱瓜。故曰匏瓜。後世以長如越瓜首尾如一者爲瓠、瓠之一頭有腹長柄者爲懸瓠、無柄而圓大形扁者爲匏、匏之有短柄大腹者爲壺、壺之細腰者爲蒲盧、懸瓠、今人所謂茶酒瓢者是也、蒲盧、今之藥壺盧是也、廣志

謂之約腹壺、以其腹有約束也、瓢中之子齒列而長謂之瓠犀、竊謂壺匏之屬、既可烹晒、又可爲器、大者可爲甕盎、小者可爲瓢樽、爲要舟、可以浮水、爲笙可以奏樂、膚瓤可以養豕、犀瓣可以澆燭、其利溥矣本草綱目

南有樛木、甘瓠纍之。詩小雅

七月食瓜、八月斷壺。詩豳風

壺、瓠也、詩傳

惠子謂莊子曰、魏王貽我大瓠之種。我樹之成而實五石。以盛水漿。其堅不能自舉也。剖之以爲瓢。則瓠落無所容。非不呺然大也。吾爲其無用而掊之。莊子曰、夫子固拙於用大矣。有五石之瓠。何不慮以爲大樽。而浮於江湖。而憂其瓠落無所容。則夫子猶有蓬之心也夫莊子逍遥遊

瓢、瓠也、廣韻

瓢、謂瓠蠡也、周官注

以一瓠分爲兩瓢謂之巹。禮記正義

昏禮、尊于房戸之東。無元酒。篚在南。實四爵合巹。儀禮

合巹、破匏也。儀禮注

共牢而食。合巹而酳。所以合體同尊卑以親之也。儀禮昏義

酌之用匏。詩大雅

酌之用匏、儉以質也。詩傳

器用陶匏。以象天地之性也。禮記郊特牲

器用陶匏。尚禮然也。三王作牢用陶匏。同上

夫苦匏不材於人。共濟而已。國語

匏有苦葉。濟有深涉。詩邶風

中流失船。一壺千金。鶡冠子

壺、瓠也、佩之可以濟涉。南人謂之腰舟。鶡冠子注

祭

祭祭先也君子有事不忘本也禮記注○曲禮下
祭者君子不忘本有德必酬之故得食則種種出少許置
在豆間之地以報先代造食之人也禮記正義
凡祭于脯醢之豆間必所爲祭者謙敬示有所先也儀禮
注○士昏禮
凡差有俎者則於俎內祭禮記少儀
俎於人爲横不得祭於間也禮記注
其有折俎者取祭反之不坐燔亦如之尸則坐禮記少儀

大祝辨九祭周禮春官
九祭皆謂祭食者周禮注
生人將食先以少許祭先造食者故謂之祭食周禮疏
一曰命祭周禮春官
若賜之食而君客之則命之祭然後祭禮記玉藻
士虞禮祝命佐食墮祭儀禮○墮周禮作隋禮記作綏
特牲饋食禮尸卽席坐祝命挼祭同上○挼音墮
尸墮祭猶生者之飮食必祭也陳氏禮書
二曰衍祭周禮春官○衍當爲延

客若降等執食興辭主人興辭於客然後客坐主人延客
祭禮記曲禮上
三曰炮祭周禮春官○炮當爲包
包猶兼也周禮注
少牢饋食禮上佐食取黍稷于四敦下佐食取牢一切肺
于俎以授上佐食上佐食兼與黍以授尸尸同受祭于豆
祭儀禮
尸取麷蕡宰夫贊者取白黑以授尸尸受兼祭于豆祭同
上○有司徹

公食大夫禮贊者北面坐辯取庶羞之大興一以授賓賓
受兼壹祭之同上
四曰周祭周禮春官
周猶徧也周禮注
祭食祭所先進殽之序徧祭之禮記曲禮上
謂殽炙膾也以其本出於牲體也禮記注
公食大夫禮賓升席坐取韭菹以辯擩于醢上豆之間祭
贊者東面坐取黍實于左手辯又取稷辯反于右手興以
授賓賓祭之三牲之肺不離贊者辯取之壹以授賓賓興

受坐祭。挩手扱上鉶以柶。辯擩之。上鉶之間祭。祭飲酒于上豆之間。魚腊醬湆不祭。儀禮。○辯與徧通

不祭者、非食物之盛者。儀禮注

唯水漿不祭。若祭。爲已偯卑。禮記玉藻

水漿非盛饌也。臣於君則祭之、禮記注

五曰振祭、周禮春官

振祭者、孰而振動之以爲祭也、儀禮集說

士昏禮、贊以肝從。皆振祭。嚌肝。皆實于菹豆。儀禮

特牲饋食禮、舉肺脊以授尸。尸受振祭。嚌之。左執之。乃食。食舉。尸三飯。告飽。祝侑。主人拜。佐食舉幹。尸受振祭。嚌之。舉獸幹魚一。亦如之。尸又三飯。告飽。祝侑之。舉骼及獸魚。如初。尸又三飯。告飽。祝侑之。舉肩及獸魚。如初。同上

少牢饋食禮、上佐食舉尸牢肺正脊以授尸。食舉。三飯。上佐食舉尸牢幹。尸受振祭。嚌之。尸又食。上佐食舉尸一魚。尸受振祭。嚌之。又食。上佐食舉尸腊肩。尸受振祭。嚌之。又食。上佐食舉尸牢骼。如初。尸告飽。祝獨侑。尸又食。上佐食舉尸牢肩。尸受振祭。嚌之。同上

六曰擩祭、周禮春官

擩祭、以肝肺菹擩鹽醢中以祭也。周官解詁

公食大夫禮、賓升席坐。取韭菹以辯擩于醢。上豆之間祭。挩手扱上鉶以柶。辯擩之。上鉶之間祭。儀禮

特牲饋食禮、祝命挼祭。尸左執觶。右取菹擩于醢。祭于豆間。同上。○挼與擩同。○少牢饋食禮同

主人洗角升酌。酳尸。賓長以肝從。尸左執角。右取肝擩于鹽。振祭。嚌之。加于菹豆。同上。○少牢饋食禮同

尸升筵自西方。坐。左執爵。右取韭菹擩于三豆。祭於豆間。有司徹

次賓羞羊燔。縮執俎。縮一燔于俎上。鹽在右。尸左執爵受燔擩于鹽。坐振祭。嚌之。興。加于羊俎。同上

振祭擩祭本同。不食者擩則食之。將食者既擩必振乃祭也。周禮注

七曰絶祭、周禮春官

初祭絶肺以祭。謂之絶祭。周官解詁

公食大夫禮、三牲之肺不離。儀禮

肺不離者、刌之也。不言刌。刌則祭肺也。此舉肺不離而刌之、便賓祭也。儀禮注

士昏禮祭薦黍稷肺儀禮
肺祭肺也儀禮集說
特牲饋食禮佐食取黍稷肺祭授尸尸祭之儀禮
肺祭刌肺也儀禮注
少牢饋食禮上佐食取黍稷于四敦下佐食取牢一切肺于俎以授上佐食上佐食兼與黍以授尸尸受同祭于豆祭儀禮
八曰繚祭周禮春官
牛羊之肺離而不提心禮記少儀

提猶絶也刲離之不絶中央少者使易絶以祭耳禮記注
鄉飲酒禮賓升席自西方乃設折俎賓坐左執爵祭脯醢奠爵于薦西興右手取肺卻左手執本坐弗繚右絶末以祭尚左手嚌之興加于俎儀禮。鄉射禮燕禮大射禮略同
肺離上爲本下爲末儀禮注
特牲饋食禮舉肺脊以授尸尸受振祭嚌之左執之乃食食舉儀禮
少牢饋食禮上佐食舉尸牢肺正脊以授尸同上

牢肺離肺也儀禮集釋
士昏禮舉肺脊二祭肺二儀禮
特牲饋食禮離肺一刌肺三同上
九曰共祭周禮春官
共猶授也周禮注
膳夫授祭品嘗食王乃食周禮天官
禮飲食必祭示有所先周禮注
大司馬大祭祀饗食羞魚牲授其祭周禮夏官

侍食於君

若賜之食而君客之則命之祭然後祭先飯辯嘗羞飲而俟若有嘗羞者則俟君之食然後食飯飲而俟君命之羞羞近者命之品嘗之然後唯所欲凡嘗遠食必順近食君未覆手不敢飧君既食又飯飧飯飧者三飯也君既徹執飯與醬乃出授從者禮記玉藻

四書類考卷二十七

四書類考卷二十八

萬物類

萬物

草木芥 芥 本末 枝葉 萌蘖 喬木

艾

茅

藻

蒲盧

竹

松柏

桐梧

梓櫝

杞柳

唐棣

桑

桃

李

栗

樲棘

羊棗

薪炭　芻蕘

樹

萬物

號物之數謂之萬人處一焉莊子

今計物之數不止於萬而期於萬物者以數之多者號而讀之也同上○則陽篇

天地絪縕萬物化醇男女媾精萬物化生周易繫辭下傳

絪縕交密之狀醇厚而凝也言氣化者也化生形化者也周易本義

萬物之始皆氣化既形然後以形相禪有形化形化長則氣化漸消二程遺書

萬物皆種也以不同形相禪始卒若環莫得其倫是謂天均天均者天倪也莊子寓言篇

隕石無種種於氣麟亦無種亦氣化厥初生民亦如是至如海濱露出沙灘便有百蟲禽獸草木無種而生此猶是人所見若海中島嶼稍大人不及者安知其無種之人不生於其間若已有人類則必無氣化之人二程遺書

種有幾得水則爲㡭得水土之際則爲鼃蠙之衣生於陵屯則爲陵舄陵舄得鬱棲則爲烏足烏足之根爲蠐螬其葉爲蝴蝶蝴蝶胥也化而爲蟲生於竈下其狀若脫其名

爲鵅掇鵅掇千日爲鳥其名爲乾餘骨乾餘骨之末爲斯彌斯彌爲食醯頤輅生於食醯黃軦生乎九猷瞀芮生乎腐蠸羊奚比乎不箰久竹生青寧青寧生程程生馬馬生人人又反入於機萬物皆出於機皆入於機 莊子至樂篇

烏鵲孺魚傅沫細要者化有弟而兄啼 同上。天運篇

夫白鶂之相視眸子不運而風化蟲雄鳴於上風雌應於下風而風化類自爲雌雄故風化 同上

天地者萬物之父母也合則成體散則成始形精不虧是謂能移精而又精反以相天 同上。達生篇

天地別無勾當只是以生物爲心一元之氣運轉流通略無停間只是生出許多萬物而已 朱子語類

萬物出乎震震東方也齊乎巽巽東南也齊也者言萬物之潔齊也離也者明也萬物皆相見南方之卦也聖人南面而聽天下嚮明而治蓋取諸此也坤也者地也萬物皆致養焉故曰致役乎坤兌正秋也萬物之所說也故曰說言乎兌戰乎乾乾西北之卦也言陰陽相薄也坎者水也正北方之卦也勞卦也萬物之所歸也艮東北之卦也萬物之所成終而所成始也故曰成言乎艮 周易說卦傳

息止也生也止則便生不止則不生 二程遺書

息訓爲生者蓋息則生矣一事息則一事生中無間斷碩果不食則便爲復也 同上

革言水火相息息止息也既有止息之理亦有生息之理 同上

天地訢合陰陽相得煦嫗覆育萬物然後草木茂區萌達羽翼奮角骼生蟄蟲昭蘇羽者嫗伏毛者孕鬻胎生者不殰而卵生者不殈 禮記樂記

氣曰煦體曰嫗屈生曰區無體曰骼昭曉也蟄蟲以發出爲曉更息曰蘇孕任也鬻生也內敗曰殰殈裂也 禮記注

草木莽　芥　喬木

草百卉也許氏說文

莽亦草也孟子注

草南楚之間謂之莽方言

芥草芥也孟子注

自淮以西或曰草或曰芥方言

地性生草山性生木論衡

木冒也冒地而生東方之行許氏說文

木之為物水漬則生火然而不離也蓋得土之浮華于水

火之交也張子正蒙

木下曰本從木一在其下草木之根柢也木上曰末從木

一在其上謂木杪也許氏說文

枝木别生條也同上

枝曰條幹曰枚詩傳

木實繁者披其枝披其枝者傷其心戰國策

再實之木其根必傷後漢書

木結實而種之又成是木而結是實木非舊木也此木之

神不二也此實生生之理也皇極經世書

木實曰果草實曰蓏漢書集解音義

甸師祭祀共野果蓏之薦周官天官

季春之月生氣方盛陽氣發泄句者畢出萌者盡達不可

以内禮記月令

句屈生者芒而直曰萌禮記注

蘖餘也詩傳

斬而復生曰肄同上

若顛木之有由蘖尚書盤庚上

兖州厥草惟繇厥木惟條尚書禹貢

徐州草木漸包同上

揚州厥草惟夭厥木惟喬同上

喬高也書傳

喬上竦也詩傳

上句曰喬如木楸曰喬爾雅

楸樹性上竦爾雅注

九州惟此三州言草木者三州偏宜之也書正義

大司徒以土會之法辨五地之物生一曰山林其植物宜

皂物二曰川澤其植物宜膏物三曰邱陵其植物宜覈物

四曰墳衍其植物宜莢物五曰原隰其植物宜叢物周禮地官

植物根生之屬阜物柞栗之屬今謂柞實爲阜斗膏物楊柳之屬理致且白如膏周官解詁

膏當爲櫜字之誤也蓮芡之屬有櫜韜覈物李梅之屬莢物薺莢王棘之屬叢物萑葦之屬周禮注

艾

艾所以療疾詩毛傳

艾冰臺爾雅釋草

削冰令圓舉以向日以艾於後承其影則得火博物志

艾可以灸人病乾久益善孟子注

茅

茅菅也許氏說文

已漚爲菅詩毛傳

菅似茅而滑澤無毛根下五寸中有白粉者柔韌宜爲索漚乃尤善矣詩草木鳥獸蟲魚疏

藻

藻水草有文者書孔傳

藻聚藻也詩毛傳

藻水草也生水底有二種其一種葉如雞蘇莖大如箸長四五尺其一種莖大如釵股葉如蓬蒿謂之聚藻詩草木鳥獸蟲魚疏

蒲盧

蒲盧、果蠃、謂土蜂也、禮記注

螟蛉有子。果蠃負之。詩小雅

蒲盧取桑蟲之子。負持而去。煦嫗養之。以成其子。詩箋

螟蛉有子。殪而逢果蠃。祝之曰類我類我。則肖之矣。揚子法言

螟蛉、桑上小青虫也、似步屈、其色青而細小、或在草萊上、螺蠃土蜂也、似蜂而腰小、取桑虫負之於木空中、七日而化爲其子、詩草木鳥獸蟲魚疏

今一種蜂黑色、腰甚細、銜泥於人屋及器物邊作房、如併竹管者是也、其生子如粟米大、置中、乃捕取草上青蜘蛛十餘枚滿中、仍塞口以待其子大爲糧也、其一種入蘆管中者、亦取草上青蟲、詩云螟蛉有子、果蠃負之、言細腰之物無雌、皆取青蟲教祝、使化成己子、斯爲謬矣、名醫別錄

果蠃自有卵如粟、寄在蟲身、其蟲不死不生、久則漸枯、子大食之而出、列子言純雄無雌、其名稚蜂、莊子言細腰者化、則自古已失之矣、解頤新語

十月元雉入於淮爲蜃、蜃者蒲盧也、大戴禮夏小正

蒲盧、說者以爲螺蠃、疑不然、蒲盧即蒲葦。夢溪筆談

蒲盧之爲果蠃、他無所考、且於上下文義亦不甚通、惟沈氏之說、乃與地道敏樹之云者相應、夏小正傳曰蜃者蒲盧也、蓋多穿鑿、不足據信、疑亦出於後世迂儒之筆、或反取諸此而附合之、决非孔子所見夏時之本文也、且又以蜃爲蒲盧、則不應二物而一名、若以蒲盧爲變化、則又不必解爲果蠃矣、朱子或問

竹

竹冬生草也象形下垂者箁箬也 許氏說文

震爲蒼筤竹 周易說卦傳

淮海惟揚州厥貢瑤琨篠簜 尚書禹貢

荆及衡陽爲荆州惟箘簬楛三邦底貢厥名 同上

東南曰揚州其利金錫竹箭 周官夏官

東南之美者有會稽之竹箭焉 爾雅

禮釋回增美質措則正施則行其在人也如竹箭之有筠也如松柏之有心也二者居天下之大端矣故貫四時而

不改柯易葉故君子有禮則外諧而內無怨 禮記禮器

四物於天下最得氣之本或柔刃於外或和釋於內用此不變易也人之得禮亦猶然也 禮記注

竹本固固以樹德君子見其本則思善建不拔者竹性直直以立身君子見其性則思中立不倚者竹心空空以體道君子見其心則思應用虛受者竹節貞貞以立志君子見其節則思砥礪名行夷險一致者夫如是故號君子人多樹之爲庭實焉 白氏長慶集 養竹記

松柏

松百木之長 字說

柏陰木也木皆屬陽而柏向陰指西蓋木之有貞德者 六書精蘊

如松柏之茂無不爾或承 詩小雅

如松柏之枝葉常茂青青相承無衰落也 詩鄭箋

松柏之葉新故相承代常無凋落 詩正義

如松柏之有心也故貫四時而不改柯易葉 禮記內則

受命於地唯松柏獨也正冬夏青青 莊子德充符

松柏之下其草不殖 春秋左氏傳 襄公二十九年

松柏之地其土不肥 國語

部婁無松柏 春秋左氏傳

榽草不生危松柏不生埤 國語

桐梧

榮桐木 爾雅釋木

櫬梧 同上

今梧桐 爾雅注

三月拂桐芭 大戴禮夏小正

拂也者拂也桐芭之時也或曰言桐芭始生貌拂拂然也 同上

季春之月桐始華 禮記月令

梧桐柔木也 詩傳

鳳凰鳴矣于彼高岡梧桐生矣于彼朝陽 詩大雅

鳳凰之性非梧桐不棲非竹實不食 詩箋

梓檟

椅梓 爾雅釋木

楸之疏理白色而生子者爲梓梓實桐皮曰椅 詩草木鳥獸蟲魚疏

槐小葉曰榎大而皵楸小而皵榎 爾雅釋木○槐當爲楸榎與檟同○皵音鵲

楸梓二木相類白色有角生子者爲梓或名子楸或名角楸黃色無子者爲柳楸亦呼荊黃楸也 齊民要術

初穆姜使擇美檟以自爲櫬與頌琴季文子取以葬 春秋左氏傳○襄公二年

定姒薨無櫬初季孫爲己樹六檟於蒲圃東門之外匠慶用蒲圃之檟季孫不御 同上○襄公四年

吳將伐齊子胥諫弗聽將死曰樹吾墓檟檟可材也吳其亡乎 同上○哀公十一年

杞柳

杞柳、柜柳也、孟子注

杞柳屬也、生水傍、樹如柳、葉粗而白色、理微赤、故今人以為車轂、今共北淇水傍、魯國泰山汶水邊、純杞也、詩草木鳥獸蟲魚疏

詩杞有三、無折我樹杞、杞柳屬也、南山有杞、在彼杞棘、梓杞也、集于苞杞、言采其杞、隰有杞桋、枸檵也、困學紀聞

柳、桑脆之木、詩毛傳

檉、河柳、旄、澤柳、楊、蒲柳、爾雅釋木

唐棣

唐棣、栘也、詩毛傳

唐棣、栘也、華反而後合、論語集解

今白栘也、似白楊、江東呼夫栘、爾雅注

栘楊、圓葉弱蒂、微風大搖、一名高飛、一名獨搖、古今注

扶栘木生江南山谷、樹大十數圍、無風葉動、花反而後合、詩云唐棣之華、偏其反而是也、本草拾遺

唐棣、薁李也、一名雀梅、亦曰車下李、所在山皆有、其華或白或赤、六月中熟、大如李子、可食、詩草木鳥獸蟲魚疏

陸璣以唐棣為郁李者誤矣、郁李乃常棣、非唐棣也。本草綱目

何彼襛矣、唐棣之華、與論語所舉、則爾雅所謂栘也。常棣與采薇詩曰維常之華、則爾雅所謂棣也。二者異木也。毛詩詳解

桑

桑、木之衆也。詩毛傳

桑、女功之所起。同上

三月攝桑、大戴禮夏小正

桑攝而記之、急桑也。同上

季春之月、命野虞毋伐桑柘、戴勝降于桑。禮記月令

愛蠶食也。戴勝、織紝之鳥、是時恒在桑、言降者、若時始自天來、重之也。禮記注

春日載陽、有鳴倉庚、女執懿筐、遵彼微行、爰求柔桑。詩豳風

微行、牆下徑也。詩毛傳

柔桑、穉桑也。蠶始生、宜穉桑。詩鄭箋

蠶月條桑、取彼斧斨、以伐遠揚、猗彼女桑。詩豳風

條桑、枝落之、采其葉也。女桑、少枝長條、不枝落者、束而采之。詩鄭箋

桃

桃、果也。許氏說文

楔、荊桃。旄、冬桃。榹桃、山桃。爾雅釋木

別桃類也。爾雅疏

正月、梅杏杝桃則華。大戴禮夏小正

杝桃、山桃也。同上

仲春之月、桃始華。禮記月令

六月、煮桃。大戴禮夏小正

煮以爲豆實也。同上

桃諸、梅諸、卵鹽。禮記內則

諸、菹也。桃菹、即今之藏桃也。禮記正義

桃曰膽之。禮記內則

桃多毛、拭治去毛、令色青滑如膽也。禮記正義

李

李木之多子者。爾雅翼

休無實李座接慮李駁赤李。爾雅釋木

別李屬也爾雅疏

夫春樹桃李夏得陰其下秋得食其實焉春樹蒺藜夏不得采其葉秋得其刺焉韓詩外傳

桃李不言下自成蹊史記李廣傳

棗李曰疐之爾雅

治棗李皆去其疐疐者柢也爾雅疏

子產相鄭十八年桃李之垂於行者莫之援也錐刀之遺於道者莫之舉也呂氏春秋下賢篇

君子防未然不處嫌疑間瓜田不納履李下不正冠昭明文選。君子行

栗

栗肅也。禮記正義

八月栗零大戴禮夏小正

零也者降也零而後取之故不言剝也同上

栗曰撰之禮記內則

棗蟲好食數數布揀撰省視之禮記正義

子事父母棗栗飴蜜以甘之禮記內則

婦人之摯椇榛脯脩棗栗禮記曲禮下

饋食之籩其實棗栗桃乾橑榛實周禮天官

虞主用桑練主用栗春秋公羊傳

夏后氏以松殷人以柏周人以栗松猶容也想見其容貌而事之主人正之意也柏猶迫也親而不遠主地正之意也栗猶戰栗謹敬貌主天正之意也公羊傳解詁

棫棘

棫棘小棘所謂酸棗也孟子注

棫酸棗爾雅

酸棗樹高數丈徑圍一二尺木理極細堅而且重可爲車輞及匙筯等其樹皮亦細而硬文似蛇鱗其棗圓小而味酸其核微圓而仁稍長色赤如丹本草拾遺

小則爲棘大則爲酸棗平地則易長居崖塹則難生故棘多生崖塹上久不樵則成幹人方呼爲酸棗更不言棘其實一木也本草衍義

羊棗

遵羊棗爾雅釋木

實小而圓紫黑色今俗呼之爲羊矢棗爾雅注

羊棗非棗也乃柹之小者初生色黃熟則黑似羊矢其樹再接即成柹矣余乙亥客授臨沂始覩之沂近魯地可據也今俗呼牛嬭柹一名梗棗而臨沂人亦呼羊棗曰梗棗此尤可證柹之小者通得棗名不必以爾雅遵羊棗之證爲疑若邵武士人僞作正義以羊棗爲棫棘之屬則甚謬此乃本草所收酸棗也自出山石間色赤味酸義門讀書記

薪炭　芻蕘

麤曰薪，細曰蒸。詩箋

大者可析謂之薪，小者合束謂之柴。薪施炊爨，柴以給燎。禮記注

委人掌斂野之賦斂薪芻，凡疏材木材，以式法共祭祀之薪蒸木材。賓客共其芻薪。喪紀共其薪蒸木材。軍旅共其委積薪芻，凡疏材。共野委兵器與其野囿財用。周禮地官

季冬之月，乃命四監收秩薪柴，以共郊廟及百祀之薪燎。禮記月令

遂人凡國祭祀，令野職。周禮地官

野職，薪炭之屬。周禮注

炭，燒木餘也。許氏說文

仲夏之月，毋燒炭。呂氏春秋。炭，禮記作灰

季秋之月，草木黃落，乃伐薪為炭。禮記月令

掌炭掌灰物炭物之徵令，以時入之，以權量受之，以共邦之用，凡炭灰之事。周禮地官

宮人凡寢中之事，共鑪炭。周禮天官

芻蕘，薪采者。詩傳

飼牲曰芻，草薪曰蕘。經典釋文

甸師帥其徒以薪蒸役外內饔之事。周禮天官

樹

樹、謂殖草木也、禮記注

夫堅樹在始。始不固本。終必槁落。國語

凡植木之性。其本欲舒。其培欲平。其土欲故。其築欲密。既然已。勿動勿慮。去不復顧。其蒔也若子。其置也若棄。則其天者全而其性得矣。故吾不害其長而已。非有能碩茂之也。不抑耗其實而已。非有能蚤而蕃之也。他植者則不然。根拳而土易。其培之也。若不過焉則不及。苟能有反是者。則又愛之太恩。憂之太勤。旦視而暮撫。已去而復顧。甚者爪其膚以驗其生枯。搖其本以觀其疏密。而木之性日以離矣。柳先生集。種樹郭橐駝傳

二十八

四書類考卷二十九

萬物類

禽獸

羽

鳳凰

雞

雉

鶉

匹雛

黃鳥

爵

鸇

鳶

鳩

鴻鴈

鴻鵠

弋 繳

毛

皮鞹
麒麟
虎
豹
犀
象
兕
熊
鹿麀 麌 麋

兔
狐狸 貉
豺狼
獺
枏
罟擭陷穽
畜
馬廄 縶
驥

牛
羊
犬狗
㹠豚 豕

禽獸

二足而羽謂之禽四足而毛謂之獸 爾雅釋鳥

凡語有通別別而言之羽則曰禽毛則曰獸所以然者禽者擒也言鳥力小可擒捉而取之獸者守也言其力多不易可擒先須圍守然後乃獲故曰獸也通而爲說鳥不可曰獸獸亦可曰禽故曲禮鸚鵡不曰獸而猩猩通曰禽也易曰王用三驅失前禽則驅走者亦曰禽也又周禮司馬職曰大獸公之小禽私之以此而言則禽未必皆鳥也又鄭元注周禮云凡鳥獸未孕曰禽周禮又云禽作六摯卿羔大夫雁白虎通云禽者鳥獸之總名以其小獸可擒故得通名禽也 禮記正義

草伏之獸毛如草之莖林棲之鳥羽如林之葉類使之然也 皇極經世書

走之類上睫接下飛之類下睫接上類使之然也 同上

萬物之性各異類故蠶食而不飲蟬飲而不食蜉蝣不飲不食介鱗夏食冬蟄齕吞者八竅而卵生咀嚼者九竅而胎生四足者無羽翼戴角者無上齒無角者膏而無前齒有羽者脂而無後齒晝生者類父夜生者類母是故食水者善游能寒食土者無心而不息食草者善走而愚食桑者有絲而蛾食肉者勇敢而悍食穀者智惠而巧食氣者神明而壽不食者不死而神 大戴禮易本命

天下之大獸五脂者膏者臝者羽者鱗者 考工記梓人

脂牛羊屬膏豕屬臝者謂虎豹貔貙淺毛之屬羽鳥屬鱗龍蛇之屬 周禮注

宗廟之事脂者膏者以爲牲臝者羽者鱗者以爲筍虡外骨內骨卻行仄行連行紆行以脰鳴者以注鳴者以旁鳴者以翼鳴者以股鳴者以胷鳴者謂之小蟲之屬以爲雕琢 考工記梓人

外骨龜屬內骨鼈屬卻行螾衍之屬仄行蟹屬連行魚屬紆行蛇屬脰鳴鼃黽屬注鳴精列屬旁鳴蜩蜺屬翼鳴發皇屬股鳴松蝑動股屬胷鳴榮原屬 周禮注

東南曰揚州其畜宜鳥獸正南曰荊州其畜宜鳥獸河南曰豫州其畜宜六擾正東曰青州其畜宜雞狗河東曰兖州其畜宜六擾正西曰雍州其畜宜牛馬東北曰幽州其畜宜四擾河內曰冀州其畜宜牛羊正北曰并州其畜宜五擾 周禮夏官職方氏

六擾馬牛羊豕犬雞，四擾馬牛羊豕，五擾馬牛羊犬豕周禮注

大司徒以土會之法，辨五地之物生。一曰山林，其動物宜毛物。二曰川澤，其動物宜鱗物。三曰邱陵，其動物宜羽物。四曰墳衍，其動物宜介物。五曰原隰，其動物宜羸物周禮地官

毛物，貂狐貒貉之屬，縟毛者也，鱗物，魚龍之屬，羽物，翟雉之屬，介物，龜鼈之屬，水居陸生者，羸物，虎豹貔貙之屬，淺毛者周禮注

四書類考　卷二十九　萬物　三

羸物，鼃蠙之屬新經周禮義

羽

羽，鳥長毛也，許氏說文

羽本謂之翮。一羽謂之箴。十羽謂之縳。百羽謂之緷爾雅釋器

羽人掌以時徵羽翮之政于山澤之農，以當邦賦之政令。凡受羽，十羽爲審。百羽爲摶。十摶爲縳周禮地官

四書類考　卷二十九　萬物　四

鳳凰

鳳瑞應鳥雞頭蛇頸燕頷龜背魚尾五彩色高六尺許爾雅注

神鳥也天老曰鳳像麟前鹿後蛇頸魚尾龍文龜背燕頷雞喙五色備舉出於東方君子之國翱翔四海之內過崑崙飲砥柱濯羽弱水莫宿丹穴見則天下大安寧許氏說文

丹穴之山有鳥焉其狀如雞五采而文名曰鳳皇首文曰德翼文曰義背文曰禮膺文曰仁腹文曰信是鳥也飲食

自然自歌自舞見則天下安寧山海經

有羽之蟲三百六十而鳳皇爲之長大戴禮易本命

鳳以爲畜故鳥不獝禮記禮運

黃帝五十年鳳鳥至竹書紀年

周文王元年有鳳集于岐山同上

周之興也鸑鷟鳴於岐山國語

鸑鷟鸑鳳之別名也國語解

雞

雞知時畜也許氏說文

雞大者蜀蜀子雞未成雞僆絕有力奮爾雅釋畜

雞人掌共雞牲辨其物大祭祀夜嘑旦以䚁百官凡國之大賓客會同軍旅喪紀亦如之凡國事爲期則告之時凡祭祀面禳釁共其雞牲周禮春官

正月雞桴粥大戴禮夏小正

粥也者雞粥粥呼也或曰桴嫗伏也粥養也同上

季冬之月雞乳禮記月令

孟夏之月天子居明堂左个食菽與雞同上

雞木畜時熱食之亦所以安性也禮記注

雉

鷂雉、鷮雉、鳪雉、鷩雉、秩秩、海雉、鸐、山雉、翰雉、鵫雉、雉絕有力奮伊洛而南素質五彩皆備成章曰翬江淮而南青質五彩皆備成章曰鷂南方曰𪆫東方曰鶅北方曰鵗西方曰鷷爾雅釋鳥

正月雉震呴。大戴禮夏小正

震也者鳴也呴也者鼓其翼也、正月必雷、雷不必聞、惟雉爲必聞之同上

季冬之月雉雊。禮記月令

澤雉十步一啄五步一飲。不蘄畜乎樊中。神雖王不善也。莊子養生主

鵝

野曰雁家曰鵝。李巡爾雅注

舒雁、鵞爾雅

出如舒雁。儀禮聘禮記

威儀自然而有行列、舒雁、鵝也、儀禮注

舒鳫翠。禮記內則

言鵝尾之肉不堪食也、禮記正義

掌畜掌養鳥而阜蕃教擾之。周禮夏官

鳥之可養使盛大蕃息者、謂鵝鶩之屬。周禮注

匹雛

說者以匹爲鶩 禮記注

舒鳬鶩 爾雅釋鳥

野曰鳬家曰鶩 李氏爾雅注

庶人執鶩 周禮春官

庶人之摯匹 禮記曲禮下

鶩取其不飛遷 周禮注

禮記內則辨鳥之不可食者曰舒鳬翠 爾雅疏

翠尾肉也 禮記注

公膳日雙雞饔人竊更之以鶩御者知之則去其肉而以其洎饋子雅子尾怒 春秋左氏傳 襄公二十八年

黄鳥

皇黄鳥倉庚商庚鵹黄楚雀倉庚鵹黄也 爾雅

黄鳥黄鸝留也或謂之黄栗留幽州人謂之黄鸎一名倉庚一名商庚一名鵹黄一名楚雀齊人謂之摶黍當葚熟時來在桑間故里語曰黄栗留看我麥黄葚熟亦是應節趨時之鳥也 詩草木鳥獸蟲魚疏

黄鳥于飛集于灌木其鳴喈喈 詩周南

灌木叢木也喈喈和聲之遠聞也 毛傳

睍睆黄鳥載好其音 詩邶風

睍睆好貌 毛傳

倉庚于飛熠燿其羽 詩豳風

倉庚仲春而鳴嫁取之候也熠燿其羽羽鮮明也 詩箋

緜蠻黄鳥止于丘阿 詩小雅

爵與雀同

雀依人小鳥也許氏說文

季秋之月爵入大水爲蛤禮記月令

雀入于海爲蛤國語

鳥魚皆生於陰而屬於陽故鳥魚皆卵魚遊于水鳥飛于雲故冬燕雀入于海化而爲蚧大戴禮易本命

鸇

鸇晨風也許氏說文

鸇似鷂黃色燕頷句喙嚮風搖翮乃因風飛急疾擊鳩鴿燕雀食之詩草木鳥獸蟲魚疏

鴥彼晨風鬱彼北林詩秦風

鳶

鳶鷙鳥也許氏說文

鳶鴟之類鳥之貪惡者也詩箋

鳶烏醜其飛也翔爾雅

鶪與鵙同

鶪博勞鳥也孟子注

鵙伯勞也爾雅釋鳥

仲夏之月鵙始鳴禮記月令

伯趙氏司至者也春秋左氏傳○昭公十七年

伯趙伯勞也以夏至鳴冬至止春秋經傳集解

伯勞以五月鳴應陰氣之動陽氣爲仁養陰氣爲殘賊伯勞蓋殘賊之鳥也其聲鵙鵙故以其音名云張鳥論

七月鳴鵙詩豳風

豳地晚寒鳥物之候從其氣焉詩鄭箋

鴻鴈

大曰鴻小曰鴈詩毛傳

正月鴈北鄉大戴禮夏小正

先言鴈而後言鄉者何也見鴈而後數其鄉也鄉者何也鄉其居也鴈以北方爲居何以謂之居生且長焉耳九月遰鴻鴈先言遰而後言鴻鴈何也見遰而後數之則鴻鴈也何不謂南鄉也曰非其居也故不謂南鄉同上

孟春之月鴻鴈來禮記月令

鴈自南方來將北反其居禮記注

仲秋之月鴻鴈來禮記月令

季秋之月鴻鴈來賓同上

季冬之月鴈北鄉同上

鴻鵠

鵠鴻鵠也許氏說文

鴻大鳥也水居鵠黃鵠也一舉千里漢書注

尸子曰鴻鵠之鷇羽翼未合而有四海之心是也鴻鵠是一鳥若鳳皇然非鴻鴈與黃鵠也史記索隱

夫雀其小者也黃鵠因是以游乎江海淹乎大沼俯噣鰋鯉仰齧陵衡奮其六翮而凌清風飄搖乎高翔自以爲無患與人無爭也不知夫射者方將修其碆盧治其矰繳將加已乎百仞之上被礛磻引微繳折清風而抎矣故晝游

乎江河夕調乎鼎鼐戰國策

弋繳

弋繳射也古論語訓

繳生絲爲繩也許氏說文

繳射謂以繩繫矢而射也詩正義

矰矢茀矢用諸弋射周禮夏官司弓矢

結繳於矢謂之矰矰高也茀矢象焉茀之言刜也二者皆可以弋飛鳥刜羅之也前於重又微輕行不低也周禮注

殺矢七分三在前四在後考工記矢人。殺當爲茀

不言矰矢者以其與茀矢同制故略而不言也周禮疏

往體多來體寡謂之夾庾之屬利射侯與弋考工記弓人

夾弓庾弓以授射豻侯鳥獸者周禮夏官司弓矢

射豻侯五十步及鳥獸皆近射也近射用弱弓周禮注

射鳥氏掌射鳥祭祀以弓矢敺鳥鳶凡賓客會同軍旅亦如之射則取矢矢在侯高則以并夾取之周禮夏官

毛

毛者走獸之屬禮記正義

鳥獸希革書堯典

夏時鳥獸毛羽希少改易革改也尚書傳

鳥獸毛毨堯典

毨理也毛更生整理尚書傳

鳥獸氄毛堯典

民改歲入此室處以辟風寒鳥獸皆生耎毳細毛以自溫焉尚書傳

皮鞹

有毛爲皮去毛爲鞟春秋正義

冀州島夷皮服尚書禹貢

華陽黑水惟梁州厥貢熊羆狐貍織皮同上

黑水西河惟雍州織皮崐崘析支渠搜西戎即叙同上

東北之美者有斥山之文皮焉爾雅

文皮虎豹之屬皮有縟綵者爾雅注

掌皮掌秋斂皮冬斂革春獻之遂以式法頒皮革于百工共其毳毛爲氈以待邦事歲終則會其財齎周官天官

小行人合六幣璋以皮周官秋官

皮虎豹皮也周禮注

麒麟

麟者仁獸也春秋公羊傳

麟麕身牛尾馬足黃色員蹄一角角端有肉音中鍾呂行中規矩遊必擇地詳而後處不履生虫不踐生草不羣居不侶行不入陷穽不罹羅網王者至仁則出詩草木鳥獸蟲魚疏

有毛之蟲三百六十而麒麟爲之長大戴禮易本命

麟以爲畜故獸不狘禮記禮運

帝堯七年有麟竹書紀年

哀公十四年西狩獲麟春秋

麟者仁獸也有王者則至無王者則不至有以告者曰有麕而角者孔子曰孰爲來哉孰爲來哉反袂拭面涕沾袍顔淵死子曰噫天喪予子路死子曰噫天祝予西狩獲麟孔子曰吾道窮矣春秋公羊傳

麟之爲靈昭昭也詠於詩書於春秋雜出於傳記百家之書雖婦人小子皆知其爲祥也然麟之爲物不畜於家不恒有於天下其爲形也不類非若馬牛犬豕豺狼麋鹿然然則雖有麟不可知其爲麟也角者吾知其爲牛鬣者吾

知其爲馬犬豕豺狼麋鹿吾知其爲犬豕豺狼麋鹿惟麟也不可知不可知則其謂之不祥也亦宜雖然麟之出必有聖人在乎位麟爲聖人出也聖人者必知麟麟之果不爲不祥也又曰麟之所以爲麟者以德不以形若麟之出不待聖人則謂之不祥也亦宜 昌黎集○獲麟解

虎

虎惡獸也 玉篇

虎竊毛謂之虦猫 䖘白虎 虪黑虎 爾雅

仲冬之月虎始交 禮記月令

革九五大人虎變未占有孚 周易下經

大人虎變其文炳也 周易象下傳

風從虎 周易文言傳

虎者陰精而居於陽依木長嘯動於巽林二數相感故能運風 管輅別傳

豹

豹似虎圜文許氏說文

貘白豹爾雅

革上六君子豹變小人革面征凶居貞吉周易下經

君子豹變其文蔚也周易象下傳

南山有元豹隱霧而七日不食以澤其衣毛成其文采列女傳

夫豐狐文豹棲於山林伏於巖穴靜也夜行晝居戒也雖饑渴隱約猶且胥疏於江湖之上而求食焉定也然且不

免於網羅機辟之患是何罪之有哉其皮爲之災也莊子山木篇

犀

犀似豕爾雅

形似水牛豬頭大腹庳脚脚有三蹄黑色三角一在頂上一在額上一在鼻上鼻上者卽食角也小而不橢好食棘亦有一角者爾雅注

犀出九德毛如豕蹄有三甲頭似馬有三角鼻上角短頭上角長交州記

奉文犀之渠國語

文犀犀角之有文理者國語注

齊侯伐晉夷儀敝無存先登求自門出死于霤下公三襚之與之犀軒與直蓋春秋左氏傳定公九年

魚軒以魚皮爲飾犀軒當以犀皮爲飾也春秋正義

象

象長鼻牙南越大獸三年一乳許氏說文

瑤光星散而爲象春秋運斗樞

象有齒以焚其身賄也春秋左傳

兕

兕似牛爾雅註

一角青色重千斤爾雅

兕如野牛青毛其皮堅厚可制鎧許氏說文

兕出九德有一角角長三尺餘形如馬鞭柄交州記

殪此大兕詩小雅

唐叔射兕於徒林殪以爲大甲以封於晉國語

函人爲甲犀甲七屬兕甲六屬合甲五屬考工記

屬讀如灌注之注謂上旅下旅札續之數也革堅者札長

周禮注

犀甲壽百年兕甲壽二百年合甲壽三百年考工記

革堅者又支久周禮注

兕觥以兕角爲之容五升韓詩說

熊

熊獸似豕山居冬蟄許氏說文

熊虎醜其子狗絕有力麙爾雅釋獸

羆如熊黃白文魋如小熊竊毛而黃同上

熊羆魋三種一類也如豕色黑者熊也大而色黃白者羆也小而色黃赤者魋也建平人呼魋爲赤熊陸璣謂羆爲黃熊是也本草綱目

熊形類大豕而性輕捷好攀緣上高木見人則顛倒自投于地冬蟄入穴春月乃出其足名蹯爲八珍之一古人重之圖經本草

熊掌熊蹯也孟子注

冬月蟄時不食饑則舐其掌故其美在掌謂之熊蹯本草綱目

文公元年楚太子商臣以宮甲圍成王王請食熊蹯而死弗聽春秋左氏傳

宣公二年晉靈公不君宰夫胹熊蹯不熟殺之同上

鹿　麀　麑　麋

鹿獸也象頭角四足之形許氏說文

四九三十六六主律律主禽鹿故禽鹿六月而生也大戴禮易本命

鹿牡麚牝麀其子麛其跡速絕有力麉爾雅釋獸○麛同麑

麋鹿屬許氏說文

麋牡麔牝麎其子麇其跡躔爾雅

仲夏之月鹿角解仲冬之月麋角解禮記月令

鹿是陽獸夏至得陰氣而解角麋是陰獸冬至得陽氣而解角蓋鹿情淫而遊山角解從陽退也麋情淫而遊澤角解從陰退也禮記正義

鹿鳴興於獸而君子大之者取其見食而相呼也淮南子泰族訓

今山澤之獸無黠於麋麋知獵者張網前而驅己也因還走而冒人至數獵者知其詐僞舉網而進之麋因得矣戰國策

兔

兔、獸名、許氏說文

兔舐毫而孕及其生子、從口而出論衡

兔子䖘、其迹迒、絶有力欣爾雅釋獸

狡兔有三窟。戰國策

躍躍毚兔遇犬獲之詩小雅

見兔而顧犬未爲晩也。戰國策

狐 貍 貉

狐、妖獸也、鬼所乘之有三德、其色中和、小前豐後、許氏說文

貍狐貒貈醜、其足蹯其跡厹爾雅釋獸○貍亦作狸貈本作貉

貍伏獸似貙、字林

貍子隸爾雅釋獸

貈似狐善睡字林

貈子貆爾雅釋獸

孟秋之月其蟲毛禮記月令

象物應涼氣而備寒、狐貉之屬生旃毛出。禮記注

一之日于貉取彼狐貍爲公子裘詩豳風

于貉往搏貉以自爲裘也狐貍以共尊者詩鄭箋

言庶人狐裘者以狐色不等若狐白非君不服狐青乃小而美者則可以供公子若黃狐及麤惡者不廢庶人亦服之詩正義○都人士

禮無貉裘之文唯孔子服狐貉裘以居、明貉裘賤故也、同上○七月

豺狼

豺狼屬狗聲 許氏說文

豺狗足 爾雅

狼牡貛牝狼其子獥絕有力迅 同上

其鳴能小能大善爲小兒啼聲以誘人去數十步其猛健者雖用兵不能免也其膏可煎和皮可爲裘故禮記曰狼臅膏又曰君之右虎裘厥左狼裘是也 詩草木鳥獸蟲魚疏

季秋之月豺乃祭獸戮禽 禮記月令

戮直殺之不以祭也後得者皆殺而不祭 禮記正義

十月豺祭獸善其祭而食之也 大戴禮

豺祭獸然後田獵 禮記王制

獺

獺如小狗水居食魚 許氏說文

孟春之月獺祭魚 禮記月令

獺祭魚其必與之獻何也曰非其類也祭也者得多也善其祭而後食之十月豺祭獸謂之祭獺祭魚謂之獻何也豺祭其類獺祭非其類故謂之獻大之也 大戴禮夏小正

獺祭魚然後虞人入澤梁 禮記王制

月令正月獺祭魚孝經緯云獸蟄伏獺祭魚則十月中也是獺一歲再祭魚此謂十月時正月雖獺祭魚虞人不得入澤梁也 禮記正義

柙

柙、檻也、以藏虎兕、廣韻

猛虎處深山、百獸震恐。及其在穽檻之中、搖尾而求食、積威約之漸也。漢書司馬遷傳

惠子曰、置猿於柙中、則與豚同、故勢不便、非所以逞能也。韓非子

故設柙非所以備鼠也。所以使怯弱能服虎也。同上

天子射鳥獵獸於鄭圃、命虞人掠林、有虎在乎葭中、七萃之士高奔戎生擒虎而獻之、天子命之爲柙、畜之東虞、是曰虎牢。穆天子傳

罟獲陷阱

罟、罔也、以罔搏所當田之獸、周禮注

作結繩而爲罔罟、以佃以漁、蓋取諸離。周易繫辭下傳

鳥罟謂之羅、兎罟謂之罝、麋罟謂之罞、彘罟謂之羉、爾雅釋器

獲、柞鄂也、堅地阱淺、則設柞鄂於其中。周禮注

阱、穿地爲塹、所以禦禽獸、其或超踰則陷焉、世謂之陷阱。同上

獸人掌罟田獸、辨其名物。冬獻狼、夏獻麋、春秋獻獸物、時田則守罟、及弊田令禽注于虞中。凡祭祀喪紀賓客、共其死獸生獸、凡獸入于腊人、皮毛筋角入于玉府、凡田獸者掌其政令。周禮天官

雍氏掌溝瀆澮池之禁。凡害於國稼者、春令爲阱擭溝瀆之利於民者、秋令塞阱杜擭、禁山之爲苑澤之沈者。周禮秋官

冥氏掌設弧張、爲阱擭以攻猛獸、以靈鼓敺之、若得其獸、則獻其皮革齒須備。同上

弧張、罿罦之屬、所以扃絹禽獸、周禮注

畜

在野曰獸。在家曰畜。周禮疏。天官獸醫

六畜、六牲也。始養之曰畜。將用之曰牲。周禮注

六牲、馬牛羊犬豕雞也。同上

牛屬司徒土也、雞屬宗伯木也、犬屬司徒金也、羊屬司馬火也、周禮注

凡用禽獻春行羔豚膳膏香。夏行腒鱐膳膏臊。秋行犢麛膳膏腥。冬行鱻羽膳膏羶。周禮天官庖人

膏香牛脂也、以牛脂和之。腒乾雉、鱐乾魚、周官解詁

膏臊犬膏、周官注

膏腥雞膏也、周禮注

鮮魚也、羽鴈也、膏羶羊脂也、周官注

羔豚物生而肥。犢與麛物成而充。腒鱐暵熱而乾。魚鴈水涸而性定。此八物者得四時之氣尤盛、爲人食之弗勝。是以用休廢之脂膏煎和膳之、周禮注

馬厩　繫

馬、怒也、武也、象馬頭髦尾四足之形、許氏說文

八九七十二、偶以成奇、奇主辰、辰主月、月主馬、故馬十二月而生、大戴禮易本命

校人掌王馬之政。辨六馬之屬。種馬一物。戎馬一物。齊馬一物。道馬一物。田馬一物。駑馬一物。周禮夏官

種謂上善、次毋者以次差之、玉路駕種馬、戎路駕戎馬、金路駕齊馬、象路駕道馬、田路駕田馬、駑馬給宮中之役、周禮注

凡頒良馬而養乘之。乘馬一師四圉。三乘爲皂。皂一趣馬。三皂爲繫。繫一馭夫。六繫爲廐。廐成校。校有左右。駑馬三良馬之數。麗馬一圉。八麗一師。八師一趣馬。八趣馬一馭夫。周官夏官。八皆宜爲六

二耦爲乘、麗耦也、周禮注

圉師乘一人、徒二人、圉人良馬匹一人、駑馬麗一人、周禮夏官

養馬爲圉。春秋傳曰、馬有圉、牛有牧、周官解詁

圉人掌教圉人養馬。春除蓐釁廐。始牧。夏庌馬。冬獻馬。周

官夏官
蕁馬茲也、庤、廡也、廡、所以庇馬涼也、周禮注
圉人掌養馬芻牧之事。以役圉師。周官夏官
皂、造也、春秋正義
趣馬、下士皂一人、徒四人、周官夏官
趣馬掌贊正良馬而齊其飲食。簡其六節。掌駕說之頒。辨
四時之居治以聽馭夫。同上
四時之居治、謂二月已前、八月已後在廐、二月已後、八月
已前在牧也、周禮疏

凡馬日中而出。日中而入。春秋左傳
日中、春秋分也。春秋經傳集解
繫馬、良馬在閑、非牧放者也、國語解
馭夫、中士二十八、下士四十八、周官夏官
馭夫掌馭貳車從車使車。分公馬而駕治之。同上
廄、馬舍也、許氏說文
自乘至廄、其數二百一十六匹。至校言成者、明六馬各一
廄而王馬小備也。校有左右。則良馬一種四百三十二匹。
五種合二千一百六十匹。駑馬三之則爲千二百九十六

匹。五良一駑。凡三千四百五十六匹。然後王馬大備。周禮注
天子十有二閑。馬六種。邦國六閑。馬四種。家四閑。馬二種。周官夏官
降殺之差。每廄爲一閑。諸侯有齊馬道馬田馬。大夫有田
馬各一閑。其駑馬則皆分爲三焉。周禮注
凡馬特居四之一。周官夏官
四之一者、三牝一牡。周官解詁
欲其乘之性相似也物同氣則心一。周禮注

春祭馬祖。執駒。周官夏官
馬祖、天駟也、執、猶拘也、春通淫之時、駒弱血氣未定、爲其
乘匹傷之、周禮注
孟春焚牧。中春通淫。周禮夏官
季春之月。乃合累牛騰馬。游牝于牧。犧牲駒犢。舉書其數。禮記月令
夏祭先牧。頒馬攻特。周官夏官
先牧、始養馬者、其人未聞、周禮注
仲夏之月、游牝別羣。則縶騰駒。班馬政。禮記月令

廋人掌十有二閑之政教以阜馬佚特教駣攻駒及祭馬祖祭閑之先牧及執駒散馬耳圉馬周官夏官。佚當爲逸

逸者用之不使甚勞安其血氣也教駣始乘習之也攻駒騬其蹄齧者閑之先牧先牧制閑者散馬耳以竹括押其耳頭動搖則括中物後遂串習不復驚周禮注

馬三歲曰駣二歲曰駒周官解詁

秋祭馬社臧僕周官夏官

馬社始乘馬者世本曰相土作乘馬周禮注

冬祭馬步獻馬講馭夫周官夏官

馬步神爲災害馬者獻馬見成馬于王也周禮注

凡大祭祀朝覲會同毛馬而頒之飾幣馬執扑而從之凡賓客受其幣馬大喪飾遣車之馬及葬埋之田獵則帥驅逆之車凡將事于四海山川則飾黄駒凡國之使者共其幣馬凡軍事物馬而頒之周官夏官

毛馬齊其色也物馬齊其力周禮注

既差我馬差擇也宗廟齊毫戎事齊力田獵齊足爾雅

宗廟齊毫尚純也戎車齊力尚强也田獵齊足尚疾也詩

傳

馬八尺以上爲龍七尺以上爲騋六尺以上爲馬周禮夏官

古者大事必乘其產生其水土而知其人心安其教訓而服習其道唯所納之無不如志春秋左氏傳。僖公十五年

大司馬主兵不言兵言馬者馬陽物乾之所爲行兵用馬不以傷害爲名故言馬也白虎通義

驥

驥千里馬許氏說文

夫驥之齒至矣服鹽車而上太行蹄申膝折尾湛胕潰漉汁灑地白汗交流中阪遷延負轅而不能上伯樂遭之下車攀而哭之解紵衣以冪之驥於是俛而噴仰而鳴聲達於天若出金石聲者何也彼見伯樂之知己也戰國策

世有伯樂然後有千里馬千里馬常有而伯樂不常有故雖有名馬秖辱於奴隸人之手駢死於槽櫪之間不以千里稱也馬之千里者一食或盡粟一石食馬者不知其能

千里而食也是馬也雖有千里之能食不飽力不足才美不外見且欲與常馬等不可得安求其能千里也策之不以其道食之不能盡其材鳴之而不能通其意執策而臨之曰天下無馬嗚呼其真無馬邪其真不知馬也昌黎集雜說

庸人之御駑馬亦傷吻敝策而不進於行胸喘膚汗人極馬倦及至駕齧膝驂乘旦王良執靶韓哀附輿縱橫馳騖忽如影靡過都越國蹶如歷塊追奔電逐遺風周流八極萬里一息何其遼哉人馬相得也漢書王襃傳

牛

牛大牲也許氏說文

牛者中央之牲也新書胎教篇

牛人掌養國之公牛以待國之政令凡祭祀共其享牛求牛以授職人而芻之凡賓客之事共其牢禮積膳之牛饗食賓射共其膳羞之牛軍事共其犒牛喪事共其奠牛凡會同軍旅行役共其兵車之牛與其牽徬以載公任器凡祭祀共其牛牲之互與其盆簝以待事周禮地官

公猶官也享獻也奠牛謂殷奠遣奠也喪所薦饋曰奠牽

徬在轅外輓牛也人御之居其前曰牽居其旁曰徬任猶用也互若今屠家縣肉格周禮注

犒牛犒師之牛盆簝皆器名盆所以盛血簝受肉籠也周官解詁

羊

羊火畜也禮記注

兌爲羊說卦傳

羊者西方之牲也新書

羊人掌羊牲凡祭祀飾羔祭祀割羊牲登其首凡祈珥共其羊牲賓客共其法羊凡沈辜侯禳釁積共其羊牲若牧人無牲則受布于司馬使其賈買牲而共之周禮夏官

小子掌祭祀羞羊肆羊殽肉豆同上

肆讀爲鬄所謂豚解也周禮注

羊殽體解節折也肉豆者切肉也周官解詁

犬狗

犬狗之有懸蹄者也象形孔子曰視犬之字如畫狗也許氏說文

犬生三猣二師一玂未成毫狗長喙獫短喙猲獢絕有力狣尨狗也爾雅

通而言之狗犬通名若分而言之則大者爲犬小者爲狗故月令皆爲犬而周禮有犬人職無狗人職也故爾雅云未成毫狗是也但燕禮烹狗或者小者或通語耳禮記正義

犬人掌犬牲凡祭祀共犬牲用牷物伏瘞亦如之凡幾刉珥衈沈辜用駹可也凡相犬牽犬者屬焉掌其政治周禮秋官

七九六十三三主斗斗主狗故狗三月而生大戴禮易本命

孟秋之月天子居總章左个食麻與犬禮記月令

犬金畜也禮記注

槀人掌豢祭祀之犬周禮地官

彘豚　豕

彘，豬也。其子曰豚，大者謂之豝。小爾雅

豕子豬，䝐豶，幺幼，奏者豱，豕生三豵二師一特，所寢檜，四豴皆白豥，其跡刻，絕有力䝈。爾雅釋獸

彘五尺為豟。爾雅釋畜

六九五十四，四主時，時主豕，故豕四月而生。大戴禮易本命

一歲為豵，二歲為豝，三歲為特，四歲為肩，五歲為慎。周官解詁

四書類考卷二十九

四書類考卷三十

萬物類

蟲魚

龍

蛟

蛇

魚

網

鈎

黿

鼉

鼈

蠅

蚋

姑

螬

蚓

蟲魚

有足謂之蟲。無足謂之豸。爾雅釋蟲

煩氣爲蟲。精氣爲人。淮南子精神訓

孟春之月、其蟲鱗。孟夏之月、其蟲羽。中央土、其蟲倮。孟秋之月、其蟲毛。孟冬之月、其蟲介。禮記月令

有羽之蟲三百六十、而鳳皇爲之長。有毛之蟲三百六十。而麒麟爲之長。有甲之蟲三百六十、而神龜爲之長。有鱗之蟲三百六十、而蛟龍爲之長。倮之蟲三百六十、而聖人爲之長。大戴禮易本命

鱗、龍蛇之屬。介、龜鼈之屬。禮記注

何謂四靈。麟鳳龜龍謂之四靈。故龍以爲畜、故魚鮪不淰。鳳以爲畜、故鳥不獝。麟以爲畜、故獸不狘。龜以爲畜、故人情不失。禮記禮運

淰、水中驚逆。獝、驚飛。狘、驚走。禮記正義

四靈以爲畜、故飲食有由也。禮記禮運

由、用也。四靈與羞物爲羣。禮記注

龍

龍、鱗蟲之長。許氏說文

有鱗之蟲三百六十、而蛟龍爲之長。大戴禮易本命

龍能幽能明、能細能巨、能短能長。春分而登天、秋分而潛淵。許氏說文

龍噓氣成雲。雲固弗靈於龍也。然龍乘是氣、茫洋窮乎玄間、薄日月、伏光景、感震電、神變化、水下土、汩陵谷。雲亦靈怪矣哉。雲、龍之所能使爲靈也。若龍之靈、則非雲之所能使爲靈也。然龍弗得雲、無以神其靈矣。失其所憑依、信不可歟。異哉。其所憑依、乃其所自爲也。易曰、雲從龍。既曰龍、雲從之矣。昌黎集雜說

昭公十九年、鄭大水、龍鬭于時門之外洧淵。國人請爲禜焉。子產弗許、曰、我鬭、龍不我覿也。龍鬭、我獨何覿焉。禳之則彼其室也。吾無求於龍、龍亦無求於我。乃止也。春秋左氏傳

二十九年秋、龍見于絳郊。魏獻子問於蔡墨曰、吾聞之、蟲莫知於龍、以其不生得也。謂之知、信乎。對曰、人實不知、非龍實知。古者畜龍、故國有豢龍氏、有御龍氏。獻子曰、是二

氏者吾亦聞之而不知其故是何謂也對曰昔有飂叔安有裔子曰董父實甚好龍能求其耆欲以飲食之龍多歸之乃擾畜龍以服事帝舜帝賜之姓曰董氏曰豢龍封諸鬷川鬷夷氏其後也故帝舜氏世有畜龍及有夏孔甲擾于有帝帝賜之乘龍河漢各二各有雌雄孔甲不能食而未獲豢龍氏有陶唐氏既衰其後有劉累學擾龍于豢龍氏以事孔甲能飲食之夏后嘉之賜氏曰御龍以更豕韋之後龍一雌死潛醢以食夏后夏后饗之既而使求之懼而遷於魯縣范氏其後也同上

蛟

蛟龍之屬也許氏說文

季夏之月命漁師伐蛟禮記月令

蛟言伐者以其有兵衛也禮記注

蛇

蛇北方水物春秋左氏傳解義

螣螣蛇蟒王蛇蝮虺博三寸首大如擘爾雅釋魚

深山大澤實生龍蛇春秋左氏傳

龍蛇之蟄以存身也周易繫辭下傳

爲虺弗摧爲蛇將若何國語

初內蛇與外蛇鬬於鄭南門中內蛇死六年而厲公入春秋左氏傳

文公十六年有蛇自泉宮出入于國如先君之數秋八月辛未聲姜薨毀泉臺同上

吉夢維何維熊維羆維虺維蛇大人占之維熊維羆男子之祥維虺維蛇女子之祥詩小雅

魚

魚水蟲也許氏說文

魚枕謂之丁魚腸謂之乙魚尾謂之丙爾雅

孟春之月魚上冰禮記月令

季春之月天子始乘舟薦鮪于寢廟同上

季冬之月命漁師始漁天子親往乃嘗魚先薦寢廟同上

𢿱人掌以時𢿱爲梁春獻王鮪辨魚物爲鱻薨以共王膳羞凡祭祀賓客喪紀共其魚之鱻薨凡𢿱者掌其政令凡𢿱征入于玉府周禮天官

網

綱網紘也許氏說文

張之爲綱理之爲紀詩箋

作結繩而爲網罟以佃以漁蓋取諸離周易繫辭下傳

緵罟謂之九罭九罭魚罔也爾雅釋器

今之百囊罟是亦謂之罽今江東謂之緵爾雅注

嫠婦之笱謂之罶爾雅釋器

毛詩傳曰罶曲梁也謂以薄爲魚笱爾雅注

罺謂之汕爾雅釋器

罺今之撩罟爾雅注

籗謂之罩爾雅釋器

籗捕魚籠也爾雅注

槮謂之涔爾雅釋器

今之作槮者聚積柴木於水中魚得寒入其裏藏隱因以薄圍捕取之爾雅注

魚罟謂之罛爾雅釋器

古者大寒降土蟄發水虞於是乎講罛罶取名魚登川禽而嘗之寢廟行諸國人助宣氣也鳥獸孕水蟲成獸虞於是乎禁罝羅矠魚鼈以爲夏犒助生阜也鳥獸成水蟲孕水虞於是乎禁罝罜麗設穽鄂以實廟庖畜功用也且夫山不槎蘖澤不伐夭魚禁鯤鮞獸長麑䴠鳥翼鷇卵蟲舍蚳蝝蕃庶物也古之訓也國語

釣

釣、鉤魚也、許氏說文

釣者以此有求於彼、詩箋

其釣維何維絲伊緡。詩國風召南

之子于釣。言綸之繩。詩小雅

綸釣繳也、詩箋

釣繳者謂繫繩于釣竿也、詩正義

夫臨江而釣曠日而不能盈羅。雖有鉤箴芒距。微綸芳餌。加之以詹何娟嬛之數。猶不能與網罟爭得也。以所持之小也。淮南子原道訓

任公子爲大鉤巨緇五十犗以爲餌、蹲乎會稽投竿東海、旦旦而釣期年不得魚已而大魚食之牽巨鉤錎沒而下、鶩揚而奮鬐白波若山海水震蕩聲侔鬼神憚赫千里任公子得若魚離而腊之自制河以東蒼梧以北莫不厭若魚者已而後世輇材諷說之徒皆驚而相告也夫揭竿累趣灌瀆守鯢鮒其於得大魚難矣莊子外物篇

黿

黿、大鼈也、許氏說文

季夏之月命漁師伐蛟取鼉。登龜取黿。禮記月令

四者甲類秋乃堅成周禮曰秋獻龜魚又曰凡取龜用秋時是夏之秋也。禮記注

鼉

鼉水蟲許氏說文

鼉形似水蜥蜴四足長丈餘生卵大如鵝卵甲如鎧甲今合樂鼉魚甲是也其皮堅可以冒鼓詩草木鳥獸蟲魚疏

季夏之月命漁師伐蛟取鼉禮記月令

二月剝鱓大戴禮夏小正。鱓與鼉同

以爲鼓也。同上

帝顓頊令飛龍作效八風之音命之曰承雲以祭上帝乃令鱓先爲樂倡鱓乃偃浸以其尾鼓其腹其音英呂氏春秋古樂篇

鼈

鼈甲蟲許氏說文

鼈人掌取互物以時簎魚鼈龜蜃凡貍物春獻鼈蜃秋獻龜魚祭祀共蠯蠃蚳以授醢人掌凡邦之簎事周禮天官

簎謂以杈刺泥中搏取之周官解詁

蠅

蠅蟲之大腹者許氏說文

蠅之爲蟲汙白使黑汙黑使白詩鄭箋

以冰致蠅雖工不能以茹魚去蠅蠅愈至不可禁以致之之道去之也呂氏春秋仲春紀

蚋

秦晉謂之蚋楚謂之蚊許氏說文

八月丹鳥羞白鳥大戴禮夏小正

丹鳥者謂丹良也白鳥謂閩蚋也其謂之鳥何也重其所養者也有翼者爲鳥羞也者進也不盡食也同上

醯酸而蚋聚也荀子勸學篇

甾醯黃蚋致之有酸徒水則必不可呂氏春秋

姑

姑、或曰螻蛄也、孟子集註

螜、天螻、蟓、蛁、螻、爾雅

蛄者謂之杜、蛒、螻螲謂之螻蛄、或謂之蟓蛉、南楚謂之杜狗、或謂之蛞螻、方言

三月螜則鳴、螜、天螻也、大戴禮

螻蛄一名天螻、一名螜、一名碩鼠、有五能而不成伎術、一飛不能過屋、二緣不能窮木、三没不能窮谷、四掘不能覆身、五走不能絶人、古今注

碩鼠五技而窮荀子勸學篇

螬

蟦、蠐、螬、爾雅釋蟲

得水則爲㡭、得水土之際、則爲鼃蠙之衣、生於陵屯、則爲陵舄、陵舄得鬱棲、則爲烏足、烏足之根爲蠐螬、莊子至樂篇

釋蟲曰蟦、蠐螬、蝤蠐、蝎、孫炎曰蠐螬謂之蟦蠐、關東謂之蝤蠐、梁益之閒謂之蝎、又曰蝎、蛣蝠、孫炎曰蝎、木蟲也、又曰蝎、桑蠹、孫炎曰卽蛣蝠也、然則蟦蠐也、蠐螬也、蝤蠐也、蛣蝠也、桑蠹也、蝎也、一蟲而六名也、以在木中白而長、故以比頸。詩正義

蚓

蚓、邱蚓之蟲也、孟子注

螼蚓、蜸蠶、爾雅

即蜸螼也、江東呼寒蚓、爾雅注

蚯蚓、一名蜿螼、一名曲螼、善長吟於地中。江東謂之歌女。或謂之鳴砌。古今注

孟夏之月、蚯蚓出。禮記月令

仲冬之月、蚯蚓結。同上

螾無牙爪之利。筋骨之強。上食埃土。下飲黃泉。用心一也。荀子勸學篇